1 MONTH OF
FREE
READING

at
www.ForgottenBooks.com

ISBN 978-0-260-85417-9
PIBN 10976940

This book is a reproduction of an important historical work. Forgotten Books uses state-of-the-art technology to digitally reconstruct the work, preserving the original format whilst repairing imperfections present in the aged copy. In rare cases, an imperfection in the original, such as a blemish or missing page, may be replicated in our edition. We do, however, repair the vast majority of imperfections successfully; any imperfections that remain are intentionally left to preserve the state of such historical works.

REVUE
PHILOSOPHIQUE
DE LA FRANCE ET DE L'ÉTRANGER

COULOMMIERS. — IMPRIMERIE PAUL BRODARD.

REVUE
PHILOSOPHIQUE
DE LA FRANCE ET DE L'ÉTRANGER

PARAISSANT TOUS LES MOIS

DIRIGÉE PAR

TH. RIBOT

QUINZIÈME ANNÉE

XXX

(JUILLET A DÉCEMBRE 1890)

PARIS

ANCIENNE LIBRAIRIE GERMER BAILLIÈRE ET Cⁱᵉ

FÉLIX ALCAN, ÉDITEUR

108, BOULEVARD SAINT-GERMAIN, 108

1890

L'HOMOGÉNÉITÉ MORALE

Depuis saint Paul et Racine bien des psychologues ont constaté le fait de la multiplicité morale de l'homme. Les psychologues contemporains vont même plus loin que leurs devanciers, ils découvrent dans un seul homme un grand nombre de personnalités latentes, de personnages tout prêts à entrer en scène. M. Ribot nous a décrit les maladies de la personnalité [1], l'an dernier M. Paulhan [2] et M. Pierre Janet [3] nous expliquaient la multiplicité des personnages, et tout récemment M. Bergson a, dans les pages les plus remarquables peut-être de sa thèse [4], insisté sur deux aspects du moi qu'on avait avant lui fort peu distingués.

Le fond psychologique de notre nature est donc essentiellement hétérogène et contradictoire. Il semble cependant que le souci constant des moralistes ait été d'enseigner à l'homme à s'accorder avec lui-même, à établir en lui une homogénéité morale. Nous voudrions simplement rechercher ici à quelles conditions l'hétérogénéité constatée par les psychologues peut céder la place à cette homogénéité qui est le but des efforts des moralistes. Pour cela nous devons d'abord tâcher de réduire les éléments divers qui constituent notre personnalité à un petit nombre de systèmes. Nous verrons après quel est celui de ces systèmes qui peut servir de centre à tous les autres et permettre ainsi la constitution d'une personnalité véritablement homogène.

Que ce résultat soit désirable, c'est ce qui ne semble ni contestable ni même contesté. Si l'homme est un être raisonnable et si la logique est la partie constitutive de sa raison, il ne sera heureux que lorsque ses actes ne se démentiront pas les uns les autres; si l'homme est un être social, il ne sera heureux que lorsque ses actes ne s'opposeront pas à ceux des autres hommes; par conséquent, la

---

1. In-18, Alcan, 1885.
2. *L'activité mentale et les éléments de l'esprit.* In-18, Alcan, 1889, p. 201-215.
3. *L'automatisme psychologique.* In-8°, Alcan, 1889, *præsertim* p. 117-137.
4. *Essai sur les données immédiates de la conscience.* In-8°, Alcan, 1889, p. 96-105.

loi selon laquelle l'homme doit vivre pour être heureux est une loi d'homogénéité et non d'hétérogénéité; le bonheur a pour condition une double homogénéité, celle de la vie de l'homme individuel avec elle-même, celle de la vie de l'homme individuel avec celle de tous les autres. Or, il ne semble pas contesté que l'homme soit un être logique et qu'il souffre de ses contradictions et que l'homme soit un être sociable et qu'il souffre de ses luttes avec ses semblables.

D'autre part, si c'est peut-être en un sens rabaisser la loi morale que de lui donner pour but le bonheur, ce n'est pas au moins la dénaturer, car il n'y a pas un seul système de morale à ma connaissance qui n'aboutisse au bonheur du sage. Je ne voudrais pas ici entrer dans la discussion de la formule véritable de la loi morale, je veux seulement prendre pour base une théorie universellement acceptée. Ce sera ensuite au lecteur, si j'ai pu lui donner l'envie de pousser plus loin, à chercher lui-même quelle est, parmi les doctrines morales, celle qui satisfait le mieux ou plutôt qui satisfait seule aux conditions de l'établissement pratique de l'homogénéité. S'il la découvre, il ne me semble pas douteux qu'il sera en possession de la véritable, et je ne crois pas qu'il ait après bien loin à chercher pour découvrir, en poursuivant son analyse, la véritable philosophie.

I

L'enfant à sa naissance est un organisme capable de répondre par des mouvements aux excitations qui lui viennent de l'extérieur. La nature de ces mouvements est déterminée par les excitations d'abord et ensuite par la constitution naturelle de l'enfant; à ces premiers facteurs se joignent bientôt les habitudes qu'il contracte, les sentiments qu'il éprouve, les idées qu'il acquiert; plus tard enfin, et en dernier lieu, quand le volume mental s'est accru, que l'enfant est devenu capable de raisonner et de choisir, le libre arbitre peut entrer en jeu et donner aux actions une forme véritablement personnelle. Ainsi se forme peu à peu un caractère comme par couches concentriques et superposées.

Essayons de décrire chacune de ces couches diverses. Si l'enfant vivait seul, tant qu'il ne posséderait point le libre arbitre, toutes ses actions seraient des réponses aux excitations résultant uniquement de son organisme physique. L'enfant, produit de ses parents à un moment donné du temps, aurait un caractère formé de la caractéristique de l'espèce, de la caractéristique familiale et enfin du *quid proprium* résultant des conditions particulières de la conception, de la gestation, etc. Tous ses actes sont des produits dont les deux facteurs sont : 1° son organisation; 2° les excitations qu'il reçoit de son milieu. Ces actions sont toutes favorables à la conservation de l'individu, elles succèdent immédiatement aux excitations, évitent une peine ou procurent un plaisir avec la promptitude et la fatalité d'un réflexe. Plus souvent ces actions se seront renouvelées, plus l'habitude leur donnera de force, de sorte que, lorsque l'enfant sera capable de retenir des images, de les comparer, de réfléchir en un mot, il se trouvera déjà en lui un petit personnage tout formé, qui pourra se réduire et être ramené aux derniers plans, mais qui ne disparaîtra jamais, qui formera comme la base et l'assiette du caractère. Ce personnage étant le résultat de la sensation brute, nous pouvons l'appeler un *personnage sensitif*.

Mais l'enfant n'a pas seulement des sensations, il a encore des images, il se souvient du passé et ce souvenir se pose de lui-même en face de la conscience du présent. Ces juxtapositions d'états psychiques donnent lieu à des plaisirs et à des douleurs différents par nature de ceux qui résultent immédiatement des excitations physiques, ce sont les plaisirs et les douleurs de sentiment. Ici encore l'enfant réagira de façon à éviter la douleur et à se procurer du plaisir. Comme il vit dans un milieu social, qu'il est attaché par habitude ou par sympathie aux personnes qui l'entourent, qu'il prend plaisir à répéter les actes qu'il voit accomplir, ses plaisirs et ses douleurs deviendront de plus en plus des produits d'éléments complexes.

L'image des actions des autres crée en lui une tendance à réaliser des actions semblables dans des circonstances semblables. Cette tendance a d'autant plus de force que la personne dont l'enfant a vu l'action a plus d'autorité. Cette autorité à son tour se décompose en facteurs dont les uns sont directement sensitifs, les autres plus ou moins éloignés de leur source sensible première. Ainsi le volume physique de la personne, l'amplitude des mouvements, le ton de la voix sont certainement des facteurs de l'autorité. Les grands imposent l'imitation de leurs actes et il est bien rare que les enfants imitent plus petit qu'eux. Viennent enfin les associations qui, par la fréquence de leur répétition ou la quantité de bien et de mal qu'elles nous font attacher à une personne, donnent à l'image de ses actes une force plus grande de réalisation. L'enfant envahit ainsi son individualité native. Sans qu'il s'en doute, il se modèle sur les gens qui l'entourent, il leur emprunte leur accent, leurs intonations, leurs manières de parler, leurs habitudes, leurs manies, leurs façons de marcher ou de s'asseoir. Dans ces acquisitions nouvelles, l'enfant prend un peu de toutes mains, emprunte à chaque personne ce qui lui convient le mieux. Il imite ses parents, ses maîtres, un étranger qui a dîné une fois à la table de famille, un homme qui passe dans la rue. Ainsi vient se greffer sur le personnage sensitif un second personnage. Comme les actes de ce second personnage dépendent surtout de nos sentiments, nous demandons la permission de l'appeler *personnage sentimental.*

Mais nous n'avons pas épuisé la série.

L'homme ne voit pas seulement des actions se faire autour de lui, il entend exprimer des idées, raconter et apprécier des actes. Il a ainsi, non seulement des images singulières de faits concrets, mais des idées générales d'actes abstraits. Il entend parler de vice, de vertu, de lâcheté, d'héroïsme, de bassesse, de force d'âme. Il apprend à associer à certaines classes de ces termes des idées de louange, d'estime, d'admiration ; à certaines autres, des idées de blâme, de mépris, d'abjection. Il finit par posséder ainsi un répertoire idéal, abstrait, verbal, qui lui sert toutes les fois qu'il doit apprécier les actions des autres ou donner les raisons des siennes propres. Il y a vraiment en chacun de nous un moi superficiel et verbal que M. Bergson a bien fait de distinguer du moi profond et essentiel. C'est ce moi dont les paroles sont parfois le contre-pied des actes du moi profond. C'est ce moi qui parle au rebours des actions de l'autre. Un homme corrompu qui fait l'éloge de la vertu ne parle pas toujours contre sa pensée, il débite souvent une série de formules qui s'enchaînent, qu'il ne saurait comment rompre et qu'il pense véritablement au moment où il les prononce, absorbé qu'il est par le défilé de ses images sonores, par les efforts musculaires que nécessite son écriture ou sa parole extérieure.

Voilà donc un troisième personnage qui peut venir se superposer aux deux autres et qui le fait en effet. C'est l'Ariste de la comédie, le Nestor de l'épopée intérieure. Il parle comme un livre et souvent avec une conviction égale. C'est un écoulement logique et régulier de termes qui semble sortir de la roue magique de Raymond Lulle. C'est ce personnage qui a toujours à son service les phrases de convention, les banalités prud'hommesques, ces insipides formules de sagesse verbale avec lesquelles on achève des malheureux qui ne sont pas toujours des coupables et des coupables qui sont toujours des malheureux.

Il ne faut pas attendre de ce personnage qu'il ne se contredise jamais. Comme il n'est qu'un reflet des jugements vulgaires, sa parole exprime sans plus se soucier de la logique les idées diverses et contradictoires qui constituent ce que l'on appelle l'esprit de son temps et de son milieu. Il parle en toute occasion comme le demandent les opinions reçues. Il ne choquera jamais personne, sauf la raison.

Mais il peut arriver que l'homme en qui s'incarne le personnage verbal ait des prétentions à philosopher, il cherche alors à éliminer les contradictions de l'esprit de son temps, il se fait une théorie, il ne professe point des morales successives, il tâche, au moins dans ses discours, de s'accorder avec lui-même. Un matérialiste, un évolutionniste, un chrétien ont leurs façons à eux de juger les choses de la vie et de discourir sur la vertu. Mais ils sont bien rares ceux qui ont la force d'aller jusqu'au bout de leur pensée. Où est le matérialiste qui ose soutenir la légitimité de tout plaisir, l'évolutionniste qui ose avouer la nécessité de supprimer les faibles et d'aider intelligemment la nature à favoriser les mieux armés, le chrétien qui, sans respect humain, ose soutenir la réalité des miracles? Toutes ces conséquences pourtant font nécessairement partie des doctrines. Le matérialiste qui admet des différences de qualités entre plaisirs n'est pas matérialiste, l'évolutionniste qui respecte les faibles n'est pas évolutionniste, le chrétien qui ne croit pas au miracle n'est pas chrétien. Nous subissons tous, sans nous en douter, les formules verbales courantes, les opinions banales; de là une résistance qu'éprouve notre langage et, par suite, notre pensée à exprimer des conséquences que nous reconnaîtrions bien vite si notre esprit n'était opprimé par l'habitude des formules vulgaires. C'est un de ces cas si bien signalés par M. V. Egger [1] où la parole extérieure est un obstacle à la vérité de la pensée, où « l'esprit doit lutter pour la vie contre le langage ».

Presque toujours donc le personnage verbal se tient dans la moyenne de la morale mondaine, et ses discours sont pavés d'inconséquences. Parfois cependant un effort généreux de pensée, qui demande une grande indépendance, parvient à lui faire construire un système cohérent, une théorie morale conséquente avec elle-même. Le personnage verbal peut donc être consistant ou inconsistant.

La série de nos personnages n'est pas close encore. En dehors même des actes que l'imitation sympathique a fait entrer dans notre caractère, il reste en nous l'image des autres actions que nous n'avons pas imitées, mais qui, par leur seule représentation, ont créé dans l'esprit une tendance à se reproduire.

1. *La parole intérieure.* In-8°, Alcan, 1881, dernières pages.

Or, la mémoire nous rappelle ainsi non seulement des actes isolés, mais même des systèmes d'actes, et jusqu'à des caractères entiers. Nous nous rappelons comment agissait telle ou telle personne, nous imaginons aisément comment elle aurait agi dans telle ou telle circonstance, nous pouvons la contrefaire, revêtir volontairement son personnage. Nous le faisons même involontairement. Il suffit que je prononce ces mots : « Ne regardons pas les choses à la surface », pour que mes deux mains exécutent aussitôt certain geste familier à un de mes anciens maîtres quand il les prononçait. Nous avons ainsi un grand nombre de personnages subsidiaires, de caractères d'emprunt dont le souvenir conservé se joue, pour ainsi dire, à la surface de notre caractère véritable.

Notre imagination construit encore des systèmes d'actions; nous nous supposons dans des circonstances où nous ne nous trouvons pas, nous nous imaginons être ce que nous ne sommes pas, comme le M. Joyeuse d'A. Daudet, et ces actes imaginés viennent se joindre à la collection de ceux que la mémoire conserve. Ils demeurent extérieurs à notre caractère, et leur nature fictive en fait des rôles plutôt que des personnages. Or, nos actions n'expriment pas toujours notre véritable caractère, elles expriment aussi parfois les reflets de notre mémoire ou les constructions hasardeuses de notre imagination. Tantôt nous agissons pour notre propre compte, tantôt nous nous contentons de nous mettre en scène et de jouer un rôle. Ce rôle peut même arriver à faire partie intégrante de notre personne quand il se reproduit régulièrement à certains intervalles et dans certaines conditions. Un juge très léger de mœurs peut devenir, et de bonne foi, très sévère sur son siège. Ce que l'on nomme hypocrisie ne mérite pas toujours ce nom. Tel homme agit en public tout autrement qu'en particulier qui n'a pas toujours pour but exprès de tromper le monde. Il se conforme en public aux mœurs publiques et en particulier à ses penchants.

Le personnage sensitif, le personnage sentimental, le personnage verbal, bien que souvent en contradiction les uns avec les autres, se fusionnent et finissent par former une certaine continuité morale, mais il ne faut pas une bien grande habitude de la réflexion psychologique pour les démêler à l'œuvre en chacun de nous. Nous pouvons aussi les voir chez les autres se succéder et se remplacer. Cela est surtout frappant chez les enfants dont le caractère est en train de se modifier. Un enfant naturellement sensuel et paresseux, en voie de s'améliorer, a des jours excellents, et des retours inattendus à tous ses anciens défauts. Sa physionomie change du jour au lendemain en même temps que change son caractère. Si plus tard, par l'hypnotisme ou la maladie, il arrive que disparaissent certains facteurs, il n'est pas étonnant de voir le sujet tout changé. Il peut même arriver que sous l'influence de divers systèmes successifs d'habitudes, quelle qu'en soit d'ailleurs la source, le même individu manifeste plusieurs caractères successifs. — Un jeune homme que je connais a été dans sa toute jeune enfance très gai et très expansif, rêveur et travailleur, puis paresseux et dissipé, ensuite morose et laborieux, et enfin, gai et plein d'entrain aussi bien pour le plaisir que pour le travail. Il est bien évident que toutes ces périodes, qui ont duré chacune plusieurs années, ont laissé une trace dans le souvenir. Qu'une amnésie se produise et le personnage d'une de ces périodes réapparaîtra. Cela me paraît être ce qui s'est produit dans plusieurs des expériences que nous rapporte M. Pierre Janet.

Les rôles accidentels conservés par la mémoire ou construits par l'imagination, peuvent aussi, favorisés par les circonstances, pénétrer dans la trame de notre vie et arriver à se réaliser. Je puis citer le cas d'un élève d'humanités, qui, ayant lu dans un médiocre roman la phrase suivante : « Un éclair brilla comme un serpent d'or sur les nuages sombres », ne put s'empêcher de reproduire cette phrase dans un devoir, bien qu'il la jugeât amphigourique et ridicule. Je me souviens encore très nettement que dans deux circonstances assez importantes, j'avais d'abord construit des systèmes d'actions destinés à être réalisés dans telles circonstances données, puis, à la réflexion, j'avais condamné ces systèmes et résolu de ne les point employer. J'avais seulement négligé de mettre à la place un nouveau plan positif. Les circonstances prévues se réalisèrent, les systèmes construits, puis rejetés, les suivirent et je fis ainsi deux sottises. Ces cas peuvent s'expliquer, je crois, de la manière suivante : Nous sommes embarqués dans un système d'actions ; pour passer des premières aux dernières un intermédiaire nous manque, la mémoire nous représente un intermédiaire que nous condamnons, notre imagination ne nous en présente aucun autre et alors, emportés par la nécessité d'agir, nous réalisons l'intermédiaire condamné. Ainsi l'élève dont je viens de parler, voulant décrire l'éclair et ne trouvant pas de bonne expression de sa pensée, a écrit celle qu'il trouvait mauvaise, ne voulant ni ne rien dire ni s'arrêter là.

C'est ainsi qu'il est fort possible que, parmi les divers personnages que présente Léonie B., selon les divers degrés de somnambulisme, il y en ait quelqu'un qui ne soit que la mimique d'un personnage qu'elle aura vu autrefois [1].

1. P. Janet, *l'Automatisme*, etc., p. 132.

II

Que valent ordinairement les personnages que nous venons de décrire? — Le personnage verbal est le reflet de la moralité couramment professée sinon pratiquée de son temps, c'est donc un personnage paré de toutes les vertus, surtout de celles qui sont à la mode. Plein d'honneur sous Louis XIII, janséniste sous Louis XIV, et ennemi des casuistes, sensible sous Louis XV, amoureux des grands principes jusqu'à la mort des autres sous la Révolution, ami de la gloire sous Napoléon, libéral sous la Restauration et Louis-Philippe, il est aujourd'hui tout féru de l'autonomie de sa volonté. Il aime la Révolution et la Science à la fois, il est plein jusqu'aux bords du sentiment de sa dignité, il fait tout découler du respect qu'on lui doit et qu'il se doit. Il dirait volontiers qu'on doit respecter l'homme jusqu'en ses défauts. Il s'étend sur la valeur absolue de la personne humaine, ce qui ne l'empêche pas de parler parfois de races inférieures qui peuvent être légitimement asservies ou violentées par les races supérieures. Courageux, désintéressé, héroïque, le sacrifice lui est familier et il sera toujours prêt à s'indigner contre ceux qui ne consentent pas à s'immoler tout entiers au bien public. Cet homme n'est pas vertueux, il est la vertu même descendue du ciel par sa langue.

Le monde juge de la sorte, mais le moraliste ne peut souscrire à ce jugement. La moralité ne lui paraît pas pouvoir être contradictoire. S'il y a une loi morale, elle doit, comme toutes les lois, être universelle et ne pas changer de formule d'instant à instant. Si le personnage verbal veut représenter la véritable vertu, il faut qu'il consente à ne pas laisser flotter sa parole au hasard des opinions vulgaires, à mettre de l'ordre et de l'homogénéité dans ses discours. Or, cela ne se peut que s'il fait intervenir la logique et la raison, s'il adopte avec toutes ses conséquences un système de morale ou s'il en construit un lui-même. Si vraiment il a la force de n'avoir pas peur de sa pensée, s'il ne craint pas de se trouver blâmant ce que le vulgaire loue, ou louant ce que le vulgaire blâme, il pourra se tromper peut-être, mais sa généreuse entreprise l'aura du moins mis sur la voie unique qui mène à l'homogénéité de la vie et par elle à la vertu. Seul peut être vertueux l'homme dont les paroles, s'accordant entre elles, s'accordent avec tous ses actes et expriment sans alliage le fond intime de la pensée et du caractère.

Les personnages ou rôles divers que notre imagination construit ou que la mémoire nous rappelle sont des personnages de sentiment plutôt que des personnages de raison, ils nous sont suggérés par nos théories verbales, souvent aussi par des sentiments intérieurs que nous rougissons d'avouer; ils sont ainsi tantôt bons, tantôt mauvais, tantôt dévoués et désintéressés jusqu'à l'héroïsme, tantôt égoïstes et cupides jusqu'à l'ignominie. Le même homme, dans la même journée, peut s'imaginer clément comme Auguste et vindicatif comme Émilie; la même femme peut se représenter chaste comme Lucrèce et abjecte comme Messaline. A plus forte raison, les états intermédiaires peuvent-ils aisément dans la même imagination se succéder et se remplacer. L'imagination ne cherche en rien à satisfaire la raison; que ses tableaux successifs soient incohérents, elle n'en a cure, elle obéit aux lois de l'association mises en jeu elles-mêmes par les accidents des excitations extérieures. Les systèmes d'actions que reproduit la mémoire ou que construit l'imagination, sont des rôles que l'esprit se joue à lui-même et auxquels il ne demande rien autre chose que de l'amuser. Ces rôles imaginaires peuvent cependant se réaliser, nous l'avons vu, ils prétendent même sans cesse à l'existence, et ils sont en outre indispensables, ainsi que nous le dirons plus loin, à la réalisation des actions. Dès qu'un mouvement est un peu complexe et sort du niveau des mouvements instinctifs, nous avons besoin de l'imaginer pour le produire. Les rôles imaginaires sont donc des matériaux de la moralité, mais ils ne méritent pas par eux-mêmes une qualification morale. Ils se laissent plier au gré de la volonté qui les emploie. Le même tableau imaginaire, qui servirait à un libertin de thème pour ses débauches, peut servir à un moraliste pour faire sentir l'horreur de la débauche. Les rôles imaginaires ne sont pas le caractère, ils lui servent seulement de matériaux.

Mais les deux facteurs essentiels du caractère sont, ainsi que nous l'avons vu, les réactions organiques et les réactions sentimentales. Or, si nous essayons de déterminer jusqu'à quel point les unes et les autres sont homogènes, voici ce que nous trouvons.

Les réactions organiques sont égoïstes et contradictoires. L'être qui n'a que des sensations cherche le plaisir et fuit la douleur; il ne peut être qu'égoïste, tout rapporter à soi comme centre et se contredire au hasard de ses dispositions. Nous portons tous en chacun de nous (Baudelaire l'exprimait dans le vers qu'on sait) un disciple d'Aristippe qui ne voit que le présent; poltron, lâche, claquant des dents au moindre danger, sensuel, libertin, libidineux, et par suite envieux et jaloux; imprévoyant, inconsidéré, suffisant, vaniteux, orgueilleux, plein de son moi, insolemment véridique ou effronté-

ment menteur selon les cas. Ce personnage n'a qu'un mérite. Il tient
à sa peau qui est la nôtre et, par là, il nous préserve de bien des dangers, il tient à ses biens qui sont les nôtres et, par là, il nous pousse à
nous défendre contre les injustices. Par lui nous pourrions,

Propter vitam vivendi perdere causas,

grâce à lui nous pouvons travailler à réaliser les buts de la vie.
Tartarin-Sancho est fort ridicule, mais enfin il empêche Tartarin-
Quichotte de tomber dans les précipices.

Les réactions sentimentales sont égoïstes aussi, mais excitées par
les sentiments qui nous viennent des représentations d'autres êtres
semblables à nous, elles ont une part d'altruisme qui les rend moins
répugnantes. Que Mme de Sévigné soigne sa fille parce qu'elle a mal
à sa poitrine ou d'une façon plus désintéressée, dans les deux cas elle
fait quelque chose de plus agréable à voir que si elle se soignait
elle-même, et quand Toinette trouverait à soigner Argan autant de
plaisir qu'Argan en prend à se faire soigner, c'est encore Toinette
qui nous paraîtrait avoir le beau rôle. — De plus, nos sentiments
nous font rechercher des choses plus élevées et plus nobles que nos
sensations. L'égoïsme d'un dilettante peut être aussi féroce que celui
d'un libertin, il sera toujours moins abject. M. de Camors faisant
ramasser à un chiffonnier un louis dans l'ordure avec ses dents n'est
pas sympathique, mais il est moins répugnant que Coupeau. C'est
qu'il y a dans les sentiments et dans les penchants qui en résultent
quelques éléments au-dessus de l'égoïsme. Rechercher la sympathie
de ses semblables et éviter leur antipathie, cela suffit pour faire
accomplir au moins en public des actions conformes à la morale
courante.

Il est dès lors évident qu'un antagonisme doit se produire entre le
personnage sensitif et le personnage sentimental. Ce ne sont pas
encore les deux hommes de saint Paul et de Racine. Ce ne sont pas
non plus les deux moi de M. Bergson. Ce sont les deux Tartarins de
Daudet, la bête et l'autre de Xavier de Maistre. L'un tremblera tandis
que l'autre fera belle contenance, l'un sera furieux de perdre au jeu
tandis que l'autre gardera le sourire aux lèvres, l'un à table s'em-
piffrerait volontiers, l'autre mangera modérément. Le personnage
verbal, qui ne tient guère son rôle que quand il parle à haute voix et
le plus souvent en public, fait ordinairement pencher la balance du
côté du personnage sentimental. La parole de l'un exprime les désirs
de l'autre, les désirs du personnage sensitif sont refoulés brutalement
devant le monde. C'est que, ainsi que nous l'avons vu, le personnage

verbal ne fait souvent que refléter la mode morale, que réciter les théories en faveur dans son milieu, il ne peut donc qu'être d'accord avec le personnage sentimental qui n'a qu'un désir, s'adapter à son milieu, s'y faire une place commode et capitonnée. Le monde n'a jamais manqué de gens d'esprit pour faire la théorie de ses états et lui montrer qu'il a pour lui, non seulement le plaisir, mais encore la raison. Ces théories venues de la pratique retombent en pluie de paroles sur les jeunes gens et contribuent à former en eux un personnage verbal conforme au milieu sentimental. Théorie et pratique sont ici d'accord, et toutes deux sont aussi inconsistantes l'une que l'autre. La morale change en passant du fumoir au salon et de la salle de bal au boudoir.

Nous n'avons jusqu'à présent trouvé que des personnages inconsistants, incohérents en eux-mêmes et contradictoires les uns avec les autres. Voilà bien le chaos de Pascal, désirs physiques qui se contredisent d'un instant à l'autre, désirs de briller et de paraître qui se contredisent aussi et contredisent les premiers, tirades sonores débitées par la bouche et démenties par les actes. L'hétérogénéité est complète, le dédale est inextricable. Il ne semble pas qu'il y ait moyen de le débrouiller.

Nous avons cependant constaté dans certains cas l'existence de personnages verbaux et rationnels à la fois qui sont parvenus à introduire l'homogénéité dans leur langage.

Ils sont souvent, nous en convenons, plus compliqués encore que les précédents. Tandis que le personnage verbal se confondait tout à l'heure avec le personnage sentimental, il fait maintenant sa partie. Nous avons deux désirs et une voix, et la voix n'est souvent pas moins contradictoire avec les désirs que ceux-ci ne le sont entre eux. Prenez une chrétienne invitée au bal ou un chrétien provoqué en duel, vous allez voir à l'œuvre les trois personnages. — « On verra tes épaules. — La convenance l'exige. — Dieu le défend. » — « J'ai peur ;... si j'étais tué ! — Que dirait-on si je reculais? — Homicide point ne seras. » Que le personnage verbal ait peu d'autorité, que bien peu de gens agissent conformément à leurs principes, que le personnage verbal soit superficiel, tandis que les deux autres sont plus essentiels, comme l'a si bien montré M. Bergson, cela n'est pas contestable, cependant il me paraît que le personnage verbal peut à son tour entrer dans le caractère véritable, que cette croûte superficielle peut arriver à former le fond même de la nature. Cela ne me paraît pas seulement possible, cela me paraît désirable et désirable à un tel point que sans cela je ne sais pas s'il faudrait songer encore à parler de moralité.

III

Si nous nous demandons en effet quel est le personnage qui doit diriger et se subordonner les autres pour établir l'homogénéité morale, nous verrons que ce ne peut être ni le personnage sensitif ni le personnage sentimental. Sans doute il peut arriver qu'un homme ait un naturel excellent. Doué d'une organisation physique exquise et parfaitement pondérée, les plaisirs ont pour lui l'importance qu'ont dans l'ensemble de sa vie les fonctions auxquels ils répondent; sa sensibilité psychique est si délicate que le mal d'autrui l'affecte comme le sien propre et il n'est heureux qu'à la condition de partager tous ses biens. Un seul malheureux lui gâte le monde, et il ne peut sourire quand il songe qu'il y a quelque part des hommes qui pleurent. Son esprit est si pur, son âme si innocente, son cœur si candide qu'il pourrait traverser toutes les boues sans en rapporter une souillure. Certes, il est possible que de tels naturels existent; c'est le charme de la pensée de croire à leur existence, mais l'expérience nous donne-t-elle le droit de dire qu'ils sont la règle et les autres l'exception? On l'aurait dit volontiers, il y a un siècle. Je ne crois pas qu'aujourd'hui, après la période de pessimisme que nous venons de traverser et dont nous sortons à peine, il se trouve un seul moraliste pour l'affirmer. Non, les natures innocentes, les naturels heureux ne sont pas la règle, c'est une grâce que reçoivent ceux qui les possèdent; c'est une faveur, un privilège de les voir autour de soi; la règle est tout autre. La nature ne nous donne point d'ordinaire cette harmonie exquise des fonctions intellectuelles et sensibles; l'expérience nous a désabusés de l'optimisme qui s'était infiltré dans la littérature depuis la Renaissance, nous revenons à la conception chrétienne du mal originel ou, ce qui est la même chose, de l'hétérogénéité native. C'est d'ailleurs ce qui résulte de nos précédentes analyses. Ni le personnage sensitif ne conserve l'accord avec lui-même, ni le personnage sentimental ne sait le faire, ni tous les deux ne peuvent s'accorder entre eux. Seul, le personnage verbal, quand il obéit aux lois logiques, peut s'accorder avec lui-même, mais à la condition d'entrer par là même en lutte avec les deux autres personnages.

Si donc on veut établir l'homogénéité morale, c'est au personnage verbal obéissant aux lois logiques qu'il faut s'adresser. Qu'est-ce à dire sinon qu'il faut s'adresser à la raison et non pas seulement tout plier à ses lois, mais avant toute chose tout pénétrer et tout animer de son harmonie, de sa constance?

Or, comment y parviendra-t-on ? On ne le peut faire qu'à une condition, c'est que le personnage verbal ne reste pas extérieur et superficiel, constamment prêt à s'évaporer en paroles. Il faut que les mots, véhicules des idées, reprennent pour l'esprit leur véritable valeur. Il ne faut plus qu'ils demeurent des signes abstraits et morts, il faut qu'ils deviennent des éléments concrets de la vie morale. Il faut donc par delà les sons et les vagues relations logiques retrouver le sens profond des mots, reconstituer dans l'âme la synthèse de notions, d'images, de sentiments, de tendances, dont le mot est devenu le signe abréviatif. Le mot doit nous aider à faire revivre et reparaître toutes ses conditions concrètes [1].

Ce travail n'est pas impossible. Le mot de courage, par exemple, n'est longtemps pour l'enfant qu'un signe abstrait associé à d'autres signes presque aussi abstraits de louange, de gloire, d'honneur, de patriotisme, etc. Mais qu'il ait à subir une légère opération et qu'on appelle son attention sur la force qu'il lui faut déployer pour se présenter de lui-même à l'opérateur, pour ne pas crier, etc., le mot « courage » prendra pour lui un sens plein et précis à la place du sens vague et abstrait qu'il avait auparavant. Les louanges qu'on lui donne, la satisfaction intime qu'il éprouve s'associent à cette idée vivante de courage et de force d'âme. Le mot courage est maintenant plus qu'un signe verbal, il est le point de départ d'images, de sentiments et de tendances qui tiennent à la trame même de la vie. Que maintenant l'enfant vienne à lire des exemples de courage, des traits d'héroïsme, il est préparé à les sentir et à incorporer dans sa vie toutes les tendances que leur imitation éveille.

Quand chacun des mots du système de morale logico-verbal sera ainsi incorporé dans un groupe d'images, de sentiments, de tendances, une attraction se produira dans le fond de l'être entre ces groupes divers comme elle se produisait entre les mots ou termes qui les symbolisaient appauvris. Les attractions, dépendances et ordonnances logiques ne sont que les apparences claires des attractions, dépendances et ordonnances constitutives de l'être. La vie est une raison qui s'ignore, et la raison le petit champ limité où la vie arrive à se connaître. Si l'hétérogénéité morale existe en fait, ce n'est pas par une loi essentielle de notre vie, c'est au contraire aux dépens de sa plénitude. Et comme nous le sentons nous-mêmes d'un sentiment intime et profond qui nous pénètre jusqu'aux derniers replis dans ces rares moments où la conscience charmée ressent l'harmonie de tout son être, la souplesse des membres, la finesse et

1. Voy. Egger, *loc. cit.*

l'acuité des sens, l'aptitude intellectuelle et l'entière possession de soi ! Cela se comprend sans peine : tant que règnent la discorde et la contradiction, beaucoup de tendances naturelles se tyrannisent et s'excluent les unes les autres, l'homogénéité seule permet au maximum de tendances naturelles de se réaliser à la fois.

Ainsi donc le personnage verbal doit avoir la domination, mais il ne la peut garder qu'à la condition de s'incarner dans le personnage sensitif et le personnage sentimental qui, seuls, ont une action directe sur nos muscles et par eux sur nos actions. Un mot qui n'est qu'un signe et ne se traduit pas en sentiments et en tendances n'a aucune valeur morale. La logique du personnage verbal règle donc, pacifie les contradictions de la sensation et du sentiment, mais à son tour elle leur emprunte son efficacité. Les rôles imaginaires servent à remplir les vides que le personnage sensitif et le personnage sentimental pourraient laisser dans la trame de l'action. Dans les circonstances nouvelles et sans cesse variées où nous nous trouvons, nous ne rencontrons pas toujours dans nos tendances intimes de quoi ordonner sans lacune la suite de nos actions. C'est alors, ainsi que nous l'avons expliqué plus haut, que nous réalisons les rôles imitatifs ou imaginaires. Poussés par le mouvement initial, nous remplissons la trame de l'action avec les vagues tendances que nous fournissent l'imagination ou la mémoire, selon les hasards de l'association. Nos manières d'agir risquent ainsi de demeurer constamment hétérogènes. Mais si, par la systématisation verbale, nous avons constitué des maximes générales d'action qui puissent se rapporter à toutes les situations de la vie, dans la plus extrême nécessité d'agir ces maximes seront présentes, ce ne sera plus l'association empirique des images qui réglera la continuité de l'action, ce sera l'association verbale et rationnelle, à la condition seulement que nous ayons à notre disposition les images nécessaires. Ces images, ce sont les rôles imaginaires qui les fournissent. Appelés par les mots, ces rôles se présentent et l'acte se réalise sous la dépendance des idées et en harmonie avec la direction générale de la vie. On l'a exprimé admirablement : « Nous nous proposons tel objet, telle idée, ou telle expression d'une idée : des profondeurs de la mémoire sort aussitôt tout ce qui peut y servir des trésors qu'elle contient. Nous voulons tel mouvement, et, sous l'influence médiatrice de l'imagination, qui traduit en quelque sorte dans le langage de la sensibilité les dictées de l'intelligence, du fond de notre être émergent des mouvements élémentaires, dont le mouvement voulu est le terme et l'accomplissement. Ainsi arrivaient, à l'appel d'un chant, selon la fable antique, et s'arrangeaient, comme d'eux-mêmes, en murailles et en tours, de dociles matériaux [1]. »

Il faut donc en l'homme la mise en œuvre de la raison et de la volonté pour constituer la vertu. Et non seulement l'homme se fait sa vertu, mais encore on la lui fait. L'œuvre de l'éducation n'a pas d'autre but. Cette formation en l'hofnme d'une âme nouvelle, d'une nature nouvelle, est une œuvre longue et difficile, soit qu'arrivé à l'âge d'homme il se résolve à s'édifier soi-même, soit que des pères on des instituteurs vigilants se donnent la peine de l'édifier. Notre étude ne serait pas complète si nous ne cherchions pas à déterminer les conditions principales de cette édification.

IV

Le but à atteindre étant d'établir dans l'homme l'homogénéité, il faut commencer par détruire l'hétérogénéité.

Or, nous avons vu que le personnage sensitif et le personnage sentimental n'étaient pas seulement contradictoires entre eux, mais même que chacun d'eux était en lui-même contradictoire et inconsistant. Leur inconsistance intérieure et leurs contradictions mutuelles sont la racine même de l'hétérogénéité. Il faut donc, pour que l'homogénéité puisse s'établir, que les tendances naturelles de ces personnages ne se réalisent pas d'elles-mêmes, que nous arrivions à les aliéner assez pour pouvoir les confronter avec nos idées avant qu'elles soient déjà réalisées. Toute édification morale devra donc commencer par la réduction des tendances naturelles des deux personnages primitifs. Le vieil homme doit mourir pour faire place au nouveau, qui empruntera sans doute à l'ancien nombre de ses éléments, mais qui le fera en connaissance de cause. Cette mortification des personnages primitifs est universellement conseillée par les moralistes, j'entends par les moralistes sérieux, tels que les stoïciens. Épicure même en dit quelque chose. Seuls Rabelais, Molière, et les philosophes du siècle dernier seraient peut-être d'un avis différent. Mais ceux mêmes qui blâment le plus la mortification comme antinaturelle, disent que l'homme doit se maîtriser et ne pas céder à ses passions. Qu'est-ce à dire sinon avouer qu'il y a en l'homme quelque chose à éliminer et à détruire, et que la nature doit subir une épuration?

Le personnage sensitif et le personnage sentimental sont des

1. Ravaisson, *Rapport sur la philosophie en France au* xix° *siècle*; 2° édit., p. 259.

manœuvres et non des maîtres. Ils doivent servir à édifier la vie humaine et non à eux seuls la constituer. Ils doivent être assouplis à servir, dociles aux ordres de la raison. Il faut donc résister à leurs tendances, s'habituer à ne les réaliser qu'après les avoir jugées à la lumière des idées, et pour cela il faut de toute nécessité se livrer à une gymnastique qui enlève à ces tendances en leur résistant, en les différant ou même en les supprimant, la fatalité de leur réalisation. Ainsi s'expliquent les jeûnes, les haires, les cilices, les privations, les interruptions de sommeil, les macérations de toute sorte. A un degré ou à un autre (le degré dépend, non de règles fixes, mais du sujet), on retrouve chez tout homme qui a voulu véritablement se posséder une gymnastique de ce genre destinée à dompter le personnage sensitif. Catilina, nous dit Salluste, s'était accoutumé à supporter la faim, la soif, toutes sortes de fatigues et de douleurs, pour être capable ensuite de faire tout ce qu'il voudrait. Que l'idéal de la vie soit la béatitude angélique ou le succès du *strugle for lifer*, on n'en réalisera aucun si l'on n'est pas capable de supporter la faim, la soif, le malaise et l'incommodité. Or, on ne peut s'en rendre capable qu'en s'y exerçant par une gymnastique appropriée. Prenons garde, sous prétexte d'hygiène, d'introduire la mollesse dans l'éducation. Toute commodité retranchée à l'éducation de l'enfant est une force ajoutée à la liberté de l'homme.

A son tour, le personnage sentimental devra subir des réductions. Le fond de ce personnage est l'amour-propre comme la sensualité est celui du personnage sensitif. De même donc que la douleur est l'élément réducteur du personnage sensitif, l'élément réducteur du personnage sentimental ne pourra être que le contraire de l'amour-propre, l'humiliation. De fins psychologues, qui étaient en même temps des moralistes indulgents, ont dit qu'il fallait, au contraire, éviter d'humilier les enfants, même quand on les punit, de peur de les dégrader à leurs propres yeux et de leur faire perdre ainsi tout ressort. Il y a là bien des confusions. Est-il possible d'abord de punir sans humilier? N'est-il pas possible en outre d'humilier assez pour réduire l'amour-propre et pas assez pour enlever l'énergie? N'est-il pas un peu chimérique de craindre une suppression complète de l'amour-propre? L'amour-propre est bien fin et les êtres les plus abjects ont le leur. Ne mettons pas au compte de l'humiliation ce qui doit être attribué seulement à la lâcheté. Quoi qu'il en soit, d'ailleurs, et bien qu'ici comme en tout il faille garder la mesure, je demande s'il est possible de montrer à quelqu'un ses fautes sans l'humilier; je vais plus loin, je demande si après une humiliation on ne sent pas plus vivement la nécessité de l'action réparatrice. Si on ne peut me contester ces deux faits, j'ai le droit de parler de la vertu bienfaisante de l'humiliation. .

Humiliés pour nous être laissés emporter à l'élan de nos tendances sentimentales, nous devenons plus défiants, nous nous habituons à les réfréner, à les retenir sous l'œil de la conscience, donnant ainsi à la raison le temps d'intervenir, de réduire les tendances hétérogènes et de ne laisser arriver à la réalisation que celles qui ne risquent pas de troubler l'homogénéité de la vie.

V

Tout est maintenant préparé pour la construction de l'homogénéité définitive. Le terrain est aplani et l'édifice peut s'élever.

Il faut avant tout définir en quoi consiste essentiellement cette homogénéité. L'homme ne peut conquérir son homogénéité morale qu'à la condition que ses actes réalisent la plénitude de son essence.

Avant donc de se mettre à l'œuvre, l'éducateur ou celui qui veut être à soi-même son propre réformateur doit donner une réponse à cette question : Quelle est la définition de l'homme? Toute éducation morale qui ne débute pas par là est une éducation manquée. Vous voulez former un homme. Avant tout il faut que vous sachiez ce que c'est qu'un homme. Il faut savoir ce qu'on veut faire avant de le faire.

Ainsi sont immédiatement rejetées toutes les formules qui sont évidemment incomplètes ou inexactes. Dire avec les cyrénaïques que le plaisir immédiat constitue la vertu, c'est réduire l'homme aux plus inférieurs des animaux; dire avec les utilitaires que l'intérêt est toujours d'accord avec la vertu, c'est ne considérer en l'homme que la sensibilité; dire avec les panthéistes que l'homme doit prendre conscience de son éternité et se faire dieu, c'est élever l'homme au-dessus de ce qu'il est et négliger en lui ce qu'il a d'imparfait et de borné; dire avec les kantiens que l'homme ne doit obéir au devoir que par devoir, sans raison et sans désir, c'est supprimer de l'homme à la fois la sensibilité et la raison. Toutes ces formules se heurtent à des impossibilités évidentes; elles ne peuvent aboutir à fonder une véritable homogénéité. Réduisant ou excédant l'essence de l'homme, ou elles sont nécessairement dépassées ou elles demeurent nécessairement, elles laissent donc subsister le divorce de l'homme avec lui-même, l'hétérogénéité ruineuse de la morale.

De toute façon il faut vivre en homme. Pour savoir faire ce qui est de l'homme il faut savoir ce que c'est que l'homme. Mais pour le savoir, il faut se rappeler que la définition, qui exprime la forme de l'être, ne peut complètement s'établir qu'à la condition de connaître la fin de l'être, car les formes dépendent des fins. Pour définir l'homme il faut donc avant tout résoudre le problème de sa destinée. Vous pouvez résoudre le problème en disant que la vie de l'homme a sa fin en elle-même ou en lui assignant d'autres fins, de toute façon vous donnez au problème une solution. Et dire qu'il est insoluble ou refuser de l'examiner c'est encore le résoudre. Car nous sommes ici sur le terrain de la pratique où l'abstention est impossible, où ne pas agir c'est encore agir. Refuser donc de se décider à répondre si l'homme a ou n'a pas des fins extérieures à lui-même, c'est pratiquement se décider à traiter l'homme comme isolé, c'est donc tout comme si on disait que l'homme n'a point de destinée autre que celle que nous voyons sous nos yeux se commencer et se terminer. Nous sommes embarqués ici, et quelles que soient nos répugnances, il nous faut décider. La neutralité ne peut exister, elle est une impossibilité pour la pratique et une absurdité pour la pensée. Et qu'on le remarque bien, c'est précisément sur la question la plus délicate et la plus haute, qui tient de plus près aux doctrines métaphysiques et religieuses, que la neutralité ne peut exister.

Car toute la direction édificatrice des âmes doit changer selon la définition que vous donnerez de l'homme. Si vous le définissez avec les kantiens une fin en soi, vous devez l'élever et l'exalter dans son droit, écarter de lui tout asservissement et toute humiliation, créant ainsi dans la société une anarchie fondamentale que vous ne pourrez éviter qu'au prix des plus cruelles contradictions; si vous le définissez avec les philosophes du xviiie siècle et les évolutionnistes un être créé en vue de la persistance de l'espèce, vous serez amené à tout abandonner à la fin extérieure pour laquelle les hommes sont nés; si vous le définissez enfin avec le christianisme un être créé pour jouir éternellement de la vie divine, vous voilà forcés d'orienter en ce sens toute la discipline de l'éducation. Sans doute dans les trois hypothèses les trois morales s'accorderont pour défendre le vol ou l'assassinat, mais ce sont là des rencontres accidentelles, des sortes de carrefours moraux, qui ne prouvent qu'une coïncidence, et non une identité de direction. Une éducation athée ne peut ressembler à une éducation théiste et une éducation chrétienne ne peut ressembler à une éducation purement philosophique. Tout doit tendre à établir la maîtrise du vrai maître. Dans une éducation rationaliste, tout doit tendre à établir le magistère de la raison humaine; dans une éducation chrétienne, tout doit tendre à montrer la souveraineté de Dieu.

Il faut donc se décider à poser de l'homme une définition. De cette décision première tout le reste va dépendre. C'est elle qui organisera autour d'elle tous les systèmes idéaux d'abord, imaginatifs et musculaires ensuite, qui devront servir à la réaliser. L'homogénéité rationnelle du système s'établira sous la dépendance de la définition de l'homme et de la solution positive ou négative du problème de sa destinée.

De cette homogénéité découlera l'esprit de suite dans l'éducation, l'accord de l'éducateur avec lui-même et des éducateurs entre eux. Cette harmonie si désirable même pour les procédés d'instruction est indispensable en éducation. Des maîtres divisés de doctrines, de manières d'agir et de juger les actions ne formeront jamais un caractère consistant. Si ce caractère se forme, ce sera malgré eux, parce que, grâce à une sève morale puissante, il aura su conquérir son autonomie. Les autres resteront vacillants et verbaux sans autre fond que le souvenir de quelques leçons austères, de quelques hauts exemples qui leur font sentir sans doute leur néant moral, mais sont impuissants à les arracher au fuyant scepticisme de leur intelligence et au tyrannique dogmatisme de leurs intérêts.

A l'esprit de suite l'éducateur devra joindre l'art d'éveiller chez l'enfant la réflexion morale et de lui enseigner à construire le personnage moral. Pour cela il devra lui meubler la mémoire d'images d'actions conformes au but poursuivi. Et ce ne sont pas seulement des exemples d'actions héroïques et admirables qu'il faut donner à .'enfant, mais encore, mais surtout, des exemples de vies conformes à elles-mêmes, consistantes et homogènes dans les actions les plus simples et les plus vulgaires. Les héros se proposent à l'admiration, ce que je suis loin de trouver mauvais, mais seuls les honnêtes gens vertueux dans les choses ordinaires peuvent être proposés en exemples. Ce sont des vies entières et détaillées et non des traits d'histoire qu'il faut faire méditer à nos enfants. Il est vrai qu'elles sont rares, parmi les vies des grands hommes, celles qu'on oserait de tout point proposer à l'imitation. Les chrétiens seuls ne sont pas embarrassés et leur hagiographie est riche de ces vies à la fois vertueuses et communes que tous peuvent imiter dans tous leurs détails. En cherchant bien, pourquoi n'en trouverait-on pas de semblables parmi les évolutionnistes ou les kantiens?

Mais donner à l'enfant des exemples à suivre ne suffit pas, ces exemples ne lui fournissent que la matière de ses actions. Il faut lui apprendre à composer son personnage, l'habituer dès lors à prévoir ce qu'il aura à faire dans la journée pour que, dans le calme de la réflexion, il s'habitue à préparer son rôle conformément à l'idée qu'il veut réaliser. Sans cela, au moment de l'action, ou la passion donnera aveuglément le dessus tantôt au personnage sensitif, tantôt au personnage sentimental, ou même, pris au dépourvu, on agira selon les hasards de l'imitation ou des associations imaginatives. Ainsi la réflexion matinale sur les choses de la journée qui commence, ce que le christianisme appelle la méditation, est indispensable, quelque soit le système de morale qu'on adopte, pour réaliser ce système. Pour le reste, pour ce qui d'avance ne peut être prévu, la pénétration de l'être par l'idéal qu'il poursuit et les maximes générales qui en découlent seront la cause, ainsi que nous l'avons dit plus haut, de l'appel à l'être et comme de l'évocation des rôles imaginaires les plus immédiatement susceptibles de réaliser cet idéal.

Si l'enfant n'a pas eu l'heur de recevoir une telle éducation et qu'arrivé à l'âge d'homme il veuille introduire l'homogénéité dans sa vie, il devra obéir aux mêmes principes et se soumettre aux mêmes exercices, ainsi que j'ai essayé de le montrer ailleurs [1], c'est-à-dire qu'il devra se proposer un idéal moral, s'en pénétrer et travailler ensuite à le réaliser par la réflexion et l'imitation. Ainsi pourra se former une vie solide qui aura, comme le demandait le Portique, de la consistance et de la tenue, tout ce que nous avons appelé d'un seul mot, l'homogénéité. Le sage restera d'accord avec lui-même et, dans les douleurs ou dans les joies, parmi le train ordinaire de la vie, dans le calme monotone et répété des occupations communes comme dans les occasions d'éclat ; quand les passions font silence comme lorsqu'elles bouillonnent en tempêtes, il saura conserver la rectitude de son action et ne pas faire donner à ses actes d'hier par ses actes d'aujourd'hui un humiliant démenti.

Et maintenant, cette harmonie, cette homogénéité une fois acquise, peut-on espérer qu'elle sera solide et tenace, qu'elle durera toujours sans dévier jamais? — Ce serait bien mal connaître le fond mobile de l'homme que de l'espérer. C'est un état fragile, essentiellement instable. Il suffit d'un événement imprévu, pour que le vieil homme se réveille et que le naturel hétérogène remonte à la surface de l'être.

Il y a presque dans tout homme, sans en excepter les plus vertueux, un point plus sensible, quelque chose de plus essentiel et de plus intime, qui a besoin d'être touché très légèrement si l'on ne veut pas voir tomber comme en écailles l'homogénéité construite. Chez le vulgaire, un danger, une émotion suffisent à mettre à nu

---

1. *Essai sur le libre arbitre*, 4ᵉ part., liv. II, ch. v; *la Pratique du libre arbitre*, p. 468-490, in-8°, Alcan.

les instincts féroces cachés sous le vernis de la politesse civilisée.
Mais même chez des hommes habitués de longue date à se maîtriser, il est bien rare qu'il n'y ait pas un point, sinon irréductible,
du moins non réduit encore, qui, s'il est touché, ne vous montre
l'homme ancien dans sa nudité. C'est un spectacle triste de voir
ainsi sur un mot, sur une allusion, sur une sensation, se ruiner tout
un édifice de vertu. Celui qui connaîtrait bien les hommes pourrait,
à peu de frais, s'il avait le cœur de le vouloir, se donner cette émotion.
A combien plus forte raison est-il facile au psychologue de faire se
démentir les personnages verbaux! C'est là un plaisir qu'il serait
pénible de se refuser et qu'on n'est nullement blâmable de se procurer. On peut, au contraire, éveiller leur pudeur, les ramener à la
modestie, au sentiment de tristesse confuse qui résulte de leurs contradictions et ainsi les mettre sur le chemin de la véritable sagesse.
Cette fragilité de l'édifice moral ne prouve point qu'on doive
s'abattre et ne plus y travailler, elle prouve simplement qu'il faut
veiller sur lui et ne se point endormir au son flatteur des éloges et
des complaisances intérieures. Il faut aussi se connaître, savoir les
points faibles et s'arranger de façon à ce qu'ils n'aient point l'occasion de se trouver exposés. En morale, il n'y a d'invulnérables que
ceux qui savent bien qu'ils ne le sont pas. Et s'il finissent par traverser la vie sans souillure, c'est qu'ils ont bien soin de se répéter
chaque jour à eux-mêmes ou à un Autre plus grand qu'eux : *Et ne
nos inducas in tentationem.*

G. FONSEGRIVE.

CONTRIBUTIONS PSYCHO-PHYSIQUES

A L'ÉTUDE ESTHÉTIQUE

(*Suite* [1]).

VI

Ce rapide exposé nous permet de poser les principes essentiels de toute recherche esthétique sérieuse. Nous séparons trois genres parfaitement distincts d'effets produits par la musique : les satisfactions qui se rapportent au goût ne sont susceptibles d'aucune analyse scientifique ; — l'émotion sensorielle est la partie principale des sentiments provoqués par l'art, mais elle ne mérite pas le nom *d'esthétique* ; — nous réservons cette dernière qualification pour les résultats moraux que nous avons reconnus.

Wundt est loin d'avoir sur cette question une doctrine complète et satisfaisante ; il dit bien que [2] « l'efficacité des représentations esthétiques repose toujours sur l'éveil des idées morales et religieuses » ; mais il appelle encore *esthétique* le simple plaisir provoqué par une consonance, et dans ses exposés il ne tient pas grand compte du principe précédent.

On regarde, le plus souvent, les sentiments de plaisir et de peine comme des éléments simples, susceptibles d'une étude scientifique et propres à fournir la base des théories esthétiques. On comprend dès lors facilement que les philosophes ont dû faire de grands efforts pour obtenir une définition claire et satisfaisante du plaisir. On semble tendre à admettre, avec Kant, qu'il faut ainsi désigner un sentiment d'excitation favorable à la vie ; mais cette formule est un peu vague et ne permet pas d'aller bien loin.

On doit à M. Féré un certain nombre d'expériences d'un haut

---

1. Voir le n° du 1er juin 1890, tome XXIX.
2. *Eléments*, etc., t. II, p. 215.

intérêt sur cette question; nous attachons une grande importance aux travaux du savant médecin, d'autant plus grande que nous ne partageons pas ses idées. Il a essayé de traduire par des *mesures précises* les effets produits par les divers sentiments. Il croit pouvoir conclure de ses observations que *la sensation de plaisir se résout dans une sensation de puissance*. Cette formule ne serait pas bien utile pour les applications psychologiques, car la sensation de la puissance serait difficile à apprécier; ce n'est guère qu'une métaphore. En réalité, M. Féré a prouvé tout autre chose : il a montré que, *dans les cas étudiés par lui*, les sensations agréables provoquent une exaltation de la force du sujet. On pourrait donc dire que toutes les impressions favorables sont *sthéniques*, suivant la classification kantienne [1].

La loi énoncée par M. Féré ne paraît pas avoir toute la généralité qu'il lui attribue; il semble même difficile à admettre, *pour un psychophysicien*, qu'une formule aussi générale puisse régler tous nos sentiments. De plus, le savant médecin n'a examiné que des cas très simples; le phénomène est beaucoup plus complexe quand il s'agit d'émotions [2].

Il résulte du travail de M. Féré que les observations dynamométriques manquent souvent de précision et de netteté; on peut être assez souvent induit en erreur, même lorsqu'il s'agit de choses aussi simples que les impressions produites par un disque tournant à droite ou à gauche [3].

On doit à M. Lombroso des recherches faites avec soin, au moyen du sphygmographe, sur des criminels, en vue d'étudier leurs émotions. Les chiffres qu'il a obtenus sont, le plus souvent, contradictoires [4] : une même excitation peut provoquer soit un désir ardent, accompagné d'une tendance au mouvement, soit un regret et une dépression. La vue d'une bouteille de vin produit presque toujours le premier effet, mais quelquefois aussi le second. De pareilles expériences ne peuvent donc pas fournir des résultats probants par eux-mêmes; le phénomène a besoin d'être, au préalable, analysé et l'observation doit être interprétée.

Dans les expériences de M. Féré l'analyse s'impose aussi, bien que les conditions soient beaucoup plus simples : ainsi on ne saurait comparer exactement un disque en mouvement à un disque en repos;

---

1. *Anthropologie*, traduction Tissot, p. 221.
2. Wundt, *Éléments*, etc., t. II, p. 371-377.
3. *Revue phil.*. mars 1886, p. 253.
4. *L'homme criminel*, traduction Régnier, p. 310 et suivantes.

il faut dans le premier cas tenir compte du processus de l'aperception [1].

Malgré tout, ce genre de recherches peut offrir un grand intérêt ; lorsque les résultats sont bien acquis, ils permettent de guider le psycho-physicien dans ses rapprochements et ses analyses.

Nous ne pensons pas que les conclusions déduites de l'étude du plaisir (en admettant même qu'on parvint à formuler des lois certaines) puissent servir de base à l'esthétique. On ne saurait soutenir sérieusement que toute excitation tonifiante (et par suite agréable) puisse être réputée appartenir au domaine du beau. Il nous suffirait de rappeler, à la rigueur, la puissance extraordinaire du sang sur tous les animaux. Tous les criminologistes savent que l'aspect du sang provoque des crises souvent terribles; et peu de personnes sont complètement affranchies de cette surexcitation. M. Lombroso a fait connaître un assez grand nombre de faits qui démontrent que ce spectacle est l'aphrodisiaque le plus violent que l'on connaisse [2].

Dans les œuvres d'art elles-mêmes, nous avons reconnu qu'il existe un grand nombre de manifestations séduisantes, excitantes et cependant nullement esthétiques. Tout ce qui provoque, par exemple, la passion sexuelle, d'une manière désordonnée, mérite certainement le nom de plaisir, mais non de chose belle. Dans bien d'autres cas, il y a contradiction manifeste entre les jugements sur le plaisir et sur le beau. L'art ne cherche pas toujours à déterminer une excitation agréable; bien souvent la musique religieuse a pour mission de troubler l'âme, de la déchirer, d'amener une crise douloureuse, de manière à nous arracher à notre quiétude, pour nous conduire, malgré nous, à une conception pessimiste. Le beau peut donc être déprimant, au moins dans un certain sens.

Les résultats obtenus par M. Féré ne conduiraient souvent l'artiste qu'à des déceptions. Il a vérifié les observations de Penza sur l'action psychique des couleurs : celles-ci seraient d'autant plus dynamogènes qu'elles sont plus rapprochées du rouge. Il semblerait que, pour donner beaucoup de grandeur et de puissance à un vaisseau, il conviendrait d'y jeter beaucoup de lumière rouge. Les artistes du moyen âge ont, au contraire, prodigué le bleu sur leurs vitraux et sur leurs voûtes : ce procédé n'a point pour effet de déprimer l'âme, mais de donner un aspect gigantesque à l'édifice et de remplir l'esprit d'une satisfaction calme et pleine.

Ce fait est facile à expliquer : il n'existe rien de plus beau, de plus

<hr />

1. Wundt, *Éléments*, etc., t. II, p. 375.
2. *L'homme criminel*, p. 665.

réjouissant pour le cœur, que l'azur du ciel par un beau jour, bien clair. Cette lumière charmante perd sa valeur en entrant dans nos édifices ; les fenêtres lui donnent une couleur grise et triste ; les pierres, toujours un peu ternies, prennent un aspect cadavérique. Le ton général de coloration, adopté au XIII° siècle, provoque en nous l'idée du grand air et les murailles ne paraissent plus tristes. Les verrières arrêtent beaucoup de rayons ; mais, si elles sont bien traitées, elles donnent une lumière qui semble aussi pleine et aussi resplendissante que celle du plus beau ciel.

D'après les graphiques de M. Féré, le violet ne diffère pas beaucoup du bleu [1] ; son effet est tout autre dans les vitraux ; une coloration violette est déplaisante en général ; elle rappelle le soleil couchant, le moment où notre activité va s'éteindre. Si les vitraux violets sont fortement éclairés, ils sont presque aussi désagréables que les rouges ; aussi ne les emploie-t-on guère que dans les roses, que le spectateur ne voit pas devant lui.

La couleur jaune donne des résultats assez variables ; toutefois elle semble, en général, se rapprocher beaucoup du bleu et elle est bien en dessous du vert [2]. Ce phénomène paraît tout d'abord assez anormal et ne peut guère s'expliquer que par des associations : le jaune, dans bien de ses nuances, rappelle les feuilles mortes et les paysages tristes.

Pour le rouge, les expériences sont toujours concordantes ; c'est la couleur ardente par excellence ; Wundt observe toutefois, avec raison, qu'il perd ce caractère lorsque l'énergie lumineuse est faible. Nous pensons que ce phénomène doit être rapproché de l'aspect de certains paysages d'automne, riches en feuilles rouges, d'un aspect sérieux et glacé, caractérisant une végétation mourante.

Le rouge, qui est d'ordinaire une couleur chaude et saillante, devient, dans les mêmes conditions, une couleur excellente pour faire ressortir les fonds. On sait que les Grecs l'ont employé de cette manière avec le plus grand succès [3].

A notre avis, il faut, dans ces recherches, s'occuper surtout d'associations fondées sur les spectacles naturels. Wundt reconnaît la grande valeur de ce genre de considérations ; il estime que ces rapprochements ont pour effet [4] « de renforcer le sentiment dans une direction, qui lui a été une fois assignée par la nature primitive de la

---

1. *Revue phil.*, octobre 1885, p. 354.
2. *Revue phil.*, octobre 1885, p. 353-354, — décembre 1887, p. 567. Quand le *jaune* est *orangé*, l'effet dynamogène est puissant.
3. *Revue phil.*, octobre 1886, p. 367.
4. *Éléments*, etc., t. I, p. 549.

sensation » et qu'ils « redonnent après coup aux sensations une énergie de sentiment, que l'homme sauvage avait déjà trouvée dans la nature propre de la sensation ». Il ajoute que l'on peut trouver « dans ce renforcement... un exemple de l'*harmonie merveilleuse existant entre nos sensations et la nature extérieure.* »

Wundt estime toutefois que ces associations ne sont pas l'origine de nos sentiments; mais c'est là une question d'ordre bien théorique; nous ne pensons pas qu'elle soit susceptible d'une solution dans l'état actuel de nos recherches. Cette solution n'aurait pas d'ailleurs pour nous grand intérêt, car elle n'avancerait pas beaucoup la théorie des beaux-arts.

VII

Presque toutes les recherches rationnelles à faire par la psychophysique, dans le domaine esthétique, s'appuient sur la loi d'harmonie que nous venons de formuler. Il est clair que la musique est ici hors de cause; nous avons dit qu'elle occupe une place à part ; et elle doit être étudiée par une méthode particulière.

L'artiste est un être exceptionnel, doué d'une sensibilité spéciale, d'une faculté productive très intense et de très courte durée ; il raisonne autrement que le profane, il raisonne si vite et d'une manière si originale qu'il a peine à analyser ses actions, si bien que, revenu au repos, il peut rarement rendre compte de ce qu'il a fait.

La communication entre l'artiste et le savant est d'autant plus difficile que le premier se sert d'un argot, qui n'a pas de dictionnaire satisfaisant [1], dont il ne peut pas traduire les termes en langage scientifique ; c'est que pour lui les mots n'ont pas la valeur que leur attribue le logicien ; leur signification est toujours précisée par l'évocation d'images et de souvenirs très nets.

L'artiste, après la période de travail, ne comprend pas qu'il ait pu produire autant; il s'imagine avoir agi sous l'influence d'une impulsion. Des philosophes peu observateurs répètent cette naïveté et vont, quelquefois, jusqu'à imaginer une puissance mystérieuse et infaillible guidant la main de l'artiste. Comme il n'y a pas de limites dans la voie de l'absurde, on a pu doter cette force *inconsciente* de toutes sortes de talents.

---

1. Viollet-le-Duc (*Dictionnaire*, t. VIII, p. 478), se plaint de cette terminologie impossible à définir correctement : « Il n'est pas de critique d'art qui, en parlant de la peinture, ne trouve à placer le mot *clair-obscur*. Qu'est-ce qu'un clair-obscur? » Ces mots n'ont pas grand inconvénient tant qu'ils ne sortent pas des ateliers.

Plus d'une fois des mathématiciens [1] ont cru que ce dieu caché ne devait pas être embarrassé pour résoudre des problèmes algébriques et que des calculs devaient être pour lui un passe-temps assez agréable. Car chacun fait son idole à son image et à sa ressemblance. On a donc vu paraître pas mal d'équations du beau. M. Ch. Henry, étudiant (sur des dessins sans authenticité d'ailleurs) les vases grecs, a trouvé que les potiers de Cnide résolvaient, *inconsciemment*, par leur doigté, les équations assez complexes qui servent de règles à l'esthétique, d'après lui [2].

Toutes ces conceptions bizarres montrent qu'on néglige le principe du travail artistique. Le savant, le physicien, le critique procèdent par équations, thèses générales, syllogismes; pendant longtemps on a cru qu'il n'y avait pas d'autre moyen de raisonner; Stuart Mill a prouvé que ce procédé est, au contraire, assez rarement employé. L'artiste va toujours du particulier au particulier; il ne ramène presque jamais son idée à quelque formule générale. Il semble même qu'il y ait presque incompatibilité entre l'invention artistique et la profondeur des jugements critiques, au moins dans la même période de la vie [3].

Très souvent on a dit que la science étouffe l'art; cela est faux. Lorsqu'une école est en décadence, la mauvaise critique des professeurs ne parvient pas à discerner les véritables principes et impose aux jeunes gens des formules sans valeur. C'est ainsi que, durant longtemps, on prétendit qu'il n'y avait pas d'architecture possible

1. Remarquons, à ce sujet, combien il est rare que les géomètres *distingués* comprennent les principes de la physique. On pourrait faire un joli recueil de leurs insanités, mais nous ne croyons ni bon ni loyal de faire ressortir les faiblesses du génie.

Dans le cas actuel, leur erreur est d'autant plus excusable que l'on enseignait encore il y a peu d'années que l'assonance a pour base la simplicité des rapports, etc.

2. *Revue archéologique*, 1890. A quoi ne peut-on pas arriver, quand on a la passion algébrique? Un curé a prouvé que le rapport de la circonférence au diamètre permettrait de retrouver le texte hébreu de plusieurs psaumes de David. M. Ch. Henry, sous l'influence de préoccupations classiques chez les géomètres, remplace l'homme par un mécanisme très simple, un compas à 4 branches : toute la psychologie de cet *homunculus* est basée sur le plus ou moins de facilité qu'il a à décrire des cercles. Les vérifications, que l'inventeur croit trouver, ne prouvent rien, tant qu'il ne justifiera pas le principe de cette simplification : il faudrait établir que cette construction est la traduction des lois les plus générales et les mieux démontrées de la psychologie. C'est ainsi que Clausius a pu faire accepter, partiellement, sa théorie cinétique; elle n'est qu'une formule équivalant aux *seules lois connues* des gaz. Même observation pour l'éther de Fresnel

3. Il est donc injuste de reprocher à un critique habile la faiblesse de ses propres œuvres. Viollet-le-Duc, dont l'esprit était si pénétrant, n'a pas marqué comme constructeur de monuments neufs.

sans copier les ordres, tels que les avait légués la *décadence romaine* !

La psycho-physique a précisément pour objet de soumettre à une critique perpétuelle les formules d'atelier, de les rapprocher des principes esthétiques, de fournir aux esprits ingénieux et chercheurs les moyens de s'affranchir des règles scolastiques. Tous les artistes ne peuvent pas être des hommes de génie ; le génie lui-même a besoin d'utiliser les découvertes acquises et de s'appuyer constamment sur le travail des êtres plus modestes qui l'entourent ; car les soldats sont indispensable au général. Jamais l'œuvre d'investigation, de dépouillement et de critique ne pourra se terminer, car nous prenons nos principes dans la nature et la nature est inépuisable ; le savant n'arrivera jamais à dévoiler tous ses secrets.

Le chef d'école est l'homme de génie qui introduit un nouvel élément emprunté à l'observation. Par exemple, il remarque certains phénomènes curieux d'illumination, dont le souvenir peut être rappelé sur la toile; l'atelier transforme cette intuition en une routine et bientôt arrive la décadence. La vie ne cesserait pas d'animer ce travail si les élèves savaient soumettre les procédés de maître à une discussion scientifique, les corriger lorsqu'il le faut et découvrir des règles plus élastiques, destinées à les compléter.

L'artiste créateur étudie la nature par le même procédé que le physicien ; c'est là un point d'une importance capitale; le savant ne prétend pas connaître l'essence des choses, pour arriver déductivement à la détermination des accidents ; son ambition est moins grande : il établit des cadres, des divisions, ne veut savoir de chaque phénomène que ce qui rentre dans un genre simple; en un mot il ne *voit* dans la nature que ce qu'il *peut* se représenter d'une manière scientifique. L'artiste opère de même; au milieu de ce tumulte de mouvements, de cet amoncellement qui semble impossible à débrouiller, il saisit des caractères marquants, il établit une classification [1], une hiérarchie ; il voit le monde en le rapportant, en quelque sorte, à l'échelle de son art.

On sait, par exemple, qu'il est impossible de songer à copier les couleurs du paysage; les pigments, dont on dispose, n'ont avec elles

---

1. Citons, par exemple, la décomposition de l'étendue en *plans*; ceux qui n'ont aucune éducation artistique ne voient pas ainsi la campagne, ou plutôt, n'ont qu'une idée assez vague de cette classification : pour les profanes il n'y a guère qu'une distinction en trois parties : auprès, au large, très loin. Cette classification, si grossière qu'elle soit, a une grande importance pratique : nous croyons que c'est à cette théorie qu'il faut demander l'explication de l'agrandissement de la lune près de l'horizon; tout ce qui a été écrit là-dessus est peu satisfaisant.

que de lointains rapports. Un procédé barbare consisterait à représenter la nature comme si on la voyait à travers une lunette dépolie. On a souvent cherché à formuler la loi générale à laquelle devait obéir la coloration d'un tableau [1] ; nous ne croyons pas qu'il y en ait, parce que le système de coloration adopté est la caractéristique de chaque maître et que nous ne croyons pas à la *servitude de l'art*. Chaque grand artiste adopte des procédés que ses élèves apprennent par routine : ils arrivent à voir les choses autrement que leurs camarades rivaux, chacun classant les objets d'après le mode de représentation adopté [2].

La sculpture ornementale fait un grand usage des végétaux : les procédés qu'elle emploie ont souvent embarrassé les meilleurs critiques. Viollet-le-Duc [3] se demande par quelles affinités mystérieuses les artistes du XIIe siècle ont choisi des fleurs printanières, fort modestes, cueillies dans les bois et dans les terrains humides. La raison est facile à déterminer pour toute personne ayant un peu l'habitude des raisonnements psycho-physiques.

Nous ne nous arrêterons pas à signaler les raisons de convenance esthétique qui ont amené à abandonner les chapitaux décorés d'animaux pour revenir à la flore. Parmi toutes les manifestations, si variées, de la vie végétale, le sculpteur découvre le principe essentiel qui régit les formes ; longtemps avant que Sachs étudiât scientifiquement la *tonicité*, il s'est rencontré des artistes pour reconnaître quelle était la base de tout le développement des plantes.

Les Grecs, avec leur génie merveilleux, avaient choisi l'acanthe comme le type de la vie végétale ; dans les temples ioniens on trouve des acanthes traitées par des *praticiens asiatiques* ; les tracés sont respectés, mais la tonicité a disparu ; à côté on ne peut se lasser d'admirer les belles et puissantes tiges, pleines de sève, sculptées par les Grecs. Cette plante se prête à tous les caprices, car elle sait se contourner facilement pour éviter le moindre obstacle : ces contours sont toujours gracieux, car ce ne sont pas les enroulements d'un corps élastique, plié par une *force étrangère*, mais les manifestations d'une vie intense, qui dispose, à son gré, d'une *force intérieure indéfinie*.

Viollet-le-Duc observe avec raison que les formes des grands végétaux présentent [4] « une sorte d'indécision, de mollesse, qui ne peut

---

1. E. Brücke, *les Couleurs*, traduction française, p. 276.
2. On peut citer, comme un exemple bien singulier, la teinte complémentaire attribuée quelquefois aux ombres.
3. *Dictionnaire*, t. V, p. 488.
4. *Dictionnaire*, t. V, p. 488.

fournir d'exemple à la sculpture monumentale ». Mais il ne dit pas le pourquoi : c'est que dans le ligneux la force est presque complètement cachée, tandis que dans les plantes charnues la tonicité est apparente et peut être encore rendue plus sensible aux yeux par le sculpteur.

Le type accompli de la beauté des formes nous est donné par le corps de l'adolescent, lorsqu'il est encore en croissance; certaines plantes semblent animées et les branches d'acanthe, interprétées par les Grecs, paraissent souvent aussi belles que les bras d'une jeune fille.

La sculpture romane est généralement sèche parce qu'elle s'inspire rarement de ces principes; les artistes de ce temps ne savent pas encore *lire esthétiquement* la nature; le plus souvent, ils se contentent de plaquer sur la pierre des figures extraites de manuscrits, d'ivoires et autres bibelots byzantins. Ce sont plutôt des praticiens que de vrais artistes.

Lorsque l'art s'épuise et devient *formulaire*, les sculpteurs ne comprennent plus les principes; ils font encore au xıv° siècle des choses charmantes; mais ils n'interprètent plus correctement la nature [1]. « Non seulement ils choisissent des feuilles parvenues à leur entier développement, mais encore ils aiment à les froisser; leurs ornements deviennent confus, mesquins. » L'atelier produit de très habiles gens, mais personne ne sait étudier la flore avec une préoccupation vraiment scientifique; toute idée de rapprochements psycho-physiques est morte pour longtemps.

VIII

L'architecture est le premier, le plus complet des arts; nul plus qu'elle n'a besoin du secours de la psycho-physique, parce qu'elle ne peut corriger ses œuvres et que, par suite, tout doit avoir été prévu avant l'exécution.

Nous avons déjà dit que nous rejetions toute formule pour *calculer* de belles proportions ; les courbures gracieuses des objets de petite dimension peuvent encore se juger par rapprochement avec les formes de la jeune fille ou des fleurs ; mais on manque de tout élément de comparaison dès qu'il s'agit des grandes lignes de l'architecture.

Les Grecs semblent s'être encore inspirés un peu de souvenirs

1. Viollet-le-Duc, *Dictionnaire*. t. V, 421. Le sens de la tonicité leur échappe complètement.

humains en établissant leurs ordres ; la tradition, rapportée par Vitruve, est formelle et l'examen des dispositions adoptées ne semble guère permettre le doute [1]. De pareils rapprochements seraient aujourd'hui presque sans utilité, parce que notre esprit n'est pas préparé pour les comprendre.

Tout le monde est d'accord pour dire que l'œuvre doit-être rationnelle et intelligible, qu'il ne faut pas cacher les moyens employés, mais plutôt mettre en évidence le système de construction. Cette règle est devenue banale à force d'être répétée ; mais elle n'a pas été expliquée ou elle l'a été fort mal : nos constructions en fer sont établies d'après des formules scientifiques, tout y est apparent, et cependant elles sont d'ordinaire sans grande valeur esthétique.

L'architecte est tenu d'établir ses constructions d'après les meilleures règles de l'art de bâtir ; il doit combiner ses tracés d'après les méthodes les plus appropriées à la nature des matériaux employés ; mais il ne saurait faire comprendre au spectateur (si habile qu'on suppose celui-ci) que les poids de la construction sont répartis proportionnellement aux résistances des pièces ; tout ce qu'il peut arriver à rendre intelligible c'est le principe de sa conception.

Plus d'une fois l'artiste et le constructeur, associés pour l'édification d'un bâtiment en fer, ne peuvent s'entendre, parce que leurs tendances d'esprit sont, de tout point, opposées : le premier est pénétré de l'esprit de la physique, qui manque généralement au second. Presque toujours le constructeur est l'esclave de ses formules ; son esprit n'est pas assez philosophique pour arriver à comprendre la valeur réelle de la mécanique appliquée ; souvent même son jugement a été complètement faussé par l'usage continuel qu'il a fait de cette science, pleine de sophismes.

---

1. Viollet-le-Duc remarque (*Entretiens*, t. I, p. 83) les ressemblances qui existent entre certains profils grecs et des formes musculaires ; cela est frappant pour l'échine des chapiteaux doriques à la belle époque.

Il faut aussi observer les cannelures, qui rappellent les tuyautages des anciennes robes de lin ; les colonnes du temple de Bassæ qui semblent habillées de longues tuniques ; la forme penchée des colonnes extrêmes qui s'inspire, évidemment, des attitudes bien connues des cariatides, etc.

La colonne grecque est tout entière vivante et ne dérive d'aucun élément égyptien. C'est un point qui n'a pas été bien compris des archéclogues, trop empressés de faire des rapprochements de formes. Les piliers circulaires des Egyptiens et des Perses sont des *supports rigides*, assez forts pour ne pas s'écraser sous la charge. La colonne grecque est un être vivant, qui *soulève sans effort* le poids du couronnement. Le caractère de soulèvement est bien marqué dans les échines du Parthénon.

Cette théorie explique la manière dont les Grecs ont employé les règles modulaires dans la composition des ordres : un être vivant ne peut jamais beaucoup s'éloigner de son type moyen et ne peut jamais le reproduire exactement.

Dans presque tous les cas, le schéma, qui sert de base au calcul, ne ressemble que très vaguement à ce qui est fait. Les artistes qui voient bien ce que vaut la science de leurs collaborateurs, qui jugent les choses à un autre point de vue, plus large et plus vrai, s'impatientent des chaînes qu'on prétend leur imposer et maudissent les savants comme des ennemis. Il y a eu des gens assez naïfs et assez pénétrés de l'infaillibilité de leurs formules pour croire qu'on obtiendrait des formes belles en appliquant la théorie boiteuse et barbare qui sert à calculer la résistance des matériaux!

L'architecte procède par une méthode plus scientifique; il fait l'analyse des œuvres existantes, tant au point de vue psycho-physique qu'au point de vue des moyens de construction [1]; il s'occupe surtout des bâtiments bien connus de *son public*; il étudie les préjugés et les idées courantes, qui forment autant d'éléments du jugement; il cherche à montrer aux yeux les parties de l'édifice dont le spectateur pourra saisir facilement l'agencement et auxquelles il lui sera facile de rapporter la *tonicité* de l'œuvre; enfin il évite tout ce qui peut provoquer une impression sensorielle fâcheuse [2].

Une œuvre, si parfaite qu'elle soit, ne peut être comprise du premier venu, parce qu'elle s'adresse uniquement à l'intelligence. Ce principe a été souvent exagéré aux époques de décadence; c'est ainsi que l'on s'explique certaines bizarreries et certains tours de force des architectes du xv° siècle.

Lorsque le plan est facile à comprendre, que la coordination des

---

1. Les artistes du moyen âge n'ont certainement connu aucune théorie de la stabilité des voûtes; les méthodes qui paraissent avoir été suivies pour calculer les culées dérivent de constructions géométriques, n'ayant pas une base mécanique (Viollet-le-Duc, *Dictionnaire*, t. VII, p. 63. De Noëll, *Notice sur l'église de Coustouges*). Ils avaient, sans doute, déduit leurs règles empiriques de l'étude de monuments antiques. Perronet, qui a construit tant de beaux ponts très hardis, n'avait que des formules de ce genre.

Il n'existe, aujourd'hui, aucune théorie mathématique *raisonnable* des voûtes. M. Ch. Henry dit qu'il connaît des ingénieurs qui trouvent les cathédrales « déplorables au point de vue savant ». (*Revue phil.*, mars 1890, p. 333.) Nous regrettons de ne pas connaître ces savants dont l'orgueil égale l'ignorance.

Admirer les constructions gothiques ce n'est pas les soumettre à un *calcul douteux* : c'est *raisonner* sur elles, comme raisonnaient les anciens maîtres d'œuvre. Retrouver leur pensée n'est pas possible au premier venu; cependant cela est nécessaire si on ne veut pas se pâmer naïvement devant des monuments parce qu'il est convenu qu'ils sont beaux, ni les mépriser parce que le *goût* les condamne.

2. Nous avons, plus haut, parlé de l'influence des colorations. Parmi les préjugés assez singuliers, il faut citer celui qui fait repousser en France les tirants dans l'intérieur des édifices; en Italie, de très grands constructeurs les ont employés et personne ne s'avise de s'en plaindre. La loge des lansquenets à Florence ne semble pas déparée par les tirants. Nous expliquerons plus loin cette anomalie étrange.

parties apparaît clairement, que l'intention de l'artiste se devine sans peine, notre esprit est complètement satisfait. Notre conscience ne saurait supporter le poids de ce plaisir intellectuel mêlé à d'autres préoccupations; il en résulte qu'en présence d'une belle architecture nous sommes, tout entiers, livrés au pouvoir de l'intelligence et que toute impulsion sensorielle est morte chez nous.

On peut encore observer un phénomène d'une haute importance morale; toutes les manifestations qui s'adressent surtout aux sens paraissent rétrécir la conscience, ce qui facilite la domination des passions; le contraire a lieu quand l'intelligence est éveillée et qu'elle se trouve en communion d'idée avec un grand esprit. Lorsque nous admirons un beau monument, notre esprit se complaît dans son contact avec le génie de l'artiste; notre âme est agrandie, comme si nous discutions vraiment avec l'auteur; nous nous jugeons plus grands et plus forts.

L'architecture est donc un art exceptionnel; jamais son étude ne peut être souillée par le rapprochement impur d'une impulsion passionnée; elle est chaste et commande la chasteté autour d'elle. Y a-t-il rien de plus pur et de plus noble que les cariatides de l'Érech-théion? On nous objecterait vainement quelques scènes lubriques représentées sur des chapiteaux romans; mais, à cette époque, la sculpture n'est, le plus souvent, qu'une superfétation; rien n'empêcherait un imbécile de barbouiller les murs du Parthénon de croquis obscènes. Les gothiques ont coupé court à toutes les fantaisies des *praticiens* [1] et hautement manifesté la chasteté de leur art en adoptant une ornementation végétale à l'intérieur des églises.

Nous allons montrer, maintenant, comment l'analyse psycho-physique peut éclaircir des problèmes restés fort obscurs.

On sait quelles théories burlesques avaient cours, au commencement du siècle, dans les écoles classiques. On soutenait qu'un ordre, qu'un ensemble quelconque était beau, quelle que fût l'échelle de l'agrandissement : c'est ainsi qu'on a osé élever la bizarre église de la Madeleine de Paris. La théorie de Fechner nous apprend que cette doctrine est absurde dans son principe; car si deux choses sont semblables, la similitude géométrique n'existe pas entre leurs représentations.

Les édifices du moyen âge paraissent généralement très grands bien que leurs dimensions ne soient pas extraordinaires. D'autre part,

---

1. Il est probable que dans bien des cas les sculptures romanes ont été faites à la suite de la construction et en dehors de l'intervention des architectes. Ces caprices des *propriétaires* du monument étaient impossibles dans les œuvres gothiques, toutes les pierres ayant été taillées et *sculptées* avant la mise en place.

certains œuvres classiques sont loin de produire un effet en rapport avec leur étendue. Viollet-le-Duc [1], qui a traité cette question avec développements, prétend que cela tient à ce que les artistes gothiques rappelaient, à divers étages, la taille humaine, en sorte que le spectateur aurait sous les yeux l'échelle du monument. Cette explication nous semble erronée; elle s'appuie sur une théorie fausse de la sensation visuelle.

Autrefois on enseignait que nous apprécions les dimensions des objets au moyen d'une opération fort complexe, analogue à celle que fait l'astronome pour mesurer le diamètre des planètes. La grandeur d'une chose s'obtiendrait en *multipliant inconsciemment* l'angle visuel par la distance. Tout cela était d'une psychologie enfantine; car nous n'avons aucune notion de l'angle visuel; quant à la distance, c'est bien l'élément le plus difficile à apprécier.

Comme la distance est toujours douteuse, on supposait qu'en plaçant des statues (ou autres choses de hauteur connue) aux différents étages d'une tour, il était possible de déduire les dimensions par des *proportions inconscientes* entre les angles visuels. En multipliant les objets destinés à donner l'échelle, on serait parvenu à faciliter beaucoup tous les calculs et à les rendre plus précis.

D'après Viollet-le-Duc la grandeur de la façade occidentale de Notre-Dame tiendrait à ce que l'échelle serait rappelée par les balustrades et par les dimensions des matériaux [2]. L'analyse psychophysique conduit à une théorie bien différente.

Il y a bien une échelle, mais ce n'est pas celle de la taille humaine; c'est celle des rois de Juda placés à la première galerie [3]; le rez-de-chaussée est un simple soubassement, laissé à la disposition d'êtres inférieurs; le haut de l'édifice apparaît comme un palais destiné à des géants; on ne peut pas avoir une autre impression en étudiant la grande galerie du haut, qui semble un cloître où se promènent des êtres surhumains.

Au rez-de-chaussée il y a des statues colossales, mais elles ne contribuent pas à l'effet général; elles sont trop à notre portée; tandis que les rois de Juda sont placés hors de notre contact, dans un monde supérieur [4]. L'artiste ne veut pas d'ailleurs que son œuvre soit *mesurée* par des calculs géométriques, mais qu'elle soit *jugée* par

1. *Dictionnaire*, article ECHELLE.
2. *Dictionnaire*, t. V, p. 148.
3. Ils ont trois mètres de hauteur.
4. Il y a dans toute construction une ligne, qu'on pourrait appeler la *ligne noble*, sur laquelle se portent naturellement nos regards et qui sert à baser nos jugements. Une maison n'est jugée ni d'après le rez-de-chaussée, ni d'après les lucarnes, mais d'après l'ordonnance du premier étage.

des estimations psycho-physiques. Il faut que l'échelle soit elle-même estimée, de telle sorte qu'il y ait homogénéité dans les diverses parties du jugement.

Nous avons beaucoup de peine à nous rendre compte des dimensions des colosses; lorsqu'une statue dépasse sensiblement deux mètres, elle nous frappe singulièrement plus qu'un échafaudage de carton à dimensions *invraisemblables*. Les rois ont trois mètres et sont placés à quinze mètres du sol : ils nous apparaissent comme des géants, mais comme des géants *intelligibles* [1].

L'artiste a fait preuve encore d'une grande connaissance des lois psycho-physiques en étendant la galerie sur toute la largeur de la façade: il fait apparaître vingt-huit géants; il obtient ainsi la réplétion complète de la conscience et nous *impose* l'échelle qui doit servir à baser nos appréciations.

Dans toutes les questions d'architecture, l'étendue de la conscience joue un rôle très important. Les Grecs nous ont laissé sur ce point de précieux enseignements : ils classaient leurs temples d'après le nombre des colonnes placées sur la façade; les dodécastyles sont très rares; les plus nombreux sont les hexastyles (Zeus à Olympie, Thésée à Athènes, grand temple de Pœstum, Érechthéion, Athéné à Priène); le Parthénon est octostyle. Il résulte de là que les Grecs avaient reconnu qu'un esprit artistique est suffisamment occupé par 5 intervalles, qu'il est rarement utile d'aller jusqu'à 7 et que 11 sont à éviter [2].

Les règles semblent avoir été longtemps conservées; car l'habile et savant architecte de Sainte-Sophie les a encore employées; au rez-de-chaussée il met 5 entre-colonnements et 7 à la tribune.

Dans les cathédrales gothiques on trouve l'application des mêmes principes. Il faut naturellement ne s'occuper que de la nef; le transept forme une séparation liturgique absolue, que les artistes ont accentuée par l'extraordinaire système d'éclairage adopté dans cette partie. Le nombre des travées varie ordinairement de six à dix.

Il est clair d'autre part qu'un trop petit nombre de divisions paraît

---

1. On n'a pas encore étudié, d'une manière satisfaisante, les lois qui régissent nos estimations des objets élevés. Dans le cas actuel il faut encore observer que notre jugement sur un ensemble de statues n'est, sans doute, pas le même que s'il n'y avait qn'un être isolé.

2. Il est clair que ces nombres n'ont de valeur qu'à la condition que les intervalles ne soient pas très grands. Il faut encore remarquer le petit nombre des cannelures creusées sur les colonnes : 20 dans le dorique du Parthénon, 24 dans l'ionique grec; tandis qu'à Persépolis les colonnes persanes ont 40 à 52 cannelures. Ces chiffres doivent être naturellement divisés par 2, qnand on veut se rendre compte de l'effet produit.

pauvre. Les temples tétrastyles sont peu satisfaisants; il en est de même des édifices à trois travées, comme la basilique de Constantin. Il est possible que cette considération esthétique n'ait pas été sans influence sur les artistes qui abandonnèrent la voûte romaine sur plan carré [1].

On a dû se demander, plus d'une fois, s'il ne conviendrait pas de rythmer une construction, pour en rendre l'intelligence plus facile [2]. Nous pensons que l'effet serait déplorable; il est condamné par l'exemple des grands maîtres : à Notre-Dame, les divisions de la façade occidentale sont toutes inégales et différentes de structure. Les Romains ont essayé un système rythmique assez ingénieux; ils ont, à cet effet, superposé les ordres, contrairement à la tradition grecque. Les bons artistes semblent avoir toujours été opposés à cette méthode [3]; à Sainte-Sophie, l'architecte, voulant rompre complètement avec la routine romaine, n'a pas fait reposer les colonnes de la tribune sur celles du rez-de-chaussée.

Les règles de nos jugements ne sont pas du tout les mêmes, suivant qu'il s'agit de lignes verticales ou de lignes horizontales. Ainsi, par exemple, nous ne sommes pas choqués en voyant une série de colonnes semblables; elles ont toutes à remplir le même office et il n'y a pas de raison pour les distinguer les unes des autres. Nous ne comprendrions point, d'autre part, que tous les étages d'une maison fussent identiques.

L'étendue de la conscience est bien plus faible dans le sens vertical que dans l'autre. La façade de Notre-Dame, qui semble une œuvre si colossale, qu'il faut examiner d'assez loin, ne renferme que cinq divisions, y compris le rez-de-chaussée. A l'intérieur des églises, le jugement vertical est bien plus difficile encore. Les architectes gothiques ont beaucoup étudié cette question : ils ont eu soin de conserver le *triforium* avec ses dimensions traditionnelles, parce qu'ils avaient ainsi le moyen d'obtenir un étage d'une intelligence

1. Le tracé barlong du moyen âge double le nombre des travées. La voûte romaine a d'ailleurs une apparence désagréable, qui tient, en partie, à ce qu'elle n'est pas orientée; on ne comprend guère qu'il y ait symétrie alors que les fonctions sont si différentes dans les deux sens. A Sainte-Sophie, la coupole aurait produit un effet analogue, mais elle est soutenue par des berceaux sur les côtés nord et sud et par des voûtes sphériques sur les deux autres côtés. — Le besoin d'augmenter le nombre des divisions apparaît clairement dans plusieurs porches du moyen âge, surtout à Saint-Nicaise de Reims.

2. Il est possible que ce fût dans cette intention que l'on ait longtemps groupé les travées deux par deux dans les églises : le tracé *sexpartite* a été justement abandonné.

3. Viollet-le-Duc (*Entretiens*, t. I, p. 213) signale les dispositions curieuses adoptées aux arènes de Nîmes; ce monument a été élevé par des Grecs, qui ont cherché à rendre le système romain le moins absurde possible.

facile. La difficulté était grande pour la partie comprise au-dessus du *triforium*; après beaucoup de tâtonnements, ils se décidèrent à remplacer le mur par une grande verrière.

Cette invention fut un trait de génie; à cette place, l'artiste n'aurait eu à montrer que des compositions *décoratives* ne pouvant motiver aucun jugement psycho-physique, puisqu'elles n'avaient pas de raison d'être. Arrivé à la pleine possession de son talent et de sa science, il sacrifia tous les accessoires inutiles. Il fut récompensé de sa hardiesse; car l'éclairage splendide ainsi obtenu donna une valeur nouvelle à tout l'édifice [1].

IX

Nous devrions maintenant montrer comment l'analyse psycho-physique peut s'appliquer aux constructions modernes. Le problème est complexe et difficile; le public demande toujours du nouveau et il déteste toute originalité; on n'a pas de modèles pour établir les grandes œuvres métalliques et les caprices des *philistins* ont singulièrement corrompu le goût des masses.

On s'est imaginé, par exemple, de reproduire en fonte les sculptures ornementales; on place sur des colonnes, même sur des candélabres, des fleurs et des feuilles empruntées à l'architecture classique. La fonte est déjà une matière peu propre à faire ressortir le modelé; de plus ses formes, déjà molles par elles-mêmes, sont encore empâtées par la peinture; la *tonicité*, découverte et mise en évidence par l'artiste, disparaît sous la main d'un marchand inintelligent.

Est-il rien de plus ridicule que les profils des tuyaux métalliques employés comme supports et décorés du nom de colonnes? On va jusqu'à leur donner le délicat costumo cannelé des colonnes grecques : on ne prétend, sans doute, point rappeler à notre esprit les gracieuses jeunes filles de la procession des Panathénées, mais ces vieilles et grimaçantes figures, qui, dans les journaux satiriques, symbolisent la perfide Albion.

Le moyen âge nous avait, cependant, laissé de remarquables modèles, dont on aurait dû tirer parti; à cette époque, on a beaucoup employé la flore en fer repoussé et découpé. Il existe toute une catégorie de plantes dont la *tonicité* peut être très bien figurée

---

1. Nous ne pouvons, faute de place, traiter cette question de l'éclairage des cathédrales; il y a là un problème de psycho-physique très intéressant.

avec cette matière;· mais il faudrait chercher et aujourd'hui tout le monde est pressé [1].

Les formes adoptées pour les poutres des grandes charpentes ne sont pas plus heureuses; le treillis est quelque chose d'assez laid et il peut même être *physiologiquement* détestable, lorsque l'œil est obligé de supporter la vue de plusieurs fermes placées l'une derrière l'autre; ces réseaux causent une fatigue bien désagréable. De plus, cette combinaison est très pauvre, elle accuse un mépris antiartistique pour la main-d'œuvre. On oublie trop, de nos jours, que toute grande école d'architecture a pour principe de faire ressortir la perfection du travail *humain* : les Grecs et les gothiques ont respecté cette règle [2].

Mais nous condamnons cette forme surtout au point de vue psychophysique, comme *inintelligible*. Ceci demande quelques explications.

Nous avons peu de grandes serrureries du moyen âge; celles que l'on connaît datent presque toutes du xv⁵ siècle; mais à cette époque les principes commençaient à être oubliés; cependant on peut encore trouver dans ces exemples les éléments d'une analyse esthétique.

Viollet-le-Duc [3], malgré la pénétration de son esprit, n'a pu se rendre compte des principes appliqués; il a, lui-même, proposé des combinaisons sans valeur réelle, basées uniquement sur le dessin décoratif. L'erreur du savant critique provient de ce qu'il n'avait qu'une notion vague des analyses psycho-physiques.

Tout le monde trouve que les constructions métalliques sont froides; mais encore faudrait-il savoir ce que veut dire ce mot d'argot. On ne leur enlèvera pas la *froideur* en employant des appareils décoratifs. Rien n'est plus misérable, par exemple, que de grandes poutres dont l'âme a été évidée ou dorée : elles sont aussi froides qu'un cadavre orné de bijoux.

Ce qu'il faut donner à ces constructions, c'est l'*intelligibilité vitale* et c'est ce qu'ont fait souvent les artisans du xv⁵ siècle. Supposons un carré formé de barres métalliques; on pourra le rendre rigide au moyen de tringles clouées sur les angles ou d'une croix de Saint-André; mais ces formes ne nous disent rien, elles n'ont de sens que

---

1. Viollet-le-Duc (*Dictionnaire*, t. VIII, p. 314 et suivantes) donne de remarquables exemples de travaux de ce genre. La colonne du tombeau de Maximilien (p. 359) aurait pu inspirer nos modernes constructeurs.

2. Les Grecs exigeaient une exécution parfaite dans leurs édifices; les églises de Syrie, construites au v⁵ et au vi⁵ siècle, ont leurs parements bien taillés. Les Grecs de ce temps avaient conservé un sentiment extraordinaire de l'art.

3. *Entretiens*, t. II, p. 126-130.

pour le *calculateur*. Ce qu'il faudrait, ce serait l'introduction d'éléments provoquant l'idée d'une *tonicité*. Le tracé géométrique est mort, *passif*, incapable de provoquer un jugement psycho-physique; des formes rationnelles évoqueraient l'idée de forces internes, muscles puissants, *tous en action*, employés à maintenir les diverses parties de l'œuvre. Ces lignes droites ne disent rien, parce qu'elles sont aussi bien appliquées aux tensions qu'aux compressions et que, d'autre part, la position rectiligne est celle du muscle relâché.

Les artistes du moyen âge paraissent avoir connu la théorie de Galien sur les muscles; d'après le célèbre médecin grec, les muscles ont un *mouvement propre*, qui tend à les faire se contracter. En adoptant des formes convenables, on pouvait donc obtenir l'idée d'un resserrement entre toutes les parties du squelette métallique.

Il faut reconnaître que cette règle n'est pas toujours comprise au XVᵉ siècle; ainsi dans un exemple donné par Viollet-le-Duc [1], on a mis sous un balcon une fourche dont les branches courbées sont *supposées* tendre à se redresser. L'idée n'est pas très heureuse ni très clairement exprimée; car on pourrait, tout aussi bien, comprendre que les branches fléchissent sous le poids du balcon.

Les édifices gothiques nous ont habitués à considérer les choses à un point de vue que les Romains ne connaissaient pas : leurs voûtes sont *maintenues* par des massifs, dont la convenance ne peut être appréciée que par un constructeur armé de la règle et du compas : l'école classique suit la tradition romaine. Les Grecs, au contraire, cherchaient à provoquer l'idée d'une compression générale vers le centre : c'est pour cela qu'ils infléchissaient les grandes lignes, qu'ils dévoyaient les colonnes d'angle, etc. Les gothiques adoptèrent le même principe; mais, comme ils s'adressaient à une population moins subtile, ils durent exagérer bien davantage les formes comprimantes : de là ces grands arc-boutants qui semblent devoir écraser le chœur de Notre-Dame, l'importance donnée aux clefs et enfin ce système des clefs pendantes qui, à la décadence, portent une partie du poids des nervures.

Cette éducation nous rend insupportable toute construction qui semble devoir s'élargir, qui est *retenue*, et non *comprimée*. En Italie nous rapportons les édifices aux types romains et non aux types gothiques et nous ne nous jugeons plus les tirants aussi sévèrement qu'en France.

Depuis quelques années les constructeurs font de grands et louables efforts pour améliorer les formes des ouvrages métalliques; ils cher-

1. *Dictionnaire*, t. VIII, p. 359.

chent, surtout, à faire disparaître les tirants : mais, très rarement, ils comprennent que ces pièces ne sont qu'un accessoire et que leur disparition n'améliore pas sérieusement l'œuvre, tant qu'on n'arrive pas à faire disparaître l'idée d'une composition extensive.

Nous aurions bien des observations à présenter encore; mais il nous semble que nous en avons assez dit pour montrer les services que peut rendre l'analyse psycho-physique aux architectes, soucieux du progrès de leur art.

X

Résumons les principaux résultats acquis :

I. — La psycho-physique est une science ayant ses principes propres, permettant au psychologue d'aborder les problèmes sans presque jamais avoir besoin de la physiologie du système nerveux.

II. — La psycho-physique ne se réduit pas à une loi universelle; elle recherche des lois multiples, qui diffèrent en raison, non seulement de la nature du sens excité, mais aussi du genre de représentation.

III. — Les jugements esthétiques n'ont point pour base les rapports existant entre les choses; les exemples de la musique et de l'architecture le prouvent.

IV. — La musique est un art à part, basé surtout sur les jugements de goût; elle possède de plus le pouvoir de dominer la conscience et d'éteindre la raison.

V. — La musique est souvent dangereuse; Wagner a essayé de la moraliser; elle est aujourd'hui surtout utile comme sédatif. La musique religieuse est tenue à des règles spéciales.

VI. — Le plaisir n'est pas l'élément de l'émotion esthétique. Les recherches de dynamogénie ne peuvent fournir une base pour l'analyse des œuvres d'art.

VII. — L'artiste étudie la nature en psycho-physicien, mais il ne rapporte pas ses découvertes à des théories générales; l'œuvre de la science est de mettre au jour les principes.

VIII. — L'architecture a beaucoup à gagner aux nouvelles études, qui permettent d'éclairer des problèmes fort complexes, tels que ceux des proportions, de l'échelle, et tous ceux qui se rapportent à l'étendue de la conscience.

IX. — L'analyse psycho-physique serait d'un grand secours pour l'étude des constructions métalliques modernes, si froides et si peu intelligibles.

Chemin faisant, nous avons reconnu que l'esthétique est, au point de vue théorique, une branche de l'éthique; qu'elle a toujours des fins morales. Nous avons signalé, en opposition aux dangers de la musique, l'heureux effet des œuvres monumentales et la chasteté de l'architecture.

Nous croyons que ces études ne seront pas inutiles, si elles font comprendre aux artistes que l'esthétique pratique a pour base la psychologie expérimentale et surtout la psycho-physique.

G. SOREL.

LA FOLIE DE J.-J. ROUSSEAU

« A force d'écrire sur Rousseau, dit quelque part Sainte-Beuve, on finit par l'alambiquer terriblement et le mettre à la torture. » M. Brunetière a probablement voulu simplifier cette critique alambiquée, en nous donnant de la vie et des ouvrages de Rousseau une formule brève et intelligible. Dans un article récent [1], il insiste sur la folie de ce grand homme : il insinue que cette maladie a éclaté chez lui de bonne heure et l'a tourmenté presque toute sa vie. Il ajoute qu'heureusement « son délire opérait dans le sens de son talent ou de son génie », mais qu'en retour on peut rendre « la qualité de son génie solidaire de l'exaltation » d'où sa folie découla. Ainsi, Rousseau a été fou, il ne l'a pas été seulement dans ses derniers jours, il l'a été dans tout le cours de son existence; mais son génie et sa folie se sont accordés de telle sorte que ce que son imagination malade rêvait d'impossible et d'insensé, son génie l'embellissait.... Cette explication pathologique et littéraire diminue-t-elle la subtilité dont se plaignait Sainte-Beuve ou l'aggrave-t-elle? C'est là une question que plus d'un lecteur de la *Revue des Deux Mondes* a dû se poser.

On en dira de même de certains fragments d'une intéressante publication où M. John Grand-Carteret nous montre *Rousseau jugé par les Français d'aujourd'hui* [2]. Il y a des choses bien contradictoires dans ces jugements, il y a aussi des choses bien nouvelles. Un médecin, par exemple prétend nous démontrer que Rousseau n'a pas mis ses enfants à l'hôpital, pour cette raison décisive qu'il n'a jamais *dû* avoir d'enfants. Et pourquoi n'a-t-il pas dû avoir d'enfants? Pour cette raison, décisive également, si elle est vraie, qu'il était physiquement hors d'état d'en avoir. Ici le docteur lettré use des privilèges de son titre. Il fait le diagnostic et le pronostic des infirmités de Rousseau, d'après les symptômes décrits dans les

---

1. *Revue des Deux Mondes*, 15 janvier 1890.
2. Paris, Perrier 1890, 1 vol. in-16.

Confessions. Il en déduit que Rousseau n'a pas tout dit, qu'il a dû subir tels ou tels accidents et qu'en conséquence il a dû être infécond : s'il a prétendu qu'il avait mis cinq enfants aux Enfants-Trouvés, c'est qu'il a voulu faire croire au public et à la postérité qu'il avait eu cinq enfants, ou que les enfants de Thérèse Le Vasseur étaient de lui; il a mieux aimé charger sa mémoire d'actes odieux que de passer pour un impuissant ou pour un mari trompé [1]. Voilà la thèse du Dr J. Roussel. Je ne puis la discuter ici point par point. Ceux qui, après avoir lu les textes des *Confessions*, consulteront les maîtres de la médecine, auront vite acquis la conviction que ce sont là des conjectures arbitraires et tout à fait invraisemblables. Jean-Jacques a eu une maladie de vessie ou, plus exactement, une maladie de la prostate. Il avait de plus un vice de conformation peu grave et qui, au dire d'un chirurgien, devait être compensé par une immunité probable. Rien absolument ne donne à croire qu'une cause sérieuse d'infécondité se soit jointe à ces misères.

Il y a bien assez de bizarreries dans Rousseau. N'allons pas lui en prêter d'autres sans motifs et compliquer à plaisir ce qu'il a eu le courage d'appeler lui-même « le labyrinthe obscur et fangeux de ses *Confessions* ». Revenons à l'hypothèse malheureusement plus sérieuse de la folie.

Que Rousseau ait été fou dans les dernières années de sa vie, c'est là l'opinion commune : elle s'appuie sur des faits très sérieux. Mais l'a-t-il été beaucoup plus tôt qu'on ne le croit généralement? L'intelligence qui a composé l'*Émile*, la *Nouvelle Héloïse* et les *Confessions* était-elle envahie déjà par le mal? Le génie et la folie ont-ils cohabité dans cette organisation singulière? Ont-ils réagi l'un sur l'autre et comment? Qu'un cerveau dont on a abusé se détraque, il n'y a là rien qui étonne. Mais que la maladie ait coïncidé avec l'essor de la puissance créatrice, et que, tout en la troublant, elle en ait exalté la vigueur, accru la fécondité, c'est-là ce qui décidément demande à être examiné de plus près.

i

L'idée qu'on se fait de la folie change avec les progrès de la

---

1. Peut-être serait-on tenté de tirer argument de cette phrase des *Confessions*, livre Ier. « Ce n'est pas ce qui est criminel qui coûte le plus à dire, c'est ce qui est ridicule et honteux. » On se serait même attendu à retrouver cet aveu dans le roman médical du Dr J. Roussel. Mais en relisant le paragraphe entier des *Confessions*, on voit tout de suite que la pensée de Jean-Jacques est celle-ci : « Je viens déjà d'avouer des actes ridicules et honteux; j'en avouerai encore d'autres, et dès maintenant, je suis sûr de moi et de ma véracité : nulle confidence, de quelque nature qu'elle soit, ne me coûtera. »

science et avec les variations des théories soit philosophiques, soit médicales. La science des aliénistes a d'abord été descriptive et psychologique : c'est dans le trouble apparent des facultés ordinaires qu'elle cherchait la caractéristique de la folie. Ainsi, Leuret prétendait voir dans le fou un homme qui se trompe... gravement; tandis qu'Esquirol (précieusement commenté par M. Brunetière dans le travail que nous venons de citer) y voyait plutôt une sensibilité exaltée. Enfin, un autre médecin, fort recommandable également, Marc, y trouvait de préférence une lésion de la volonté.

Après la description, vint la clinique. L'idée mise alors en lumière fut celle-ci : ce n'est ni l'étrangeté, ni la fausseté, ni la monstruosité même des idées, des sentiments, des actes, qui constitue la folie; c'est la manière dont tout cela est amené et enchaîné. Par l'abus de ses ressources normales, par la déviation graduelle et constamment voulue de ses facultés, un individu peut arriver, sans être fou, à ces atrocités si connues de certains criminels. C'est là une voie qui est, pour ainsi dire, sans limites. Pour que cette déviation soit de l'aliénation proprement dite, il faut qu'elle soit due à une cause spéciale, comme l'hérédité d'une anomalie, comme un trouble hallucinatoire renouvelé, comme une altération qui, au lieu de provenir des habitudes de l'individu, brise ses habitudes et, à son insu, lui en impose de nouvelles.

Cette théorie classique appelait des recherches plus profondes sur le siège de la folie et sur la nature des modifications qui la produisent. Ces recherches se poursuivent. D'accord avec la clinique, elles complètent tous les jours la démonstration de ces deux idées : 1° le fou est un homme qui, brusquement séparé de la société intellectuelle de ses semblables, coupé de son propre passé et n'y trouvant plus aucune base d'opération, ne peut plus rectifier aucun de ses mouvements intellectuels : d'où un désaccord de plus en plus complet avec tout ce qui l'entoure; 2° les impressions qui l'assaillent sont causées en lui par un désordre physique, par une lésion anatomique ou fonctionnelle : de là résulte pour lui un état nouveau auquel non seulement sa volonté et sa puissance de réflexion, mais son caractère même, tel qu'il était avant la crise, demeure étranger. Cela étant, il n'y a pas lieu de s'étonner si le fou est en désaccord avec lui-même, c'est-à-dire avec tout ce qu'il avait pensé ou senti jusque-là, en désaccord avec ses semblables (ne pouvant ni sympathiser, ni s'entendre, ni se concerter avec personne), en désaccord enfin avec la nature même des choses (prenant tout de travers, ne voyant pas ce qui est et voyant ce qui n'est pas).

Cette conception de la folie me paraît adoptée, depuis quelque temps déjà, par tous les hommes compétents : c'est celle de Moreau (de Tours), de Lasègue, de Falret, de Dagonet, de Magnan ; c'est aussi celle de Taylor et de Maudsley. « Le premier symptôme de la folie, dit Maudsley, consiste ordinairement en une perversion de la manière de sentir qui produit un changement ou une aliénation du caractère et de la conduite. » M. Brunetière cite ce texte qui lui paraît faire dépendre la folie d'un état de la sensibilité ; mais il comprend le mot de perversion dans son sens vague de bizarrerie native et habituelle, il ne fait pas attention au mot de « changement », qui le commente et lui donne toute sa valeur théorique. Taylor dit au reste avec plus de clarté... : « Le grand trait de la folie est un changement de caractère. D'un homme au tempérament violent on peut prouver qu'il a toujours été le même ; mais un homme frappé d'aliénation mentale diffère de ce qu'il a été antérieurement. » Même formule dans Lasègue : « Du jour où la folie prépare son invasion, alors même qu'elle se déclare par des prodromes plutôt que par des faits, l'individu qu'elle menace *ajoute à son caractère un caractère emprunté.* »

Est-ce donc, dira-t-on, qu'on ne peut naître avec des organes et une sensibilité qui vous séparent du reste des hommes? Si. Mais un individu qui naît tel a toutes les chances possibles d'être idiot et de le rester. Il ne rompt pas avec la communauté des intelligences, puisqu'il n'a jamais pu en faire partie : il ne rompt point avec son propre passé, puisqu'il n'a jamais été en état de s'en faire un.

Il faut espérer qu'on ne nous mettra pas en demeure de prouver que Rousseau était autre chose qu'un imbécile. Reste donc qu'il soit *devenu* fou. Or nous ne pouvons pas faire son autopsie : nous ne pouvons donc ni affirmer ni nier qu'il soit survenu dans son système nerveux une anomalie grave. Son existence du moins offre-t-elle des signes certains de ce *changement* dont parlent Maudsley, Taylor, Lasègue? Est-il prouvé qu'il soit devenu étranger aux hommes qui l'entouraient, étranger à lui-même, étranger à la nature des choses? Telles sont les questions à se poser.

II

« La sensibilité de Rousseau, voilà ce qui le sépare des Français du xviii⁰ siècle : voilà le secret de sa puissance et l'origine aussi de sa folie ». Ainsi s'exprime M. Brunetière qui ajoute : la plupart des contemporains de Rousseau n'étaient-ils pas les plus secs des hommes, les plus portés à l'ironie? Témoins : Fontenelle, Marivaux, Montesquieu, Voltaire, d'Alembert, Grimm et tant d'autres. Le critique ne fait exception que pour un seul contemporain, pour l'auteur de *Manon Lescaut*.

Cet isolement rétrospectif auquel on condamne la sensibilité de Jean-Jacques est vraiment excessif. Parmi les personnages bien connus de ce siècle agité, nous en trouvons, ce semble, plus d'un qui sentait vivement et qui sentait à la manière même de Rousseau. Cet abandon voluptueux à la nature, cette complaisance pour les mouvements passionnés, cette préférence partout donnée au cœur sur la raison, ne les retrouve-t-on que dans l'auteur de la *Nouvelle Héloïse*? Est-ce qu'en face de Mme du Deffant qui représentait l'esprit sec, ennuyé, sceptique, détestant la vie, Mlle de Lespinasse ne personnifiait pas la passion dévorante? La rupture de ces deux femmes « fit éclat et partagea la société en deux camps », dit Sainte-Beuve. N'est-ce point là l'image du XVIIIᵉ siècle en raccourci? Dans l'un de ces deux camps, Rousseau était bafoué; mais dans l'autre, il passait à l'état de demi-dieu. Par ses peintures enivrantes, il flattait les instincts de ce second monde; par ses audacieuses théories, il en justifiait les préférences; par tout l'ensemble de son œuvre, il en embellissait l'idéal jusque-là vaguement entrevu. Faisait-on partie du premier camp, l'on devenait presque aussitôt suspect à l'ombrageux philosophe et on le regardait lui-même comme un sauvage. Était-on du second, l'on avait chance de l'apprivoiser.

S'il fut très sensible, il ne laissa pas que de rencontrer quelques femmes qui le furent autant que lui et le lui prouvèrent. Parmi les hommes de lettres ses rivaux, il en est un dont il regretta souvent l'hostilité, ce fut Diderot. C'est que Diderot, qui rassemblait en lui tant de contraires, avait un pied dans un camp, un pied dans l'autre. Parlons seulement du caractère et de la sensibilité. Diderot avait certains points de ressemblance remarquables avec Jean-Jacques : il était enthousiaste et cynique, timide et éprouvant un immense besoin de familiarité, toujours plein de phrases, probablement sincères, sur la vertu, avec des vices qu'il ne prenait guère la peine de dissimuler. « Diderot avait une Nanette comme j'avais une Thérèse », dit Rousseau dans les *Confessions*, et il ajoute : « C'était entre nous une conformité de plus ». Pour de semblables natures (et il y en avait beaucoup), l'auteur des *Confessions* pouvait être au-dessus du niveau commun : il n'en était pas, à beaucoup près, si complètement « séparé ».

Non content de sentir avec vivacité, Rousseau exagérait encore dans ses récits l'expression de ses sentiments; et le tout à propos de choses souvent très simples. Il l'avoue. « L'épée use le fourreau, dit-on quelquefois, voilà mon histoire. Mes passions m'ont fait vivre et mes passions m'ont tué. Quelles passions? dira-t-on. Des riens, les choses du monde les plus simples, mais qui m'affectaient comme s'il se fût agi de la possession d'Hélène et du trône de l'univers. » Mais Diderot n'a-t-il pas dit? : « Tout s'enrichit, tout s'exagère dans mon imagination et dans mes discours ». Et n'a-t-on pas pu faire de ces paroles comme le résumé ou la formule de son génie? Mme de Rémusat portant un jour sur tous ces hommes, amis ou ennemis les uns des autres, un jugement d'ensemble, écrivait bien finement à son fils : « Mon enfant! Quels gens que ces philosophes! Quels cerveaux exaltés! Quelle violence! Quelle activité de l'orgueil! Quelle suite d'émotions fortes pour des riens!... Savez-vous ce dont tous ces gens manquaient? C'est de pudeur.... » Rousseau du moins a eu le mérite de connaître exactement son faible et de le confesser franchement.

La société du xviii° siècle s'ennuyait; elle avait, je ne sais qui l'a dit, l'ennui du cœur et l'ennui de l'esprit. Les uns cherchaient le divertissement dans la conversation des salons; les autres le demandaient à la nature. Ces derniers devaient donc suivre Rousseau qui dépeignait cet aspect des choses avec un charme si doux et si puissant, si bien fait pour distraire les esprits et pour renouveler les émotions. Mais là encore, bien qu'il ait été le plus grand de tous, il n'a pas été unique. Il avait pris plaisir à la lecture de Robinson Crusoé (paru en 1719); il en avait pris également à la lecture de Gesner et de Richardson. Il avait enfin trouvé un ami (celui peut-être qui l'avait le mieux connu et le mieux jugé) dans l'auteur de *Paul et Virginie*[1].

Cette sensibilité qui cherchait à se rafraîchir dans le spectacle de la campagne, se trouvait mal à l'aise dans la société. Bon gré mal gré, il fallait cependant qu'elle y vécût : c'est pourquoi elle aspirait à la tranformer en ramenant tout « à la nature ». Dans cette réhabilitation de l'homme primitif, comme nous dirions aujourd'hui, Rousseau ne fut pas non plus le premier en date. Vauvenargues avait déjà dit[2] : « La raison nous trompe plus souvent que la nature.... Ce n'est pas mon dessein de montrer que tout est faible dans la nature humaine en découvrant les vices de ce siècle. Je veux, au contraire, en excusant les défauts des premiers temps, montrer qu'il y a toujours eu dans la nature une force et une grandeur indépendantes de la mode et des secours de l'art.... — L'énorme diffé-

---

1. Voy. Musset-Pathay, *Histoire de J.-J. Rousseau*, 1, p. 221 et suivantes.
2. Voy. les *Réflexions, Maximes* et *Fragments sur les caractères des différents siècles*.

rence que nous remarquons entre les sauvages et nous ne provient que de ce que nous sommes un peu moins ignorants.... — Tous les hommes naissent sincères et meurent trompeurs.... » Plus tard, Bernardin de Saint-Pierre dira plus hardiment et avec un air plus marqué de paradoxe, qu'il faut chercher « la source de nos plaisirs dans la nature et celle de nos maux dans la société ». Entre les deux est Rousseau, plus grand que l'un et l'autre, mais les unissant aussi l'un à l'autre,

Rousseau a donc fait comme tous les hommes de génie : aux préférences incertaines d'une grande partie de ses contemporains, il a donné une résolution, un accent, une continuité, une force expansive et conquérante, qui ont rallié des milliers d'âmes. Les cœurs étant pris, il a persuadé les intelligences. De là ce témoignage si précieux de Buffon : « Ce que l'*Émile* dit de l'éducation, tout le monde le pense, mais Rousseau est le seul qui se soit fait écouter ».

Qu'on voie maintenant s'il est vrai que la sensibilité de Rousseau l'ait « isolé » des Français du xviiie siècle. D'une moitié de ces Français, oui ; de l'autre, non. Je sais que des hommes également sensibles peuvent l'être différemment et se trouver séparés les uns des autres par la vivacité même de leurs impressions. Mais celles que Rousseau a ressenties et a peintes sont-elles si extraordinaires? Étaient-elles même si nouvelles? Ce qu'il y avait d'extraordinaire et de nouveau, c'est qu'un homme d'un pareil génie eût le courage... ou la faiblesse de les raconter. Jusque-là, c'était matière à des écrits de second ordre ou à des compositions de fantaisie. Sa liaison avec Mme de Warens est certes une des choses les plus étranges qu'on ait racontées. Remarquons d'abord que ce n'est pas lui qui a cherché l'aventure; la femme qui l'y a entraînée était, on peut le dire, une femme de son temps. « Son premier amant, nous dit Rousseau, fut son maître de philosophie. » N'en fut-il pas à peu près de même chez Mme d'Epinay, séduite par le savant M. de Francueil, et chez beaucoup d'autres? Mais voici l'invitation de la dame acceptée. L'homme qui y a répondu s'est analysé lui-même. Et que nous a-t-il montré? Rien qui ne soit dans la nature, rien que n'eussent trouvé en eux-mêmes cent autres jeunes gens aussi peu capables de résistance. « Qu'on se représente mon tempérament ardent et lascif, mon sang enflammé, mon cœur enivré d'amour, ma santé, mon âge. Qu'on pense que... l'imagination, le besoin, la vanité, la curiosité se réunissaient pour me dévorer de l'ardent désir d'être homme et de le paraître.... » Je comprends que des âmes scrupuleuses sachent peu de gré à Rousseau d'avoir donné à la littérature l'habitude et le gout de pareilles peintures (et celle-là est encore très loin d'être une des plus osées). Mais où prend-on qu'il y ait là une sensibilité si à part?

Je ne nie point que cette sensibilité ne se soit souvent aiguisée ou raffinée d'une façon bien surprenante : mais ce que je soutiens, c'est qu'elle ne mettait nullement Rousseau hors de la loi de son époque. Elle multipliait au contraire pour lui les points de contact, les points d'action et (je le reconnais aussi) de conflit. Si intense que fût sa vie intérieure et tout individuelle, il sentit avec les autres, il sympathisa, dans le sens propre du mot, avec bien des opinions et des sensibilités. De là cette influence qu'il exerça, de là ces oppositions qu'il ressentit, de là sa gloire et ses malheurs. Mais y avait-il en lui un état affectif qui le condamnât à s'abîmer solitairement dans des joies ou dans des souffrances incompréhensibles pour les autres? Non.

III

Les vilains côtés de Rousseau sont nombreux et ils sont saillants; il a été bizarre, il a été défiant, il a été d'une faiblesse déplorable, il a contracté une liaison indigne de lui, il a compromis son génie par de sales peintures, il a manqué à des devoirs sacrés, il nous a donné des récits scandaleux dont quelques-uns, dit-on, sont mensongers, dont quelques autres ont le tort, plus grave peut-être, en la circonstance, d'être exacts.

Mais à quoi ont tenu et comment se sont développées toutes ces misères? Ceux qui soutiennent que Rousseau a été fou de longue date donnent une explication, qui, dans l'état actuel de la science, détruit leur propre théorie. Le D^r Mœbius rappelle que Rousseau eut des origines « troubles et limoneuses », une éducation déplorable..., qu'il s'en alla seul, à l'aventure, sans direction et que, dans des sociétés de rencontre, il contracta les goûts les plus vils. M. Brunetière contresigne ce jugement accepté d'avance par tout le monde, et il conclut : « C'est cette mauvaise éducation morale qui fut la cause de la folie ultérieure de Rousseau bien plus que les défauts de conformation physique ».

Eh bien! c'est précisément là ce qui doit faire douter de la folie de Rousseau. « La folie ne se contracte pas comme un vice. » La mauvaise éducation peut rendre un homme fou quand les habitudes qui en résultent brisent l'équilibre de l'organisme, changent les conditions de la vie cérébrale, dénaturent le mode des sensations élémentaires que fournit le système nerveux. Mais quand l'éducation ne fait que familiariser l'individu avec des goûts malsains et n'empêche pas le développement des autres facultés de suivre son cours, on a simplement l'une de ces innombrables combinaisons d'où sortent les caractères bas, tristes, répugnants ou compliqués qui se rencontrent si fréquemment dans la vie. La mauvaise éducation a pu altérer la pureté du génie de Rousseau : mais elle en a devancé, puis accompagné le développement. De là une sorte d'accommodation, lentement préparée, constamment maintenue, qui l'a préservé, non du désordre, mais de cette désagrégation où la science voit le signe certain de l'aliénation mentale.

De très bonne heure, Rousseau fut aux prises avec des difficultés contradictoires : nul ne les a mieux senties et décrites que lui-même. Mais il faut voir aussi le parti qu'il en tira.

« Par une de ces bizarreries qu'on trouvera souvent dans le cours de ma vie, en même temps au-dessus et au-dessous de mon état, j'étais disciple et valet dans une même maison, et, dans ma servitude, j'avais cependant un précepteur d'une naissance à ne l'être que des enfants des rois. » Bassesse et orgueil, habitudes de laquais et désir de transformer la société, voilà des contrastes déjà unis : rien ne les séparera plus dans sa personne. Autre contradicion : « Deux choses presque inalliables s'unissent en moi sans que j'en puisse apercevoir la manière : un tempérament très ardent, des passions vives, impétueuses, et des idées lentes à naître, embarrassées et qui ne se présentent jamais qu'après coup. On dirait que mon cœur et mon esprit n'appartiennent pas au même individu. » De pareilles conditions sont assurément peu faites pour garantir le calme et la régularité de la vie. Mais ce qu'il faut noter, c'est que Rousseau les a surmontées, sinon pour son bonheur, du moins pour son génie. D'abord il les a très bien connues, ce qui l'a mis en garde. Puis, surtout, cette sensibilité et cette intelligence ont été rapprochées et unies par la plus puissante de ses facultés, qui était son imagination.

M. Brunetière veut que ce soit la sensibilité qui ait été la faculté maîtresse de Rousseau : il voit en elle tout à la fois le principe de son talent et la source de sa folie. Suivant lui, en effet, c'est cette folie même qui a donné à notre auteur, avec l'*hyperesthésie* des malades, une acuité de vision intérieure et une force d'analyse incomparables. C'est là faire beaucoup trop d'honneur aux maladies des gens nerveux. Ces derniers peuvent entendre crier plus fortement en eux-mêmes les ressorts de leur machine : ces sensations douloureuses et obsédantes ne leur donnent pas une idée de plus : car la capacité de la souffrance peut bien enlever le goût de l'analyse à celui qui l'a, elle est très loin de la donner à celui qui ne la possède pas.

On me dira ici : qu'est-ce que cette imagination que vous séparez de la sensibilité? Est-ce que l'une ne procède pas de l'autre? Est-ce que la seconde fait autre chose que de prolonger la première en l'agrandissant? — Oui, l'imagination prolonge la sensibilité en l'agrandissant, et même en la transformant. C'est avec cette puissance de transfiguration esthétique que l'imagination s'achemine au génie. Qui en douterait n'aurait qu'à relire les *Confessions* : Rousseau lui-même l'édifierait sur la distinction de ces deux facultés qui, d'abord unies à leur source, vont ensuite en se développant chacune à part.

« C'est une chose bien singulière, écrivait-il, que mon imagination ne se montre jamais plus agréablement que quand mon état est le moins agréable, et qu'au contraire elle est moins riante lorsque tout rit autour de moi. Ma mauvaise tête ne peut s'assujettir aux choses; elle ne saurait embellir, elle veut créer. Les objets réels s'y peignent tout au plus tels qu'ils sont : elle ne sait parer que les objets imaginaires. Si je veux peindre le printemps, il faut que je sois en hiver; si je veux décrire un beau paysage, il faut que je sois dans des murs; et j'ai dit cent fois que si jamais j'étais mis à la Bastille, j'y ferais le tableau de la liberté [1]. »

Que n'a-t-il pas dit à cet égard? Dans les bras mêmes de Mme de Warens, il fallait qu'en imagination il se donnât une autre maîtresse [2]. « Je me la figurais à sa place, je me la créais de mille façons, pour me donner le change à moi-même. » C'est pour continuer à se donner le change (en quels termes incomparables ne l'a-t-il pas expliqué dans le livre IX de la seconde partie des *Confessions*), qu' « oubliant tout à coup la race humaine », il se fit « des sociétés de créatures parfaites, aussi célestes, dit-il, par leurs vertus que par leur beauté.... » Pour les mieux voir agir et parler, il les fit vivre dans des lieux réels, dans ceux qu'il avait le plus goûtés durant sa jeunesse et autour desquels son cœur « n'avait jamais cessé d'errer ». Là, quoi qu'il en dise, il embellit ce qui est, il ne le dénature pas, car les plaisirs qu'il dut à la campagne sont toujours demeurés pour lui sans mélange, et rien ne les a jamais altérés dans son souvenir. Mais il prêtait à ses héros les sentiments et les idées d'une société toute renouvelée d'après les principes du *Contrat social* et de l'*Émile*. De là cette étroite parenté de tous ses grands ouvrages, ce qui fait que ses *Confessions*, ses traités politiques et ses romans se commentent les uns par les autres.

L'art et la fantaisie s'accommodent parfaitement d'une imagination

---

1. 1ʳᵉ partie, livre IV.
2. Voy. 1ʳᵉ partie, livre V.

capable de transformer ainsi toutes choses; la vie pratique s'en
trouve moins bien. De là toutes les souffrances chimériques et toutes
les manies qui nous étonnent ou nous font pitié chez tant d'« artistes », quand, au lieu de regarder uniquement dans leurs œuvres,
nous pénétrons dans leur existence de tous les jours.

Tout homme d'imagination, mis en face de l'inconnu, le remplit
aussitôt d'événements, le peuple de créatures. Seulement, les uns
ont l'imagination gaie et voient tout en rose; les autres l'ont triste et
voient tout en noir. Les uns donc n'attendent que le plaisir de tout
ce qui a un air de mystère, et c'est ce qui fait qu'ils s'y jettent à
l'étourdie, jusqu'à y sombrer quelquefois. Quant aux autres, tout ce
qui manque de clarté les inquiète et les paralyse. Jean-Jacques était
de ces derniers : il l'a compris et nous l'a fait comprendre clairement : « Jamais un malheur quel qu'il soit ne me trouble ni ne
m'abat, pourvu que je sache en quoi il consiste; mais mon penchant
naturel est d'avoir peur des ténèbres; je redoute et je hais leur air
noir. Le mystère m'inquiète toujours. L'aspect du monstre le plus
hideux m'effrayerait peu, ce me semble; mais si j'entrevois de nuit
une figure dans un drap blanc, j'aurai peur... Voilà donc mon imagination, qu'allumait ce long silence, occupée à me tracer des fantômes. » A propos de quoi Rousseau nous donne-t-il cette analyse?
A propos des craintes sans nombre que lui occasionna la suspension
de l'impression de l'*Émile*. Ce fut là l'un des troubles les plus furieux
de son existence, et lui-même, on le voit, nous l'explique de la
façon la plus naturelle.

Il nous explique encore parfaitement bien ses défiances et quelques-unes de ses injustices. L'homme qui vit beaucoup par l'imagination est distrait. On agit devant lui, on lui parle : il poursuit la
réflexion ou la rêverie commencées. C'est après coup que, dans un
moment de loisir, il revient à part lui sur l'attitude et sur les paroles
de ceux auxquels il a eu affaire. Son imagination se mêle alors à ses
souvenirs, efface les uns, avive les autres et reconstruit un tableau
plus vif que fidèle. Qui n'a pas connu et fréquenté de pareils hommes?
Qui n'a eu souvent à se prémunir contre leurs soupçons tardifs,
invérifiables et d'autant plus dangereux? Tel était certainement
Rousseau : écoutons-le.

« J'ai étudié les hommes et je me crois assez bon observateur.
*Cependant, je ne sais rien voir de ce que je vois, je ne vois bien que
ce que je me rappelle*, et je n'ai de l'esprit que dans mes souvenirs.
De tout ce qu'on dit, de tout ce qu'on fait, de tout ce qui se passe en

---

1. Voy. 2° partie, livre XI.

ma présence, je ne sens rien, je ne pénétre rien. Le signe extérieur est tout ce qui me frappe. Mais ensuite tout cela me revient : je me rappelle le lieu, le temps, le son, le regard, le geste, la circonstance; rien ne m'échappe. Alors sur ce qu'on a dit ou fait, je trouve ce qu'on a pensé, et il est rare que je me trompe [1]. »

« Il est rare que je me trompe » Rousseau se fait ici quelque illusion. Je ne crois pas, il est vrai, qu'il se trompe toujours en matière grave, et surtout quand un intérêt d'ordre esthétique ou littéraire est en jeu. Il y a chez lui des portraits admirables, celui de Diderot, celui de Mme de Luxembourg, celui de Mme de Houdetot (pour n'en pas citer d'autres) et qui sont aussi exacts que vivants. Mais il est hors de doute que cette méthode d'évocation est bien dangereuse et qu'il n'y a rien de plus propre à rendre un homme victime de ses défiances.

Il y a une autre raison qui achève d'expliquer les habitudes ombrageuses de Rousseau : c'est encore le tour de son imagination qui la fournit.

Il avait toujours été très timide [2] : il sentait que, dans la vie ordinaire, il y avait une disproportion assez grande entre ses moyens et ses désirs; de là sa crainte de la raillerie. Elle éclate déjà dans le charmant récit de ses amours avec Mme de Larnage. « Les sarcasmes malins du marquis auraient dû me donner au moins la confiance que je n'osais prendre aux bontés de la dame, si, par un travers d'esprit dont moi seul étais capable, je ne m'étais imaginé qu'ils s'entendaient pour me persifler. Cette sotte idée acheva de me renverser la tête et me fit faire le plus plat personnage dans ma situation où mon cœur, qui était réellement pris, m'en pouvait dicter un assez brillant. » La même mésaventure lui arriva plus tard (et il l'avoue) près de Mme d'Houdetot.

Devenu célèbre et orgueilleux de son génie, il dut moins redouter le persiflage. Cette disposition d'esprit se retrouvera néanmoins partout dans sa vie : les circonstances l'auront modifiée, mais on la reconnaîtra bien aisément.

Il ne craindra plus d'être raillé et tourné en ridicule, mais il craindra d'être rendu odieux par la calomnie. Au fond, ce sera la même terreur de l'opinion d'autrui, la même défiance de soi dans le commerce du monde. On le recherchera : mais alors ce mélange constant d'orgueil et de timidité qu'on remarque chez lui comme chez

---

1. *Confessions,* 1re partie, livre III.
2. Il n'avait pas encore seize ans (voy. *Confessions,* 1re partie, livre I) que son goût pour la solitude qui, dit-il, a modifié toutes ses passions, était déjà déterminé pour la vie.

Diderot produira naturellement des effets nouveaux. Il craindra toujours qu'on ne lui témoigne plus de curiosité que de bienveillance et qu'après l'avoir vu pour se satisfaire, on ne le montre ensuite aux autres en se vantant de l'avoir apprivoisé. Il redoutera les pièges que cacheront à ses yeux l'ostentation des services et les cadeaux ; il redoutera également la tyrannie de l'admiration vraie ou feinte ; il dira, en parlant de Mme du Deffant, qu'il a mieux aimé s'exposer « au fléau de sa haine qu'à celui de son amitié ».

Tout cela est passionné, tout cela est exagéré par une imagination que la souffrance et la solitude assombrissent ; mais rien de tout cela n'est hallucinatoire, et surtout rien de tout cela n'a éclaté subitement à un moment donné de sa carrière.

Ces défiances de son imagination s'accordèrent du reste très bien avec certaines délicatesses de son cœur. Il avait horreur des querelles. Il en eut beaucoup cependant (car n'est-ce pas souvent aux choses que l'on craint le plus qu'on est le plus exposé ?) ; mais il faisait sincèrement tous ses efforts pour n'être engagé dans aucune. Quand il avait besoin d'une personne et se sentait lié à elle pour jamais, il ignorait tout de parti pris ou se résignait à tout : c'est ce qu'il fit si longtemps avec Thérèse. Quand il sentait la mésintelligence devenir plus aiguë, il aimait mieux rompre et, s'il y mettait d'ordinaire une brusquerie un peu sauvage, il y apportait aussi intérieurement une nuance de sentiment qui ne laissait pas que d'être touchante. « Mieux vaut mille fois, écrivait-il, cesser de se voir, s'aimer encore et se regretter quelquefois. »

Enfin, il avait une raison plus permanente, et dirai-je plus désintéressée, de se défier des gens qui lui écrivaient ou qui venaient le voir : tout visiteur et tout correspondant ne risquaient-ils pas d'interrompre ou son commerce avec le monde imaginaire ou son commerce avec la nature ? « Quand prêt à partir pour ce monde enchanté je voyais arriver de malheureux mortels qui venaient me retenir sur terre, je ne pouvais modérer ni cacher mon dépit ; et n'étant plus maître de moi, je leur faisais un accueil si brusque qu'il pouvait passer pour brutal [1]. »

Il glissait d'autant plus aisément sur cette pente que, non content d'avoir transfiguré ses amis et ses maîtresses, il s'était composé à lui-même un personnage. « Jeté malgré moi dans le monde sans en avoir le ton, sans être en état de le prendre et de pouvoir m'y assujettir, je m'avisai d'en prendre un à moi qui m'en dispensât. Ma sotte et mauvaise timidité que je ne pouvais vaincre, ayant pour

---

1. 2ᵉ partie, livre IX.

principe la crainte de manquer aux bienséances, je pris le parti de les fouler aux pieds. Je me fis cynique et caustique par honte; j'affectai de mépriser la politesse que je ne savais pas pratiquer. Il est vrai que cette âpreté conforme à mes nouveaux principes s'ennoblissait dans son âme, y prenait l'intrépidité de la vertu. C'est, j'ose le dire, sur cette auguste base qu'elle s'est soutenue [1]. »

Ce passage est bien curieux : on y voit un progrès et finalement un ensemble où tout Rousseau est résumé. Au début sont des dispositions qui tiennent évidemment à la sensibilité physique, mais qui, à elles seules, n'eussent fait qu'un être à la fois vulgaire et bizarre. Qu'y aura-t-il au bout? Une théorie de la « vertu... intrépide », c'est-à-dire sauvage et systématiquement ennemie de la société. Entre les deux, il y a bien, comme nous l'avons dit, l'imagination qui se compose un personnage fictif et qui obtient pour lui le secours de doctrines flatteuse, entremêlées de sophismes spéciaux et de vérités désormais conquises.

En résumé, il y eut dans la nature première de Rousseau plus d'une contradiction et d'une dissonance. Fut-il le jouet inconscient de ces impulsions incohérentes? Dans la vie proprement dite, souvent; dans sa vie de penseur et d'écrivain, rarement. Son imagination en somme était éprise de vérité et de beauté. Il faussa gravement cette vérité dans la politique, mais il la rétablit dans la plus grande partie de la science de l'éducation, il la respecte, l'embellit et (selon le mot qu'il répète si souvent) l'adora dans la nature. Toutes les fois donc que son génie travaillait à son œuvre de prédilection, il imposait à toutes ses tendances une règle et une unité. Nous avons même vu que, jusque dans ses bizarreries, sa conduite était gouvernée par les exigences de ce personnage que son imagination s'était composé. C'est pourquoi sans doute Bernardin de Saint-Pierre, après l'avoir longuement fréquenté, nous a dit de lui :

« Il n'y avait pas d'homme plus conséquent avec ses principes. »

Le second signe de la folie (la désagrégation de son propre caractère et la transformation de sa personnalité) me paraît donc manquer tout autant que le premier dans l'ensemble de la vie de Rousseau.

IV

Le délire, dira-t-on, est quelquefois conséquent avec lui-même. Le délire des grandeurs, le délire des persécutions, toutes les monomanies enfin suivent avec obstination la voie qu'elles se sont ouverte

1. 2ᵉ partie, livre VIII.

en dehors de toute réalité. Le malade ferme les yeux sur les faits qui le contredisent : c'est le moyen d'avoir toujours raison : aussi soutient-il sans broncher le personnage que les combinaisons intérieures de son cerveau lui ont une fois imposé.

Est-ce là le cas de Rousseau? Avant de discuter tel ou tel épisode de sa vieillesse, prenons l'ensemble de sa vie et demandons-nous s'il a, dans le sens propre du mot, *déliré*?

Y a-t-il eu chez lui ce qu'on appelle le délire des actes, c'est-à-dire des impulsions irrésistibles et sans rapport soit avec les vues habituelles, soit avec les sentiments préférés? Non.

Est-ce la sensibilité qui a déliré? Elle lui a procuré des émotions très fortes : elle l'a rendu tour à tour très heureux et très malheureux. Mais, c'est encore un aliéniste de profession qui le dit [1], « pour la sensibilité, nous n'avons pas, comme pour la raison, une mesure invariable dont aucune intelligence n'a le droit de s'écarter; les exagérations sentimentales se concilient, dans une certaine limite, avec l'état sain de l'esprit, il n'y a là ni vérité ni erreur, et les degrés extrêmes qu'on appelle folie touchent de près à ceux qu'on retrouve dans les organisations ordinaires ». Tel homme sera capable de mourir, littéralement, d'une émotion qui effleurera légèrement son voisin; il ne sera pas fou pour cela, du moment où sa douleur répond, si démesurément que ce soit, à un motif. Éprouvez-vous une dose de plaisir ou de souffrance qu'on puisse apprécier par 10, pour un événement imaginaire, invraisemblable ou sans aucune signification, vous êtes plus près de la folie que si vous éprouviez une quantité d'émotion appréciable par 100 ou par 1000 à propos d'un événement grossi par vous, mais réel, possible tout au moins et qui vous touche.

Reste donc à savoir si l'intelligence de Rousseau a déliré [2]. Allons tout de suite au point capital : ces ennemis, ces persécuteurs, ces espions dont il parle à tout moment, les a-t-il inventés?

M. Brunetière a sincèrement rappelé comment Rousseau fut très loin d'être dans la chimère et dans le faux absolu quand il parlait de ses persécutions. Que craignait-il d'abord par-dessus tout? Qu'on ne falsifiât ses ouvrages, qu'on n'en publiât des fragments sans sa

---

1. Lasègue, *Études médicales*.
2. Le délire de la sensibilité peut encore, cela va de soi, s'apprécier à l'une des deux mesures dont nous avons parlé tout à l'heure : un désaccord profond avec l'émotivité de ses contemporains, ou un changement radical et subit dans sa manière personnelle de sentir et d'être ému. Par exemple, admettons que Racine soit réellement mort de chagrin, comme on l'a dit, pour s'être cru méprisé de Louis XIV, personne ne s'avisera de dire qu'il soit devenu fou. Supposez qu'un écrivain d'aujourd'hui fasse une maladie pour avoir déplu au Président de la République, sa famille serait certainement tentée d'aller consulter un aliéniste.

permission et contrairement aux engagements qu'il avait pris? Mais tout cela était bel et bien à craindre, car tout cela se pratiquait souvent et largement. Enfin son *Émile* paraît : il regrette alors sincèrement les accusations de fourberie qu'il a lancées contre d'honnêtes libraires et les soupçons qui, « dans son esprit prévenu, s'étaient changés en certitude ». Mais voici un autre orage : le livre, qui contient la profession de foi du vicaire Savoyard, est déclaré impie et blasphématoire; il est lacéré et brûlé en la cour du Palais, et l'auteur lui-même, décrété de prise de corps, n'échappe à la prison que par la fuite. Saint-Marc Girardin [1] a parfaitement expliqué comment le malheureux Rousseau avait dû être hors d'état de rien comprendre à un pareil déchaînement. Lui, qui était si soupçonneux, commença par n'en rien croire et par dire que « ce bruit était une invention des Holbachiens pour tâcher de l'effrayer et pour l'exciter à fuir ». En effet il y avait là une véritable énigme, et il n'était point facile à Rousseau d'avoir le mot de cette comédie — car c'én était bien une. « Comme il avait fait son livre contre la philosophie irréligieuse [et matérialiste], non contre l'Église, c'était du côté des philosophes qu'il attendait la guerre et non du côté de l'Église ou du Parlement. De plus, il croyait avoir pour lui le crédit de Mme de Luxembourg, qui connaissait beaucoup l'ouvrage, et l'appui de M. de Malesherbes, il croyait même être certain de la faveur du ministère. Que pouvait-il donc craindre? Rousseau ne savait pas que le ministère lui-même, c'est-à-dire M. de Choiseul, songeait à frapper les jésuites, et qu'en frappant l'*Émile* comme n'étant pas assez religieux, il tenait à montrer qu'il était meilleur chrétien que les jésuites ». — « Le Parlement résolut donc de poursuivre Rousseau, afin de paraître un zélé défenseur de la religion; le ministère servit les poursuites pour avoir le même mérite, et c'est ainsi que celui qui aurait dû être soutenu par le Parlement, par le pouvoir et même par l'Église, comme un auxiliaire contre les philosophes, auxiliaire indiscret et incommode, je l'avoue, mais puissant, celui qui s'attendait à être pris comme un allié et qui s'y prêtait au fond d'assez bonne grâce, se vit tout à coup attaqué par le Parlement, abandonné par la Cour et renié par les philosophes [2]. »

Donc, ces deux assertions qu'on relit à chaque pas dans les *Confessions*, dans les *Lettres* et dans les *Dialogues* : je suis persécuté et

---

1. Lui cependant, avec un à peu près plus littéraire que scientifique, parle du *délire* de Rousseau.

2. Saint-Marc Girardin explique encore très finement comment Rousseau paya pour les autres, parce qu'il signait ses écrits, tandis que les autres écrivaient tous sous l'anonyme.

je ne sais pas pourquoi, elles ne sont fausses ni l'une ni l'autre. Les libelles anonymes remplis de calomnies grossières, l'explosion d'une haine populaire qui s'attaquait à lui sans le connaître, la lapidation de Motiers, l'expulsion de l'île de Saint-Pierre, la prétendue lettre du roi de Prusse, tous ces griefs de Rousseau contre la société dans laquelle il vivait étaient réels. Il en ajoutait d'autres qui venaient des récits mensongers de sa triste compagne ; il était alors dupe des histoires qu'elle inventait, mais lui personnellement n'inventait rien. Égaré par les insinuations et les manœuvres de Thérèse, il interpréta fort mal certains actes de David Hume : son imagination qui grossissait tout dénatura l'attitude protectrice, mais froide et assez dédaigneuse de son hôte. Ici, comme l'écrit Mme de Boufflers, « sa colère n'est pas fondée, mais elle est réelle ». Est-ce même assez dire ? Non seulement sa colère est réelle, c'est-à-dire sincère ; elle n'est pas sans être provoquée par des indices et par des semblants (tout au moins) de duplicité.

Battu par tous ces orages, il voulut fuir de plus en plus la société. Rien n'était plus conforme aux tendances invétérées de son caractère, autant qu'à ses théories. Dans ses *Dialogues*, où fourmillent les idées noires et les idées peu sensées, il dit : « On savait qu'étranger et seul, il était sans appui, sans parents, sans assistance, qu'il ne tenait à aucun parti et que son humeur sauvage tendait elle-même à l'isoler ; on n'a fait, pour l'isoler tout à fait, que suivre sa pente naturelle, y faire tout concourir, et dès lors tout a été facile. » Cela est absolument vrai. Quant aux effets de cette solitude de plus en plus profonde, ils étaient inévitables : elle devait augmenter pour le public le mystère dont il s'entourait, elle le mettait plus en butte aux railleries des lettrés et à la curiosité bizarre de la foule ; puis, pour lui-même, elle accroissait l'épaisseur de ces ténèbres au fond desquelles son imagination voyait agir ses ennemis.

Demandons à l'un de ces derniers un jugement impartial. Aussitôt après la mort de Rousseau (en juillet 1778), Grimm écrit en parlant de lui : « Cette âme, naturellement susceptible et défiante, victime d'une persécution peu cruelle à la vérité, mais fort étrange ; aigrie par des malheurs qui furent peut-être son propre ouvrage, mais qui n'en étaient pas moins réels ; tourmentée par les tracasseries d'une femme qui voulait être seule maîtresse de son esprit ; cette âme, à la fois trop forte et trop faible, voyait sans cesse autour d'elle des fantômes attachés à lui nuire. Sur tout autre objet, son esprit conserva jusqu'à la fin toute sa force et toute son énergie. »

Ainsi l'imagination de Rousseau travaillait douloureusement, mais sur des données qu'elle n'inventait pas : les tristes chimères qu'elle bâtissait reposaient sur un fond réel. Donc là encore le trait caractéristique de la véritable aliénation fait défaut.

V

Nous voici maintenant bien en mesure d'examiner de plus près les divers *diagnostics* qu'on a portés sur l'état mental du grand écrivain.

On lui a successivement attribué plusieurs variétés de folie, et il faut avouer que divers passages des *Confessions* où il s'est mis absolument à nu, devaient fournir de spécieux prétextes. Ces accusations offrent d'ailleurs un intérêt psychologique qui n'est point à dédaigner : elles servent à mieux marquer la différence de la folie vraie et de certains états qui y ressemblent très superficiellement par l'apparence extérieure des actes.

Ainsi, à propos d'un épisode du premier livre des *Confessions*, on lance à notre auteur l'épithète d'*exhibitionniste* — mot ingénieux inventé par les aliénistes pour exprimer le plus décemment possible une manie outrageante pour la pudeur. Or, cette manie a été bien étudiée, et les caractères cliniques en ont été fixés avec précision : périodicité et instantanéité de la sensation, absence d'antécédents immoraux, absence de toute préoccupation ultérieure, aucune recherche d'aventure ni de plaisir ; tous ces caractères marquent bien un délire qui est venu spontanément s'insérer de toutes pièces dans le développement commencé des caractères. Ce délire mène à des actes qui n'ont aucun rapport ni avec l'éducation de l'individu, ni avec sa moralité ou son immoralité déjà acquises. Or, qu'a été l'épisode ridicule et honteux du jeune Jean-Jacques? Tout simplement l'acte d'un polisson dont les sens étaient déjà tentés et qui, « ne pouvant contenter ses désirs [habituels], les attisait par les plus extravagantes manœuvres » [1]. C'est lui-même qui nous donne cette véridique explication.

Une accusation plus vraisemblable et sur laquelle on insiste davantage est celle de *mégalomanie*. M. Brunetière s'en prend ici à l'orgueil de Rousseau ; c'est à cet orgueil exalté qu'est due, suivant lui, cette manie de tout exagérer ; il veut grossir, par exemple, son importance, en grossissant ses défauts, ses vices et ses malheurs.

Que Rousseau ait été orgueilleux, c'est ce dont, pour ma part, je ne doute pas, quoiqu'il l'ait été, par exemple, beaucoup moins que Voltaire. Qu'il ait tout exagéré, cela est encore évident. Mais l'ordre dans lequel les faits psychologiques s'amènent et se succèdent a une

1. Voy. 1re partie, livre III.

grande importance. Chez les fous, ce n'est pas l'orgueil, vice habituel et inné, si l'on veut, du caractère qui produit la mégalomanie; c'est l'agrandissement subit et monstrueux de toutes choses dans leur imagination malade qui les grandit eux-mêmes, comme tout le reste, à leurs propres yeux. Le mégalomane ne compte que par millions, en toutes choses; il exagère tout indistinctement, ce qui le touche et ce qui ne le touche pas. Donc, si timide et si modeste qu'il ait pu être avant son mal, il s'attribue à lui-même des facultés, des jouissances, des revenus, des aventures incommensurables. L'orgueilleux, lui, débute par enfler sa propre importance; puis il exagère ce qui l'intéresse, ce qui est propre à donner de sa personne une idée plus considérable, et il rapetisse tout le reste. Cette distinction suffit déjà pour montrer tout ce qu'il y a d'indiscret dans l'emploi de ces mots techniques pris — quoi qu'on en dise — dans un sens vague et métaphorique. Qu'on y regarde attentivement, on verra que l'orgueil de Rousseau et sa manie d'exagérer viennent de deux sources différentes, la première de son caractère, la seconde de son imagination.

L'une et l'autre ont pu successivement le faire sentir, c'est-à-dire jouir et souffrir, avec excès, car il était tour à tour très heureux et très malheureux pour de petites choses. N'oublions pas cependant que l'attrait auquel cette imagination cédait le plus volontiers, c'était bien celui de la nature; n'oublions pas tout ce qu'elle a su nous représenter de charmant, de grand et de vrai.

Rousseau a été triste, d'une tristesse mortelle. A-t-il donc été *lypémaniaque*? Mais le caractère essentiel de la lypémanie est un engourdissement profond de toutes « les manifestations extérieures, aussi bien dans l'ordre moral que dans l'ordre organique ». Or, Rousseau demeure jusqu'au bout fort agité, et nul ne peut relever en lui le moindre symptôme de cet anéantissement de la volonté qu'on nomme *aboulie*.

A-t-il été frappé de ce qu'on appelle quelquefois le *délire par accès*? Mais son irritation contre ses ennemis, sa sauvagerie, ses soupçons, tout cela était permanent.

Voyons si lui-même, très ingénieux dans l'analyse de ses propres misères, ne nous mettrait pas sur la voie. Dans le second *Dialogue* où il répond au *Français* qui l'accuse, il dit : « La fuite est un effet bien plus naturel de la crainte que de la haine. Il [Rousseau] ne fuit pas les hommes parce qu'il les hait, mais parce qu'il en a peur. » A la lecture de ces lignes, je me reporte à un passage de Falret où je vois : « La tristesse est la base de la mélancolie dépressive, la crainte celle de la mélancolie anxieuse, et la défiance celle du délire des persécutions ». Mais la mélancolie dépressive, encore une fois, n'a pu être le fait d'un homme qui écrivait, si peu de temps avant sa mort, les admirables *Rêveries* d'un promeneur solitaire. La mélancolie anxieuse l'était encore moins puisque « le sujet qui en souffre, nous dit Falret, s'*accuse lui-même* de crimes imaginaires, au lieu d'en accuser les autres ». Certes nous sommes ici aux antipodes de l'état mental du pauvre Jean-Jacques. Reste donc le délire des persécutions.

C'est bien ici en effet que la ressemblance apparente est le plus de nature à faire illusion ; mais, chose étonnante, autant le rapprochement semble indiqué pour un littérateur ou un homme du monde, autant il doit l'être peu pour un aliéniste ou un clinicien.

Prenons l'un après l'autre les caractères spéciaux du vrai *délire* de persécution, d'après Lasègue et Falret [1].

Que voit-on tout d'abord ? « Des inquiétudes qui reposent sur des faits d'ordre tout à fait secondaire, sur des niaiseries ou des taquineries, sur des misères : rien qui soit en rapport avec les grandes passions qui agitent ordinairement l'humanité à l'état normal, telles que l'amour, la jalousie, etc.... » Or, Rousseau se plaignit bien des fois de petites taquineries, cela est vrai ; mais il est vrai aussi qu'à ses yeux chacune d'elles mettait en jeu sa réputation littéraire, son honneur, sa fidélité à ses théories. Nous ne touchons donc ici à l'état mental de Rousseau que pour nous en éloigner tout aussitôt.

Nous en sommes plus éloignés encore quand nous lisons dans nos aliénistes que le *malade*, « éprouvant des symptômes physiques impossibles à décrire et qu'il ne peut pas expliquer, les rapporte à une persécution qu'il ne comprend pas ». Jamais Rousseau n'a pris texte de ses infirmités physiques pour accuser qui que ce soit. Il ne s'explique pas pourqnoi on le persécute autant qu'il croit qu'on le fait ; mais il comprend parfaitement la nature de cette persécution et la voit très bien inspirée par des motifs politiques et par des jalousies littéraires. Il l'exagère, il la voit souvent là où elle n'est pas, il en souffre démesurément et s'en occupe toujours ; mais cette exagération-là n'est point une invention construite de toutes pièces pour expliquer une impression morbide subjective.

La ressemblance s'efface encore davantage pour nous quand on nous dit : « Une fois l'idée de persécution entrée dans l'esprit du malade, il ne tient plus à vérifier ;... il met en cause des gens qu'il n'a jamais vus et il ne cherche ni à les connaître ni à les voir : il se résigne au rôle de victime et ne tient pas autrement à se rensei-

1. Voy. Lasègue, *Études médicales*, t. I.

gner. » Avant tout, Rousseau mettait en cause les gens qui l'avaient vu, qui étaient venus troubler ses habitudes ou contrarier ses goûts ; puis, il s'obstinait à vouloir « vérifier » et à vouloir se disculper. « Je dois jusqu'à la fin, disait-il, dans le troisième dialogue, faire tout ce qui dépend de moi, sinon pour ouvrir les yeux à cette aveugle génération, du moins pour en éclairer une plus équitable. » L'histoire de l'écrit qu'il voulut déposer à Notre-Dame est bien étrange. C'est dans le récit qu'il en fait que se trouve pourtant cette belle phrase, l'une de celles qui ont pu être les plus dignes d'inspirer Kant : « *L'espérance éteinte étouffe bien le désir, mais elle n'anéantit pas le devoir*, et je veux jusqu'à la fin remplir le mien dans ma conduite envers les hommes. Je suis dispensé désormais de vains efforts pour leur faire connaître la vérité, qu'ils sont déterminés à rejeter toujours; mais je ne le suis pas de leur laisser les moyens d'y revenir autant qu'il dépend de moi, et c'est le dernier usage qu'il me reste à faire de cet écrit. »

Enfin ne sommes-nous pas aussi loin que possible de l'état vrai de Jean-Jacques, lorsque nous arrivons à ce symptôme en quelque sorte suprême : « Il y a là, on ne saurait trop le dire, autre chose que l'exagération d'une tendance naturelle : les esprits les plus craintifs n'y sont pas les plus prédisposés; c'est un élément pathologique nouveau introduit dans l'organisme moral » [1].

Quand on a relu soigneusement toutes les descriptions authentiques du vrai délire des persécutions, savez-vous comment on représente Rousseau frappé enfin de ce mal? Eh bien, il eût oublié tout son passé, Mme de Warens et Thérèse, et ses livres et ses succès. Il eût fait comme cet officier supérieur qui, dans la banlieue de Paris, en 1870, entendait le canon des Prussiens et n'y croyait pas, mais se préoccupait des tours d'un envieux dont le nom même lui était inconnu; ou bien encore comme ces gens qui traversent une révolution et perdent leur fortune sans s'en apercevoir, mais s'inquiètent d'une chaise dérangée ou d'un coup de sonnette. Il eût pris constamment souci, non de sa réputation et de ses écrits, mais de quelque détail matériel insignifiant. Il eût pris ombrage non de Hume ou de M. de Choiseul ou de d'Holbach, mais d'un enfant, d'un passant, d'un individu rencontré pour la première fois et par hasard.

En réalité, le mal dont souffrit Rousseau, de très bonne heure, fut cette faiblesse irritable des nerfs que les médecins d'aujourd'hui nomment la *neurasthénie*. Elle faisait le fond sur lequel son imagi-

---

1. Lasègue, *travail cité.*

nation dessinait tour à tour ses soupçons, ses utopies et ses systèmes sophistiques, quand elle n'avait pas l'heureuse inspiration d'évoquer les eaux courantes et la verdure (car alors tout se rassérénait). Lisez la description de la neurasthénie dans le *Traité des névroses* d'Axenfeld ou dans les *Maladies du système nerveux*, de Grasset : vous retrouverez à chaque instant l'histoire de Rousseau; vous y retrouverez certaines causes inavouables, avouées cependant par lui, de son mal; vous y retrouverez divers symptômes que lui seul, dans l'esquisse de ses aventures amoureuses, était capable de décrire comme il l'a fait. Mais vous retrouverez aussi ce témoignage de l'homme de science, que, quoique l'esprit du neurasthénique soit « très frappé de cette situation pénible », chez lui néanmoins « l'intégrité des fonctions intellectuelles et des sens est complète » [1].

VI

Il m'a semblé qu'il y avait intérêt à dégager des accusations de folie la période active et créatrice de la vie de Rousseau. Je ne veux cependant pas fermer les yeux sur les accidents des dernières années. La folie s'est-elle alors installée définitivement dans sa personne? En tout cas, elle a été aux portes! elle y a été vue et reconnue avec des caractères et des symptômes, soit physiologiques, soit psychiques, tout à fait nouveaux dans sa vie.

Le texte le plus décisif est ici celui de Corancez [2].

« Depuis longtemps je m'apercevais *d'un changement frappant* dans son physique, je le voyais souvent dans un état de convulsion qui rendait son visage méconnaissable, et surtout l'expression de son visage réellement effrayante. Dans cet état, ses regards semblaient embrasser la totalité de l'espace, et ses yeux paraissaient voir tout à la fois; mais, dans le fait, ils ne voyaient rien. Il se retournait sur sa chaise et passait les bras par-dessus le dossier. Ce bras, ainsi suspendu, avait un mouvement accéléré comme celui du balancier d'une pendule, et je fis cette remarque plus de quatre ans avant sa mort, de façon que j'ai eu tout le temps de l'observer. Lorsque je lui voyais prendre cette posture à mon arrivée, j'avais le cœur ulcéré, et je m'attendais aux propos les plus extravagants; jamais je n'ai été trompé dans mon attente. C'est dans une de ces situations affligeantes qu'il me dit : « Savez-vous pourquoi je donne « au Tasse une préférence si marquée?... Sachez qu'il a prédit mes « malheurs.... Je vous entends, le Tasse est venu avant moi; com-

1. Grasset, *ouvrage cité*, p. 778.
2. Voy. Musset-Pathay, t. I, p. 260.

« ment a-t-il eu connaissance de mes malheurs? Je n'en sais rien et
« probablement il n'en savait rien lui-même; mais il les a prédits. »
Ce récit se passe de commentaire. On y voit bien ce coup subit
qui ébranle le système nerveux et y jette un désordre inaccoutumé;
on y voit aussi, non pas cette fois une exagération, mais une
croyance à quelque chose de nettement impossible.

Cet état, qui se greffe sur l'état habituel de Rousseau, mais qui
s'en distingue, a-t-il été constant dans ces quatre dernières années
auxquelles fait allusion Corancez? Y eut-il là une crise dernière,
amenant ce « changement de front » total dont parlent les aliénistes?
Ou bien y eut-il des crises successives et espacées, dont chacune
exaspérait son imagination et lui faisait dire ou faire des insanités,
mais cédait ensuite pour un temps à la réaction des forces saines?
C'est cette seconde hypothèse qui me semble la vraie.

Rousseau lui-même nous a fait l'aveu et nous a donné la description de plusieurs de ces crises. Ses récits concordent parfaitement
avec celui de Corancez (ce qui leur donne une certaine autorité);
mais il montre que c'étaient là des espèces d'attaques quasi fou-
droyantes, assez courtes, en somme, et dont sa raison, une fois
l'accès passé, ne demeurait pas complètement victime. Il va, par
exemple, à Notre-Dame pour y déposer sa fameuse protestation, et
il aperçoit tout à coup devant lui une grille qu'il n'avait jamais
remarquée.

« Au moment, dit-il, que j'aperçus cette grille, je fus saisi *d'un
vertige comme un homme qui tombe en apoplexie*, et ce vertige fut
suivi d'un bouleversement dans tout mon être, tel que je ne me souviens pas d'en avoir éprouvé jamais un pareil. L'église me parut
avoir tellement changé de face que, doutant si j'étais bien dans Notre-
Dame, je cherchais avec effort à me reconnaître..., etc., etc. Revenu
peu à peu de mon saisissement, je ne tardai pas d'envisager d'un
autre œil le mauvais succès de ma tentative.... J'avais dit dans ma
suscription que je ne m'attendais pas à un miracle, et il était clair
néanmoins qu'il en aurait fallu un pour faire réussir mon projet...;
car mon idée était si folle... que je *m'étonnais moi-même d'avoir pu
m'en bercer un moment.* »

Voilà, trait pour trait, la description d'un de ces accès de congestion cérébrale qu'on a voulu confondre un instant avec un accès épileptique et que d'autres auteurs ont plus justement dénommé *congestion à forme maniaque* [1]. Rousseau en éprouva plus d'un, jus-

---

1. Voy. dans le *Traité pratique des maladies du système nerveux* de Grasset le
chapitre sur la *Congestion cérébrale* et notamment les pages 96-98.

qu'au jour où survint le dernier (qui éclata sous une forme plus particulièrement apoplectique et qui l'emporta — car l'hypothèse du
suicide n'a jamais pu être démontrée). Il avait fini par les attendre,
ces crises, et par les supporter patiemment, dit-il, comptant sur
la guérison accoutumée.

« Convaincu de l'impossibilité de contenir les premiers mouvements involontaires, j'ai cessé tous mes efforts pour cela; je laisse, à
chaque atteinte, mon sang s'allumer, la colère et l'indignation s'emparer de mes sens; je cède à la nature cette première explosion, que
toutes mes forces ne pourraient arrêter ni suspendre. Je tâche seulement d'en arrêter les suites avant qu'elle ait produit aucun effet.
Les *yeux étincelants*, le *feu du visage*, le *tremblement des membres*,
les *suffocantes palpitations*, tout cela tient au seul physique, et le
raisonnement n'y peut rien. Mais, après avoir laissé faire au naturel
sa première explosion, l'on peut redevenir son propre maître en
reprenant peu à peu ses sens : c'est ce que j'ai tâché de faire longtemps sans succès, mais enfin plus heureusement.... [1] »

Dans les états qui succédaient à ces attaques passagères, qu'était
désormais Rousseau? Ce qu'il avait toujours été : ni plus ni moins
sensé, ni plus ni moins orgueilleux, ni plus ni moins épris de ses
rêveries et de ses chimères, les unes nobles et gracieuses, les autres
souillées par le souvenir et par l'apologie de tous ses vices. Il est
affaibli et il le sent, mais il ne répudie aucune de ses idées, il ne rompt
aucune de ses habitudes. Son génie continue à se déployer, avec la
même inégalité, dans les divers genres où il s'était donné carrière
durant toute sa vie : ici, ses dialogues pleins de subtilités, de longueurs, de sophismes et d'arguties, parce qu'il y discute contre les
hommes et sur lui-même; là, ses admirables rêveries d'un promeneur
solitaire, pleines d'un charme que sa mélancolie résignée n'a fait
qu'adoucir, sans y rien mêler cette fois de nuageux ni d'utopique.

Cette fidélité à soi-même qu'il retrouve dans les intervalles de ses
crises, elle ne se soutient pas seulement dans l'intensité de son imagination, dans le charme de sa rêverie, dans son amour de la vraie
nature, dans l'émotion attendrissante de son style. Elle se soutient
aussi dans ces idées qui ont fondé chez nous, comme l'a dit Victor
Cousin, la philosophie populaire, qui ont combattu, dès leur appa-
ritions, les maximes de la philosophie sensualiste et devancé, on le
reconnaît aujourd'hui, quelques-unes des idées de Kant. Dans la
troisième de ses *Promenades* (écrites la dernière année de sa vie),
Rousseau passe en revue tous les efforts qu'il a faits dès sa jeunesse

1. *Huitième promenade.*

pour se donner des croyances fixes et justifiées. Là il se montre à nous dans l'unité, maintenue jusqu'au bout, de sa pensée philoso- phique, écartant des objections qu'il ne pouvait résoudre, « mais qui se rétorquaient par d'autres objections non moins fortes dans le système opposé » ; laissant là les arguments captieux, les difficultés qui passaient sa portée « et peut-être celle de l'esprit humain », bravant le scepticisme moqueur de la génération présente, pour chercher un accord avec les sages de tous les temps et de toutes les nations, s'arrêtant enfin aux principes fondamentaux appropriés « à sa raison, à son cœur, à tout son être » et portant « le sceau de l'assen- timent intérieur dans le silence des passions ».

Nulle part il n'y a rien de plus touchant, rien de plus beau que ce mélange d'assurance et de modestie avec lequel il se repose dans cette foi définitive. « Aujourd'hui que toutes mes facultés, affaiblies par la vieillesse et les angoisses, ont perdu tout leur ressort, irai-je m'ôter à plaisir toutes les ressources que je m'étais ménagées et donner plus de confiance à ma raison déclinante, pour me rendre injustement malheureux, qu'à ma raison pleine et vigoureuse pour me dédommager des maux que je souffre sans les avoir mérités? » Il faut lire toute la suite pour admirer comme elle le mérite cette dialectique apaisée, mais forte encore et surtout lucide.

Ainsi, ces crises des quatre dernières années, nous croyons main- tenant les connaître. Par des poussées congestives intermittentes, el lesont développé chez Rousseau des accès de manie où sa raison et sa vie même furent bien souvent en danger de subir une catas- trophe définitive. Ces accès néanmoins, il est impossible de les con- fondre avec l'état permanent d'irritabilité nerveuse, d'exagération, de sauvagerie, d'imagination soupçonneuse et de passion anti-sociale qui furent toujours les côtés faibles de Rousseau. Les crises passées, le naturel ancien se retrouvait intact, avec tout ce qu'il avait de misérable et de divin. C'est pourquoi il nous a paru que décidément le mot de folie, dans son acception rigoureuse et scientifique, ne pouvait point s'appliquer à Jean-Jacques Rousseau.

Si cela est, le problème de l'accord du génie et de la folie dans Rousseau tombe ou du moins se réduit à bien peu de chose. Que la qualité de son génie ait été solidaire de son exaltation et des excès qui le compromirent si souvent, cela est indubitable, c'est ce qu'on peut dire de presque tous les grands hommes. La tension qui fait agir si puissamment tous les ressorts de leur organisme mental est aussi ce qui les violente et les use et très souvent les fausse. C'est encore cette tension de certaines facultés qui en laisse d'autres dans la torpeur ou qui les abandonne en quelque sorte à elle-mêmes. La qualité du génie qui fit de Voltaire un immortel railleur fut solidaire de cette espèce d'exaltation, d'irrévérence et d'injustice qui lui fit outrager tant de choses et de personnes sacrées. La qualité du génie qui fit que Napoléon gagna tant de victoires fut solidaire de cette manie belliqueuse qui le conduisit en Russie et à Waterloo; elle fut également solidaire du mépris qu'il afficha pour l'opinion, pour la diplomatie et le droit des gens. Mais faut-il retourner la proposition? Le génie du grand homme doit-il quelque chose à son délire, si délire il y a? Une folie qui non seulement respecte le génie d'un homme, mais qui le favorise, qui opère complaisamment dans le sens de ses besoins et de ses aptitudes, voilà une formule qui, pour le commun des mortels, aurait bien besoin d'être expliquée. Jusqu'à ce qu'elle l'ait été, je croirai que la découverte ou la peinture du vrai font plus que le sophisme pour la gloire d'un écrivain; je croirai que c'est l'exacte prévision, non le dédain des possibilités réelles, qui fait le succès d'un homme d'action.

Je comprends qu'une imagination puissante ait à lutter contre un tempérament maladif; je comprends que tout en surmontant les difficultés, elle en souffre, et qu'elle ne sorte de la lutte qu'attristée, souillée ou diminuée; elle triomphe néanmoins de toutes ces misères, si les organes qui la servent ont une réserve suffisante de forces saines et si elle-même s'est éprise d'un idéal à la fois nouveau et vrai, qui rallie ses tendances fécondes et leur assure une action victorieuse : tel était celui que Rousseau avait heureusement trouvé dans la poésie de la nature. Ce que je ne comprends pas, c'est que la vigueur d'un homme puisse devoir quelque chose à une maladie dont il souffre d'une façon constante. On dit, je le sais, que la perle est une maladie de l'huître et la truffe une maladie du chêne. Mais ni l'huître ni le chêne ne profitent du produit que nous leur volons, tandis que l'humanité vit et se développe par les efforts de ses héros. Puis, si le génie est une maladie, que sera l'état du commun des hommes et que sera l'état des imbéciles?

HENRI JOLY.

LA PERCEPTION DES LONGUEURS ET DES NOMBRES

CHEZ QUELQUES PETITS ENFANTS

Je résume ici les premiers résultats d'une série de recherches que je poursuis en ce moment sur les phénomènes de perception chez les petits enfants. Je me suis proposé d'étudier les deux questions suivantes :

1° La perception des longueurs ;

2° La perception des nombres.

Mes recherches ont porté uniquement sur les deux petites sœurs dont j'ai parlé précédemment, et qui sont pour ainsi dire constamment sous mes yeux. L'aînée a quatre ans; la seconde deux ans et demi; l'une est calme, concentrée, réfléchie; elle prête une assez grande attention aux expériences, quand elle est bien disposée; la seconde est plus gaie, plus turbulente, plus étourdie, et il faut une patience très grande pour pouvoir faire sur elle des observations suivies. Nous avons ainsi pour notre étude deux types d'enfant bien différents.

1° *Perception des longueurs.*

Voici comment l'expérience est disposée : je trace à l'encre sur une grande feuille blanche deux lignes droites, placées en regard, et séparées par un intervalle de un à deux centimètres.

Il existe entre ces deux longueurs un rapport bien déterminé, soit le rapport de $\frac{24}{40}$ ou $\frac{3}{5}$. L'enfant à qui je montre ces deux lignes est prié d'indiquer quelle est celle qui lui paraît la plus longue, ou quelle est celle qui lui paraît la plus courte. Si l'on se sert seulement de deux longueurs, l'exactitude de la réponse de l'enfant peut tenir au hasard; il faut donc avoir le soin de tracer sur le même carton, un peu au-dessous, deux autres lignes égales, et encore au-dessous, deux nouvelles lignes égales, en ayant soin de ne pas disposer toutes les lignes plus longues du même côté, ce qui pourrait servir d'indice à l'enfant. Si l'enfant désigne correctement les trois fois la ligne la plus longue, il est probable qu'il peut apprécier avec la vue la différence de longueur qu'on lui soumet. On peut, du reste, pour exclure tout hasard dans les réponses, recommencer l'épreuve en renversant le tableau selon ses bords. Il est, en outre, à remarquer que la longueur absolue des lignes que l'on compare peut exercer une certaine influence sur la perception de leur différence, et il y a sans doute certaines longueurs qui sont plus favorables que d'autres à cette estimation. Il faut donc ajouter à notre tableau une série de lignes présentant toujours entre elles ce même rapport de $\frac{28}{40}$, mais avec des longueurs absolues différentes. Enfin, dernière observation, je me suis toujours arrangé pour que la différence absolue de deux lignes ne fût pas inférieure à 1 millimètre. J'ai dressé cinq tableaux d'après cette méthode ; ces cinq tableaux contiennent des longueurs présentant des rapports égaux à $\frac{28}{40}$, $\frac{32}{40}$, $\frac{34}{40}$, $\frac{36}{40}$, $\frac{38}{40}$, et ils constituent par conséquent une échelle permettant de mesurer l'estimation des longueurs.

Je ne publie pas ici ces tableaux, c'est inutile ; chacun peut en construire de semblables, s'il en a besoin.

Ce sont ces tableaux qui m'ont servi dans mes études de psychologie infantile. Mais avant d'en faire l'emploi, je les ai soumis à l'examen des personnes adultes qui sont généralement parvenues sans erreur à reconnaître les lignes les plus longues. Je dois cependant signaler que pour le dernier tableau présentant des rapports égaux à $\frac{38}{40}$, deux adultes ont commis plusieurs erreurs : l'un d'eux s'est même trompé dans le tableau où les lignes sont dans le rapport de $\frac{36}{40}$ [1].

Examinons maintenant comment se comportent les enfants devant les tableaux. Il faut d'abord prendre avec eux quelques précautions destinées à retenir leur attention toujours fugitive. Ainsi, le premier soin doit être de ne montrer à la fois que les deux lignes à comparer, en cachant les autres avec un écran mobile ; car si on montre à l'enfant le tableau entier, il est assez difficile d'empêcher son regard d'errer sur toutes les lignes ; de plus, il est très utile de ne

---

1. D'après Weber, la plus petite différence que l'on puisse saisir entre deux lignes, équivaut à 1/50 environ de la plus courte ; mais ce nombre varie avec les individus et avec l'exercice.

montrer à l'enfant les deux lignes à comparer qu'au dernier moment,
après avoir sollicité d'avance son attention. Ce sont là de petites précautions, mais elles me semblent indispensables, et je suis certain
que, si on les négligeait, on obtiendrait bien souvent des résultats
négatifs qui ne signifieraient qu'une chose : c'est que l'expérimentateur n'a pas su s'y prendre. L'expérimentateur est obligé, jusqu'à un
certain point, de changer de méthode suivant les sujets auxquels il
s'adresse ; il y a certaines règles à suivre quand on expérimente sur
un enfant, il y a d'autres règles pour les personnes adultes, il y a
d'autres règles aussi pour les hystériques, il y en a d'autres enfin pour
les aliénés. Ces règles ne sont écrites nulle part ; chacun les apprend
de lui-même, et en grande partie à ses dépens ; c'est en se trompant,
et en s'expliquant ensuite la cause de l'erreur commise qu'on apprend à ne pas se tromper une seconde fois. En ce qui concerne les
enfants, les deux principales causes d'erreur dont il faut se méfier
me paraissent être la suggestion et le défaut d'attention. Ce n'est
pas ici le moment de parler du premier point. Quant au second, le
défaut d'attention, il présente une si grande importance qu'il faut
toujours le suspecter quand on obtient un résultat négatif. On doit
alors suspendre les expériences, et les reprendre plus tard, à un
moment plus favorable, et les recommencer ainsi 10 fois, 20 fois,
avec une grande patience. Les enfants, en effet, sont souvent peu
disposés à prêter l'attention à des expériences qui n'ont rien de
récréatif, et il ne faut pas espérer qu'on puisse les rendre beaucoup
plus attentifs en les menaçant de punitions. Quelquefois on peut, par
des artifices particuliers, donner à l'expérience un certain attrait.

Les premières observations furent faites sur l'aînée des deux
petites filles ; je lui soumis les tableaux en lui expliquant qu'il fallait
poser le doigt sur la plus longue ligne, et je constatai qu'elle pouvait reconnaître, presque sans hésitation, la ligne la plus longue sur
les quatre premiers tableaux. Elle a même pu, à plusieurs reprises,
parcourir ces quatre tableaux d'un bout à l'autre sans commettre la
moindre erreur ; j'ai employé mon procédé de contrôle, qui consiste
à renverser le tableau selon ses bords, et elle ne s'est pas trompée
davantage. Il n'en a pas été de même pour le cinquième tableau contenant des lignes dans le rapport de $\frac{40}{38}$. Là, plusieurs erreurs ont
été commises, et je considère ce rapport comme constituant pour le
moment la limite de son pouvoir de discrimination. Ces résultats
ont été obtenus sans aucun exercice préalable.

La petite fille de deux ans et demi ne s'est pas comportée différemment. Il est vrai qu'à la première épreuve, elle commit plu-

sieurs erreurs, ce qui tenait simplement à ce que son attention n'était pas bien fixée, comme la suite le fit bien voir; car, deux jours après, reprenant ces expériences, je vis avec une véritable stupéfaction qu'elle pouvait parcourir les quatre premiers tableaux, comme l'avait fait sa sœur, sans commettre une seule erreur. On n'attribuera pas ce résultat au hasard, car le nombre total des lignes contenues dans ces quatre tableaux est de 32; or si le sujet devinait toutes les fois, il est bien probable qu'il se tromperait un certain nombre de fois sur une série aussi longue. Du reste j'ai pu soumettre la petite fille au même contrôle que son aînée (le renversement des tableaux) sans lui faire commettre d'erreur. Rien n'était plus curieux que de voir cette enfant de deux ans et demi placer avec assurance son index successivement sur chacune des deux lignes en disant chaque fois sans se tromper : » Ça, c'est la plus petite; ça, c'est la plus grosse », comme s'il n'avait pas suffi d'en indiquer une. Comme sa sœur aînée, la petite fille ne commence à commettre d'erreur que lorsqu'on lui fait comparer les lignes du tableau 5. Le rapport $\frac{38}{40}$ constitue donc, pour elle aussi, une limite.

Les quelques personnes que j'ai rendues témoins de ces expériences ont surtout été étonnées de la rapidité avec laquelle ces enfants reconnaissent la ligne la plus longue; il n'y a pour ainsi dire pas d'hésitation. Du reste, c'est chose bien connue que le petit enfant ne sait pas réfléchir, retenir son jugement; donc, si l'enfant ne pouvait pas percevoir la différence des longueurs au premier coup d'œil, il ne la percevrait pas du tout.

J'ai cherché ensuite sur ces mêmes enfants s'ils pourraient comparer deux lignes qu'on ne leur montrerait pas simultanément, mais successivement, en laissant écouler 10 ou 15 secondes entre les deux perceptions. J'ai obtenu des résultats assez confus, qui me paraissent tenir surtout à ce que l'expérience exige pour réussir un effort d'attention que l'enfant ne se soucie pas de faire. En effet, pour qu'on puisse comparer avec exactitude une longueur à une autre longueur qu'on a vue 15 secondes auparavant, il faut que pendant cet intervalle de 15 secondes on cherche à retenir le souvenir de la première longueur; c'est ce qu'un enfant n'est pas toujours disposé à faire. Nous nous heurtons ici à cet écueil du défaut d'attention auquel j'ai fait allusion plus haut.

Ces expériences ont eu cependant l'avantage de me révéler une cause possible d'erreur. Je montrais tour à tour deux lignes de longueur différente tracées sur deux feuilles de papier. L'aînée des deux petites filles arrivait très exactement, chaque fois, à désigner la ligne la plus longue; elle ne se trompait pas; son assurance éveilla mes soupçons; je lui demandai comment elle s'y prenait, et elle m'apprit, très naïvement, qu'elle avait remarqué sur la feuille portant la plus grande longueur un point noir; ce point noir, tout petit, lui servait de repère chaque fois pour découvrir la ligne la plus longue. Ce n'est pas le seul exemple de simulation inconsciente que j'ai observé au cours de ces recherches : j'en citerai plus tard quelques autres, et l'on verra que les observations et expériences sur les enfants présentent à peu près les mêmes causes d'erreur que celles qu'on pratique sur les hystériques.

J'ai eu l'occasion d'essayer sur l'un de mes deux petits sujets l'instrument ingénieux que M. Beaunis a imaginé pour étudier la mémoire et la comparaison des angles; cet instrument se compose de deux demi-cercles munis chacun d'un rayon mobile avec lequel on peut faire tous les angles désirables. J'ai recherché dans quelle condition les deux enfants pouvaient reconnaître qu'un des angles est plus petit que l'autre. Une recherche préalable nous a montré qu'un adulte peut assez facilement percevoir une différence égale à $\frac{2}{40}$ du plus petit angle. Quelques personnes peuvent même plusieurs fois de suite et sans se tromper percevoir une différence de $\frac{1}{40}$; d'autres ne perçoivent pas une différence inférieure à $\frac{3}{40}$.

Dans toutes mes recherches je plaçais les deux demi-cercles sur une grande feuille blanche bien éclairée; je les disposais l'un à côté de l'autre, les deux diamètres sur la même ligne, et l'enfant placé entre les deux était obligé de tourner la tête à droite pour étudier celui de droite et à gauche pour étudier l'autre. Il était par conséquent impossible que l'enfant pût les percevoir simultanément; la perception était toujours successive, ce qui rendait évidemment la comparaison beaucoup plus difficile, car elle exigeait un effort d'attention et de mémoire plus grand que la comparaison de deux lignes. J'ai eu soin dans les expériences que la lumière du jour tombât toujours perpendiculairement au diamètre des demi-cercles. De plus, dans les essais successifs, je plaçais le demi-cercle présentant le plus grand angle tantôt à la droite de l'enfant, tantôt à sa gauche, sans aucun ordre, et surtout, j'avais soin, pour éviter tout point de repère, de changer la direction du rayon, de sorte que tel demi-cercle présentait tantôt le plus grand angle, tantôt le plus petit. L'appareil de M. Beaunis se prête facilement à ces diverses précautions, et je l'ai trouvé d'un emploi très commode.

Je résume dans un tableau les expériences faites avec Madeleine
(quatre ans et trois mois) :

DATE	COMPARAISON ENTRE	RÉPONSE CORRECTE	RÉPONSE INCORRECTE
14 mars.	70° et 80°	4	0
—	60° et 70°	3	0
—	50° et 60°	5	0
	40° et 50°	5	0
	40° et 48°	3	0
—	40° et 46°	4	1
—	40° et 45°	2	2
25 mars.	60° et 65°	7	3
—	50° et 55°	6	4
—	40° et 43°	13	3
26 mars.	40° et 44°	9	1
—	40° et 43°	8	2
—	40° et 42°	3	3
27 mars.	40° et 42°	4	6
28 mars.	40° et 44°	9	3
—	40° et 43°	5	7
30 mars.	40° et 44°	5	1
—	40° et 43°	8	4

L'examen de ce tableau montre que l'enfant s'est un peu perfectionné depuis le commencement des expériences; il est devenu
capable, après quelque exercice, de reconnaître des différences
angulaires qui d'abord passaient inaperçues. C'est ainsi que la distinction entre 40° et 45°, qui, aux premiers essais, ne se faisait pas,
a été faite ensuite avec tant de sûreté qu'on l'a négligée, car l'enfant
est parvenu à percevoir une différence moindre, celle de 40° à 43°.
Pouvons-nous fixer exactement quelle est la plus petite différence
perceptible pour l'enfant que nous examinons? On peut tenir pour
certain, d'une part, qu'il n'a jamais pu distinguer 40° et 42°; et,
d'autre part, il distingue avec une certaine facilité 40° et 44°. En ce
qui concerne la comparaison de 40° et 43°, on ne peut pas être aussi
affirmatif; tout ici dépend du degré d'attention de l'enfant; si nous
faisons le total des réponses, nous trouvons 25 bonnes réponses à
opposer à 13 réponses inexactes; il nous semble bien que ce résultat
ne s'explique pas entièrement par le hasard et que la perception des
différences y entre pour une certaine part. En définitive, je suis assez
disposé à admettre que la plus petite différence perceptible pour
Madeleine est pour le moment égale à cette différence de 40° à 43°
ou, en d'autres termes, à $\frac{3}{40}$ du plus petit angle.

Si nous nous reportons au résultat que nous avons enregistré plus
haut, en résumant nos expériences sur la perception des longueurs,
nous pourrons constater que dans ces autres recherches le pouvoir

de discrimination du même enfant s'était montré à peu près équivalent, puisque nous avions admis que Madeleine peut être sensible, en comparant deux longueurs, à une différence égale à $\frac{4}{40}$ de la plus petite. C'est avec une véritable satisfaction que j'ai constaté cet accord final de recherches poursuivies dans des voies tout à fait différentes, et je considère maintenant comme tout à fait établi qu'il existe chez Madeleine — et probablement chez d'autres enfants âgés de quatre ans comme elle — une finesse de perception remarquable. A cet égard, Madeleine diffère bien peu d'un adulte.

Je sais bien que les comparaisons entre l'enfant et l'adulte ont quelque chose d'artificiel et de schématique, car ce qu'on appelle l'individu adulte ne répond pas plus à un type unique et bien tranché que ce qu'on appelle l'individu sain. Ainsi que je l'ai rappelé plus haut, tel adulte peut distinguer $\frac{1}{40}$ du plus petit angle ; tel autre $\frac{2}{40}$, tel autre $\frac{3}{40}$ seulement ; auquel de ces individus faut-il comparer l'enfant? Pour bien faire, il faudrait attendre que l'enfant qu'on étudie fût devenu lui-même un adulte, afin de le comparer à lui-même à diverses étapes de son évolution ; on pourrait ainsi déterminer avec exactitude l'influence de l'âge sur les perceptions. En attendant que je puisse faire cette comparaison, je prends le chiffre moyen de l'adulte, qui est égal à $\frac{2}{40}$ du plus petit angle, et c'est à ce chiffre moyen que je me permets de comparer le résultat des expériences que je viens de résumer. Or, il est évident que la différence de $\frac{2}{40}$ à $\frac{3}{40}$ est tout à fait minime, et qu'elle ne saurait exprimer en aucune façon le rapport qui existe entre l'intelligence d'un adulte et celle d'un enfant. Dans le cas où l'on parviendrait à mesurer l'intelligence, c'est-à-dire le raisonnement, le jugement, la mémoire, le pouvoir d'abstraction, ce qui ne me paraît pas absolument impossible, le chiffre qui exprimerait le développement intellectuel moyen d'un adulte présenterait un rapport tout autre avec le chiffre exprimant le développement intellectuel de l'enfant.

Si j'insiste sur ces faits, c'est qu'ils me paraissent complètement nouveaux, et je n'en ai pas trouvé la moindre mention dans les ouvrages de psychologie infantile que j'ai pu consulter. Je me permets donc de signaler ce sujet de recherches aux observateurs futurs ; il serait important de savoir si j'ai eu affaire à un cas régulier ou exceptionnel ; pour le moment, je me borne à signaler l'in-

térêt qu'il y aurait à savoir si, comme mes observations semblent
l'indiquer, le développement intellectuel débute par les fonctions
inférieures, qui peuvent atteindre un degré très élevé, et terminer
presque leur évolution, à un moment où les fonctions supérieures
sont encore dans un état rudimentaire.

2° *Perception des nombres.*

Je me suis demandé comment peut se faire la perception des nombres chez un enfant qui ne sait pas compter. Bien avant de savoir
compter, un enfant se fait une idée à lui des nombres. Il sait ce
que c'est d'avoir beaucoup de billes ou d'en avoir très peu; il se
sert donc d'une numération instinctive, et probablement inscon-
sciente, avant de connaître la numération verbale, que nous sommes
chargés de lui apprendre. Les auteurs du reste ont fait plusieurs
observations intéressantes à ce sujet. M. Preyer en rapporte quelques-unes. Il parle d'un enfant de dix mois auquel il était impossible d'emporter une de ses neuf quilles sans qu'il s'en aperçût; à
dix-huit mois, cet enfant savait parfaitement bien s'il lui manquait
un de ses dix animaux ou non. L'enfant de Preyer avait été habitué
à apporter à sa mère deux mouchoirs qu'il remportait ensuite à leur
place; il ne lui en fut rendu un jour qu'un seul; il vint chercher le
second avec un regard et des intonations qui indiquaient son désir
de l'obtenir. Cet enfant avait alors dix-huit mois [1].

Bien que les observations du genre des précédentes me paraissent
d'un grand prix, elles restent un peu superficielles, comme en général toutes les observations provoquées par le hasard; la question
de la numération instinctive vaut la peine d'être examinée soigneusement au moyen d'expériences méthodiques.

La petite fille de quatre ans et trois mois que j'étudie en ce moment ne sait heureusement ni lire ni compter, et ses parents font
sagement en retardant autant que possible le début de son instruction. On lui a appris, comme amusement, quelques noms de chiffres
et quelques lettres; mais cela s'est fait à bâtons rompus, comme par
hasard, et au moment où l'expérience commence, voici à peu près à
quoi se réduisent les connaissances de cet enfant en calcul; elle sait
compter jusqu'à 3 objets ; elle distingue 3 haricots, de 2 haricots ;
3 livres, de 2 livres, etc., et les compte exactement; au delà de ce
nombre 3, elle dit les chiffres tout à fait au hasard, et par conséquent
la numération parlée ne lui est plus d'aucun secours; j'insiste un

1. *Op. cit.*, p. 295.

peu sur ce point. Si on lui montre un groupe de 4 objets, elle dira par exemple qu'il y en a 6. Ce mot six n'a pas, comme on pourrait le croire, la valeur de notre mot quatre; car à une autre occasion, si on lui montre encore un groupe de 4 objets, elle dira un chiffre tout à fait différent, par exemple 12.

Au risque de me répéter à satiété, je dirai encore une fois que la première condition de ces expériences est de bien fixer l'attention de l'enfant. Je préfère être seul avec lui dans sa chambre, afin qu'aucune personne étrangère ne le distraie. Je cherche surtout à l'intéresser aux expériences, et je veille à ce qu'il ne s'ennuie pas. Quelquefois la petite fille disait : « Je commence à m'ennuyer », ou bien, plus malicieusement, elle exprimait le même sentiment en disant : « Je crains de te fatiguer »; dès lors, je suspendais tout sur-le-champ. Mais parfois j'avais la bonne fortune d'entendre dire à l'enfant : « Encore! cela m'amuse ». J'étais sûr alors que son attention était en éveil, et je cherchais à profiter de ses bonnes dispositions.

Ces recherches ne pouvant être faites que par la méthode des cas vrais ou faux, j'ai toujours soin d'indiquer le total des réponses bonnes ou mauvaises, afin que le lecteur juge lui-même si la conclusion est due ou non au hasard.

Pour reconnaître si un enfant peut percevoir des nombres sans savoir compter, j'ai pensé qu'il serait avantageux de disposer devant lui deux groupes d'objets semblables, et de lui faire indiquer dans quel groupe les objets sont en plus grand nombre. En variant la différence entre les deux nombres, on peut arriver en tâtonnant à la plus petite différence perceptible. Je me suis servi pour cela de divers objets, des sous, des plumes, des jetons et surtout des graines de haricot, qui présentaient l'avantage d'intéresser l'enfant plus que d'autres objets de forme plus régulière. En rendant compte de ces expériences, je me servirai du terme générique de jeton.

Je dispose donc à côté l'un de l'autre sur une table un groupe de 15 jetons et un second groupe de 18 jetons de même grandeur; les jetons ne sont pas empilés en tas, mais rapprochés irrégulièrement les uns des autres sur le même plan. La petite fille reconnaît rapidement le groupe le plus nombreux. Je modifie chaque fois les deux groupes, et je rends tantôt le groupe de droite plus nombreux ou moins nombreux que celui de gauche par l'addition ou la soustraction de quelques unités; mais le rapport de 14 à 18 reste toujours le même. Six essais sont faits, la réponse de l'enfant est toujours exacte. Pour augmenter la difficulté, le rapport de 15 à 18 est remplacé par celui de 16 à 18; sur neuf essais, pas une erreur de la part de l'enfant; avec le rapport de 17 à 18, sur neuf essais, l'enfant dit juste 8 fois et se trompe 1 fois. Avec le rapport de 21 à 22, sur huit essais, l'enfant répond juste 4 fois et se trompe 4 fois.

Il résulte donc de ces premiers faits que cette petite fille, qui ne sait pas compter jusqu'à 4, est cependant capable de comparer 17 unités à 18 unités, et de trouver très facilement que le groupe de 18 unités est supérieur à l'autre. L'exactitude avec laquelle se fait cette comparaison est une confirmation des expériences que nous avons faites plus haut sur la perception des longueurs. Nous reviendrons du reste un peu plus loin sur ce sujet.

Pour le moment, il faut se demander comment l'enfant peut comparer des collections d'unité, sans les compter. Mon avis est qu'elle en a la perception d'ensemble, la perception en masse, et que si elle juge que tel groupe est plus nombreux que l'autre, c'est qu'il occupe plus de place sur le papier où il se trouve. Il n'y aurait donc point, à proprement parler, numération, c'est-à-dire perception d'une grandeur discontinue. L'idée de cette explication, que je donne tout de suite, m'est venue au cours des expériences suivantes, que je vais maintenant exposer. J'avais en réserve une collection de jetons verts plus petits que les blancs; plus exactement, les jetons blancs ont quatre centimètres de diamètre et les jetons verts en ont deux et demi; j'eus l'idée de substituer 18 jetons verts aux 18 jetons blancs; le groupe total occupait une surface plus petite, et lorsque j'essayai de faire comparer à l'enfant ce groupe à celui de 16 jetons blancs, il se trompa constamment; il était cependant capable, comme nous l'avons dit plus haut, et comme je m'en assurai encore une fois, pour plus de sécurité, de comparer deux groupes de 16 et de 18 jetons blancs de même diamètre, et de reconnaître le groupe le plus nombreux. Il me parut évident que s'il commettait une erreur dans sa comparaison entre deux groupes formés de jetons de grandeur différente, cela tenait vraisemblablement à ce que les dimensions totales des groupes devenaient différentes; le groupe des 18 jetons verts occupant une surface moins grande que le groupe des 16 jetons blancs.

Je suppose donc que l'enfant avait machinalement, et bien entendu sans s'en rendre compte, substitué la perception d'une grandeur continue à celle d'une grandeur discontinue, bien qu'il continuât cependant à indiquer qu'il cherchait à percevoir des nombres. La phrase enfantine qu'il employait était toujours la même : « là, disait-il, en indiquant du doigt un des groupes, il y en a plus qu'ici ».

J'essayai alors de bien expliquer à l'enfant qu'il se méprenait sur ce que je lui demandais; et je me fis clairement comprendre en lui montrant deux groupes formés, l'un de 3 jetons verts, et l'autre de 2 jetons blancs; l'enfant, saisissant parfaitement mon explication, dit tout de suite qu'il y avait un plus grand nombre de jetons verts mais que les blancs étaient plus gros. Pour bien appuyer sur cette explication, je fis quelques expériences sur des groupes peu nombreux; devant un groupe de 4 jetons verts et un autre de 3 jetons blancs, il trouva les verts plus nombreux, et cela trois fois de suite, la position des groupes étant changée.

Je fis alors des expériences avec des groupes plus nombreux pour voir si, grâce aux explications précédentes, l'enfant pourrait percevoir la grandeur discontinue, ce qu'il faisait bien pour 3 ou 4 unités. Je pus m'assurer qu'il n'en était rien. Devant deux groupes formés, l'un de 18 jetons verts petits, et l'autre de 14 jetons blancs plus grands, l'enfant trouva le dernier groupe plus nombreux; je pus même diminuer progressivement le groupe de 14 jetons blancs jusqu'à 10 et sans que l'enfant changeât d'avis (les soustractions étaient faites bien entendu hors de sa vue). Même réduits au nombre 10, les jetons blancs paraissaient encore plus nombreux que les 18 jetons verts. Ce n'est que lorsque je les réduisis à 9 que le groupe des 18 jetons verts parut plus nombreux.

Ces insuccès répétés n'étaient nullement dus à un défaut d'attention, car l'enfant répondait toujours dans le même sens; ils n'étaient pas dus non plus à ce que l'enfant avait oublié mes explications, car si je lui montrais 4 jetons verts et 3 jetons blancs, il disait, comme je lui avais appris à le faire, que les jetons verts étaient plus nombreux; je crois que ces expériences prouvent seulement la difficulté très grande qu'avait l'enfant à percevoir une grandeur sous une autre forme que la forme continue, lorsqu'il y avait à percevoir un grand nombre d'unités.

L'idée me vint alors de rechercher parmi les petits nombres quel était celui que cet enfant pouvait percevoir réellement, c'est-à-dire sous la forme discontinue. Je pus ainsi constater que l'enfant pouvait exactement reconnaître le groupe de jetons les plus nombreux dans les cas suivants :

2 jetons verts, 1 jeton blanc;
3 jetons verts, 2 jetons blancs;
4 jetons verts, 3 jetons blancs;
5 jetons verts, 4 jetons blancs.

Un grand nombre d'essais furent faits avec ces nombres et réussirent toujours ou à peu près; je dis à peu près quand sur 10 réponses il y en a 9 de bonnes. Mais le groupe des jetons blancs fut jugé supérieur à partir du rapport précédent, notamment dans les cas suivants :

6 jetons verts et 5 jetons blancs;
7 jetons verts et 6 jetons blancs, etc.

Il me paraît donc assez bien démontré que, dans les conditions précédentes l'enfant ne pouvait pas comparer réellement des nombres supérieurs à 5 et à 6; et comme la comparaison est la condition de toute perception, il s'ensuit que cet enfant ne pouvait pas percevoir exactement un nombre supérieur à 6. Si limitée qu'elle soit, cette numération instinctive dépasse de beaucoup la numération verbale apprise, qui, chez l'enfant examiné, ne dépasse pas le chiffre 3.

Je me suis longuement étendu sur ces expériences parce qu'elles sont très délicates, et que si je n'en avais pas donné le détail complet, on n'aurait pas compris la méthode employée. Je crois que ces expériences contiennent des renseignements psychologiques intéressants; elles nous montrent qu'en somme chez l'enfant que j'ai étudié la perception de la grandeur continue se fait plus facilement et plus exactement que la perception du nombre, et, de plus, elle nous permet d'établir avec une assez grande sûreté les limites de la perception du nombre, de la numération proprement dite.

Nouvelles expériences sur la perception des nombres.

Le lecteur a dû être frappé du résultat auquel nous venons de parvenir. Chez les petits enfants soumis à notre observation, la perception et la comparaison des longueurs se font avec une remarquable justesse; au contraire, la perception des nombres est extrêmement grossière et défectueuse. Je me suis demandé si une si grande différence entre ces deux modes de perception était bien réelle, ou s'il ne fallait pas l'attribuer à une différence dans nos méthodes d'observation. Il m'a donc paru tout à fait nécessaire d'étudier à nouveau la perception des nombres chez nos deux enfants, en employant des procédés un peu différents.

Voici comment j'ai disposé ces nouvelles expériences; je montre à l'enfant un petit nombre d'objets réunis sur une table, comme 2 plumes, 3 graines, ou 4 jetons, etc. J'attire son attention sur ces objets; puis, quand il a eu le temps d'en percevoir le nombre, je prends tous ces objets, je les cache dans ma main, et j'en dépose un seul sur la table, devant l'enfant, en lui demandant : « Y en a-t-il encore? » Si l'enfant répond affirmativement, je place devant ses yeux un second objet et ainsi de suite. Je m'efforce bien entendu de toujours poser la question dans les mêmes termes, et avec le même timbre de voix, de façon à ne pas dicter une réponse; et, de plus, en replaçant les jetons sur la table, je cherche à ne pas les disposer dans le même ordre qu'auparavant.

Supposons, pour prendre un exemple, que l'épreuve ait été faite avec 3 jetons. Si l'enfant, en revoyant le second jeton, dit qu'il n'y

en a plus, il commet une erreur en moins, et le nombre 2, qu'il se
trouve avoir retenu, est inférieur d'une unité au nombre exact, qui
est 3; si l'enfant en revoyant le troisième jeton dit qu'il n'y en a plus,
sa réponse est exacte, et il n'y a pas autre chose à en dire; si l'enfant
dit au contraire qu'il y en a encore, il commet une erreur en plus,
qui est comme la contre-partie de l'erreur en moins que nous venons
de signaler : seulement, comme on est dès lors obligé de suspendre
l'expérience, et de ne plus montrer de jetons à l'enfant, on ignore si
cette erreur en plus porte seulement sur une unité ou sur plusieurs;
c'est une réserve qu'il est bon de ne pas oublier.

Pour ne pas embrouiller la mémoire de l'enfant, il est indispensable de ne pas changer chaque fois les nombres, mais de faire une
série d'essais sur le même nombre.

Ces expériences peuvent être considérées comme une application
de la méthode des cas vrais ou faux, avec cette circonstance toutefois
que, dans chaque expérience, les chances d'erreur sont supérieures
aux chances de réponse juste, car si l'enfant doit par exemple retenir
le nombre 3, comme il peut indiquer les nombres 1, 2, 3, 4., le
calcul des probabilités indique, pour les erreurs dues au hasard,
la proportion $\frac{3}{4}$, et pour les réponses justes dues à la même cause,
la proportion $\frac{1}{4}$, c'est-à-dire que les réponses justes sont aux
réponses erronées dans le rapport de 1 à 3.

Une dernière remarque : dans nos expériences précédentes, c'était
par un acte de comparaison que l'enfant manifestait sa faculté de
percevoir les nombres; ici, le procédé est différent; l'enfant prouve
qu'il peut percevoir un nombre d'objets en le reconnaissant, c'est-à-
dire en faisant intervenir un acte de mémoire.

Les résultats sont inscrits dans les tableaux suivants. La première
colonne indique les nombres d'objets présentés à l'enfant et la seconde
les nombres retenus.

Malgré la différence des procédés d'étude, ces nouvelles recherches
confirment entièrement les précédentes en nous montrant sur nos
deux petits sujets que la perception des nombres se fait dans des
limites très restreintes. On peut facilement fixer cette limite pour
Madeleine au nombre 4, puis, au bout de quelque temps d'exercice,
au nombre 5. Pour Alice, la limite est moins élevée, et elle ne reconnaît avec sûreté que le nombre 3.

Nous remarquerons qu'il n'y a pas de transition graduelle entre les
nombres que ces petites intelligences peuvent retenir. Ainsi, l'un de
ces enfants peut retenir le nombre 3; il ne se trompe pour ainsi

-dire pas sur ce nombre; les erreurs qu'il commet sont tout à fait insignifiantes; mais ajoutons une unité de plus, et tout change : le nombre des erreurs devient tout de suite, brusquement, beaucoup plus considérable.

Les erreurs en moins sont plus nombreuses que les erreurs en plus : -chez Madeleine, il y a eu 10 erreurs en moins et 6 erreurs en plus; chez Alice, 7 erreurs en moins et 2 erreurs en plus. Il semble que, chez ces enfants, le nombre d'objets retenus par la mémoire a une -tendance à se réduire.

MADELEINE (32 mois).

3	2	5	5	3	3	4	5	4	3
3	3	5	4	3	3	4	4	4	4
3	3	5	6	3	3	4	5	4	4
3	3	5	4	3	3	4	4	4	4
3	3	5	5	4	4	4	4	4	4
4	3	5	4	4	4	4	4	5	5
4	4	5	5	4	4	4	4	5	5
4	4	5	5	4	4	4	4	5	5
4	4	5	4	5	5	4	4	5	6
4	5	5	5	5	4	4	4		
4	4	5	4	5	4	4	4		
4	4	5	5	5	5	4	4		
4	4	5	5	5	6	5	5		
		5	6	5	4	5	5		

ALICE (32 mois).

2	2	4	3	3	3	2	2	3	3	4	4
2	2	4	3	3	3	2	2	3	3	4	3
2	2	4	3	3	3	2	2	3	3	4	4
2	2	4	3	4	4	2	2	3	3		
3	2	4	4	4	5	2	2	3	3		
3	2	4	5	4	3	2	2	3	3		
3	3	3	3	4	2	2	2	3	3		
3	3	3	3	4	3	3	3	3	3		
3	3	3	3	2	2	3	3	3	3		
3	3	4	3	2	3	3	3	4	3		
3	3	4	5	2	3	3	4	4	3		
				2	2	3	2	4	3		
						3	3	4	4		

Résumons :

Madeleine.	Nombres à retenir...	3	4	5
	Réponses correctes...	8	24	14
	— incorrectes.	1	9	12
Alice.....	Nombres à retenir...	2	3	4
	Réponses correctes...	13	24	5
	— incorrectes.	2	4	15

Trois semaines après, seconde série d'expériences :

Madeleine.	Nombres à retenir...	3	4	5
	Réponses correctes...	16	10	10
	— incorrectes.	0	1	1

ALFRED BINET.

ANALYSES ET COMPTES RENDUS

D**r** **Augustin Charpentier** (*Bibl. scientif. contemp.*, 1888). La
LUMIÈRE ET LES COULEURS AU POINT DE VUE PHYSIOLOGIQUE. In-18, Paris,
J.-B. Baillière.

Voilà un ouvrage qui fera honneur à la Bibliothèque scientifique
contemporaine, car c'est à la fois un ouvrage de vulgarisation et de
première main, chose rare. L'auteur y a rassemblé, en les résumant,
la plupart des recherches qu'il a faites depuis une douzaine d'années
sur les perceptions d'origine visuelle et qui ont été exposées successivement, soit dans les comptes rendus de l'Académie des sciences, soit
dans ceux de la Société de biologie. Connaissant à fond son sujet pour
y avoir tant et si bien travaillé, il a pu faire de la haute et philosophique et claire vulgarisation.

Il n'y a pas de question plus intéressante pour le psychologue que
celle de la transformation de l'agent extérieur lumière en phénomènes
nerveux et en sensations. Comme pour les sensations auditives, on se
trouve là sur le terrain commun à la physiologie et à la physique.
L'expérimentateur doit être à la fois physicien, physiologiste et
psychologue; M. Charpentier se montre dans son livre, sous ces
trois aspects. Les deux derniers ne font qu'un, il est vrai, mais pas
plus que l'homme n'est un et pas plus que l'œil et le cerveau n'ont les
mêmes fonctions élémentaires dans les sensations visuelles. « Celui qui
voudra bien étudier ces sensations, dit l'auteur dans la relation de ses
expériences, devra pour ainsi dire se dédoubler. Actif pour régler
d'avance toutes les conditions dans lesquelles il opérera, pour choisir
l'excitation convenable, la partie à exciter, l'état physiologique dans
lequel l'œil devra être placé, il deviendra passif au moment de l'expérience, c'est-à-dire qu'il ne cherchera pas à interpréter la sensation
qu'il recevra, et qu'il se contentera de la recevoir et de la noter dans
son souvenir. Que de fois l'effort cérébral que chacun exerce plus ou
moins consciemment ne fausse-t-il pas les résultats d'une expérience !
Cerveau et appareil rétinien ont deux tâches distinctes et doivent
fonctionner d'une façon dissociée.... »

M. Charpentier ne s'est pas borné à résumer les résultats de ses propres recherches. Il a consacré une partie assez considérable de son
livre aux données plus ou moins connues et d'ordre général sur la

lumière, sur l'appareil visuel et sur les effets physiologiques extérieurs ou objectifs produits par l'énergie lumineuse. Il a cependant ajouté à chacun de ces chapitres préliminaires des considérations théoriques et des vues d'ensemble qui, jointes à la simplicité même de l'exposition, dénotent dès l'abord une compétence d'un ordre élevé.

Le premier chapitre comprend les notions les plus générales sur la lumière et l'œil. La lumière est constituée par des vibrations extrêmement rapides de l'éther. Il y a, au point de vue physique, plusieurs espèces de lumière (comme il y a plusieurs sons) suivant la rapidité de ces vibrations. Chaque espèce de lumière simple produit dans l'appareil visuel une sensation spéciale (couleur) à condition qu'elle agisse isolément; l'action simultanée sur la rétine de plusieurs espèces de lumières simples produit un nouveau phénomène essentiellement physiologique qui consiste non pas, comme on le dit souvent, dans le *mélange*, mais dans une certaine *modification* des sensations de couleur primitive. L'œil est, à l'opposé de l'oreille, qui analyse les sons avec une grande perfection, un appareil synthétique. Il ne peut servir à définir la lumière que si on lui présente isolés, au moyen du spectroscope, les différents rayons dont cette lumière se compose. Mais, ajouterons-nous, n'en est-il pas de même parfois pour l'oreille lorsqu'on lui présente dissociés au moyen de résonnateurs les différents harmoniques d'un son complexe? Le timbre est comme la couleur des sons, pourrait-on dire, au risque de commettre une simple catachrèse.

L'auteur expose, dans le chapitre II, que la lumière est une forme de l'énergie dont l'équivalent mécanique n'a pu être mesuré, mais qui est susceptible certainement de se transformer en chaleur, en mouvement mécanique, en activité chimique, en électricité. Les divers rayons spectraux ne jouissent pas, sous ces divers rapports, des mêmes propriétés. Enfin la lumière agit sur les êtres vivants, végétaux et animaux, même indépendamment de la fonction visuelle.

L'étude générale de cette fonction et de son appareil est l'objet des deux chapitres suivants. Et d'abord il est question des animaux sans yeux et cependant sensibles à la lumière. Puis vient l'évolution de l'appareil visuel dans la série animale, depuis l'œil sans rétine et sans milieux réfringents jusqu'à l'œil complet. A propos des limites de délicatesse des images rétiniennes, M. Charpentier expose ses expériences sur l'aberration de sphéricité. Il décrit ensuite la rétine, sa structure et celle de la tache jaune, puis le rôle des éléments rétiniens dans la vision. Il examine après cela la doctrine de l'énergie spécifique des nerfs. On admet que chaque nerf, chaque filet nerveux réagit toujours de la même façon quelle que soit l'excitation subie par lui. Il faut croire, en ce cas, qu'il existe au moins trois sortes de filets nerveux dans la rétine, susceptibles de provoquer les trois sensations colorées fondamentales avec lesquelles, d'après la théorie de Young et d'Helmholtz, peuvent se produire toutes les autres. Cette théorie est sujette à de nombreuses objections, et les trois sortes de filets sont encore à trouver; mais on peut, en attendant, se rendre compte de la spécificité des sensations en invoquant la nature du centre nerveux mis en activité par l'excitation du nerf optique. L'auteur donne plus loin une nouvelle théorie, ou du moins une nouvelle tentative d'explication basée sur ses expériences.

Quoi qu'il en soit, on connaît du moins l'action intermédiaire entre la vibration lumineuse et l'excitation nerveuse. Les vibrations de l'éther décomposent une substance, le pourpre rétinien ou érythropsine, découverte par Boll dans la rétine, et c'est le mouvement moléculaire ainsi provoqué qui agit alors directement sur les éléments nerveux visuels. Voilà donc l'œil complètement assimilé à la chambre noire photographique munie de sa plaque sensible.

Vient ensuite un aperçu des recherches de Dewar sur les phénomènes électriques produits dans le nerf optique et dans les éléments nerveux centraux par la lumière. Ces phénomènes se traduisent extérieurement par un courant de sens défini et d'intensité variable suivant la force de l'excitation lumineuse. On peut entrevoir là, dit l'auteur, la possibilité d'étudier des phénomènes de sensibilité aussi délicats que ceux de la vision autrement que par l'observation intérieure et en donnant jusqu'à un certain point une sanction objective à celle-ci. Mais, en somme, le courant de Dewar n'est que le courant ordinaire constaté dans les nerfs au moment de leur activité; il ne nous traduit que l'activité du nerf optique et non l'origine de cette activité.

Un autre phénomène objectif en rapport avec la présence de la lumière, c'est la migration du pigment rétinien. Cette agitation excite-t-elle mécaniquement les cônes et les bâtonnets? Protège-t-elle en même temps ces éléments contre un excès de lumière en facilitant l'absorption de celle-ci? Ce sont là des questions non résolues.

La limitation du spectre visible est un dernier phénomène objectif à examiner. Pourquoi les rayons ultra-rouges et les rayons ultra-violets sont-ils invisibles? C'est surtout parce que ces radiations, absorbées par les milieux dioptriques, n'arrivent pas jusqu'à la rétine.

La première partie du livre se termine par un résumé de l'embryologie de la rétine. Celle-ci doit être considérée comme un véritable centre nerveux faisant partie de l'encéphale et relié au cerveau par l'intermédiaire du mésocéphale.

La deuxième partie comprend l'étude expérimentale des sensations et des perceptions visuelles. C'est la partie la plus importante et la plus originale. Elle est entièrement neuve. M. Charpentier commence par indiquer le sens des deux termes sensation et perception. La perception va plus loin que la sensation.

Les sensations sont connues de l'homme directement, sans que l'on ait besoin de les transformer en d'autres phénomènes physiques, sans qu'on puisse même opérer cette transformation. Mais leur production n'échappe point pour cela à la loi de la conservation de l'énergie. Une quantité donnée de lumière, de chaleur, etc., est-elle remplacée par une quantité *équivalente* de l'activité nerveuse appelée sensation ? La question est difficile à résoudre, mais il n'est pas nécessaire qu'elle soit résolue pour que l'on puisse étudier les sensations expérimentalement, comme tant d'autres phénomènes dont la nature intime nous échappe tout aussi bien. En poursuivant au delà de la rétine les transformations de la lumière, on fait encore de la science expérimentale, mais à la condition d'observer certaines précautions spéciales au sujet desquelles nous avons déjà reproduit en commençant cette analyse, quelques lignes de l'auteur.

Pour expérimenter sur les excitations lumineuses, il faut d'abord se rendre compte des parties de la rétine sur lesquelles portent ces excitations. Il faut donc dresser une sorte de carte topographique de la membrane visuelle. Il faut en même temps tenir compte de la vision indirecte produite sous l'influence de l'excitation de parties rétiniennes autres que la *fovea centralis* ou point de fixation. M. Charpentier décrit les divers moyens de représentation des diverses parties de la rétine et du champ visuel, puis le *périmètre*, instrument à l'aide duquel on peut exciter la rétine à un endroit déterminé, et retrouver à volonté cet endroit.

Perception lumineuse brute, appréciation des intensités lumineuses, perception des couleurs, sensibilité différentielle simultanée ou successive, acuité visuelle ou distinction des foyers lumineux multiples, telles sont les différentes fonctions élémentaires à analyser. M. Charpentier a été guidé dans ce travail extrêmement délicat par l'idée suivante :

Il y a, pour chacun des actes physiologiques élémentaires que peut produire tel excitant, une valeur déterminée de l'excitation, valeur audessous de laquelle l'acte en question n'est plus possible. Cette valeur limite peut servir, non pas à mesurer, mais à caractériser l'acte physiologique produit. Chaque forme comme chaque intensité de la sensation visuelle a pour correspondant extérieur une forme et une intensité données de la lumière excitatrice, et c'est cette correspondance qu'il s'agit d'établir.

Pour cela, il faut d'abord pouvoir régler d'une façon précise l'intensité de la lumière présentée à l'œil. M. Charpentier a imaginé dans ce but, dès 1877, un instrument appelé *photoptomètre* dont il décrit la constitution typique et les principales formes adaptées à différentes sortes d'expériences. Il expose ensuite les principaux résultats de ses recherches, résultats que nous allons tâcher d'indiquer autant qu'il est possible de le faire en quelques lignes.

Toutes les parties de la rétine, sauf le centre, ont paru également excitables, c'est-à-dire qu'il a fallu la même quantité de lumière, le même éclairement de la surface présentée à l'œil pour produire une sensation lumineuse. L'infériorité du centre rétinien est compensée, on le verra plus loin, par une supériorité spéciale.

L'excitation ou l'impression lumineuse se diffuse sur une certaine surface et dépasse les limites de l'image lumineuse excitatrice. Il y a proportionnalité inverse entre l'étendue de l'objet et le minimum perceptible, jusqu'à une certaine limite qui est à peu près celle de l'image rétinienne d'un objet de 2 millimètres de diamètre pour une distance de 20 centimètres de l'œil. Ce chiffre est le même quelle que soit la surface de la pupille (variée de 1 à 90), et par conséquent quelle que soit l'étendue des images de diffusion formées sur la rétine. Le phénomène en question n'est donc point de cause dioptrique, mais physiologique.

— Chaque élément rétinien reste constamment solidaire des éléments voisins qui lui communiquent une partie de leur excitation. Ce fait explique pourquoi la *fovea*, malgré son peu de sensibilité lumineuse, ne fait pas tâche dans le champ visuel. — Malgré l'égale excitabilité des diverses parties de la rétine, sauf le centre, nous exerçons en réalité inégalement ces diverses parties, et ce sont les plus exercées qui sont le moins sensibles.

L'excitation et même la fatigue d'une rétine ne retentissent pas sur l'autre, d'après les expériences de l'auteur. Mais il se produit une illumination apparente de l'œil non excité, c'est-à-dire que l'éclairement d'un œil par une lumière suffisamment vive produit une excitation spéciale du centre psychique commun aux deux yeux. — Pas plus que l'excitation, le repos d'une rétine n'a d'influence directe sur l'excitabilité de l'autre, mais l'excitation d'un œil peut, en rétrécissant la pupille de l'autre, diminuer l'éclairage de la rétine de ce dernier et en augmenter ainsi la sensibilité lumineuse. — Une excitation lumineuse momentanée ne modifie pas la sensibilité des parties rétiniennes voisines. Elle diminue l'excitabilité de ces parties si l'excitation se prolonge, en même temps que l'excitation se propage.

La sensibilité pour les couleurs se comporte tout autrement que la sensibilité pour la lumière blanche. Un seul point commun est le peu de sensibilité de la *fovea*; mais sauf cette lacune centrale peu étendue, les couleurs sont d'autant mieux perçues qu'elles tombent sur une région rétinienne moins excentrique, et la sensibilité décroît régulièrement d'une façon continue jusqu'à la périphérie.

Cette différence entre la sensibilité chromatique et la sensibilité lumineuse indiquerait que le cerveau joue un rôle prépondérant dans la perception des couleurs. Cependant M. Charpentier croit probable que le processus chromatique a aussi une origine rétinienne.

La variation de la sensibilité lumineuse suivant l'éclairage ambiant, ou adaptation rétinienne, n'est pas la même pour tous les rayons du spectre. Il y a, dans la production de la sensation lumineuse, une certaine perte de lumière employée à mettre en branle l'appareil visuel, et cette inertie vaincue varie suivant la couleur de la lumière excitatrice; elle augmente dans le même sens que la réfrangibilité des rayons excitateurs.

Les couleurs de petite étendue sont moins bien perçues que les grandes. Le taux de la diminution d'intensité est moins élevé que le taux de la diminution de surface, mais plus élevé que celui du changement de diamètre. La diminution d'intensité apparente est d'autant plus rapide que la couleur est plus réfrangible.

L'analyse des faits précédents a conduit l'auteur à distinguer, outre la sensibilité lumineuse et la sensibilité chromatique, une nouvelle fonction visuelle élémentaire qui est la sensibilité visuelle. Le concours des éléments de la sensibilité lumineuse ou photesthésiques et des éléments de la sensibilité visuelle est nécessaire pour la production de la sensation de couleur. Comment la notion de couleur peut-elle sortir du conflit de deux processus physiologiques produits par la lumière? M. Charpentier consacre à cette question tout un long chapitre dans lequel il cherche à relier théoriquement les divers faits expérimentaux découverts par lui et soulève de nouvelles questions.

Des recherches de ce genre devaient aboutir à la vérification ou à l'infirmation de la loi psycho-physique au point de vue des sensations lumineuses. Existe-t-il, pour cet ordre de sensations, une *constante différentielle?* Les travaux d'Helmholtz et d'Aubert avaient déjà tempéré les affirmations trop absolues à cet égard. M. Charpentier a employé une méthode nouvelle tout à fait directe en transformant son photoptomètre en un *photoptomètre différentiel,* et il est arrivé à des résultats importants que nous ne pouvons reproduire ici. Il nous suffira de dire que la loi psycho-physique est absolument fausse, au moins pour le sens de la vue.

L'auteur étudie ensuite une question non moins intéressante : l'influence de la couleur sur la perception différentielle : 1° à égale intensité chromatique; 2° à égale intensité visuelle; 3° pour les différences successives. Puis il expose sa méthode pour la détermination des sensations lumineuses et colorées, méthode qui l'a conduit à une nouvelle vérification de la loi de Purkinje et à l'explication de diverses exceptions apparentes à cette loi. Un dernier chapitre est consacré à l'exposé succinct des applications des différentes recherches précédentes à la clinique. Ces applications sont nombreuses et peuvent être faites très simplement à l'aide du *photoptomètre clinique* de l'auteur.

Nous ne saurions terminer ce rapide aperçu sans féliciter le professeur Augustin Charpentier de la clarté avec laquelle il a su nous exposer ses remarquables travaux dont tout le monde apprécie la haute importance au point de vue de la physiologie psychologique aussi bien que de la clinique.

L. MANOUVRIER.

M. **Ferraz.** HISTOIRE DE LA PHILOSOPHIE PENDANT LA RÉVOLUTION. Perrin, 1 vol. in-12, 388 pages.

M. Ferraz complète aujourd'hui son histoire de la philosophie française au XIXe siècle par un volume consacré aux origines. Le lecteur trouvera dans cet ouvrage sur l'histoire de la philosophie pendant la Révolution la même sûreté d'érudition et la même fermeté de doctrines que dans les trois autres : il serait oiseux de faire resssortir ces qualités dans une œuvre de M. Ferraz. Peut-être serions-nous tenté de lui chercher querelle sur le titre qu'il a donné à son livre; les philosophes dont il parle et les systèmes qu'il expose n'ont souvent qu'un rapport vague et assez éloigné avec la révolution. M. Ferraz a voulu désigner une époque et fixer une date, non indiquer le lien et l'unité de son livre : c'est au fond une histoire de l'idéologie chez les successeurs de . Condillac. Il remarque, avec raison d'ailleurs, que de toutes les périodes de l'histoire de la philosophie française, celle qui s'étend de 1789 à 1804 et qui répond à l'histoire de la Révolution est la moins connue. Elle mérite pourtant d'être étudiée avec soin, moins peut-être pour sa valeur propre que parce qu'elle nous explique le mouvement qui a suivi et contient les germes que le siècle a développés.

L'ouvrage renferme bien des noms, les uns presque ignorés, les autres illustres, Garat, Tracy, Cabanis, Rivarol, Condorcet, Volney, Mme Condorcet, Villers, Saint-Martin, Chateaubriand (c'est l'ordre suivi par l'auteur dans son sous-titre). Quelle est l'unité de ces philosophies si diverses, si peu ressemblantes? A coup sûr, elles gravitent toutes autour du sensualisme du siècle qui finit, mais le sensualisme s'est transformé en idéologie, et l'idéologie elle-même, d'abord purement théorique, devait s'adapter aux besoins et aux préoccupations du temps et devenir appliquée. Il n'était pas possible que la philosophie, à cette époque de trouble et de rénovation, au milieu des batailles de rues et des batailles d'idées, se résignât à un rôle purement spéculatif. De là une division très simple de tout l'ouvrage en *Idéologie théorique, Idéologie appliquée* et *Doctrines dissidentes*. Quant aux rapports directs et palpables de la philosophie avec la Révolution, M. Ferraz les caractérise ainsi : « Une fois la Révolution commencée, que devient la philosophie? En tant que philosophie militante, elle descend des livres dans les codes, elle sort tout armée des esprits pour pénétrer dans les faits sociaux. C'est elle qui s'affirme dans la prise de la Bastille, comme dans la nuit du 4 août; dans la Déclaration des droits de l'homme, comme dans la proclamation de la République, et qui se décerne à elle-même, dans la fête de la Déesse-Raison, une bizarre apothéose. » Toutefois, en tant que philosophie spéculative, il était difficile qu'elle ne subit pas une éclipse passagère sinon qu'elle ne disparût entièrement : où trouver au milieu du fracas d'une société qui s'écroule le calme et la sérénité des penseurs? Il faut attendre que l'éloquence soit pacifiée. Il y aura donc en attendant plus de brochures que de livres, plus de professions de foi que de systèmes et souvent plus de sentimentalité béate ou farouche que de pensée virile et logiquement déduite.

C'est dire que le sujet manque parfois à l'historien et se dérobe sous sa plume; mais aussi, pour remplacer l'intérêt des grands systèmes, que de trouvailles d'érudition et quelle finesse d'aperçus nouveaux et personnels! Pas un érudit ne connaît Garat comme M. Ferraz le connaît : Garat prodiguait « moins peut-être par calcul que par bonhomie et par tic de rhéteur » les mêmes louanges à Louis XVI, à Robespierre, à Napoléon, et cela lui permit de méditer vingt ans un ouvrage qu'il eût été désespéré de ne pas laisser « à côté de l'échafaud » et qu'il n'écrivit jamais, quoiqu'il ait pu le méditer quarante ans encore, puisqu'il ne mourut qu'en 1833. Les leçons de l'École normale n'eurent d'autre mérite que de réveiller le goût non peut-être de la philosophie, mais de l'éloquence appliquée à la philosophie. Il y eut même une *bataille Garat*, moins célèbre que la bataille d'Hernani, quand le mystique Saint-Martin, auditeur de Garat, osa lui faire publiquement des objections contre son condillacisme et lancer, comme il le disait dans son langage imagé, une pierre au front d'un des Goliaths du temps. « Chacune des idées de Condillac, disait-il en attaquant le maître pour réfuter plus sûrement le disciple, me paraît un attentat contre l'âme. »

Les adversaires sont trop éloquents, les doctrines trop confuses, les arguments sont faibles, sans grande portée; mais ne vous semble-t-il pas que dans ce débat préliminaire toute la philosophie du siècle qui commence est engagée? De mieux en mieux nous voyons ce que nous sommes et où nous allons : les uns vont au matérialisme sans phrases, les autres au mysticisme déguisé par une périphrase, à l'idéalisme. A mesure que le siècle s'approche de sa fin, il semble que le *philosophe inconnu* qui se relève, sort de l'oubli, toujours armé de la fronde de David et préparant le triomphe de l'esprit sur la matière.

Ainsi n'accordons-nous actuellement qu'une attention distraite aux philosophes indécis ou plutôt fort décidés à borner à l'analyse des idées toute la tâche de la philosophie : leur talent nous intéresse, leur style nous attache, mais les élégantes dissertations d'un Laromiguière nous font un peu l'effet des descriptions d'aurores et de crépuscules de l'abbé Delille. « L'idéologie, écrivait en 1804 Destutt de Tracy, me paraît se partager en physiologique et rationnelle : la première très curieuse et exigeant de vastes connaissances, mais ne pouvant guère, dans l'état actuel des lumières, se promettre d'autres résultats de ses plus grands efforts que la destruction de beaucoup d'erreurs et l'établissement de quelques vérités précieuses, mais encore peu liées entre elles; la seconde, l'idéologie rationnelle, exigeant moins de science, ayant peut-être moins de difficultés, mais possédant des faits suffisamment liés en ne songeant qu'à leurs conséquences, a l'avantage d'être susceptible d'applications directes et de former déjà un système complet. C'est à celle-là, ajoute Tracy, que je me borne. Je prends nos facultés telles qu'elles sont et ne m'occupe que de leurs effets. » On ne saurait mieux dire ni expliquer plus clairement pourquoi, à l'heure qu'il est, Tracy et les autres philosophes de son école ont peu de lecteurs; ils ont choisi la voie la plus aisée, celle de la psychologie descriptive et déductive et il s'est trouvé que le siècle s'est engagé dans la voie plus difficile à suivre le a psychologie physiologique. Tracy ont ... être lu pour la netteté et la précision de sa pensée et le son style. On trouvera dans ses ... minutieusement analysées par M. Ferraz force remarques ingénieuses et une grande abondance de vertus de ferulis, mais c'est à Cabanis, seulement à Tracy, que se rattache le mouvement psychologique contemporain. Entre un double positivisme antique, l'un est physiologique, celui de Cabanis, l'autre tout psychologique et spiritualiste celui de Biran. Les analyses si fines et si réelles de Tracy semblent flotter en l'air comme les fils de la Vierge. Mais il possède le vertus les maîtres, la netteté.

Il est le maître incontesté de Biran, c'est un maître paradoxal qui n'avoue pas son disciple et méconnaît son propre enseignement. M. Ferraz nous initie clairement à ces débats sur des pointes d'aiguille et pourtant de si grande portée. Tracy découvre le mouvement spontané et lui attribue la vertu de nous révéler le monde extérieur; Biran fait un pas le plus et rattache le mouvement à l'effort au lieu de le caractériser par ses qualités extrinsèques et en énumérant les points occupés successivement par le mobile. C'est toute une révolution, car c'est l'être substitue au paraître et la conscience ajoutée à la science. M. Ferraz, qui veut bien nous citer à propos de cette importante querelle de famille idéologique p. ..., annonce que l'on doit « prochainement publier » cette correspondance. On ne demanderait pas mieux, mais plus.....

Biran ne figure dans ce volume que par ses rapports avec Tracy et pour son mémoire sur l'Habitude. Le fond même de sa philosophie a été étudié par M. Ferraz dans l'ouvrage intitulé Spiritualisme et Libéralisme. Les conclusions de l'auteur sont assez différentes de celles à M. Picavet qui incline à voir dans ce mémoire et surtout dans le manuscrit qui en est l'ébauche et qu'il a eu le bonheur de découvrir à l'Institut, des tendances sensualistes et matérialistes « Sur plus d'un point, dit M. Ferraz, l'auteur s'éloigne déjà du sensualisme pour se rapprocher du spiritualisme.... Le mémoire de Biran n'est pas aussi différent de ceux qui l'ont suivi que V. Cousin le donne à entendre. Leur est-il bien inférieur ? Nous ne le croyons pas. » Et l'historien le démontre en relevant les principales thèses anticondillaciennes qu'il contient, principalement « la thèse si neuve de la vraie origine de l'idée de cause ». Néanmoins M. Ferraz laisse sans solution la question posée par M. Picavet et résolue par lui affirmativement. Biran a-t-il traversé une phase nettement matérialiste ? D'après un discours inédit sur l'Homme qui m'a été communiqué au nom de Mme Savy de Biran et dont la date est certainement 1794, à une année près, il me semble que M. Picavet a été trop affirmatif dans ses conclusions : Biran est femme, s'il varie dans l'expression de sa pensée et s'il songe trop aux juges qui couronneront son mémoire, il ne varie guère dans les manifestations de ses tendances. c'est un spiritualiste de sentiment, d'inclination, en dépit de quelques formules équivoques dont M. Picavet me semble forcer un peu le sens et la portée. En tout cas, son sommeil matérialiste eût été bien court et bien vite renié, puisqu'il n'aurait laissé de traces que dans un manuscrit aussitôt rectifié qu'écrit.

Nous ne suivrons pas l'auteur dans son étude sur Cabanis : on n'analyse pas ces fines et délicates analyses, mais on connait mieux Cabanis après la lecture des pages si exactes et si complètes que lui consacre M. Ferraz qu'après la lecture de son livre même. Si l'on devait adresser un reproche à cette brillante étude, ce serait de trop insister sur les « erreurs » de Cabanis. L'historien, non content de raconter avec élégance et d'analyser avec profondeur, réfute et dogmatise. C'est un beau défaut qui pour beaucoup est une qualité, mais il y a des lecteurs qui aiment à faire eux-mêmes le départ de l'erreur et de la vérité. Cabanis qui a découvert le monde des faits inconscients et des impressions intérieures, mérite qu'on ne soit pas trop sévère pour quelques formules paradoxales échappées de sa plume et dont il a lui-même atténué la portée matérialiste dans sa *Lettre sur les causes premières*, où il professe une sorte d'animisme universel, proche parent du monisme contemporain. La première partie de l'ouvrage se termine par une étude sur Rivarol à la fois littéraire et philosophique du plus vif intérêt : distinction entre la passivité (de la mémoire) et l'activité (de l'imagination), défense ingénieuse de la liberté humaine et de notre supériorité sur l'animal dont l'esprit est « simple et rectiligne », tandis que le nôtre est « complexe et réfléchi »; telles sont les thèses essentielles que M. Ferraz relève chez Rivarol qu'il compare en ces termes à Biran : « Le premier exprime, dans un langage pénible et même obscur, des idées originales et fortement coordonnées en système; le second rend dans une langue souvent admirable des vues moins neuves et moins bien enchaînées. L'un crée surtout des pensées, l'autre des formes de style; l'un possède surtout le don de la conception, l'autre celui de l'expression ». Signalons enfin dans le chapitre consacré à de Gérando l'analyse d'un ouvrage sur l'*Art d'observer les peuples sauvages* qui prouve que la psychologie comparée ne date pas d'hier et ne nous vient pas d'Angleterre.

L'*Idéologie appliquée* comprend les vues de Condorcet et de Volney sur la philosophie de l'histoire, celles de Volney et de Saint-Lambert sur la morale, enfin les débats sur la politique et sur la religion. L'*Esquisse d'un tableau des progrès de l'espèce humaine* est au fond une théorie de la perfectibilité indéfinie de l'espèce humaine : elle soulève donc trois questions essentielles : une question de fait, celle de l'hérédité des qualités physiques et des aptitudes intellectuelles; une question métaphysique, celle de la raison et du libre arbitre, et une question sociale, celle de l'organisation des forces sociales. On ne sera pas étonné si M. Ferraz trouve que sur ces trois points les vues de Condorcet sont souvent insuffisantes ou chimériques et son optimisme « un peu naïf »; mais on louera sans réserve ses conclusions : Cet optimisme « est encore moins éloigné de la vérité et moins dangereux pour la société que ce pessimisme énervant qui fait, à l'heure qu'il est, tant de ravages parmi nous, et qui menace de tarir, au sein de notre race, de tout temps si vaillante et si chevaleresque, la source des belles espérances et celles des nobles actions ». Condorcet, malgré ses erreurs, qui furent celles de son temps, est encore un excellent antidote contre Schopenhauer. Quant à Volney, M. Ferraz trouve ses idées sur la philosophie de l'histoire étroites et erronées : « s'imaginer, par exemple, que les religions ont été inventées par réflexion et par calcul, en vue de soutirer de l'argent au prochain, c'est s'en faire une idée singulièrement plate et singulièrement prosaïque ». Pourtant Volney eut comme la plupart des hommes de son temps, comme Condorcet, deux grandes passions, celle de la vérité et celle de la liberté, bien qu'en politique il ramène tout à l'amour de soi, et en morale au principe de la conservation personnelle. M. Ferraz déclare que « sa morale est le renversement de toute morale digne de ce nom » bien que supérieure à celle d'Helvétius qui divinise la passion, tandis que Volney préconisme l'intérêt bien entendu. Saint-Lambert est jugé tout aussi sévèrement : dans son *Catéchisme universel*, il prêche aussi la morale de l'intérêt personnel; « mais, à la manière dont il motive ses préceptes moraux, on serait tenté de croire qu'il n'a aucune idée de la vraie moralité. Il n'a pas l'air de se douter que ce n'est pas par elle-même et par ses résultats extérieurs, mais par les motifs intérieurs qui la déterminent, qu'une action se caractérise et se qualifie ». On voit que c'est le critérium kantien de la bonne volonté qui est pour M. Ferraz la norme et la règle d'après laquelle il apprécie les systèmes de morale; voilà pourquoi il les juge si sévèrement, en vrai stoïcien dont les thèses sont absolues et radicales. « Le sensualisme, prononce M. Ferraz, a toujours été peu favorable non seulement à la vie morale mais encore à la vie religieuse. » Il le prouve par l'*Esquisse* de Condorcet, par les *Ruines* de Volney et surtout par ce Naigeon, le singe de Diderot, que J.-M. Chénier, impatienté par son fanatisme, avait surnommé l'athée inquisiteur. Le nom de Naigeon appelle naturellement celui de *Sylvain Maréchal*, l'auteur de ·*Dictionnaire des athées*, et celui du Lyonnais *de Salles*, qui écrivit un *Mémoire en faveur de Dieu*. Toutes ces élucubrations manquent de portée philosophique. On sait gré à M. Ferraz de nous dispenser, par ses belles analyses, de lire les originaux : son histoire est à la fois une exhumation et une résurrection. Les commentaires mêmes de Tracy sur Montesquieu sont peu dignes de leur auteur et nous les passerons sous silence, aimant mieux terminer l'analyse de cette seconde partie par cette page où M. Ferraz explique très bien comment l'idéologie avait groupé tant d'esprits différents et rallié les médecins comme Bichat et Pinel, les chimistes comme Lavoisier, les mathématiciens comme Lalande et Laplace, bref, presque toutes les têtes pensantes : « L'idéologie, se donnant elle-même, par l'organe de son fondateur, pour la préface de la grammaire, de l'économie politique et de la législation, et pour une introduction à la physique, à la géométrie et à l'algèbre, était faite pour grouper autour d'elle les grammairiens, les économistes, les jurisconsultes, les physiciens, les géomètres, en un mot, les savants de toutes les catégories et de toutes les provenances ; elle devait être et elle fut pour un temps ce que le positivisme, qui n'est que le condillacisme renouvelé, tend de plus en plus à devenir, de nos jours, la philosophie des esprits livrés aux travaux scientifiques » (p. 294).

Avec les *doctrines dissidentes* nous rentrons un peu dans le sujet des trois autres volumes de M. Ferraz, aussi en dirons-nous peu de chose. Signalons seulement l'histoire fort complète de l'introduction du kantisme en France où il y a beaucoup à apprendre même après la savante introduction que M. Picavet a mise en tête de sa traduction de la *Morale pratique* de Kant. C'est un des chapitres les plus intéressants du livre, et cette histoire mériterait d'être continuée jusqu'à nos jours. Le Kant de Villers, celui de Cousin, celui de M. Renouvier ne sont pas un seul et même Kant, tant s'en faut. Quant au mysticisme de Saint-Martin, il avait déjà été l'objet d'études fort complètes, et M. Ferraz lui-même avait déjà à peu près tout dit sur J. de Maistre et de Bonald. La conclusion de l'ouvrage est un brillant parallèle entre l'esprit du xviiiᵉ siècle et celui du xixᵉ : nous ne pouvons mieux terminer qu'en renvoyant le lecteur à ces pages si pleines et si éloquentes dont la dernière phrase indique clairement le sens général et l'inspiration : « Tout ce mouvement d'idées nous a paru digne d'être étudié, parce qu'il marque la fin d'une période et le commencement d'une autre ; parce que les doctrines les plus opposées s'y montrent dans leurs développements et dans leurs conflits, en attendant qu'un spiritualisme large et libéral prenne le dessus au sein d'une doctrine supérieure ».

On voit que le nouvel ouvrage de M. Ferraz est en tout point digne de ses aînés : style élégant et attachant ; analyses exactes, complètes et toujours de première main ; vaste et sûre érudition ; telles sont les qualités qu'il possède en commun avec les trois volumes qui l'ont précédé, mais dont il est comme la préface et l'introduction. Il n'est pas besoin d'ajouter qu'on y retrouvera le même souffle de libéralisme sincère et de spiritualisme convaincu.

ALEXIS BERTRAND.

Delbœuf. — MAGNÉTISEURS ET MÉDECINS. Alcan, 1890, in-8, 115 pages.

Brochure de combat. M. Delbœuf, toujours aussi ardent batailleur que travailleur infatigable, rompt ici une longue lance contre M. le Dʳ Ladame à propos de Donato et des représentations publiques d'hypnotisme. L'autorité doit-elle interdire ces exhibitions ? La loi doit-elle octroyer aux seuls médecins le monopole d'hypnotiser leur prochain ? Sur ces deux points, M. Ladame, avec la plupart de ses confrères, dit oui ; M. Delbœuf dit non. Ce dernier appartient à la vieille école libérale, hostile à toute réglementation, à toute interdiction, à tout monopole dont la nécessité ne se fait pas absolument sentir. Or, en fait d'hypnotisme, le diplôme médical ne lui paraît conférer aucune capacité particulière; loin de là, tous les magnétiseurs, tous les initiateurs et les vulgarisateurs de cette néo-sorcellerie, ont été étrangers à la médecine; et, quant aux dangers que présente pour la santé ou la moralité générale la publicité des séances d'hypnotisation, il se refuse, après examen, à les admettre. Il réduit à rien — ou à *presque* rien — les faits d'accidents graves invoqués contre Donato, et, notamment, ceux que M. Lombroso lui a reprochés. A ce sujet il a ouvert une enquête, qu'il croit décisive. Il résulte au moins de cette habile et courageuse plaidoirie qu'on a souvent été trop prompt à accueillir des plaintes vagues, des accusations répétées sans fondement, contre le célèbre fascinateur belge. Mais on pourra dire tout ce qu'on voudra, il ne faut pas être le premier venu pour avoir suscité des enthousiasmes tels que celui de Morselli en Italie et de Delbœuf en Belgique, pour posséder un *sujet* ou un avocat de cette force. M. Morselli, on le sait, s'est fait endormir longtemps par Donato et a fait un livre à sa louange; M. Delbœuf le connaît à peine et, malgré cela, se constitue son champion envers et contre tous. On a eu tort, disons-le sérieusement, au dernier congrès d'hypnotisme, de blâmer avec sévérité cette attitude du savant liégeois; et, sans avoir à prendre parti dans cette querelle, où il n'a pas été l'agresseur, nous devons rendre hommage au sentiment tout à fait désintéressé et chevaleresque qui lui a inspiré la défense de « l'hypnotiseur des tréteaux », son compatriote. Que quelques-uns des sujets de Donato, après son passage dans une ville, aient ressenti des troubles cérébraux, c'est possible, quoique M. Delbœuf le nie; c'est probable même, et, vraiment, quand on a vu ces malheureux, sur les planches, tomber à la renverse comme des sacs de plomb, on serait surpris du contraire. Ces cas sont rares toutefois, jamais mortels; les cas d'homicide involontaire par l'emploi du chloroforme ou par de maladroites opérations chirurgicales, sont bien plus nombreux. En fait de publicités redoutables, que l'on commence donc par supprimer celle des comptes rendus de cours d'assises, qui rend le criminel prestigieux et le crime contagieux; sans parler des exhibitions pornographiques de tout genre. — Au fond, ce qui agace l'éminent professeur de Liège, c'est la fausse pudeur des savants qui n'osent pas reconnaître franchement les services certains rendus à la science par les magnétiseurs de profession. Charlatans, soit. Mais le charlatanisme patent, celui qui monte sur les planches, est-il le plus à redouter? Il est peut-être bon qu'il existe, ne serait-ce que pour donner l'illusion de croire qu'il n'y en a pas d'autre. Puis, est-ce que les chimistes peuvent méconnaître leur dette envers les alchimistes, les astronomes la leur envers les astrologues? Je suis sûr que, si Raymond Lulle revenait au monde, M. Berthelot, l'auteur d'un si beau livre sur l'alchimie, organiserait un banquet en son honneur; et, si l'astrologue de Marie de Médicis ressuscitait, M. Faye le présenterait à l'Académie des sciences. Ne nous étonnons donc plus de voir, à *fortiori*, M. Delbœuf prendre Donato sous sa protection et le présenter au public scientifique.

Dois-je ajouter pourtant qu'à des attaques imméritées notre ami a répondu avec un excès de verve et de verdeur? Ce qui me fait plaisir, c'est que, après avoir engagé avec un autre adversaire (voy. p. 90, note) une polémique sur le même ton, il s'est réconcilié avec lui. Je souhaite de toute mon âme que son différend avec M. Ladame se termine ainsi, et je n'en désespère pas malgré les « vivacités de langage » qu'ils ont échangées et qui devraient être oubliées réciproquement.

G. TARDE.

Adolphe Coste. — NOUVEL EXPOSÉ D'ÉCONOMIE POLITIQUE ET DE PHYSIOLOGIE SOCIALE. Alcan et Guillaumin, 1889.

Nous n'aurions pas à parler ici du nouvel ouvrage de M. Coste, qui est un livre d'économie politique, si la préface et le dernier chapitre surtout ne lui donnaient une véritable portée sociologique. Familier avec la doctrine de Comte et avec les problèmes de psychologie morale, M. Coste a le mérite assez rare de ne pas perdre de vue les rapports des faits économiques aux autres faits sociaux, et il introduit dans leur étude l'idée d'évolution, qu'on en écarte ordinairement. L'économie politique revient pour lui à une « méthode de travail et d'observation »; il ne la comprend pas comme un « répertoire de conclusions toutes faites à l'usage des esprits paresseux ».

M. Coste reconnaît donc quatre grandes séries de faits, ou fonctions de l'organisme social, qui sont interdépendantes et évoluent ensemble au cours de l'histoire : les fonctions *tutoriales*, avec la famille pour stage initial et la mutualité pour stage final; les fonctions *économiques*, procédant de l'économie domestique à l'économie politique; les fonctions *civiques*, qui ont pris d'abord la forme du militarisme, et revêtent enfin celle du droit; les fonctions *doctrinales*, qui nous mènent de la religion à la science. L'évolution des faits économiques, dont l'ouvrage nous présente le tableau particulier, consisterait, pour le dire plus explicitement, dans le changement progressif de l'économie domestique, fondée sur le travail et l'épargne, en économie politique, fondée sur l'échange et le crédit. Ajoutons que, dans la pensée de M. Coste, ni la mutualité, ni l'économie politique, ni le droit, ni la science, ne peuvent remplacer absolument la famille, l'économie domestique, le militarisme, la religion. L'avènement d'un nouvel état ne fait pas disparaître, n'abolit pas l'état précédent; mais il subordonne l'un à l'autre. On sent l'importance de cette dernière considération.

Nous recommandons cet *Exposé*. Il est bref, clair, substantiel. Tandis que M. Tarde, avec son esprit si original et si curieux, essaye de ramener les lois des faits sociaux aux lois psychologiques de l'imitation, un pur économiste comme M. Coste ne se détourne pas de rechercher si la succession des *inventions* sociales n'offre pas une certaine *régularité*, et il ne paraît pas concevable qu'on puisse faire autrement une sociologie.

LUCIEN ARRÉAT.

Éduard Kulke. — DIE BEIDEN GRUNDPROBLEME DES SCHÖNEN, etc. (Les deux problèmes du beau, etc.)

M. Kulke a choisi la question du beau pour sujet d'une lecture donnée récemment à la Société de philosophie de l'Université de Vienne. Il l'a voulu seulement poser sans tenter de la résoudre. Selon lui, dans toute l'histoire de l'esthétique, il n'y a que deux positions vraiment originales, celle de Platon et celle de Kant. Platon a considéré le beau en soi; Kant, l'effet du beau en nous. Le problème de Platon vise la connaissance objective du beau; celui de Kant, la valeur de notre jugement esthétique subjectif. Or, le problème de Kant n'a plus raison d'être posé, à moins que celui de Platon ne soit insoluble. Si je reconnais le beau objectif, mon jugement particulier est un jugement sur le beau lui-même. La tâche de l'esthéticien serait donc de rechercher si l'un ou l'autre des problèmes proposés est véritablement insoluble, afin de nous attacher ensuite à la solution de l'autre.

Peut-être, à ce qu'il nous semble, est-ce moins là deux questions, que deux méthodes différentes et incomplètes pour traiter un même problème.

LUCIEN ARRÉAT.

W. Paszkowski. — ADAM SMITH ALS MORAL PHILOSOPH. Halle, Kæmmerer, 1890.

Thèse pour le doctorat, écrite avec clarté, et dont le sujet est intéressant. Les critiques ont repoussé jusqu'ici la conception où Smith a cherché le principe de l'obligation, celle du « spectateur impartial », que chacun de nous serait en présence de ses propres actes. M. P. tente de la justifier. Adam Smith, d'après lui, aurait entendu, sous une expression malheureusement impropre et mal choisie, le même principe que formulait Kant en exigeant que la raison de nos actes puisse être érigée en maxime universelle. Il montre, en outre, qu'il n'y a pas désaccord entre la *Théorie des sentiments moraux* et la *Richesse des nations*. Enfin, il nous fait voir Adam Smith religieux, déiste à la façon des hommes de son temps, mais avec une plus grande chaleur de cœur.

LUCIEN ARRÉAT.

D' **Johannes Barchudarian.** INWIEFERN IST LEIBNIZ IN DER PSYCHO-
LOGIE EIN VORGÆNGER HERBART, etc. (*Leibniz précurseur de Herbart
en psychologie*). Iéna, Pohle, 1889.

M. B... recherche, dans cette brochure, en quoi Leibniz et Herbart
s'accordent ensemble ou diffèrent l'un de l'autre, en métaphysique et
en psychologie. Tous deux, en effet, ils ont déduit la psychologie de la
métaphysique. Mais, pour Leibniz, la représentation reste un concept
métaphysique, tandis que Herbart restreint l'emploi du mot à la psychologie, qu'il affranchit de ce coup. D'après Leibniz, l'âme tire ses
représentations d'elle-même, sans qu'il soit besoin d'une excitation
extérieure; Herbart maintient, au contraire, la dépendance mutuelle
de l'âme et du corps, tout en proclamant hautement que le grand
mérite de son illustre précurseur est d'avoir affirmé la spontanéité de
l'activité représentative.

L.-A.

Ivan Georgov. MONTAIGNE ALS VERTRETER DES RELATIVISMUS IN DER
MORAL. Leipzig, Fock, 1889.

M. G... a voulu, dans cette thèse pour le doctorat, assigner à
Montaigne, comme moraliste, une position particulière. Montaigne ne
serait pas le pur empiriste, l'adversaire déclaré des rationalistes et
des idéalistes qu'a dit Pascal; il aurait professé, en morale, le relativisme. M. G... prouve bien, par la richesse des citations, qu'il connaît
son auteur. Mais il me semble perdre beaucoup de temps à réfuter la
doctrine de l'utilité, qui reste, en somme, un dogmatisme, une morale
a priori. Le plaisir et la douleur ne sont pas des faits fondamentaux;
ils ne sont que des états de conscience, liés à la satisfaction ou à la
non-satisfaction de nos appétits, de nos besoins. Si Montaigne a constaté, avec complaisance, combien les hommes sentent diversement les
biens et les maux, il paraît pressentir au moins que la qualité morale
de l'acte doit être cherchée dans l'harmonie des besoins ou des tendances. « Nature nous convie, écrit-il, aux actions qu'elle nous a
enjointes, non seulement par la raison, mais aussi par l'appétit. »
On simplifierait grandement, je crois, les discussions sur la morale,
en distinguant toujours la morale théorique de la morale appliquée.
Montaigne n'est pas du tout un idéaliste, un dogmatique, en tant qu'il
cherche dans l'appétit le fondement psychologique de la morale; mais
il est, en pratique, un relativiste, parce qu'il est très frappé des variations de la coutume. Lorsqu'il nous parle d'une « justice en soy, naturelle et universelle », c'est sans doute qu'il considère certaines acquisitions définitives, assurées dans nos consciences, et, en tous cas, il
faut faire la part ici des habitudes de penser du XVIᵉ siècle. Montaigne
est un littérateur moraliste, il n'est pas un philosophe à la manière
moderne.

LUCIEN ARRÉAT.

Harald Hœffding. EINLEITUNG IN DIE ENGLISCHE PHILOSOPHIE UNSERER ZEIT. Leipzig, Thomas, 1889, IV-249 p. in-8.

Cette introduction à la philosophie anglaise contemporaine a paru en langue danoise en 1874. M. Kurella donne aujourd'hui la traduction allemande de cet ouvrage, qui est de valeur, comme on le pouvait attendre de l'éminent professeur de Copenhague. Les doctrines anglaises de ce temps y sont étudiées sous ces trois titres : le pur empirisme, l'école critique, la philosophie de l'évolution. Je n'ai pas à reprendre, bien entendu, l'exposé de M. Hœffding, et il serait même superflu de relever les critiques semées discrètement à travers les pages de son livre. Je n'en citerai que la conclusion, écrite en 1887 pour l'édition actuelle : elle est le meilleur résumé que j'en pourrais faire.

Tandis que la philosophie du continent présente les doctrines les plus diverses, la philosophie anglaise, écrit M. Hœffding, offre, au contraire, un développement très régulier. Chaque penseur s'y rattache à celui qui le précède, prend les questions au point où il les a laissées, et cette communauté dans le travail devient avantageuse, parce que l'orientation des esprits est sensiblement la même. L'Angleterre rentra en scène vers 1830, et l'on put croire d'abord à une renaissance de sa vieille école. Stuart, Mill, Bain, Spencer, n'étaient pas cependant de simples épigones : ils ont mis en valeur et singulièrement agrandi l'héritage de Locke, de Berkeley et de Hume.

L'empirisme fondé par Hume a été poussé par Mill à ses extrêmes conséquences. On a reconnu ainsi plus sûrement ce qu'il vaut et quelles sont ses limites. La discussion entre l'empirisme et le criticisme de Kant a pu être reprise, et le problème de la connaissance étudié sous une autre face. En tant que théorie psychologique, l'empirisme acceptait la connaissance comme un matériel, et il réduisait la conscience en éléments auxquels la seule loi de l'association des idées prêtait un lien tout extérieur. La nouvelle école a fait un pas en avant. L'abandon, par Stuart Mill, de la théorie de la contiguïté, sur laquelle il avait bâti sa logique, a commencé la conversion. L'influence de Hamilton et de l'école allemande était visible ici. Elle l'est plus encore dans la psychologie de Spencer. On en vient décidément à penser que les lois de l'association, loin d'exclure l'unité et l'activité de la conscience, la supposent, et ne sont que les formes sous lesquelles elle se manifeste. Mais l'école allemande n'avait affirmé la spontanéité de l'esprit que d'une manière dogmatique. Le mérite de l'école anglaise a été d'en considérer clairement les conditions, et l'école moderne a agrandi notre horizon en posant le principe que ce qui est inné dans l'individu a dû être acquis dans la vie de l'espèce.

Cette formule a prêté à un malentendu. Elle ne nous peut certes aider en rien à résoudre le problème de la connaissance, quoique Spencer l'ait pu croire; elle n'en reste pas moins importante pour la recherche psychologique du développement réel de la connaissance.

Ce qui a été absolument nouveau dans la philosophie anglaise de ce temps, c'est l'ambition d'une vue compréhensive du monde, tranchons le mot, d'une explication universelle. De Leibniz à Hegel, le concept d'évolution demeure abstrait, idéaliste, sans attaches vivantes avec les résultats de l'expérience. Spencer en fait le pivot d'un système conséquent auquel il donne une assez large assiette pour y faire tenir le darwinisme. Essai téméraire, dont beaucoup sont aveuglés. M. Hœffding ne le soustrait pas aux prises de la critique; mais peut-être se montre-t-il encore trop indulgent à cette métaphysique de Spencer, qui ne se soutient que d'une continuelle transposition de sens. Les incontestables services du maître ne sont pas là.

LUCIEN ARRÉAT.

J. Veitch. KNOWING AND BEING. 1 vol. in-12, VI-323 p. Édimbourg et Londres, William Blackwood and Sons.

Ce livre n'est qu'une longue réfutation du criticisme contemporain tel qu'il est représenté en Angleterre par M. Green, d'Oxford. C'est surtout la théorie de la connaissance qui est en butte aux attaques de l'auteur. M. Veitch paraît avoir l'idéalisme en horreur; il combat l'identité essentielle du sujet et de l'objet et ses conséquences, par tous les arguments dont dispose un logicien exercé. C'est dire qu'il y en a beaucoup. Peut-être même y en a-t-il trop. A côté d'objections sérieuses et qui pourraient sinon convaincre ses adversaires, du moins les embarrasser, nous en trouvons d'autres où les mots paraissent avoir plus de part que les idées. Ajoutons que la manière un peu sèche et scolastique dont elles sont présentées rend parfois la lecture trop pénible en raison du profit que l'on peut en tirer. Bien des choses auraient pu être dites plus simplement, et les critiques sérieuses et vraiment intéressantes auraient gagné à être groupées en quelques pages, au lieu d'être disséminées en neuf longs chapitres. Enfin nous n'avons là que des résultats purement négatifs, et si nous savons bien ce que M. Veitch ne pense pas, nous ne savons guère ce qu'il pense. Les partisans de l'idéalisme néo-kantien auraient sans doute, de leur côté, bien des objections à présenter au dualisme que paraît soutenir l'auteur. Ce dernier aurait dû nous dire un peu plus explicitement comment il les résout.

Il y a, au reste, beaucoup de bonnes choses dans ce livre et l'on est parfois bien récompensé du travail nécessaire à l'intelligence de ces spéculations métaphysiques.

GEORGES RODIER.

REVUE DES PÉRIODIQUES ÉTRANGERS

Zeitschrift für Psychologie und Physiologie der Sinnesorgane,

N° 1, 1890.

Nous avons annoncé la publication de cette nouvelle revue, dirigée par MM. Ebbinghaus et Kœnig (Hambourg et Leipzig, chez L. Voss), qui paraîtra tous les deux mois. Comme l'indique son titre, elle sera exclusivement consacrée à la psychologie et à la physiologie des organes sensoriels.

Une courte introduction rappelle les travaux nombreux faits, pendant ces dernières années, dans le domaine de la psychophysique et du système nerveux, qui ont eu pour résultats de substituer en psychologie, aux distinctions purement logiques, la recherche des liaisons causales et de l'évolution des phénomènes. Malheureusement ces travaux de détail paraissent un peu au hasard dans des recueils très différents, physiologiques, philosophiques, physiques, médicaux et autres. Le but de la nouvelle Revue est de les grouper, de réunir à la fois les personnes et les doctrines pour l'avancement de la science. Elle contiendra, comme tous les périodiques, des travaux originaux et des comptes rendus.

HELMHOLTZ étudie *les troubles produits dans la perception des plus petites différences de clarté par la lumière propre de la rétine.* Les taches de cette lumière sont l'un des principaux obstacles à la perception des objets faiblement éclairés, particulièrement quand ils sont petits, parce qu'ils disparaissent entre ces taches et peuvent être confondus avec elles. L'auteur expose ses recherches relatives à l'influence exercée sur la grandeur du seuil différentiel et sur les déviations de la loi de Fechner pour les cas d'intensité lumineuse élevée.

HERING. *Contributions à la théorie du contraste simultané.* — Pour expliquer ce phénomène, il y a deux théories opposées, l'une psychologique, l'autre physiologique. L'auteur se rattache à cette dernière, ainsi qu'il l'a exposé précédemment dans son travail spécial, *Zur Lehre vom Lichtsinn.* Il donne dans cet article des expériences confirmatives en faveur de sa thèse et se refuse à admettre que la perception du contraste simultané soit due à une erreur du jugement.

PREYER commence la publication d'une correspondance scientifique échangée avec Fechner pendant les années 1873-1883, sur diverses questions de myophysique, de théorie de la connaissance et de psychophysique. Les lettres de Fechner publiées dans ce numéro sont relatives *aux valeurs négatives de sensation* et sont consacrées principalement à discuter les objections élevées par M. Delbœuf sur cette conception.

EXNER. *De la disparition des images consécutives par les mouvements de l'œil.* — C'est un fait connu que les images consécutives se développent surtout quand on tient le regard fixe, qu'elles disparaissent ordinairement avec les mouvements de l'œil, pour reparaître avec une nouvelle fixation. L'auteur en conclut que tant que l'œil est au repos, les impressions objectives et les impressions subjectives ne se distinguent pas ; tandis que avec les mouvements de l'œil ces dernières disparaissent, les premières restant à leur place. Comme, dans la vie, les phénomènes subjectifs n'ont pas d'intérêt, nous les ignorons : cette ignorance n'est pas due à un acte volontaire conscient ; mais plutôt à un mécanisme central analogue à un réflexe d'arrêt. Fick et d'autres ont soutenu que cette disparition brusque est due à une réparation rapide de la rétine, laquelle aurait lieu parce que les mouvements changent l'impression intra-oculaire et favorisent ainsi la circulation dans l'œil. Exner rejette cette explication et maintient sa thèse. La disparition des images de Purkinje (vaisseaux capillaires de la rétine) et des mouches volantes n'a rien à voir avec la fatigue et la réparation de la rétine.

H. AUBERT. *Le langage intérieur et ses rapports avec les perceptions sensorielles et les mouvements.* — Court résumé des travaux faits sur cette question, particulièrement dans ses rapports avec l'aphasie et l'agraphie par Kussmaul, Charcot, Bernard, Ballet, Lichtheim, Stricker, etc.

TH. LIPPS. *Sur une fausse localisation de l'image consécutive et de ses conséquences.* — Le phénomène dont il s'agit a été ainsi exposé par Mach : « Considérons dans une chambre obscure une lumière A, puis dirigeons rapidement le regard vers une lumière B située plus en bas. La lumière A paraît dessiner vers en haut une raie qui disparaît rapidement. Il en est de même naturellement pour la lumière B. » Il faudrait dire, ajoute Lipps, que B dessine une raie vers en bas ; ou, d'une manière plus générale : tout point ou objet brillant dont j'éloigne brusquement mon regard dans une direction quelconque, paraît dessiner dans la direction opposée une raie qui disparait brusquement. » Mach voit dans la raie une image consécutive positive, faussement localisée. Il a raison ; mais il y arrive par une mauvaise voie en faisant intervenir les « dispositions organiques » de l'œil, Lipps continuant à soutenir une thèse qu'il a déjà développée dans des ouvrages antérieurs (voir leur

analyse, *Revue philosophique*, tome XX, 207 et XXI, 405), thèse contraire à la théorie qui admet que la perception des modalités de l'espace
visuel est due aux mouvements de l'œil.

SCHUMANN. *Sur la mémoire des groupes d'impressions sonores semblables et se suivant d'une manière régulière.* — L'auteur a soumis à des
recherches critiques les expériences faites sous la direction de Wundt
dont les principaux résultats étaient, que si l'on écoute un certain nombre de sons simples séparés par des pauses déterminées : 1° l'exactitude de
l'appréciation dépend de la vitesse avec laquelle les sons se succèdent;
la vitesse la plus favorable est celle de 0,2 à 0,3 secondes pour chaque
intervalle; 2° il est absolument impossible de supprimer un arrangement rythmique dans la perception des divers sons pour chaque
groupe : le plus qu'on puisse obtenir c'est de les ramener à la mesure
la plus simple (mesure à deux temps), une impression paraissant plus
forte et l'autre plus faible; 3° que le maximum des sons que l'on puisse
percevoir dans un groupe, dépend de l'arrangement rythmique. Si l'on
prend 2 impressions comme mesure, le maximum monte à 16; si l'on
prend 4 impressions comme mesure, le maximum peut monter à 40.
L'auteur admet le premier et le troisième résultats et conteste le second.
D'après lui, l'erreur vient de ce que l'on s'est servi d'un métronome :
les recherches lui ont permis de constater que si l'arrangement rythmique favorise l'opération, sa suppression n'est pas du tout impossible,
et il attribue l'assertion contraire à l'effet de l'habitude.

***

Mind.

January, April 1890

CAMPBELL FRASER. *Le développement philosophique.* — Article de
considérations générales pour montrer que l'histoire des essais faits par
l'homme pour penser l'univers philosophiquement a été en réalité l'histoire d'un petit nombre d'esprits qui ont fait époque par leur intuition
du sens réel de la vie et du monde dans lequel nous vivons.

STOUT. *Sur la genèse de la connaissance de la réalité physique.* —
Comment le monde physique peut-il être présent à la conscience individuelle? Le sens commun répond : par nos sensations. D'accord avec
lui, nous nous demandons, en outre, par quel procédé? La réponse,
autant qu'on peut la donner, est celle-ci : Une uniformité partielle combinée avec un manque partiel d'uniformité dans les données de la perception sensorielle donne lieu à une certaine incohérence dans notre
expérience. Ce conflit nous contraint à faire une construction qui rende
notre expérience cohérente; c'est-à-dire à nous représenter les choses et
les processus comme existant et arrivant dans une connexion de temps
et de lieu qui dépasse les limites de notre expérience individuelle.

A. BINET. *La double conscience dans la santé.* — Le but de cet article est d'établir que le dédoublement qui se produit chez les hystériques peut se produire aussi à l'état embryonnaire chez des sujets sains. Expériences faites sur cinq personnes. Elles consistent principalement en ceci : causer une distraction au sujet et produire ainsi en lui une anesthésie momentanée. Lorsqu'il est occupé à lire, faire une addition, etc., l'expérimentateur s'empare d'une de ses mains et lui imprime certains mouvements : par exemple, on lui met en main un crayon et on le fait exécuter quelques mouvements uniformes d'exécution facile : marquer de petits points ou dessiner des courbes. Après avoir communiqué ces mouvements pendant quelques minutes (le sujet étant toujours distrait), on abandonne très doucement la main à elle-même, le mouvement continue un peu. Chez une personne, après quatre séances, la répétition a été assez distincte, pour qu'il y ait eu 80 lignes tracées sans arrêt. L'auteur croit que c'est l'absence d'attention qui empêche le sujet d'arrêter les mouvements de sa main. Ce n'est pas une démonstration de la double conscience chez les sujets sains, comme chez les hystériques, mais cela établit l'existence d'un premier degré de ce phénomène.

DEWEY. *Sur quelques conceptions courantes du terme « moi ».* — Article consacré principalement à critiquer les théories de M. Seth sur le moi transcendantal de Kant.

C. LADD FRANKLIN. *Quelques réformes proposées dans la logique commune.* — Dans ce travail écrit au point de vue de la nouvelle logique (Boole, Maccoll), l'auteur étudie les questions suivantes : la dénomination des propositions relatives ; la nature de la proposition particulière ; les huits copules ou modes possibles d'exprimer les propositions ; les lois de la pensée et la preuve des propositions relatives.

MAUDSLEY. *L'écorce cérébrale et sa fonction.* — La superposition des hémisphères du cerveau aux centres inférieurs prive ceux-ci de l'autonomie qu'ils possèdent chez les animaux inférieurs. Lorsque l'on examine les structures nerveuses chez les organismes les plus bas, tout se réduit au simple mécanisme du réflexe, guidé dans beaucoup de cas par l'attraction et la répulsion. Le parfait ajustement qui caractérise l'acte réflexe parfait est aussi la qualité fondamentale de la raison ou de l'intelligence : toutes les différences viennent de la complexité et de l'intervention de la conscience ; mais la raison est implicitement dans le processus avant d'être explicitement dans la connaissance, ce qui est physiquement un ajustement d'actes, est, mentalement, pensée. Le cerveau lui-même n'est que la continuation de l'agencement sensori-moteur de la moelle épinière, avec les modifications nécessaires. A cette question : Quel est le rapport fonctionnel des zones motrices de l'écorce avec cette classe de mouvements qui suivent leur excitation? l'auteur répond qu'ils sont le siège de mouvements généraux ou abstraits, tout comme les centres sensoriels sont le siège de sensations abstraites.

L'auteur applique ces remarques à divers cas pathologiques : hallucination, phénomènes psychomoteurs d'ordre morbide.

SANTAYANA. *L'idéalisme moral de Lotze.* — Étude critique intéressante sur la philosophie de Lotze. Ce philosophe s'est proposé pour but principal de concilier le sentiment et la connaissance des besoins scientifiques avec les besoins esthétiques et moraux ; et sans se demander si cette réconciliation est possible, il suppose qu'elle doit être complète. Il combine la doctrine du mécanisme universel avec la croyance aux causes finales ; mais sans admettre le principe de la conservation, de l'énergie qu'il remplace par un mécanisme hypothétique. En même temps il admet l'indéterminisme, en sorte que sa métaphysique ressemble en gros à la monadologie modifiée de manière à admettre des événements sans cause, l'intrusion de nouveaux commencements. Pour lui et pour ceux qui partagent son point de vue, il a certainement réussi dans sa réconciliation ; mais il faut remarquer que, tandis que la science, malgré des fluctuations, devient une autorité, il n'en n'est pas de même du sentiment. Quelle doctrine admettre ? le théisme ? d'ailleurs, son indéterminisme se réduit à l'introduction du hasard dans la nature, ce qui rend sa valeur morale équivoque. Le conflit entre la science et le sentiment est éternel, mais il change constamment de terrain ; il n'existe pas entre des théories moralement nécessaires et des théories moralement répugnantes, mais entre des théories familières et des théories non familières. L'impossible moral d'aujourd'hui est le nécessaire moral de demain.

J. WARD. *Le progrès de la philosophie.* — L'auteur combat par une revue historique l'opinion des détracteurs contemporains de la philosophie soutenant que, tandis que les sciences se sont émancipées, la philosophie ne reste occupée que de concepts vides. Que faut-il penser de son avenir ? Deux hypothèses spéculatives se présentent que l'on peut désigner sous le nom de religieuse et de non religieuse : l'avenir de la philosophie dépendra des résultats pratiques auxquels chacune des deux conduira. Ce sera un cas de la survivance du plus apte ; mais comme nous ignorons l'avenir de la race, cela ne nous permet pas de répondre.

NOTES ET DISCUSSIONS. — M. G. CROOM ROBERTSON étudie les recherches de Münsterberg sur l'aperception (V. *Revue philosophique,* tome XIV, p. 104) ; M. MACKENZIE, les théories opposées par Burdon Sanderson sur *la Méthode physiologique ;* Hobhouse, *la Certitude expérimentale* et le 3º livre de la *Logique* de Mill, etc., etc.

The American Journal of psychology.

January 1890.

COOMBS KNAPP. *La folie du doute.* — Cet article ne contient guère qu'un résumé des travaux faits sur ce sujet par Legrand du Saulle,

Westphal, Berger, Ball, Buccola, etc., avec une exposition et une discussion des classifications proposées par Tamburini et Krafft Ebing.

LOMBARD. *L'effet de la fatigue sur les contractions musculaires volontaires.* — Les expériences faites sur lui-même et sur quelques personnes au laboratoire de Mosso, à Turin, conduisent l'auteur aux conclusions suivantes : Les changements qui produisent la périodicité dans la réponse des contractions à l'effort volontaire ne sont pas dus aux nerfs ni aux muscles; ils se passent dans le système nerveux central. Ils ne dépendent pas de la force de la volonté, mais des altérations qui se produisent dans certaines zones du cerveau; car la volonté est capable de contracter certains muscles au moment où elle est impuissante sur d'autres. L'auteur rapproche ces phénomènes de certains autres cas de fatigue : par exemple, le tic tac d'une montre qu'on écoute avec attention est entendu avec une netteté qui varie périodiquement.

STANLEY HALL. *Les mensonges des enfants.* — Résultats d'une enquête faite sur 300 enfants des deux sexes, la plupart de douze à quatorze ans. On n'en a trouvé aucun dénué du sentiment de la vérité. Quelques-uns mentent pour des fins nobles (soustraire des camarades aux punitions ou réprimandes, etc.). Le plus grand nombre des mensonges résultent des manifestations familières de l'égoïsme. Beaucoup de leurs jeux doivent pour eux leurs charmes à des fictions menteuses. La classe la moins nombreuse est celle des mensonges pathologiques destinés à se développer plus tard. Enfin, les enfants ont beaucoup de palliatifs pour les mensonges qui blessent leur conscience.

J. JASTROW. — Plusieurs mémoires contenant des études faites au laboratoire de psychologie expérimentale de l'Université de Wisconsin sur les sujets suivants : Étendue visuelle; étendue tactile-motrice; perception de l'espace par différents sens; sur le sens de la pression; sur les plus petites différences perceptibles.

STANLEY HALL commence une *Esquisse de la théorie des actions réflexes* qui ne comprend que l'introduction.

En outre, cette Revue, suivant son habitude, contient un très grand nombre de documents et renseignements empruntés aux périodiques les plus divers, pouvant présenter quelque intérêt pour tous ceux qui s'occupent de psychologie physiologique.

The Open Court.

1888-1889.

Nous sommes trop en retard avec *The Open Court* pour analyser, si brièvement que ce soit, les principaux articles parus dans cette Revue au cours des deux années précédentes. D'abord revue de quinzaine, elle

est devenue hebdomadaire, et a passé sous la direction intelligente de
M. Paul Carus, qui applique tous ses efforts à en faire un recueil
scientifique très varié, bien informé, et de lecture facile. M. Paul Carus
y publie lui-même de nombreux et bons articles, dont quelques-uns ont
déjà été réunis en volume sous le titre de *Fundamental Problems*. Il a
été parlé ici de cet ouvrage, et nous n'avons pas à y revenir. Rappelons
seulement que le siège philosophique de l'auteur, aussi bien que de la
Revue, est un monisme franc et sincère, qui ne refuse pas la libre discussion.

Parmi les articles, mentionnons, un peu au hasard : *le Corps et
l'Esprit*, par Félix Oswald ; *le Pain cher, les Salaires*, par Wheel-
barow ; *la Religion de George Washington, Pensées américaines sur
les Français à propos de l'Exposition*, par Moncure D. Conway ; d'autres, sous les noms de Hegeler, de Trumbull, et les *Aspects de psychologie moderne*, par Joseph Jastrow. Parmi les ouvrages traduits
par Abot, etc., de l'étranger, nous relevons des morceaux considérables
de Ernest Mach, de Max Müller, de Ewald Hering, la *Psychologie de
l'attention* de M. Ribot. La Revue a donné aussi des lettres ou articles
de MM. Richet, Luys, Binet, Romanes, etc. La *Correspondance philosophique* de France est faite par M. Lucien Arréat.

SOCIÉTÉ DE PSYCHOLOGIE PHYSIOLOGIQUE

SUR UNE LOI GÉNÉRALE DES RÉACTIONS PSYCHO-MOTRICES.

(Résumé par l'auteur [1]).

L'auteur rappelle brièvement les faits et les raisonnements qui l'ont conduit à préciser l'instrument nécessaire et suffisant d'une symbolique psychique particulière dans un mécanisme composé d'un centre muni d'appendices, dont tous les mouvements sont des cycles de rayons variables et qui exprime : d'une part, toutes les excitations, d'autre part, le travail physiologique correspondant, par des changements de direction dans un plan [2]. Pour la facilité de l'exposition, il transforme immédiatement ce *fait fondamental* en un être concret, c'est-à-dire qu'il considère une masse douée de vie et d'intelligence, par conséquent d'une physico-chimie complexe, munie de quatre appendices rigides,

[1]. Le mémoire complet paraîtra prochainement parmi ceux présentés au Congrès de Paris de l'Association française pour l'avancement des sciences.

[2]. Les expériences qui m'ont conduit à admettre l'existence d'une symbolique mentale des excitants par des points dirigés sont en réalité très nombreuses. Je rends mon cercle chromatique mobile autour de son centre, puis je le rends visible par transparence, en le huilant, ou bien je le fais apparaître par réflexion dans un miroir et je fais demander à des sujets étrangers à mes recherches quelles sont les orientations des couleurs qui leur conviennent le mieux. Les réponses recueillies jusqu'ici sont en général remarquablement concordantes. Je compte publier ces enquêtes statistiques, quand elles seront suffisamment nombreuses. Elles seront un complément utile des réponses au questionnaire psychophysique de M. Héricourt (voir le n° d'avril de la *Revue*, p. 442). Toutefois, je dois faire observer, à propos de ce questionnaire, que des expériences avec des verres colorés auront difficilement quelque valeur si elles ne sont pas faites par des savants qui aient la précaution de s'assurer que ces verres soient aussi monochromatiques que possible. En général, les lumières des verres colorés, même de choix, sont très impures. J'ai obtenu avec des verres pris au hasard des accroissements du trait dans des directions quelconques ; ce qui devait être. Je pouvais même prévoir suivant la direction des erreurs la nature des lumières transmises. Si on découpe dans les papiers monochromatiques employés en ophtalmologie des carrés égaux, rouge, jaune, vert, bleu, les carrés rouge et vert paraissent plus hauts, les carrés jaune et bleu, plus larges. L'illusion est très peu sensible avec des papiers colorés ordinaires.

capables de se mouvoir de bas en haut et de droite à gauche dans un plan et dans des plans perpendiculaires à celui-ci, d'avant en arrière et d'arrière en avant, la masse étant capable de se déplacer dans toutes les directions. Chaque appendice, pour satisfaire aux exigences de la représentation, décrit seulement des cônes circulaires droits ayant pour sommet commun le centre de rotation de l'appendice. L'état normal de cet être est défini une tendance à produire du travail et à changer le mode de son action. Il a du monde une représentation déformée quand elle est consciente, mais rigoureuse, quand elle est inconsciente; on connait la remarquable sûreté des phénomènes inconcients d'instinct et de somnambulisme. Les résultats des calculs qu'il applique aux différents problèmes de situation suggérés par la perception lui apparaissent subjectivement dans la conscience sous forme de plaisir et de peine, objectivement sous forme de dynamogénie et d'inhibition. Le problème est de restituer la mathématique symbolique spéciale qui lui fait attribuer à tel excitant tel point dirigé (théorie du contraste) et de déterminer les conditions de continuité et de discontinuité d'action de son mécanisme dans l'appréciation de l'écart de deux ou plusieurs points dirigés, suggérés par des variations d'excitation (théorie du rythme et de la mesure). La méthode consiste ensuite à comparer les déductions du calcul avec l'expérience; chez les êtres normaux, dont l'état physiologique est corrélatif des états idéaux sus-énoncés, il doit y avoir concordance entre l'expérience et le calcul: chez les autres, on doit constater des renversements ou des écarts qu'il s'agit de doser et de réduire.

Cette méthode est analogue à celles de la mécanique rationnelle et de la physique mathématique : dans les deux cas, les principes sont des faits d'expérience généralisés; en biologie, il fallait adopter les principes aux exigences du sujet, l'intelligence de l'être vivant. Dans ces nouvelles études, le caractère des raisonnements change par cela même qu'on y applique des principes psychologiques, comme des associations d'idées : mais la *convenance* qui dans les problèmes ordinaires ne peut engendrer que des probabilités devient une *nécessité* pour un être *intelligent*, bien défini. D'ailleurs les procédés de ces mathématiques de convenance appliqués à des problèmes objectifs concordent avec les méthodes mathématiques ordinaires. L'auteur espère en produire bientôt des exemples.

Toute perception étant une expression plus ou moins sensible, réelle ou symbolique, consciente ou inconsciente de l'objet, on a dans les divers modes possibles de dynamogénie et d'inhibition de l'être consi-déré l'ensemble des expressions possibles et par conséquent le principe d'une classification rationnelle des sensations. Il est évident que notre être produira du travail, son centre restant fixe ou son centre se dé-plaçant : il n'a qu'une manière d'exprimer l'inhibition par un arrêt sur ses cycles. Or l'être vivant produit du travail, en produisant du son, de la lumière, de l'électricité, de la pression, des sécrétions d'odeur, de saveur, de pigments, des formes; pour exprimer ces objets, notre être produira du travail. Au contraire, l'être vivant détruit du travail en produisant une élévation de température (échauffement du muscle qui soutient un poids dans sa chute); pour exprimer la température, notre être déterminera un arrêt de ses appendices. De là deux types d'expression et deux grandes catégories de sensations.

I. *Sensations à type d'expression dynamogène.* — Dans ce premier type il faut distinguer les sensations qui, pour être exprimées d'une manière conforme à la réalisation des objets, ont besoin d'une translation et celles qui ne l'exigent point. Or on voit facilement que le son, la lumière, l'électricité, la pression peuvent être produits sans translation; c'est la variété des *réactions sur place*; au contraire, une forme, pour être réalisée de fait, exige une translation sur le contour perspectif de l'objet, dès qu'elle affecte un caractère différent d'un point rayonnant; car pour l'évaluer sans translation notre être circulaire serait astreint à des changements infiniment petits, successifs du rayon de son appendice dans un espace de plus en plus resserré, ce qui correspond pour son organisation à un empêchement infini. La sensation de forme rentre donc dans la *variété des réactions de translation*, au moins en général. Les saveurs, les odeurs, les couleurs pigments, en s'accumulant, déterminent des formes et en sont inséparables, quoique se produisant sur place et liées à des dégagements d'électricité; elles constituent la variété des *réactions mixtes*.

La variété des réactions sur place comprend deux genres : un genre qui implique pour l'expression parfaite de l'excitation l'existence d'un milieu et qui comprend les sons, la pression, l'électricité statique; un genre qui implique pour l'expression parfaite de l'excitation l'absence de milieu et qui comprend la lumière et l'électricité dynamique, dont les vitesses de propagation sont retardées par tout milieu matériel (Maxwell).

L'expérience confirme remarquablement pour les sensations de lumière, de poids, de travail musculaire, de forme, de couleur pigment, cette classification et la diversité des unités naturelles qu'elle implique. Des odeurs et des saveurs nous ne connaissons qu'un facteur, la diffusion, et nous ignorons l'autre, celui que l'on rattache généralement à des dispositions moléculaires. Si l'on admet l'identité des réactions subjectives des sensations d'odeur et de saveur d'une part, de couleur pigment d'autre part (identité mise en lumière par des faits nombreux), il est possible d'en déduire une méthode pour la détermination des facteurs de l'odorance et de la sapidité. Étant donnée une succession plus ou moins agréable ou plus ou moins désagréable de deux odeurs ou de deux saveurs, connue seulement par des rapports de temps de diffusion, on conçoit qu'il soit possible de déterminer l'autre facteur par les écarts du calcul fait dans cette seule hypothèse d'avec l'intervalle rythmique ou d'avec l'intervalle non rythmique qui justifierait le mieux, après des enquêtes comparatives plus ou moins nombreuses, les données de l'expérience sur le cercle symbolique convenable.

Ce fait que des sensations désagréables ou douloureuses déterminent une hyperesthésie parfois générale permet de doser le caractère agréable ou désagréable des sensations par les variations du minimum perceptible, de la fraction différentielle (quotient de la quantité nécessaire pour un degré nouveau de la sensation par la quantité nécessaire pour le degré antérieur) ou, quand il y a lieu, par la rapidité des phénomènes de contraste. Effectivement, les angles non rythmiques sont distingués du fonds de plus loin que les angles rythmiques de même étendue; les couleurs complémentaires apparaissent beaucoup plus rapidement sur les juxtapositions de couleurs non rythmiques que sur les juxtapositions de couleurs rythmiques; la différence est parfois de plusieurs secondes. On voit qu'il n'est pas de déduction de la théorie qui ne puisse être vérifiée par l'expérience et qu'il n'est pas de degré d'une sensation quelconque qui ne puisse être précisé par un nombre.

II. *Sensation à type d'expression inhibitoire.* — Cette sensation est la sensation de température. Par des développements spéciaux l'auteur démontre que pour l'être considéré il y a entre le nombre $e = 2,71818$ et l'arrêt une association inséparable et, en conséquence, que la représentation subjective inconsciente de la température affecte la forme d'une exponentielle $e^{t/\beta}$, t étant le nombre de degrés, β un paramètre de dilatation. Il justifie par des raisons physiologiques le choix, comme intervalle fondamental, des températures de solidification et d'ébullition de l'eau à la pression normale, ce qui permet de poser entre la température t du système physiologique et θ, la température centigrade vulgaire, α étant le coefficient de dilatation des gaz, la relation suivante :

$$ t = \frac{\log \left(\theta + \frac{1}{\alpha} \right) - \log \frac{1}{\alpha}}{\beta \log e}, $$

dans laquelle on a β par l'équation :

$$ \beta = \frac{\log (1 + 100 \, \alpha)}{100 \log e}. $$

Cette formule permet de calculer les unités physiologiques naturelles de température et d'interpréter par l'inverse des densités relatives des nombres rythmiques en ces intervalles le fait remarquable signalé par Weber que l'on apprécie le mieux les différences de température entre 27° et 33° cent., puis entre 33° et 37°, puis entre 14° et 27°.

1. On trouve le *thermomètre physiologique* à la Société centrale des Produits chimiques. rue des Écoles. à Paris.

En résumé, l'expérience démontre la réalité d'une loi générale des réactions psycho-motrices, qui revêt quatre formes bien distinctes dans les quatre espèces de sensations, et d'après laquelle, chez des sujets normaux, il y a anesthésie relative ou hypéresthésie, dynamogénie ou inhibition motrice, suivant que les variations d'excitation sont caractérisées ou non, sous une forme variable avec l'espèce de la sensation, par des nombres que l'auteur appelle *rythmiques* et qui sont des formes 2^n, $2^n + 1$ (premier) ou produits de 2^n par un ou plusieurs nombres de ces formes.

Ch. Henry.

LIVRES DÉPOSÉS AU BUREAU DE LA REVUE

Ch. Féré. *Les épilepsies et les épileptiques.* Grand in-8, Paris, Alcan.

Ph. Tissié. *Les rèves : physiologie et pathologie.* In-18, Paris, Alcan.

Lévy-Bruhl. *L'Allemagne depuis Leibniz.* In-18, Paris, Hachette.

Tarnowski (Pauline). *Étude anthropométrique sur les prostituées et les voleuses.* In-8, Paris, Lecrosnier.

Foveau de Courmelles. *Le magnétisme devant la loi.* In-18, Paris, Carré.

Dr A. Cros. *Le problème : nouvelles hypothèses sur la destination des êtres.* In-8, Paris, Carré.

Ch. Bénard. *L'esthétique d'Aristote et de ses successeurs.* In-8, Paris, Alcan.

Seignobos. *Histoire de la civilisation contemporaine.* In-12, Paris, Masson.

Dr Nivelet. *Gall et sa doctrine.* In-8, Paris, F. Alcan.

J. Serre. *Au large.* In-18, Chapellier.

G. de Mortillet. *Origines de la chasse, de la pêche et de l'agriculture.* In-8, Paris, Lecrosnier et Babé.

M. Kovalevsky. *Tableau des origines et de l'évolution de la famille et de la propriété.* In-8, Stockholm, Samson et Wallin.

H. de Villeneuve. *L'esprit de Jésus ou le Christianisme rationaliste.* 2 vol. in-12, Paris, Bonhoure.

C. Fraser. *Locke (Phil. classics).* In-12, Edinburgh, Blackwood.

Powell. *Annual Report of the Bureau of Ethnology* (1883, 1884; 1884, 1885). 2 vol. in-4, Washington (Smiths onian Institute).

P. Carus. *Fondamental Problems.* In-12, Chicago, Open Court C^o.

M. Müller. *On the Science of Thought. Three Lectures.* In-8, Chicago.

Jastrow. *Aspect of modern Psychology.* In-8, Chicago, *ibid.*

H. Munsterberg. *Beiträge zur experimentellen Psychologie.* Heft 2 et 3. In-8, Freiburg i. B. Mohr.

Th. Ziegler. *Sittliches Sein und sittliches Werden.* In-18, Strasburg. Trübner.

P. Barth. *Die Geschichtsphilosophie Hegel's und der Hegelianer.* In-8, Leipzig, Reissland.

Th. Curti. *Die Sprachschöpfung.* In-8, Würzburg, Stuber.

G. Geil. *System von Schillers Ethik.* In-8, Strassburg, Heitz et Mündel.

Bilharz. *Metaphysik als Lehre von Vorbewussten.* I. Hälfte in-8, Wiesbaden, Bergmann.

Heymans. *Die Gesetze und Elemente des wissenschaftlichen Denkens.* I. Bd. in-8, Leiden, Doesburgh.

Pilzecker. *Die Lehre von der sinnlichen Aufmerksamkeit.* In-8, München, Straub.

M. Falk. *Versuche über die Raumschätzung mit Hülfe von Armbewegungen.* In-8, Dorpat, Schnakenburg.

Stiborius. *Die Categorien der sinnlichen Perception.* In-8, Leipzig, Fock.

Magitti. *La genesi e l'evoluzione della beneficenza.* In-8, Ravenna.

Lombroso et Laschi. *Il delitto politico e le revoluzioni.* In-8, Torino, Bocca.

A. Faggi. *La filosofia dell' inconsciente : metafisica e morale.* In-4, Firenze, Lemonnier.

E. Calvo. *Filosofia de lo maravilloso positivo.* In-8, Madrid, Fé.

Mallada. *Los males de la patria.* In-8, Madrid, Hernandez.

J. de Magalhaer. *O Pessimismo no ponto de vista de psychologia morbida.* In-8, Lisboa.

Slonimskago. *Osnovnie Voprosy Politiki.* In-8, Saint-Pétersbourg, Stasioulevitza.

Sur le vœu d'un donateur anonyme, la Faculté des Lettres de Bordeaux met au concours la question suivante :

Lutte ou accord pour la vie ?

Montrer que l'accord pour la vie, loi naturelle des sociétés, est la règle fondamentale des relations humaines.

Un prix de *mille* francs sera décerné à l'auteur du meilleur travail en langue française.

Les manuscrits seront reçus au Secrétariat de la Faculté, cours Victor-Hugo, jusqu'au 31 mars 1891.

Les noms des auteurs devront être inscrits sous un pli cacheté, portant au dehors la devise qui accompagnera le mémoire. Le nom de l'auteur du mémoire couronné sera seul publié. La Faculté se réserve le droit de ne pas décerner le prix, si les travaux présentés lui paraissent insuffisants. Dans ce cas, le concours serait prorogé d'un an.

Le propriétaire-gérant : Félix Alcan.

Coulommiers. — Imp. P. BRODARD et GALLOIS.

LES ORIGINES DE LA TECHNOLOGIE

INTRODUCTION.

Des pratiques ou arts comme faits. — Dans l'art de l'homme comme dans l'instinct de l'animal, il y a deux caractères dominants. L'instinct est une forme d'action transmise par l'hérédité avec l'organisme, son uniformité et son immutabilité ont surtout frappé les observateurs ; on ne peut nier cependant qu'il ne comporte à mesure qu'on s'élève dans l'échelle une part plus grande d'invention et d'initiative individuelle, ne serait-ce que dans l'application de la règle générale aux circonstances particulières : d'ailleurs, comme il a dû commencer, et que la règle immuable qu'il impose aux actions des animaux actuels n'a pu naître que grâce à l'adaptation d'impulsions antérieures à des circonstances nouvelles dans les générations disparues, la variation, la tentative dans l'inconnu à partir d'une règle donnée est aussi essentielle à l'idée que nous devons nous en former que l'observance de séries préordonnées de mouvements, inscrites dans l'organisme et inhérentes à l'espèce. Inversement, l'art est assurément le produit de l'expérience et de la réflexion ; il suppose une invention, un acte d'initiative et de liberté ; tout perfectionnement de la pratique humaine est dû à quelque audace individuelle en rupture avec la routine ; et pourtant, si on regarde les choses de plus près, on voit que nulle invention ne peut se produire dans le vide, que l'homme ne saurait perfectionner sa manière d'agir qu'en modifiant des moyens dont il disposait antérieurement ; que l'immense majorité de nos actes rentre à notre insu dans des moules préétablis, procédés, mœurs, usages, coutumes, traditions, lois civiles ou religieuses et qu'en fin de compte — si les règles imposées par l'art sont transmises à chaque individu moins par l'hérédité que par l'exemple et l'éducation — un art est cependant plutôt un ensemble de règles fixes qu'une collection d'initiatives raisonnées. Notre volonté se meut selon des formes et en vue de fins qu'elle ne pose pas elle-même, Aristote l'a bien vu. L'artisan fabrique, le cultivateur laboure, le marin navigue, le soldat combat, le commerçant échange, le professeur enseigne, le gouvernant administre, le politicien discute, en se servant d'outils, d'engrais, de livres, de formules qu'ils reçoivent de leurs groupes : la matière et la coupe de nos vêtements, la forme et l'aménagement de nos demeures, la manière dont nous nous abordons, l'heure et la composition de nos repas, l'âge où nous accomplissons les actes essentiels de la vie et les conditions générales de ces actes depuis notre première culotte jusqu'à notre entrée à l'école ou au collège, depuis le choix d'un état jusqu'au choix d'une compagne pour la vie, tout cela est enfermé dans des règles dont l'interprétation nous est laissée, il est vrai, mais dans des limites beaucoup plus étroites que nous ne le croyons d'ordinaire. Chacun de nous, en effet, appartient à un milieu social, est, comme on dit, d'un monde qui se charge pour lui de l'interprétation des règles et lui épargne le plus souvent l'embarras de déterminer « ce qui se fait » comme « ce qui ne se fait pas ». De ce point de vue, chaque groupe social n'est pas moins caractérisé par ses arts que chaque espèce par ses instincts.

La Praxéologie ou Technologie générale. — Remarquons qu'il ne s'agit pas ici des beaux-arts, mais des arts utiles. Les Grecs les appelaient τέχναι et nous pourrions leur donner le nom de *techniques* pour les distinguer des arts qui tendent à produire l'émotion esthétique. Ce mot de technique a malheureusement chez nous un sens assez restreint; nous disons *la technique* de l'enseignement, la technique de telle ou telle fabrication et nous désignons ainsi les procédés opératoires ou, en général, les parties spéciales des arts industriels (ou d'autres qu'on leur assimile) plutôt que ces arts eux-mêmes; on aura de la peine à dire *les techniques* au lieu de dire les arts utiles, surtout si, nos vues générales étant admises, les groupes de règles supérieures, qui n'entraînent aucune manipulation, la politique et la morale par exemple, doivent être comptées au nombre des arts et deviennent des techniques. Il y aurait pourtant quelque avantage à pouvoir désigner ainsi, comme les Grecs le faisaient, les pratiques conscientes et réfléchies, à un certain degré en opposition avec les pratiques simples, qui s'établissent spontanément, antérieurement à toute analyse. Car ce sont les arts adultes, non les pratiques inconscientes qui donnent naissance à la science dont nous nous occupons, et engendrent la Technologie. Chacun d'eux implique une technologie spéciale, en sorte que l'ensemble de ces études partielles forme naturellement la Technologie générale systématique. Le mot de *pratique* comporte sans doute un sens plus étendu ; il peut être facilement pris comme substantif concret (une pratique, les pratiques) ; il convient à toutes les manifestations collectives du vouloir, à celles qui sont spontanées comme à celles qui sont réfléchies. Il fournit pour désigner la science de cet ordre de faits dans son ensemble un terme excellent : la Praxéologie. Mais il court le risque, à cause de sa large extension, d'être mal entendu et de donner lieu à des confusions. Peut-être les deux mots de Technologie et de Praxéologie seront-ils adoptés tous les deux pour désigner, le second (Praxéologie) la partie la plus absolument générale, le premier (Technologie) la partie immédiatement inférieure en généralité du même groupe de recherches. Nous les emploierons le plus souvent avec ces significations corrélatives en faisant de la Technologie générale l'objet de notre préoccupation dominante, comme science non des formes les plus universelles et des principes les plus élevés de l'action dans l'ensemble des êtres vivants — ce serait l'objet réservé à la Praxéologie — mais des groupes de règles pratiques, des arts ou techniques qui s'observent dans les sociétés humaines adultes, à quelque degré civilisées. Mais il nous arrivera d'employer indifféremment l'un ou l'autre terme.

La Technologie comprend trois sortes de problèmes, résultant de trois points de vue sous lesquels les techniques peuvent être envisagées. Premièrement, il y a lieu de procéder à la description analytique des arts, tels qu'ils existent à un moment donné dans une société donnée, de déterminer leurs espèces variées, et de ramener ensuite celles-ci par une classification systématique à un petit nombre de types essentiels ; ainsi sera constituée la morphologie des techniques, correspondant au point de vue statique, fondement et point de départ de toute connaissance du réel. Le sociologue procède ici comme le botaniste et le zoologiste ; le caractère de fixité que les arts empruntent à l'action de la tradition lui permet de les étudier comme nous étudions les organes et les instincts des êtres vivants. Secondement, il y a lieu de rechercher sous quelles conditions, en vertu de quelles lois, chaque groupe de règles entre en jeu, à quelles causes elles doivent leur efficacité pratique : c'est le point de vue dynamique. Les organes de la volonté sociale ont leur physiologie comme les organes de la volonté individuelle. Troisièmement, les deux points de vue statique et dynamique étant combinés, il y a place à une étude du devenir de ces organes eux-mêmes, soit qu'elle porte sur la naissance, l'apogée et le déclin de chacun d'eux dans une société donnée, soit qu'elle porte sur l'évolution de toute la série des techniques dans l'humanité, depuis les plus simples

jusqu'aux plus complexes, à travers les alternatives de tradition et
d'invention qui en sont comme le rythme. L'ensemble de ces trois
études forme la Technologie générale. Elle est symétrique dans le
domaine de l'action à la logique dans le domaine de la connaissance,
car celle ci observe de même et classe les sciences diverses dont
elle détermine ensuite les conditions ou les lois, dont elle retrace
enfin le développement ou l'histoire : et les sciences sont des phénomènes sociaux comme les arts.

Objet de ce travail : l'histoire de la Technologie. — Mais tel n'est
pas l'objet de la présente étude. Nous ne nous demanderons pas
aujourd'hui qnels sont les divers types d'arts, combien il y en a ni
dans quel ordre on doit les ranger — sous quelles impulsions les
règles pratiques existant dans les divers groupes sociaux fonction-
nent — ni enfin comment elles sont nées, se sont établies et sont
tombées ou doivent tomber en désuétude. Nous nous demanderons
quand et sous quelle forme ces problèmes ont été agités et quelles
solutions ils ont reçues. Bref nous essayerons de faire l'histoire de la
Technologie générale ou Praxéologie. La philosophie de la connaissance a eu ses historiens; il n'est peut-être pas hors de propos de
tenter l'histoire de la philosophie de l'action.

Place qu'il faudra faire à l'histoire des Techniques. — Une loi
générale domine le développement de la Technologie. La spéculation précède l'action dans une certaine mesure; mais la théorie des
faits n'est possible qu'à partir du moment où ces faits existent
depuis quelque temps; nous verrons constamment la philosophie de
l'action suivre le développement des industries et des pratiques.
Certaines idées fondamentales pour l'établissement de cette doctrine ont été tirées du spectacle des œuvres mêmes de l'homme et
ont dû attendre l'invention de ces œuvres pour éclore. Nous serons
donc contraint, avant d'exposer la Praxéologie de chaque époque,
d'indiquer sommairement l'état des pratiques à cette époque et de
dire quelles inventions nouvelles ont provoquées chez les théoriciens
les réflexions d'où sont sorties leurs doctrines. Il appartient à l'historien des pratiques elles-mêmes, non à nous, de montrer comment
ensuite ces doctrines ont par un effet inverse réagi sur les arts et
enfanté à leur tour des modes d'action moins imparfaits [1].

---

1. Cf. Littré, *Hippocrate*, Paris, 1844, vol. IV, p. 658. « Toute science provient
d'un art correspondant dont elle se détache peu à peu, le besoin suggérant les
arts et plus tard la réflexion suggérant les sciences; c'est ainsi que la physiologie, mieux dénommée biologie, est née de la médecine. Ensuite et à fur et
mesure, les arts reçoivent des sciences plus qu'ils ne leur ont d'abord donné... »

I. — LA TECHNOLOGIE PHYSICO-THÉOLOGIQUE [1].

Qu'on veuille bien songer un instant à l'immense effort qu'a exigé la première conception synthétique du travail humain dans son ensemble. Il a fallu d'abord que les catégories essentielles de l'action — désirer, redouter, commencer, finir, essayer, réussir, échouer, etc. — fussent fondées et exprimées par le langage. L'avenir, champ de l'action, objet de l'aversion et du désir, d'abord extrèmement restreint, avait dû ouvrir peu à peu à la prévision humaine des perspectives plus étendues, ce qui ne pouvait se faire sans une mesure approximative du temps. Les divers modes élémentaires de l'action, opérations musculaires comme prendre, jeter, rompre, percer, frapper et relations morales comme aimer et haïr, menacer, défendre, punir, avaient dû être distingués et nommés un à un, puis ramenés progressivement à des formes générales. En même temps, les diverses combinaisons concrètes, destinées à la satisfaction des besoins élémentaires de l'homme, où les opérations et déterminations relatées ci-dessus entrent comme éléments, comme par exemple allumer le feu, cuire l'aliment, coudre un vètement, prendre femme, bâtir une maison, avaient été nécessairement mises à part et classées. Rapportées ensuite aux fins principales de la vie humaine, ces diverses combinaisons d'actes avaient formé à leur tour par leur réunion et leur classement, des arts, c'est-à-dire des groupes de règles variées ayant chacun un objet défini d'ordre général, comme l'agriculture, la construction, la guerre. Enfin il avait fallu que l'ensemble des arts fût subordonné à l'idée totale de la destinée humaine, qui suppose de son côté quelque idée de l'ensemble des choses. A voir la complexité de cette œuvre, on ne sera pas surpris qu'elle ait demandé un long temps pour être seulement ébauchée.

Mais ces opérations multiples n'ont pas été accomplies selon l'ordre méthodique où nous venons de les décrire; tout s'est passé sinon au hasard, du moins confusément et sans règle apparente comme dans les travaux des fourmis et des abeilles. La naissance des arts primitifs a eu lieu dans un état d'inconscience moins profond que l'établissement des modes élémentaires d'action; le dénombrement et la désignation, puis l'explication générale de ces mêmes arts ont eu lieu dans un état d'inconscience moins profond que leur naissance : il n'en est pas moins vrai qu'une analyse méthodique n'a

1. Pour la clarté de l'exposition, nous commençons cette fois exceptionnellement par les doctrines.

point présidé à ce nouveau travail, bien que plus complexe que les
précédents et supposant un degré plus élevé de réflexion de l'esprit
sur son œuvre. Cette première synthèse de la vie et de l'action, au
lieu de se présenter comme une doctrine expresse, s'est développée
dans l'esprit des Grecs primitifs lentement, à leur insu, sous la forme
de dogmes et de légendes. Elle a été une phase de l'évolution religieuse. Ce sont des poètes : Homère, Hésiode, Eschyle ou d'anciennes
traditions, qui nous la révèlent ; c'est dans des livres qui ont été
pour le monde hellénique un peu ce qu'est la Bible pour le monde
chrétien que nous la trouvons.

Elle n'exclut pas cependant la réflexion. Cette conception est à la
fois philosophique et religieuse. Les religions antérieures ne s'étaient
pas élevées jusque-là. Elles sont des techniques, puisqu'elles ensei-
gnent l'art de vivre et de mourir, et fournissent les règles souveraines de la conduite. Elles ne renferment pas les éléments d'une
technologie. Il n'y a — du moins nous n'avons découvert — ni dans
la religion égyptienne, ni dans la religion védique aucune vue générale sur l'action qui puisse servir d'introduction à l'histoire que nous
tentons d'écrire [1]. Au contraire, d'Homère à Eschyle, on assiste au
développement continu d'une même conception qui, sous des formes
mythiques, est l'antécédent direct des systèmes de l'âge philosophique et domine déjà sous une vue d'ensemble les différents
groupes de règles pratiques imposées par la religion même [2].

1. Le recueil des lois de Manou, bien que relativement récent, passe pour
l'organe d'une tradition fort ancienne. On y trouve nettement exprimée l'idée
d'une distribution des fonctions sociales faite par Brahma aux différentes castes
qui émanent de lui et l'ensemble des lois est révélé, enseigné par Brahma. (Lois
de Manou, I, 31, 87 et I, 57.) Nous devons cette indication à l'obligeance de
M. Henry. Les mythes chaldéens présentent la même conception, le dieu poisson
Oannès a enseigné aux hommes dès l'origine du monde « tout ce qui sert à
l'adoucissement de la vie ». Cette tradition nous est parvenue par le témoignage
de Bérose, du IVᵉ siècle avant notre ère. (Babelon, *Manuel d'archéologie orientale*,
p. 10.)
2. « La race grecque, par la situation de la contrée où elle apparaît, se trouve
donc ainsi rapprochée des empires d'Égypte, d'Assyrie et de Médie, maîtres des
côtes de la Méditerranée orientale ; en même temps le caractère péninsulaire et
insulaire de presque toute la région qu'elle habite, ainsi que le nombre considérable de ses colonies attachées à tous ses rivages comme autant de navires à
l'ancre, voilà des conditions qui modifient singulièrement pour elle la surface
de contact, qui rendent cette surface bien plus étendue. Pour la Grèce ce n'est
pas seulement sur une frontière que peut se faire, comme pour tel autre peuple,
l'échange des idées et des procédés ; étant presque partout île ou côte, elle est
partout frontière, partout ouverte, partout sensible à l'influence de l'étranger. »
(Perrot, *Hist. de l'art dans l'antiquité*. Introduction, XL, XLI.) C'est là la véritable cause de ce fait que la technologie naît chez les Grecs et non ailleurs.
Par sa situation, par la date de son entrée en scène, la race grecque a pu
recueillir les résultats de la lente élaboration technique de plusieurs civilisations

Dans l'*Iliade* et l'*Odyssée*, l'impuissance de l'homme et l'infélicité de la vie sont plusieurs fois proclamées. « L'homme est le plus malheureux des êtres qui respirent ou qui rampent sur la terre. » (*Il.*, XVIII, 445.) Et sa misère est voulue par les dieux : « Ainsi les dieux en ont décidé pour les malheureux mortels; ceux-ci vivront dans la peine, tandis qu'eux-mêmes restent exempts de souffrances. » (*Il.*, XXIV, 525.) Par quel moyen l'homme peut-il éviter le malheur qui pèse sur lui? Il n'en est aucun dont sa volonté dispose. La divination lui ouvre l'avenir; mais d'abord les dieux ne révèlent l'avenir que s'ils le veulent, ensuite la connaissance de ce qui doit arriver ne guérit pas les hommes de leur misère : les augures eux-mêmes succombent aux malheurs qu'ils ont pu prévoir. (*Il.*, II, 858; XVII, 218.) Il arrive aussi que des puissances célestes aveuglent elles-mêmes les humains en proie à leur colère et leur inspirent des résolutions fatales. « Mérops connaissait entre tous la mantique et ne laissa pas aller ses fils, Adrastos et Amphios, à la guerre dévorante; mais ceux-ci ne lui obéirent pas, car les génies du noir trépas les poussaient. » (*Il.*, II, 831; XI, 329.) Dans l'*Odyssée*[1], on voit Minerve exciter les prétendants à outrager Ulysse, insolence qui leur coûte la vie. Les sacrifices et les prières sont la dernière ressource des hommes; mais bien faible, car les dieux n'acceptent que les offrandes qui leur plaisent. Les dieux homériques agissent donc en dehors de toute considération d'équité; ils dispensent arbitrairement les biens et les maux[2]. A la vérité leur volonté est plus semblable aux forces de la nature d'où ils sont récemment issus qu'à une providence intelligente, avec cette différence que ce sont des forces sans lois et sans raison. Il n'y a donc pour l'homme aucun moyen sûr de conjurer leur colère ou de gagner leur faveur; leurs desseins, quand ils sont bienveillants, ne demandent aucune coopération de leurs adorateurs. Par exemple il n'y a point de formule, il n'y a pas de procédé qui puisse con-

---

antérieures; elle a passé trois siècles, quatre peut-être à s'assimiler ces résultats; quand ce travail a été terminé, elle s'est trouvée d'emblée en mesure de commencer la théorie de la technique à une période où d'autres étaient encore engagées dans la lutte contre les difficultés de la vie. La comparaison a aussi suscité chez elle l'esprit de généralisation et de synthèse, car la comparaison est inséparable de ce travail d'imitation et d'emprunt.

1. XX, 284, 345. Cf. *Il.*, IV, 70, 104.

2. « Jupiter lui-même distribue les richesses aux mortels, vertueux ou indignes; chacun reçoit la part qu'il plaît au roi de l'Olympe de lui accorder. Celle qu'il t'a faite, il faut que tu l'acceptes d'un cœur patient. » σέδε χρὴ τετλάμεν ἔμπης. C'est là une partie, mais seulement une partie de la philosophie de l'action des poèmes homériques. (*Odyssée*, VI, v. 188.) Les conclusions de M. Hild dans son intéressant ouvrage sur *les Idées pessimistes chez Homère et chez Hésiode* (1886) sont peut-être trop absolues.

milieu de la mêlée meurtrière, elle est là qui leur distribue *à son gré* la victoire et la renommée. Dans les jugements, elle s'assied auprès des rois, sur leur auguste tribunal. C'est elle qui préside aux jeux de la lice, et le mortel qu'elle favorise, vainqueur de ses rivaux par la force et le courage, emporte *sans peine* le prix du combat et, le cœur plein de joie, couronne de sa gloire ceux qui l'ont fait naître. C'est elle qui préside aux courses de char, aux travaux de la mer orageuse. Les matelots l'invoquent ainsi que le dieu qui ébranle à grand bruit la terre. Elle peut à sa volonté envoyer au chasseur une riche proie ou la lui ravir. C'est elle encore qui dans les étables préside avec Hermès à la prospérité des troupeaux ; par elle, par sa volonté, se multiplient ou dépérissent et les bœufs, et les chèvres, et les brebis à l'épaisse toison. Le fils de Chronos confia en outre à ses soins les premières années de tous les hommes qui après elle ouvriraient les yeux à la lumière de l'éclatante Aurore ; elle dut être dès l'origine leur nourrice et leur mère. Voilà les glorieuses fonctions qui lui furent départies. » Ainsi les hommes favorisés par cette déesse n'ont besoin, pour réussir et pour être relevés, dans les choses qui sont de son domaine, de leur infortune native, ni de science, ni de mémoire, ni d'effort ; elle agit seule à son gré, sans la coopération de ses favoris, comme une force de la nature. Semblable au Destin, auquel est soumise même la volonté de Jupiter, elle en a l'irresponsabilité, l'impassibilité, l'irrésistibilité [1].

Mais une autre conception commence à se faire jour dans les poèmes homériques, se confirme chez Hésiode et trouve enfin, plusieurs siècles après, dans Eschyle, sa complète expression.

Les rois qui siègent dans les tribunaux ne sont que les gardiens des lois qui viennent de Zeus, lisons-nous au premier chant de l'*Iliade* (v. 238). Cette initiation n'est pas la seule que les hommes aient reçue des dieux. Vulcain, l'inventeur, et Minerve, la patronne des villes, donnent aux artisans toute sorte d'arts [2] (*Od.*, vi, 232), et sous leur inspiration « ceux-ci exécutent des œuvres gracieuses ». La Muse confère aux poètes qu'elle aime la connaissance du bien et du mal. (*Od.*, viii, 63.) C'est elle qui leur enseigne leur art (viii, 481), quand ce n'est pas Apollon lui-même (488). Les dissimulateurs, eux aussi, ont un maître dans Mercure (xix, 396).

Cette donnée nouvelle ne laisse plus l'art confondu avec la force productive ; elle l'en distingue, ou plutôt avant ce point de vue, il n'y

---

1. Le fragment ci-dessus, considéré par quelques critiques comme une intercalation d'origine orphique, est défendu par d'autres critiques non moins autorisés. (Decharme, *Mythol.*, p. 134.)

2. τέχνην παντοίην. Cf. Platon, *Protagoras*, 321, d. c.

avait pas d'art, puisqu'il n'y avait pas de règles conditionnelles proposées à l'obéissance de l'homme et que le dieu faisait tout; ici la
notion de l'art commence réellement à apparaître avec celle d'un
ensemble de règles transmissibles. Les rapports de l'homme et de
la divinité changent ; au lieu de subir passivement les décrets de
Jupiter ou d'en bénéficier sans effort, l'homme dispose de certaines
ressources pour améliorer sa condition et coopère en quelque chose
aux bienfaits divins. Mais là s'arrête son pouvoir ; il ne fait pas l'art,
il ne pose pas la règle, il n'invente rien de lui-même. C'est ce que
maintient Hésiode, bien qu'il accorde encore plus qu'Homère à l'initiative de l'homme.

Cinq races se sont succédé sur la terre; les premiers hommes
« vivaient comme des dieux, le cœur libre de soucis, loin du travail
et de la douleur ». La race actuelle, la cinquième, est soumise à la
douleur, et aussi au travail. La vie est une lutte inégale contre les
brutales fantaisies des dieux; mais, dans cette lutte, l'homme n'est
pas entièrement désarmé. on sent manifestement, dans *les Travaux et
les Jours*, un effort énergique pour recueillir dans l'expérience des
indications utiles et triompher à force de prévoyance des embûches
des éléments. Certes il faut « sacrifier aux dieux, selon son pouvoir,
avec un cœur pur et des mains propres » (v. 335), mais il faut compter
sur soi, se fabriquer de bons instruments de culture pour ne pas
dépendre du bon plaisir d'un prêteur, observer les moments favorables au labour et aux semailles, épargner, épargner toujours et
n'avoir qu'un enfant pour devenir riche ; enfin, si on veut naviguer,
tenir son bateau sec et attendre le calme. Le grand obstacle, c'est
l'injustice ; on a grand'peine à défendre son bien ; il ne fait pas bon
de plaider devant les tribunaux des rois, « ces hommes avides, ces
mangeurs de présents, dont les sentences perverses violent les lois ».
Mais, en fin de compte, la justice l'emporte sur la violence (v. 215).
« Car telle est la loi qu'a établie le fils de Saturne; il permet aux monstres de la mer, aux bêtes sauvages, aux oiseaux ravisseurs de se
dévorer les uns les autres ; ils n'ont pas la justice. Aux humains il a
donné la justice, ce don inestimable. Celui qui la connaît, qui la proclame au milieu de ses concitoyens, reçoit de Jupiter, au regard
duquel rien n'échappe, tous les biens de la fortune. Il n'en est pas
ainsi du méchant qui porte témoignage contre la vérité et qui ose
profaner par des mensonges la sainteté du serment. En blessant la
justice, il s'est lui-même blessé à mort; sa postérité s'efface et disparaît, tandis que le juste, fidèle au serment, laisse derrière lui une
race toujours florissante. » (V. 276 et suiv.) L'existence des États
repose sur la justice comme le bonheur des individus. « Ceux qui

jugent suivant d'équitables lois et les étrangers et leurs concitoyens, qui jamais ne s'écartent du juste, ceux-là voient fleurir leurs villes et leurs peuples prospérer... Mais s'il en est qui préfèrent l'injustice et de criminelles pratiques, le fils de Saturne leur prépare un châtiment sévère. Souvent une ville entière porte la peine des iniquités d'un seul. Du haut du ciel, Jupiter fait descendre sur elle quelque fléau terrible, la famine avec la peste : les peuples meurent; les femmes n'engendrent plus; les maisons périssent; ainsi le veut dans sa sagesse le maître de l'Olympe : d'autres fois il détruit leurs armées, renverse leurs murailles, submerge leurs vaisseaux. » Trente mille dieux surveillent les hommes et font connaître à Zeus les décisions des tribunaux. La Justice elle-même, quand elle est insultée, « va s'asseoir près de son père, se plaint à lui de la malice des hommes et lui demande vengeance » (v. 225-260).

Ainsi ce n'est pas l'homme qui a institué les lois ; le juste et l'injuste ne sont pas son œuvre; ce sont des volontés expresses de Zeus. Et si ces volontés sont méconnues, le dieu se charge de faire en sorte qu'elles aient le dernier mot. Seulement ces volontés ne sont plus arbitraires; elles ont pour raison d'être le maintien des cités et des familles, le bonheur de l'homme; et celui-ci sait à quelles conditions il peut mériter la faveur du souverain du ciel; il n'a qu'à obéir aux lois, qu'à tenir ses serments. Le poète ne paraît pas douter un instant qu'il ne dépende de nous d'observer la justice [1], comme il dépend de nous de labourer en temps utile et de tirer notre navire sur le rivage pendant la mauvaise saison. Contrairement à ce que nous lisions tout à l'heure dans d'autres passages, voici l'homme qui devient lui aussi, du moins dans une certaine mesure, et sous condition, le « distributeur des biens », l'artisan de sa destinée : le présent merveilleux que Zeus lui a fait en lui donnant la justice allège le poids de la fatalité qui pesait sur lui et contribue avec le travail à le relever de sa chute.

Cette prépondérance de la justice sur toutes les autres pratiques, même enseignées par un dieu, nous explique le vrai sens du mythe de Prométhée tel qu'il apparaît pour la première fois chez Hésiode. Il symbolise déjà l'initiative humaine; cela est incontestable. Mais il laisse voir en même temps que, pour le poète. cette initiative a quelque chose de néfaste et de sacrilège, quand elle prétend assurer le bonheur en dépit, et même seulement en dehors de la volonté divine. L'homme a pu, grâce à Prométhée, entrer en possession du feu et

---

1. « L'homme le plus parfait est celui qui ne doit qu'à lui-même toute sa sagesse, qui sait, en chaque chose, considérer la suite et la fin. Il est encore digne d'estime, l'homme qui se montre docile aux avis du sage. » (*Op. et D.*, 291.)

par lui des arts primitifs, mais il expie cette audace; Zeus se venge
en lui envoyant la femme, source de mille maux. On voit que,
somme toute, pour Hésiode, les dons de Prométhée soulagent la
misère de l'homme, mais ne sauraient l'en guérir; l'invention des
arts n'a pas changé notre condition; elle n'a point inauguré comme
on pourrait le croire une ère de progrès et d'indépendance. Le poète
se met résolument du parti de Zeus contre le Titan et semble admettre
déjà que le salut est bien plutôt dans l'observation de la justice, en
tant que volonté du souverain céleste, que dans l'exercice des arts,
quelque prix qu'ils aient pour l'homme.

En résumé nous trouvons dès l'origine chez les théologiens une
impression de découragement en présence de la puissance insurmontable et des volontés incertaines du souverain des dieux. Cette
impression est combattue chez Homère par une certaine confiance
dans la bonté des dieux, auteurs des arts et des lois, chez Hésiode
par la conviction que la justice triomphe toujours, et que la loi de
Jupiter, fléau du méchant, est le sûr appui du juste. Mais voici venir
des doctrines plus sombres. Le découragement paraît l'emporter
dans la conscience grecque au vi° siècle, si l'on en croit les fragments qui nous restent de Solon et de Théognis. L'élégie dont le
fragment 13 (4)[1] nous a conservé un long passage est toute pénétrée
des enseignements pythiques : Zeus y est représenté comme le ven-
geur de la morale violée, non comme le rémunérateur de la vertu,
et les arts humains, qu'ils viennent ou non d'un dieu, y sont énumé-
rés comme autant de preuves de l'impuissance humaine : il ne reste
aux mortels qu'un but tout négatif à poursuivre, éviter la vengeance
de Zeus; le reste est livré aux desseins impénétrables et arbitraires
du Destin. « Telle est la vengeance de Jupiter, et sa colère n'est pas
passagère comme celle des mortels; quiconque a le cœur criminel ne
peut lui échapper longtemps; il est bientôt découvert. Celui-ci est
puni tout de suite; cet autre un peu plus tard. Si quelques-uns semblent d'abord échapper à leur destinée, elle finit par les atteindre;
la punition méritée par les pères retombe sur leurs enfants innocents ou sur leurs petits-enfants. Pour nous, mortels, nous pensons
ainsi : les bons et les méchants sont traités de même; chacun a cette
opinion jusqu'à ce que la souffrance se fasse sentir; alors on se
lamente, mais jusque-là on est bercé de vaines espérances... Tous
s'agitent de différentes façons; celui-ci risque sa vie en allant sur un
frêle esquif à travers la mer agitée par la fureur des vents, chercher
des richesses qu'il rapportera dans sa maison; un autre creuse la

---

1. Voir la page 423 des *Poetæ lyrici* de Bergk (Solon).

terre pour y planter des arbres, travaille toute l'année comme un mercenaire, et prend plaisir à tracer des sillons. Un autre, instruit dans les travaux chers à Minerve et à l'adroit Vulcain, gagne sa vie par l'industrie de ses mains. Un autre, disciple des Muses qui habitent l'Olympe, arrive à posséder une aimable sagesse. Un autre, par la grâce d'Apollon qui lance au loin ses traits, est devenu prophète; il sait longtemps à l'avance quels maux menacent les hommes et celui auquel les dieux seront favorables; mais aucun présage ne peut empêcher ce qui est fixé par le Destin et par les Dieux. D'autres, médecins, sont instruits dans l'art de Pæon et connaissent beaucoup de remèdes; eux non plus ne peuvent réussir complètement; souvent à une faible douleur succède une grave maladie; personne ne peut la guérir par l'emploi des meilleurs remèdes, tandis que par la simple imposition des mains la santé est rendue à cet autre qui souffrait des douleurs les plus violentes. C'est le Destin qui distribue aux hommes et leurs maux et leurs biens et ils ne peuvent éviter ce que veulent leur donner les dieux immortels. Nul de nos actes n'est exempt de danger; personne ne sait, quand il entreprend une chose, en prévoir la fin. L'un commence par bien faire, mais il manque de prudence et tombe dans une grande faute et un grand embarras. D'autres s'y prennent mal; mais la divinité leur accorde malgré tout un heureux succès et ils ne portent pas la peine de leur imprévoyance. » (Trad. Patin.) Théognis fait écho à ces tristes paroles. « Nul, Cyrnus, ne doit s'attribuer à lui-même ni la perte ni le gain; des dieux viennent l'un et l'autre. Point d'homme qui puisse savoir d'avance quelle est la fin bonne ou mauvaise de son travail. Souvent, croyant produire le bien, on amène le mal. Rien n'arrive à qui que ce soit comme on l'a voulu, il rencontre sur sa route la borne de l'impossible. Nous n'avons, faibles humains, que de vaines imaginations, point de connaissance réelle. Aux dieux seuls il appartient de tout accomplir selon leur volonté [1]. » Ce langage ne surprend pas dans la bouche de Théognis, tout meurtri et irrité de la chute de son parti, inconsolable d'avoir perdu sa situation privilégiée dans l'État. Mais n'est-il pas étrange dans la bouche de Solon? Comment n'y pas voir l'écho de quelque doctrine généralement acceptée autour de lui, très probablement de l'enseignement des grands sanctuaires, alors à l'apogée de leur influence, plutôt que l'expression des convictions où Solon puisait ses résolutions viriles et ses bienfaisants desseins? Homme d'action, appartenant par ses principes et son œuvre politique aux temps nouveaux, l'un des premiers et des plus brillants représen-

---

[1]. V. 133, 142. Même trad.

tants de la sagesse fondée sur l'expérience et la réflexion, il dément par sa vie cette condamnation de l'initiative et de la prudence humaines. D'ailleurs il ne faut pas juger de l'état de la conscience hellénique en général d'après les méditations mélancoliques de quelques sages; nous verrons bientôt que les soucis spéculatifs de cette élite n'étaient point partagés par la foule. Solon, poète tragique, ne se serait pas exprimé sur la scène comme il le faisait dans ses élégies.

Nous sortons avec Eschyle de la période proprement théologique. La foi commence à se troubler au contact des spéculations philosophiques et subit le contre-coup des révolutions; elle surmonte cependant cette première épreuve.

Nous voici de nouveau en présence de Prométhée. « Ecoutez, dit le Titan, les misères des mortels; apprenez comment j'ai fait d'eux, enfants jusque-là, des hommes capables de penser, des êtres raisonnables... Auparavant ils avaient des yeux et ne voyaient point, des oreilles et n'entendaient point. Semblables aux formes qu'on voit dans les rêves, ils vivaient pendant des temps sans fin au milieu de conjectures et d'incertitudes. Alors point de maisons de briques ensoleillées, point de charpentes. Ils habitaient des trous, comme les fourmis alertes, dans les profondeurs sans soleil des cavernes. Ils ne reconnaissaient à aucun signe assuré ni l'hiver, ni le printemps, saison des fleurs, ni l'été, saison des fruits. Ils faisaient tout sans pensée, jusqu'au jour où je leur montrai le lever des astres et le moment indécis de leur coucher. Le nombre, cette merveilleuse invention, c'est moi qui le trouvai pour eux, ainsi que les combinaisons des lettres, et la mémoire, cette ouvrière universelle, mère des Muses. Le premier aussi j'accouplai les bêtes de somme asservies au joug, qui devinrent les remplaçants des grands labeurs pour le corps des mortels. J'amenai au char le cheval docile aux rênes, symbole de l'opulence. Nul autre que moi ne donna aux matelots ces autres chars aux ailes de lin, battus par le flot des mers. Et moi qui ai découvert ces magnifiques inventions à l'usage des mortels, je n'ai pas à mon service une ressource pour me tirer de l'embarras où je suis! — Le Coryphée — Oui, tu es tombé dans un affreux désordre : ton esprit s'est égaré : médecin maladroit, surpris par le mal, te voilà au dépourvu et tu ne peux trouver des remèdes qui te guérissent! — Écoute-moi jusqu'au bout et tu en seras émerveillé; écoute quels arts et quelles ressources j'ai imaginés. Ceci fut le plus prodigieux : tombait-on malade, point de soulagement, ni aliment, ni onguent, ni boisson. Faute de remèdes, on était dévoré par les maladies. Mais j'ai imaginé les préparations bienfaisantes qui les apaisent.

Et les formes multiples de la divination, c'est moi qui les ai coordonnées, moi qui, le premier, ai montré dans les songes ce qui doit
se réaliser et démêlé les présages, inintelligibles jusque-là. Des rencontres faites sur le chemin, du vol des oiseaux aux ongles crochus,
j'ai réglé l'interprétation, désignant quels étaient favorables, quels
autres sinistres, décrivant la manière de vivre de chacun de ces animaux, leurs haines naturelles, leurs amitiés, leurs fréquentations,
révélant quel reflet, quelle couleur plaît aux dieux dans les entrailles
des victimes, quels sont les divers aspects propices de la bile, du
foie, et la manière de brûler les cuisses recouvertes de graisse...
Voilà ce que j'ai fait. Et ce que, dans ses profondeurs, la terre cache
à l'homme de matières utiles, l'airain, le fer, l'argent et l'or, qui
donc s'en pourrait dire avant moi l'inventeur? Personne assurément, à moins de vouloir parler pour ne rien dire. En un mot et
afin de me résumer, retiens bien ceci : tous les arts sont venus
aux hommes par Prométhée. » Il n'est pas jusqu'à l'espoir de
l'immortalité que Prométhée n'ait donné à notre race ; car c'est
lui, dit Eschyle, qui a enseigné aux hommes à cesser de
craindre la mort : comment? dit le chœur. « En faisant naître dans
leur cœur d'aveugles espérances. »

Prométhée est foudroyé. Zeus l'emporte. On ne voit pas dans les
autres drames d'Eschyle que sa souveraineté ait été compromise par
la tentative de Prométhée. Quoi que puisse la providence humaine,
elle reste toujours subordonnée aux décrets de la providence divine.
Les chœurs d'Eschyle sont une hymne continuelle en l'honneur de ce
dieu qu'il avait maudit comme un tyran. « Zeus, s'il est un dieu qui
aime à s'entendre appeler de ce nom, c'est à lui que je m'adresse.
J'ai tout pesé, et à mes yeux rien d'égal à Zeus pour soulager vraiment notre cœur du poids des vaines angoisses. Celui qui le premier
fut grand (Ouranos), tout débordant de jeunesse et de force invincible, qu'attendre de lui? C'est une puissance déchue. Et celui qui
vint après lui (Chronos) s'est effacé devant son vainqueur. Zeus, du
fond de son cœur lui crier victoire, c'est s'assurer le bien suprême.
A la sagesse c'est lui qui conduit l'homme. Au prix de la souffrance,
le savoir; c'est une loi qu'il a posée. Goutte à goutte, jusque dans le
sommeil, tombe sur notre cœur le cuisant ressouvenir des douleurs
et malgré nous la sagesse nous vient, salutaire contrainte des dieux
assis aux sublimes hauteurs [1]. » Dans la même tragédie sont exposées les lois qui régissent la succession des actes humains et des

---

1. *Agamennon*, v. 160-184. Nous avons utilisé pour ces divers passages la traduction de M. Ad. Bouillet.

événements qui font le malheur ou la joie des familles; c'est pour le poète un fait constant que, selon l'antique maxime, l'excès de prospérité est suivi par un excès de misère; mais il va plus loin, il soutient, et c'est une opinion qui lui est propre, dit-il, que le crime engendre le crime, que la vertu engendre la vertu et que le malheur suit dans le premier cas, la prospérité dans le second. Zeus est le garant de cette loi de justice (*id.*, v. 750). Quelque sympathie qu'il ait témoignée à Prométhée, Eschyle est donc en réalité du même sentiment que les poètes antérieurs ; le plus sûr moyen d'être heureux n'est pas pour l'homme de se confier en sa prudence et en son habilité; c'est de suivre en toute docilité la volonté des dieux. Ces volontés ne sont pas arbitraires encore une fois; ce sont les lois mêmes de la nature, elles tiennent aux entrailles des choses. Elles sont, comme le pensait Héraclite, l'expression de la Diké dont rien au monde ne peut enfreindre les arrêts, de la destinée ou de la nécessité qui domine tout. Elles sont l'ordre cosmique lui-même, et, dans la cité comme dans les chœurs célestes, rien ne subsiste que par elles [1]. Elles ont bien quelque chose d'impénétrable ; Héraclite donne peut-être le dernier mot de la doctrine quand il dit que le devenir du monde est semblable à un jeu de dames (jeu de marche réglée et numérique chez les Grecs), qui est conduit par la main d'un enfant. Mais une part considérable de raison et de justice, sinon de bonté, a été introduite par les poètes et les théologiens dans la conception du principe régulateur de l'univers, et sans être affranchis entièrement de la fatalité, sans concevoir encore la possibilité du progrès, les hommes imbus de leur enseignement pouvaient déployer avec quelque assurance leur activité sur un monde, d'où le caprice était banni.

Étranger à ces spéculations, le peuple avait partout traduit par des légendes concrètes et réconfortantes cette idée générale que les règles de l'action sont des volontés divines. Les puissances célestes de tout ordre, devenues, de forces aveugles, des génies secourables, se sont faites partout les institutrices de l'homme. Nous avons vu les dons qu'Homère attribue à Zeus, à Minerve, à Apollon. A la voix de celui-ci, les routes s'ouvrent, les quartiers des cités se régularisent, les citadelles s'entourent de murailles, la civilisation commence avec la poésie et la musique. C'est lui, c'est ce Dieu secourable (*Epicourios*) qui confie à son fils Asclépios les secrets

---

1. Presque tous les chœurs expriment cette conviction. Voir dans les *Choé-phores* les vers 305, 380, 398, 640. Dans les *Suppliantes*, il est dit que « la volonté de Zeus redresse le destin par une loi vénérable », c'est-à-dire plie le hasard aux exigences de la justice.

de la médecine; Poseidôn est le dieu auquel tous les Grecs d'Asie
se croient redevables de l'art de la navigation; son culte rattache
entre eux les rameaux disséminés de cette famille voyageuse, qu'ils
s'appellent Cariens, Léléges ou Ioniens. Dans sa suite figure Protée
qui peut dire, à qui réussit à le saisir, la direction et la longueur des
routes de la mer. Poseidôn a encore donné à l'homme le cheval, que
dresse sur les conseils d'Athéné le jeune Erichtonios. Déméter
transmet à Triptolème le blé avec l'art de le cultiver, Bacchus enseigne leur art aux vignerons. Mais chaque région, chaque cité a
ses légendes particulières sur l'origine des arts où elle excelle.
Tandis qu'à Cos, Apollon avait enseigné la médecine, en Lycie, il avait
livré à ses prêtres les secrets de la divination. En Lydie, les Dac-
tyles avaient appris de Cybèle à exploiter les filons métalliques dé
l'Ida, comme en Sicile les Cyclopes dans les entrailles de l'Etna,
comme en Samothrace les Cabyres étaient les ouvriers et les disciples d'Héphestios. Sur les côtes colonisées par les Grecs à l'occident de leur pays, partout Héraclès, non content d'arracher aux
torrents leurs cornes dévastatrices et de purifier les airs, trace les
premières routes, montre aux navigateurs les bancs de pourpre,
révèle les effets merveilleux des sources thermales [1]. La divinité
s'humanise dans Hercule; Minos, le civilisateur de la Crète, est déjà
presque une figure historique; Dédale, le maître des arts, personnifie
clairement l'invention et l'adresse humaine; c'est un Prométhée
mortel. Pélops envoie ses descendants civiliser toute la Hellade : il
fonde les jeux olympiques. Argos apporte de Lydie, dans le pays qui
reçut son nom, la semence du blé. Danaos, abordant sur sa pentécon-
tore à l'embouchure de l'Inachos, vient révéler aux Grecs l'art de la
navigation. Agénor importe dans l'Argolide l'élève des chevaux; le roi
Prætos y bâtit des murailles avec l'aide des Cyclopes de Lycie, Pala-
mède invente l'art nautique, les phares, les poids et mesures, l'écriture et le calcul. Le cycle béotien est un des plus riches. Cadmus,
dont le nom signifie armure, invente l'emploi du métal dans les
armures, trace le plan des villes, pratique le premier l'irrigation artificielle, découvre l'écriture; il amène avec lui les Géphyréens, constructeurs de digues et d'écluses, les Telchines, batteurs de fer,
Amphion et Zéthos, bâtisseurs de villes. Selon une tradition arca-
dienne, c'est Pélasgos qui fut le premier instituteur du genre humain.
Tous ces héros sont les envoyés de Zeus; ils ont quelque chose de
divin. Ils tiennent des dieux une connaissance infaillible des besoins

1. Telles sont d'ailleurs aussi ses attributions dans la Grèce propre, en Thes-
salie, en Béotie, en Argolide.

humains et des moyens d'y pourvoir; ils communiquent aux pratiques hasardeuses, le plus souvent, mais fixes, fondées sur leurs préceptes, une assurance, une confiance calme aussi propres à fonder le
bonheur que le succès le mieux éprouvé.

Ces pratiques régulières (τέχναι), en tant qu'attribuées, assignées
par les dieux aux mortels (νομιζόμεναι), sont des lois divines (νόμοι).
Mais elles ne sont pas surnaturelles pour cela. Au contraire, c'est
précisément parce qu'elles sont divines et forment le lot (μοῖρα) de
l'homme parmi tous les dons (δῶρα) accordés à l'origine par les dieux
aux êtres vivants [1], qu'elles font partie de notre nature et de la nature
en général. L'antiquité de la plupart d'entre les arts faisait croire, en
effet, que tous, depuis les coutumes morales, ces vénérables lois non
écrites, sans cesse invoquées par la sagesse des sanctuaires, jusqu'à
la manière de faire le pain et de labourer les champs, étaient quasi
éternelles et n'avaient jamais changé. C'est cette immutabilité qui
était le plus fort argument en faveur de leur divinité et en même
temps, si j'ose dire, de leur *naturalité*. Un usage qui a toujours existé,
un procédé de culture ou de construction qui est employé de temps
immémorial, une loi, une constitution que ni cette génération ni
celle qui l'a précédée n'ont vue naître, sont parce qu'ils sont; ils
n'ont pas besoin de raison d'être explicite; ils paraissent aussi *nécessaires*, comme le dit Platon, aussi naturels que l'ordre des saisons et
la marche des astres, que les fonctions essentielles propres à chaque
être vivant. Si vous voulez, encore de nos jours, plonger dans un
grand étonnement une femme ignorante en train d'accomplir quelque
cérémonie même toute locale, demandez-lui-en le pourquoi : Cela
se fait parce que cela s'est fait toujours, il n'y a pas de raison à ce
qui ne peut être autrement, ayant toujours existé. De même, pour
les Grecs d'avant le Vᵉ siècle et pour le vulgaire même à l'âge des
philosophes, les règles qui dirigeaient la vie étaient naturelles parce
qu'elles étaient immuables, et divines parce qu'elles étaient naturelles, la nature et la volonté des dieux étant alors la même chose.

Cette conception physico-théologique des principes de l'action consiste au fond à rattacher la volonté individuelle, dans ce qu'elle a
d'ordonné et de permanent, à la volonté et à la sagesse du groupe;
elle dérive la conscience pratique de l'individu de la conscience
pratique sociale. En suivant la tradition, en imitant ses ancêtres,

---

1. Cf. Platon, *Protagoras*, 321, d. e. Le commentaire que donne ici Platon de la
fable de Prométhée, ministre des dieux homériques, Héphaïstos et Athéné, est
tout à fait conforme à l'esprit de la religion populaire. Cf. les récits orthodoxes
de l'origine de la civilisation présentés par le même philosophe, dans le *Politique*,
271. d., et les *Lois*, livre III.

l'homme ainsi formé imite Dieu même et s'identifie avec les desseins du *daimôn*, âme de la cité, ou de la divinité, quelle qu'elle soit, commune à telle ou telle confédération de cités. Car le dieu d'un peuple n'est pas autre chose que sa propre conscience objectivée. Zeus, c'est ce qu'il y a de commun dans l'idéal des Grecs disséminés depuis le Pont-Euxin jusqu'aux Colonnes d'Hercule : plus tard, quand la réflexion fut possible, Héraclite a paru le comprendre. « La raison commune, dit-il, qui est la raison divine et par laquelle nous devenons raisonnables, est la mesure de la vérité. » Et ailleurs : « La multitude vit comme si chacun avait une raison à soi, mais il n'y a qu'une raison commune à tout; c'est elle qu'il faut suivre. » Δεῖ ἔπεσθαι τῷ ξυνῷ [1]. La cité n'existe que par sa participation à la raison universelle. « La raison est commune à tous les êtres; il faut que les hommes pour parler avec raison s'appuient sur la raison universelle, comme la cité s'appuie sur la loi; mais celle-ci bien plus fortement. Car toutes les lois humaines s'alimentent d'une loi unique qui est une loi divine et qui, non seulement a toute la puissance qu'elle veut, mais prête sa force à toutes les autres et en a encore par surcroît [2]. Sans ces lois, il n'y aurait pas de justice. » La volonté individuelle n'est donc qu'une partie de la volonté collective, une pièce du corps social : il faut pour le bien de ce corps comme pour le sien qu'elle marche à l'unisson dans le mouvement de l'ensemble. Ainsi se trouve marqué tout d'abord, et d'un trait sûr, le caractère essentiel de toute philosophie de l'action, à savoir que la conscience pratique individuelle n'a pas sa règle en elle-même.

Entre les techniques inférieures par lesquelles les opérations de la vie matérielle sont réglées et les techniques supérieures auxquelles les autres se subordonnent, entre les arts vulgaires et la morale, les théologiens ne tracent qu'une démarcation incertaine. Ils comprennent que les prescriptions de toute technique une fois constituées ne sont efficaces que parce qu'elles sont obligatoires à quelque degré et sont obéies sans raison. C'est, en effet, une erreur selon nous de prétendre que la religion primitive est étrangère à la morale [3]. Il n'est pas une croyance, si rudimentaire qu'on la suppose, qui n'entraîne un certain nombre d'actes. Ces actes peuvent différer de

1. Sextus, *Math.*, VII, 126, 131, 133.
2. Mullach, fragment 19.
3. Cf. Taylor, *la Civilisation primitive*, t. II, p. 464; Réville, *les Religions des non civilisés*, t. I, p. 120 et 123 : Burnouf, *Revue des Deux Mondes*, décembre 1864 et 15 août 1868. « Il y a eu des religions sans morale. La religion est une conception métaphysique, une théorie. Il est nécessaire de se persuader qu'il ne s'agit pas ci de morale et que la conduite de la vie est étrangère à ces questions. »

ce que nous appelons depuis Kant des actes moraux; mais leur violation ou leur observance provoquent toujours, par cela même qu'ils
ont été accomplis en vertu d'une tendance régulatrice une fois établie ou malgré elle, des sentiments analogues à ceux que provoquent chez nous la violation ou l'observance des règles morales. De
même qu'un catholique de nos jours éprouve du remords s'il manque à l'un des commandements de l'Église sur la fréquentation des
offices ou l'abstinence du vendredi, de même un Grec se sentait coupable s'il négligeait d'accomplir une prescription de son culte qui
nous paraît moralement indifférente, comme de poser le pied gauche
le premier pour gravir les degrés d'un temple ou de prier sans
s'être purifié [1]. L'évolution de la pratique est parallèle à celle de la
spéculation et de l'esthétique. Si les actes ordonnés par la conscience
collective d'une peuplade ne sont pas ceux que la morale moderne
prescrit, s'ils ne sont pas prescrits exactement sous la même forme
que les obligations de la conscience actuelle, ils n'en sont pas moins
pratiquement nécessaires; ils n'en constituent pas moins le point
d'attache de l'individu à son groupe; ils n'exigent pas moins une
abdication de la volonté individuelle au profit de la volonté collective; c'est sur eux que repose l'existence de la famille et de la cité.
A ce titre, bien que d'une moralité inférieure et diffuse, ils sont
moraux.

Peu à peu cependant les grandes lignes d'une classification rationnelle des pratiques commencent à se dessiner. Dans Homère, c'est
Zeus qui donne les lois, tandis que pour les arts Apollon et Athéné
interviennent seuls. Hésiode insiste sur cette distinction. Il attribue
à la justice parmi les autres pratiques une place de beaucoup prépondérante. Solon la met également hors de pair. Partout on voit une
affinité entre la règle souveraine de l'action et le souverain des
dieux : le Prométhée d'Eschyle invente jusqu'à la divination; il n'invente pas la justice. Les interprètes les plus anciens et les plus scru-
puleux des poètes [2] avaient déjà remarqué cette différence. Protagoras, mis en scène par Platon, raconte avec toutes sortes de détails
la révélation des arts par Epiméthée et Prométhée, mais l'art de la
politique reste jusqu'à la fin dans la forteresse inaccessible de Zeus,

---

1. Rapprochez les deux vers d'Hésiode, *Op. et D.*, 740 :

ὅς ποταμὸν διαβῇ κακότητι δὲ χεῖρας ἄνιπτος,
τῷ δὲ θεοὶ νεμεσῶσι καὶ ἄλγεα δῶκαν ὀπίσσω.

Il y a de la malice, de la méchanceté à ne pas se laver les mains avant de
passer dans une rivière.

2. Platon, *Protagoras* : sur son habileté à commenter les poètes, 338, 347. *c.*
sur la justice, don de Jupiter, 321, 322, *d.*

confiée à des gardiens redoutables, et c'est Zeus seul qui donne aux hommes la pudeur et la justice sans lesquelles il n'y aurait point de cités. On voit ainsi apparaître de très bonne heure — car le commentateur est fidèle à l'esprit des anciens poètes — le principe d'une classification hiérarchique des arts. Déjà même, chez les Gnomiques, une opposition se révèle entre les diverses habiletés et la justice; une tendance incontestable à faire de la morale une loi hors de pair, transcendante, comme nous dirions, commence à se faire jour dans les fragments de Solon et de Théognis. Mais cette tendance est encore incertaine et un naturalisme plus ou moins implicite fait l'unité de ces curieuses énumérations des arts humains.

Il est vrai, la praxéologie de ce temps méconnaissait le côté dynamique des règles pratiques. Fondée sur l'imitation et la tradition, qui sont pour les consciences ce qu'est l'hérédité pour les organismes, elle niait le mouvement dans le domaine de la technique et en le niant elle l'empêchait de tout son pouvoir, puisqu'elle considérait toute innovation comme une impiété. Mais il était naturel qu'elle insistât avant tout sur la fixité des règles sociales : il n'était pas facile alors de maintenir unies des volontés nombreuses, et le but conscient ou non des législateurs comme de leurs concitoyens devait être de fortifier le lien social en affirmant son éternité. D'ailleurs, en fait, les changements étaient plus rares dans ces sociétés primitives qu'ils ne le sont devenus à l'âge immédiatement postérieur. Dans les civilisations de tous les temps la vitesse des transformations dépend des siècles écoulés et du chemin parcouru. Comme toujours la doctrine reflétait le caractère de la pratique elle-même; elle lui prêtait, comme cela était nécessaire, une justification et un appui.

Il faut le dire aussi, ces changements quand ils avaient lieu se produisaient souvent inaperçus; car dans une population sans critique où tout ce qui est admiré est par cela même considéré comme ancien, il était facile aux législateurs et aux prêtres de donner aux innovations le prestige de l'ancienneté. Toute réforme s'abritait derrière une légende. Les croyances immobilistes empêchent moins le progrès qu'elles ne le masquent. Les arts de toute sorte avaient évolué depuis l'organisation des croyances helléniques et poursuivaient leur évolution, peut-être avec la complicité secrète de ces mêmes croyances. L'état religieux n'est pas autre chose que la confusion des trois points de vue scientifique, pratique et esthétique ; pour être mêlées l'une dans l'autre, les trois facultés de l'esprit humain, bien que moins alertes, ne sont pas pour cela entièrement paralysées. La première floraison des cités de l'Ionie et de la Grande-Grèce s'est presque achevée pendant la période que nous venons de décrire : la législation de Lycurgue et le développement de la civilisation dorienne se rattachent aux mêmes principes et appartiennent à la même phase. Ce n'était pas au nom de vues utilitaires, mais ce n'était pas non plus au hasard que la religion défendait les souillures physiques et morales, protégeait la propreté des fontaines, fixait des jours pour le repos, et interdisait les mariages trop précoces. Ce n'était pas par hasard que l'éducation des Grecs était fondée sur le respect de toutes les traditions et placée sous l'invocation des plus antiques divinités de chaque ville, que le droit international émané des sanctuaires distinguait les guerres entre Grecs des guerres entre Grecs et Barbares, que la piété envers les dieux tendait, grâce à l'interprétation des oracles, à se confondre de plus en plus avec la justice et l'humanité. Beaucoup de leurs prescriptions n'étaient que des conseils d'hygiène, de médecine, de politique ou de morale, tant bien que mal adaptés aux besoins de leurs clients. De même que, de nos jours, les paysans de l'Auvergne, quand ils ont perdu un enfant, brûlent le soir la paille de son lit selon une coutume religieuse antique, et se mettent en prières autour du feu, accomplissant ainsi, sans le savoir certes, un acte conforme aux prescriptions de l'hygiène, de même, sans viser à telle ou telle utilité déterminée et comme à tâtons, la religion a introduit dans les techniques primitives des améliorations considérables.

La volonté individuelle n'était pas, en ces temps, aussi étouffée qu'on pourrait le croire sous le poids de la volonté collective. La connaissance des lois ou coutumes non écrites, expression de la volonté des dieux, loin d'être une contrainte, passait pour un secours et un encouragement. Chaque règle, reposant sur la nature des choses, conférait un moyen assuré de se délivrer de quelque mal; c'était un instrument, une arme, plutôt qu'une entrave. L'avenir restait, bien que déterminé en principe, assez indéterminé en fait pour que l'action gardât ses excitants ordinaires, l'espoir et la crainte de l'inconnu. La prescription pratique était claire, mais l'issue de l'événement restait incertaine; on ne savait qu'une chose : c'est que tout devait réussir en fin de compte à celui qui observait les lois des ancêtres. Quant à la divination, qui eût pu, employée systématiquement, restreindre le champ de l'inconnu dans des proportions funestes à toute initiative, elle n'avait, comme nous l'avons vu dans le Prométhée d'Eschyle, que sa place parmi les autres arts, tous divins comme elle; on ne l'employait donc que dans des cas exceptionnels, assez rares par rapport au nombre des actes possibles, que la technique traditionnelle n'avait pas prévus. On savait d'ailleurs que les oracles étaient obscurs et, loin d'en être scandalisé [1], on en profitait pour les interpréter le plus commodément. Enfin la personnalité des dieux, surtout celle de Zeus, était trop peu définie pour que leur volonté tînt en échec l'activité de l'individu. De telles antinomies ne se sont posées que plus tard. En se mouvant dans les limites fixées par les traditions, l'homme échappait à la fatalité : les usages qu'il suivait, les lois qu'il avait reçues de ses pères faisant partie de l'ordre cosmique, il y collaborait selon son pouvoir, à condition d'obéir au rite, à la formule et à la loi; il s'identifiait presque avec la volonté des dieux; il avait du moins l'assurance de conjurer ainsi autant qu'il était possible la malignité du Destin.

C'était enfin incontestablement un progrès que de concevoir les techniques dans leur ensemble comme un don de la divinité, au même titre que les fruits de la terre et les phénomènes bienfaisants de la *nature*. Car, grâce à cette conception, l'idée contraire de l'*art*, c'est-à-dire de l'initiative humaine agissant diversement selon la diversité des circonstances, a pu naître par opposition dans l'esprit des philosophes indépendants de toute croyance religieuse, en même temps que d'autres penseurs, religieux comme les théologiens primitifs, mais concevant autrement la divinité, posaient pour la première fois dans une antithèse inverse, la réalité du *surnaturel*. Nous allons assister au développement de ces deux doctrines [2].

(*La fin prochainement.*)   A. ESPINAS.

---

1. Eschyle, *Agamemnon*, v. 1255.
2. A la nature s'opposent également, mais en sens divers, l'art, intervention de l'homme, le surnaturel, intervention de Dieu.

L'INHIBITION

DANS LES PHÉNOMÈNES DE CONSCIENCE

Cet article ne contient pas une théorie toute faite sur l'inhibition ; je me suis simplement proposé de rapporter quelques exemples d'antagonisme entre des images et des sensations, et j'espère que l'étude de ces faits pourra jeter quelque lumière sur une question encore bien obscure, et pourtant bien importante pour la psychologie.

La négation.

Commençons par étudier ce qui se passe en nous pendant une négation. D'abord, peut-on se représenter une négation ? Une négation peut-elle, comme une affirmation, se résoudre en images ? Si quelqu'un me dit qu'il a vu tel fait, telle expérience, j'ai la représentation du fait et de l'expérience, c'est-à-dire que je me représente, en abrégé, les sensations que j'aurais reçues si j'avais été moi-même le témoin de ce qu'on me rapporte. Aurai-je également une image dans l'esprit, quand on m'affirmera qu'un fait est faux, ou qu'un objet n'existe pas ?

A première vue, il semble que non, et on peut dire qu'il est impossible de se représenter directement une négation, une absence, un néant ; c'est très juste ; mais il faut bien remarquer que la plupart de nos actes intellectuels ne sont que des substituts d'une perception sensorielle ; ils peuvent être confirmés ou démentis par une perception ; à chaque instant de la vie, nous sommes appelés à vérifier, à constater, à voir qu'une chose n'existe pas. Par exemple, en ce moment, je vois distinctement qu'*il n'y a rien* sur cette chaise placée à côté de moi. Ce que je perçois avec mes yeux, ce n'est pas ce *rien* dont je parle, car *rien* ne peut être la cause d'une sensation visuelle, mais j'aperçois nettement la totalité de la chaise, son siège et son dossier, et dire qu'il n'y a rien sur une chaise c'est dire qu'on peut, la percevoir dans sa totalité. Une négation est donc susceptible de se résoudre en une perception ou en une représentation positive.

Les choses sont un peu plus complexes lorsque l'on spécifie, dans la négation, la nature de l'objet qui n'existe pas, comme lorsqu'on dit : il n'y a pas de livre sur cette table. Il est évident que dans ce cas la représentation du livre doit jouer un rôle dans l'ensemble des présentations qui se forment en nous. Le composé mental devient alors très complexe, mais il ne me paraît pas impossible de le décrire, d'après mes observations personnelles.

Je me représente d'abord le livre sur la table ; cette représentation est nécessaire. car si je ne l'avais pas, je ne pourrais comprendre de quoi il s'agit, et la proposition serait pour moi non avenue. C'est une conclusion forcée ; pour nier une chose concrète, il faut commencer par la concevoir, par se la représenter, et on doit même se la représenter dans l'état précisément où on nie qu'elle existe. En second lieu, cette représentation mentale s'efface, et elle est remplacée par celle d'une table dont je vois complètement la surface. Si j'ajoute qu'à la suite de la première représentation, je sens naître en moi des gestes et des paroles de dénégation, qui ont comme pour effet de repousser loin de moi cette image fausse, j'aurai décrit à peu près tout ce que le témoignage de la conscience m'apprend sur ce cas difficile.

Le procédé mental de la négation me paraît donc consister en deux représentations également positives, dont l'une contredit l'autre [1].

Il faut toutefois admettre que ce procédé général peut présenter de grandes variations d'une personne à l'autre ou d'un cas à l'autre. J'ai pris, pour être clair, un exemple où la négation repose sur une véritable incompatibilité logique découverte entre deux faits ; c'est la négation consciente, réfléchie, raisonnée. Mais parfois on nie un fait directement, en lui-même, sans pouvoir dire pourquoi ; on éprouve pour ce fait une sorte d'éloignement ; c'est après l'avoir nié qu'on cherche les raisons justificatives. Dans d'autres cas encore, c'est l'inverse ; on ne songe nullement à nier, mais on a accepté certaines idées qui entraînent l'exclusion d'autres idées, de sorte que ces dernières ne seront pas examinées ; le seuil de la conscience leur est interdit.

---

1. Ces lignes étaient écrites quand j'ai lu l'intéressant article de M. W. James sur *la Croyance,* où l'auteur arrive à la même conclusion (*Mind,* 1889).

La rectification d'une illusion sensorielle.

Le procédé de la négation purement intellectuelle me paraît être très analogue à celui de la rectification d'une illusion des sens ; rectifier une illusion, c'est la nier ; seulement on ne la nie pas en lui accolant une représentation contraire, on la nie en lui opposant une autre perception. Nous verrons mieux ces différences et ces analogies en analysant un cas particulier. Ici, du reste, nous pouvons nous aider des descriptions de M. Taine, des nombreux exemples qu'il a cités, et auxquels je renvoie [1].

Tout le monde connaît la curieuse expérience qui consiste à rouler une petite boule, par exemple une petite bille d'ivoire, entre deux doigts croisés ; tant qu'on garde les yeux fermés, on a la perception très nette de deux boules ; si on ouvre les yeux et qu'on les fixe sur la main, l'illusion disparaît aussitôt et on voit qu'il n'existe qu'une boule.

Cette simple expérience, que chacun peut répéter facilement, présente à mon avis cet intérêt de donner un caractère objectif au procédé mental de la négation. En effet, la rectification d'une illusion, qu'est-ce autre chose qu'une proposition négative sous une forme inconsciente et rudimentaire? Le sens du toucher avait fait une affirmation inexacte ; il déclarait qu'il y avait deux boules entre nos doigts. Le sens visuel se pose en contradicteur du toucher ; il atteste qu'il n'y a pas deux boules, mais une seule. De plus, le procédé mental de la négation se décompose nettement en ces deux parties que nous avons déjà signalées plus haut : une première affirmation et une affirmation contraire, une première représentation positive, qui est niée, supprimée, réduite par une seconde représentation également positive.

Nous voyons même quelque chose de plus ; l'introspection nous avait simplement appris que dans la négation une seconde représentation remplaçait la première. Dans l'exemple cité plus haut, nous disions qu'après avoir pensé à un livre sur la table, nous nous représentions la table entière (c'est-à-dire sans livres) et que nous nous arrêtions de préférence à cette seconde représentation. La rectification des illusions nous apprend qu'il n'y a pas seulement un ordre de succession entre ces deux images, mais véritable antagonisme. Lorsque nous avons les yeux fermés et que nous roulons

1. *L'Intelligence*, t. I, part. II, chap. I.

une petite boule entre l'index et le médius croisés, nous avons nettement la sensation de deux boules; mais sitôt que les yeux sont ouverts, cette sensation s'évanouit; malgré tous nos efforts de volonté et d'imagination, il nous est impossible de la faire renaître; elle a été supprimée complètement par la sensation visuelle.

Pourquoi cette suppression? Sans doute parce que les deux représentations sont contradictoires; il est de toute nécessité que l'une des deux soit fausse; on ne peut pas admettre qu'il existe en même temps deux boules et une boule unique.

En d'autres termes, si l'on considère avec M. Paulhan que les éléments psychologiques ont une tendance à se grouper de façon à former des systèmes bien coordonnés, on peut dire que les deux représentations précédentes, ne peuvent pas entrer dans le même système. Mais je n'insiste pas pour le moment sur ce côté du problème.

La suppression d'une perception sensorielle par suggestion.

Je crois pouvoir éclairer par les études précédentes celle de ce curieux phénomène de suggestion auquel on a donné les noms variés d'anesthésie systématique, d'hallucination négative, de perception inconsciente, etc. On connaît le phénomène : il consiste à supprimer par suggestion la perception d'une personne ou d'un objet présents; le sujet ainsi suggestionné affirme qu'il ne perçoit plus, il n'a plus en tout cas la perception consciente de l'objet. Mais il a été démontré par de nombreuses expériences que l'abolition n'a lieu que pour le moi actuel du patient, et M. Pierre Janet notamment a fait voir qu'en le distrayant ou en recourant à l'écriture automatique on peut retrouver dans une autre conscience la perception abolie. Cette division de la conscience peut servir jusqu'à un certain point à expliquer l'anesthésie systématique; mais elle n'explique pas tout. Elle n'est en somme que le résultat final. Comment ce résultat a-t-il été atteint? Comment se fait-il que si je dis à un sujet : « Vous ne verrez pas cette carte! » la perception interdite passe d'une conscience à l'autre, change de personnalité, quitte la synthèse A pour s'incorporer dans la synthèse B? D'où vient cette migration? Est-elle expliquée? Qui est-ce qui trouve cela clair?

Ensuite, on peut se demander encore à quel moment la division de conscience se produit. Nous avons observé avec M. Féré depuis longtemps — et peut-être les premiers — qu'il faut que le sujet reconnaisse l'objet invisible pour ne pas le voir, et le fait est surtout évident quand, par suggestion, on supprime un objet faisant partie d'une collection d'objets tous semblables. Or, il semble bien que cette opération de la reconnaissance doit être antérieure au dédoublement. M. Paulhan, sans insister peut-être suffisamment, a très bien indiqué ce point : « Il faut, dit-il [1], que quelque chose dans le somnambule reconnaisse le fait qu'il ne doit pas percevoir. Ceci nous indique déjà quelque peu comment l'arrêt peut s'effectuer : il se produit au moins en certains cas sur un processus déjà commencé, et ce n'est guère en effet que lorsqu'une impression a commencé à faire sentir son influence que l'esprit peut juger cette influence et la favoriser ou la repousser. »

Ainsi, on peut admettre, comme hypothèse provisoire, que dans certains cas la perception interdite a d'abord eu lieu, puis elle a été repoussée; l'objet a été reconnu, puis rejeté. Cette hypothèse a l'avantage de rapprocher l'expérience hypnotique de ce qui se passe dans une négation, où il y a également un état de conscience qui est enrayé par un état antagoniste.

Ce qui légitime ce rapprochement, c'est que pour produire une anesthésie systématique on emploie la forme de la négation. « Cette personne n'est plus là, dit-on au sujet, en désignant un assistant; vous ne sentez plus le contact de ma main, vous ne voyez plus ce porte-plume. » Il est donc bien probable que le procédé mental par lequel cette suggestion se réalise doit ressembler beaucoup à celui d'une négation, ou encore mieux à celui de la rectification d'une illusion des sens, sauf que, dans le cas de suggestion, c'est la perception fausse qui détruit la perception vraie.

J'admets donc provisoirement comme très vraisemblable que dans les expériences de suggestion d'anesthésie, la suggestion donne au sujet l'hallucination de ce que serait le milieu ambiant si l'objet supprimé n'existait réellement pas. Quand on lui dit en lui montrant une clef sur une table : Il n'y a pas de clef sur cette table, on lui donne l'hallucination d'une table dont la surface entière est visible; cette hallucination n'empêche pas la perception et la reconnaissance de la clef de se produire, au moins en partie; car il faut, avons-nous dit, que le sujet reconnaisse un objet pour ne pas le voir; c'est le pendant de cette autre proposition qu'il faut se représenter une chose pour la nier. Puis l'hallucination s'incorporant dans la synthèse actuelle d'idées du sujet, en chasse la perception sensorielle de la clef, et la repousse dans une autre synthèse.

Tout cela se fait probablement avec beaucoup de différences d'un sujet à l'autre, et nous pourrions répéter ici ce que nous avions dit

1. *L'activité mentale*, p. 235.

plus haut sur les manières différentes de nier. Mais ce n'est pas le moment de tenir compte de petites nuances.

Notre hypothèse a trois avantages sérieux : elle explique comment on arrive à la relégation de la perception interdite dans une autre conscience, ce qui est un résultat, je le répète; elle explique comment il se fait qu'on reconnaisse un objet sans le voir; enfin elle éclaire autant que possible les faits précédents par la psychologie de la négation.

Il y aurait encore de l'intérêt à remarquer à quel point peut se développer l'hallucination qui supprime la perception réelle, c'est-à-dire l'hallucination du milieu ambiant tel qu'il serait si l'objet qu'on a supprimé par suggestion manquait réellement. Il se produit toute une série d'hallucinations qui sont la conséquence, le développement logique de l'hallucination première qui naît avec la suggestion d'anesthésie. Du moment qu'on commande à un sujet de ne plus voir une personne présente, le sujet se donne l'hallucination de ce qu'il verrait si la personne n'était pas dans la pièce, et ne lui cachait pas les objets situés derrière elle. Voilà le thème initial que le sujet développe, dont il tire les conséquences logiques, toutes les fois qu'on l'oblige à expliquer ce qu'il voit et qu'on essaye de le mettre en contradiction avec la suggestion négative à laquelle il obéit.

C'est là du reste une règle générale qui s'applique aux autres hallucinations. L'hallucination n'est point l'image isolée, unique, à contours fixes, qu'on décrit quelquefois; c'est une synthèse d'images qui tend à s'accroître et peut, dans certains cas, grossir comme une avalanche, car, par suite de raisonnements inconscients, le sujet développe continuellement les premières images qui ont été suggérées. Aussi lui donne-t-on l'hallucination pure et simple d'un oiseau, non seulement il le voit, mais il l'entend chanter, il le sent palpiter sous sa main, ce qui n'avait pas été suggéré; bien plus, après le réveil, quand le sujet souvent n'est plus suggestible, on peut développer son hallucination par des moyens très simples, en le provoquant à faire des raisonnements inconscients; pour reprendre le même exemple, si on approche un petit bâton de l'oiseau imaginaire, le sujet le voit se poser dessus; il le voit ouvrir les ailes quand on soulève le baton, etc. S'il voit tout cela, c'est qu'en effet tout cela se passerait si l'oiseau était réel; ce sont autant de conclusions justes tirées d'un faux point de départ. Mais ce qu'il y a de très intéressant, c'est que les conclusions logiques revêtent à leur tour la forme hallucinatoire.

En résumé, quelle différence y a-t-il entre une hallucination et une anesthésie systématique? S'il est vrai de dire que l'anesthésie a pour condition nécessaire une hallucination, on peut ajouter avec autant d'exactitude, comme du reste plusieurs auteurs, et notamment M. Bernheim, l'ont déjà fait, que l'hallucination a pour effet de produire un certain degré d'anesthésie. Quand une personne croit voir un objet qui est imaginaire, par exemple le portrait d'une personne sur un livre, ce portrait imaginaire peut faire écran comme un corps opaque; c'est un fait que nous étudierons plus loin. Considérées à ce point de vue, l'hallucination et l'anesthésie systématique méritent d'être rapprochées. On peut dire, sans trop d'inexactitude, que c'est le même phénomène vu sous deux faces différentes. Dans un cas, ce qu'on suggère, c'est l'hallucination, et l'anesthésie se produit consécutivement; dans le second cas, c'est l'anesthésie, et l'hallucination apparaît à son tour.

Mais ce rapprochement ne doit pas être exagéré, et il ne faut pas oublier que l'attention du sujet n'est pas dirigée dans les deux cas sur le même point, ce qui doit produire des différences importantes.

La suppression des perceptions par des hallucinations.

Étudions maintenant l'autre côté de la question, c'est-à-dire les effets directs d'une hallucination suggérée sur la perception des objets environnants.

Les observations des aliénistes ont montré qu'une hallucination visuelle intense peut cacher les objets situés derrière, et faire écran comme un corps opaque [1]. De plus, les personnes qui peuvent extérioriser une représentation mentale, comme par exemple M. Lombard, dont M. Hack-Tuke a publié récemment l'observation, ces personnes nous apprennent qu'elles ne voient pas les objets extérieurs à travers une *bonne* image. Ce n'est que lorsque l'image est très faible qu'elle devient transparente [2].

On peut multiplier ces exemples par l'emploi de la suggestion hypnotique, qui a l'avantage de nous faire bien saisir une partie du mécanisme psychologique du phénomène. Lorsqu'on fixe sur une photographie réelle l'hallucination d'un portrait, il arrive le plus souvent que le sujet halluciné ne voit plus le portrait imaginaire; l'hallucination fait, comme on dit, office de corps opaque. J'ai

---

1. Baillarger, *des Hallucinations*, p. 334; Brierre de Boismont, *des Hallucinations*, p. 394; Marillier, *Rev. phil.*, p. 721.
2. Hack-Tuke, *Brain*, janvier 1889.

publié autrefois cette observation sans commentaires dans ma *Psychologie du raisonnement*; le fait mérite cependant d'être examiné avec soin, et on ne doit pas se contenter de la comparaison entre le rôle de l'hallucination et celui d'un écran. Quelques expériences m'ont démontré que dans certains cas la photographie est rendue invisible par suite de l'incompatibilité qui existe entre elle et l'hallucination. Ainsi, je donne à un sujet, Lavr.., l'hallucination d'un portrait d'homme sur une feuille blanche où l'on a d'abord dessiné un chapeau, et je prie le sujet de dessiner ce qu'il voit, procédé qui permet d'éviter les suggestions involontaires qu'on commet avec des interrogations. Lavr... voit la tête imaginaire coiffée du chapeau, et reproduit le tout dans son dessin; ce qui me paraît s'expliquer par la raison que les deux objets ne se contredisent pas, ils peuvent faire partie du même tableau mental; au contraire, si je donne à cette même personne la suggestion d'un portrait d'homme sur une feuille blanche où j'ai dessiné un animal, le sujet ne voit que l'homme et ne dessine que lui, car, dans ce dernier cas, les deux représentations sont incompatibles, et l'une s'efface pour faire place à l'autre. Ces expériences sont une confirmation directe des idées de M. Paulhan que j'ai indiquées plus haut.

Il nous reste à ajouter un détail caractéristique : quand les deux représentations sont incompatibles, le sujet arrive parfois à interpréter dans le sens de l'une des représentations quelques traits empruntés de l'autre. Ainsi, ayant reçu la suggestion qu'une photographie de femme représente une bataille, Lavr... dessine grossièrement les cheveux et l'épaule de la femme, seulement elle les transforme légèrement, et dans son dessin l'épaule devient un monticule. Dans un autre cas, le résultat fut encore plus net. Sur une feuille portant le dessin grossier d'un oiseau je suggère un homme assis; le sujet dessine l'homme, et une partie de l'oiseau, qui forme la chaise sur laquelle l'homme est assis.

M. Delbœuf a observé le même fait, en procédant par interrogations.

Nous constatons dans ces exemples que le conflit n'éclate pas entre deux images, mais entre deux synthèses d'images, synthèses qui peuvent être plus ou moins importantes, et qui peuvent même constituer chez les hystériques des personnalités complètes. Mais ce n'est pas là le trait le plus intéressant de ces observations. Ce qu'il faut surtout retenir, c'est la nature toute psychologique de l'antagonisme, qui se produit parce que les représentations ne peuvent pas faire partie de la même synthèse.

De plus, on remarquera que non seulement une des synthèses

chasse l'autre, mais que, en outre, elle lui emprunte des éléments, elle s'en nourrit en quelque sorte, et tend par conséquent à la désorganiser.

Suppression d'images mentales par idée fixe.

Nous allons maintenant exposer des observations dans lesquelles on rencontre sinon un processus de négation, du moins des phénomènes d'antagonisme et d'arrêt entre des images différentes.

L'idée fixe peut faire ce que fait l'hallucination. Je n'ai point cherché à provoquer des idées fixes par suggestion, mais ce phénomène s'est présenté spontanément dans des expériences ayant un tout autre but. J'ai montré précédemment [1] que lorsqu'on fait un nombre déterminé d'excitations sur la peau insensible d'une hystérique, en dehors de sa vue, et qu'on demande en même temps au sujet de penser à un nombre, le nombre pensé est souvent celui des excitations [2]. Je n'ai fait cette expérience que sur des hystériques qui avaient été fréquemment hypnotisées; elle ne réussit probablement pas chez tous les sujets, surtout chez ceux qui n'y ont pas été préparés par l'hypnotisation [3].

Je désire ajouter un trait de plus à la description du phénomène précédent. Si on a prié le sujet de choisir un nombre avant qu'on ait commencé les excitations, le choix est fait rapidement et sans effort; si, au contraire, on commence d'abord la série des excitations, il arrive souvent que le sujet ne peut pas choisir le nombre avant qu'elles aient pris fin, et on peut ainsi, en continuant les excitations, obliger le sujet à rester cinq ou dix minutes ou même un temps plus long, avant de pouvoir citer le moindre chiffre; enfin, quand les excitations sont terminées, c'est le nombre total de ces excitations que le sujet indique, et souvent il ne peut pas penser à un autre nombre.

Ce sont là des phénomènes d'inhibition bien intéressants. Je crois qu'on peut s'en rendre compte. J'ai indiqué ailleurs ce qui se passe à propos de ces excitations non senties; il se produit chez l'hystérique ce qui se produirait chez un individu sensible si on piquait sa

---

1. *Rev. phil.*, février 1889.
2. Dans un récent article des Archives de Neurologie (mai 1889), sur *La perception inconsciente*, M. Onanoff, après avoir étudié une petite portion des phénomènes dont je m'occupe en ce moment, déclare que tous les éléments de la question lui étaient connus dès 1886. Il est fâcheux pour lui qu'il ait attendu de lire le compte rendu de mes recherches et de celles de M. Féré pour publier les siennes.
3. C'est là une réserve qu'on ne fait pas assez souvent.

peau plusieurs fois ; les sensations tactiles éveillent des sensations des autres sens, et une foule d'idées associées, parmi lesquelles se trouve l'idée abstraite du nombre des sensations. Mais, tandis qu'un individu normal aurait conscience de tout cela, l'hystérique n'a conscience que d'une partie seulement de tous ces phénomènes, de la partie terminale, du nombre des excitations ; quant au reste, il demeure subconscient, il forme une synthèse à part, qui, en se développant, peut devenir, à l'occasion, une seconde personnalité. Tous ces faits sont aujourd'hui bien connus, et je crois inutile d'y insister.

Ce qu'il y a d'intéressant à relever, c'est que les parties terminales et conscientes de ces processus inconscients exercent une inhibition sur les pensées volontaires de l'hystérique ; à la suite de cinq piqûres, l'idée du chiffre 5 envahit le champ de conscience du sujet et l'empêche de penser à autre chose ; s'il essaye de penser à un chiffre, il est obligé de penser au chiffre 5, parce que c'est le seul qui occupe son point de fixation interne. C'est un état d'obsession comparable à celui de l'idée fixe.

Je m'imagine que les choses se passent alors dans l'esprit de l'hystérique comme dans la vision ordinaire, quand l'œil est ouvert et immobile ; de même qu'on ne peut pas cesser de voir l'objet qui est sur la ligne du regard, de même, dans la vision mentale, l'hystérique ne peut pas percevoir d'autre idée que celle qui occupe le centre du champ de conscience. Ce n'est peut-être là qu'une comparaison grossière, mais elle me semble bien faire comprendre l'état particulier de l'hystérique.

On peut donner à cette même expérience une forme un peu différente ; pendant que le sujet écrit un mot convenu, si on dessine à son insu, sur sa main insensible, des caractères quelconques avec une pointe mousse, l'écriture a une tendance à reproduire ces caractères, et parfois elle les reproduit malgré la volonté contraire du sujet.

Ce sont bien là des actions d'arrêt, car dès qu'on cesse l'excitation, la première pensée du sujet reprend son cours normal.

En passant, je ferai remarquer que l'expérience précédente nous fait connaître un mode particulier de génération de l'idée fixe. Nous voyons en effet que la personnalité principale de l'hystérique peut subir l'action obsédante d'une idée dont elle ne connaît pas l'origine, et qui provient d'une autre conscience ; or c'est là un phénomène que plusieurs auteurs, et notamment M. Séglas, ont étudié chez les aliénés présentant du dédoublement mental.

Substitutions de souvenirs.

Je puis étudier en ce moment sur moi-même un curieux exemple de substitutions de souvenirs; je vais le rapporter dans tous ses détails.

Pendant le semestre d'été 1889, je fréquentais une fois par semaine un laboratoire de zoologie dans lequel j'étais assis à côté d'un jeune homme, M. X., qui se livrait à des travaux de dissection analogues aux miens. Naturellement, je m'étais lié avec M. X., et je causais avec lui pendant les trois ou quatre heures que durait la dissection. Vers la même époque, je suivais un cours de botanique, et je découvris une ressemblance très grande entre le préparateur de ce cours et M. X.; je ne cherchai pas à analyser cette ressemblance, qui demeura pour moi à l'état d'impression subjective. Au mois de juin de cette même année, je quittai Paris, et depuis cette époque je n'ai plus revu M. X., je n'ai conservé aucune relation avec lui. Au contraire, j'ai pu revoir à maintes reprises le préparateur du cours, que j'appellerai pour plus de commodité M. A.; je précise : à partir du mois de novembre, je l'ai vu dans son laboratoire une fois par semaine pendant deux ou trois heures.

Or, voici la curieuse perturbation qui se produit dans mes souvenirs (mai 1890). Je puis me rappeler avec facilité et exactitude la physionomie des personnes qui fréquentaient le laboratoire de zoologie pendant le semestre d'été 1889; non seulement je me les rappelle, c'est-à-dire que je puis citer telle particularité de leur figure ou de leurs gestes, tel propos qu'elles ont tenu, mais encore je puis les visualiser; la vision mentale est fuyante (comme c'est presque toujours le cas chez moi), mais elle est assez précise. En ce qui concerne M. X., mon compagnon de travail, je n'arrive pas au même résultat. Si j'essaye de me représenter la figure, ce n'est pas elle que je vois se dessiner et se colorer dans mon esprit, c'est celle de M. A. En vain, je fixe mon attention, je fais un grand effort de volonté; c'est toujours cette dernière figure qui m'apparaît au lieu de l'autre; elle se montre tantôt de face, tantôt de profil ou autrement; parfois, dans cette image, ce sont les yeux qui ont le plus de netteté, ou bien c'est la moustache, ou la forme des épaules, ou la coupe des cheveux. Mes efforts pour remplacer cette figure par l'autre ne servent qu'à en changer la position, mais son identité ne varie pas et je le reconnais sans aucune hésitation. C'est comme un quiproquo incessant et obligatoire, car j'ai beau m'en rendre compte, je ne peux pas l'éviter.

Les choses se passent comme si la figure de M. A. faisait écran et me cachait la figure de M. X., placée derrière.

Je suis persuadé que c'est à la ressemblance des deux personnes qu'est due cette action perturbatrice exercée par le souvenir de l'une sur celui de l'autre; mais cette ressemblance, qui a fait une grande impression sur moi, n'a pas frappé plusieurs des personnes qui ont connu M. X. et M. A., et que j'ai interrogées à cet égard. Cependant le souvenir de M. X. n'est pas aboli dans toutes ses parties. J'ai encore présentes à l'esprit plusieurs réflexions que je lui ai entendu faire pendant ses dissections; je me rappelle la place qu'il occupait, la façon dont il dessinait; j'entends encore, bien distinctement, sa voix grasseyante, et je ne la confonds nullement avec celle de M. A., qui a un timbre tout différent. Ce qui est aboli dans mon souvenir, c'est l'image visuelle de la figure de M. X., les images auditives et autres subsistent et peuvent être réveillées.

J'ai cru pendant quelque temps que ce souvenir était complètement et définitivement perdu pour moi, d'autant plus que je n'ai plus l'occasion de revoir M. X., tandis que je revois M. A. à peu près deux fois par semaine. Cependant je suis arrivé, après de grands efforts, à recomposer en partie la figure de M. X. Je me suis livré à ce travail pendant la période hypnagogique, où j'ai des visualisations beaucoup plus intenses que pendant la veille complète. L'image manque un peu de netteté, mais elle est bien distincte de celle de M. A. Du reste, elle dure extrêmement peu, et elle est bientôt remplacée par celle de M. A., qui est plus précise, plus écrite et qui dure beaucoup plus longtemps.

J'ai observé chez d'autres personnes plusieurs exemples d'un conflit de souvenirs analogue.

La concurrence des deux champs visuels.

On peut faire rentrer dans notre sujet d'études quelques expériences d'optique physiologique, qui sont connues depuis longtemps, mais auxquelles on n'a peut-être pas toujours donné l'interprétation qui convient. Elles sont désignées sous le nom de concurrence des champs visuels, dans la vision binoculaire; on voit dans ces expériences certaines sensations d'un œil qui, temporairement, se trouvent éclipsées par les sensations de l'autre œil. Cette action réductrice n'est pas, comme on pourrait le croire, une action purement physiologique; les opticiens qui ont étudié avec le plus de soin ces phénomènes de concurrence ont remarqué qu'ils sont sous la dépendance directe de causes psychologiques; nous montrerons, et avec la plus grande facilité, que ce sont des actions d'arrêt tout à fait comparables à celles que nous venons d'étudier dans la rectification des illusions des sens et dans la négation.

Pour provoquer la concurrence des champs visuels, il faut fournir aux deux yeux des champs de coloration différente, ou des champs contenant des formes contradictoires. Si par exemple on regarde avec l'œil droit une surface rouge et avec l'œil gauche une surface blanche, les deux yeux étant séparés par un écran, il ne se produit pas une combinaison de ces deux couleurs, mais des alternances fréquentes; tantôt la surface entière paraît blanche, ou bien elle n'est blanche que par places; puis, un moment après, le blanc s'efface et le rouge apparaît; puis, en faisant continuer l'expérience, le rouge disparaît à son tour et fait place au blanc. De même, si on combine l'image de lignes verticales avec l'image de lignes horizontales, on voit tantôt les unes, tantôt les autres.

Ces alternances, preuve de conflits entre les sensations des deux yeux, étonnent au prime abord ceux qui se rappellent que, dans les conditions normales de la vision binoculaire, les images fournies par les deux yeux, loin de présenter le moindre antagonisme, se fusionnent si complètement pour produire la vision d'un objet unique qu'on ne sait pas, à moins d'artifices spéciaux, quelle est la part de chaque œil dans cette vision. En réalité, s'il n'y a pas d'antagonisme dans les conditions normales, cela tient à ce que le rapport des images n'est pas le même que dans les expériences précédentes. Lorsque nous regardons un objet unique, nous avons deux images qui, malgré quelques différences, ne sont pas contradictoires, et peuvent se grouper dans une même synthèse pour former un objet unique.

L'antagonisme ne se produit entre les deux champs visuels que si ces deux champs présentent des couleurs ou des formes tout à fait différentes, qui ne peuvent pas être combinées. Il en est ainsi lorsqu'on fait coïncider uu quadrillage avec une feuille de papier imprimé ou une photographie avec une carte géographique; alors tantôt c'est le quadrillage qui apparaît, tantôt ce sont les lettres; tantôt c'est la photographie, tantôt c'est la carte géographique. Mais si les dessins présentent une certaine analogie, par exemple si l'on combine deux pages différentes imprimées de la même manière, il se fait facilement une fusion binoculaire des mots d'une page avec ceux de l'autre; et l'on sait que la fusion est très complète lorsqu'on fait coïncider au stéréoscope deux images perspectives un peu différentes d'un même objet.

De plus, lorsque les images qu'on superpose sont assez contradictoires pour ne pas se fusionner, et pour donner lieu à un antagonisme des champs visuels, on a constaté que les oscillations des images peuvent être arrêtées instantanément par des moyens connus et purement psychiques de fixation de l'attention, et cela sans qu'il se produise aucun changement appréciable dans les circonstances extérieures, telles que la position ou les mouvements des yeux. En effet, il suffit de fixer son attention sur une image qui va disparaître pour la retenir et pour empêcher l'autre image de lui succéder. Certains observateurs parviennent à fixer leur attention sur l'œil droit et ce qu'ils y voient ou sur l'œil gauche, sans le secours d'aucun point de repère, lorsque les deux champs visuels présentent des couleurs uniformes. Mais il est plus facile de fixer son attention sur un quelconque des deux champs en utilisant les contours, les dessins qu'il présente; tout le temps qu'on s'occupe à examiner, à compter, à mesurer ces dessins, à les longer du regard, le champ visuel auquel ils appartiennent reste visible. L'attention joue ici un rôle primordial, donnant une valeur à des petits détails insignifiants : « Je puis, dit Helmholtz, auquel nous empruntons un grand nombre des observations précédentes, je puis observer d'une manière continue des objets finement et délicatement dessinés dans l'un des champs visuels, même lorsqu'ils coïncident avec des dessins fortement accentués de l'autre champ. C'est ainsi que je puis suivre les fibres et les petites taches d'une feuille de papier blanc, alors même que l'autre champ présente des lignes noires très prononcées. » Ainsi, l'attention peut se fixer sur les sensations les plus faibles, alors même que les sensations les plus fortes de l'autre champ visuel cherchent à la détourner [1]. Mais il arrive nécessairement un moment où notre attention se relâche, et alors le second champ visuel apparaît, émerge, comme dit Sergi, recouvrant à son tour le champ visuel qui le recouvrait jusque-là.

Il n'est pas nécessaire d'insister longtemps pour montrer l'étroite analogie de ces phénomènes optiques avec ceux que nous avons étudiés précédemment; la suppression d'une image est faite, comme dans les autres cas, par une autre image, et la raison de cette suppression est toujours la même; elle consiste en ce que les deux images sont contradictoires, et ne peuvent pas faire partie de la même synthèse psychique. La raison de l'antagonisme est donc toute psychologique.

---

1. Cette expérience fournirait peut-être un moyen de mesurer la force de l'attention volontaire, en prenant en considération le temps pendant lequel une des images peut être volontairement maintenue visible.

Ajoutons que, par leur précision, ces expériences d'optique nous montrent nettement comment une image supprime une autre image, et comment, lorsque les deux images sont à peu près de même intensité, l'image inhibée inhibe à son tour, ce qui produit une série d'oscillations.

La perception de la troisième dimension dans la vision monoculaire.

Nous avons trouvé par hasard, dans l'étude du relief, un curieux exemple d'inhibition, qui mérite d'être rapproché des exemples précédents.

La perception de la profondeur par l'œil soulève deux problèmes bien distincts : le premier de ces problèmes est exclusivement psychologique ; il consiste à rechercher si notre connaissance du relief par la vue est directe ou indirecte, en termes plus précis, si la vue nous donne *la sensation* de la profondeur, ou bien si la vue nous donne simplement des sensations qui sont des signes de la profondeur, qui en suggèrent l'idée par association. Il nous paraît qu'il y a des cas où certainement la connaissance par la vue de la profondeur est indirecte, inférée ; par exemple on sait que la connaissance de la grandeur réelle d'un objet nous permet de reconnaître sa distance, étant donnée sa grandeur apparente ; c'est un cas de perception indirecte. Mais on n'a pas encore démontré d'une manière complète que tous les cas sont de ce genre.

Nous laisserons complètement de côté ce premier problème, sur lequel nous nous sommes d'ailleurs expliqué antérieurement [1].

Le second problème est celui qui a été étudié par les psychologues et en même temps par les physiologistes ; il est tout différent ; il consiste dans l'étude des sensations de la vue et du sens musculaire qui produisent en nous la perception de la profondeur ; on ne se préoccupe plus de savoir si cette perception est directe ou indirecte, mais on cherche à savoir quelles sont les qualités, quels sont les caractères distinctifs des sensations qui servent à cette perception.

C'est à ce second point de vue que nous allons nous placer, et nous n'examinerons d'ailleurs qu'un tout petit point de cette grosse question. On a constaté depuis longtemps qu'il y a un grand nombre de causes déterminantes de la perception de profondeur ; ce sont par

1. *Rev. phil.*, fév. 1886.

exemple la conscience du degré de convergence des deux axes oculaires, le degré de l'effort d'accommodation, la grandeur de l'angle visuel, quand l'objet est connu, la perspective aérienne, la distribution des ombres, et enfin et surtout la différence des deux images perspectives des deux yeux.

Il semble résulter de ce qui précède que la perception du relief se fait mieux dans la vision binoculaire que dans la vision monoculaire, car dans le premier cas peuvent se rencontrer deux signes importants du relief qui manquent au second cas; je veux dire le degré de convergence des axes oculaires et la différence perspective des images.

Nous avons cependant pu constater un jour par hasard qu'il y a des conditions où la perception du relief est plus nette pour un œil que pour les deux yeux. Le fait nous paraît tellement gros qu'il a dû déjà être observé. Quoi qu'il en soit, on peut facilement répéter l'expérience; il suffit de prendre un dessin plan, par exemple une photographie, et de la regarder successivement avec un seul œil ouvert et avec les deux yeux; le relief est beaucoup plus apparent avec un seul œil; on voit alors les premiers plans de la photographie qui paraissent se détacher du papier et se localiser dans l'espace. Quand on ouvre l'autre œil, ces premiers plans, qui semblaient projetés en avant, sont rabattus en arrière. Comme cette expérience porte sur une impression subjective, qui peut être personnelle, j'ai soumis à l'épreuve une trentaine de personnes; je leur ai montré la photographie, et je les ai priées de me dire s'il y avait une différence suivant qu'on la regardait avec un œil ou avec deux. Très peu de personnes, trois ou quatre seulement, ont, sans aucune sollicitation, découvert qu'il s'agissait du relief et qu'il était visible surtout dans la vision monoculaire. Les autres personnes n'ont pas compris quelle différence il fallait chercher à découvrir; mais dès qu'on les a mises sur la voie en leur demandant dans quel cas le relief était le plus net, ces personnes ont toujours répondu que c'était dans la vision monoculaire. Deux personnes seulement n'ont pas trouvé de différence. Aucune n'a jamais dit que le relief lui parût plus considérable dans la vision binoculaire.

J'ai été très frappé de l'accord des réponses, dont la plupart émanent de personnes sans culture intellectuelle; je n'aurais jamais cru, à première vue, qu'on fût aussi unanime à percevoir une différence qui me paraît assez minime, quoique je m'en sois aperçu le premier.

Au cours de ces recherches, j'ai relevé la façon très diverse par laquelle les personnes expriment cette idée abstraite du relief; chacun a son langage, qui reflète ses idées; un peintre auquel j'ai montré la photographie m'a parlé du *modelé*, qui lui paraît plus net dans la vision monoculaire; d'autres personnes instruites, des savants, ont tout de suite prononcé les mots de relief et de profondeur; l'une d'elles a même dit que la perception de ce relief est aussi nette que celle du stéréoscope, et a remarqué à ce sujet que cette expérience a l'avantage de nous procurer un stéréoscope portatif. C'est très juste, et il faut engager dorénavant les personnes à examiner les photographies et les portraits en fermant un œil. Ce qui m'a paru tout à fait curieux, c'est de voir comment s'exprimeraient des personnes sans culture intellectuelle. Leur phrase favorite est : *c'est comme si...* Ainsi, l'une d'elles dit en examinant avec un œil la photographie de deux enfants se détachant sur un fond de verdure : « C'est comme si les enfants marchaient loin du fond »; et pendant la vision binoculaire : « C'est comme si les enfants s'appuyaient sur la verdure. » Une autre dit en parlant du terrain qui *fuit* sous les pieds dans la vision monoculaire : « C'est comme une rivière qui coule et qui s'éloigne. » Une autre encore, parlant de la robe d'un des enfants : « C'est comme si elle était rendue bouffante par un cerceau », etc., etc. Ces comparaisons sont instructives; les personnes, au lieu d'exprimer l'idée abstraite de la profondeur, supposent un cas concret où cette profondeur se trouve réalisée par la position des objets ou leur forme; par exemple, au lieu de dire que les deux enfants de la photographie paraissent, dans la vision binoculaire, sur le même plan que le fond de verdure, on dit qu'ils paraissent s'appuyer sur le fond. L'idée abstraite de profondeur se trouve remplacée par un de ses équivalents concrets.

Maintenant, il nous reste à expliquer quelles sont les causes déterminantes du relief dans la vision monoculaire d'une photographie ou d'une lithographie quelconque, enfin d'un dessin plan. Je crois devoir être très réservé dans mon interprétation, et je me contente de soumettre une hypothèse aux personnes compétentes. Il me semble que lorsqu'on regarde une photographie avec les deux yeux, il y a plusieurs signes ordinaires du relief qui disparaissent et qui doivent rendre la photographie plate; le premier signe qui fait défaut, c'est le degré de convergence des axes oculaires variant avec les distances. Quand on regarde un objet situé à l'infini, les deux axes sont parallèles, et à mesure que l'objet se rapproche, ils deviennent de plus en plus convergents; quand deux points nécessitent, pour être vus simultanément des deux yeux, des convergences différentes, c'est le signe qu'ils sont placés à des distances différentes, et l'angle de convergence le plus grand correspond au point le plus rapproché. Dans une image représentée sur une surface plane, tous les objets sont vus avec le même degré de convergence; par conséquent on éprouve une sensation musculaire particulière qui doit donner la notion que toutes les parties de l'image appartiennent à un même plan; il semble en résulter que lorsque le sujet regarde le dessin avec un œil, les deux axes oculaires cessent de converger; la sensation musculaire dont nous venons de parler disparaît, et l'illusion de la profondeur se produit.

Mais quelques expériences semblent montrer qu'il n'en est pas ainsi. D'abord, il n'est pas certain que les deux axes oculaires cessent de converger parce que la paupière d'un des deux yeux est abaissée. Ensuite, quand on regarde la photographie avec les deux yeux et qu'on place un écran devant l'un d'eux, de façon à lui cacher l'image de la photographie, sans détruire la convergence, le relief apparaît aussi nettement que si un seul œil était ouvert. Il apparaît encore quand en louchant on produit deux images; ces deux images sont en relief, elles paraissent s'avancer en avant de la photographie; quand on cesse de loucher, l'image unique semble s'aplatir. Enfin, on arrive au même résultat en plaçant devant un des deux yeux qui regardent la photographie un verre noirci qui rend la vision de la photographie un peu indistincte pour cet œil, sans altérer la convergence des deux yeux; j'ai pu observer une personne qui par suite d'une différence, soit dans l'acuité visuelle, soit dans le pouvoir d'accommodation des yeux, voit nettement la photographie avec un œil, et un peu confusément avec l'autre œil, à une distance de 50 centimètres environ; or, dans ce cas, le relief est très évident; au contraire, si la photographie est rapprochée de façon à donner une image nette simultanément aux deux yeux, le relief s'émousse. Ces raisons me déterminent à croire que les indices tirés de la convergence des yeux ne jouent qu'un rôle accessoire dans ces expériences.

Reste une seconde et dernière cause déterminante du relief, c'est la dissemblance des images. La photographie, pensons-nous, nous paraît plate parce que les deux images rétiniennes qu'elle produit ne présentent pas ce degré de différence qui existe lorsqu'on regarde un corps à trois dimensions; il y a là une dérogation à une règle dont nous ne cessons pas de vérifier l'application en exerçant notre vue; si on ferme un des yeux, on supprime cette dérogation; on obtient une image unique, qui n'est pas contredite par une autre image trop semblable à la première.

Si l'explication que je viens de proposer, avec de grandes réserves, est reconnue exacte par des personnes compétentes, on peut en tirer une conclusion intéressante pour la psychologie. En effet, on admet communément aujourd'hui que le semblable appelle le semblable, c'est-à-dire que les états de conscience semblables s'attirent et se fusionnent.

L'observation précédente semble restreindre la généralité de cette loi, et montrer qu'il existe une cause de systématisation des états de conscience qui est à la fois plus générale et plus puissante. En effet, tandis que l'image monoculaire nous donne l'impression du relief, par l'appel à nos expériences antérieures, l'addition d'une seconde image semblable détruit cet effet, annihile l'impression du relief, empêche en quelque sorte la première image de produire toutes les conséquences qu'elle renferme. Il y a là, si je ne me trompe, un phénomène d'inhibition tout à fait singulier produit par le semblable sur le semblable. Je ne crois pas qu'on connaisse beaucoup d'autres exemples de ce genre de neutralisation.

Conclusion.

Il me paraît résulter des observations précédentes que, dans un grand nombre de circonstances variées, certaines images et sensations ne peuvent pas coexister avec d'autres dans le même champ de conscience; malgré tous nos efforts, nous n'arrivons pas à en avoir une perception simultanée, et la présence des unes exclut celle des autres. Antagonisme et exclusion, voilà les deux faits très simples que nous croyons devoir retenir de tout ce qui précède.

Ce processus mental diffère par plusieurs caractères importants de ce que les physiologistes appellent inhibition; on désigne généralement par ce mot la propriété qu'ont les éléments nerveux d'agir les uns sur les autres, d'une manière probablement réciproque, et de suspendre leur activité fonctionnelle, de sorte que l'excitation d'un élément nerveux, au lieu de produire par exemple un mouvement, produit la suspension d'un mouvement, un arrêt. Dans les observations de psychologie que nous avons rapportées, il n'y a pas seulement un arrêt; les deux états antagonistes ne se neutralisent pas réciproquement; l'un des deux est suspendu, mais l'autre se développe. Néanmoins, le terme d'inhibition mérite d'être employé en psychologie.

Quoi qu'il en soit, on peut résumer, d'après les faits que nous avons réunis, les conditions et les effets de l'inhibition dans le domaine de la pensée. La suppression d'un état, sensation, idée, mouvement, par un autre état se fait à tous les degrés. Elle est déjà nettement accusée lorsqu'une hallucination est fixée sur une photographie réelle; un grand nombre de traits de la photographie ne sont pas abolis, mais reçoivent une interprétation différente; la partie sensorielle de la perception est donc en grande partie respectée. L'action d'arrêt est plus nette dans le cas où un état de conscience est entièrement supprimé; cette suppression est temporaire et oscillante dans les expériences sur la lutte des champs visuels; elle est au contraire plus permanente dans les suggestions d'anesthésie systématique, où l'objet rendu invisible reste invisible jusqu'à ce que la suggestion soit supprimée.

Nous pouvons admettre, jusqu'à plus ample informé, que ce qui caractérise l'action d'arrêt, au moins au point de vue psychologique, c'est que l'état de conscience suspendu n'est suspendu que par suite de son antagonisme avec un autre état, de sorte que si on supprime cet état réducteur, l'arrêt cesse. Or, c'est là précisément ce qui se passe dans un grand nombre des expériences que nous avons rapportées. Par exemple, dans la concurrence des champs visuels, si le champ de l'œil droit est rendu invisible à un certain moment, c'est par suite de l'action réductrice exercée par l'œil gauche, car il suffit de fermer celui-ci pour que l'action d'arrêt cesse et que le champ de l'œil droit redevienne visible.

Les causes de l'arrêt sont de nature complexe; nous avons vu que des états de conscience tendent à s'enrayer toutes les fois qu'ils ne peuvent pas faire partie d'une même synthèse ayant une fin commune. C'est ainsi qu'on ne peut pas lire en écoutant une conversation, parce qu'il n'y a point de rapport entre ces deux groupes d'états de conscience; on peut au contraire lire très facilement une partition au théâtre, et même on entend plus distinctement les paroles chantées quand on les lit, parce que ces états de conscience se groupent dans une même synthèse. Nous avons vu du reste très nettement la fusion des deux synthèses différentes dans les expériences où on fixe une hallucination sur une photographie, et dans les expériences de concurrence entre les deux champs visuels. La vision binoculaire offre aussi un bel exemple de coordination de deux synthèses différentes. Ajoutons que l'antagonisme peut se produire entre des images qui ne sont nullement contradictoires, comme M. Mathias Duval en a publié récemment un exemple intéressant. (*Soc. de biol.*, mai 1890.)

Quand un antagonisme existe entre deux synthèses mentales, chacune peut, suivant les circonstances, enrayer l'autre; c'est ce que nous montrent très clairement les oscillations des deux champs visuels. Le rôle de l'attention dans ce cas, étant admis que l'attention n'est pas autre chose que la volonté s'exerçant dans le domaine sensoriel, prouve que l'intensité des états de conscience composant une des synthèses, le nombre de ces états et le degré d'émotion qui les accompagne sont des conditions suffisantes pour assurer la prépondérance de cette synthèse.

ALFRED BINET.

LA GÉOMÉTRIE GÉNÉRALE

ET LES JUGEMENTS SYNTHÉTIQUES A PRIORI

Les lecteurs de la *Revue philosophique* n'ont certainement pas oublié le substantiel article consacré par M. Calinon aux *Espaces géométriques* [1]. Instruit par lui dans les principes de la géométrie générale, nous avons essayé de les exposer et d'en tirer les conséquences philosophiques qu'ils comportent, dans un article auquel M. Renouvier a bien voulu donner place dans la *Critique philosophique* [2]; mais, après avoir ainsi accueilli, avec une libérale bienveillance dont nous ne saurions trop le remercier, une étude qui allait contre ses plus chères convictions, le chef vénéré de l'école criticiste française a publié une vive réfutation de ce qu'*on voudrait* maintenant appeler du nom de géométrie générale [3].

M. Renouvier ayant ainsi soulevé une question que nous avions laissée dans l'ombre, celle des rapports de la dite géométrie avec la théorie des jugements synthétiques *a priori*, nous pensons qu'il y a intérêt à la reprendre à notre point de vue. Mais il paraît utile de commencer par un résumé succinct des conclusions de notre précédente étude. [4]

La géométrie générale rejette tout postulat [5] et ne repose que sur les axiomes généraux relatifs aux grandeurs et sur des définitions

---

1. Juin 1889.
2. 30 septembre 1889.
3. *La philosophie de la règle et du compas ou des jugements synthétiques à priori dans la géométrie élémentaire.* 30 novembre 1889. M. Renouvier a, du reste, déjà traité le même sujet dans son *Traité de logique générale et de logique formelle*; mais la relation entre les deux questions de la géométrie non euclidienne et des jugements synthétiques à priori n'y est pas très nettement indiquée (voir 2ᵉ édition, tome I, p. 239 à 245, et tome II, p. 45 à 54, 72, 73, 87 à 93).
4. Nous rappelons, pour n'y plus revenir, que toute la partie purement scientifique de notre étude appartient entièrement à M. Calinon.
5. Par cette expression, nous ne voulons pas dire qu'elle déclare fausse la proposition postulée, mais qu'elle refuse de l'accepter à l'exclusion des propositions contraires.

dont la légitimité résulte de la possibilité de poursuivre indéfiniment les déductions sans jamais rencontrer de contradictions. Cette possibilité, qui, d'une façon absolue, peut toujours être contestée puisque la série des déductions reste forcément limitée, prouve qu'on peut ainsi établir une géométrie comportant la négation des postulats, notamment celui d'après lequel, par un point donné en dehors d'une droite, on peut mener, dans leur plan, une droite unique qui ne rencontre pas la première; ou plutôt elle prouve la possibilité d'une géométrie *générale* comprenant comme cas particulier celle d'Euclide qui repose sur ces postulats.

Nous nous sommes d'ailleurs attaché à mettre en évidence deux propositions essentielles au point de vue philosophique. Si généralement les propriétés des figures dépendent de leurs dimensions, en sorte qu'il n'existe pas de figures semblables dans les espaces non euclidiens, cela ne signifie nullement que les dimensions aient une valeur absolue, attendu que toutes ces dimensions sont relatives à une grandeur qui sert à définir chaque espace et qui peut être reproduite dans un espace quelconque : c'est ce que l'on concevra par analogie, si l'on considère des sphères euclidiennes de rayons différents. Les propriétés des figures tracées sur ces surfaces dépendent en effet de leurs dimensions ; mais ces dimensions sont essentiellement relatives au rayon de chaque sphère, puisque, par exemple, les angles d'un triangle dont les côtés ont des longueurs données dépendent du rapport de ces longueurs au rayon de la sphère sur laquelle ce triangle est situé. Si d'ailleurs on n'étudie ces sphères que comme des espaces à deux dimensions, sans les regarder comme comprises dans un espace à trois dimensions, la notion de rayon disparaît; mais il reste un coefficient caractéristique de chaque sphère, et ce coefficient est une longueur et non un nombre abstrait. Toutes ces longueurs sont d'ailleurs comparables entre elles, car on peut toutes les construire sur une même sphère, en les décomposant en portions infiniment petites, grâce à la propriété dont jouissent tous les triangles infiniment petits d'avoir la somme de leurs angles égale à deux droits, comme les triangles rectilignes euclidiens. On voit donc que, dans ce cas, les dimensions n'ont rien d'absolu; il en est exactement de même dans le cas des espaces non euclidiens.

Le second point sur lequel nous avons insisté consiste dans la mise en évidence de l'erreur assez répandue qui attribue à la géométrie générale des conséquences favorables à l'empirisme, par l'introduction d'une proposition expérimentale à la base de la géométrie euclidienne ; c'est bien plutôt le contraire qui est le vrai. Si, en effet, toute science géométrique exigeait des propositions indémontrables, conformes à l'expérience, nous ne disons pas que l'empirisme serait absolument vainqueur ; mais on n'aurait contre lui que la ressource bien précaire des jugements synthétiques *a priori*. Au contraire, la géométrie générale nous montre que ces postulats peuvent être écartés sans dommage pour une science purement rationnelle : cette science comporte dans ses formules un coefficient indéterminé, dont une valeur spéciale correspond précisément à la géométrie spéciale fondée sur lesdits postulats. Cela étant, on voit que s'il existe, soit un monde extérieur, soit des sensibilités dont la forme répond à une géométrie, il est de toute nécessité que l'expérience nous apprenne quel coefficient y est applicable. Pour reprendre l'exemple des sphères, si l'on suppose avec Helmholtz un être superficiel qui vive sur l'une d'elles et en fasse la géométrie, en adoptant·une unité de longueur quelconque, cette géométrie comportera un coefficient pouvant être regardé comme la conséquence de quelque postulat; si ensuite, s'élevant à une plus haute généralité, notre géomètre à deux dimensions met en évidence ce paramètre et lui attribue une valeur arbitraire, il aura créé une véritable géométrie sphérique générale. Et maintenant viendra-t-on dire que, s'il est obligé de recourir à l'observation pour trouver le paramètre applicable à la sphère qu'il habite, la géométrie a pour cela une base expérimentale? Évidemment non ; pourquoi donc le dirait-on en présence de la géométrie générale, qui montre simplement que plusieurs espaces à trois dimensions sont rationnellement possibles et qui ne fait intervenir l'expérience que pour reconnaître lequel de ces espaces est en fait réalisé ?

Terminons ce préambule un peu long en rappelant quelques définitions que nous aurons l'occasion d'admettre comme posées :

Un espace à deux dimensions (surface) ou à trois dimensions est dit *identique à lui-même* dans toutes ses parties, si l'on peut y déplacer sans déformation d'une façon quelconque toute figure qui y est située.

Une *géodésique* d'une surface identique à elle-même est une ligne située sur elle et telle que, par deux points de la surface, il en passe toujours une et généralement une seule.

Le *plan* est une surface identique à elle-même et *retournable*.

La *ligne droite* est une ligne telle que, par deux points, il en passe toujours une et généralement [1] une seule, *dans un espace à trois dimensions*. On *démontre* qu'elle est la géodésique du plan.

1. Nous ajoutons ici le mot restrictif « généralement », parce que, dans les espaces limités de Riemann, deux droites qui se coupent sur leur limite y ont une deuxième intersection.

Cela posé, revenons à la question des jugements synthétiques *a priori*.

En général, les criticistes ne sont pas portés à dire, comme le fait, par exemple, M. Milhaud, que la géométrie non euclidienne constitue simplement une tentative infructueuse sans importance de démonstration par l'absurde du postulatum [1]; en fait les criticistes sont bien convaincus que la tentative resterait infructueuse si loin qu'elle fût poussée, et en cela ils sont parfaitement d'accord avec les partisans de la géométrie générale. Cette impossibilité de démontrer les postulats est en effet des plus précieuses pour eux, car elle leur permet de voir dans la géométrie de ces jugements synthétiques *a priori* dont Kant avait démesurément multiplié le nombre, et qu'ils ont dû singulièrement réduire. Ainsi que le reconnaît M. Rabier [2], les axiomes communs à toutes les sciences mathématiques et énonçant des propriétés communes à des grandeurs quelconques sont purement analytiques et dérivent du principe d'identité; seuls les axiomes propres à la géométrie revêtent le caractère synthétique, parce que, comme l'a dit M. Renouvier, ils établissent un rapport entre deux catégories différentes. Or les axiomes sont des propositions indémontrables, et, s'il se trouvait que la géométrie n'en comprît pas, les jugements synthétiques *a priori* seraient par là même exclus des mathématiques.

On affirme d'ailleurs qu'il en existe forcément, la démonstration ne pouvant aller à l'infini ; mais nous ne voyons pas en quoi il est impossible *a priori* que les axiomes communs soient insuffisants pour servir de base à la déduction géométrique, pourvu qu'on y associe des définitions; et à ce sujet il faut bien· remarquer que les définitions fondamentales ne seront point fondées sur une génération, mais seront purement descriptives, se bornant à énoncer une propriété caractéristique de la figure définie. La légitimité d'une telle définition ne résulte alors que de l'absence de contradiction dans les déductions auxquelles elle sert de base, à moins qu'on ne veuille l'appuyer sur un postulat, ce que nous rejetons absolument [3]. La géométrie étant une science qui se ramène tout entière

---

1. *La géométrie non euclidienne et la théorie de la connaissance.* (*Revue philosophique,* tome XXV, p. 622.)

2. *Logique,* p. 281.

3. A ce point de vue, une définition ne constitue jamais un postulat, et, dans notre article publié par la *Critique philosophique,* nous avons eu tort de dire que la définition ordinaire du plan en constitue un, contenant plus de conditions qu'il n'est nécessaire pour déterminer une surface. Il n'y a là en réalité qu'une surabondance qui, du moment qu'elle n'entraîne pas de contradiction, constitue un simple défaut sans grand inconvénient.

à des relations entre grandeurs, il suffit que les grandeurs de nature spéciale qu'elle concerne soient données comme pure conception, pour que les axiomes communs y soient immédiatement applicables.

Bien que moins nombreux que chez Kant, les jugements synthétiques *a priori* le sont encore considérablement chez ses successeurs, car leur thèse fondamentale exige qu'aucune partie de la géométrie ne puisse être établie sans qu'on ait recours à un postulat; nous verrons, dans la seconde partie de cet article, qu'ils attribuent ce nom à des théorèmes parfaitement démontrables et dont un au moins est rigoureusement démontré dans tous les traités de géométrie. Ce que nous voulons examiner en ce moment, ce sont les raisons opposées par le criticisme à la proposition suivante, qui constitue la thèse fondamentale des partisans de la géométrie générale : tout système géométrique qui peut être poursuivi indéfiniment sans qu'on se heurte à une contradiction est rationnellement légitime et ne saurait être écarté qu'en vertu de considérations pratiques, si l'on tient à avoir une géométrie conforme à la réalité.

M. Renouvier n'oppose pas à cette thèse une argumentation bien nette; mais il est aisé cependant d'en saisir le sens véritable, pour qui se reporte aux principes du criticisme. « Il n'est pas si commun, dit-il, que le croient les personnes qui n'ont pas spécialement étudié la logique de tomber en contradiction avec les hypothèses que l'on a admises, quand on raisonne juste... Les conséquences tirées d'une supposition qu'on a faite peuvent bien se trouver contradictoires avec des principes qu'on a reconnus et qu'on entend garder, auquel cas on juge que la supposition est fausse et doit être abandonnée; mais ces conséquences peuvent ne point impliquer de telles contradictions, sans qu'on ait le droit de conclure que la supposition est vraie »

Ces premières considérations appellent deux remarques. D'abord nous n'avons jamais supposé qu'on pût arriver à une contradiction en raisonnant juste, si l'on n'avait posé des hypothèses contradictoires; or c'est précisément ce qu'il s'agit de reconnaître en soumettant ces hypothèses à l'épreuve d'une déduction prolongée [1]. On n'ignore

---

1. Si l'on veut des exemples de contradictions, introduites inconsciemment dans les bases d'un raisonnement géométrique et apparaissant ensuite dans les conclusions, on peut se reporter à une *note sur la géométrie imaginaire,* présentée à l'Académie de Lyon, en 1888, par M. Bonnel, professeur de mathématiques au lycée (volume XXIX). Prétendant montrer que la géométrie de Lobatschewsky conduit à des contradictions, l'auteur unit constamment, sous une forme déguisée qui le trompe lui-même, les hypothèses d'Euclide à celles de la géométrie dite imaginaire, et, par suite, la contradiction apparaît bientôt dans les conséquences.

point que de principes faux on peut déduire des propositions justes; mais on croit que d'une longue suite de déductions ne faisant apparaître aucune contradiction on est en droit d'inférer que le point de départ n'en recèle pas. A vrai dire, M. Renouvier est d'accord sur ce point avec nous, puisqu'il croit à l'indémontrabilité des postulats; il le dit du reste formellement. Mais, après avoir déclaré qu'en rejetant le postulatum d'Euclide on ne rencontre pas la contradiction, il ajoute qu' « on a certes rencontré le faux qui est beaucoup plus commun que le contradictoire ». Or le faux, en dehors du contradictoire, suppose que la proposition considérée n'est pas autonome, pour ainsi dire, qu'elle doit être conforme à quelque chose d'extérieur, et c'est là qu'éclate la divergence des points de vue.

Pour nous, la géométrie est une science purement rationnelle, qui, comme telle, ne relève que d'elle-même. D'autres peuvent exiger qu'elle soit conforme aux réalités extérieures ou à nos sensations et images, considérées comme de simples faits d'expérience, et alors ils qualifieront justement de fausse une géométrie contraire à ces faits. D'autres, croyant à la réalité du monde extérieur et ne pouvant admettre que l'espace s'anéantirait en même temps que la matière, peuvent attribuer à cet espace, tel que nous le révèlent nos sens, un caractère de nécessité qui a amené plusieurs philosophes à en faire un attribut de Dieu, et alors ils exigeront que la géométrie se modèle exactement sur cet espace nécessaire. D'autres enfin, et ce sont les criticistes, font de cet espace une forme de notre sensibilité et ajoutent que cette forme est *a priori*. Rien de plus instructif d'ailleurs que la façon dont Kant détermine les caractères de cette forme ; il se borne, sans aucune critique, à reproduire les caractères expérimentaux de l'espace, en y ajoutant cette sorte de nécessité que d'autres attribuent à l'espace objectif : « On ne peut jamais concevoir, dit-il, qu'il n'y ait aucun espace, quoiqu'on puisse fort bien penser qu'aucun objet n'y est contenu... On ne peut se représenter qu'un seul espace; et, quand on parle de plusieurs espaces, on entend seulement par là les parties d'un seul et même espace... L'espace est représenté comme une grandeur infinie donnée [1]. » Un peu plus loin, il cite, comme exemple du caractère apodictique des propositions géométriques, la proposition suivante : « L'espace n'a que trois dimensions [2]. »

---

1. *Critique de la raison pure*. Esthétique transcendantale, section I, de l'Espace, § II. Exposition métaphysique de ce concept (traduction Tissot).
2. *Idem*, § III. Exposition transcendantale du concept d'espace. Il n'est peut-être pas sans intérêt de rappeler qu'à l'origine Kant avait professé des doctrines bien différentes. Il regardait les propriétés de l'espace et le nombre de ses dimen-

On le voit, Kant prend tel quel ce qu'on pourrait appeler l'espace du sens commun, lui enlève sa réalité et le tranforme, sans y rien changer d'ailleurs, en une forme de la sensibilité. Cette forme, dit-il, est *a priori*, c'est-à-dire antérieure à toute perception et nécessaire. Nous ne voulons point discuter ici la question du nativisme, qui pourrait être tranchée affirmativement sans que le caractère de nécessité fût reconnu pour cela au concept de l'espace; mais il est indispensable d'envisager cette question de la nécessité. S'il s'agit d'une nécessité purement subjective (et la critique de Kant aboutit finalement là, mais n'est pas toujours suivie jusque-là par ses disciples), nous n'avons rien à objecter, car nous nous reconnaissons incapable de former des images appartenant à un espace non euclidien; mais pour qui borne le caractère de nécessité à une impossibilité de fait imposée à notre imagination, il n'y a aucune difficulté à admettre que notre sensibilité pourrait être autre qu'elle n'est, et, par suite, que des géométries non euclidiennes sont parfaitement légitimes.

Donc, pour qu'il y ait incompatibilité entre celles-ci et la doctrine criticiste, il faut que cette dernière déclare la forme de notre sensibilité nécessaire d'une nécessité absolue. Or, nous ne connaissons en philosophie aucune assertion qui soit plus gratuite.

Le partisan de l'espace du sens commun, le réaliste naïf ne manque pas de raisons très fortes à son point de vue : la réalité de l'espace est un fait pour lui et, tandis qu'il conçoit fort bien l'anéantissement de toute la matière, son esprit se refuse à admettre celui de l'espace; celui-ci lui apparaît donc comme un fait nécessaire, et ses propriétés participent naturellement à ce caractère. Tout autre est la position du criticiste. Dominant les vaines apparences, il a transporté en lui-même cet espace qui s'imposait tout à l'heure comme une invincible réalité; mais alors, semble-t-il, il ne doit plus lui accorder qu'une valeur purement subjective, à moins que sa raison ne lui fournisse des motifs formels de le revêtir d'un caractère supérieur et de déclarer que sa sensibilité ne pouvait *absolument* pas revêtir une autre forme. Or, nous ne voyons que deux moyens de justifier une assertion si hardie ; il faudrait ou montrer que l'hypothèse contraire conduit à des contradictions ou, à défaut de cette preuve suprême qu'on reconnaît impossible, établir que, en dehors de la

---

sions comme dépendant de la loi de l'attraction qu'il déclarait arbitraire. Il arrivait ainsi à concevoir divers espaces possibles, dont la science « serait sans doute la plus haute géométrie qu'un entendement fini puisse concevoir ». (*Pensées sur la véritable mesure des forces vives...*; voir l'ouvrage de M. Nolen sur *La critique de Kant.*)

conception euclidienne, on ne saurait construire un espace, c'est-
à-dire que, sans ses postulats, aucune géométrie n'est possible. Il
importe de montrer que ce second moyen manque, comme le premier, aux criticistes.

· M. Renouvier prétend que l'habitude s'est prise peu à peu, par
des causes accidentelles et qui n'ont rien de profond dans l'histoire
de la science, de faire au postulat du parallélisme un *sort* différent de
celui qu'ont reçu d'autres *demandes* qui répondent également à des
propositions indémontrables autant qu'indispensables. En ce qui
concerne la géométrie générale, telle que nous la comprenons, nous
soutenons au contraire qu'elle rejette indistinctement tous les postulats. Voyons donc quels sont ceux qu'elle admet d'après M. Renouvier : nous constaterons qu'ils se divisent en deux classes composées, l'une, de propositions parfaitement démontrables, et l'autre, de
véritables postulats que nous rejetons au même titre que celui des
parallèles. La discussion est d'autant plus indispensable que maints
philosophes de premier ordre, tels que MM. Liard et Rabier [1], citent, à
la suite de M. Renouvier, qui a déjà traité ce sujet dans sa *Logique*,
les mêmes propositions démontrables comme étant de véritables postulats.

M. Renouvier met d'abord en avant cé qu'il appelle le postulat de
la perpendicularité, formulé dans les termes suivants : *Si sur un point
commun à deux droites on fait tourner l'une d'elles autour de l'autre
sans sortir de leur plan, parmi toutes les positions qu'elle occupera
dans ce mouvement, il y en aura une pour laquelle les deux droites
formeront entre elles quatre angles égaux placés deux à deux de chaque côté de chacun.*

Pour démontrer nettement cette proposition, il convient de la
décomposer en deux autres : 1° étant données une droite et une
demi-droite issue de l'un des points de la première, si l'on fait tourner la demi-droite dans un même plan autour de ce point, d'un côté
seulement de la droite entière, parmi toutes les positions qu'elle
occupera dans ce mouvement, il y en aura *une* pour laquelle les
deux angles formés seront égaux [2]; 2° si, la demi-droite formant deux
angles égaux avec la droite entière, on la prolonge de l'autre côté
de celle-ci, ce prolongement formera avec elle deux angles égaux
entre eux et égaux aux deux précédents.

Pour démontrer le premier théorème, il suffit de remarquer que,

---

1. *La science positive et la métaphysique. — Logique.*
2. Ce mouvement est possible, le plan étant, par définition, une surface *identique à elle-même.*

pour tout déplacement élémentaire de la demi-droite mobile, l'un des angles croît de la quantité dont l'autre décroît en vertu de la définition même de la grandeur d'un angle. Dès lors, quand cette demi-droite, d'abord en coïncidence avec l'une des moitiés de l'autre, exécute un mouvement qui l'amène en coïncidence avec la seconde moitié, on a deux grandeurs dont la somme est constante et dont l'une, partant de zéro, arrive par une variation continue à une valeur égale à la somme constante, tandis que l'autre subit une variation inverse : l'arithmétique, science analytique, montre qu'il existe une valeur et une seule de la variable indépendante à laquelle corresponde une valeur égale de l'autre variable. Si l'on repousse ce raisonnement, il faut *demander* également qu'on admette que si un point parcourt un segment de droite, il existe *une* position où il le divise en deux parties égales.

Pour démontrer la seconde proposition, je considère la droite complétée et l'une des moitiés de l'autre ; par suite de la propriété du plan d'être une surface identique à elle-même, la figure ainsi formée peut être considérée comme résultant du déplacement, sans déformation, de la figure primitive, et dès lors l'un des nouveaux angles est égal à l'un des anciens, c'est-à-dire aux deux. Le même raisonnement s'applique évidemment à l'autre angle nouvellement formé. On remarquera que cette dernière démonstration n'est qu'un cas particulier de celle de l'égalité des angles opposés par le sommet. Nous croyons être fondé, en vertu de ces démonstrations classiques, à ranger le prétendu *postulat de perpendicularité* au nombre des théorèmes proprement dits.

Nous nous heurtons maintenant à une question singulièrement délicate, celle des diverses notions de la ligne droite. Sans nous attacher à la défluition d'Euclide [1] qui, quoi qu'en dise M. Renouvier, n'est pas des plus claires, nous le voyons en donner trois : la ligne de direction constante (avec la variante physique et platonicienne de la ligne dont les extrémités sont ombragées par les points intermédiaires), la ligne la plus courte de toutes celles qui ont les mêmes extrémités et la ligne qui peut tourner sur ses extrémités sans changer de place. Cette dernière définition est à peu près celle que nous avons adoptée ; la seconde énonce une propriété démontrable, nous allons le voir, en partant de la précédente ; quant à la première, nous ne saurions la regarder comme distincte des deux autres, car nous ne savons comment définir la *direction* sans introduire la notion de ligne droite ou celle de plus courte distance. Reste donc à prouver,

---

1. La ligne qui est également placée entre ses points.

contrairement aux affirmations de M. Renouvier, que de notre définition de la droite on peut déduire la propriété de plus courte distance. D'après lui, le vice de cette déduction, qu'il reproche à
Duhamel, consiste en ce que, pour démontrer la propriété intermédiaire que « dans tout triangle, un angle extérieur est plus grand
que chacun des angles intérieurs opposés », Euclide s'appuie sur la
demande de la construction d'une circonférence de rayon donné, ce
qui impliquerait la notion de distance, par le rayon, et par suite celle
de la ligne droite comme mesure des moindres distances. Cette réfutation nous paraît reposer sur une confusion : l'égalité des rayons, définis
comme lignes droites joignant le centre aux divers points de la circonférence, ne suppose pas l'égalité de distance, mais celle de lignes
superposables, qui ne seront considérées comme mesurant la distance que lorsqu'on aura démontré qu'elles sont les plus courtes
entre les points considérés, si bien même qu'on peut remplacer les
rayons rectilignes par un arc de courbe quelconque, mais identique
pour tous les points de la circonférence.

Nous n'admettons pas d'ailleurs qu'il y ait lieu de *demander* avec
Euclide la possibilité de décrire un cercle de rayon quelconque d'un
point quelconque comme centre; cette possibilité résulte de la propriété du plan, énoncée dans sa définition, d'être une surface identique à elle-même, car il résulte de là qu'on y peut faire tourner un
segment de droite ou un arc de courbe quelconque autour d'une de
ses extrémités [1].

En ce qui concerne une autre *demande* d'Euclide, M. Renouvier
reconnaît qu'elle est rejetée par la géométrie générale : c'est celle
d'après laquelle on peut prolonger indéfiniment une ligne droite. On
sait en effet que la géométrie de Riemann correspond précisément à
des espaces où cette prolongation ne peut avoir lieu. D'autre part, il
renonce au caractère de *notion commune* pour la proposition de
l'égalité de tous les angles droits, cette proposition n'étant pour lui
qu'une identité immédiate, vu que la figure est la même où qu'on la
porte. Ceci se rattache à la possibilité de transporter une figure d'une
partie à l'autre de l'espace sans la déformer. Pour nous, au contraire, cette possibilité n'est aucunement nécessaire, et, comme nous
l'avons dit au début, elle sert à définir les espaces identiques à eux—

---

1. Nous nous bornons ici à répondre à l'objection de M. Renouvier. Aux per—
sonnes qui désireraient approfondir cette question fort intéressante, nous signa—
lerons la marche suivie par M. Calinon pour démontrer d'une façon générale que
la géodésique d'une surface identique à elle-même est la ligne la plus courte
joignant deux de ses points. (*La sphère, la ligne droite et le plan*, théorème fin. II
du chap. i.)

mêmes, les seuls du reste que nous ayons étudiés à la suite de M. Calinon. Nous reviendrons sur ce point.

Sauf erreur, M. Renouvier ne parle pas de l'impossibilité pour deux droites d'enfermer un espace. C'est cette proposition qui serait une pure tautologie, si l'on définissait absolument la droite par la propriété d'être déterminée d'une façon unique par deux points; mais, si l'on ne veut pas exclure la géométrie de Riemann, il faut admettre qu'il n'en est ainsi qu'*en général*, pour des points quelconques, mais non pour des points choisis d'une façon spéciale, et alors deux droites peuvent enfermer un espace.

Par contre, il met en avant un *postulat de la rotation* qui n'est pas distinct, comme il le reconnaît implicitement lui-même, de celui des parallèles et d'après lequel un « contour polygonal convexe, en se fermant, termine une révolution dont la quantité angulaire est de quatre droits ». Si nous nous arrêtons sur ce prétendu postulat, c'est pour faire remarquer combien il constituerait une intuition pénétrante, et par suite combien il s'impose peu à l'esprit avec l'autorité d'un axiome : qui, en effet, s'il n'était prévenu qu'il ne faut pas lui donner cette extension, ne serait tenté de l'appliquer aussi bien à un contour polygonal sphérique qu'à un contour plan? Nous n'oserions affirmer que quelque lecteur ingénu de M. Renouvier, qui n'a pas restreint explicitement son postulat au plan, ne lui ait donné une adhésion dépassant les bornes que lui impose la géométrie euclidienne : il est bon d'être prévenu, quand on se lance dans cette voie, si l'on tient à ne formuler aucun jugement prétendu synthétique *a priori* qui ne saurait aboutir qu'à une belle contradiction. M. Renouvier disait qu'il n'est pas facile de tomber dans une contradition quand on raisonne juste : cela est impossible si les bases du raisonnement n'en contiennent pas; mais qu'on accepte à la fois le postulat des parallèles et celui de la rotation en l'étendant à la sphère, et l'on verra ce qui arrivera : la somme des angles d'un triangle sphérique sera à fois égale et supérieure à deux droits.

Le lecteur aura sans doute trouvé aride et fastidieuse cette discussion sur les divers postulats : elle nous était imposée par la façon dont la question est posée par M. Renouvier et ses disciples. Pour nous, il nous paraît bien plus philosophique de tout ramener, avec M. Delbœuf [1], au postulat de l'*homogénéité* de l'espace, postulat d'après lequel une figure peut toujours être *majorée* ou *minorée* sans que sa forme soit changée [2]; l'existence de figures semblables

---

1. *Prolégomènes philosophiques de la géométrie.*
2. Depuis que cet article a été écrit, M. l'abbé de Broglie a publié, dans les *Annales de philosophie chrétienne* d'avril 1890, un article de grande valeur où il se

constitue en effet la propriété caractéristique de l'espace euclidien,
et, cette propriété admise, tous les postulats ordinaires peuvent être
démontrés. Or il faut avouer que, de prime abord, ce postulat de
l'homogénéité paraît s'imposer avec une autorité bien plus grande
que tous les autres, car il semble invinciblement lié au caractère
purement relatif de l'espace ; mais, comme nous l'avons dit, cet
espace homogène est distingué des autres par la valeur d'un coefficient, qui est infini pour lui et fini pour tous les autres, et ce coefficient est une grandeur géométrique constructible dans un espace
quelconque, en sorte que toutes les grandeurs de l'espace correspondant n'ont point une valeur absolue, mais lui sont essentiellement
relatives, exactement comme les figures tracées sur une sphère ont
des dimensions relatives à son rayon.

Ce fait, celui d'espaces à trois dimensions finis, et l'impossibilité
de faire entrer une figure dans un espace à trois dimensions autre
que celui où elle a été tracée, impossibilité qui existe de même
quand on considère deux espaces à deux dimensions, semblent indiquer que, rationnellement, les espaces à trois dimensions sont inclus
dans un espace à quatre dimensions. On arrive au même résultat
quand on considère que rien n'empêche d'étudier des espaces à trois
dimensions qui ne soient pas identiques à eux-mêmes, absolument
comme les surfaces identiques à elles-mêmes ne sont pas les seuls
espaces à deux dimensions. Nous ne voyons d'ailleurs rien qui
impose le postulat des trois dimensions, pour qui ne voit dans l'espace
qu'un système de relations, quel que soit d'ailleurs leur caractère
objectif. M. Renouvier nous opposera bien que ce n'est plus faire de la
géométrie, et il l'oppose même quand il ne s'agit que d'espaces non
euclidiens à deux ou trois dimensions ; mais cette objection ne nous
touche pas, par la raison que nous reconnaissons l'impossibilité de
fait d'établir une géométrie à plus de trois dimensions, vu que nous
n'avons aucune image qui y réponde en quoi que ce soit, ainsi que
le caractère purement schématique des images des figures non euclidiennes, caractère qui n'empêche cependant pas le raisonnement
géométrique d'avoir prise sur elles. Ce qui nous importe, ce n'est
point de ne rien devoir aux notions dues à la forme réelle de notre
sensibilité, car nous n'avons jamais contesté qu'elles nous sont indispensables pour la constitution d'une géométrie quelconque, mais de
reconnaître que cette forme pourrait être autre qu'elle n'est, tout en
conservant des lois rationnelles générales ne relevant que du prin-

pose précisément sur le terrain que nous regrettions de ne pas voir occupé par
M. Renouvier.

cipe de contradiction. Ces lois constituent la seule base solide sur laquelle puisse s'appuyer le rationalisme dans sa lutte contre l'empirisme, car nous ne croyons pas que les *impératifs géométriques* soient de nature à inquiéter beaucoup de consciences.

Qu'il nous soit permis de revenir, en terminant, sur la mauvaise humeur que l'expression de *géométrie générale* cause à M. Renouvier. Ce sentiment l'entraîne à poser des questions qu'on est en droit de trouver étranges, car elles démontrent une singulière méconnaissance de l'idée fondamentale, légitime ou non, de cette géométrie. Il oppose la nouvelle et l'ancienne géométrie et demande aux novateurs laquelle est la vraie, puisque l'ancienne n'entraînait pas plus de contradiction que la nouvelle. Est-il donc besoin de répéter encore que la géométrie générale ne repousse en aucune façon la géométrie euclidienne, qui en est un cas particulier? Nous ne sommes pas des négateurs, et c'est pour cela que nous répudions un vocable commode, mais faux, qui n'est bon qu'à compromettre une cause essentiellement conservatrice, quoi qu'on ait dit de part et d'autre, des principes essentiels de la philosophie spiritualiste.

Et maintenant nous demanderons à M. Renouvier de vouloir bien excuser l'ardeur que nous avons apportée dans la défense de nos convictions, et d'agréer l'expression de notre respectueuse reconnaissance pour le gracieux accueil qu'il nous a fait dans la *Critique philosophique*.

GEORGES LECHALAS.

ANALYSES ET COMPTES RENDUS

Tarde. LES LOIS DE L'IMITATION, ÉTUDE SOCIOLOGIQUE. 1 vol. in-8°, 431 p. Paris, Alcan, 1890.

Les lecteurs de la *Revue* qui se sont intéressés aux études sociologiques de M. Tarde retrouveront avec plaisir quelques-unes d'entre elles remaniées, coordonnées avec d'autres parties inédites dans le volume qu'il vient de publier sous ce titre : *les Lois de l'imitation* et dans lequel il expose ses théories sociologiques en les rattachant à sa doctrine philosophique. Nous retrouvons dans ce volume toutes les qualités que nous sommes habitués à trouver dans les travaux de l'auteur : l'originalité, l'ingéniosité, la finesse, l'abondance des idées de détail, des rapprochements piquants, des remarques pénétrantes. De plus, l'ouvrage complet offre une ampleur que l'examen de fragments isolés ne laissait pas suffisamment apercevoir. Si l'on ajoute à cela que M. Tarde a sinon prouvé, du moins rendu probables une bonne partie de ses idées, que ce qui ne convainc pas dans son œuvre, fait toujours réfléchir et que l'on peut toujours tirer parti, pour d'autres interprétations, des faits, des idées, des théories qu'il expose ou qu'il découvre, que ses théories expliquent ou permettent d'expliquer un grand nombre de faits sociaux et historiques, on conclura aisément que le volume de M. Tarde est un des plus importants qui aient paru sur les questions de sociologie générale et qu'il mérite d'être examiné de près; je vais tenter d'en donner d'abord une idée aussi exacte que la brièveté forcée d'une analyse me le permettra, j'indiquerai ensuite quelles sont les réserves que j'ai à faire et le point de vue auquel je pense devoir me placer.

Dans son premier chapitre : *la répétition universelle*, M. Tarde expose les vues philosophiques auxquelles se rattache son système sociologique. La science a pour objet de constater des répétitions : un monde où par hypothèse tout serait déterminé, lié, mais où rien ne se ressemblerait échapperait à ses prises; avec la répétition, la ressemblance des phénomènes, son domaine commence. Cette répétition se présente sous trois formes principales : dans le monde physique, c'est l'ondulation; dans le monde organique, c'est l'hérédité; dans le monde social, c'est l'imitation.

Il s'agit pour chaque science de trouver « son champ de similitudes et de répétitions propres ». C'est ce qu'ont fait les sciences physiques, la chimie, les sciences naturelles; il existe un champ analogue pour la science sociale. Si cependant les faits sociaux « considérés à travers les historiens et même les sociologistes, nous font l'effet d'un chaos, tandis que les autres, envisagés à travers les physiciens, les chimistes, les physiologistes, laissent l'impression de mondes fort bien rangés, il n'y a pas à en être supris. Ces derniers savants ne nous montrent l'objet de leur science que par le côté des similitudes et des répétitions qui lui sont propres, reléguant dans une ombre prudente le côté des hétérogénéités et des transformations (ou transsubstantiations) correspondantes. Les historiens et les sociologistes, à l'inverse, jettent un voile sur la face monotone et réglée des faits sociaux en tant qu'ils se ressemblent et se répètent, et ne présentent à nos yeux que leur aspect accidenté et intéressant, renouvelé et diversifié à l'infini... C'est comme si un botaniste se croyait tenu à négliger tout ce qui concerne la génération des végétaux d'une même espèce ou d'une même variété, et aussi bien leur croissance et leur nutrition, sorte de génération cellulaire ou de régénération des tissus; ou bien c'est comme si un physicien dédaignait l'étude des ondulations sonores, lumineuses, calorifiques et de leur mode de propagation à travers les différents milieux, eux-mêmes ondulatoires. Se figure-t-on l'un persuadé que l'objet propre et exclusif de sa science est l'enchaînement des types spécifiques dissemblables, depuis la première algue jusqu'à la dernière orchidée, et la justification profonde de cet enchaînement; et l'autre convaincu que ses études ont pour but unique de rechercher pour quelle raison il y a précisément les sept modes d'ondulation lumineuse que nous connaissons, ainsi que l'électricité et le magnétisme, et non d'autres espèces de vibrations éthérées? Questions intéressantes assurément et que le philosophe peut agiter, mais non le savant, car leur solution ne paraît point susceptible de comporter jamais le haut degré de probabilité exigé par ce dernier. »

Bien entendu, si les similitudes constituent le champ de la science, elles ne constituent pas l'ensemble de la réalité. « Toute répétition sociale, organique ou physique, n'importe, c'est-à-dire *imitative, héréditaire ou vibratoire* (pour nous attacher uniquement aux formes les plus frappantes et les plus typiques de la répétition universelle), procède d'une innovation, comme toute lumière procède d'un foyer; et ainsi le normal, en tout ordre de connaissance, paraît dériver de l'accidentel. » De tout ce qui précède, il résulte que la science sociale et la philosophie sociale sont des choses distinctes, « que la science sociale doit porter exclusivement, comme toute autre, sur des faits similaires multiples, soigneusement cachés par les historiens, et que les faits

nouveaux et dissemblables, les faits historiques proprement dits, son▇▇▇
le domaine réservé à la philosophie sociale; qu'à ce point de vue, l▇▇▇
science sociale pourrait bien être aussi avancée que les autres sciences▁
et que la philosophie sociale l'est beaucoup plus que toutes les autres
philosophies. »

Donc « il n'y a de science que des quantités ou des accroissements, ou,
en termes plus généraux, des similitudes et des répétitions phénomé-
nales ». Mais cette dernière distinction est négligeable : « chaque progrès
du savoir, en effet, tend à nous fortifier dans la conviction que *toutes
les similitudes sont dues à des répétitions* ». Ceci est vrai, dit
M. Tarde, dans le monde physique, dans le monde vivant, dans le
monde social; une seule exception, une « anomalie peut-être illusoire »,
nous est donnée par « la similitude des parties jugées juxtaposées et
immobiles de l'espace immense, conditions de tout mouvement, soit
vibratoire, soit générateur, soit propagateur et conquérant ».

Ce qui nous importe le plus ici, c'est ce qui concerne la science
sociale; M. Tarde consacre son second chapitre à démontrer que les
similitudes sociales ont bien leur origine dans l'imitation. Il conclut
que les ressemblances qui peuvent exister entre plusieurs états sociaux
et qui n'ont pas pour cause l'imitation apparente ou cachée, n'ont pas
d'importance au point de vue social et sont plutôt des résultats de
phénomènes physiques ou vitaux. « Tout ce qui est social et non vital
ou physique dans les phénomènes des sociétés, aussi bien dans leurs
similitudes que dans leurs différences, a l'imitation pour cause. Aussi,
ajoute l'auteur, donnant une ingénieuse interprétation d'idées courantes et vagues, n'est-ce pas sans raison qu'on donne généralement
l'épithète de *naturel,* en tout ordre de faits sociaux, aux ressemblances
spontanées, non suggérées, qui s'y produisent entre sociétés différentes. On a le droit, quand on aime à envisager les sociétés par ce
côté spontanément similaire, d'appeler cet aspect de leurs lois, de leurs
cultes, de leurs gouvernements, de leurs usages, de leurs délits, le
droit naturel, la religion naturelle, la politique naturelle, l'industrie
naturelle, l'art naturel, je ne dis pas naturaliste, le délit naturel. Or,
ces similitudes importent certainement, mais le malheur est qu'à
vouloir les préciser, on perd son temps et, par ce caractère de vague
et d'arbitraire incurables, elles doivent finir par rebuter un esprit
positif, habitué aux précisions scientifiques. »

Dans son troisième chapitre M. Tarde répond à la question : Qu'est-ce
qu'une société? Les chapitres précédents nous ont préparés à la réponse
qu'il y fait : une société est une collection de gens qui s'imitent. L'imitation, c'est, pour l'auteur, la vraie caractéristique sociale; ni la conception économique de la société, ni sa conception juridique ne trouvent
grâce devant lui. La conception économique, fondée sur l'échange des
services, tendrait à faire admettre que les sociétés animales sont non
seulement de vraies sociétés, mais les sociétés par excellence, surtout
les plus basses, « celle des siphonophores, par exemple, où la division

du travail est poussée au point que les uns mangent pour les autres qui digèrent pour eux ». Si cette conception élargit trop le domaine social, la conception juridique qui donnerait pour associés à un individu quelconque ceux qui ont sur lui des droits établis par la loi, la coutume et les convenances admises ou sur lesquels il a des droits pareils, avec ou sans réciprocité, resserre trop, d'après M. Tarde, ce même domaine, de même qu'une notion du lien social toute politique ou toute religieuse, d'après laquelle « partager une même foi ou bien collaborer à un même dessein patriotique commun à tous les associés et profondément distinct de leurs besoins particuliers et divers pour la satisfaction desquels ils s'entr'aident ou non, peu importe ». D'ailleurs, continue M. Tarde, la conformité de desseins et de croyances dont il s'agit, cette similitude mentale que se trouvent revêtir à la fois des dizaines et centaines de millions d'hommes, elle n'est pas née *ex abrupto*; comment s'est-elle produite? Peu à peu, de proche en proche, par voie d'imitation. C'est donc là toujours qu'il faut en venir.

Le groupe social est donc « une collection d'êtres en tant qu'ils sont en train de s'imiter entre eux ou en tant que, sans s'imiter actuellement, ils se ressemblent et que leurs traits communs sont des copies anciennes d'un même modèle ». La société ainsi conçue est chose tout à fait différente de la nation, « sorte d'organisme hyperorganique, formé de castes, de classes, ou de professions collaboratrices ». De même il faut distinguer du groupe social le type social, composé « d'un certain nombre de besoins et d'idées créés par des milliers d'inventions et de découvertes accumulées dans la suite des âges; de besoins plus ou moins d'accord entre eux, c'est-à-dire concourant plus ou moins au triomphe d'un désir dominant qui est l'âme d'une époque ou d'une nation; et d'idées, de croyances plus ou moins d'accord entre elles, c'est-à-dire se rattachant logiquement les unes aux autres, ou du moins ne se contredisant pas en général ». Et pour écarter de nouvelles objections, M. Tarde nous dit un peu plus loin : « A vrai dire, ce que j'ai défini plus haut, c'est moins la *société* telle qu'on l'entend communément que la *socialité.* »

Une société est toujours, à des degrés divers, une association, et une association est à la socialité, à l'*imitativité*, pour ainsi dire, ce que l'organisation est à la vitalité ou même ce que la constitution moléculaire est à l'élasticité de l'éther. La conception de l'état social qui nous est ici donnée, est complétée encore par des comparaisons avec certains états psychologiques. « L'état social, comme l'état hypnotique, n'est qu'une forme du rêve, un rêve de commande et un rêve en action. N'avoir que des idées suggérées et les croire spontanées, telle est l'illusion propre au somnambule, et aussi bien à l'homme social. Pour reconnaître l'exactitude de ce point de vue sociologique, il ne faut pas nous considérer nous-mêmes; car admettre cette vérité en ce qui nous concerne, ce serait échapper à l'aveuglement qu'elle affirme, et, par suite, fournir un argument contre elle, mais il faut songer à

quelque peuple ancien d'une civilisation bien étrangère à la nôtre,
Égyptiens, Spartiates, Hébreux... Est-ce que ces gens-là ne se croyaient
pas autonomes comme nous, tout en étant, sans le savoir, des auto-
mates dont leurs ancêtres, leurs chefs politiques, leurs prophètes, pressaient le ressort, quand ils ne se le pressaient pas les uns aux autres? »
Et M. Tarde résume son chapitre en ces mots : « *La société c'est l'imitation, et l'imitation c'est une espèce de somnambulisme* », tout en
priant le lecteur, en ce qui concerne la seconde partie de la thèse, de
faire la part de l'exagération.

Le chapitre IV : *Qu'est-ce que l'histoire?* est consacré à l'étude
de l'archéologie et de la statistique qui, dit l'auteur, « sont conduites
inconsciemment, au fur et à mesure qu'elles se frayent mieux leur
voie utile et féconde, à envisager les phénomènes sociaux sous un
aspect semblable au nôtre ». La conclusion est que l'histoire serait la
collection « des choses les plus réussies, c'est-à-dire des imitations les
plus imitées ».

Après avoir indiqué le côté de l'imitation dans la vie sociale et les
moyens de recherche des lois particulières des diverses imitations
dans la société, M. Tarde aborde l'étude des lois générales de l'imitation. Le chapitre V traite des lois logiques de l'imitation, le duel
logique, et l'accouplement logique. Lorsque ce qui est inventé, c'est-à-
dire une croyance ou un désir tend à se propager, à se répandre, cette
croyance ou ce désir (on sait que ce sont pour M. Tarde les principaux
faits psychologiques, surtout au point de vue social) rencontrent force-
ment d'autres désirs ou d'autres croyances, avec lesquels les premiers
seront en accord ou en opposition logique ou téléologique. Dans le
premier cas, il y a *accumulation* possible, dans le second cas, *substitution* possible. Cette distinction des inventions substituables et des
inventions accumulables est, pour l'auteur, d'une grande importance :
il l'explique par de nombreux exemples. « Une langue peut s'accroître
d'une manière illimitée par l'addition de nouveaux mots, répondant
à des idées nouvellement apparues; mais si rien n'empêche le grossis-
sement de son dictionnaire, les accroissements de sa grammaire ne
sauraient aller bien loin; et, au delà d'un petit nombre de règles
et de formes grammaticales pénétrées d'un même esprit, répondant
plus ou moins bien à *tous* les besoins du langage, aucune règle, aucune
forme nouvelle ne peut surgir qui n'entre en lutte avec d'autres et ne
tende à refondre l'idiome sur un plan différent. »

Après les lois logiques, M. Tarde examine (chap. VI et VII) les
influences extra-logiques; les lois qu'il formule sont les suivantes :
« *à valeur logique ou téléologique égale par hypothèse*, 1° les modèles
internes seront imités avant les modèles externes; 2° les exemples des
personnes ou des classes et aussi bien des localités jugées supérieures
l'emporteront sur les exemples des personnes, des classes, des localités inférieures »; enfin, « une présomption semblable de supériorité
s'attache tantôt au présent, tantôt au passé, et est une cause puissante

de faveur, d'une portée historique considérable, pour les exemples de nos pères ou pour ceux de nos contemporains. »

1° *L'imitation marche du dedans de l'homme au dehors.* « Il semble à première vue qu'un peuple ou une classe qui en imite un autre commence par copier son luxe et ses beaux-arts, avant de se pénétrer de ses goûts et de sa littérature, de ses idées et de ses desseins, de son esprit, en un mot; mais c'est précisément le contraire. Au XVI° siècle, les modes de toilette venaient en France d'Espagne. C'est que déjà la littérature espagnole s'était imposée chez nous avec la puissance espagnole. » Les Italiens « qui se mettent à singer l'antiquité gréco-romaine restaurée par eux, ont-ils commencé par refléter ses dehors, en statues, en fresques, en périodes cicéroniennes, pour arriver par degrés à se pénétrer de son âme? Non, c'est au cœur d'abord que leur éblouissant modèle les a frappés. Ce néo-paganisme a été la conversion d'un peuple de lettrés d'abord, puis d'artistes, à une religion morte; et, morte ou vivante, n'importe, quand une religion nouvelle, imposée par un apôtre fascinateur, s'empare d'un homme, elle ne commence pas par être pratiquée, mais par être crue ». Cette marche de l'imitation *ab interioribus ad exteriora* est générale; parfois cependant, on commence par imiter les dehors du modèle, mais quand on commence « par l'imitation externe on s'y arrête; tandis que de l'imitation interne on passe à l'autre »; elle a une double signification : « 1° l'imitation des idées précède celle de leur expression; 2° l'imitation des buts précède celle des moyens. »

2° *L'imitation du supérieur par l'inférieur* est encore une loi générale. « Les vaincus ne manquent jamais de se modeler sur les vainqueurs, ne serait-ce que pour préparer une revanche. Quand ils empruntent à ceux-ci leur organisation militaire, ils ont soin de dire, et ils croient sincèrement, que le seul motif de cette copie est un calcul utilitaire. Mais cette explication sera jugée insuffisante, si l'on rapproche ce fait de beaucoup de faits connexes où le sentiment de l'utilité ne joue aucun rôle. » Quant à l'appréciation de la supériorité sociale, elle est ainsi déterminée par M. Tarde : « En somme, la supériorité que l'on cherche à imiter, c'est celle que l'on comprend, et celle que l'on comprend, c'est celle que l'on croit ou que l'on voit propre à procurer les biens qu'on apprécie, parce qu'ils répondent à des besoins qu'on éprouve et qui, par parenthèses, ont pour source la vie organique, il est vrai, mais pour canal et pour moule social l'exemple d'autrui. Ces biens sont tantôt de vastes domaines, de grands troupeaux, des leudes ou des vassaux nombreux rassemblés autour d'une immense table; tantôt des capitaux et une clientèle d'électeurs dévoués; sans oublier les espérances célestes et le crédit supposé auprès des grands personnages d'outre-tombe, etc. »

3° M. Tarde distingue très justement des époques où domine l'*imitation-coutume*, d'autres où domine l'*imitation-mode* : dans les premières, on respecte et l'on imite surtout les ancêtres, on tient surtout à son pays; dans le second, les contemporains et, le plus souvent, les étrangers, on tient surtout à son temps. Ces deux formes d'imitations se succèdent. « A l'habitude de croire sur parole les prêtres et les aïeux, succède l'habitude de répéter ce que disent les novateurs contemporains, c'est ce qu'on appelle le remplacement de la servilité par le libre examen. A vrai dire, c'est simplement, après l'acceptation aveugle des affirmations traditionnelles, qui s'imposaient par autorité, l'accueil fait aux idées étrangères qui s'imposent par persuasion. » Mais chaque innovation tend à son tour à s'imposer dans la durée, elle est à son tour transmise aux générations suivantes, et l'imitation-mode cède de nouveau la place à l'imitation-coutume; toutefois, il n'y a pas là de rétrogradation. Après être née dans une tribu et s'être propagée *coutumièrement* pendant des siècles dans cette enceinte close, puis en être sortie, et s'être répandue *par mode* dans les tribus voisines, congénère de vues, en s'y développant, une certaine forme de civilisation a fini par fondre toutes ces tribus en une nouvelle variété humaine à son usage qui s'appelle une nation. Ainsi « l'imitation, d'abord coutume, puis mode, redevient coutume, mais sous une forme singulièrement agrandie et précisément inverse de la première. En effet, la coutume primitive obéit, et la coutume finale commande à la génération. L'une est l'exploitation d'une forme sociale par une forme vivante; l'autre, l'exploitation d'une forme vivante par une forme sociale. » Ce sont ces idées qui expriment pour M. Tarde, le développement des civilisation qui ont pu aller jusqu'au bout de leurs destinées sans mort violente, et il étudie à ce point de vue les divers aspects de la vie sociale : langues, religions, gouvernements, législations, usages et besoins, morales et arts.

En général, le résumé d'un livre est presque une trahison envers l'auteur. J'ai été rarement aussi frappé de cette vérité qu'en analysant le livre de M. Tarde : les propositions générales paraissent sèches, froides et moins vraies lorsqu'on les sépare des exemples qui les appuient, des idées de détail si nombreuses, si variées chez M. Tarde, qui les soutiennent en les accompagnant, enfin de la forme nette et souvent piquante de l'exposition. Je ne saurais donc trop engager le lecteur qui voudra apprécier le mérite de l'ouvrage de M. Tarde à le lire et à le relire. Il y trouvera ample matière à réflexion et n'aura à regretter ni son temps ni son plaisir.

II

Je voudrais maintenant indiquer mes réserves; le livre de M. Tarde m'a toujours intéressé, toujours charmé, il ne m'a pas toujours convaincu. Toutefois, pour marquer la portée des objections que je lui ferai et sur lesquelles j'insisterai plus que sur nos points d'accord, je dirai tout d'abord que, sur bien des points, je suis pleinement de son avis, soit qu'il m'ait convaincu, soit que j'eusse déjà des opinions en harmonie avec les siennes, comme il a bien voulu le rappeler lui-même dans une note de son livre.

Il faut féliciter M. Tarde d'avoir cherché une qualité commune à toutes les formes de la société, une propriété pour ainsi dire de l'homme qui le rende apte à la vie sociale; il faut le féliciter, surtout, de l'avoir, en plusieurs endroits de son ouvrage, clairement indiquée. Ce qu'il dit de la suggestion, si l'on fait, comme il le demande lui-même, la part de l'exagération dans l'expression, reste profondément juste. Il est parfaitement vrai qu'une immense partie de la vie sociale de l'homme est déterminée, quelquefois contrairement à ses intérêts, quelquefois contrairement à sa raison, quelquefois contrairement aux deux, par des influences subies volontairement ou plus souvent involontairement. Il y a une sorte d'automatisme social. Tout ce que dit M. Tarde sur la suggestion sociale et ses divers modes est très vrai et très bien étudié. Mais si j'accepte pleinement le principe de la suggestion sociale, j'accepte moins celui de l'imitation, et loin que je puisse croire que le second fait n'est qu'une forme du premier, j'inclinerais à penser que le premier n'est qu'une forme du second.

Passons aux points où je diffère d'opinion avec l'auteur : d'abord je ne puis admettre que la génération soit l'analogie de l'ondulation et de l'imitation sociale. Pour employer le langage de M. Tarde, je dirai que la génération et l'hérédité sont des cas de l'imitation-coutume. Encore ne les constituent-elles pas tous. L'habitude et l'instinct en sont d'autres cas non moins importants. En effet, si l'on conçoit l'organisme comme une sorte de société de cellules ou de groupes de cellules, l'analogue de l'imitation sociale, c'est pour l'imitation-mode, la transmission d'une manière d'être d'une cellule ou d'un groupe de cellules à une autre cellule ou à un autre groupe, c'est ce qui arrive peut-être dans le cas de la transmission d'une impression nerveuse de la périphérie aux centres de l'écorce cérébrale et inversement, c'est ce qui arrive encore (au point de vue de M. Tarde, mais, pour ma part, j'interpréterais autrement le phénomène) lorsqu'une impression vive de l'esprit absorbe toutes les forces psychiques et oriente, pour ainsi dire, dans une même direction, toutes les cellules pensantes. Pour l'imitation-coutume, l'analogue de l'imitation sociale se trouverait, en physiologie, dans ce fait que les cellules qui disparaissent, emportées par l'usure vitale, sont remplacées par des cellules qui continuent leur manière d'être et d'agir jusqu'à ce qu'elles obéissent à de nouvelles influences. Ici encore, on pourrait étudier l'alternance de la coutume et de la mode remplaçant la coutume et faisant place à son tour à une coutume plus large que la première. Au fait, le phénomène psychologique est bien connu, c'est l'instinct devenant conscient, se perfectionnant et cédant de nouveau la place à un automatisme plus compliqué. L'hérédité est un autre cas de la coutume.

Autre chose : la partie philosophique de l'ouvrage de M. Tarde est une simple esquisse destinée seulement à montrer comment les vues sociologiques de l'auteur se rattachent à des vues philosophiques sur l'ensemble du monde. Il serait injuste de la critiquer minutieusement. Je me bornerai donc à soumettre un doute et à demander si les similitudes physiques peuvent bien se ramener à des cas d'imitations. M. Tarde fait une réserve pour l'espace en indiquant toutefois que l'exception n'est peut-être qu'apparente. Mais pour les phénomènes physiques même, il me parait difficile d'admettre que les similitudes soient des imitations. La lumière de Sirius imite-t-elle celle de notre Soleil, ou notre Soleil celle de Sirius, ou les deux dérivent-elles d'une source commune? Nous pouvons bien remonter un peu hypothétiquement, il est vrai, aux origines de notre système solaire, mais les rapports des systèmes astronomiques différant entre eux, nous ne pouvons guère que supposer leur existence. La pluralité des mondes habités par des êtres vivants pourrait fournir matière à d'autres objections, mais nous ne sommes pas assez sûrs qu'il y en ait pour pouvoir insister sur ce point.

Enfin, en sociologie même, je ne puis admettre que l'imitation soit tout à fait ce que M. Tarde en fait. Je suis convaincu que ces théories expliquent beaucoup de faits historiques et sociaux, et que l'imitation sociale a une tout autre importance que celle qu'on lui aurait attribuée, mais je trouve d'abord que M. Tarde exagère son rôle, ensuite qu'il comprend sous le nom d'imitation des phénomènes qui doivent être interprétés autrement; enfin, qu'il n'a pas assez insisté sur ce qu'il y a toujours de personnel dans l'imitation, sur l'invention, pour prendre le terme dont il se sert, qui parait être pour lui une chose relativement rare et qui cependant, en fait, se mêle toujours et partout à l'imitation.

Peut-on admettre que l'imitation soit la caractéristique essentielle de la société? M. Tarde repousse la conception économique comme trop large et la conception juridique comme trop étroite. Pourtant les rapports économiques et les rapports juridiques donnent bien lieu à des associations qui constituent ce qu'on appelle en général des sociétés. M. Tarde n'a peut-être pas suffisamment montré que le sens du mot société ne devait être ni aussi large que le ferait la conception économique ni aussi restreint que le ferait la conception juridique, mais, en admettant même que l'association économique sans imitation ne soit pas une société véritable, il faudrait encore prouver que l'imitation sans coopération à un but supérieur, sans participation à une vie commune, sans l'existence d'un système supérieur qui comprend comme éléments les hommes (qui s'imitent ou non), donne encore lieu à une société réelle. Or, en dehors de ce fait, l'imitation parait devoir constituer un assemblage de singes, non une société d'hommes. Si l'imitation est sociale, c'est en tant que cette imitation contribue à la réalisation d'une idée supérieure aux individus qui s'imitent, à la coordination des éléments dans une forme sociale déterminée. On dirait parfois que M. Tarde est disposé à admettre cette idée, notamment lorsqu'il parle de la convergence des éléments sociaux vers une fin générale et aussi lorsqu'il oppose la socialité et la société, je pense

qu'il aurait fallu aller au bout de ces idées : voir dans la systématisation des éléments sociaux, en vue d'une fin supérieure consciente ou
inconsciente, l'essence même de la société et la cause principale des
similitudes sociales, et voir dans l'imitation des éléments les uns par
les autres un des moyens employés pour réaliser cette fin.

On éviterait ainsi un inconvénient de la théorie de M. Tarde qui l'a
conduit à donner une trop grande extension au sens du mot imitation.
Pour M. Tarde, l'obéissance du magnétisé au magnétiseur, l'influence du
chef, du savant, de l'artiste sur ceux qui exécutent les ordres, admi-
rent l'œuvre d'art ou l'œuvre de science sont des formes de l'imitation;
l'objection est facile : obéir n'est pas imiter. M. Tarde l'a prévue et il
tâche d'y répondre. Il y revient même à plusieurs reprises. « On me dira
peut-être, dit-il à la page 97, que subir un ascendant, ce n'est pas toujours suivre l'exemple de celui auquel on obeit ou en qui l'on a foi. Mais
croire en quelqu'un n'est-ce pas toujours vouloir ce qu'il veut ou parait
vouloir? *On ne commande pas une invention*, on ne suggère pas par
persuasion une découverte à faire. Être crédule et docile, et l'être au
plus haut degré comme le somnambule ou l'homme en tant qu'être
social, c'est donc avant tout être imitatif. Pour inventer, pour découvrir,
pour s'éveiller un instant de son rêve familial ou national, l'individu
doit échapper momentanément à sa société. Il est supra-social, plutôt
que social, en ayant cette audace si rare » ; et, à la page 223 : « On peut
être surpris aussi que je considère l'obéissance comme une espèce d'imitation, mais cette assimilation, qu'il est facile de justifier,... est nécessaire, et permet seule de reconnaître au phénomène de l'imitation la
profondeur qui lui appartient. Quand une personne en copie une autre,
quand une classe d'une nation se met à s'habiller, à se meubler, à se
distraire, en prenant pour modèles les vêtements, les ameublements,
les divertissements d'une autre classe, c'est que déjà elle avait emprunté
à celle-ci les sentiments et les besoins dont ces façons d'agir sont la
manifestation extérieure. Par suite, elle avait pu et dû lui emprunter
aussi ses volitions, c'est-à-dire vouloir conformément à sa volonté. »

Sans doute il arrive que la personne qui obéit reproduit une partie
de l'état d'esprit de la personne qui commande. Est-ce le phénomène
essentiel dans les influences sociales? Non, pas plus que la ressemblance dans l'association psychologique. Ce qui importe, ce n'est pas
que celui qui obéit reproduise dans son esprit l'état d'esprit de celui qui
commande, c'est qu'il conforme son esprit et ses actes à la volonté de
celui-ci, ce qui est différent. D'un côté, en effet, l'imitation elle-même
consisterait aussi bien à reproduire en soi toute autre partie de l'état
d'esprit du chef, ou de l'artiste. Imiter un homme qui commande, c'est
aussi bien et mieux commander qu'obéir; imiter un orateur, c'est parler
aussi bien et mieux qu'écouter; imiter un peintre, c'est plutôt peindre
soi-même qu'admirer ses tableaux [1]. L'imitation, dans le cas du pres-

---

1. D'un autre côté, inventer, n'est-ce jamais imiter ceux qui inventent?

tige, n'est donc pas le phénomène essentiel au point de vue social; ce qui importe, ce n'est pas la reproduction, la ressemblance, c'est l'harmonie, et souvent l'harmonie est en raison inverse de la ressemblance et de l'imitation. Quelquefois aussi, l'imitation, la similitude peut produire tout le contraire de l'état social : deux personnes de même caractère s'accordent souvent mal, et le principe de traiter les gens comme ils vous traitent amène aussi bien sinon plus souvent des brouilles que des associations. D'autre part, l'harmonie n'est pas proportionnelle à l'imitation; un savant fait une découverte, il trouve, par exemple, que la cause de l'infection purulente est un microbe; un autre savant, connaissant cette découverte, propose de mettre les plaies des opérés à l'abri de l'air extérieur et de tout ce qui peut introduire un germe dans la plaie, et de prendre des mesures pour détruire ceux qui pourraient s'y trouver. Voilà deux œuvres qui concourent visiblement vers une même fin; je suppose que le second ait connu les découvertes du premier; le rapport entre les deux, au point de vue social, n'est pas niable; en quoi cependant a-t-il imité le premier? En rien, sinon en ce qu'il a adopté ses idées. Or s'il l'avait imité sur n'importe quel autre point, de manière que leurs deux œuvres n'eussent pu contribuer chacune pour sa part à la réalisation d'une fin sociale supérieure, le rapport social des deux savants en serait aussitôt amoindri. S'il s'était borné à refaire stérilement ses expériences, certainement ce fait aurait été social par ses causes et par ses résultats, puisque l'homme ne peut rien faire qui ne soit social à quelque degré, mais les deux savants n'auraient été en rapport social un peu important que si ses conclusions avaient différé sur quelque point, avaient complété les premières, ou leur avaient donné une valeur plus considérable, c'est-à-dire précisément en tant qu'elles auraient différé des premières. Remarquons qu'il ne s'agit ici que de lien social entre des individus, non du type social, ou de l'organisation politique. Le lien social ne sera pas moindre entre les deux savants, *au point de vue scientifique*, si nous supposons qu'ils appartiennent à deux nations différentes et même ennemies.

Il semble d'ailleurs que, si nous considérons l'imitation en elle-même, elle se ramène soit à un cas d'association systématique sociale — comme lorsque nous empruntons à nos parents, à nos amis des habitudes, des idées qui nous rendent aptes à prendre part à la coordination générale — soit à un cas d'association systématique psychique, comme lorsque l'imitation est dénuée de portée sociale, lorsqu'elle est une simple singerie : elle est due alors à un groupement systématique particulier de différents éléments psychiques autour d'une perception. Il me semble donc qu'il faut admettre que l'imitation n'est pas le fond de la vie sociale, et que, par conséquent, les faits semblables qui sont la matière de la science des sociétés proviennent non de l'imitation, mais de la suggestion, de l'adaptation spontanée, de la ressemblance des esprits et des conditions, etc., au moins pour une bonne part.

Nous évitons aussi cette conséquence acceptée par M. Tarde que l'homme, lorsqu'il innove, échappe à sa société. Au moins cela n'arrivet-il pas toujours; en un sens, même, cela n'arrive jamais, l'homme se rattache toujours à sa société en tant que son invention est une conséquence de l'état social dans lequel il vit, et en cela, d'ailleurs, l'imitation joùe un rôle dans l'invention, car celle-ci résulte, comme le fait remarquer M. Tarde, de l'interférence de plusieurs imitations; ce qui n'est pas imité, c'est la combinaison qui se produit en ce moment. Cependant il est difficile de lui dénier le caractère social. Sans doute l'homme est, en un sens, si l'on veut, extra-social ou supra-social quand son invention tend à substituer à la société actuelle une société nouvelle, mais s'il s'agit d'une invention « accumulable » je ne vois pas comment le caractère social pourrait lui être refusé, en tant que cette imitation vient confirmer les liens de la société établie, non pas parce qu'elle serait une imitation d'autres phénomènes sociaux, mais bien parce qu'elle s'harmonise avec eux, parce qu'elle concourt avec eux à une fin unique : le maintien (ou le développement) du type social. A moins que l'on ne prétende que c'est imiter quelqu'un que de concourir à la réalisation du même idéal; mais qui ne voit que, en ce cas, d'abord l'imitation et l'invention ne seraient plus discernables et que le phénomène essentiel dans ce cas c'est la réalisation même de l'idéal et la convergence vers la fin unique et supérieure, non l'imitation qui est un moyen, non un but, et qui n'a de valeur que comme moyen?

Aussi bien, M. Tarde n'a-t-il pas fait à l'invention une part assez grande, l'invention n'est pas si rare qu'il le croit, elle est l'accompagnement naturel de l'imitation, et même elle contribue à lui donner sa valeur sociale. On n'imite jamais absolument de même qu'on n'invente jamais absolument. S'il est vrai que l'on imite encore alors qu'on invente, il est non moins vrai qu'on invente encore alors qu'on imite. Pour nous assimiler tout à fait la peine, le désir d'un autre, il faudrait que nous fussions cet autre. Nous ne pouvons même pas, d'une année à l'autre, nous imiter complètement nous-mêmes. Nous transformons plus ou moins et en diverses manières tout ce que nous recevons, et ce n'est que par ces petites inventions jointes à ces imitations que la société est rendue possible; ce qui fait qu'une mode se propage c'est qu'elle peut s'accommoder à un plus grand nombre de personnes, qu'elle peut entrer dans un certain nombre d'esprits, c'est-à-dire être plus ou moins facilement modifiée, si légèrement d'ailleurs qu'on le voudra. Le magnétisé même, en obéissant à l'ordre du magnétiseur, transforme visiblement la pensée de ce dernier par l'adjonction d'une foule de phénomènes accessoires qu'il y ajoute de son propre fond; par exemple, il attribuera à un acte suggéré des motifs raisonnables qui en font *relativement* de son acte passif une invention réelle. L'importance de ce côté de la vie sociale ne paraît guère contestable; au reste, M. Tarde n'avait pas à s'en occuper longuement, puisque son

livre est consacré à l'étude des lois de l'imitation. Cependant, il y a
bien de l'imitation, jusque dans le fait même de l'invention, il y a surtout de la suggestion et de l'harmonie sociale.

D'ailleurs, je ne voudrais pas qu'on se méprit sur la portée de mes
critiques. Je sais que mes objections sont en harmonie avec quelques-
unes des principales idées de M. Tarde lui-même, idées indiquées çà
et là, plutôt que développées dans son nouveau livre. Il ne faut pas
oublier que ce livre ne nous donne pas l'ensemble complet des vues de
l'auteur sur la sociologie; peut-être un nouvel ouvrage, dont la publication me parait à tous égards désirable, ferait-il disparaître certaines
objections ou plutôt montrerait-il que ces objections portent moins sur
les idées d'ensemble de l'auteur que sur la manière dont il les a présentées ou groupées, subordonnées les unes aux autres. Je regretterais
fort, en tout cas, qu'on vit dans la longueur de cette discussion autre
chose qu'un signe de grande estime pour le talent de M. Tarde et le
mérite de son livre.

Fr. Paulhan.

Le P. J. de Bonniot, S. J. L'AME ET LA PHYSIOLOGIE. 1 vol. in-8°,
532 p., chez Rétaux-Bray, 1889 [1].

Le but que s'est proposé le P. de Bonniot n'apparaît pas bien clairement à la lecture de son livre. Est-ce la réfutation du matérialisme?
Est-ce celle de l'idéalisme berkeleyen? Probablement l'un et l'autre à
la fois. Dans tous les cas, les deux réfutations sont entremêlées d'une
manière qui ne laisse pas de dérouter fort le lecteur habitué à distinguer nettement les deux doctrines que l'auteur a en vue.

L'ouvrage est divisé en deux livres, dont le premier a pour titre :
les Facultés de la connaissance, et le second : *l'Activité humaine*.
Les cinq premiers chapitres du premier livre ont pour objet bien marqué la défense du spiritualisme contre le matérialisme. Après un
exposé sommaire des principales données de la physiologie, l'auteur
passant en revue les différentes fonctions de l'intelligence suivant leur
ordre de complexité croissante, examine si la sensation d'abord, puis
l'imagination, puis enfin l'intelligence proprement dite, peuvent dériver
de l'organisme seul.

Cela fait, par un mouvement de retour qui surprend quelque peu,
il étudie les organes des sens. Ensuite il discute les théories psycho-
physiques sur la mesure des sensations, et la loi de Fechner (qu'il attribue à Weber); puis il passe successivement en revue les questions du
siège des sensations, de la perception, du plaisir et de la douleur, et
de la mémoire. Dans cette seconde moitié du premier livre, c'est l'idéa-

---

1. Cet article était imprimé avant la mort du P. de Bonniot. (Note de la
Direction.)

lisme, beaucoup plus que le matérialisme, qui est mis en cause. Quant au second livre, il n'y est plus question du tout ni d'âme, ni de physiologie, mais de déterminisme et de morale. C'est donc vraiment un second ouvrage juxtaposé au premier, présenté au lecteur sous le même titre et faisant partie du même volume, mais sans aucun rapport avec le premier, sauf en ce point que tous deux, dans la pensée de l'auteur, ont pour objet commun de venger la raison, la morale et la religion également outragées par toutes les mauvaises doctrines. Cela laisse l'impression que l'ouvrage total laisse quelque peu à désirer comme composition.

Quant aux idées qu'expose le P. de Bonniot, elles ne sont pas bien nouvelles, lui-même en convient. Mais il n'a pas songé à faire une œuvre originale; il s'est contenté de rajeunir de vieilles thèses et de vieilles réfutations, d'abord en leur donnant pour appui la physiologie, ce qui est effectivement très nouveau et très digne d'encouragement, mais surtout en les assaisonnant d'un bon sel gaulois qui doit infailliblement, à ce qu'il pense, mettre les rieurs de son côté. Le malheur est que les récriminations les plus acerbes ne contiennent pas toujours les raisons les plus convaincantes, et vraiment le P. de Bonniot a un peu trop de tendance à exécuter les doctrines qu'il n'admet pas par une simple accusation portée contre l'intelligence ou contre la sincérité de ceux qui les soutiennent. Les mots *ineptie, puérilité,* et surtout *sophisme ridicule,* reviennent constamment sous sa plume. On dirait un article polémique de *l'Univers.* Tous ceux qui ne pensent pas comme le P. de Bonniot, idéalistes, matérialistes, déterministes, etc., sont couramment traités de « sophistes ». Ce sont des gens qui « ont la haine innée de la vérité » (p. 267). Ce sont là des mœurs philosophiques qu'on ne saurait approuver, et qui fort heureusement sont devenues rares de nos jours. Nous n'avons point de conseils à donner au Rév. Père ; et pourtant nous ne pouvons nous empêcher de regretter qu'il n'ait pas apporté plus de modération et de respect de ses adversaires dans la défense des convictions très respectables qui l'animaient. Revenons à la doctrine.

La réfutation que l'auteur donne du matérialisme n'a rien de bien original, disions-nous il y a un instant. Ce n'est pas un reproche. Pour apporter du nouveau sur une pareille question, il faudrait la transformer de fond en comble, et pour cela, probablement, faire appel à ces affreuses doctrines qui rattachent la matière à l'esprit, et dont le P. de Bonniot a horreur plus encore peut-être que du matérialisme lui-même. Donc ce qu'il s'agit de prouver, c'est l'existence d'une âme spirituelle, distincte du corps et agissant directement sur les organes. Cela étant, on conçoit que les arguments présentés, soit pour la défense du spiritualisme, soit pour la réfutation de la thèse contraire, ne puissent guère différer de ceux que l'on rencontre dans tous les manuels *ad usum juventutis.* L'auteur en a cependant quelques-uns qui paraissent lui appartenir en propre. Ainsi il fait remarquer que,

si l'intelligence a besoin d'un signe sensible pour s'exercer, elle se
contente de bien peu, puisqu'un aveugle sourd et muet de naissance
parvient à penser grâce aux seules sensations fournies par le toucher
(p. 27). D'où il conclut, un peu précipitamment peut-être, qu'avec un
cerveau de singe l'homme serait encore un homme, et qu'avec un cerveau d'homme un singe ne serait qu'un singe. Mais n'importe, la
remarque est bonne, du moins il nous semble qu'il y aurait un bon
parti à en tirer, et c'est la première fois, à notre souvenance, qu'elle
est présentée comme preuve du rôle secondaire que jouent dans la
pensée abstraite les images, et par suite les états cérébraux qui s'y
rapportent. D'autres fois par contre, il est moins heureux, par exemple
lorsqu'il tient le singulier raisonnement que voici : Lorsque nous
regardons un objet très grand, comme une montagne, l'impression
produite dans nos organes, et qui doit être une image, est très petite.
Comment se fait-il donc que notre sensation paraisse s'appliquer à la
montagne elle-même, c'est-à-dire excède notablement la capacité de la
tête humaine? « On peut sans témérité, ajoute-t-il, mettre la physiologie
en défi d'expliquer ce problème au moyen des seuls mouvements
organiques » (p. 38).

Ce que dit le P. de Bonniot de l'idéalisme berkeleyen présente
plus d'intérêt. Là-dessus, il a vraiment une manière à lui de voir les
choses. Il pose d'abord en principe que l'idéalisme, « c'est une voie
largement ouverte au scepticisme » (p. 135). Donc, et sans qu'il soit besoin
d'autres raisons, c'est une doctrine abominable. Seulement, au lieu de
s'attarder à une réfutation où il ne pourrait que reproduire les arguments traditionnels, il entreprend la tâche bien autrement difficile d'établir positivement les assises du système contraire. Il est conduit par
là à soutenir des opinions singulièrement hasardeuses; mais comme il a
au plus haut point ce courage philosophique que donne la certitude de
posséder la vérité, il n'hésite pas, et pousse jusqu'aux plus extrêmes
conséquences de ses principes. Par exemple, les physiologistes et les
psychologues considèrent également comme un point désormais acquis
à la science que la condition définitive et dernière de la sensation est
dans les centres nerveux. Le P. de Bonniot voit bien, et cela est
tout à l'honneur de sa clairvoyance, que, si on l'accorde, il n'y a
plus moyen d'échapper à l'idéalisme. Donc il le niera, et soutiendra
que la sensation a lieu dans l'organe périphérique, lequel, dit-il, recueillant avec une fidélité parfaite les images des objets sensibles, peut
imprimer dans l'âme une certaine forme des êtres matériels dont elle
prend connaissance (p. 136). Mais les nerfs sensitifs, dira-t-on, qu'en
faites-vous? Le P. de Bonniot leur donne une autre destination. Et
l'âme, dira-t-on encore, l'âme qui est par essence simple et indivisible, elle est donc tout entière en des parties multiples de l'organisme?
Sans doute, et « l'anatomie du cerveau ne permet pas de soutenir une
autre opinion » (p. 136). La thèse, on le voit, ne manque ni de hardiesse, ni d'originalité.

En somme, le P. de Bonniot s'est proposé d'établir les deux thèses
suivantes : 1° qu'il existe en nous un principe spirituel distinct du
corps, et séparable, lequel est en rapport immédiat avec nos organes
et leur imprime des mouvements; 2° que des images semblables aux
choses extérieures s'imprimant dans les organes des sens, l'âme à son
tour reçoit l'impression de ces images, comme le cachet reçoit celle de
la cire (p. 175), et par là connait exactement tel qu'il est l'objet extérieur qui a agi sur le corps auquel elle est unie. Ces deux thèses, le
P. de Bonniot les croit vraies. Peut-être aurait-il dû commencer par se
demander si elles sont seulement intelligibles. Descartes, Malebranche, Leibniz, Berkeley, vingt autres encore, s'il avait pris la peine de
les consulter, lui auraient bien montré qu'elles ne le sont pas. Mais
tous ces grands esprits ne sont probablement que des « sophistes ». Le
P. de Bonniot a cru que seules ces thèses étaient conciliables avec
les grands principes de la doctrine chrétienne et de la vie morale, et
il est parti en guerre pour les défendre; car, on ne peut pas dire le
contraire, son livre est un livre de combat beaucoup plus que d'étude.
C'est là un grave défaut de méthode. La philosophie, comme la science,
ne peut être ni chrétienne ni antichrétienne. Elle est la philosophie,
c'est-à-dire la libre recherche de la vérité, et c'est tout. Si, sous prétexte de l'éclairer, de l'arracher à ses incertitudes et à ses erreurs, on
la subordonne à une puissance étrangère, par le fait même on la supprime. La religion répond au besoin d'adorer et de croire, la philosophie au besoin de raisonner et de chercher; ce sont donc deux
domaines absolument séparés. Le P. de Bonniot n'a pas compris que
le philosophe repousse les vérités toutes faites, et que les seules qui
aient du prix pour lui ce sont celles qu'il a découvertes et comme
créées lui-même, sous la seule garantie de sa raison toujours faillible
et toujours incertaine. Là est le caractère dominant et, qu'on nous
permette de le dire, le défaut capital de son livre.

CHARLES DUNAN.

Abel Hovelacque. LES NÈGRES DE L'AFRIQUE SUS-ÉQUATORIALE.
(*Bibliothèque anthropologique*, t. IX.)

Ce livre est une description des nègres de la Sénégambie, de la
Guinée, du Soudan et du Haut-Nil, qui forment un ensemble ethnique
généralement distinct des peuples nigritiques sous-équatoriaux. Il est
divisé en deux parties.

La première contient les monographies successives de soixante-deux
populations différentes : Wolofs, Sérères, Féloups, Baniouns, etc. La
seconde partie est consacrée à l'ethnographie générale de ces mêmes
populations. L'auteur y traite successivement des caractères anatomiques, du vêtement et de la parure, des mutilations, de l'habitation, du
mariage, de l'esclavage, de l'état politique, des castes, des associa-

tions, des arts, etc., etc. Il a puisé aux sources les plus variées, les plus
sérieuses, les plus récentes, et il les cite avec soin. Son livre peut donc
être consulté avec fruit comme recueil de documents, et la lecture en
est des plus intéressantes. Pour en indiquer l'esprit, nous ne saurions
mieux faire que de transcrire la dernière page :

« En traçant cette esquisse ethnographique, dit M. Hovelacque, nous
n'avons été ni détracteur systématique ni ami aveugle du frère
noir.

« Que par leur développement intellectuel et par leur civilisation les
nègres africains soient inférieurs à la masse des populations européennes, personne évidemment n'en peut douter.

« Personne ne peut douter non plus que, sous le rapport anatomique,
le noir ne soit moins avancé que le blanc en évolution.

« Les nègres africains sont ce qu'ils sont : ni meilleurs ni pires que les
blancs ; ils appartiennent simplement à une autre phase de développement intellectuel et moral.

« Ces populations enfantines n'ont pu parvenir à une mentalité bien
avancée, et à cette lenteur d'évolution il y a eu des causes complexes.
Parmi ces causes, les unes peuvent être recherchées dans l'organisation
même des races nigritiques, les autres peuvent l'être dans la nature de
l'habitat où ces races sont cantonnées.

« Toutefois, ce que l'on peut assurer avec expérience acquise, c'est que
prétendre imposer à un peuple noir la civilisation européenne est une
aberration pure. Un noir a dit un jour à des voyageurs blancs que la
civilisation blanche était bonne pour les blancs, mauvaise pour les
noirs. Aucune parole n'est plus sensée.

« Il est impossible de le nier, là où ont pénétré les missions chrétiennes,
aussi bien les missions protestantes que les catholiques, elles n'ont fait
que porter l'hypocrisie et un raffinement de dépravation.

« Est-ce à dire que la destinée du noir africain doive nous laisser
indifférents, et que nous ne devions pas songer à le faire bénéficier de
nos progrès? En aucune façon.

« Il s'agit, tout au moins, d'épargner l'eau-de-vie de traite, les missions
religieuses et les coups de fusil à un grand enfant crédule et incons-
tant, auquel il ne faudra de longtemps, semble-t-il, demander les qualités de l'homme fait. »

L. M.

Dr A. **Bordier**. Pathologie comparée de l'homme et des êtres
organisés. (*Biblioth. anthropologique*, t. X, 1889.)

Ce livre a été écrit avec les notes de trois années du cours de l'auteur à l'École d'anthropologie. Le légitime succès de ce cours peut
faire pressentir un égal succès du livre qui en est le résumé.

Conformément à la tradition qui s'est en quelque sorte imposée à
l'École d'anthropologie, M. Bordier ne se borne pas à une monogra-

phie de l'espèce humaine au point de vue qui le concerne. On ne comprend les phénomènes humains de toute sorte, anatomiques, physiologiques ou sociologiques, qu'à la condition de les suivre autant que possible dans la série animale et même dans la série des êtres organisés. M. Bordier s'est inspiré de ce besoin; c'est ce qui rendra la lecture de son livre éminemment profitable à tous ceux qui s'intéressent à la science de l'homme et qui s'y intéressent philosophiquement plutôt que pratiquement.

Il n'y est guère question de diathèses, du génie épidémique, de la coction des humeurs ni de tout le vieux bagage métaphysico-médical, des « anti-circulateurs » modernes. En revanche, une grande place a été donnée aux travaux de Pasteur, car l'étude des microbes et de leur culture artificielle dans des conditions de milieu exactement déterminées, de leur culture dans le milieu intérieur des animaux et des conditions qui facilitent ou empêchent cette culture a complètement transformé la pathologie non sans profit pour la thérapeutique.

L'auteur s'est constamment placé au point de vue de la doctrine du transformisme, spécialement à propos des parasites et des modifications que le milieu fait subir aux individus. Chaque chapitre de son livre apporte, comme il le dit, un argument en faveur de cette seule explication scientifique des phénomènes de la nature. Il convient de signaler principalement, sous ce rapport, le chapitre intitulé : *les Microbes et le Transformisme,* où, considérant le grand nombre de générations de microbes que peut en quelques jours manier l'expéri-mentateur, M. Bordier montre « que, dans ce monde microscopique où, toutes proportions gardées, nous disposons du temps dans une mesure qu'il ne nous est donné nulle part ailleurs d'atteindre, nous avons les preuves expérimentales de la réalité du transformisme ». Passons de suite à la conclusion générale du livre, qui est assez courte pour pouvoir être reproduite ici :

« La matière vivante est une. Groupée momentanément sous la personnalité d'un végétal et sous celle d'un animal, elle obéit aux mêmes lois; le masque humain lui-même ne nous confère aucun privilège; le processus pathologique qui préside à la formation de la *galle* du chêne est le même que celui qui organise les tubercules dans le poumon d'un homme, et si l'homme possède un trait caractéristique, ce n'est guère que la vanité qui le pousse à se mettre en dehors du reste de la faune.

« Qu'on me fasse entendre, dit Montaigne, sur quels fondements
« l'homme a bâti ces grands avantages qu'il pense avoir sur les autres
« créatures. Qui lui a persuadé que ce branle admirable de la voûte
« céleste, la lumière éternelle de ces flambeaux roulant si fièrement sur
« sa teste, les mouvements espouvantables de cette mer infinie soient
« établis et se contiennent depuis tant de siècles pour sa commodité et
« pour son service? Est-il possible de rien imaginer de si ridicule, que
« cette misérable et chétive créature, qui n'est pas seulement maitresse
« de soi, exposée aux offenses de toutes choses, se die maitresse et empé-

« rière de l'univers? La plus calamiteuse et fragile de toutes les créa-
« tures, c'est l'homme et quand et quand la plus orgueilleuse. Elle se
« sent et se voit logée icy parmi la bourbe et la fient du monde, atta-
« chée et clouée à la pire, plus morte et plus croupie partie de l'uni-
« vers et va se plantant par imagination au-dessus du cercle de la lune
« et ramenant le ciel sous ses pieds. C'est par la vanité de cette mesme
« imagination qu'il se trye soi-même et sépare de la presse des autres
« créatures et taille les parts aux animaux, ses confrères et .compa-
« gnons. »

L. M.

***

Hugo Münsterberg. BEITRAEGE ZUR EXPERIMENTELLEN PSYCHOLOGIE,
J.-C. B. Mohr, Freiburg i. B.

La *Revue philosophique* a annoncé précédemment la publication pério-
dique par M. Münsterberg, docteur en philosophie et en médecine et
privatdocent à l'université de Fribourg, de *contributions à la psychologie expérimentale* et rendu compte du premier fascicule de ces con-
tributions. Deux nouveaux fascicules sont parus depuis dont voici
l'analyse.

FASCICULE 2. — M. Münsterberg étudie dans ce fascicule le *sens du
temps*, les *fluctuations de l'attention*, la *mesure visuelle*, le *sens
auditif de l'espace*.

Sens du temps. — Laissant de côté la question du temps métaphysique, l'auteur fait rapidement l'historique des recherches expérimentales qui ont eu pour objet l'étude de notre estimation du temps. Après
quoi il annonce qu'en présence des résultats contradictoires auxquels
on voit aboutir les divers expérimentateurs, il n'a pas voulu recommencer de nouvelles expériences avant de s'être fait une idée claire
du sens de la question posée. « On a, dit-il, rassemblé et accumulé des
nombres et personne ne s'est sérieusement demandé ce que ces nombres signifiaient (15). » Suit une théorie, fondée sur l'observation intérieure, du sens du temps. Cette théorie se résume en ceci : *nos sensations relatives au temps ont toutes ceci de commun d'avoir pour
fondement une sensation de tension musculaire*. M. M. reconnaît que
nous n'avons pas ordinairement conscience de mesurer le temps au
moyen de sensations musculaires ; mais un phénomène semblable se
produit, dit-il, pour l'espace, dont la représentation se forme également
au moyen de sensations musculaires, lesquelles sont objectivées à cause
des sensations soit tactiles, soit visuelles auxquelles elles s'associent.
« La représentation du temps est exactement de même une synthèse de
la perception des impressions extérieures qui limitent les parties du
temps et des sensations croissantes et décroissantes en intensité de
tension musculaire, sans que pour cela nous rapportions ordinairement
celles-ci aux muscles (25). » Un facteur de la plus haute importance
dans la production de notre sensation du temps, c'est la *respiration*,

dont l'influence se fait sentir sur une foule de muscles, et qui, grâce à ses mouvements alternatifs d'inspiration et d'expiration, permet une division et une comparaison faciles des durées. M. M. indique encore un grand nombre d'autres facteurs de moindre importance qui, d'après son observation subjective, interviendraient pour compliquer notre estimation du temps, mais qui tous se ramèneraient finalement à une modification survenue dans la tension musculaire. En s'appuyant ensuite sur l'analyse précédente, il donne l'explication très ingénieuse des résultats contradictoires déjà signalés dans les diverses expériences jusqu'à présent faites sur le sens du temps ; ainsi, pour ne prendre qu'un exemple, si Mach a trouvé la sensibilité de l'oreille pour le temps plus grande que celle des autres sens, c'est, dit-il, que, comme le montrent les marches jouées par les musiques, la danse, etc., les excitations se transmettent plus facilement par voie réflexe de l'ouïe que de l'œil, par exemple, aux muscles (49). Finalement, M. M. nous donne quelques résultats de ses propres expériences, parmi lesquels on peut noter celui-ci : deux séries d'expériences dans l'une desquelles on n'a pas pris garde aux phénomènes de la respiration, tandis que dans l'autre on s'est appliqué à faire correspondre le commencement des durées à apprécier aux mêmes phases de l'acte respiratoire, ont vérifié la théorie de l'action de la respiration sur l'estimation du temps en donnant comme erreur moyenne une première fois pour la première série 10,7 p. 100 et pour la seconde 2,9 p. 100 seulement, une seconde fois pour la première série 24 p. 100 et pour la seconde 5, 3 p. 100 seulement.

La conclusion, quoique M. M. lui-même ne la formule pas clairement, qui semble en définitive se dégager pour le lecteur de l'étude d'ailleurs très intéressante qui vient d'être analysée, c'est que la durée est une propriété de la seule sensation musculaire, propriété qu'on a coutume de transporter indûment aux autres sensations. Or, cette conclusion, objecterons-nous, laisse inexpliqués : 1° la durée en elle-même, 2° le rapport entre la sensation musculaire et les autres sensations qui permet d'appliquer à celles-ci, indûment ou non, peu importe, la notion de durée.

Fluctuations de l'attention. — Cette étude est dirigée, en général, contre la théorie d'une activité centrale, d'une conscience ou aperception conçue comme sujet des fluctuations en question, et tend à prouver qu'elles ont toujours une origine sensorielle ou périphérique. Les chiffres trouvés pour une fluctuation mesurée par l'intervalle qui sépare deux disparitions d'une impression juste perceptible, les expériences étant faites avec des anneaux gris obtenus sur fond blanc par rotation d'un disque, sont plus élevés (6,9 sec.) que ceux (entre 3,1 et 3,4 sec.) que Lange a obtenus en considérant la durée qui sépare deux maxima d'intensités. Ajoutons que M. M. a soumis ses expériences à diverses influences modificatrices dont voici les résultats principaux : 1° des prismes tenus devant les yeux et enlevés, puis replacés alternativement, ont produit l'allongement de la durée des fluctuations (12,3 sec.) ; 2° la fermeture rapide des yeux fait disparaître les fluctuations; 3° la suppression, ne durant qu'un instant, de la vue de l'objet à percevoir a un effet contraire, accélère les fluctuations, plus prolongée les allonge, avec 1 seconde d'intervalle, après 3 secondes de fixation les supprime; 4° dans la vision indirecte, il y a allongement; 5° avec déplacement lent du disque, les fluctuations disparaissent; 6° le ralentissement et l'accélération de la respiration amènent le ralentissement et l'accélération des fluctuations. Selon M. M., l'explication de ces résultats doit, pour la vue, être cherchée, non dans la fatigue du cerveau ni dans celle du nerf optique, encore moins dans celle d'une aperception transcendante, mais dans celle de l'œil et spécialement des muscles de la fixation et de l'accommodation; la preuve que les fluctuations n'ont pas une origine centrale lui paraît résulter principalement du fait de leur suppression par la fermeture des yeux, laquelle repose, selon lui, de l'accommodation et de la fixation, ensuite du fait de l'accélération des fluctuations quand le disque est rapidement recouvert; en effet, alors l'impression visuelle, quoique devenue autre, continue de se faire et son changement sollicite un travail de fixation plus actif des muscles. M. M. fait une critique des recherches de Lange qui essaye d'attribuer les fluctuations de l'attention à une aperception centrale, et, sans nier que le cerveau ne puisse se fatiguer, il affirme l'origine périphérique, en dernière analyse, aussi bien des fluctuations qui se produisent dans le domaine de la perception auditive et même du souvenir que de celles qui se produisent dans celui de la perception visuelle (122).

Dans sa lutte contre les partisans d'une aperception centrale, M. M. exagère évidemment en sens opposé, et, comme eux, il tend à isoler, bien qu'en quelques passages il prenne soin d'affirmer leur liaison étroite, la périphérie et les centres.

Mesure visuelle. — M. M. aborde ses expériences avec l'idée que les seules sensations musculaires peuvent fournir des intensités mesurables; il se trace en conséquence le plan suivant : « soumettre expérimentalement autant que possible l'estimation spatiale des grandeurs à des conditions qui agissent en les modifiant sur les mouvements de l'œil et voir s'il se produit des modifications de l'estimation correspondantes » (136). Il emploie la méthode des erreurs moyennes : il considère une grandeur normale et d'autres alternativement trop grandes ou trop petites, par conséquent à raccourcir ou à allonger pour qu'elles deviennent ou paraissent devenir égales à la première. La quantité dont les grandeurs à faire égales à la grandeur normale diffèrent en moyenne de celle-ci est évidemment, dit M. M., l'erreur constante, puisque toutes les erreurs variables, qui sont produites par les changements qui surviennent dans la sensibilité pour les différences, doivent se compenser. Il étudie à la fois l'erreur constante et l'erreur variable ainsi définies. Les conditions auxquelles il soumet l'estimation des grandeurs sont, par exemple, les suivantes : 1° les deux yeux se meuvent librement; 2° un œil est caché, l'autre se meut librement; 3° les deux yeux fixent un point situé au milieu entre les deux distances à comparer, etc. Voici les principaux résultats qu'il signale : on exagère la distance située à gauche, et on rapetisse celle qui est située à droite; ce fait s'expliquerait, selon lui, notamment par l'habitude que nous avons de lire et d'écrire de gauche à droite, habitude qui rend l'effort musculaire requis pour diriger l'œil dans ce sens moins grand ; — les images situées à la périphérie de la rétine seraient accrues aussi bien dans le cas où elles sont radiales que dans le cas où elles sont tangentielles; — notre œil droit allonge les distances droites, notre œil gauche les distances gauches; — dans les expériences où un certain intervalle de temps s'est intercalé entre la vue des distances à comparer, M. M. a pu constater que l'erreur constante est moindre si les distances à comparer se recouvrent que si elles sont placées l'une à côté de l'autre ; — il n'est pas absolument vrai qu'une distance linéaire paraisse plus grande que la même distance limitée par deux points : en effet, cela n'a pas lieu si ces distances, au lieu de se suivre, comme dans les expériences ordinaires, sont séparées; avec de grandes longueurs, les distances vides paraissent même plus grandes que les mêmes distances linéaires; — pour que la distance verticale paraisse plus grande que l'horizontale, il faut, a constaté M. M., trois conditions : 1° qu'il s'agisse de distances vides ; 2° que la verticale fasse en haut son angle droit avec l'horizontale; 3° que les yeux se meuvent librement; quant aux lignes verticales et horizontales, l'exagération de la verticale ne se produit qu'avec de petites distances; avec de grandes distances, c'est l'horizontale qui est jugée plus grande qu'elle n'est réellement; — l'erreur variable moyenne est plus grande avec les yeux fixes qu'avec les yeux mus : M. M. voit là une preuve convaincante que toute appréciation de grandeurs n'est qu'une appréciation de l'intensité de sensations musculaires; car il est clair, selon lui, que « les mouvements exécutés réellement fournissent des éléments d'appréciation plus précis que les sensations simplement reproduites dans le souvenir, quand l'œil est fixe » (179); M. M. ici semble ne pas remarquer que la rétine fonctionne elle-même autrement dans le cas d'immobilité des yeux que dans celui de mobilité, et que par conséquent la différence qu'il signale peut s'expliquer, sinon complètement, au moins en partie, par cette différence dans l'action rétinienne; — la sensibilité différentielle est plus grande dans la vision binoculaire que dans la vision monoculaire, pour les distances verticales que pour les horizontales, pour les objets semblables que pour les objets différents, etc.; — M. M. conclut enfin de ses expériences que la loi de Weber vaut dans le cas de mensurations visuelles.

Les expériences de M. M. paraissent avoir été faites avec soin et sont en somme intéressantes. Mais la théorie qu'il essaye d'en tirer ou plutôt de confirmer par elles, savoir que la mesure visuelle est une simple comparaison de sensations musculaires, paraît bien difficile à prouver.

Lui-même, en effet, reconnaît (144) que toute excitation rétinienne déterminée produit une réaction motrice déterminée; d'où cette objection
qui s'impose, c'est qu'on ne pourra jamais arriver à isoler ces deux
phénomènes étroitement associés, l'un rétinien, l'autre musculaire, et
que, si toute modification rétinienne entraine ou tend à entraîner un
changement correspondant dans l'état des muscles de l'œil, réciproquement, chaque fois qu'on croit agir simplement sur les mouvements de
l'œil, on modifie en même temps l'état de la rétine.

Sens *auditif de l'espace*. — Après avoir passé en revue les théories
de ses prédécesseurs, M. M. expose la sienne. Selon lui, l'oreille a,
comme l'œil et la peau, son espace propre. Les ondes sonores produisent
d'une part, dans le vestibule et le limaçon, les excitations d'où résulte
la sensation de son : ces excitations sont relativement indépendantes
de la position de la source sonore, et les légères différences qui résultent du déplacement de cette source sonore sont perçues comme différences qualitatives sans rapport direct à la localisation subjective de la
direction du son. Mais, d'autre part, les mêmes ondes sonores produisent
dans les canaux semi-circulaires d'autres excitations qui sont entièrement dépendantes de la situation de l'objet d'où elles émanent; cette
dépendance se conçoit d'ailleurs aisément, quand on considère la position
perpendiculaire des trois canaux les uns par rapport aux autres [1]. Ces
excitations ne produisent aucune sensation de son, mais font apparaître
d'une manière réflexe dans l'organe central, vraisemblablement dans le
cervelet, des mouvements de la tête et de ses parties qui sont utiles à
la conservation de l'individu en amenant les oreilles, par rapport à la
source sonore, à la position requise pour l'audition la plus nette et qui est
celle dans laquelle le son vient d'avant et avec une force égale pour
les deux oreilles. Ces mouvements donnent naissance à des sensations
musculaires qui elles-mêmes produisent l'espace auditif. Une expérience,
qui est en effet très intéressante, paraît clairement prouver à M. M. que
la localisation par l'ouïe ne peut tenir à la sensation même de son : si
on fait arriver aux deux oreilles au moyen d'un tuyau fourché le bruit
du tic tac d'une montre, si ensuite on éloigne l'une des branches du
tuyau jusqu'à ce que, par exemple, le tic tac ne soit plus perceptible

---

[1]. Nous avouons, pour notre compte, ne pas concevoir aisément la dépendance
en question. Il n'y a, croyons-nous, qu'une analogie grossière entre les trois
directions des canaux semi-circulaires et les trois directions auxquelles on prétend souvent, en géométrie, ramener en réalité et non seulement théoriquement
l'infinité des directions de l'espace. Les canaux semi-circulaires n'ayant vraiment
que trois directions, comment arriverions-nous, s'ils jouaient le rôle que leur
suppose M. M. (et d'autres avec lui), à rétablir, avec leur seule aide, cette infinité des directions que l'espace en réalité possède? C'est ce que M. M. n'explique
en aucune façon. Supposer une reconstruction subjective de cette infinité de
directions constitue une hypothèse sans fondement et qui va contre l'observation, qui nous montre l'enfant partant de la connaissance de cette infinité
pour n'apprendre que tard la théorie géométrique des trois directions, laquelle
est donc une découverte tardive, non une connaissance primitive.

que pour l'oreille gauche, on observe ceci, dit Urbantschitch : « L'oreille droite perçoit le tic tac de la montre très faible, mais distinct, que la branche qui appartient à l'autre oreille soit comprimée ou laissée ouverte. Mais la place où a lieu la perception auditive est remarquablement influencée par la compression du tuyau gauche. Le tic tac en effet n'est entendu dans l'oreille droite que s'il y a occlusion complète du tuyau gauche ; dès qu'on laisse ouvert ce tuyau, le tic tac paraît s'éloigner de l'oreille droite en se rapprochant du milieu de la tête. » « Ce que nous apprend l'expérience, dit M. M., est clair. L'excitation sonore du côté gauche est trop faible pour produire une sensation de son et peut cependant influencer la localisation subjective de la sensation de son qui vient de droite, de la même manière que s'il y avait aussi un son perceptible à gauche. *Si la sensation de son elle-même avait son « signe local », alors devrait cesser avec elle son influence sur la perception spatiale du reste du contenu de conscience : mais, puisque cette influence persiste, il s'ensuit que l'excitation centripète, qui nous devient consciente comme son, et celle qui éveille en nous la représentation du rapport à un point déterminé de l'espace, non seulement ne sont pas identiques, mais, dans certaines limites, sont indépendantes l'une de l'autre.* » (211.) Remarquons qu'on pourrait généraliser l'argument précédent en l'appliquant à nier toute sensation inconsciente et toute action de phénomènes inconscients sur la vie consciente ; comme cependant il est certain que, par exemple, nos souvenirs inconscients agissent sur nos perceptions actuelles en les rendant plus nettes, en les faussant même quelquefois, diraient certains, il s'ensuit que l'argumentation de M. M. n'a pas de valeur et qu'il reste possible que la localisation soit influencée par une perception inconsciente de son. Au reste, qu'est-ce qui prouve que, dans l'expérience, la perception cesse, quand le tuyau est laissé ouvert, d'être consciente pour l'oreille gauche?

Des expériences suivent pour résoudre cette question : De combien de degrés doit se déplacer la direction d'un son pour que le déplacement de la source sonore soit juste perceptible? La source sonore, dans ces expériences, se déplace sur trois circonférences de 1 mètre de rayon, ayant leur centre supposé dans la tête, au milieu d'une ligne censée joindre les deux tympans, et appartenant respectivement à trois plans perpendiculaires entre eux, l'un horizontal, les deux autres verticaux. M. M. a trouvé qu'horizontalement le minimum de déplacement perceptible va croissant à mesure que la source sonore passe de la position en avant de la tête à la position en arrière. Il conclut de semblables résultats à la finesse de localisation elle-même et essaye de justifier cette conclusion : ainsi, opposant les résultats qu'il a obtenus aux faits anciennement signalés et bien connus d'erreurs considérables portant sur la localisation par l'ouïe, il prétend que ses expériences à lui doivent être seules prises en considération, attendu que la question de la localisation absolue du son est aussi mal posée, quand il s'agit d'étudier la loca-

lisation du son en général, que le serait celle de la hauteur absolue du
son, s'il s'agissait d'étudier l'aptitude à discerner les sons. Il nous
semble qu'ici M. M. conclut trop vite; la question de la hauteur absolue
d'un son est au fond toujours une question de hauteur relative et tout
homme bien doué pour la perception de différences de son juste perceptibles est également bien doué, croyons-nous, pour celle de hauteurs
absolues, pourvu qu'on pose à cet homme la question intelligemment,
c'est-à-dire que, s'il ne sait pas la musique, on lui demande, non pas
si telle note est un *do* ou un *ré* de telle *octave* ou de telle autre, mais,
par exemple, si telle note lui paraît plus élevée ou plus basse que celle
qu'il donne lui-même quand il parle avec calme. De même, la localisation absolue ou la localisation relative d'un objet, d'un son, sont au fond
la même chose et il n'y a pas de différence essentielle entre localiser un
son à droite d'un autre ou le localiser simplement et absolument à
droite.

Relativement à sa théorie de la localisation des sons par des sensations musculaires, M. M. explique l'accroissement du minimum de
déplacement perceptible, quand on passe de 0º (devant la tête) à 180º
(derrière), par l'intensité croissante de l'effort musculaire qu'on se représente et qu'il faudrait faire pour imprimer à la tête des rotations correspondantes : cette intensité croissante entraine, conformément à la
loi de Weber, l'accroissement des différences juste perceptibles.

Les expériences faites dans les deux autres plans, d'autres expériences
encore relatives à la localisation au moyen d'une seule oreille, à l'influence exercée par le pavillon, ont donné à M. M. des résultats que
seule sa théorie lui parait pouvoir expliquer. Nous ne les rapporterons
pas, ne voulant pas développer à l'excès ce compte rendu. Nous ferons
simplement à tout ce qui précède ces objections : 1º il semble que,
dans une question aussi difficile que celle de la localisation par l'ouïe,
le nombre des expériences sur lesquelles s'appuie M. M. a été insuffisant; 2º ces expériences ont dû être faites à des moments différents et
les résultats obtenus tiennent peut-être quelquefois à des états particuliers de l'attention : à cet égard, M. M. parait n'avoir pas pris de précautions; 3º certains résultats sont surprenants : ainsi on voit des
déplacements de 1 centimètre devenir perceptibles, ce qui est extraordinaire, étant donnée l'incertitude bien connue de notre localisation
auditive; 4º enfin l'objection fondamentale est que M. M. ne nous donne
aucun renseignement sur cette qualité des ondes sonores qui, selon lui,
produit les diverses réactions musculaires qui nous permettent de
localiser les sons.

FASCICULE 3. — Ce fascicule est consacré à une *Neue Grundlegung
der Psychophysik,* c'est-à-dire que M. M. y essaye d'établir la psycho-
physique sur de nouvelles bases. La question fondamentale qu'on se
pose, dit-il, est celle-ci : la mesure d'intensités et de différences d'intensités de la sensation est-elle en général possible? M. M. cite les auteurs qui l'ont nié et conclut que, bien que Fechner et Wundt aient

finalement gain de cause en prétendant que cette mesure est possible,
il y a cependant dans la critique des premiers quelque chose de juste,
savoir que la sensation forte n'est pas un composé de sensations faibles,
qu'elle est quelque chose d'entièrement nouveau. M. M. affirme donc
nettement lui-même que la plus forte et la plus faible sensation diffèrent qualitativement, d'une manière générale que *les différences d'intensité sont des différences de qualité*[1], et, contre Wundt, qu'il y a ici
autre chose qu'une dispute de mots. Cependant il maintient lui-même
que ces intensités de la sensation, quoiqu'elles se réduisent à des qualités, sont mesurables. Suit, pour faire comprendre cela, une théorie
de la mensuration qui se résume en ceci : « L'unique fondement psychologique de nos mensurations physiques est notre sensation musculaire, en tant que toute mesure repose sur la mesure d'étendues,
de durées et de masses et qu'une estimation de ces dernières n'est possible que sur la base de la sensation musculaire. » Pourquoi maintenant cette situation privilégiée reconnue à la sensation musculaire?
Parce que mesurer c'est constater l'existence en plus grande quantité
dans le tout, en moindre quantité dans les parties de ce tout, d'un
élément identique et que « dans toute perception la sensation musculaire est le seul élément qui, lorsque je divise en parties l'objet de
la perception, se retrouve dans chaque partie, mais en moindre quantité dans chaque partie que dans le tout » (22). Chaque morceau d'un
papier rouge, par exemple, prétend M. M., reste au contraire aussi
rouge que le papier tout entier [2], et, par conséquent, le rouge du tout
ne peut pas être mesuré avec le rouge du morceau considéré pris comme
unité. Ceci posé, la mesure des grandeurs psychiques, des intensités de
la sensation, repose sur le même principe que celle des grandeurs physiques; en effet, toute sensation provoque une réaction centrifuge, musculaire, s'associe ainsi à une sensation déterminée de tension musculaire qui précisément lui confère une intensité déterminée et en même
temps la rend mesurable. Bref, d'une part toute mesure se fait au moyen
de la sensation musculaire qui seule a ces propriétés que la sensation
faible est contenue dans la forte, qu'elles ne sont pas qualitativement différentes l'une de l'autre, qu'elles ne diffèrent que par leur durée et
leur étendue, d'autre part l'intensité de la sensation en général est
mesurable parce qu'elle résulte de la sensation musculaire qui accompagne toute sensation.

Puisqu'il s'agit ici, selon l'auteur, du fondement même de la psycho-
physique, insistons sur les objections qu'on peut faire à la théorie précédente. Elle a le défaut général d'expliquer *obscurum per obscurius*
en faisant jouer un rôle privilégié à ce sens musculaire dont l'existence
est encore aujourd'hui contestée par certains. De plus il est inexact que

---

1 - Comparer la thèse analogue soutenue récemment par M. Bergson, dans son
ouvrage intitulé *Les données immédiates de la conscience.*
2 - Déclarons dès maintenant que cette assertion nous paraît fausse.

dans le seul sens musculaire se rencontre cette propriété de la senaa-
tion faible d'être *contenue* (c'est la métaphore critiquable dont se sert
fréquemment M. M. lui-même) dans la forte : il en est de même notamment du goût, de l'odorat, du sens de la température et probablement
de tous les sens ; la seule différence c'est que le fait se constate plus
aisément avec les perceptions d'étendue qu'avec celles qui se rattachent
au sens de la température, au goût, etc. ; mais on peut le constater
aussi dans le cas de ces dernières perceptions : ainsi lorsqu'on touche
l'eau d'un bain chaud avec la main, on éprouve une sensation de chaleur beaucoup moins forte que quand on se plonge tout entier dedans.
Supposons maintenant qu'on puisse aisément diviser l'eau du bain en
parties d'égale température et de nombre connu, par exemple en 10 parties, et la surface du corps en 10 parties correspondantes, on pourrait
dire alors que la température du bain tout entier est 10 fois plus forte
que celle de chacune des parties ; et, en réalité, quand on dit qu'un
mètre vaut 10 décimètres, on fait, en l'appliquant seulement à une autre
perception, exactement l'opération que nous venons d'indiquer. De
même on pourrait, par un procédé analogue, mesurer directement la
couleur par la couleur, la couleur d'une quantité déterminée d'eau de
mer, par exemple, au moyen de la couleur plus faible d'un litre d'eau
de mer pris comme unité. On ne pourrait pas mesurer directement ainsi
la couleur de la mer tout entière, mais on ne peut pas davantage mesurer directement la distance de la lune à la terre : on fait une hypothèse sur cette distance comme on en ferait une sur la couleur de la
mer, de l'air, si les mensurations ordinaires, au lieu d'être des comparaisons de longueurs, étaient des comparaisons de couleurs.

De plus les raisonnements abstraits dont se sert M. M. l'empêchent
d'apercevoir ceci : c'est que, si vraiment les sensations musculaires
seules sont mesurées, il s'en suit — cette conclusion, si naïve qu'elle
soit, mérite d'être formulée — que les autres *en aucune façon* ne le sont.
Si cependant elles le sont, il en résulte que la théorie de M. M. est
fausse. Or le sont-elles? Oui, croyons-nous, et, bien plus, elles le sont par
elles-mêmes, ou tout au moins il y a l'équivalent d'une mesure directe,
par exemple de la chaleur par la chaleur, dans la comparaison que nous
faisons à chaque instant entre les diverses chaleurs auxquelles nous
nous trouvons soumis. Cette comparaison nous conduit non seulement
à distinguer diverses chaleurs, mais encore à *disposer ou pouvoir dis-*
poser ces chaleurs suivant un ordre déterminé : aussi, n'eussions-nous
pas de thermomètres, nous pourrions encore, entre certaines limites,
dire sans hésiter que deux températures déterminées se ressemblent
plus que deux autres également déterminées, que telles chaleurs sont
dans un ordre croissant d'élévation, ou de hauteur, ou d'acuité, ou de
force (peu importe la métaphore dont nous nous servirions). De même
pour les sons, les couleurs, les intensités de ces sons, de ces couleurs, etc. Supposons maintenant, conformément à la théorie de M. M.,
que *dans la pratique* seules les sensations musculaires associées aux

autres soient mesurées (en fait il est tout au moins exact qu'ordinairement on ne mesure la chaleur, le temps, etc., que d'une manière indirecte, au moyen de longueurs), voici le principe qui seul permet de
comprendre que la mesure de sensations musculaires puisse arriver
à remplacer ainsi la mesure directe des autres sensations par elles-
mêmes : c'est qu'*il soit postulé que les variations et variétés de ces
dernières sont soumises aux mêmes lois que les variations et variétés
des sensations musculaires qui leur correspondent.* C'est ainsi qu'on
postule en réalité inconsciemment que les augmentations de la chaleur,
c'est-à-dire de la chaleur directement perçue par le sens de la température, progressent suivant une loi identique à celle de la progression
de la dilatation, et, dans la pratique, de la progression de l'allongement du liquide thermométrique. Or ce postulat suppose non seulement
la mesure directe de la dilatation, c'est-à-dire la comparaison d'étendues
déterminées avec une unité d'étendue, mais encore la mesure non moins
directe des progressions de la chaleur, c'est-à-dire la comparaison directe de températures les unes avec les autres.

Ajoutons maintenant que ce postulat est sujet à critique, qu'on peut
prétendre qu'il n'y a pas en réalité correspondance parfaite entre les
variations de nos diverses sensations : ainsi, supposons quelqu'un
plongeant sa main et en même temps un thermomètre dans un vase
contenant de l'eau à une température déterminée; il pourra arriver
qu'au bout de quelque temps le thermomètre monte légèrement, auquel
cas un physicien, constatant cette élévation *avec ses yeux*, dirait que
la température de l'eau a augmenté; tandis que la sensation ressentie
par la main pourra n'avoir pas changé, auquel cas on devrait dire, en
dépit des affirmations du physicien et au nom d'une science plus rigoureuse que la sienne, que la véritable température, la température spécifique, sentie par le *sens de la température*, n'a pas changé. Cette
question des rapports entre les variations coexistantes ou susceptibles
de coexister des diverses sensations présente, croyons-nous, un intérêt
fondamental pour la psychophysique, et on peut même se demander si
l'opposition établie dans la formule de la loi de Weber entre la sensation et l'excitation ne se ramène pas, au fond, à l'opposition entre les
variations de certaines sensations et celles de certaines autres : en effet,
l'excitation n'est-elle pas elle-même connue par des sensations?

Notons encore que la théorie de M. M., si elle était exacte, nous con-
duirait à la conclusion suivante : 1° si les intensités ailleurs que dans
le sens musculaire sont de simples qualités, 2° si les intensités de la
sensation musculaire ne sont elles-mêmes, comme il l'affirme expressément [1], que des durées, bref s'il n'y a nulle part d'intensités, pourquoi donc a-t-on, même dans le langage populaire, distingué nettement

---

1. « Die stärkere Empfindung enthält in sich die schwächere insofern die
scheinbare Intensitätsabstufung nur längere oder kürzere Dauer einer gleich-
bleibenden Empfindung bedeutet. » (S. 34.)

les intensités, les qualités et les durées? d'où vient la notion d'intensité et de quel droit M. M. lui-même continue-t-il de parler de l'intensité de l'excitant? — Ajoutons enfin, pour montrer le manque de précision qui à certains égards règne dans les idées de M. M., qu'il ne distingue pas suffisamment l'intensité de la sensation musculaire de la perception de l'amplitude du mouvement effectué.

Une conséquence importante, relevée par l'auteur, de la théorie qu'il a développée, c'est que deux paires de sensations doivent pouvoir se comparer alors même qu'elles appartiennent à divers sens. M. M. a en effet vérifié que cette comparaison est non seulement possible, mais facile. Il a institué, pour faire cette vérification, une série d'expériences ingénieuses et intéressantes. Des intensités de lumière, de poids et de son ont été comparées d'une part à des mouvements de bras, d'autre part à des mouvements d'yeux. Or le résultat de ces expériences a été le suivant : il y a eu accroissement constant soit des mouvements de bras, soit des mouvements d'yeux en même temps que de l'intensité de l'excitant, c'est-à-dire que de l'intensité de la lumière, du poids, du son. M. M. a été plus loin : d'après ses expériences et au moyen du calcul il a comparé les trois excitants en question et trouvé qu'un accroissement de poids, un accroissement de son et un accroissement de lumière paraissent en moyenne égaux quand ils sont entre eux à peu près comme 2, 1 et 1, 24. D'où cette autre conséquence, que la loi de Weber ne s'applique pas au cas de comparaison de l'ensemble des divers sens entre eux.

Mais voici l'objection qu'on peut faire de nouveau aux expériences et calculs précédents, en tant qu'invoqués en faveur de la *théorie de la tension musculaire* : c'est que, s'ils laissent subsister cette théorie, ils n'en prouvent pas l'exactitude. Peut-être, à la vérité, les sensations musculaires ont-elles joué, dans les expériences entreprises, un rôle important; en effet les sens considérés sont liés à des organes moteurs soit directement comme la vue, soit indirectement comme l'ouïe qui s'associe à ceux de la parole; et, dans ces conditions, la comparaison des intensités des sensations est sans doute favorisée par la comparaison des sensations musculaires produites en même temps qu'elles. Mais dût-on même admettre que seules, dans de semblables expériences, les sensations musculaires sont comparées et mesurées, la question générale n'aurait pas fait un pas et nous continuerions d'affirmer, pour les raisons énumérées précédemment, qu'il y a un rapport naturel entre tout accroissement de l'intensité proprement dite et de la réaction musculaire qui l'accompagne, que les intensités croissent suivant un ordre déterminé correspondant à un ordre plus ou moins semblable des accroissements de la réaction musculaire, que seule l'analogie de ces deux ordres permet de négliger l'un pour fixer son attention sur l'autre, qu'on ne peut se borner à considérer les sensations musculaires que parce qu'on pose par devers soi inconsciemment ce postulat que ce qui est vrai d'elles sous certains rapports l'est aussi des autres sensations.

M. M. termine son travail par des théories qui nous paraissent fortement hypothétiques et dont l'une consiste à tenter une interprétation
physiologique de la loi de Weber, en rattachant cette loi à la théorie
précédemment développée par lui de la tension musculaire et, par
l'intermédiaire de celle-ci, aux phénomènes de la mécanique musculaire.

B. BOURDON.

Dr Edmund Pfleiderer. FÜR LÖSUNG DER PLATONISCHEN FRAGE.
Freiburg, Paul Siebeck, 1888, 116 pages in-8°.

Le travail de M. Pfleiderer présente une nouvelle tentative, assez
habile et intéressante, de résoudre le grand problème de l'ordre chronologique et de la suite logique des écrits de Platon, en prenant pour
point de départ l'étude approfondie de la République, ouvrage qui,
d'après plusieurs critiques (Hermann, Krohn, etc.), peut seul donner
la clé de l'œuvre du grand Hellène. Il est impossible de nier les contradictions qui fourmillent dans les ouvrages de Platon; elles ont amené
quelques savants à rejeter l'authenticité d'une grande partie de ses
écrits : n'est-on pas allé jusqu'à avancer que le seul ouvrage qui soit
vraiment de Platon, c'est la République? (A. Krohn, der Platonische
Stadt, 1876.) M. Pfleiderer croit qu'il n'est pas nécessaire de pousser si
loin la critique ou l'*hypercritique*, comme disent les Allemands. Il
pense que la plupart des contradictions que nous rencontrons dans
Platon s'expliqueraient d'elles-mêmes si l'on savait classer les écrits
du philosophe dans leur ordre véritable. Or, cet ordre, nous ne pourrons le découvrir, dit M. Pfleiderer, que si nous nous débarrassons
d'un préjugé consacré par les siècles, à savoir la croyance à l'unité
littéraire de la République. Suivant le critique allemand, la République serait composée de 3 parties très distinctes : la première (que
M. Pfleiderer appelle A) serait formée par les livres I à V 3/4 (c'est-à-
dire jusqu'au passage V, 471 c, cap. 17) et par les livres VIII et IX; la
deuxième (AB) serait contenue dans le livre X, et la troisième (B)
s'étendrait depuis le passage V, 471 c, jusqu'à la fin du livre VII.

D'après M. Pfleiderer, ces trois parties diffèrent profondément l'une
de l'autre par les idées que l'auteur y expose et n'ont pu être composées qu'à des époques séparées par de longs intervalles.

La partie A aurait été composée à une époque où Platon était encore
un pur socratique par l'esprit, c'est-à-dire lorsque le fond de sa pensée
était sensiblement réaliste et optimiste : pendant cette période de sa
vie, Platon ignorait encore la théorie des idées (en tant que substances
transcendantes). Pfleiderer passe en revue avec beaucoup de soin les
différents passages de la partie A où l'on pourrait voir des allusions à
cette théorie et montre que celle-ci n'y est impliquée nulle part. Outre
l'absence de la théorie des idées, cette partie de la République se dis-

tingue des autres par plusieurs particularités. Ainsi Platon n'y professe pas encore pour la connaissance sensible ce mépris qui est si prononcé dans le reste de l'ouvrage; il n'y est pas encore fixé sur la condition de l'âme dans l'autre monde et n'a pas même l'air de croire à la vie future : par contre, il a encore la ferme conviction qu'on peut réaliser le bonheur sur la terre au moyen d'une bonne organisation sociale. Ce n'est pas l'au delà, mais c'est la vie terrestre dans toute sa plénitude qui forme l'objet de ses préoccupations.

Dans la partie B, l'esprit de la philosophie de Platon change complètement. Ce n'est plus le sain réalisme socratique de la première période, visant surtout à l'action pratique et sociale ; c'est un ascétisme exalté, mais pessimiste en ce qui concerne la vie réelle, égaré dans les nuages d'une métaphysique abstruse et mystique. C'est la philosophie d'un théoricien qui n'a trouvé que des déceptions dans la vie pratique. Il est impossible, d'après M. Pfleiderer, que la partie A et la partie B aient été composées à une même époque : ce n'est plus la même philosophie, ni le même ton général; même les vues de détail qu'on trouve dans ces deux parties diffèrent considérablement entre elles.

Quant à la partie AB (le livre X), elle contient des théories qui ne rentrent pas dans l'ordre d'idées de la partie A et qui se rapprochent beaucoup des doctrines de la partie B; mais ces théories n'y sont pas encore assez nettes ni assez mûres pour qu'on puisse les assigner à la même période que la partie B. Il faut donc croire que la partie AB est postérieure à la partie A et antérieure à la partie B.

M. Pfleiderer classe les autres ouvrages de Platon suivant leurs rapports avec l'une ou l'autre de ces trois parties de la République.

A la première période de l'activité littéraire de Platon appartiendraient les ouvrages conçus dans un esprit purement socratique, notamment : le Petit Hippias, le Lachès, le Charmide, l'Eutyphron, le Protagoras, la République (partie A) et, comme conclusion de cette période, l'Apologie et le Criton. Viennent ensuite le Gorgias et le Ménon, qui ouvrent la seconde période pendant laquelle Platon, désabusé et découragé, s'éloigne de plus en plus de la réalité et cherche un refuge dans une métaphysique de plus en plus dédaigneuse de l'expérience sensible. C'est dans cette période que Platon élabore sa théorie des idées, qui n'est que l'expression philosophique de cet état d'âme. Les dialogues de cette catégorie se suivent à peu près dans cet ordre-ci : le Phèdre, le Cratyle, la République (partie AB), le Théétète, le Sophiste, l'Euthydème, le Politique, le Parménide et, comme points culminants, la partie B de la République et le Phédon.

Désespérant de faire accepter aux autres ses opinions dans toute leur austérité idéaliste, Platon, d'après M. Pfleiderer, fut obligé de pactiser avec les conditions de la vie réelle; voyant qu'il était impossible de transporter son idéal tel quel du ciel sur la terre, Platon finit par tenter de concilier dans son système les intransigeances de l'idée avec les nécessités qui pèsent sur le monde matériel. Il fit une sorte de compromis entre la conception que se fait le vulgaire de la vie et la métaphysique transcendante. C'est dans cette période que furent composés, d'abord le Banquet, ensuite le Philèbe, le Timée, le fragment du Critias et les Lois, qui sont l'expression la plus complète de cette tendance à la reconciliation de l'idéal et de la réalité. C'est aussi pendant cette période que les trois parties de la République auraient été fusionnées en un seul ouvrage, sans que Platon parvint à effacer les discordances qui les démarquent encore aujourd'hui.

Telles sont les principales thèses que soutient le critique allemand. Nous n'avons pas cité les arguments variés et nombreux qu'il allègue en leur faveur. Aux spécialistes de discuter la valeur scientifique du travail de M. Pfleiderer : nous nous bornerons à remarquer que sa brochure offre une lecture aussi attrayante qu'instructive, bien que l'on puisse regretter que les démêlés personnels de l'auteur avec les critiques, ses adversaires, y tiennent une trop grande place.

E. KOLBASSINE.

F. Howard Collins. AN EPITOME OF THE SYNTHETIC PHILOSOPHY WITH A PREFACE BY HERBERT SPENCER. 1 vol. in-8° de 571 p. London, Williams and Norgate, 1889.

M. Howard Collins, qui pendant plusieurs années avait travaillé à faire des index pour les ouvrages de M. Spencer, nous donne maintenant un abrégé complet de la doctrine du grand philosophe anglais. Cet abrégé sera prochainement traduit en français, c'est un travail utile qui peut faciliter la lecture des gros livres de M. Spencer, qui peut les faire consulter plus aisément et qui donnera une idée du système à ceux qui n'en auront lu que certaines parties et auront recouru à l'abrégé pour le reste.

M. Howard Collins nous indique dans une courte préface le but et la forme de son travail : son but a été de donner, dans une forme condensée, les principes généraux de la philosophie de M. Spencer, en employant autant que possible ses propres expressions. Pour cela, chaque section (§) a été réduite, à peu d'exceptions près, à un dixième : les pages de l'original sont au nombre de plus de cinq mille, le résumé en contient un peu plus de cinq cents. L'abrégé représente par conséquent la *philosophie synthétique* comme vue par le gros bout d'une lorgnette, les proportions originales entre ses diverses parties étant conservées.

M. Spencer aussi a fait une préface à l'ouvrage. Le mauvais état de sa santé l'a empêché de lire d'un bout à l'autre le livre de M. Howard Collins, mais il en a lu, çà et là, différentes parties et les a trouvées bien faites, d'une exposition correcte et claire. Il pense que ce travail pourra faciliter la compréhension de ses ouvrages, comme une carte générale que l'on consulte avant de se mettre en route facilite un voyage à travers des régions mal connues. Privée de toute illustration, de faits explicatifs, une suite de chapitres abstraits ne peut suffire à donner des conceptions précises, mais les idées sommaires qu'elle donne préparent la voie aux idées développées que donnera l'étude des ouvrages eux-mêmes. M. Spencer conseille de ne lire le résumé que par petites portions, de prendre chaque fois une section et de s'attacher à trouver des faits qui mettent l'idée en relief, avant d'aller plus loin. Il nous donne à son tour un exposé sommaire en trois pages de ses principales thèses philosophiques, qui représente en quelque sorte un abrégé de l'abrégé de M. Howard Collins.

FR. P.

G. **Cimbali**. LA VOLONTÀ UMANA IN RAPPORTO ALL'ORGANISMO NATU-RALE, SOCIALE E GIURIDICO. 128 p. in-8; Bocca édit., Roma, 1889.

Les conclusions de l'auteur ne seraient point les nôtres; mais les prémisses en sont riches d'informations toujours intéressantes à lire, et son spiritualisme droit et tempéré veut se faire accepter plutôt qu'il ne prétend à s'imposer. Avec cela, ses critiques touchent plus d'une fois ses adversaires au défaut de la cuirasse.

L'auteur déplore l'altération de la conscience morale, et il en donne les raisons et les conséquences : le pessimisme dans la philosophie et dans l'art, le nihilisme en politique, l'abaissement de la valeur individuelle de l'homme dans les conceptions naturelles, sociales, morales et juridiques. Il proclame la nécessité d'une réaction, il appelle le triomphe de la volonté libre et consciente de l'homme. Pour son compte, il contribuera à faire naître une théorie mettant d'accord les moralistes sur le rôle de la volonté dans les actes juridiques.

Dans la première partie, l'auteur examine les doctrines des déterministes. Il cherche à réconcilier avec le spiritualisme les faits empruntés aux sciences naturelles, mais en leur donnant une signification bien différente de celle que lui donnent les négateurs du libre vouloir. « Le progrès des sciences naturelles, dit-il, des sciences physico-psychologiques, de la science statistique, peut seul expliquer les phénomènes et mettre en relief les lois des phénomènes dont nous sommes le théâtre, mais non détruire ou diminuer la source vraie, indéfectible, éternelle de ces mêmes phénomènes, qui est la personnalité humaine, le principe actif de l'homme, l'esprit qui l'anime et le meut avec intelligence et conscience. Mal à propos quelques-uns des partisans de la liberté du vouloir ont cru la défendre mieux en demandant, à titre de grâce, la concession d'un simple moment dans lequel l'homme agit libre de la force déterminante des conditions psychiques et physiques. Non, pas même un instant, l'homme n'est libre de ces forces, qui constituent son humanité, et en ceci les déterministes ont raison. Mais nonobstant leur nécessité, l'homme est libre parce qu'il a conscience de lui-même, parce qu'il a la faculté de diriger, d'après les jugements de son esprit, sa propre volonté, ses propres actes, et en ceci ont raison les libertistes... Or, si la nécessité n'exclut pas la liberté, si la loi n'exclut pas l'autonomie, il faut conclure, revenant au principe fondamental d'où nous sommes partis, que la plus grande liberté s'affirme dans le fait de vouloir la loi, ou bien ce qui est nécessaire au maintien de l'ordre établi. Tout le progrès de l'esprit humain consiste précisément à en venir à vouloir et à respecter par réflexion ce qu'on commence à vouloir et à respecter par instinct. Alors tout désaccord cesse, la paix de l'esprit et de l'âme est reconquise, nous nous réconcilions avec nous et avec la nature, nous affirmant pour ce que nous sommes, et la nature pour ce qu'elle est. A vouloir, en somme, ce qui est reconnu légitime, consiste la plus grande liberté. D'où il suit que l'homme le plus libre et le plus grand est celui qui justifie et accepte le monde, ses lois fatales et indestructibles, mais sages et prévoyantes, et tout ce qui en elle palpite et vit. »

Notons, pour sa solidité et sa clarté, la critique que l'auteur fait des doctrines les plus récentes sur l'idée et la fonction de l'État. Nous voyons là, successivement, jugés ou cités la plupart des sociologistes de tous les temps, depuis Aristote jusqu'à Lombroso, en passant par Tanni, Beccaria, Auguste, Spencer, Sergi, Fouillée, de Roberty, Vadale-Papale, Sumner-Maine, Valdarnini, Laveleye, Ferneuil, Spedalieri, Miraglia, Cimbali, E. Ferri, Tarde, Colajanni, Vacaro, Bovio, etc., etc. Somme toute, il s'attache à montrer le côté faible de tous les systèmes partant d'hypothèses plus ou moins fatalistes. Il reproche à plus d'un de nos sociologues contemporains d'étudier la société seulement dans ses fonctions extérieures, dans ses rapports formels, et de n'en pas pénétrer l'essence et l'esprit, d'oublier, en définitive, que la grande machine sociale se compose d'êtres conscients et vivants. Le reproche est-il aussi mérité que cela, et Spencer, pour n'en citer qu'un, n'a-t-il pas fait vraiment large la part des facteurs internes, quelque origine et signification qu'il leur donne? L'erreur de l'auteur ne consisterait-elle pas, en revanche, à donner une valeur hypothétique et non déterminée dans ses origines et ses caractères essentiels, à cette volonté dont il proclame la suprême prérogative dans le droit politique et privé, civil et pénal, en un mot, de sacrifier la loi à l'autonomie, la personnalité humaine à la volonté.

BERNARD PEREZ.

G. Marchesini. IL PROBLEMA DELLA VITA. 100 p. in-16, Noventa Vicentina, 1889.

Je ne sais pas s'il n'y aurait pas eu une autre méthode à suivre dans le développement des diverses questions effleurées dans ce livre : qu'on en juge par leur simple énumération. L'auteur, dans une première partie, traite, en une synthèse générale, de la nature de la vie et des faits psychiques; il examine ensuite, dans une synthèse spéciale, le sentiment, l'instinct, la sensation, la pensée (aperception et conscience), la volonté, la mémoire, l'intelligence, l'idée, et deux aspects de la vie psychique rapprochés d'une manière assez inattendue, le sentiment religieux et la prostitution.

Pourquoi le sentiment avant l'instinct? C'est que l'instinct, selon M. Marchesini, est le sentiment dans sa primitive extrinsécation. Il ne définit d'ailleurs bien clairement ni l'un ni l'autre. « Le sentiment est dans les phénomènes psychiques ce qui dans un mécanisme répond à une excitation donné. Un fer aimanté répond, par exemple, à sa magnétisation parce qu'il en *sent* les effets. Il en est de même du mécanisme psychique. Un acte de l'esprit (psyche) a sa raison dans le sentiment qui, en étant cause, est ensuite effet des autres faits. Ainsi l'activité substantielle et l'unité du moi sont constituées par l'activité et l'unité du sentiment. » Outre la définition déjà donnée de l'instinct, il donne aussi la suivante : « c'est l'expression du besoin. » Cette définition, qui ne s'applique pas seulement à l'être animal, mais qui peut s'étendre à toutes les manifestations de l'être, est loin de nous expliquer la nature de l'instinct. L'auteur ne nous instruit pas davantage quand il nous dit que la conscience a son fondement dans la sensibilité, et que l'intelligence est le résultat des diverses modifications psycho-physiques, ou qu'il nous dit de la volonté : « Le degré intensif des représentations détermine implicitement un degré aperceptif des représentations elles-mêmes. Ensuite, celles-ci, en se combinant, donnent un résultat que nous appelons volonté, de la même manière qu'une modification donnée dans un mécanisme physique y produit un nouveau développement d'activité. Cette nouvelle activité psychique après une certaine limite d'excitation est à son tour aperçue, c'est-à-dire se rend consciente. »

L'auteur, qui laisse à désirer par la clarté des détails, se relève par l'esprit général de son étude, qui est strictement expérimentale. La psychologie ne va pas pour lui sans la biologie ou la physiologie. Les lois de la vie sont les lois de l'esprit. « Dans l'immensité de l'infini vivant l'organisme psychologique de l'homme est la synthèse des forces naturelles les plus élevées et les plus fécondes. Les lois de la nature se compénètrent en lui avec leur plus grande concentration, de manière à rendre possible leur réduction, sinon à une seule loi, comme l'admet Mill, du moins à un petit nombre de lois. Cette compénétration nous montre, dans l'objectivité de la vie matérielle et psychique, le caractère unitaire de la vie. » Cette dernière citation suffit pour faire, malgré tout, l'éloge de ce petit livre.

BERNARD PEREZ.

P. **Ceretti**. SAGGIO CIRCA LA RAGIONE LOGICA DI TUTTE LE COSE, traduit du latin par C. Badini et E. Antonietti. 2 vol. in-8, 9304 p.; Turin, Union typographique, 1888.

Ces deux forts volumes ne font que le premier volume et les Prolégomènes d'une œuvre très ample que l'auteur devait publier par la suite. Ce premier volume avait déjà paru en 1864, en latin, avec le titre de *Pasœlogices specimen* et sous le pseudonyme de Theophilus Eleutherus. Pourquoi en latin? Parce que l'auteur considérait cette langue comme la seule convenable pour traiter de philosophie comme science universelle. Or le latin qu'il employait était un étrange mélange de tournures classiques, de manières de parler scolastiques et d'une grande abondance de termes tout à fait modernes, ce qui ne rendait pas très facile la compréhension d'un système assez complexe et obscur en lui-même. L'auteur perdait doublement à ne vouloir écrire que pour un petit nombre de penseurs, qui eux-mêmes auraient quelque peine à le lire. Il y perdait surtout l'avantage de prendre sa place dans le développement de la pensée italienne, et peut-être une place d'honneur parmi les hégéliens de son pays. Cette œuvre aux proportions gigantesques, qu'il se proposait d'élever à la gloire de l'hégélianisme, n'est pas la tentative du premier venu. Quoique si profondément opposée de tendances à celles qui devaient prévaloir quelques années plus tard, elle annonçait un esprit large et à certains égards profond.

Ces Prolégomènes se divisent en deux parties : l'une est une étude préliminaire de la spéculation faite selon la pensée hégélienne, et l'autre est une exposition sommaire du système de Ceretti, qui devait constituer une réforme de l'hégélianisme. Tout d'abord nous trouvons la fameuse distinction hégélienne de l'*en soi*, du *par soi*, et les trois moments du processus méthodique : *position, réflexion, conception,* et, par rapport à la *Notion* ou *Idée* : *notion posée, notion réfléchie, notion conçue.* La première embrasse l'*esthétique humaine* ou l'*art*, et l'*esthétique divine* ou la *théologie*; la seconde embrasse l'histoire naturelle (nature) et la science spirituelle (esprit) ; la troisième embrasse la philosophie proprement dite dans son histoire et dans sa systématisation.

En ce qui concerne l'art humain, Ceretti parle sommairement des principes de l'architecture, de la sculpture, de la peinture, de la musique, de la *poésie* sous ses formes épique, lyrique et dramatique. Relativement à l'art divin, il considère Dieu sous les trois aspects d'*infini*, de *fini*, d'*absolu*. Relativement à la science de la nature, celle-ci est l'idée extériorisée, l'idée dans sa manifestation sensible : elle est distinguée, à peu près comme dans Hegel, en nature *mathématique* (ou *mécanique*), *physique* et *organique*. Enfin l'*esprit* est résigné comme l'*unité de l'Idée* et de la *Nature*, et étudié comme subjectif, objectif et absolu. A cette histoire spirituelle se rattache l'étude de la *notion conçue*, de la spéculation philosophique dans sa conception générale, dans ses formes dogmatique, sceptique et idéaliste, dans tous les grands systèmes philosophiques, depuis ceux de l'Inde et de la Chine jusqu'à l'hégélianisme, qui les complète et les couronne tous, qui est le système définitif, bien que susceptible encore de perfectionnement.

Nous voici arrivés à la seconde partie des Prolégomènes. Cette philosophie a pour sujet et objet l'esprit rempli de son monde. Elle se divise, par rapport au moment subjectif, en *Ésologie*, autrement dit, en *logique*; par rapport à l'être objectif, en *Exologie*, ou philosophie de la nature; par rapport à l'unité essentielle de la partie objective et subjective, en *Synautologie*, conception de la pensée, ou conception de la conception.

L'ésologie énonce en premier lieu l'idée abstraite de la pensée, que l'auteur appelle *Prologie*; en second lieu, la distinction de la pensée, qu'il appelle *Dialogie*; en troisième lieu, la synthèse de la pensée identique et du distinct, qu'il appelle *Autologie*. La prologie contient la théorie de la thèse du jugement et du syllogisme; la dialogie (ontologie) détermine les catégories : l'être, comme principe, substance et apparence, c'est-à-dire comme essence; l'être dans sa réalité, nécessité et liberté, c'est-à-dire son existence; l'autologie montre que l'absolu est la conscience logique qui se systématise en soi, pour se systématiser hors d'elle-même, « pour systématiser soi, unité absolue, de soi en soi et hors de soi ». Le syllogisme absolu de l'autologie est *savoir, vouloir* et *agir*.

Pour en finir avec ces divisions ultra-métaphysiques, ajoutons que l'exologie se divise en trois parties : *mécanique, physique, organique*; et la synautologie, en *anthropologie, anthropopédeutique, anthroposophie*. Telles sont, avec leurs subdivisions, les trois grandes parties qui constituent dans leur ensemble le cycle absolu de la spéculation panlogique.

Nous jugeons parfaitement inutile de chercher quelles réformes Ceretti apportait à la doctrine hégélienne. Système et réformes, tout cela ne peut plus avoir qu'un intérêt fortement rétrospectif. La philosophie d'Hegel est plus que jugée et dépassée, elle est morte. Il est malheureux qu'un bon esprit comme Ceretti se soit ingénié et épuisé à vouloir la galvaniser, alors qu'elle avait donné, semble-t-il, tout ce qu'elle pouvait donner.

BERNARD PEREZ.

REVUE DES PÉRIODIQUES RUSSES

Vopros y filosofii i psichologuïí.

Problèmes de philosophie et de psychologie. Revue trimestrielle, dirigée par le professeur N. Grote; Moscou, 1890, n° 2; in-8 de 324 pages.

E. RADLOW. *Voltaire et Rousseau.* — Encore une étude sur ces deux grandes figures du siècle passé, sur ces deux écrivains qui, à force d'être glorifiés par les uns, vilipendés par les autres, tendent de plus en plus à perdre leur individualité propre, pour revêtir les nombreuses et contradictoires apparences sous lesquelles la critique littéraire et philosophique s'est complue à les dépeindre! L'antagonisme, à la fois intellectuel et moral, qui a existé entre Voltaire et Rousseau, est devenu, sous la plume des généralisateurs de profession, une sorte d'antinomie impersonnelle et très importante, qu'on s'est donné beaucoup de peine pour résoudre. M. Radlow aborde ce sujet rebattu d'une façon plus simple. Il laisse parler Voltaire lui-même, il se borne à citer les notes, parfois très intéressantes, prises par ce polygraphe infatigable en marge de certains écrits de Rousseau. Le ton général de l'article n'est pas, d'ailleurs, pour nous déplaire, car il ne rappelle en rien la grotesque croisade antivoltairienne à laquelle nous assistons aujourd'hui en spectateurs aussi involontaires que parfaitement ennuyés.

N. IWANTZOFF. *La philosophie et la science.* — La question des rapports de la science avec la philosophie est une de celles qui ont le plus préoccupé les penseurs de ce siècle. Elle est, d'ailleurs, à peu près identique à cette autre question, mille fois soulevée et qui, néanmoins, demeure irrésolue : qu'est-ce que la philosophie ? Car si tout le monde est d'accord sur les caractères qu'on doit attribuer à la science, personne ne peut se flatter d'avoir défini, d'une façon tant soit peu exacte et satisfaisante, cette chose mystérieuse, insaisissable et contradictoire, la philosophie. On discute à perte de vue, et souvent même de bon sens, non pas seulement sur ce qu'elle a été — c'est là le côté le mieux connu et le plus abordable du problème — ni sur ce qu'elle est, mais encore et surtout sur ce qu'elle sera ou devra être. D'où vient cette diffé-·rence? Pour nous — nous l'avons dit cent fois — l'explication gît

en ceci, que la science est une chose faite, existante, soumise à un
développement régulier, tandis que la philosophie *n'est pas*, à rigoureusement parler, ou n'existe qu'à l'état d'ébauche informe, d'embryon
en voie de gestation. Or, tirer l'horoscope d'un enfant dans le sein de
sa mère est infiniment plus difficile que de prédire les destinées d'un
homme dans la force de l'âge. Cependant, les religions, les théologies,
voire la métaphysique, qui n'est qu'un nom de la philosophie, ont
brillé d'un éclat incontestable et ont rempli le monde du bruit de
leur marche triomphale. Mais où en sont-elles actuellement, à quoi
ont-elles abouti? De même, l'illusion, l'erreur, la déraison et la folie
ont mené grand train dans l'histoire; mais personne ne dira, sans
doute, que c'est là un motif suffisant pour les cultiver et en perpétuer,
en multiplier les germes. Selon nous, c'est à la science arrivée à sa
période de pleine maturité qu'incombe la tâche grandiose d'enfanter
la philosophie — une conception du monde qui sera *universellement*
reconnue pour vraie, pour exacte, dans ses grandes lignes aussi bien
que dans ses détails. Quant aux conceptions qui ont porté le même nom,
qui se sont parées du titre de philosophie, elles ont été, comme les
erreurs encore plus grossières qui les ont précédées et préparées, les
filles de l'ignorance ou, tout au moins, d'une science trop chétive et
trop débile pour produire une philosophie viable. Mais science et ignorance étant des termes non seulement corrélatifs, mais encore essentiellement relatifs, on y voit autre chose que des phases différentes
d'une seule et même évolution, on les considère souvent, quoique évidemment à tort, comme des degrés différents d'un seul et même état
de conscience; on est conduit, par suite, à faire régner la même confusion entre les effets ou produits de ces causes ou agents, entre la
philosophie telle qu'elle a existé et la philosophie telle qu'elle pourra
ou devra se produire.

M. Iwantzoff nous paraît accepter, en une large mesure, les vues
que nous venons d'indiquer et que nous avons maintes fois développées — on nous pardonnera de le rappeler — dans des ouvrages écrits
en français et en russe. Son article est composé de deux parties.
Dans la première, il critique quelques-unes des définitions courantes
de la philosophie, s'arrêtant plus particulièrement sur la confusion de
la science avec la philosophie. A cet égard, nous lui ferons le reproche
de n'avoir pas vu que, loin d'être une illusion des temps modernes,
cette confusion, bien qu'inconsciente et revêtant des formes auxquelles
nous ne sommes plus accoutumés, a été le signe distinctif de l'ancienne
métaphysique elle-même; cette prétendue nouveauté, attribuée, d'ailleurs, un peu à la légère, par M. Iwantzoff au criticiste (doublé de positiviste) Riehl, n'est donc, en somme, qu'une survivance du passé. Elle
est seulement devenue plus apparente aujourd'hui, peut-être comme un
foyer qui jette une dernière et vive flamme avant de s'éteindre. Je me
hâte d'ajouter qu'on peut soutenir la même thèse à l'égard d'une notable
partie de la succession théologico-métaphysique que nous sommes

en train de liquider; l'agnosticisme moderne en est un exemple frappant. — Dans la seconde moitié de son article, M. Iwantzoff tâche d'arriver à une définition de la philosophie qui soit idéale ou typique, comme il l'appelle en opposition avec les définitions réelles ou concrètes. Distinguant la philosophie de la science, il définit la science « un organisme (terme qui nous semble impropre et qu'on pourrait facilement remplacer par les expressions : connexus ou système) de connaissances sur le monde et l'univers », et la philosophie : « un organisme de connaissances et de conceptions », visant le même objet, c'est-à-dire s'étendant à tous les phénomènes, à toutes les formes de l'existence. Mais ce terme de « conceptions », qui différencie la philosophie de la science en élargissant le domaine de la première au point de lui faire embrasser le domaine scientifique comme une de ses parties intégrantes, est vague et ne signifie absolument rien s'il n'est pas expliqué et précisé à son tour. Aussi M. Iwantzoff s'empresse-t-il de nous dire qu'il entend par ce mot toutes nos idées et nos représentations qui, dans l'état actuel du savoir, ne sauraient prétendre à une vérification rigoureusement expérimentale. Les « conceptions » de M. Iwantzoff ne sont donc pas autre chose que les « hypothèses invérifiables » que nous avons si souvent déclaré (et nous n'avons pas été les seuls, heureusement) être le contenu essentiel de toute théologie et de toute métaphysique. M. Iwantzoff, d'ailleurs, n'entend nullement perpétuer ou éterniser la métaphysique. Il trouve, et il nous semble avoir quelque peu raison sur ce point, que sa définition de la philosophie présente un double avantage : elle permet de différencier actuellement la philosophie de la science, sans exclure la possibilité ou l'espérance de les voir s'identifier dans un avenir très éloigné, sans doute, mais concevable, alors que toutes nos idées deviendront scientifiques et que le concept de l'inconnaissable — source et origine première des hypothèses philosophiques — aura définitivement fait son temps. Cette dernière thèse m'est personnellement trop chère pour que je n'exprime pas ici, en terminant ce compte rendu sommaire du beau travail de M. Iwantzoff, la vive satisfaction que j'éprouve en la voyant adoptée et défendue par un savant de son mérite.

L. LOPATINE. *Le problème éthique et sa position dans la philosophie contemporaine.* — Après avoir constaté la multiplicité des tentatives qui sont faites journellement pour déterminer la portée exacte du problème moral en philosophie, et avoir rendu un juste hommage au talent et à l'érudition des écrivains qui ont traité ce sujet, l'auteur, qui est professeur de philosophie à l'université de Moscou, déclare nettement que tous ces efforts ont été vains, que les résultats obtenus ont été absolument négatifs, et que le problème moral a été le plus souvent dénaturé et obscurci dans son essence même. Selon lui, la nouvelle philosophie et, en particulier, l'évolutionnisme, ont eu le tort impardonnable d'écarter de leur investigation les facteurs idéaux, les conceptions absolues du bien moral et du libre arbitre. Il faut revenir sur ces erreurs, il faut renoncer au scepticisme malsain de Bacon, de Descartes et de Spinoza, il faut réhabiliter la téléologie et en faire la base de nos idées et de nos croyances morales.

V. ZWIEREFF. *A propos du libre arbitre.* — On commet l'erreur grossière d'opposer la liberté en général et la liberté de la volonté en particulier, à la nécessité et à la causalité ; on ne veut pas voir que ce sont là des idées incommensurables, pour ainsi dire, au même titre, par exemple, que les idées de poids et de couleur. La liberté et le déterminisme appartiennent à des catégories d'idées totalement distinctes ; les attributs qu'elles représentent peuvent, par conséquent, coexister dans le même sujet. Ces idées ne s'excluent pas, elles s'attirent plutôt, elles s'allient entre elles comme les notions de son et de couleur, de poids et de goût, et le libre arbitre, loin d'être la négation de la nécessité ou de la causalité, les suppose, au contraire, sous la forme spécifique de motifs conscients qui nous poussent à agir dans un sens plutôt que dans un autre. Le problème de notre liberté intérieure se ramène tout entier à la question de la valeur de la raison, de l'intelligence dans le sens le plus strict du mot, considérée comme une source constante d'activité, ou de motifs d'activité, au milieu des autres facteurs psychiques, tels que le sentiment, les émotions, les passions, etc., qui nous fournissent également des motifs pour agir. La liberté est le règne, dans notre activité consciente, de la raison ou des facultés auxquelles nous donnons ce nom ; ceci préjuge la question de la nécessité de nos actions, ou de leur stricte conformité aux lois de notre intelligence. Les actions libres se distinguent des actions qui ne le sont pas aussi bien que de tous les phénomènes de la nature, par là seulement qu'elles appartiennent à une catégorie spéciale de la nécessité universelle ; elles manifestent un aspect de la grande loi de causalité qui régit l'univers, mais cet aspect, étant donnée la structure psychique qui nous est propre, a pour nous une importance particulière. Un choix libre serait une véritable monstruosité logique, une contradiction *in adjecto*, si nous voulions y voir autre chose qu'un acte conscient et voulu, par conséquent, qu'un acte rigoureusement déterminé par certains motifs. A quel ordre de phénomènes psychiques appartiennent, dans tel ou tel cas, ces motifs, toute la question de la liberté est là. Chaque fois que nous sommes guidés par des motifs rationnels (bons ou méchants, moraux ou immoraux, la distinction importe peu ici), notre volonté est dite libre, et nos actions entraînent à leur suite une responsabilité morale qui est pleinement compatible avec l'idée de nécessité ou de conformité à la loi naturelle. La raison et la volonté ne sont pas, d'ailleurs, des forces ou des aptitudes psychiques indépendantes l'une de l'autre ; elles ne nous apparaissent telles qu'à la suite de certaines opérations analytiques très compliquées. En réalité, tous les éléments de la vie psychique sont toujours présents dans chaque phénomène mental, et ce que nous appelons raison, volonté, sentiment, etc., sont des faits complexes, des mélanges, dans lesquels ces éléments entrent dans des proportions différentes. C'est la prédominance d'un de ces éléments, appelé vulgairement raison, qui constitue l'acte rationnel ou libre. On voit clairement par là combien il est nécessaire de reprendre le problème de la liberté à la métaphysique, pour le placer exclusivement sur le terrain psychologique. — Ces vues sont développées par l'auteur avec beaucoup d'habileté et un talent d'exposition très réel.

N. GROTE. *Qu'est-ce que la métaphysique?* — Un trait caractéristique de l'époque où nous vivons est le retour de certains milieux, de certains groupes sociaux au mysticisme, le besoin de croire sans comprendre, d'affirmer sans pouvoir ni vouloir prouver, qui s'empare des esprits que leur culture intellectuelle aurait dû, semble-t-il, préserver des attaques de cette hystérie d'un nouveau genre, comme on a appelé cette disposition morale qui tend à se généraliser, qui n'épargne ni la jeunesse des écoles, cette réserve de l'avenir, ni la génération des hommes mûrs qui « font l'histoire » courante. On a dit que c'était là une mode, une élégance, un *cri*, quelque chose qui passera avant l'hiver prochain, surtout si le *Chat Noir* s'en mêle. Il est certain qu'il y a du vrai dans cette appréciation, et que la mode, qui est un facteur social qu'on ne doit pas sous-évaluer, a effectivement passé par là. Mais la mode a suivi la maladie, comme cela a eu lieu pour la grippe de cet hiver, par exemple: elle ne l'a pas créée. Or, « le vague à l'âme, la religiosité équivoque et fuyante » est un malaise, une faiblesse psychique qui sévit un peu partout en Europe et dont l'apparition et les progrès n'ont rien qui doivent nous étonner. Tout sociologiste un peu versé dans les lois de l'histoire pouvait prédire ce phénomène et lui assigner cette fin de siècle comme théâtre.

Ne sait-on pas, en effet, que, dans ce genre d'études, il y a lieu de considérer les générations qui se suivent pendant cent ans au moins, quand l'évolution est rapide, et deux siècles et plus, quand elle est lente, comme un seul homme, selon l'expression de Pascal? Et n'est-il pas évident, d'autre part, que l'homme du xixᵉ siècle, fils lui-même d'un siècle agité et surmené, s'est dépensé, s'est épuisé en efforts intellectuels et moraux? La lassitude, le dégoût, l'apathie, le relâchement des fibres du caractère, et, dans la sphère intellectuelle, la *niaiserie*, une sorte de gâtisme momentané et superficiel, sont venus à la suite de cette tension immodérée et prolongée des principaux ressorts de l'âme. Un temps de repos mental est devenu absolument nécessaire; je crois, pour ma part, que nous sommes en train d'en goûter actuellement tous les charmes, et je n'en veux pour preuve que l'accueil reçu l'autre jour à l'Association des étudiants par de « nobles paroles » qui, depuis, ont fait le tour de la presse européenne sans exciter, à l'égard de celui qui les a prononcées, comme cela aurait infailliblement eu lieu il y a à peine vingt ans, le moindre sentiment de commisération. « Il faut croire, croyez, rien n'est si bon que de croire », disait l'orateur, et il ajoutait, ne se doutant pas de la cruelle ironie de ses paroles : « Vous sentez le besoin de l'action, c'est une vertu. Mais il faut à l'action un principe; lequel? C'est la foi. La foi est la mère de l'action. » Oui-da, un oreiller, si doux qu'il soit, n'est pas précisément un bâton de montagne, et les vessies ne sont pas des lanternes.

Le même malaise intellectuel et moral se laisse facilement diagnostiquer dans l'état des esprits du vaste empire qui occupe la moitié orientale de l'Europe. Seulement, par suite de raisons historiques que tout le monde appréciera, l'épidémie régnante y a revêtu un caractère à la fois plus franc, plus rude, et moins alarmant, moins dangereux. Son symptôme le plus apparent est le *tolstoïsme*, sorte de grossière croisade religieuse contre la science et l'ensemble des mœurs sociales modernes, croisade qui, par ses côtés doctrinaux, rappelle certaines thèses de Malebranche et de Jansénius, et, par ses côtés sociaux, semble n'être qu'un pastiche inconscient ou un « revival », comme disent les Anglais, de la campagne menée en France par Rousseau. Quoi qu'il en soit d'ailleurs, le « tolstoïsme » a trouvé en Russie, sinon son maître, du moins un adversaire très habile, dans l'idéalisme spiritualiste des philosophes, prêché du haut des chaires universitaires et n'ayant jamais rompu avec les meilleures traditions de la culture scientifique. Car, et c'est là où nous voulions en venir, il y a spiritualisme et spiritualisme, comme il y a religion et religion, et le spiritualisme et la religion du professeur Grote, de Moscou, qui semble décidément avoir pris la direction du mouvement rationaliste que nous venons de signaler, n'ont rien de commun avec le spiritualisme *stupéfiant*, au sens propre du mot, du comte Tolstoï, et encore moins avec les élégances hystériques, le mysticisme sans objet et la foi sans symbole qui ont cours parmi nous. — M. Grote et ses collaborateurs — nous avons affaire, en vérité, à un groupe nombreux et compact de philosophes idéalistes — sont des esprits d'une autre trempe, plus forte et plus saine; des esprits cultivés, très au courant des choses scientifiques, et surtout plus pondérés, mieux équilibrés que leurs congénères occidentaux de la phase présente; par le sérieux de leur foi philosophique et l'ardeur juvénile avec laquelle ils défendent leurs idées, ils rappellent même parfois les temps héroïques de l'idéalisme allemand et français, ils font revivre devant nous les figures oubliées des Fichte, des Schelling, des Cousin et des Jouffroy.

Cette caractéristique générale des tendances de l'école de Moscou nous a paru de nature à intéresser le lecteur occidental; nous nous apercevons malheureusement qu'elle nous a pris tant de place, qu'il ne nous en reste guère pour parler de l'article de M. Grote sur la métaphysique. Nous nous en consolons en pensant que le résumé que nous aurions pu faire de ce travail n'aurait donné, en somme, au lecteur, comme cela arrive ordinairement, qu'une idée très imparfaite de l'original. Voici, d'ailleurs, en quelques mots, l'idée mère de la nouvelle étude de M. Grote. La philosophie est pour lui une synthèse universelle de la connaissance, ayant trois sources distinctes, la raison basée sur l'expérience, le sentiment intuitif et l'imagination constructive. C'est par la réunion de ces facteurs complexes en un tout harmonique que la philosophie, la sagesse générale ou le savoir par excellence, se distingue de la science spéciale, de l'art et de la religion qui s'adressent séparément à chacune des sources de la connaissance et qui ont pour but de satisfaire, pour ainsi dire, isolément et à tour de rôle, les aspirations légitimes de la raison, de l'imagination et du sentiment. Historiquement, la philosophie a toujours eu pour fondements immédiats la science, l'art et la religion d'une époque ou d'un peuple donnés; et il devra en être de même dans l'avenir. Il ne faut ni confondre la philosophie avec l'un quelconque de ses trois éléments constitutifs, ni rompre les liens qui la rattachent également à tous les trois. Mais cette double erreur a été souvent commise, et elle a toujours porté le plus grand désarroi dans les intelligences. Aujourd'hui la cause du mal git dans la confusion de la philosophie avec la science, d'une part, et, de l'autre, dans la rupture des liens qui l'unissent à la religion rationnelle ou naturelle, qui seule est capable de venir à bout des antinomies de la raison humaine et qui peut seule fournir une base stable à l'activité morale. Quant à la *métaphysique*, elle représente, à proprement parler, le côté rigoureusement scientifique ou logique de la philosophie. Socrate et Platon lui donnaient avec raison le nom de dialectique; elle est la théorie de la connaissance, envisagée non plus comme une division de la psychologie, mais comme une véritable ontologie, comme la science des principes généraux de l'être. La nier ne sert à rien, car, ce faisant, nous énonçons encore, comme les anciens sceptiques en doutant de tout, une affirmation, nous formulons une conception générale sur la nature des choses et les lois de l'existence.

M. Grote compare aussi la métaphysique à la mathématique. Le rôle joué par la dernière dans la série des sciences spéciales appartient, selon lui, dans le domaine des connaissances philosophiques, à la métaphysique. Ce caractère la différencie de la psychologie ou, plutôt, de la théorie psychologique de la connaissance; car si cette dernière science est une physique ou une chimie de la connaissance, la métaphysique en est la véritable mathématique, une science purement rationnelle et déductive.

N. Chichkine. *Des phénomènes psycho-physiques au point de vue de la théorie mécanique de l'univers* (second article). — L'auteur continue la série de ses intéressantes et consciencieuses études sur le mécanisme psycho-physique. Après avoir montré que la supposition d'un « milieu impondérable » tel que l'éther suffit à expliquer les phénomènes de la pesanteur et de l'électricité, il se demande si une hypothèse analogue ne serait pas applicable à l'explication de la plupart des phénomènes psycho-physiques, et il se prononce pour l'affirmative.

Autant que je m'en souviens, cette idée avait déjà été formulée et, en partie, développée avec beaucoup de sagacité, par un autre savant russe, le docteur Zelensky, dans un ouvrage formé de plusieurs volumes et qui porte un titre très compliqué. Mais c'est là une question de priorité qui ne présente qu'une importance secondaire, car l'argumentation de M. Chichkine lui appartient bien en propre, et elle est très délicate et très ingénieuse. Dans l'article que nous avons sous les yeux, l'auteur étudie spécialement, au point de vue de son hypothèse favorite, la série des mouvements qui accompagnent — et, selon quelques-uns, qui constituent — la sensation. Tels sont les mouvements dits réflexes, les phénomènes de chaleur, la redistribution moléculaire de la matière dans la direction de la force ou de l'énergie et, enfin, les divers processus chimiques, électriques, etc. L'auteur analyse en outre le phénomène si important de la mémoire; il s'applique surtout à démontrer le mal fondé des deux hypothèses courantes, l'hypothèse dynamique développée, entre autres, par Luys sous le nom de théorie de la phosphorescence organique, et l'hypothèse statique acceptée par la majorité des physiologistes contemporains. L'article sera continué.

D. Ovsianniko-Koulikovsky. *Esquisses tirées de l'histoire de la pensée.* — Article substantiel, rempli de faits et de rapprochements très suggestifs. L'auteur, qui est un orientaliste distingué, se donne pour tâche d'expliquer la genèse des premières idées philosophiques de l'humanité. Il la cherche dans les temps « préhistoriques » de la philosophie, dans les livres sacrés des Hindous, les Védas. Non pas que la philosophie grecque ait jamais puisé directement à cette source; mais les Grecs et les Hindous, partis de prémisses semblables, opérant sur les mêmes matériaux, ont dû naturellement aboutir à des conclusions identiques. L'idée suivante de l'auteur, qu'il appuie sur des faits incontestables et de longues citations textuelles, nous parait surtout digne d'être retenue. La conscience religieuse chez tous les peuples s'est manifestée primitivement sous la forme d'une « magie » grossière qui a été le fondement du culte. C'est là l'origine des religions et, par elles, des systèmes philosophiques. Le culte primitif s'adressait au principe mystérieux de la nature, au Dieu inconnu, personnifié par le feu, dont la conception n'est qu'une longue suite de contradictions, d'antithèses ou d'antinomies insolubles. Tel est l'ancêtre lointain des plus hautes conceptions philosophiques et, plus particulièrement, de l'inconnaissable des agnosticistes modernes.

Chronique. — Cette partie du second numéro de la revue russe contient : 1° un rapport présenté par M. Tokarsky à la Société psychologique de Moscou, sur les travaux du Congrès international d'hypnotisme expérimental tenu à Paris au mois d'août 1889; 2° un rapport présenté à la même Société par M. Bagenoff sur les opérations du second Congrès d'anthropologie criminelle; 3° les objections faites à ce sujet par M. Wulfert dans une séance de la Société psychologique;

° quelques observations de M. Radlow à propos d'une publication parue à Paris sous ce titre : Congrès international bibliographique de 1889. Compte rendu des travaux.

CRITIQUE ET BIBLIOGRAPHIE. — *Revue des périodiques* : 1° Revue philosophique de la France et de l'étranger, dirigée par Th. Ribot; quatorzième année (deux articles assez étendus, par M. Grote et Lange, appréciant les principaux travaux parus dans la Revue philosophique durant l'année 1889); 2° la Revue orthodoxe, tome II, par P.; 3° Lectures dans la Société des amis de l'instruction chrétienne; 4° La foi et la raison, juillet-novembre 1889, par J. Slobodsky. — *Revue des livres* : 1° Hartmann, *Das Grundproblem der Erkenntnisstheorie*, Leipzig, 1889; — 2° Koudriaftzeff, *Éléments de philosophie* (en russe), Moscou, 1889; — 3° Strounnikof, *Premiers principes de philosophie* (en russe), Moscou, 1889; — 4° Brentano, *Vom Ursprung sittlicher Erkenntniss*, Leipzig, 1889; — 5° Muensterberg, *Ursprung der Sittlichkeit*, Freiburg, 1889; — 6° Hensel, *Ethisches Wissen und Handeln*, Freiburg, 1889; — 7° Prince Tzerteleff, *la Philosophie morale du comte Tolstoï* (en russe), Moscou, 1889; — 8° Seidl, *Zur Geschichte des Erhabenheitsbegriff seit Kant*, Leipzig, 1889; — 9° Goltzeff, *de l'Art* (en russe), Moscou, 1889; — 10° Fr. Paulhan, *l'Activité mentale et les éléments de l'esprit*, Paris, 1889; — 11° Aristoff, *Psychologie expérimentale* (en russe), Riga, 1886; — 12° Prince Troubetskoy, *la Métaphysique dans l'ancienne Grèce* (en russe), Moscou, 1889; — 13° Simson, *Der Begriff der Seele bei Plato*, Leipzig, 1889; — 14° Baumann, *Platon's Phädon*, Gotha, 1889; — 15° Kœnig, *Entwichelung des Causalproblems*, Lpz., 1889; — 16° Chantepie de la Saussaye, *Lehrbuch der Religions geschichte*, Freiburg, 1887-9; — 17° Sokoloff, *Histoire abrégée de la philosophie* (en russe), Simbirsk, 1889; — 18° Blaise Pascal, *Pensées*, traduit en russe par Pervoff, Pétersbourg, 1889.

E. DE ROBERTY.

Société de psychologie de Moscou.

LE LIBRE ARBITRE (*Essais sur la manière de poser et de résoudre la question*) [1].

Cette éternelle question du libre arbitre, sujette à tant de controverses, a été l'objet de nombreux débats entre les membres de la Société de psychologie de Moscou [2]. Comme l'un d'eux l'a appelée, c'est la question *tragique* [3] en philosophie. Nous voudrions présenter une brève

1. *Études de la Société de psychologie de Moscou*, livraison III (360 p.), articles de MM. Grote, Lopatine, Bougaief, Korsakof, Tokarsky, Astafief, 1889.
2. Fondée en 1885.
3. M. Lopatine.

analyse de l'étude principale de ce volume. L'article de M. Grote, l'un des plus actifs parmi les philosophes de la jeune école russe, est intitulé : Critique de l'idée du libre arbitre dans son rapport avec l'idée de causalité.

Dans une courte introduction, M. Grote pense que le remède contre le « doute » et « l'illusion », que l'homme porte dans son esprit, doit consister dans une « sévère » critique des idées. Mais cette critique, apparue dans l'esprit moderne avec Locke et Hume, poussée par Kant jusqu'aux dernières limites de la raison, a abouti tantôt au pessimisme (Schopenhauer), tantôt au positivisme, et produit une « double comptabilité de l'âme ». Le devoir de la philosophie est précisément de combattre cette dualité de l'esprit et de s'efforcer de ramener l'humanité à la finalité interne et à l'unité de la conception du monde et de la vie en général. Cette dualité, dont il faut faire remonter la responsabilité jusqu'à Kant, nous la retrouvons dans Schopenhauer, qui a encore renchéri sur les erreurs du maître, principalement dans la question du libre arbitre. L'effort de M. Grote va porter sur la critique nouvelle de cette idée.

I. Méthode d'investigation. — Dans la science en général, s'impose la nécessité de l'emploi réciproque et simultané de la méthode *interne* et de la méthode *externe*. Les *mathématiques*, comme la critique de Kant l'a démontré, doivent faire exception à cette règle, et être construites par notre esprit absolument en dehors de l'expérience : c'est ce qui les distingue des sciences pysiques. Pareille distinction est nécessaire, « dans le domaine des investigations relatives aux objets de l'expérience interne ». C'est la *métaphysique*, qui a pour objet un tel ordre d'investigations. Elle peut examiner les formes générales et les principes de toute expérience et de toute vie spirituelle (c'est-à-dire correspondre à la psychologie, comme science expérimentale, c'est la métaphysique au sens propre), ou les formes générales de quelque domaine spécial de la vie psychique (par exemple la théorie de la connaissance ou logique métaphysique), ou de la vie psychique esthétique (esthétique métaphysique ou métaphysique du beau). La métaphysique n'est qu'une branche de la philosophie[1]; celle-ci est la science totale par excellence, elle tend vers la synthèse de toutes les données formées par les sciences de l'expérience externe et interne dans le tableau général du monde et de la vie, et pour cela elle a recours à des procédés particuliers de l'imagination créatrice.

S'il est vrai que la tâche de la métaphysique soit « l'analyse des catégories fondamentales de toute connaissance et de toute expérience », auxquelles appartiennent les idées de liberté et de causalité, reliées entre elles par une correspondance étroite, la méthode à appliquer à l'étude du libre arbitre est la méthode métaphysique. Il ne s'agit pas de rechercher les faits d'expérience interne, qui confirmeraient l'existence du libre arbitre, mais un certain critère général ou le principe

1. Voy. *Qu'est-ce que la métaphysique?* par M. Grote (*Probl. de phil.*, n° 2, 1890).

du rapport relativement à tous les faits de l'expérience interne. En s'appuyant sur la logique, la méthode métaphysique doit jouer dans la psychologie expérimentale le même rôle que la méthode mathématique dans l'étude expérimentale des phénomènes physiques, chimiques et en partie biologiques. C'est d'elle que dépendra dans l'avenir, non seulement la question du libre arbitre, « mais la destinée même de la psychologie », comme science expérimentale. En se fondant sur la fausseté des termes, par lesquels on désigne les attributs des phénomènes psychiques à l'aide de mots empruntés au monde externe, M. Grote assigne à la métaphysique future, « comme science », la « tâche d'élaborer la terminologie même de la psychologie » et la « question du libre arbitre est, entre autres, une des questions fondamentales de la terminologie psychologique ». Il faut donc se servir de la méthode métaphysique pour étudier le libre arbitre.

II. Détermination de cette idée. — Elle comprend deux éléments : la volonté et la liberté. La volonté est le terme général sous lequel on désigne les phénomènes, appelés « inclinations », et dont le caractère principal est l'activité. Elle se présente à nous sous la forme de « force » ou « d'agent interne »; elle n'est pas tirée de l'expérience, mais contenue en elle. — La liberté exprime l'indépendance de cet « agent interne » relativement aux autres « agents » ou forces de la nature. Nous avons la conscience immédiate que notre volonté est libre, c'est-à-dire qu'elle est capable d'agir ou de ne pas agir, conformément à certains motifs donnés. Si dans l'idée de volonté se trouve véritablement un élément supra-sensible, un « agent » produisant certains phénomènes psychiques, il faut examiner s'il est *possible qu'un tel agent soit indépendant d'autres agents*, c'est-à-dire quels sont les rapports des motifs de la volonté à ses actes, ou, en fin de compte, quelle est la nature véritable des agents fondamentaux et des forces dans le monde.

Ni la loi de causalité (déterminisme), ni la loi de raison suffisante (Schopenhauer)[1], ne régissent l'esprit humain. L'idée fondamentale des rapports de la dépendance réciproque entre les phénomènes de l'expérience est l'idée de motivation.

Deux sortes de motifs entrent dans la formation de nos actes : nos propres états internes (tendances, désirs) et nos *perceptions* (sentiments, sensations, idées). Nos désirs et nos inclinations en général, quand ils sont bien déterminés, ont une tendance naturelle et nécessaire à passer à l'acte. Faisant abstraction des transformations qu'ils peuvent subir sous l'influence d'obstacles externes, il n'en est pas

1. La critique de M. Grote n'est pas absolument exacte ici, comme le montre le passage suivant :
« En outre, nous trouvons que la motivation est essentiellement analogue aux deux autres formes de la causalité examinées plus haut, et qu'elle n'est que le degré le plus élevé auquel celles-ci atteignent dans leur évolution progressive. » Schopenhauer, *Libre arb.*, trad. fr. Burd., p. 78.

moins vrai que « dans son moment psychique interne une certaine
impulsion motrice est l'action fatale d'un certain vouloir. Celle-ci est
la conséquence de notre propre organisation psychique,... de notre
volonté. » Dans l'idée, « je veux », repose déjà cette idée de la nécessité de l'acte suivant. C'est un mouvement interne qui ne peut pas
ne pas s'exprimer en « mouvement externe ».

Sous quelles conditions s'établit le rapport de la volonté comme
moteur ou motif à ses actes? Il est impossible, selon M. Grote, de faire
des perceptions (sensations, idées), les raisons suffisantes des volitions.
Sans la volonté, l'intelligence serait impuissante à tout travail sévèrement logique, incapable d'affirmer la réalité absolue du monde. Quoique
le fonctionnement de la pensée soit régi par l'application du principe
de causalité, cependant ce n'est pas la loi de causalité qui peut rendre
compte de sa propre application. Il faut donc admettre une activité
interne de la volonté qui soit la cause de notre activité logique.

Mais, tout d'abord, examinons la nature des perceptions. M. Grote
combat les théories qui n'expliquent les perceptions du sujet que par
le jeu des fonctions *cérébrales*; selon lui, il y a en plus l'énergie psychique interne, et il admet qu'au commencement « cette énergie était
libre (non liée à l'organisme) ». Les théories de l'harmonie préétablie de
Leibniz et de la réminiscence des idées de Platon sont très soutenables.
Même dans l'hérédité, nous surprenons ce passage de certains états
psychiques (idées, sentiments, émotions), de l'état *potentiel* à l'état
réel, provoqué par une impulsion, à la suite de laquelle se manifestent
les aptitudes héréditaires, non pas du dehors, mais du fond de nous-
mêmes, où elles étaient cachées. « Quand l'homme est venu au monde,
nous sommes persuadés qu'en dehors de toutes circonstances et impressions externes, il est déjà capable d'éprouver les sentiments d'amour,
d'espérance, de crainte, de colère, etc. » Si cela est vrai des sentiments,
pourquoi ne serait-il pas très naturel d'admettre que toute notre vie
psychique est une série ou une somme d'excitations de notre énergie
psychique, éprouvant ses propres états potentiellement donnés, excitations provoquées par les impulsions du dehors? D'où tirons-nous le
« contenu psychique », sinon de nous-mêmes, « car le monde extérieur
n'entre pas en nous, mais ne fait que nous ébranler par ses impulsions »?
Il en résulte que toute notre conscience du monde paraît une forme
particulière de la *conscience de soi* : l'expérience externe n'est qu'une
forme particulière de l'expérience *interne*. L'unité finale de la conscience du monde et de la conscience immédiate est un résultat important obtenu, car Schopenhauer, à l'aide de leur distinction, veut
que la conscience immédiate ne fournisse que « l'illusion » de la
liberté, et il cherche dans les perceptions, qui dépendent à leur tour
du caractère inné, la raison fatale du vouloir. Sans doute, il est incontestable que les actes de la volonté dépendent en un certain degré des
perceptions (raisons tirées du milieu, des influences de la société, etc.);
mais « les impressions du monde mettent seulement en marche l'énergie

psychique, éveillent un certain contenu psychique et une série de réactions de la volonté, qui ne dépendent pas de ces impressions, mais sortent de quelque autre source interne ».

On croit généralement, et M. Grote l'a cru lui-même, que les sentiments déterminent par leur force la direction des désirs, des volitions. Les physiologistes ont démontré en partie que la production du plaisir et de la douleur est liée à la *quantité* de dépense ou de réserve de l'action nerveuse. Supposons cependant que les sentiments dépendent du *mode* [1] et non de la quantité de cette action nerveuse. Cela veut dire que les sentiments servent à indiquer les rapports de l'activité psychique donnée du travail à la quantité ou à la qualité des énergies dépensées. Mais l'activité ou le travail est déjà la réaction active du sujet sur les impressions, c'est-à-dire la réaction de la volonté. La volonté sert à diriger et à régulariser nos besoins. La fatigue, qui résulte de la marche, n'est pas le signe de l'épuisement de notre énergie musculaire, comme le veulent les physiologistes, car nous savons tous que, si nous voulions aller plus loin, nous donnerions encore de l'énergie disponible. Nous pouvons encore augmenter la puissance d'*effort* pour le travail. On nous dira qu'il y a une limite à toute tension. Mais laquelle? La mort? Soit : nous savons qu'une volonté forte peut conduire l'organisme jusqu'à une telle limite, qu'il *se trouve lui-même* par conséquent *dans les mains de la volonté*, et non *elle dans les mains de l'organisme*. Si les perceptions, pas plus que les sentiments, ne déterminent fatalement la volonté, mais que la thèse réciproque soit vraie, quelle est la source fondamentale des inclinations et des désirs?

Il n'y a pas volonté là où les désirs se transforment irrésistiblement, à peine apparus, en volitions, comme chez les animaux, chez les enfants d'un certain âge, chez les psychopathes; mais seulement là où un choix conscient s'opère. Le désir est une manifestation plus consciente et plus définie que les inclinations et les tendances. Il dérive de l'instinct de conservation; il a son origine dans l'organisation physique individuelle. Nous retombons ainsi dans un déterminisme plus complet que tout à l'heure, quand nous faisions dépendre la volonté des perceptions et des sentiments du sujet. Mais telle n'est pas la solution définitive, selon M. Grote. En effet, « nous avons vu que toutes les perceptions, c'est-à-dire les sensations, les représentations et les sentiments sont des états de l'énergie psychique, parfaitement différents des mouvements physiques et biologiques, qui les provoquent. A plus forte raison, il faut supposer que les désirs, les tendances, les inclinations ne sont pas de simples états de l'organisme, mais des réactions proprement psychiques, liées avec eux. » Nous avons donc à découvrir la nature et l'origine de l'organisation physique.

L'hérédité joue un rôle considérable. L'influence de « l'action » ou de « l'inaction » sur le développement de l'organe peut être expliquée

---

1. Voy. l'étude de M. Grote, *Du rôle du sentiment dans l'activité de l'homme.*

de trois manières : 1° par l'hérédité; 2° par le milieu; 3° par la volonté. La première solution n'en est pas une, car une question surgit tout d'abord : d'où vient l'organisation héréditaire? On ne peut pas non plus admettre le second, parce que le milieu ne fournit que les impressions du dehors, sur lesquelles réagit notre organisation, qui est précisément ce qu'il faut expliquer. Reste la volonté. « Si l'organisation de l'homme se modifie en dépit de ses propriétés héréditaires, en vertu de ses propres actions habituelles, et si ces changements de l'organisation sont ensuite fortifiés de nouveau par l'hérédité (dans les générations suivantes), la volonté personnelle, qui adapte l'organisation au milieu, peut seule être l'origine de ces changements. « Cette force n'est, au fond, que « l'instinct de conservation de soi », qui n'est autre chose que la *vie*. « La vie est l'existence de cette force active ou volonté dans les formes empiriques — d'espace et de temps. » Principe organisateur « actif » dans la nature, la volonté s'est *elle-même* enserrée peu à peu dans le réseau des parcelles matérielles de l'organisation physique héréditaire. La volonté individuelle « donnée », liée avec l'organisation individuelle héréditaire, dépend, à la vérité, non pas d'elle-même, mais d'une très proche manière « d'autres » volontés individuelles, dont elle s'est séparée et dont elle a tiré son origine ; mais si on prend en considération l'unité et la parenté finales de tous les organismes individuels, et par conséquent des volontés, l'affirmation que la volonté, en dépendant de l'organisation, ne dépend que d'elle-même, est parfaitement compréhensible. »

N'y a-t-il pas dans l'homme des désirs et des tendances supérieurs aux tendances individuelles, fournies par l'instinct de conservation? Oui, selon M. Grote, au premier abord, l'instinct de conservation de l'espèce parait en lutte avec le premier, quoique, à vrai dire, cet instinct exerce sur nous une sorte de duperie en nous poussant inconsciemment à nous développer en autrui, souvent au détriment de votre propre bien. Mais, au-dessus, sont incontestablement des tendances morales et altruistes. Elles diffèrent des instincts précédents, en ce que nous en avons conscience en les réalisant, ce qui leur donne le caractère moral, et qu'en second lieu nous ne sommes pas dupés par elles. Telles les tendances *idéalistes*, qui ont pour objet non plus le développement limité dans le temps et dans l'espace, mais l'*éternité*. Il y a donc lieu de distinguer dans la volonté initiale de l'univers deux actes : l'un *négatif*, tendant à la limitation de la volonté de soi dans le temps et dans l'espace; l'autre *positif*, ayant pour devoir de faire sortir la volonté du monde du temps et de l'espace. Ces deux espèces de tendances sont irréductibles entre elles.

La volonté qui suit cette double direction pour réaliser les désirs et les inclinations, est-elle libre dans la détermination de ses actes finals, — les volitions?

C'est un fait curieux que nous éprouvons les inclinations sensibles, incluses dans notre organisation, et ne dépendant pas de la « volonté personnelle », mais de la « volonté du monde », comme quelque chose d'*imposé* à *nous du dehors* comme par une volonté étrangère ; « ainsi les personnes religieuses attribuent la présence de ces inclinations en elles à une force étrangère, au « mauvais esprit ». Au contraire, les inclinations supérieures idéales se présentent à notre esprit comme nous appartenant « *en propre, réellement, à nous seuls* », comme faisant partie de ce « moi », dont nous disons qu'il est soumis dans son action à de véritables lois psychologiques (et non psycho-physiques), logiques, morales et esthétiques (et non physiques, chimiques et physiologiques). Les inclinations sensibles ne peuvent se changer en désirs ou en actes définitifs de notre volonté qu'à la condition du « non agir » de notre « moi » réel ou volonté pure. Si elles sont refrénées et paralysées par les inclinations idéales, c'est en vertu de l'action ou manifestation de notre volonté pure.

Toute la question du libre arbitre se ramène donc à la question de la liberté de « l'action » ou du « non-agir » de notre volonté. Or, pour M. Grote, la volonté est, par sa nature, libre de toute limitation et de tout lieu ; « laquelle se manifeste dans sa forme pure, *elle doit et elle ne peut pas ne pas être libre* ;... elle est libre d'agir, c'est-à-dire de commencer ou de ne pas commencer l'action ».

Reste une difficulté très importante. Cette volonté, qui possède le pouvoir d'agir, est-elle en état de triompher des volontés étrangères qui lui résistent? Oui ! à un certain degré de développement de notre « moi » supérieur, à un certain âge, avec une organisation physique normale. Dans de telles conditions, la liberté existe, et par suite la responsabilité morale ; celles-là manquent-elles, la liberté et la responsabilité font aussi défaut.

Une dernière question est inévitable dans un tel ordre de considérations : Quel rôle joue la volonté de Dieu dans la distribution de la volonté et de la liberté dans l'homme? M. Grote est d'avis qu'on pourrait concilier dans une telle étude les théories de la prédestination et de la grâce avec la reconnaissance du fait du libre arbitre dans les personnalités humaines d'un certain développement.

Nous n'avons pu qu'indiquer les points principaux de cette étude systématique et très déliée, en omettant bien des détours de cette analyse. M. Grote a cherché à construire par une voie logique les éléments d'une nouvelle métaphysique et à présenter un essai d'une complète réforme du principe de causalité. Le principe qu'il a découvert au terme de son analyse, c'est la volonté, prenant conscience d'elle-même en se réalisant spontanément, précédemment à l'expérience externe. Nous n'avons pu indiquer que très sommairement la critique que M. Grote fait de la philosophie de Schopenhauer. Il est apparent que ce système, qui puise ses racines dans la philosophie d'Aristote et de Leibniz, et offre des points de comparaison avec celle de Maine de Biran et de M. Ravaisson, par exemple, parmi les philosophes actuels, peut être formulé par l'expression de *monisme spiritualiste*.

Un même esprit anime la seconde étude de ce volume de M. Lopatine, qui n'est pas sans avoir exercé quelque influence sur M. Grote,
comme celui-ci nous l'apprend lui-même. M. Astafief pose de même
la question en métaphysicien. MM. Bougaief, Korsakof, Tokarsky, au
contraire, prennent la liberté dans ses conditions empiriques. M. Korsakof, principalement, nous donne un exposé systématique des objections qu'il dirige contre les théories de MM. Grote et Lopatine.

F. LANNES.

CORRESPONDANCE

Monsieur et cher Directeur,

Je viens de lire, dans le dernier numéro de la *Revue philosophique*,
quelques pages signées de M. Alexis Bertrand, où je trouve les passages suivants : « M. Picavet incline à voir dans le *Mémoire sur l'habitude* et surtout dans le manuscrit qui en est l'ébauche et qu'il a eu le
bonheur de découvrir à l'Institut, des tendances sensualistes et matérialistes... D'après un discours inédit sur l'*Homme*, qui m'a été communiqué au nom de Mme Savy de Biran et dont la date est certainement 1794, à une année près, il me semble que M. Picavet a été trop
affirmatif dans ses conclusions : Biran est femme; s'il varie dans l'expression de sa pensée et s'il songe trop aux juges qui couronneront son
mémoire, il ne varie guère dans les manifestations de ses tendances;
c'est un spiritualiste de sentiment, d'inclination, en dépit de quelques
formules équivoques dont M. Picavet me semble forcer un peu le sens
et la portée. En tout cas, son sommeil matérialiste eût été bien court
et bien vite renié, puisqu'il n'aurait laissé de traces que dans un manuscrit aussitôt rectifié qu'écrit (p. 90). »

Voulez-vous me permettre de présenter, très brièvement, quelques
observations nécessaires pour que vos lecteurs ne se méprennent pas
sur le sens des conclusions auxquelles j'ai été conduit par l'examen
des deux manuscrits de Biran, dont vous avez bien voulu annoncer la
découverte? (*Rev. ph.*, 1889, août, p. 223 [1].)

1° J'ai affirmé que Biran n'est pas revenu *de* Condillac au spiritualisme, comme on le dit ordinairement, mais qu'il est revenu, *par* Condillac et Bonnet, au spiritualisme.

2° Je n'ai pas parlé des tendances *sensualistes* de Biran, et je me permets de renvoyer à un travail sur les *Idéologues français*, qui paraîtra

---

[1]. Les conclusions du Mémoire que j'ai lu à l'Institut et auquel fait allusion
M. Bertrand y sont résumées.

prochainement, ceux qui voudraient savoir pourquoi je n'emploie pas cette expression qui tend, comme le disait Thurot, « à faire croire que les auteurs qu'on appelle *sensualistes* ont composé des ouvrages obscènes ou licencieux, ou au moins des traités de gastronomie ».

3° Les formules dont parle M. Bertrand sont celles où Biran prend à *la lettre* l'affirmation de Bonnet que *toutes les opérations de l'âme ne sont que des mouvements et des répétitions de mouvements,* où il compare le cerveau à l'estomac, la production de la pensée à la digestion, où il estime que le mystère de la multiplicité dans l'unité du moi, impénétrable dans toutes les hypothèses, s'obscurcit surtout *lorsqu'on suppose un principe particulier, distinct de l'organisation, qui sent, meut, et pense à la fois dans un point du cerveau.* Est-ce forcer « le sens et la portée » de ces formules, que d'y trouver une conclusion matérialiste et mécaniste, en même temps que la critique du spiritualisme?

4° « Biran, ai-je dit, est en l'an IX un disciple enthousiaste de D. de Tracy et surtout de Cabanis; en l'an X, il est encore, quoique avec plus d'indépendance, disciple de l'un et de l'autre; en l'an XI, il se défend d'être un adversaire du spiritualisme et invoque l'autorité de Condillac et de Bonnet, dans la première étape de la voie qui devait le conduire au spiritualisme, puis au stoïcisme et enfin à un christianisme voisin du mysticisme. » — Comment M. Bertrand peut-il supposer, d'après un Discours de l'an II (1794), que j'ai été trop affirmatif pour l'an IX et l'an X ? Surtout quand il rappelle lui-même, dans sa très remarquable *Psychologie de l'Effort* (p. 97), que Biran avait, selon Ampère, changé plusieurs fois d'opinion de 1806 à 1812, sur l'origine de la connaissance des corps et *épuisé,* en quelque sorte, toutes les tentatives qu'on peut faire pour l'expliquer !

5° Je n'ai dit nulle part que Biran n'est pas « un spiritualiste de sentiment, d'inclination ». Au contraire, après avoir cité la note écrite par Biran sur la marge de la copie de M. Naville : « Il n'y a qu'un seul objet qui paraisse capable de remplir notre âme et de fixer notre sentiment, c'est Dieu », j'ai ajouté : « Il y a lieu d'être surpris, à première vue, du chemin qu'a parcouru Biran; on l'est moins, quand on relit dans les *Pensées de 1794 à 1796,* l'éloge de Socrate et de Platon, de Pascal et de Fénelon, quand on retrouve, dans le Mémoire de l'an IX lui-même, le nom de Reid cité à plusieurs reprises avec un certain nombre d'allusions à ses doctrines. »

6° Je compte publier, à bref délai, le Mémoire de l'an IX et les passages supprimés de celui de l'an X. Ceux qui s'intéressent à ces questions et se demandent s'il faut voir en Biran un philosophe original ou un disciple, non sans originalité, de D. de Tracy et de Cabanis ne pourraient qu'être, comme moi, reconnaissants à M. Bertrand, s'il publiait avec le Discours dont il nous parle, les lettres d'Ampère, de Biran, de D. de Tracy et de Cabanis.

Veuillez agréer, Monsieur et cher Directeur, l'expression de mes meilleurs sentiments.   F. PICAVET.

LIVRES DÉPOSÉS AU BUREAU DE LA REVUE

E. MAILLET. *Éléments de psychologie de l'homme et de l'enfant, appliquée à la pédagogie.* In-18, Paris, Belin.

J. DE STRADA. *La genése universelle : poème.* In-12, Paris. M. Dreyfous.

Congrès international de psychologie physiologique : 1re session, Paris, 1890. In-8, Paris.

Compte rendu du Congrès spirite et spiritualiste international de 1889. In-8. (Librairie spirite.)

P. GARNIER. *La Folie à Paris.* In-12, Paris, J.-B. Baillière.

E. SIGOGNE. *Essais de philosophie et de littérature.* In-12, Carré, Paris.

B. MALON. *L'évolution morale et sociale.* In-18, Paris. (Rev. sociale.)

FLOURNOY. *Métaphysique et psychologie.* In-8, Genève, Georg.

GONZALEZ (Cardinal-archevêque). *Histoire de la philosophie. Tome Ier : Philosophie ancienne,* trad. de l'espagnol. In-8, Paris, Lethielleux.

PATRICK. *The Fragments of the Work of Heraclitus of Ephesus on Nature.* In-8, Baltimore, Murray.

CH. MERCIER. *Sanity and Insanity.* In-12, London, Walter Scott.

G. FULBERTON. *On Sameness und Identity.* In-8, Philadelphia, Univ. Press.

SIGWART. *Ein Collegium logicum im XVI. Jahrhundert.* In-4, Freiburg, Mohr.

STEINTHAL. *Geschichte der Sprachwissenschaft bei den Griechen und Römern.* 2e édit., in-8, Berlin. Dümmler.

KETZ. *Shakespeare von Standpunkte der vergleichenden Literaturgeschichte.* In-8, Worms. Reiss.

STUMPF. *Tonpsychologie.* IIe Bd. In-8, Leipzig, Hirzel.

CHIAPELLI. *Frammenti e dottrine di Melisso di Samio.* In-4, Roma, Tip. dei Lineci.

I. VANNI. *Il problema della filosofia del diritto.* In-8, Verona. Tedeschi.

BOBADILLA. *Capirotazos. (Satiras y criticas.)* In-12, Madrid, Fé.

Le propriétaire-gérant : FÉLIX ALCAN.

Coulommiers. — Imp. P. BRODARD et GALLOIS.

REMARQUES

SUR LE PRINCIPE DE CAUSALITÉ

« Le monde, disait d'Alembert, est un problème de mécanique. »
Cette formule toute cartésienne est demeurée le fondement de la
science moderne. Le principe du mécanisme, dans le monde phénoménal, adopté par Leibniz et par Kant, est aujourd'hui accepté par la
presque totalité des savants et des philosophes. Et encore cette restriction vient-elle d'un malentendu : si M. Boutroux ou M. Renouvier s'efforcent de faire entrer la contingence et les commencements
absolus dans l'ordre de l'univers, ce n'est point que la raison ou
l'expérience leur semble l'exiger; mais ils sont guidés par des
scrupules moraux, et désireux de sauvegarder la liberté humaine,
fondement de toute responsabilité.

Sans chercher à montrer, ce qui serait trop long, que le déterminisme le plus rigoureux n'exclut pas la morale la plus élevée et la
plus complète autonomie, il suffit de constater ce consensus général
des hommes de science en faveur du mécanisme universel. Rappelons que ce principe peut être également démontré par l'expérience
qui, tous les jours et dans tous les faits, le constate *a posteriori* sans
l'expliquer[1], et par la raison qui le légitime en nous le montrant
comme la condition nécessaire, *a priori*, de la pensée et de la
science[2]. Si le monde n'était pas mathématiquement déterminé, il
serait inintelligible, car les mathématiques ne sont que la forme la
plus parfaite des opérations de notre entendement. Or il n'est pas une
science, depuis la mécanique jusqu'à la psychologie, qui ne contredise
chaque jour une pareille hypothèse par le progrès de ses découvertes;

---

1. Spencer, *Premiers Principes*, ch. VI, VII et VIII. — Jouffret, *Introduction à la
théorie de l'énergie*, ch. XI.
2. Kant, *Raison pure*, liv. II, ch. II. *Analogies de l'expérience*. — Lachelier, *Fondement de l'induction*.

et l'application croissante des mathématiques aux problèmes de la physique, de la chimie et de la biologie elle-même confirme cette vérité de la façon la plus décisive.

Mais il advient un phénomène singulier. Dans les sciences mathématiques proprement dites et même dans la mécanique, il n'est jamais question de cause et d'effet, mais seulement de transformations et d'équivalence de mouvements. Au contraire, dans les sciences physiques, et surtout dans les sciences naturelles, psychologiques et morales, l'idée de cause joue un rôle considérable et prépondérant. Cela n'est pas douteux pour quiconque est familier avec ces études et cette remarque se trouve fortement corroborée par un fait historique : les trois *tables* de Bacon et les quatre règles d'induction de Stuart Mill, qui sont les canons de la science expérimentale, sont *toutes des* méthodes destinées à nous permettre de constater entre deux phénomènes des relations de cause et d'effet. Il en est de même de l'ouvrage de Claude Bernard, *Introduction à l'étude de la médecine expérimentale*, et de tous les traités élémentaires ou techniques qui ont pour objet la méthodologie des sciences inductives.

Or, s'il est vrai que toute science soit vraiment au fond un problème de mathématique — ce dont nous ne pouvons guère douter, — que vient faire ici cette idée de cause, qui n'est point mathématique? Y a-t-il donc contradiction entre la méthode de la science et son principe? Ou bien ne faut-il voir dans la notion de la causalité, malgré sa rigueur apparente, qu'une idée incomplète et vague, une approximation grossière, bonne tout au plus pour la vie courante, et que les progrès de la science finiront par éliminer?

Cette dernière hypothèse peut sembler étrange. Quoi de plus net et de plus sûr que cette proposition : *Tout phénomène a une cause?* « Rien de plus familier à l'esprit, dit M. Franck, que les notions « d'effet et de cause; rien de plus universel, de plus évident, ni « d'une application plus constante que le rapport qui les unit et qu'on « appelle le rapport ou le principe de causalité. Essayez de suppri- « mer ce principe ou seulement de l'ébranler par le doute, à l'instant « même la perturbation la plus profonde est jetée dans notre intelli- « gence; la pensée, et par conséquent la science, devient impos- « sible [1]. » Voilà pour l'école éclectique. Je ne parle pas de Maine

1. Ad. Franck, *Dictionnaire philosophique*.

de Biran qui fait de l'idée de cause, et même d'*efficace*, au sens de Malebranche, le fondement essentiel de son système. Dans les doctrines empiristes placées à l'autre extrémité de la scène philosophique la notion de cause est sans doute plus réduite. Stuart Mill oppose expressément la causalité physique (succession constante de deux phénomènes) à la causalité qu'il nomme efficiente et qui n'est autre que l'efficace dont nous parlions tout à l'heure. Mais il n'en croit pas moins fermement à l'existence réelle dans la nature de cette causalité ainsi dépouillée de tout caractère métaphysique. Il ne pense pas qu'on puisse élever le moindre doute sur la valeur et le sens de la loi générale qui énonce que tout phénomène est le produit d'un autre. « Il
« y a, dit-il, entre les phénomènes qui existent à un moment et les
« phénomènes qui existent le moment d'après un ordre de succession
« invariable; et comme nous le disions à propos de l'uniformité géné-
« rale de la nature, *cette toile est faite de fils séparés*. Cet ordre col-
« lectif se compose de successions particulières existant constamment
« dans les parties séparées. Certains faits succèdent et, croyons-nous,
« succéderont toujours à d'autres faits. L'antécédent invariable est
« appelé la cause, l'invariable conséquent est appelé l'effet; et l'uni-
« versalité de la loi de causation consiste en ce que chaque consé-
« quent est lié de cette manière avec quelque antécédent ou quel-
« que groupe d'antécédents particuliers. Quel que soit un fait, s'il a
« commencé d'exister, il a été précédé d'un autre fait auquel il est
« invariablement lié. Il existe pour chaque événement une combi-
« naison d'objets ou de faits, une réunion de circonstances données
« positives ou négatives dont l'arrivée est toujours suivie de l'arrivée
« du phénomène [1]. »

Cette idée de causalité est celle dont nous usons tous les jours dans la vie, et qui sans conteste nous y est fort utile. A tout événement nous cherchons une cause et le plus souvent nous la trouvons; et lors même que nous ne la pouvons assigner, nous ne doutons pas qu'elle existe. Selon l'opinion courante, l'observation des causes et la tendance à s'en toujours enquérir sont même le signe d'un esprit scientifique et supérieur à la moyenne. D'autre part, la connaissance des causes nous permet seule d'agir sur le monde qui nous entoure. Ma plume écrit mal : pourquoi? Si je sais qu'un grain de poussière en est la cause, il n'est pas malaisé d'y remédier. — Je veux veiller ce soir plus tard que d'ordinaire : je prendrai du café pour ne pas dormir. — Bien des vices proviennent de l'ignorance : nous tâcherons d'instruire l'homme pour le rendre meilleur. *Data*

---

1. Stuart Mill, *Logique*, liv. III, ch. v. De la loi de causalité, § 2.

causa, datus effectus; sublata vero, tollitur. S'il est vrai que savoir c'est pouvoir, Bacon lui-même nous apprend qu'on ne sait vraiment que de cette façon-là : « savoir, c'est connaître les causes. » Il ne manque pas d'hommes dont tout le talent est de savoir les causes et leur rapport avec les effets : ils peuvent ainsi écarter ou produire les événements. Le médecin, l'architecte, le politique, l'administrateur, le diplomate et tant d'autres encore escomptent les effets des actes qu'ils produisent. Et s'ils le font, c'est parce qu'ils tiennent pour vraies un certain nombre de propositions énonçant des rapports de causalité; ils se représentent chaque fait comme le père d'un autre, et le monde comme un vaste système de phénomènes liés deux par deux, mais conservant dans cette liaison la nature et l'unité qui leur sont propres. Chacun d'eux, s'il dépend des autres pour son apparition, n'en est pas moins en soi et logiquement distinct. Et sans doute les faits, obéissant à la loi qui veut que chacun d'eux soit tour à tour effet et cause, s'enchaînent en séries dont nous ne voyons le commencement ni la fin. Mais de même que chacun d'eux, comme un anneau dans une chaîne, ne perd point son existence propre, ainsi ces longues séries elles-mêmes se mêlent et s'anastomosent sans se confondre pour former la trame du monde, et, pour nous servir des propres termes de Stuart Mill, « la toile en est faite de fils séparés. »

C'est justement cette séparation qui permet à la science de faire des lois, en isolant ces unités et en retrouvant leur enchaînement naturel. « Cette notion de cause, est-il dit dans la *Logique*, est la racine « de toute la théorie de l'induction [1]. » Par elle seule, en effet, sont intelligibles ces règles dont nous avons déjà parlé. Toute induction, pour être légitime, doit isoler un premier phénomène, l'effet, et un second phénomène, la cause. Prenons pour exemple la méthode dite de concordance, qui est la plus simple : « Si deux cas ou plus présentant le phénomène objet de la recherche, ont une circonstance commune et une seule, celle-ci est la cause cherchée. » Ceci ne peut avoir un sens que si nous sommes capables de séparer et de délimiter nettement *un* phénomène, *une* circonstance. Le symbolisme mathématique adopté par Mill rend la chose encore plus sensible. Soit, dit-il, un cas où le phénomène A est précédé des phénomènes B, C, D, E; un autre cas où ce même phénomène est précédé de B, F, G, H, B sera la cause. Il est impossible d'affirmer d'une manière plus nette que A est quelque chose, sinon d'indivisible, au moins de susceptible d'être isolé et défini. Il doit en être de même de B, C, D... et

---

1. *Logique*, liv. III, ch. v, § 3.

de tous les autres *phénomènes* dont il s'agit, sans quoi l'induction n'aurait plus de sens, même théoriquement [1]. Et pour ne pas laisser peser sur la seule théorie de Stuart Mill la responsabilité des critiques que soulève nécessairement cette conception, remarquons qu'elle est seule possible pour quiconque admet la valeur absolue du principe de causalité dans le monde expérimental. Qu'on donne à ce principe telle forme qu'on voudra, il exigera toujours que le monde soit un composé d'éléments ultimes, mélangés sans doute d'une façon singulièrement complexe, mais étant et demeurant en eux-mêmes des unités discontinues. Sans l'hypothèse d'une discontinuité fondamentale, ce principe n'a plus aucun sens et devient une norme vide dont notre esprit ne saurait faire aucun usage rigoureux ni même aucune application à la nature.

Mais d'autre part, si nous voulons nous représenter ainsi les choses comme formées de successions constantes entre des phénomènes enchaînés, la confusion où nous tombons est plus grande encore, et nous ne pouvons ni définir la cause d'un phénomène, ni la déterminer scientifiquement, ni même dire au juste ce que veut dire ce mot de phénomène. Appliquons la règle de Descartes, et divisions la difficulté en autant de parties qu'il sera nécessaire pour l'éclaircir et la résoudre [2].

1. Un phénomène se passe (acceptons pour commencer ce terme de phénomène, sans tenir compte des restrictions que nous aurons à faire plus tard sur l'idée qu'il représente). — Un homme est écrasé par une voiture. Quelle est la cause de ce phénomène?

C'est, direz-vous, qu'il se trouvait devant cette voiture. Voilà la première raison qu'on donnera pour expliquer l'événement. Mais ce ne peut être la cause cherchée, car nous reconnaissons une

---

1. Il est bien entendu qu'il ne s'agit pas ici de la difficulté pratique qu'on éprouve à constater expérimentalement que B est le seul antécédent commun, ou à distinguer les antécédents des conséquents. Nous ne parlons que des conditions nécessaires pour qu'une pareille analyse soit possible *en principe.*

2. Une réserve historique est, en effet, nécessaire. Stuart Mill a bien vu la faiblesse de ses règles et leur inadéquation à la réalité. Tout le chapitre : *De la pluralité des causes et du mélange des effets* (*Logique*, liv. III, ch. x), est un plaidoyer contre la possibilité d'appliquer les règles, et aboutit à conclure « qu'elles sont, par la nature même des choses, inefficaces et illusoires ». Et il propose un autre moyen soi-disant déductif de reconnaître la liaison des effets et des causes. Mais il n'en reste pas moins, dans son œuvre, une erreur fondamentale étroitement liée à l'empirisme qu'il professe : c'est de supposer qu'il y a dans la nature, en principe, des effets et des causes, et que la difficulté vient seulement, suivant ses propres termes, du nombre prodigieux et de l'interférence des séries causales. De cette erreur viennent toutes les complications et les obscurités dont on ne peut manquer d'être frappé en lisant le troisième livre de la *Logique.*

cause à ce qu'elle est invariablement liée à son effet, et mille fois
nous avons passé sous le nez d'un cheval, fût-il au grand trot, sans
y laisser pour cela notre vie. Donc ce phénomène fait sans doute
partie de la cause, mais il n'est pas la cause tout entière. Est-ce
donc que le passant n'a pas fait attention à la voiture? Mais c'est
également insuffisant : qui donc dans la rue fait attention à tous les
véhicules qu'il croise? Il faudra ajouter que le cocher était également distrait, ou qu'il conduisait mal, et qu'il n'a pas su retenir ses
chevaux comme il le devait. Mais remarquez bien que toutes les
causes que nous venons d'énumérer demeurant les mêmes, l'accident ne serait pas arrivé si la voiture eût été moins lourde. Et de
même il ne serait pas arrivé si le frein avait été plus fort; il ne serait
pas arrivé si une autre voiture, venant en sens inverse, n'avait
effrayé les chevaux; il ne serait pas arrivé si le promeneur n'avait
pas glissé. Eût-il glissé, la chute n'aurait pas été mortelle s'il était
tombé en avant au lieu de choir à la renverse. Et encore la roue ne
l'aurait pas écrasé si la rue n'avait pas été en pente, si l'on ne s'était
pas trouvé au bord d'un trottoir, si le pavé n'avait pas été mouillé...
Il faut s'arrêter dans cette énumération des causes, non pas qu'elle
soit finie, mais au contraire, parce qu'elle ne peut pas l'être. Vous
pouvez toujours, indéfiniment, imaginer une circonstance, un détail,
sans qui l'événement n'eût pas eu lieu et qui, par conséquent, doit
entrer dans la liste des causes. Et remarquez-le bien, je parle ici des
causes immédiates et concomitantes qui ont déterminé l'événement,
sans chercher dans le temps les phénomènes qui ont engendré les
causes elles-mêmes : c'est une considération que nous réservons
pour un autre paragraphe. Mais, à nous en tenir aux antécédents
immédiats, il est visible que tout fait en a une infinité; et comment
appliquer alors, je ne dis pas même les règles de l'induction, mais
seulement la formule qui semblait si claire et si scientifique : Tout
phénomène a sa cause, et les mêmes causes produisent toujours les
mêmes effets?

On nous objectera la distinction qu'il faut établir entre les causes
et les conditions [1]. Elle est usuelle sans doute et commode;
mais ce n'est pas de cela qu'il s'agit, puisque nous voulons justement démontrer que l'idée de cause n'est qu'une approximation,
une sorte de symbole utile en pratique, mais dépourvu de toute
rigueur scientifique ou philosophique. A parler précisément, comment distinguer la cause de la condition? En quoi l'humidité du pavé
est-elle une condition, si le poids de la voiture ou son élan

---

1. Stuart Mill, *Logique*, ibid.

sont des causes? Pourquoi la distraction du passant serait-elle une cause et l'inexpérience du cocher une condition? Vous pouvez, tour à tour, prendre pour cause tel détail qu'il vous plaira suivant que vous serez dans l'affaire médecin, sergent de ville, philosophe ou carrossier. Mais la Cause, le phénomène A, que devient-il dans ces compromis? Stuart Mill s'y perd et s'enferme si bien dans ses propres exemples qu'il est obligé de jeter par-dessus bord sa première distinction : « La cause est, philosophiquement parlant, la somme « des conditions positives et négatives prises ensemble, le total des « phénomènes de toute nature qui seront invariablement suivis du « conséquent, si elles sont réalisées. » Or, à parler en mathématicien, et je veux dire seulement par là, avec toute la rigueur dont notre entendement est capable, je dis qu'il n'est pas un événement, quelque insignifiant qu'il soit, qui n'ait pour cause, c'est-à-dire pour « la somme de ses conditions positives et négatives », *tous* les événements concomitants de l'univers, car il n'est pas un atome que les lois de la gravitation ne rattachent à tous les atomes. Telle est « philosophiquement parlant » la seule formule qui ait un sens. Et voilà ce que le principe d'universelle réaction fait du principe de causalité, quand on les serre un peu l'un contre l'autre. Ce n'est pas, je pense, à la gravitation qu'il faut s'en prendre.

2. Mais ce qui précède ne concerne que la liaison des événements dans l'espace; le caractère vague et provisoire du principe de causalité apparaît mieux encore en considérant cette liaison dans le temps.

Soit un boulet de canon qui vient frapper une plaque de blindage. Il rougit. Quelle est la cause de ce phénomène? C'est évidemment le mouvement antérieur du boulet. Fort bien. Mais qu'entendrons-nous par mouvement antérieur? Sera-ce la trajectoire entière? Ce n'est pas nécessaire. Le commencement en importe peu; il ne communique qu'indirectement, pour ainsi dire, avec le phénomène que nous étudions. L'échauffement du boulet ne dépend, sa masse restant constante, que de sa vitesse pendant les derniers moments de son parcours. La véritable cause ne peut être que l'antécédent immédiat. Sera-ce donc la seconde moitié de la trajectoire? Mais on pourrait répéter le même raisonnement en la subdivisant : sera-ce la dernière minute, la dernière seconde, le dernier dixième?... Plus de raison pour s'arrêter; nous voici aux prises avec l'infiniment petit, et la cause s'y perd. Il faut dire qu'il n'y a plus de cause, ou prendre pour cause la vitesse au moment précis du choc. Mais quelle singulière condition pour une cause que de n'exister qu'à l'instant même où elle cesse d'être pour céder la place à son effet! Et de plus, cette explication ne sauve même pas le principe de causalité; la vitesse d'un mobile en un point n'est pas un phénomène, quelque large sens qu'on donne à ce mot. C'est la limite vers laquelle tend la vitesse moyenne dans la dernière partie de la courbe, quand la longueur de cette partie tend vers zéro. Nous voilà conduits à prendre pour cause une abstraction mathématique; bien plus, une limite, c'est-à-dire une abstraction d'abstraction, un pur néant physique. Que devient ici la formule causale qui veut que tout phénomène soit le produit d'un autre phénomène?

Si la conséquence nous fait peur, une autre hypothèse nous est ouverte. Nous dirons que la trajectoire tout entière est cause du phénomène. Mais les mêmes difficultés se présentent alors dans l'ordre inverse. A ce compte, la déflagration de la poudre ferait aussi partie de la cause, ainsi que le mouvement du canonnier qui fait partir le coup, et le commandement de l'officier, et le fait d'avoir amené sur cet endroit la pièce, la gargousse, et le boulet...; et de même indéfiniment. Il n'est pas possible de s'arrêter dans la régression continue qui nous fait reculer dans la série illimitée des antécédents; si la cause n'est pas dans l'infiniment petit, elle est dans l'infiniment grand. Elle ne s'y perdra que plus sûrement.

3. Toute cause d'un phénomène peut donc être considérée, *ad libitum*, comme infinie ou comme nulle. Dans l'un et l'autre cas, elle nous échappe. Mais cette idée même de phénomène est-elle une idée précise? Y a-t-il vraiment des phénomènes dans la nature? C'est là qu'est vraiment le point central de la question et la source de toutes les difficultés.

Et d'abord, on peut mettre au défi le plus habile logicien de définir ce qu'il entend par un phénomène, s'il ne veut se servir de synonymes comme : un fait, un événement, une circonstance, ou des termes les plus vagues comme quelque chose, une modification, un changement. Et encore ces deux derniers termes seraient-ils inexacts, car le langage usuel n'hésite pas à voir un phénomène dans la constance d'une quantité. Où commencent les phénomènes et où finissent-ils? Voici la pluie qui tombe. C'est à n'en pas douter un phénomène; mais en quoi consiste-t-il donc? Dans la condensation de l'eau, la chute des gouttes, leurs chocs, leur déformation dans l'air, leur arrivée au contact de la terre, l'infiltration qui s'y produit, l'évaporation nouvelle qui s'en suit? Point de limites naturelles à cette série ininterrompue d'actions et de réactions. De plus, chacune de ces parties que nous venons de distinguer artificiellement est-elle même indéfiniment divisible. Une goutte d'eau heurte la terre: c'est dire d'abord qu'elle se meut, puis qu'elle se déforme, puis qu'elle rejaillit, puis enfin qu'elle s'échauffe. Et ce seul terme de s'échauffer comprend encore et résume une infinité de mouvements de détail entre les différents atomes dont se forme une goutte d'eau. Et combien nous exprimons les choses grossièrement quand nous enveloppons tout ce monde d'action dans un mot : le phénomène de la pluie!

Un phénomène est quelque chose de quelconque : le mouvement d'une voiture, la mort d'un homme, l'anesthésie d'un membre, la hausse d'une valeur, la ténacité d'un caractère. Tant que nous restons dans de pareilles généralités et des définitions aussi vagues, le mot garde un sens. Précisons nos idées, il s'évanouit. « Il peut sem-
« bler, dit M. Rabier, que, dans la réalité, les mêmes effets peuvent
« être produits par des causes très différentes. Une même voiture
« peut être mise en mouvement par un cheval, par un mulet, par
« un âne. Bien des causes peuvent produire un incendie. Combien
« de causes diverses sont susceptibles d'amener la mort! De cette
« multiplicité des causes possibles d'un même effet, résulte même
« l'une des plus grandes difficultés de la méthode expérimentale
« dans la recherche des causes. Pourtant, peut-être, l'expérience ne
« dément-elle ce principe qu'en apparence et uniquement parce
« que nous prenons la chose en gros et que nous ne savons pas dis-
« cerner avec précision dans un cas de causalité en quoi consiste la
« cause, en quoi consiste l'effet. Prenons le cas d'une voiture en
« mouvement. Pour avoir l'effet total il faudrait tenir compte de tous
« les effets concomitants de l'effet principal (l'ébranlement de la voi-
« ture), à savoir : ébranlement du sol, traction exercée sur les bran-
« cards et les harnais, etc. En tenant compte de toutes ces circons-
« tances, on verrait que l'effet n'est pas exactement le même quand
« c'est un cheval qui est attelé à la voiture ou quand c'est un âne.
« D'autre part, il faudrait aussi analyser la cause et l'on reconnaîtrait
« que, dans l'objet total *que nous appelons cause*, tout n'intervient pas
« comme cause de l'effet que nous considérons en particulier. Ainsi
« les oreilles de l'âne, par où il diffère du cheval, ne sont pour rien
« dans le mouvement de la voiture. En procédant de la sorte, on
« arriverait peut-être à reconnaître que ce qui est identique dans les
« effets (par exemple un même mouvement imprimé à une même
« masse) est produit dans les cas divers par une même cause (ici,
« une même quantité de force motrice) [1]. » Nous prenons ici sur le vif l'idée courante de la causalité et comment, pour accorder les faits et la théorie, on est obligé de vider peu à peu ce que nous appelons les *phénomènes* de tout ce qui les distingue les uns des autres.

1. *Psychologie*, page 355, note.

Reprenons, en effet, l'analyse au point où la laisse M. Rabier. Que nous reste-t-il donc de notre phénomène primitif, à savoir le mouvement de la voiture? Rien qu'une abstraction, une dépense de force, *n* kilogrammètres. Et de l'autre phénomène, qui servait de cause, le cheval ou le mulet? Précisément la même chose, *n* kilogrammètres. Le reste est exactement éliminé. La continuité du mouvement relie mathématiquement la cause à l'effet sans que nous puissions assigner la fin de la première ni le commencement du second; bien plus, sans que nous puissions les distinguer. A cette seule condition est applicable le principe qui fait dépendre les mêmes causes des mêmes effets : mais c'est qu'alors ils deviennent indiscernables.

Et il en est toujours ainsi. En quoi consiste l'échauffement du boulet de canon dont nous parlions plus haut? En ce que chaque atome continue sous forme moléculaire le mouvement qu'il avait commencé sous forme de translation. La courbe décrite par l'un d'eux pendant une seconde et celle qu'il décrit pendant la seconde suivante n'en font qu'une; il n'y a pas hétérogénéité entre le mouvement et la chaleur. La grande loi de l'unité des forces physiques relie sans interruption deux états quelconques du système considéré, quelque différents qu'ils paraissent à nos sens. Considérons une bille roulant sur le billard. Fixons trois positions successsives A, B, C. Le mouvement de A en B sera, si l'on veut, un phénomène, et le mouvement de B en C en sera un autre; à ce compte, AB sera cause de BC. Mais qui ne voit qu'une pareille division est artificielle, faite pour la commodité du langage courant, et sans fondement dans la nature des faits qu'elle représente? Déplaçons le point B, nos phénomènes changent et cependant il n'y a rien de changé dans la réalité que nous exprimons; subdivisons AB et BC, voilà quatre phénomènes au lieu de deux, chacun cause et effet. Et cependant le fait demeure toujours le même. Or, dans la nature, tout se passe mécaniquement et continûment, comme sur une table de billard. Les mobiles sont seulement beaucoup plus petits, et leurs combinaisons beaucoup plus compliquées. Des mouvements de tout genre s'y déroulent sans arrêt ni divisions, car le moindre hiatus romprait la chaîne et rendrait le tout inexplicable. Une relation entre deux phénomènes distincts serait un mystère et un miracle. Leibniz l'a bien vu quand il posait son principe célèbre : *In natura non datur saltus*; et Malebranche aussi quand, admettant une discontinuité fondamentale entre les instants de la durée, il était obligé de faire appel à l'intervention divine pour *agir* le monde à chacun de ces instants.

Quand donc nous voulons exprimer cet ordre de choses par un rapport entre des phénomènes, c'est-à-dire des groupes séparés, des unités, nous usons d'un concept et d'un terme qui ne conviennent point à leur objet. C'est une tranche que nous découpons arbitrairement dans l'absolue continuité des transformations physiques. Le procédé peut être commode pour l'esprit, mais à coup sûr il est artificiel. Le monde n'est pas plus une succession de phénomènes qu'un cercle n'est une somme de triangles ou la ligne une série de points, quelque utile qu'il puisse être, en certaines occasions, de se les représenter ainsi. La nature des choses ne dépend pas des algorithmes qu'il nous plaît d'employer pour les représenter. — Mais Platon comme Moïse croyaient à une communauté d'essence entre les idées et les mots, le symbole et l'objet représenté; nous avons gardé quelque chose de cette superstition, et nous croyons voir une chose distincte dès que nous voyons un mot distinct. C'est une erreur dont il est aussi difficile que nécessaire de se garder avec soin.

Au fond, cette erreur, dans le cas qui nous occupe, n'est qu'une forme de l'antinomie perpétuelle du continu et du discontinu dont les différentes phases remplissent l'histoire des mathématiques et de la philosophie. C'était cette opposition que dénonçaient déjà les arguments de Zénon d'Élée en montrant que la continuité défiait toute mesure *purement arithmétique*; c'est pour la résoudre que Descartes, Newton, Leibniz ont inventé le calcul infinitésimal, si longtemps regardé comme un scandale logique. L'esprit humain procède par discontinuité, sans doute parce qu'il est un lui-même. Tous ses comptes sont faits d'unités séparées. La vue du continu, dont aucune division n'épuise les parties, l'inquiète et le trouble toujours. C'est comme un concept étranger qu'on accepte, en le comprenant sans doute, mais sans en avoir cette intelligence directe, totale et adéquate qui s'attache au nombre fini. On l'aborde de biais, par des méthodes compliquées faites pour d'autres mesures et qu'on assouplit à grand'peine, par des conventions multipliées, jusqu'à s'adapter à lui. Le continu, c'est l'indéfini, et notre entendement est avant tout fini. Ἀνάγκη στῆναι, disait Aristote; et cela nous convient. Mais quand la nécessité est de ne se point arrêter, nous ressentons quelque répugnance à nous engager sur la voie de l'infini et nous cherchons toujours à nous le représenter comme une somme d'unités individuelles analogues à celle que nous représente notre propre conscience. Car peut-être est-ce là qu'il faudrait chercher en dernière analyse l'origine de notre manière de compter les choses et de les penser; on y verrait la source naturelle de notre antipathie pour le continu qui n'est point composé d'éléments ultimes et qui nous révèle du dehors ¹ une tout autre sorte d'unité, celle d'un tout qui ne provient pas d'une addition de parties.

Ces principes posés, il n'est pas difficile d'en tirer les conséquences. Le concept de cause et le principe de causalité sont des idées auxiliaires destinées à mettre la science à notre portée en la déformant et en la simplifiant. C'est une formule d'usage courant, bonne pour se faire entendre et raisonner *grosso modo* sur les affaires de la vie. Ce n'est pas même un symbole, comme on se plaît à le dire : c'est une approximation, une expression inadéquate, mais simple et pratique. Elle nous rend le service immense d'économiser notre temps et de simplifier nos raisonnements. Elle dispense la foule des hommes d'action d'une conception rigoureuse et scientifique, mais délicate et éloignée de l'usage. Si nous ne sommes ni mathématiciens ni philosophes, elle nous permet de savoir ou nous permet de tenir un fil conducteur de notre entendement, de vivre en un mot. A ce titre, et dans cette mesure, elle est bonne autant que nécessaire.

Mais il ne faut pas qu'elle sorte de son domaine. Depuis Leibniz, nous divisons volontiers les points de vue que nous avons sur le monde en trois classes superposées : le monde sensible, fait de qualités secondes et de grossières intuitions des sens : c'est celui des enfants et du commun des hommes qui ne réfléchissent ni n'analysent leur connaissance; puis le monde scientifique, tel que Descartes l'a conçu, fait d'étendue et de mouvement : c'est celui du géomètre, du physicien, du chimiste, du savant en un mot, qui ramène tout à des formules et à des rapports mathématiques; enfin, et au-dessus, le monde des êtres en soi, monades ou noumènes, idées ou forces : c'est le champ de la métaphysique, accessible suivant quelques-uns, inconnaissable suivant d'autres, fictif même s'il faut en croire les plus avancés. Eh bien! c'est au premier de ces trois mondes, et à lui seul, qu'appartient le principe de causalité. Il représente confusément pour nos sens la continuité et l'inertie qui sont propres au second étage, comme les couleurs nous représentent imparfaitement les ondulations de l'éther et les sons, les vibrations de la matière pondérable. Le monde sensible est fait de qualités

---

1. Je ne veux pas dire par là que l'idée du continu soit expérimentale : sa nature même s'y oppose. Elle est évidemment donnée à l'esprit dans l'intuition *a priori* de l'espace. Peut-être faudrait-il rapprocher aussi le discontinu du temps, non que la durée soit en elle-même composée d'instants distincts, comme l'ont cru les cartésiens; cela est mathématiquement absurde; — mais parce que le temps est la forme du sens intérieur et que l'hétérogénéité de nos états de conscience (son, couleur, odeur, désir, souffrance, etc.) crée une véritable discontinuité naturelle dans leur succession.

variées : un son, en tant que son, n'a nul rapport avec une odeur. Les perceptions, données premières de notre connaissance extérieure, sont de nature diverse, voire opposée, irréductibles l'une à l'autre pour qui ne dépasse pas ce point de vue. De là des unités, des phénomènes distincts, la discontinuité, enfin la causalité. Mais faire de celle-ci une propriété scientifique des choses, une loi du monde phénoménal et mécanique, c'est soutenir que les corps gardent leur couleur en l'absence d'un œil qui l'aperçoive ou leur sonorité quand nul ne les entend. Et le danger est même plus grave : car, au point de vue scientifique, les mots de son et de couleur perdent simplement toute signification propre, tandis que le principe de causalité conserve un sens, mais énonce alors une proposition fausse, et qui nous induit sans cesse en erreur.

II

Il suit de là plusieurs conséquences :

1. La première est que la loi de causalité n'est pas un principe rationnel, mais une formule empirique au sens mathématique du mot [1]. Bien que dans sa forme il énonce expressément une relation entre deux objets hétérogènes et distincts, il n'a de sens que s'il est en réalité l'expression approchée d'une continuité entre des éléments homogènes et dont la division n'est qu'arbitraire; en tout autre cas, l'analyse précédente prouve assez qu'il est inapplicable et ne peut donner naissance qu'à des paralogismes. Or, cette constatation démontre de la façon la plus naturelle et la plus simple une des propositions fondamentales de la philosophie critique, à savoir que le principe de causalité et tout ce qui s'ensuit ne peuvent s'appliquer qu'à l'intérieur du monde phénoménal, et nullement à un rapport *entre* ce monde et une réalité supra-sensible. En effet, dans cette hypothèse, il représenterait une relation entre des termes hétérogènes, ce qui serait absurde étant donné sa nature : car il n'est au fond qu'une équation et il n'y a qu'une quantité mathématique qui puisse être égale à une quantité mathématique. En un mot, la causalité ne saurait nous faire passer du monde phénoménal au monde

1. C'est-à-dire une expression approchée d'un principe rationnel, simplifiée en vue de la pratique et avec l'aide d'une expérience sommaire, mais qui tire cependant toute sa valeur du principe qu'elle représente, et participe, en conséquence, de sa vérité absolue, mais seulement en tant qu'elle s'y peut ramener; à peu près ce qu'est la formule approximative d'une quantité dont on sait *a priori* qu'elle existe et qu'elle a une valeur déterminée.

nouménal parce qu'elle n'est au fond que le symbole de la continuité qui règne entre les parties du premier.

Cette démonstration présenterait un grand avantage sur les antinomies, qui sont le raisonnement classique employé d'ordinaire pour arriver au même résultat. Elle est d'abord beaucoup plus simple; il suffit pour s'en convaincre de jeter un coup d'œil sur la Dialectique de la Raison pure [1]. De plus, elle permet d'assigner sa limite à l'idée de causalité sans sortir du monde phénoménal et sans avoir à raisonner un seul instant, fût-ce hypothétiquement, sur la nature du monde supra-sensible, ce qui lui donne le caractère essentiel des raisonnements employés d'ordinaire par les savants et la rend par là très propre à faire accepter cette idée philosophique en la présentant sous la forme qu'affectent d'ordinaire les vérités scientifiques. Enfin cette preuve est *directe*, c'est-à-dire tirée par simple analyse de la nature même du principe de causalité. Les antinomies sont, au contraire, une réduction à l'absurde : supposez, dit Kant, que la causalité s'applique au monde des choses en soi, et vous tomberez dans une contradiction. — Or, la preuve par l'absurde peut forcer l'assentiment de l'esprit, mais elle ne l'éclaire pas. Elle nous montre que certains rapports existent sans nous faire saisir la raison de leur existence, et ne respecte pas l'enchaînement logique des propositions, c'est-à-dire l'ordre selon lequel s'engendrent les vérités correspondantes, en tant que l'une est la raison de l'autre. Au contraire, si nous savons que la causalité naturelle est un symbole abréviatif de la continuité mécanique et n'a pas d'autre sens, nous voyons immédiatement qu'elle ne peut s'appliquer aux cas où cette homogénéité n'existe pas; d'où suit naturellement que toute application de ce genre donnera lieu à un paralogisme transcendantal.

2. L'analyse de la causalité nous amène à une autre conséquence importante. Elle nous fait voir dans l'idée d'*efficace* un concept artificiel, et, pour parler comme les philologues, une maladie du langage. Si l'on divise le monde en phénomènes, c'est-à-dire en unités élémentaires, on ne peut évidemment expliquer l'action de l'un sur l'autre qu'en faisant intervenir un « pouvoir » mystérieux qui émane du premier pour créer son effet. Et comme il n'y a pas communauté de nature entre les deux, l'effet ne pourra plus être une partie aliquote de la cause. Celle-ci le produira donc sans s'épuiser elle-même,

---

1. Troisième antinomie: la causalité et la liberté. Remarquer que, non seulement les antinomies, dans leur ensemble, sont une réduction à l'absurde, mais que la démonstration de la thèse et celle de l'antithèse sont, elles aussi, des raisonnements négatifs.

par une sorte de création qui l'accroît sans l'affaiblir, de même qu'un être vivant transmet la vie. De là cette conception anthropomorphique de la cause qui en fait une chimère inapplicable aux faits, et qui conduisait Malebranche à nier toute relation entre les phénomènes, pour se réfugier dans les causes occasionnelles et la bonne volonté de Dieu. C'est encore ainsi que les Ecossais et les Eclectiques entendent cette idée de cause quand ils soutiennent que nous avons « directement conscience de notre libre causalité » et que nous sommes une cause qui engendre son effet, sans qu'il y ait une liaison nécessaire entre elle-même et ce qu'elle produit. « Toutes « les fois que je veux, écrit M. Jules Simon [1], il y a une cause pour « que je veuille, pour que je veuille ainsi plutôt qu'autrement, pour « que je mette dans mon effort ce degré d'énergie. Toute la question « est de savoir quelle est cette cause, et si, par hasard, ce ne serait « pas moi-même. Nous, partisans de la liberté humaine, nous soute- « nons que la volonté est une cause dont le caractère propre est « l'autonomie, c'est-à-dire le pouvoir de se déterminer elle-même, à « son gré [2], dans tel ou tel sens... S'il existe dans la nature une « cause telle que renfermant en soi les contraires, et toutes les « formes intermédiaires entre les contraires, elle puisse réaliser à « son gré l'une de ces formes, il est bien clair qu'elle est elle-même « la raison suffisante non seulement de son acte, mais de la forme et « de tous les accidents de son acte. »

Voilà l'illusion prise sur le vif. Il est bien évident qu'une pareille puissance, si tant est qu'elle puisse exister, n'a rien de commun avec la causalité et en est tout justement l'antipode. On ne peut l'appeler cause qu'en jouant sur les mots. Toutes les autres causes sont le symbole de la détermination continue; et voici qu'on nous donne comme une cause, et même comme la cause par excellence, un principe d'indétermination qui romprait dans le monde tout ordre et toute continuité. On ne peut imaginer de plus flagrante contradiction. L'erreur s'explique cependant, et ne peut étonner que si l'on ignore la puissance des mots et des associations qu'ils portent avec eux. Nous divisons pour notre commodité le monde en phénomènes : aussitôt chacun d'eux nous semble un être métaphysique distinct. Nous posons, par forme d'abréviation, que chacun est la cause d'un autre : aussitôt voici que nous concevons en eux une virtualité mystique qui en fait non plus l'équivalent mathématique,

1. *Le Devoir*, page 38.
2. C'est-à-dire sans qu'on puisse le calculer *a priori*. « Le motif est à nos yeux une *occasion* pour la volonté de se développer. Nous croyons seulement que cette occasion n'est pas déterminante. » (*Ibid.*, 39.)

mais la *ratio essendi* d'autres individus. Pour les peuples primitifs, un phénomène est père d'un autre. L'idée qu'ils se font de la causalité n'est que celle de la génération, et la généalogie des dieux est pour eux la genèse du monde. L'âge mûr de la philosophie en rejoint parfois la jeunesse : les éclectiques, sur ce point, n'ont ils pas été des primitifs?

Ce n'est pas dire qu'il faille nier la liberté humaine. Elle nous semble au contraire si respectable comme droit et si indiscutable comme fait qu'il est impossible d'y renoncer. Si nous avions à choisir entre le libre arbitre, dont dépend toute la morale, et le déterminisme, sans lequel physique et mathématique sont un rêve, nous ne devrions pas hésiter un instant à sacrifier la science, et à regarder comme fausses les lois en apparence les mieux établies. Mais heureusement il n'en est pas ainsi. Ne nous laissons pas tromper par les formules, et nous verrons que cette antinomie est fictive. Il n'y a pas opposition entre le mécanisme et la liberté : ils expriment au contraire un seul et même état de choses, selon qu'on le voit du dedans ou du dehors. La véritable autonomie morale ne peut se manifester que par le déterminisme : l'indétermination, fût-elle décorée du beau nom de contingence, n'est jamais que le hasard, et tout être dont l'essence ne déterminerait pas les actions serait une girouette sans volonté comme sans responsabilité [1]. De là deux points de vue également vrais, également légitimes et qui, sans être jamais mêlés, se supposent sans cesse, parce qu'ils sont les faces différentes d'une même réalité. Tout est géométrique pour qui regarde le monde par le côté scientifique; et c'est le point de vue que nous avons exclusivement adopté dans cette étude. Mais aussi tout est moral, pour qui le regarde du côté psychologique, qui est celui de la liberté. Lequel de ces deux modes de penser est supérieur? Peut-être sont-ils rigoureusement égaux vis-à-vis de l'absolu qu'ils n'atteignent ni l'un ni l'autre. Peut-être, au contraire, la conscience, qui nous fait connaître plus directement son objet, nous révèle-t-elle un degré d'être plus élevé, dans lequel il faudrait chercher l'origine même du mécanisme, qui n'en serait que l'expression phénoménale. Mais en tout cas, ces deux séries de faits et d'idées marchent parallèlement sans jamais se combiner dans leurs détails. Le mouvement vient

1. Il pourra peut-être sembler étrange de dire que le déterminisme est le fondement de la liberté. De bons esprits n'ont pu le croire, et M. Renouvier, notamment, a brisé le mécanisme kantien pour faire place au libre arbitre. Je crois cependant qu'il en est ainsi. Mais le cadre de cette étude ne nous permet pas de développer cette thèse, qui, d'ailleurs, ne se présente ici que secondairement. Elle mérite d'être démontrée à part et nous nous proposons, si les événements le permettent, d'en faire le sujet d'un travail plus développé.

toujours du mouvement et la pensée de la pensée. Le moraliste n'a que faire des mathématiques, et le savant ne rencontrera jamais la liberté dans ses équations. Aussi la seule position illégitime pour un philosophe est celle qui confond ces deux points de vue. C'est à cette position bâtarde que correspond le concept de l'efficace, et c'est pour cela qu'une analyse rigoureuse, qu'elle parte de la morale ou des sciences, devra toujours aboutir à le faire évanouir.

3. Dernière conséquence : l'explication que nous avons donnée de l'idée de causalité peut nous conduire à une grande simplification dans ce terrible problème de l'induction qui, pour les logiciens modernes, a remplacé la question des syllogismes en Baroco, *cruces et opprobria logicorum.*

Pour induire, il faut et il suffit que nous possédions la croyance à la stabilité des lois de la nature. Si nous admettons que « c'est une loi que rien n'arrive sans loi » nous avons évidemment le droit d'étendre à tous les cas les rapports que nous aurons une fois dûment constatés.

Or, si nous *croyons* à l'existence de lois physiques, c'est que nous *savons* qu'il y a des lois mathématiques, et par là notre croyance se trouve pleinement légitimée. Les lois physiques — nous pensons l'avoir suffisamment montré — ne sont que des lois mathématiques constatées par l'expérience. Nous sommes vis-à-vis du monde comme un enfant en face d'un théorème dont la démonstration serait trop compliquée pour son entendement. Il verrait bien, par exemple, que la longueur de la circonférence dépend de celle du diamètre, mais il ne saurait pas calculer le rapport qui les unit. Que ferait-il donc? Il mesurerait de son mieux des circonférences et des diamètres, et arriverait ainsi, par l'expérience, à cette « loi physique » que l'un est environ le tiers de l'autre. Un bûcheron n'a point d'autre géométrie. Comme pour nous, lorsque nous faisons des sciences expérimentales, la rigueur de sa mesure dépendrait de sa patience et de la perfection de ses instruments. Comme nous, il conclurait à un rapport universel sans avoir expérimenté tous les cas possibles : il ferait une induction absolument identique à celle que font les physiciens tous les jours, — et il aurait parfaitement raison.

Et nous, qui sommes vis-à-vis de cet entendement imparfait comme serait en face de nous-mêmes un esprit plus intelligent, nous voyons aisément dans cet exemple ce qui fonde la légitimité de l'induction. Une figure géométrique peut être beaucoup trop compliquée pour être analytiquement résolue; cela n'empêche pas qu'il n'y ait une relation entre les différentes lignes qui la composent, et sans con-

naitre cette relation, il nous suffit de savoir *a priori* qu'elle existe
pour avoir le droit de la tenir pour universelle, dès que l'expérience
nous aura permis de la déterminer : nous n'avons pas besoin de
résoudre le problème des trois corps pour savoir qu'il comporte une
solution. Le véritable fondement de l'induction est donc la valeur
universelle des mathématiques, qui repose elle-même en dernière
analyse sur le principe d'identité ; et c'est parce qu'un entendement
parfait pourrait déduire qu'un entendement fini peut légitimement
user de l'induction [1].

Mettons ceci sous une forme plus rigoureuse, dont le cadre nous
sera fourni par une récente étude sur l'induction [2]. Pour induire,
disent ceux qui font reposer l'induction sur le principe de causalité
en lui attribuant une valeur réelle, il faut pouvoir affirmer deux
choses : 1° que des causes supposées identiques par définition pro-
duiront toujours les mêmes effets ; 2° qu'il y a véritablement dans la
nature des causes ou des systèmes de causes identiques.

Sur le premier point, qui est aussi le plus facile, cette théorie de
la causalité donne pleinement satisfaction. En effet, dire que les
mêmes causes ne produiraient pas les mêmes effets, ce serait admettre
que deux systèmes de points en mouvement, dont tous les éléments
sont identiques et qui ont subi exactement les mêmes tranformations
au temps t, pouvaient avoir au temps $t + t'$ des mouvements différents l'un de l'autre ; proposition absurde, car deux systèmes de ce
genre n'en font qu'un et ne se distinguent en rien, aux yeux du
mathématicien qui en écrit l'équation. C'est comme si l'on disait que
deux droites qui coïncident sur un mètre de longueur peuvent ne
plus coïncider au delà. La formule causale, énonçant en gros les
résultats de cette identité parfaite, devra donc affirmer que les mêmes
causes, si elles sont données, reproduiront les mêmes effets ; ce qui
était la proposition à démontrer.

---

1. Tel est le fond de la pensée de Descartes, quand il fait une si large place à
l'expérience dans son œuvre et dans sa vie. On a été bien injuste en le lui
reprochant et surtout en condamnant sa méthode au nom de la méthode expérimentale : elle lui appartient plus légitimement qu'à Bacon ou à Stuart Mill.
Son idéal déductif reste celui de tous les savants modernes. Dès qu'il le peut, le
physicien calcule et par conséquent se met à déduire. Et lors même qu'il induit,
c'est encore au déterminisme mathématique de Descartes qu'il se réfère implicitement ; toute l'induction est en germe dans la règle cartésienne : « supposer
de l'ordre même où nous n'en voyons point ». Il n'est guère de génie comparable à celui qui a ainsi posé d'un seul coup et pour toujours l'assise fondamentale sur laquelle toute la science s'est élevée.

2. M. Adrien Naville, *Remarques sur l'induction dans les sciences physiques* (*Revue
philosophique*, janvier 1890). M. Naville y accepte expressément la réduction de
la causalité à l'identité, bien qu'il parte de considérations très différentes et
qu'il la légitime par une démonstration tout autre que celle-ci.

La seconde partie du problème semble plus rude. Nous n'avons démontré que la proposition hypothétique : si les mêmes causes sont, les mêmes effets suivront. Mais pouvons-nous jamais revoir les mêmes causes? Non sans doute. Cela même est totalement impossible. Une position différente dans l'espace ou le temps suffit à empêcher l'identité d'être parfaite, et dès lors, la rigueur logique de notre première formule devient toute formelle et inutile. Il faudrait pouvoir affirmer que le mouvement dans le temps ou dans l'espace n'altère pas la nature des causes agissantes. « Il faut croire qu'outre « les substances sur lesquelles a porté l'observation, il en existe d'au- « tres qui tout en étant d'autres substances, d'autres sujets, d'autres « parcelles sont cependant de nature semblable [1]. » Il faut admettre que les causes dont procèdent les phénomènes conservent toujours leur virtualité efficace et constante, et de l'avis de bien des logiciens nous ne pourrions accepter cette proposition que comme une croyance à la finalité, un postulat physique qui ne se démontre pas.

Mais la difficulté vient justement de cette confusion d'idées que nous avons essayé de dissiper plus haut. Quand les sciences sont suffisamment avancées (et c'est alors seulement qu'elles dépassent l'analogie pour atteindre l'induction pure), elles ne parlent jamais des propriétés d'une cause ou d'une substance. Sans doute, tant qu'on reste au point de vue sensible, on ne peut affirmer l'identité de deux morceaux de soufre, ou de deux chaleurs émises par des sources différentes. Mais entrons bien dans la pensée que c'est là une manière approximative de nous exprimer. Il faut *transposer* le principe de causalité pour l'appliquer aux sciences physiques, et lui rendre sa forme véritable : tout rapport de cause est un rapport mathématique latent. Les propriétés d'une substance chimique, l'action de la chaleur sur un corps, ce sont des formes et des mouvements très compliqués ; nous n'en pouvons rechercher l'équation que par l'expérience, mais nous savons qu'elle existe. Tout ce qui n'est pas rapport ou relation de ce genre est métaphysique, et la science inductive ne s'en occupe pas. Elle relègue dans les traités de philosophie les substances et les causes en soi. La grande œuvre des fondateurs de la science moderne, et de Descartes en particulier, a été d'expulser du domaine scientifique ces malfaisantes entités. La *virtus dormitiva* de l'opium nous fait rire, et cependant nous raisonnons toujours, dans la théorie de l'induction, comme si toute l'œuvre de la méthode expérimentale était de découvrir des formes substantielles de ce genre-là. Nous nous épargnerions bien des

1. M. Naville, *ibid.*

embarras factices en n'oubliant pas qu'il n'y a de science que des
relations et que toute relation, par un certain côté, est une fonction
mathématique.

Ici donc la même conclusion s'impose encore : l'universalité des
lois, postulat fondamental des sciences d'expérience, se ramène à
l'universalité des rapports numériques et géométriques. Voilà déjà
notre problème bien débrouillé : l'obscurité qui venait de l'idée inadéquate et confuse de causalité disparaît aussitôt qu'on se défait de
celle-ci. La difficulté qu'on éprouve à fonder l'induction est seulement le symptôme du mal ; la racine en est ailleurs et c'est là qu'il
faut s'attaquer. Voilà surtout ce que nous voulions faire voir.
Mais il nous reste encore un pas à faire. Admettrons-nous sans
démonstration la valeur universelle des relations géométriques, ou
ne pourrait-on pas prouver qu'il est dans leur nature même de jouir
de cette universalité qui est le vrai fondement de l'induction ?

Notons d'abord que ce postulat, si c'en est un, est commun à la
physique et aux mathématiques. Pour le contester dans les sciences
expérimentales, il faudrait nier aussi la valeur de l'algèbre et de la
géométrie. Le géomètre n'hésite pas un seul instant à universaliser
ses formules. Il regarderait comme un fou celui qui viendrait dire
qu'un triangle tracé dans Saturne n'a peut-être pas ses trois angles
égaux à deux droits, ou que, dans Sirius, une droite coupe une circonférence en trois points. Il sait que l'espace est le même partout,
et qu'un volume d'un mètre cube, fût-il séparé de nous par plus de
lieues que n'en traverserait en cent ans la lumière, vaudra toujours
mille décimètres cubes. Les prétendues régions de l'espace ne peuvent être distinctes l'une de l'autre ; et en effet, il n'y a pas de régions
dans l'étendue tant que le mathématicien n'y a pas élevé ses trois
coordonnées. Posez un point seul dans l'espace vide et essayez de
concevoir qu'il se déplace. Une pareille proposition n'a pas de sens ;
pour penser le mouvement il faut se donner d'autres points, et prendre certains d'entre eux pour fixes, tout à fait arbitrairement d'ailleurs. Il n'en est point dont on ne puisse dire tout aussi bien qu'il
demeure dans une même région de l'espace ou qu'il en change. Cela
dépend d'un point de départ que la nature ne fixe pas, et rien ne
montre mieux l'homogénéité absolue de l'espace que la complète
relativité du mouvement.

Ainsi parlerait un géomètre, constatant ce qui est. S'il était en
même temps philosophe, il pourrait peut-être aller plus loin et chercher pourquoi il en est ainsi. L'espace n'est pas un être en soi, une
chose réelle. C'est une forme *a priori*, que notre sensibilité trans-
porte partout avec elle. C'est une fonction de notre esprit que de l'en-

gendrer continuellement et continûment, comme une machine tisse indéfiniment le même dessin dans une toile. Et à ce titre, il est toujours le même, parfaitement homogène et identique [1]. S'il me plaît de le penser autour de Sirius, ou s'il m'était possible de l'y percevoir, je ne pourrais l'y percevoir ou l'y penser que comme ici-même; car ce n'est pas une chose, c'est une loi. Il nous suit comme notre ombre, et s'étend sans cesse devant nous parce que nos sensations et nos images ont besoin de lui pour s'organiser. De là cette identité parfaite que réclamait l'induction et qui est aussi l'axiome fondamental des mathématiques. Chacune de nos idées, chacun de nos jugements implique la stabilité de quelque chose, la permanence de rapports identiques. Notre pensée même est donc impossible sans la continuité homogène de l'espace. C'est peut-être pour cela qu'elle la crée; et c'est en tout cas ce qui la garantit : car rien ne saurait avoir pour nous une certitude plus absolue qu'une condition sans laquelle nous ne penserions pas.

4. Remarquons enfin, pour terminer, que la manière même dont procèdent et se développent les sciences expérimentales vient confirmer a posteriori l'idée que nous nous sommes faite de la causalité de sa nature provisoire, et de ses rapports intimes avec l'identité mathématique.

Une science à l'état naissant, comme le sont encore de nos jours pas mal de branches de l'histoire naturelle, ne commence point par parler de causes, encore moins de fonctions algébriques. Elle n'a pas tant d'ambition. Elle cherche modestement à mettre un peu d'ordre dans l'immense confusion des choses dont elle s'occupe; et pour cela, elle procède méthodiquement à la première·des opérations dont nous avons parlé plus haut : découper le monde en petits morceaux plus ou moins bien définis, qui seront les phénomènes; et l'on appelle cela faire une classification. Il est bien rare que cette dissection donne du premier coup des résultats satisfaisants. Les choses ne se laissent pas aisément débiter en blocs distincts, séparés par des vides absolus. Toujours, par-ci par-là, quelques filaments mal rompus tiennent encore, quelque morceau demeure sans cohésion et sans unité, quelques groupes sont si bien enchevêtrés les uns dans les autres que plusieurs générations de savants se succèdent avant de les débrouiller. De là cette instabilité des classifications, détruites presque aussitôt que construites, et qui ne sont jamais rigoureuses qu'en étant fran-

1. Il va sans dire que le même raisonnement s'appliquerait à l'homogénéité du temps. Ce caractère du temps et de l'espace était bien reconnu par les cartésiens quand ils soutenaient que nous en avions une idée innée, parfaitement claire et adéquate. « Nous en pénétrons toute la nature », disait Pascal.

chement artificielles, parce qu'elles introduisent toujours dans leur
objet une division discontinue que la nature n'y a pas mise. Il en est
sans doute qui font aux choses une moindre violence. Mais celles-là
même demeurent encore l'œuvre de l'entendement humain et de sa
lutte contre la continuité du monde. La chaleur devient insensible-
ment lumière; mille intermédiaires relient la feuille au pétale et
nul ne peut dire à quel instant la fleur devient fruit. Les meilleures
classifications ne vont pas sans explications, restrictions et exceptions; mais l'esprit humain a besoin d'elles pour avancer, et quelques
difficultés qu'elles engendrent, il est bien forcé de leur demander
leur secours.

En effet, la classification prépare un second état de la science qui
lui succède : c'est celui où l'on recherche des liaisons causales. Et
si la classification est indispensable à ce perfectionnement, c'est précisément qu'elle seule peut créer les unités entre lesquelles nous
allons maintenant découvrir des rapports. Le sauvage qui fait du
feu en frottant deux morceaux de bois sait déjà que le frottement est
cause de la chaleur. Mais il est facile de s'avancer fort loin dans
cette voie et de faire faire à la science des progrès considérables
sans sortir de ce genre d'explication. Beaucoup de sciences en sont
aujourd'hui à cet état et ne l'ont pas encore dépassé : la médecine,
l'économique, la plupart des sciences biologiques, sociales et philosophiques présentent à l'heure actuelle ce degré de perfectionnement relatif, après avoir nettement passé par l'époque des classifications. On a d'abord défini et nommé les fonctions, les facultés, les
maladies. Puis on s'est aperçu qu'il y avait une certaine relation
entre les groupes que l'on avait ainsi construits. Le vin trouble la
marche, la maladie aigrit le caractère, le bien-être augmente la nata-
lité chez un peuple. Voilà le type de la liaison causale et la forme
que revêtent d'abord les premières lois scientifiques. Elles peuvent
d'ailleurs se perfectionner beaucoup sans sortir de cette forme,
comme le prouve l'exemple des sciences que nous avons citées plus
haut : on peut diviser les faits de plus en plus et multiplier les expériences pour en découvrir les rapports. Ce n'est pas un méprisable
résultat que d'avoir découvert dans un microbe la cause de la fer-
mentation ou d'avoir montré dans une forme célèbre d'empoison-
nement l'effet d'une paralysie des plaques motrices. Cela surtout est
fort utile dans la pratique, qui importe beaucoup plus que la théorie
à la majorité des hommes; et c'est justement cet état contemporain
de la majorité des sciences qui conduisait Stuart Mill à faire de la
recherche des lois causales le propre de la science expérimentale;
c'est sous cette influence qu'il inventait, à l'exemple de Bacon, les

cinq règles du raisonnement inductif et qu'il résumait toute sa théorie dans une formule qui du moins a le mérite de la netteté : « Toute méthode expérimentale recherche l'effet d'une cause ou la cause d'un effet [1]. »

Encore un progrès cependant et la science dépasse ce point de vue, démentant la théorie empiriste qui en dérive et qui veut faire une règle générale de cet état particulier. Ce n'est pas un roman philosophique que l'histoire de cette évolution, mais un fait que les savants sont à même d'apprécier tous les jours. La relation causale, établie entre des termes hétérogènes, et dont aucun n'est vraiment un, ne peut être imposée à l'esprit que du dehors. C'est une constatation empirique, mais dont nous ne saisissons pas encore le pourquoi. On peut diviser, préciser, multiplier les expériences, avoir recours aux instruments physiques et psychologiques les plus parfaits : le secret de la nature nous échappera toujours tant que nos formules resteront purement causales et se contenteront d'unir synthétiquement deux faits distincts et par conséquent irréductibles [2]. Quand je saurais que toujours et partout le mouvement produit la chaleur, cette causalité restera pour moi un mystère : je ne comprendrai que du jour où j'apercevrai, avec une identité de nature entre ces faits, la loi de la continuité qui les fond l'un dans l'autre. Aussi les plus parfaites des sciences inductives sont-elles arrivées à éliminer les idées de phénomènes et de causes ; et sans rien demander à la science de l'esprit, retrouvant par la seule force de leur développement la vraie nature du monde qu'elles étudient, ces sciences énoncent de plus en plus, au lieu de relations causales, des rapports numériques et géométriques. La chimie commence à atteindre cet état; la physique l'a déjà réalisé depuis longtemps et les parties les plus achevées de cette science sont précisément celles où les mathématiques règnent en souveraines maitresses. Au contraire, d'autres branches moins avancées, comme la météorologie ou l'élec-

1. *Logique*, liv. III, ch. VI, § 3.
2. De là vient que Stuart Mill se moque fort mal à propos des anciens qui cherchaient à montrer *pourquoi* telle cause produisait tel effet, en cela meilleurs philosophes que lui-même. Il est certain que sa *Logique* mutile singulièrement l'idée de cause en la réduisant à celle de succession constante. Mais il est bien évident aussi qu'en admettant l'hétérogénéité des phénomènes, il ne pouvait guère imaginer entre eux d'autre lien que la succession. Peut-être même tout son système vient-il de ce qu'il a été trop frappé de cet état où les sciences énoncent des liaisons causales, et de ce qu'il l'a cru définitif tandis qu'il n'était que transitoire : en tout cas la liaison est évidente entre la théorie empirique et cette façon de penser le monde. Un état plus avancé de la science, en manifestant les principes mathématiques sur lesquels elle se fonde, doit au contraire ramener l'esprit au rationalisme.

tricité, gardent encore quelques lois causales qui n'attendent qu'un progrès de l'expérience pour se fixer en se précisant dans l'énoncé de quelque fonction algébrique. De toute part apparaît un mouvement pour dépasser le second stade de l'évolution scientifique et démentir les paroles de Stuart Mill. C'est déjà une opinion accréditée parmi les hommes d'étude qu'on peut mesurer le degré de perfection d'une science par la quantité de mathématiques qu'elle emploie; et c'est même cette idée préconçue qui a donné naissance à toutes ces mesures psychophysiques qu'on a récemment introduites dans la psychologie. On a pu les juger prématurées, parce qu'il ne suffit pas pour produire un état chez un être vivant (comme est toute discipline humaine) d'en faire apparaître artificiellement les symptômes. Il faut que les choses mûrissent d'elles-mêmes et réclament spontanément les secours dont elles ont besoin. Mais ces efforts mêmes montrent bien la nécessité de l'idée qui fait le fond de cette étude et qui s'impose, au nom même de l'expérience, aux hommes les moins préoccupés de logique ou de métaphysique. La science commence par la classification, s'élève de là à la causalité, mais n'atteint sa forme définitive qu'en éliminant ces degrés inférieurs qui l'y ont fait graduellement aboutir. C'est ainsi que l'artiste, après avoir sculpté le |fronton d'un temple, détruit l'échafaudage qui lui a servi pour l'atteindre et qui déroberait au passant la vue de son œuvre. De même, notre connaissance du monde physique ne pourrait se constituer sans l'idée provisoire et grossière de la causalité; mais elle ne peut apparaître dans sa pureté qu'en se défaisant d'une approximation qui l'obscurcit, et qui nous en dérobe la véritable nature.

ANDRÉ LALANDE.

PHILOSOPHES ESPAGNOLS

J. HUARTE

L'art de déguiser sa pensée à l'aide de la métaphore et de la métonymie, particulièrement cultivé en Espagne, y fleurit encore. On pourrait croire que la presque totalité des auteurs espagnols a pris la devise de Philippe II, « dissimuler ». Sous la discipline du Saint-Office de l'inquisition, les figures de diction, qui ont les honneurs d'un chapitre à part dans les grammaires officielles, envahirent la langue ; et l'on écrivit moins pour être compris que pour laisser entrevoir et deviner sa pensée. Les institutions aidant, et les habitudes, et l'isolement, sans compter les aptitudes natives, les plus beaux esprits finirent par se brouiller avec la clarté ; et ceux-là furent le plus admirés que l'on entendait le moins. Le succès du gongorisme et du cultisme fut tel, que le galimatias fleuri eut bientôt raison de la simplicité lumineuse. Balthazar Gracian, un jésuite, se fit le législateur de cette nouvelle littérature, dans son traité intitulé Agudeza y Arte de Ingénio. Ce qu'avait commencé Domingo de Guzman, fondateur du tribunal de la Foi, fut achevé par les fils de Iñigo de Loyola, auxiliaires des inquisiteurs.

De cette collaboration encouragée, secondée par le pouvoir, devait naître cet esprit creux, qui, depuis quatre siècles, sauf de rares intermittences, assimile le génie national aux plaines désolées de la Castille, où l'on trouve le désert sans oasis. C'est à dissimuler, à masquer ce vide de l'entendement que quelques Espagnols qui pensent appliquent toute leur énergie cérébrale. Si leurs écrits manquent de substance, ils sont émaillés en revanche d'adjectifs variés, d'épithètes sonores, de tournures savantes, ingénieuses, inimitables, qui ne sont en réalité que des tours de passe-passe et d'escamotage. Dans ce pays classique de la misère intellectuelle, le substantif n'a plus de valeur propre; on pourrait dire que l'accident y anéantit la substance. Résultat inévitable d'un régime mental uniquement favorable à la sophistique et à la rhétorique, associées de tout temps pour tromper les hommes et les détourner de la recherche du vrai. C'est en Espagne qu'il faut aller pour étudier cliniquement et sur place ces maladies chroniques de la conscience et de la raison, qui d'épidémiques sont devenues endémiques, et constituent une diathèse sinon une cachexie nationale. Les progrès du mal sont tels, que le patient ne sent plus son état : fâcheux symptôme. Vous dites, par exemple, à un académicien espagnol, orthodoxe et bien pensant, comme ils le sont tous : Quel dommage que vos institutions politiques et religieuses aient entravé la libre pensée! Cet optimiste vous répondra gravement : Vous faites erreur; et, sauf votre respect, vous ne connaissez pas l'Espagne; vous méconnaissez le génie espagnol. A l'imagination exubérante et à la faconde intarissable que vous nous accordez si libéralement, il faut ajouter la gravité, la profondeur et l'originalité de la pensée. Les philosophes abondent chez nous, et dans tous les genres: scolastiques, péripatéticiens, platoniciens, éclectiques, mystiques, casuistes, sceptiques, etc. Il vous fera grâce du reste, pour conclure gravement qu'aucun autre peuple n'a philosophé davantage ni plus librement. Si vous restez froid, il vous esquissera l'histoire de la philosophie en Espagne, en descendant des Romains aux Goths, puis aux Juifs et aux Arabes, puis aux chrétiens, vieux et nouveaux, et ainsi de suite, jusqu'aux disciples de Krause, si maltraités par les néo-catholiques, jaloux eux-mêmes du titre de philosophes. S'il avait lu Sénèque de Cordoue, qui est le premier de la liste, il y aurait remarqué ce précepte : *Cavendum in primis ne verba nobis dentur.* Le propre des dupes est de se payer de mots. Toutes les épithètes du monde ne feront pas que l'Espagne puisse avoir ce qui lui manque le plus, une philosophie. La vérité est qu'il n'y a point de philosophie espagnole, et que l'Espagne peut tout au plus compter une demi-douzaine de penseurs originaux, ayant spéculé aussi librement qu'ils le pouvaient, sous un régime mortel à la philosophie et à sa sœur, la Science.

I. LE LIVRE ET L'AUTEUR.

De ce tout petit, tout petit nombre de libres esprits est le médecin philosophe Juan de Dios Huarte, né à Saint-Jean-Pied-de-Port, lorsque cette petite ville, aujourd'hui française, faisait encore partie de la Navarre espagnole. Il fit toutes ses études à l'université de

Huesca, en Aragon, et exerça la médecine à Baeza, en Andalousie, puis à Linarès, non sans avoir voyagé dans la Péninsule. Voilà tout ce que l'on sait de sa vie, d'après la maigre notice de Nicolas Antonio. La date de la naissance et celle de sa mort sont également inconnues. Jusqu'ici l'Espagne n'a rien fait pour honorer la mémoire d'un auteur qui reste une de ses gloires les moins contestées : elle ne s'est mise en peine ni de sa personne, ni de son livre de l'*Examen des esprits*, qui, depuis plus de trois siècles qu'il a vu le jour, attend encore une édition critique, ou simplement correcte, autant dire, une réparation éclatante, puisque c'est aux persécutions du Saint-Office et aux mutilations de la congrégation de l'Index, que l'un des plus rares chefs-d'œuvre de la littérature espagnole nous est parvenu dans un état déplorable. Le succès fut prodigieux et durable, ainsi que l'attestent les nombreuses traductions faites à l'étranger, dont la dernière fut celle de Lessing, à la fin du XVIIIe siècle. A cette époque, l'ouvrage était devenu très rare en Espagne, d'après le témoignage du bénédictin Feijoo et de l'éditeur de Grenade, Nicolas Moreno, qui le réimprima en 1768. Une nouvelle édition fut publiée à Madrid, en 1846, par un jeune médecin plein de zèle, mais d'un esprit critique peu sévère, comme le prouve sa déférence pour les compilateurs laborieux de l'histoire de la médecine espagnole, Morejon et Chinchilla, dont l'admiration complaisante laisse peu de place au discernement. Cependant, il lui faut rendre cette justice, le Dr Ildefonso Martinez y Fernandez a compris ce qu'il y avait à faire pour reconstituer le texte de l'*Examen* et rendre à sa pureté la pensée de l'auteur : si imparfait qu'il. soit, son essai de reconstitution est le seul qui ait été tenté jusqu'ici. Cet éditeur a senti le prix d'une bonne bibliographie de Huarte, mais il n'a guère ajouté à ce qu'on savait avant lui ; et ses conjectures n'ont pas élucidé une question qu'il faudrait résoudre pour savoir au juste comment la pensée originale de l'auteur fut successivement censurée, mutilée, torturée, remaniée et refondue. Pour fermer la bouche aux défenseurs de la censure ecclésiastique, encore nombreux en Espagne, il suffirait de faire l'histoire de ce livre hardi, dont l'économie se trouva à la fin entièrement changée, grâce à la vigilance des censeurs, qui obligèrent l'auteur à de pénibles sacrifices. Il fallut couper, retrancher, bouleverser l'ordre primitif, ajouter pour combler les lacunes, et porter la lumière dans ce chaos. L'auteur ne se découragea point, et pied à pied il défendit son œuvre contre les méfaits de la censure. Pour le suivre dans ce travail de défense et de réparation, il faudrait pouvoir confronter, comparer toutes les éditions, depuis la première qui paraît remonter à 1575, et selon d'autres à 1580, jusqu'à celle d'Alcala (1640), que l'on croit pareille à celle que procura l'auteur lui-même en 1592. On ne sait s'il vivait encore en 1603, où deux éditions de son livre parurent simultanément en Flandres et en Espagne. Et c'est ici le lieu de remarquer que les premières éditions faites aux Pays-Bas méritent plus de confiance que les éditions espagnoles, l'éloignement de la métropole ayant permis aux éditeurs flamands et hollandais de reproduire fidèlement le texte primitif, non expurgé. Il est vrai que ces éditions étrangères n'ont pas toutes profité des modifications introduites successivement dans les éditions données en Espagne, soit du vivant de l'auteur, soit après sa mort; car on ignore si tous les remaniements successifs sont de son fait, ou si quelqu'un, après lui, y a eu part. Certains indices pourraient faire croire à un travail posthume, notamment pour le nombre et l'ordre des chapitres. L'ouvrage n'en comptait d'abord que quinze dont le septième fut entièrement supprimé par ordre, et finit par en avoir dix-huit. Ce dernier, qui se divise en cinq articles, comptés eux-mêmes comme autant de chapitres dans certaines éditions, manque à quelques-unes, bien qu'il forme à lui seul un traité complet qui devait être le couronnement de l'ouvrage. Qui sait si quelque disciple n'y a pas mis la main? Est-ce un continuateur qui a cru devoir tirer toutes les conséquences de la doctrine? On sait que la manie des suites pour les ouvrages de grande réputation a particulièrement sévi en Espagne. Il se peut encore que ce dernier chapitre suspect ait été composé au déclin de l'âge, car il rappelle en plus d'un endroit l'homélie de l'archevêque de Grenade, après l'apoplexie. Lorsque la certitude fait défaut, le champ reste ouvert aux conjectures.

Voilà donc un curieux problème dont la solution pourrait tenter les plus doctes bibliographes. La question est obscure, embrouillée, des plus complexes. Tout est confus et ténébreux dans l'histoire à peine ébauchée de l'*Examen*. Avec des documents complets, sur les preuves valables en ces matières, on ferait probablement justice de certaines hypothèses peu raisonnables. Il semble en effet peu probable que le manuscrit fût prêt pour l'impression dès l'année 1557, comme on l'a soutenu sans le prouver. La maturité d'esprit que l'on constate à toutes les pages, sans parler de l'érudition abondante et choisie, ne permet guère de croire à une œuvre de la première jeunesse. Rarement les philosophes sont précoces; c'est même par là qu'ils se distinguent des poètes, qui valent mieux jeunes que vieux. La méditation et l'observation veulent pour collaborateur le temps, qui mûrit les fruits de l'intelligence : la valeur d'un auteur se mesure à la maturité de ses productions. C'est peut-être la date présumée de la première édition qui a produit cette erreur, par la transposition des deux derniers chiffres du millésime (1557 au lieu de 1575). Cette édition de 1575, réputée la première, pourrait passer pour un mythe, son existence étant contestée par des bibliographes autorisés; tandis que celle de 1580 existe réellement et a été décrite par Nicolas Antonio.

Il appartenait au compilateur qui a compris Huarte dans le volume de philosophes choisis de la collection Rivadeneyra, de faire la bibliographie de l'*Examen*; mais au lieu de remplir sa tâche d'éditeur, ce rhéteur disert a préféré un long discours, où il n'y a rien à prendre, comme pour montrer une fois de plus qu'il appartient à la corporation de ces savants pour rire, qu'on appelait plaisamment, au siècle dernier, *eruditos á la violeta*. Pas une notice, pas une note; pas un éclaircissement n'accompagne cette reproduction servile de l'édition de 1846. Le texte altéré, tronqué en beaucoup d'endroits, est souvent inintelligible : presque toutes les citations latines ont horriblement souffert; les renvois aux sources sont généralement inexacts; les références, erronées, les autorités, confondues; en un mot, chaos et pêle-mêle. Si ce beau désordre n'est pas un effet de l'art, il témoigne à coup sûr d'une incurie, pour ne pas employer le terme propre, qui choquerait un lecteur français médiocrement instruit; mais on est indulgent en Espagne, et pour cause. Et la preuve, c'est que les deux récentes éditions de Barcelone, qui valent encore moins qu'elles ne coûtent, reproduisent scrupuleusement ces bévues, en les aggravant, et suppriment, on ne sait pourquoi, le dernier chapitre, le dix-huitième, qu'on pourrait comparer à la coupole de l'édifice; comme si l'éditeur d'un ouvrage qui compte plus de trois siècles d'existence avait le droit de châtrer l'auteur. Aucune raison ne peut justifier ces procédés d'un autre âge, et rien n'est plus impertinent aujourd'hui que d'usurper les privilèges de l'Inquisition, sous prétexte de morale, à l'égard d'un ouvrage de science.

S'il faut en croire le Dr Chinchilla, Huarte dut se résigner à opérer lui-même l'expurgation de son livre, de concert avec deux commissaires du Saint-Office, frère Louis de Olmedo et frère Jérôme de Sainte-Marie, de l'ordre des frères Prêcheurs. Sa signature figure, à côté de celles de ces deux moines dominicains, dans un exemplaire de la première édition, qui devait servir de modèle pour l'impression de la seconde. Qu'est devenu ce précieux volume, mutilé, raturé, que Chinchilla avait en sa possession, et qu'il a décrit sommairement dans son article dithyrambique sur Huarte? Si cet exemplaire

existe, il vaut un trésor, puisqu'il renferme les modifications capitales qui furent introduites dans les éditions ultérieures, du moins
en ce qui concerne les suppressions. Le compilateur assure
que tout ce qui avait été retranché ou biffé dans cet exemplaire
de la première édition 1580, manque aussi dans l'édition célèbre de
1603, publiée à Medina del Campo, qu'il possédait également, de
même que celles de 1607 et de 1668. S'il avait pris la peine de dire
en quoi ces éditions, qu'il tenait pour les principales, se ressemblent
ou diffèrent, il aurait jeté un peu de jour sur cette obscure question
de bibliographie. L'important serait de pouvoir suivre la lutte sourde
de l'auteur contre les douaniers du Saint-Office, et les mille tours
qu'il imagina pour déjouer leur vigilance. Un point essentiel serait
de savoir si Huarte vivait encore en 1603, quand parut cette édition
de Medina del Campo, source probable de toutes les éditions sub-
séquentes qui furent publiées en Espagne, avant celle de 1846.
Encore une fois, c'est en Espagne seulement que la question pourrait être élucidée, sinon entièrement résolue. C'est en Espagne que
doit se trouver, si elle existe réellement, l'édition de Baeza (1575),
celle de Pampelune (1578); les éditions de Bilbao et de Logroño
(1580), de Huesca (1581), de Baeza (1584, 1594), de Medina del
Campo (1603), de Barcelone (1607), d'Alcala (1640), de Madrid (1668),
de Grenade (1768), auxquelles devrait être ajoutée celle de 1592,
revue par l'auteur, et par là très importante. Seulement il serait
prudent de ne se prononcer que d'après le témoignage authentique
des imprimés, sans tenir compte de tous ces millésimes allégués
pêle-mêle par des compilateurs vulgaires qui ne respectent pas plus
les chiffres que les textes et les citations.

Il va sans le dire qu'on examinerait toutes les éditions belges et
hollandaises, ainsi que les traductions, de façon à réunir en un seul
faisceau tous les rayons de lumière. Remarquons en passant que la
naïve et piquante traduction française de Gabriel Chappuis, tant de
fois reproduite, est de l'année 1580. Ceux qui veulent que le manuscrit
de l'*Examen* fût prêt à imprimer dès l'année 1557, prétendent que
l'ouvrage reçut l'approbation d'un Dr Hérédia, le 15 août de la même
année, qu'il fut ensuite revu à Pampelune par Fr. Gabriel de Alava,
le 26 août 1578, et finalement approuvé par l'ordinaire de Huesca,
en 1580. Le rapprochement de ces trois dates montre que la première est fausse; il faut lire 1575 au lieu de 1557; et il rend très probable l'opinion suivant laquelle l'*Examen* vit pour la première fois le jour
en l'année 1580. En confrontant les éditions qui parurent simultanément en Espagne et aux Pays-Bas, dans le courant du xviie siècle,
on saurait enfin si l'ouvrage put échapper, au delà de la frontière

espagnole, à la rage des persécuteurs; et peut-être saurait-on aussi à quoi s'en tenir sur l'authenticité des éditions posthumes.

Comme rien ne doit être négligé dans la recherche de la vérité, nos lecteurs ne trouveront pas mauvais, qu'à défaut de détails biographiques, on insiste sur la nécessité d'une enquête bibliographique au sujet d'un livre capital dans l'histoire de la science de l'homme. Huarte fait grande figure parmi les philosophes naturalistes, à cause de la nouveauté hardie de ses vues originales et de l'excellence de sa méthode. En attendant que réparation soit faite en Espagne à ce médecin illustre, qui a eu pour admirateurs des juges compétents, tels que Bayle, Bordeu, Lessing, il peut être utile de rappeler la doctrine d'un auteur vieux de trois siècles, novateur courageux qui entreprit de philosopher sur la nature humaine, sans abandonner la tradition, sans faire table rase du passé, émancipant son esprit, singulièrement ingénieux et clairvoyant, jusqu'à braver l'opinion des doctes par des aperçus d'une haute portée, traits de génie pour ses admirateurs, paradoxes pour ses adversaires. Les uns et les autres n'ont pas mal jugé. Réformateur résolu et révolutionnaire pacifique, Huarte eut pour lui les hommes de progrès, et contre lui les conservateurs routiniers. Quand on le considère dans son milieu social, il apparaît comme un des rares précurseurs des philosophes qui ont fini par arracher la philosophie aux sectaires de la théologie et de la métaphysique, en cherchant le vrai dans la réalité. Deux siècles avant Cabanis, il fit un traité des rapports du physique et du moral qui témoigne encore de la bonté de ses principes et de l'excellence de sa méthode. Ses illusions et ses erreurs, qui étaient inévitables, prouvent en somme, qu'en dépit des ténèbres environnantes, il sut s'orienter et tendre hardiment vers la lumière. Et, ce qui est à son honneur, il philosopha sans fanatisme, sans étroitesse d'esprit, avec cette pointe de scepticisme qui convient aux amis de la vérité et aux disciples de la sagesse. S'il paya tribut à son temps, suivant une loi fatale, il fut du moins exempt de deux vices en quelque sorte obligatoires pour les savants d'alors, le pédantisme et l'intolérance [1].

1. Un docte ami des lettres espagnoles, qu'il honore par ses écrits, M. R.-J. Cuervo, de Bogotá, a bien voulu nous communiquer un précieux exemplaire de l'*Examen*, dont nous transcrivons exactement le titre :
Examen / de ingenios / para las ciencias. / En el cual el Lector hallará la manera de su inge-/nio, para escoger la ciencia en que mas ha de apro-/vechar : y la diferencia de habilidades que ay / en los hombres, y el genero de letras / y artesque a cada uno res / ponde en particular. Compuesto por el Dotor Iuã Huarte de San / Juan. Agora nueuamente emendado por el mismo Autor, y añadidas muchas cosas / curiosas, y prouechosas. / Dirigido á la Cesarea Real Magestad

II. LA DOCTRINE.

L'*Examen des esprits pour les sciences* peut se diviser en deux parties : la première renferme la théorie ; la seconde, l'application. Bien que cette division ne soit indiquée dans aucune édition, elle ressort nettement de l'économie de l'ouvrage, qui est, à le bien considérer, un traité de psychologie physiologique et de pédagogie générale. Après avoir établi les principes de sa doctrine, l'auteur en

del Rey don / Felipe nuestro Señor, cuyo ingenio se declara / exemplificando las reglas y preceptos / desta dotriga (*sic*). / 39°. / Con licencia. / En Alcalá. Por Antonio Vazquez, año 1640. / A costa de Manuel Lopez, Mercader de libros. Petit in-8°, 309 feuillets, dont deux de préliminaires, trois pour la table des chapitres, qui sont au nombre de vingt-deux, chacun des cinq articles du chapitre XVIII étant considéré comme un chapitre.

Entre autres éditions qu'il nous a été donné de voir, il en est deux qui méritent une mention : la première, de Leyde, en la oficina de Juan Maire, 1652, in-12, a 464 pages, plus l'avant-propos au lecteur et la préface. Après le titre, on lit ces mots : *Tercera edicion de muchos querida.* L'exemplaire que nous avons vu provient de l'ancienne bibliothèque de la cathédrale de Rouen, et fait aujourd'hui partie de la bibliothèque publique de la ville.

La bibliothèque de Rouen possède un autre exemplaire de l'*Examen* (collection Leber), imprimé à Amsterdam, *En la oficina de Juan de Ravestein*, 1662, in-12, 420 pages, plus l'avertissement *Al Lector* et l'avant-propos ou *Prohemio*. C'est un Elzevier peu commun ; le titre est suivi de ces mots : *La quarta edicion de muchos querida.* Dans ces deux éditions à peu près pareilles, le dernier chapitre, qui est le quinzième, est divisé en cinq articles ou paragraphes, sous ce titre général : *Capitulo notable, donde se trae la manera, como los padres an de engendrar los hijos sabios, y del ingenio que quieren las letras* (p. 365 du premier exemplaire, p. 331 du second). A la fin de ces deux éditions : LAUDETUR CHRISTUS IN ÆTERNUM. Les éditions hollandaises, moins rares en France que les éditions espagnoles, ne semblent pas avoir tenu compte de ces dernières. La bibliothèque de Bordeaux possède l'édition de Plantin et celle de Medina del Campo ; les deux de 1603.

La première traduction française de l'*Examen* a eu huit ou neuf éditions. Elle est de Gabriel Chappuis, qui la fit paraître à Lyon, in-8°, 1580, sous ce titre : *Anacrise, ou parfait jugement et examen des esprits propres et nés aux sciences.* On ne sait pourquoi l'éditeur des *Bibliothèques françaises* de La Croix du Maine et de Du Verdier, Paris, 1773, in-4°, t. IV (p. 4 et p. 446), déclare misérable la traduction de Gabriel Chappuis, et préfère celles de Charles Vion d'Alibray, Paris, 1645, et celle d'Amsterdam, 1672, par François Savinien d'Alquié (pseudonyme). Les deux traducteurs du xviiᵉ siècle ont eu l'avantage de venir après leur devancier du xviᵉ, et ils ont profité des éditions publiées en Espagne de leur temps. Vion d'Alibray a soin d'avertir le lecteur, à la suite du titre, que l'*Examen* a été « nouvellement traduit suivant l'ancien original, augmenté selon la dernière impression d'Espagne ». Dans cette traduction, le dix-huitième et dernier chapitre est divisé en 5 §. Il y a onze feuillets de notes, utiles pour la bibliographie. On y voit, par exemple, que le chapitre X, sur l'âme, avait été retranché dans la dernière édition espagnole. L'auteur y est appelé l'Examinateur. Dans ces notes, le traducteur complète les passages écourtés, et il puise toujours ses corrections « dans l'impression d'Espagne ». Il est très dur pour Guibelet ; on voit qu'il 'a profité du libre esprit de P. Charron, imitateur de Huarte.

déduit toutes les conséquences, produisant des preuves à l'appui de sa manière de voir. La conception de son sujet est telle, qu'étant parti de l'observation des faits, il y revient, suivant une méthode complexe dont les médecins sont coutumiers, depuis Hippocrate, ou le médecin grec qui a posé ces deux aphorismes : « C'est le traitement qui révèle la nature des maladies; — il faut traiter les maladies en en considérant les ressemblances et les différences ». Ces deux axiomes signifient, le premier que la thérapeutique et l'étiologie sont corrélatives; le second, que l'art de traiter les maladies n'existe que par la méthode comparative. C'est par là que l'expérience se distingue de l'empirisme, et l'observation, de la routine; de sorte que le vrai médecin ne se contente pas de voir et de savoir; il doit encore raisonner, comparer, juger, induire le plus souvent, et déduire quand il le faut, en se fiant plutôt à l'induction qui conclut, qu'à la déduction qui démontre. Il lui suffit que la subtilité du raisonnement ne l'égare pas jusqu'au point de le faire passer à côté ou au delà de la vérité. L'essentiel est que le réel le conduise au vrai, et qu'il ne cesse de voir les choses comme elles sont, *en realidad de verdad*, selon la formule même de Huarte, tant de fois répétée par Cervantès : elle est d'une brièveté lumineuse.

La médecine philosophique de l'antiquité proclamait et suivait ces principes de la philosophie naturelle; et c'est avec raison qu'un des maîtres illustres de l'ancienne école de Montpellier avait coutume de répéter dans ses leçons de clinique, que ce que Bacon a dit qu'il fallait faire, Hippocrate l'avait fait deux mille ans avant lui. Rien n'est plus vrai. Ce qui donne du prix aux recherches sur l'histoire de la médecine, comme disait Bordeu, qui s'y connaissait, c'est la tradition du bon sens, lequel, à travers les révolutions et les ruines, marque la voie du progrès, en associant à l'empirisme la méthode qui sans cesse ramène l'art à l'observation des principes tirés de l'expérience des siècles. Ceci soit dit, en passant, pour ces novateurs qui, fiers de leur ignorance, tournent le dos au passé, et recommencent inutilement ce qui est fait et acquis, faute d'avoir médité le truisme de Brid'oison, dans la comédie de Beaumarchais : « On est toujours fils de quelqu'un. » En vérité, on est honteux d'être obligé de rappeler cet adage aux partisans de vieilles nouveautés qui n'ont de nouveau que les noms. Ils oublient volontiers que rien ne se fait de rien, et que les morts dominent les vivants. Il faut donc compter avec l'histoire, et il n'est que juste de reconnaître la vaillance des athlètes de la raison, qui osèrent contredire l'erreur et le préjugé en des temps mauvais pour la pensée et infiniment plus difficiles que les nôtres, où l'intolérance, sans avoir entièrement abdiqué, n'ose plus recourir à la persécution ouverte et violente.

Aujourd'hui les philosophes se rapprochent des médecins, et les médecins des philosophes: et il se peut que ce retour de part et d'autre à l'antique tradition produise un grand bien. Aussi serait-il temps que les médecins, dont la presque totalité ne considère l'histoire de l'art qu'à titre de curiosité de luxe, montrassent aux philosophes que la médecine et la philosophie ne peuvent que gagner à contracter alliance. Il suffirait, selon le vœu d'un ancien, de faire entrer l'une dans l'autre, comme au temps reculé où la philosophie était l'apanage des savants qui, sous le nom de physiciens, spéculaient sur la nature des choses. Séparées durant des siècles par la théologie, qui divisait pour régner, elles doivent s'associer. Qui oserait aujourd'hui écrire un mémoire académique sur la légitimité de leur séparation? Souhaiter que les médecins deviennent philosophes, et les philosophes médecins, est un vœu moins chimérique que celui de Platon qui voulait mettre la philosophie sur le trône. Il n'y a eu qu'un Marc-Aurèle et un Julien pour représenter la haute sagesse dans le gouvernement des peuples, tandis qu'on pourrait nommer à la rigueur une douzaine de médecins philosophes et une demi-douzaine de philosophes médecins. Ce n'est guère en apparence, et c'est beaucoup, si l'on songe à l'énorme quantité de matière cérébrale que pétrit la nature, avant de pouvoir former une tête pensante.

Huarte fut une de ces rares têtes qui pensent de manière à faire penser quiconque est capable de cet exercice cérébral ; de sorte qu'il a droit à des égards, ne serait-ce que pour avoir honoré notre pauvre espèce, qui se compose d'animaux si peu raisonnables, en dépit de la définition classique. Ce fut sur les bancs de l'école qu'il commença cette longue et curieuse série d'observations qui devaient lui inspirer l'ouvrage singulier, dont le titre indique parfaitement l'esprit et la portée. Ce qu'il appelait l'Examen des aptitudes pour les sciences, c'est la sélection des esprits, comme on dit aujourd'hui où l'on voit assez souvent de vieilles choses reparaître sous des noms nouveaux; car il en est de la science comme de la politique : ordinairement c'est l'étiquette qui change, ou l'enseigne de la boutique, avec le nouveau marchand qui l'exploite. Les noms tiennent infiniment plus de place que les choses en ce monde, et de tout temps il en fut ainsi. Huarte se mit donc à penser à un âge où l'inconscient l'emporte de beaucoup sur le conscient; et, de réflexion en réflexion, il parvint à établir une doctrine dont les fondations ont résisté à l'usure des siècles. Il fit ses études avec deux camarades, dont l'un brilla surtout dans les classes de latinité, tandis que l'autre se distingua principalement dans le cours de mathématiques. Pour le troisième, qu'on devine aisément, il révéla ses talents en philosophie, et d'une manière plus spéciale, en logique. Voilà donc trois jeunes gens, trois condisciples, soumis au même régime mental, travaillant sous les mêmes maîtres, dans des conditions en apparence identiques, avec des résultats différents. Le grammairien devient bon humaniste, mais il est médiocre en mathématiques et en philosophie. Le philosophe excelle dans la dialectique, et ne peut mordre à la grammaire ni au calcul. Le mathématicien a une facilité étonnante pour la solution des problèmes et la démonstration des théorèmes; mais il n'entend presque rien au latin et à l'art de penser. Combien d'écoliers ont eu l'occasion de faire les mêmes observations, qui ne les ont pas faites, ou qui n'en ont rien conclu. Et combien de lauréats, dont le chef glorieux n'a point deviné les mystères de cette psychologie expérimentale et comparative, qui sont l'objet même du livre de Huarte, et le plus solide fondement de la pédagogie philosophique. Les maîtres eux-mêmes ne méditent guère sur ces questions vitales de philosophie classique.

Voilà donc le germe d'un livre qui éclôt dans une cervelle d'adolescent; autant dire, voilà une vocation impérieuse, irrésistible; car, on l'a remarqué avec justesse, le propre des grands esprits est de réaliser, dans l'âge mûr, une pensée conçue dans la jeunesse. Si l'aphorisme est vrai, il n'a pas eu tort le grand écrivain philosophe, qui a défini le génie une longue patience. La définition ne plaît guère aux littérateurs purs, dont l'opinion est que le génie doit être spontané, inconscient, tandis que le talent s'acquiert et se connaît. Misérable argutie de ces esprits ingénieux que la sotte vanité pousse au paradoxe. Ils s'évertuent à renouveler la critique par des analyses de casuiste, et pour se donner raison, ils prétendent peser les plus beaux génies dans leur petite balance.

Et finalement on les voit d'accord avec ce médecin de fous qui a défini le génie une névrose. Le fait est que si les aliénés avaient la pleine conscience de leur état mental, ils seraient fort raisonnables. On pourrait conclure de ces aberrations de l'hypercritique, que pour juger avec compétence les ouvrages de l'esprit, il n'y aurait pas de mal à savoir un peu de médecine ou de pharmacie, comme Sainte-Beuve et Gustave Planche. Le génie inconscient! Quelle belle découverte! A ce compte, les plus belles œuvres de l'esprit humain, les chefs-d'œuvre, comme on dit, loin d'être le fruit d'une haute sagesse, ne seraient que l'heureux effet d'un concours de circonstances qu'on pourrrait appeler le hasard, si ce mot avait un sens. Il est étrange que de pareils paradoxes, pour employer un terme doux, éclosent dans la tête de ces prud'hommes, amis de la règle, qui subordonnent à une Providence l'ordre général des choses, et qui tiennent que rien de beau ne se produit dans les arts et dans les lettres que conformément aux lois inflexibles d'une discipline rigide, à laquelle président la souveraine raison et le goût irréprochable. Laissons à ces pédants la conviction de leur infaillibilité, sans nous inquiéter de savoir quelle est la nature de leur esprit. Huarte n'a point compris dans sa sélection des esprits les castrats de l'intelligence. Il faut l'en féliciter.

Quoi qu'en aient dit ses adversaires, qui l'ont traité d'utopiste et d'amateur de paradoxes, il n'a spéculé, très librement, il est vrai, que d'après les traditions de l'École et de l'Église, en se fondant, aussi bien pour la théorie que pour l'application, sur l'observation des faits individuels et sociaux; partant de ce qui était alors pour indiquer les réformes qui lui paraissaient urgentes. Sans se priver de la satisfaction d'imaginer un état de choses meilleur que celui qu'il lui fut donné de voir, comme c'était son droit, il ne conçut pas une de ces chimères dans le goût de la République de Platon; ce qui vaut la peine d'être remarqué dans une société que le courant des mœurs et des institutions emportait irrésistiblement vers la déraison et la ruine. Sans se mettre en guerre avec son temps, sans sacrifier à la mode, sans flatter les goûts dominants, il indiqua simplement les améliorations possibles et les réformes nécessaires, avec la sérénité du sage, tempérant le sérieux de ses vues ingénieuses par la bonne humeur imperturbable et ce perpétuel scepticisme qui ne permet point de confondre le philosophe avec l'apôtre. S'il n'avait point le tempérament d'un martyr, il eut en revanche, sans fanatisme, la passion du vrai et du bien, qui lui suffit pour remplir sa vie. On remarquera qu'il ne fit qu'un livre, un seul, dont il devait sentir toute l'importance, puisqu'il ne cessa de le défendre et de le préserver jusqu'au bout, de tout son pouvoir, contre les menaces et les atteintes de l'ennemi. Cet ennemi, il le faut reconnaître, ne s'inquiétait pas sans raison.

Si Huarte n'eût été qu'un médecin de grand renom, comme les plus illustres de ses confrères, qui brillaient alors dans les universités ou à la cour, il est probable que ses talents, si rares qu'ils fussent, n'auraient pas arrêté longtemps les regards du Saint-Office, bien que toute supériorité fût suspecte à l'Inquisition. Peu de médecins contemporains du nôtre furent inquiétés pour leurs écrits, même parmi ceux, relativement peu nombreux, qui écrivirent en castillan. Quant aux ouvrages écrits en latin, comme ils n'étaient accessibles qu'à la minorité des lecteurs, leur influence était restreinte en dehors des écoles et du public compétent. Rarement les traités techniques renferment des vues hardies et des propositions dangereuses : n'intéressant que les gens du métier, ils peuvent tout au plus agiter les corporations savantes, dont l'agitation ne saurait troubler les vigilants gardiens de l'orthodoxie, attendu que les écoles ne sauraient alarmer le pouvoir lorsqu'elles ne se passionnent que pour les matières qui sont uniquement de leur ressort. L'autorité, d'ailleurs, était bien tranquille sur les dispositions des centres universitaires, non seulement parce que les chanoines de ces églises laïques tenaient avant tout à conserver leurs prébendes; mais encore parce qu'on n'était admis à les occuper qu'après avoir prouvé que la foi absolue aux articles du dogme passait avant la science, et même avant le savoir, qui est beaucoup moins rare. En outre, par esprit de corps, autant que par conviction, nombre de ces prébendés faisaient la police des consciences, avec un zèle et une âpreté qui dépassaient trop souvent la vigilance des familiers du Saint-Office de l'Inquisition. Ces limiers bénévoles avaient la vocation. Combien de procès scandaleux prirent naissance dans les universités, et particulièrement dans les écoles de théologie, où les rivalités scolaires et les haines de couvent suscitaient des dénonciations anonymes et des persécutions atroces! Faut-il rappeler la cause intentée à Fray Luis de Leon, l'humiliation infligée à l'archevêque de Tolède, Carranza, le second procès du grammairien Sanchez, qui mourut entre les griffes des inquisiteurs? Si les médecins eurent moins à souffrir de cette loi des suspects, suspendue sur toutes les têtes, c'est que par leur profession même ils se recommandaient à la haute Église, respectueuse de leur popularité, soit parce que les médecins du corps et ceux de l'âme s'entendaient à merveille en ce temps-là, soit encore parce que le respect de la tradition et de l'autorité était inhérent au métier; de sorte qu'en admettant comme un dogme l'infaillibilité d'Hippocrate, de Galien et d'Avicenne, on était tout porté à recevoir celle de l'Église et de son chef. Aussi dans tous les cas de médecine légale, où la théologie intervenait de droit, les casuistes de l'art concluaient toujours conformément au dogme, comme le font encore les médecins qui reçoivent le mot d'ordre de Rome, à moins qu'ils ne s'abstinssent prudemment. Ajoutons que la médecine et la casuistique se ressemblaient fort : le diagnostic étant peu certain, le pronostic se rapprochait assez de la divination; de sorte que dans les choses de la santé, on procédait à peu près comme dans les affaires du salut. L'important était que les malades eussent la foi, comme les fidèles ; pourvu qu'ils mourussent dans les règles, l'honneur de l'art était sauf. Il y a bien peu d'esprits forts parmi les médecins espagnols ; et cette disette de mécréants dans une profession qui ne prédispose guère à la crédulité, explique le luxe innocent que s'est donné l'Espagne du xviiie siècle, en proclamant sceptiques quelques bons docteurs d'une irréprochable orthodoxie. Le philosophisme étant alors à la mode, il fallait bien se donner un air philosophique, pour ne pas paraître se traîner à la remorque des autres nations, et particulièrement de la France, qui régentait intellectuellement l'Espagne, au sens propre du mot, comme une classe. Reconnaissant sa profonde ignorance, l'Espagne s'était mise à fréquenter l'école, comme un petit garçon. A l'heure qu'il est, elle poursuit encore ses études. Il est vrai qu'elle a pris depuis des leçons de divers maîtres, si bien qu'une véritable anarchie d'idées a succédé à l'ordre apparent, notamment après l'invasion de la philosophie allemande.

Les médecins espagnols qui ont traité de Huarte, soit comme historiens, soit comme éditeurs, en ont parlé sur le mode lyrique, qui est de tous celui qui convient le moins à la critique. Rien de plus plaisant que leurs tirades contre l'Inquisition, qu'ils accusent d'avoir persécuté un chrétien parfaitement orthodoxe, un très bon catholique, un fidèle d'une foi ardente et immaculée. Ce n'est pas d'avoir persécuté la libre pensée qu'ils accusent l'Inquisition, dont ils ne contestent point les droits ; mais de n'avoir pas su reconnaître un des siens. Ces âmes candides se laissent prendre aux professions de foi d'un Gomez Pereira, d'un Huarte et de quelques autres libres esprits qui pratiquaient la religion d'État à la manière de Socrate, dont les simagrées ne parvinrent point à tromper ses ennemis. Ces médecins philosophes prenaient de l'eau bénite, non pour s'abêtir, mais afin d'échapper à la suspicion et pour être en paix avec l'autorité ecclésiastique. La preuve que le Saint-Office ne se laissait point abuser par les apparences, c'est qu'il supprima radicalement, dès la publication de l'*Examen*, ce terrible chapitre VII, où l'auteur essayait habilement une conciliation de la science et de la théologie, en portant à celle-ci mille coups fourrés, d'une force et d'une adresse qui révèlent un athlète des plus redoutables. Sa thèse est que, de ce que l'âme a besoin du tempérament pour accomplir ses fonctions tant qu'elle est attachée au corps, il ne s'ensuit pas qu'elle soit corruptible et mortelle ; et tout en soutenant cette thèse, il montre que toutes les fonctions supérieures sont d'origine organique et dépendent de l'organisation cérébrale. Commentant une parabole de l'Évangile, il soutient que les âmes, séparées du corps, subissent dans l'autre monde les effets de la température des lieux; si bien que les âmes des damnés et celles des bienheureux diffèrent surtout par le climat de l'Enfer et du Paradis. Cette théologie physique et physiologique ne pouvait agréer aux inquisiteurs de la foi. Au travers de son masque orthodoxe ils dévisagèrent l'impie, malgré les autorités sacrées qu'il allègue. Huarte ne procède pas autrement que Gomez Pereira, lequel, matérialiste et athée, renouvelant en médecine et en philosophie les doctrines d'Épicure et de Lucrèce, qu'il ne nomme jamais, invoque dévotement le Christ et la sainte Vierge, et trouve des protecteurs parmi les princes de l'Église et sur les marches du trône. Huarte termine aussi son livre par une formule latine à la louange de Jésus, et il l'émaille de nombreuses citations de la Bible qui attestent le savoir d'un rabbin, et qu'il fait adroitement servir à la démonstration de sa thèse favorite de la prépondérance des organes sur l'âme, de la subordination, de l'assujettissement de l'âme au corps. S'il n'était pas juif, il méritait de l'être par ses tendances évidentes vers le concret et la négation de l'âme. On peut dire qu'il reconnaissait l'âme, comme Galilée reconnaissait l'immobilité de la terre. Il fait tout ce que lui suggère son génie inventif et subtil pour éliminer de la science de l'homme cette entité par laquelle la philosophie fut ramenée à la théologie, grâce au platonisme et au cartésianisme, qui se donnent la main par-dessus la scolastique chrétienne. C'est avec une complaisance visible qu'il allègue les textes de Galien qui démolissent, non sans les tourner en ridicule, les constructions poétiques du mystique Platon. Son dessein n'est pas douteux; ses tendances sont très nettes. Toute sa doctrine a pour fondement l'opuscule admirable de Galien, dont le titre est d'une clarté lumineuse, à savoir que c'est le physique qui détermine le moral. En d'autres termes, suivant le texte grec, « les mœurs suivent le tempérament »; ce qui signifie que la sensibilité, le caractère, la volonté, la raison, l'activité, la personnalité telle que l'entend le vulgaire des philosophes, sont conformes à l'organisme et sous sa dépendance. Cabanis, malgré sa généalogie philosophique, n'est pas à beaucoup près aussi explicite dans le titre collectif de ses onze mémoires sur les « rapports du physique et du moral », où se trouve d'ailleurs la pure doctrine de Locke sur l'homme sensible et pensant.

Le plus original de l'ingénieux commentaire de Huarte sur le traité médico-psychologique de Galien, c'est moins cette sélection des esprits; dont l'invention lui appartient sans conteste, que la méthode d'investigation, de démonstration et d'exposition qu'il a suivie d'un bout à l'autre. Il a fait exactement ce que devait faire après lui le grammairien-philosophe Francisco Sanchez, en appliquant à l'inter-

prétation littérale des livres sacrés, inspirés ou dictés par le Saint-
Esprit, les procédés d'exégèse philologique qui lui avaient si heureusement réussi pour l'explication des auteurs profanes. De même
Huarte, mêlant le divin et l'humain, se sert de l'Écriture Sainte
autant pour le moins que des auteurs classiques de la médecine, pour
élucider les points de doctrine les plus graves de la science de
l'homme, ne citant pas au hasard, comme les théologiens vulgaires,
qui entassent les textes, à la manière des légistes, esclaves de la
lettre; mais avec un discernement et un tact qui montrent bien, qu'en
tout et partout, il obéissait à cet esprit de sélection qui lui a inspiré
son *Examen*, et qu'on peut considérer comme le caractère propre
de son génie.

Est-ce pour se prémunir contre le soupçon qu'il a invoqué tant
de fois les autorités de l'Ancien et du Nouveau Testament, ou pour
imposer par cet appareil sacré aux docteurs en théologie séculiers et
réguliers? On ne sait, en vérité; mais ce qui se devine, c'est que ce
rare esprit n'admettait point que le surnaturel, qui est la source et
l'objet de la foi, tînt en échec le réel, d'où naît toute vérité par la
révélation naturelle et incessante de la science. Si orthodoxe qu'il
veuille paraître, il ramène tous les mythes théologiques à la doctrine
physiologique qui explique les fonctions par les organes, et non pas
les organes par leurs fonctions. C'est par la physique et la chimie
vivantes qu'il résout tout problème vital. Il ne se désintéresse de
rien en ce qui touche la nature humaine, et tout ce qui est de l'homme
il l'explique humainement, sans recourir jamais au dieu de la
machine. L'influence céleste n'est rien pour lui, à moins qu'on n'entende par là, comme il l'entend lui-même, l'action des milieux, des
modificateurs externes, qui provoquent et déterminent la réaction
de l'organisme vivant. C'est par la différence des tempéraments de
l'homme de cour et de l'homme des champs, qu'il rend raison de la
politesse et de la rusticité des deux grands prophètes Isaïe et
Jérémie. C'est par la doctrine des tempéraments qu'il expose avec
une hardiesse ingénieuse la parabole évangélique du mauvais riche,
qui est damné au fond des Enfers, et de Lazare, le pauvre, qui se
repose dans le sein d'Abraham. C'est encore par la doctrine des tempéraments qu'il esquisse la physiologie de ce roi scélérat, qui a nom
David, et qui n'a pas été mieux connu que P. Bayle. C'est, enfin, par
la doctrine des tempéraments qu'il analyse l'humanité du Christ,
sujet, du moment qu'il se revêtit de chair humaine, à toutes les nécessités, à toutes les fatalités de l'humaine espèce. Il est probable que
P. Bayle ne lui aurait pas reproché, aussi durement qu'il l'a fait,
d'avoir usé d'une pièce apocryphe, s'il avait songé que, dans la per-

sonne du Christ, Huarte prétendait faire connaître l'homme, et non le dieu, qui lui était suspect.

Ce qui résulte clairement de ces exemples d'exégèse physiologique, c'est que Huarte, qui éliminait l'âme de la science de l'homme, en éliminait aussi la divinité. Nominaliste pur, comme Gomez Pereira, il ne se payait point de mots et n'abusait point des hypothèses. C'est un païen qui ne croit pas aux dieux. Il vit, mentalement, de la tradition hébraïque et grecque; il ne doit rien aux Arabes; il s'est abreuvé aux bonnes sources, sans s'arrêter au troupeau servile des commentateurs; il ne rappelle en rien les scolastiques, qui régnaient encore dans les écoles, avec l'autorité ombrageuse du pédantisme. De son temps et de son milieu il n'emprunte que des observations, car il était de ceux qui amassent des faits pour élaborer des idées; et tout ce qu'il rapporte prouve qu'il avait beaucoup vu et retenu dans ses excursions à travers l'Espagne. Médecin périodeute, il avait nourri son esprit et meublé sa mémoire. Il ne dédaigne point les anecdotes, voire les historiettes qui peuvent contribuer à rendre son exposition plus nette et plus agréable; et il se distingue de la majorité des médecins contemporains, ses compatriotes, par l'attention qu'il accorde aux maladies mentales, dont il rapporte, fort à propos, des cas très curieux, presque tous observés par lui-même. Ce qui le distingue de ses confrères, c'est qu'en un siècle d'érudition exubérante, il n'abuse ni des vieux textes ni des citations classiques, quoique sa forte tête fût bien meublée; et la preuve en est que ses souvenirs de l'antiquité sacrée et profane émaillent agréablement sa doctrine. Il excelle à choisir les passages qui confirment ses idées, et qui servent à la fois d'ornement et de preuve. C'est un savant et très aimable artiste, qui ne sent pas du tout l'école. Ce qui paraît certain, c'est qu'il n'a point subi l'influence d'aucun livre, d'aucune doctrine moderne. On pourrait le croire autodidacte, tant il est sobre d'allusions à ses études et à ses maîtres. Il était d'un esprit trop indépendant et original pour avoir gardé l'empreinte de cet enseignement banal des écoles qui suffit aux intelligences du commun. Il philosophait à part, avec les maîtres de l'art et de la pensée, Hippocrate et Galien, Platon et Aristote, sans obséquiosité servile comme sans insolence, tout en puisant dans la lecture de la Bible de quoi nourrir sa curiosité et son scepticisme; car il était sceptique en dépit de son adhésion à la philosophie des éléments, des qualités premières et des humeurs correspondantes.

On ne philosophe point sans théorie; c'est par elle que s'élèvent et s'écroulent les systèmes, ces constructions provisoires qui abritent l'esprit humain dans son pèlerinage au puits de la vérité. Chaque pèlerin a son bourdon et ses coquilles ; tous les pas tendent au même but. Le chemin est étroit et malaisé ; plus d'un explorateur y a péri. A une époque où la médecine philosophique renaissait à grand'-peine, après une longue éclipse, la simple prudence, à défaut de la modestie, conseillait aux têtes pensantes de prendre les couleurs d'un de ces maîtres en l'art de penser dont l'autorité se trouvait bien assise. Ce n'est point sans raison que les coryphées de la médecine et de la philosophie furent choisis comme patrons par l'élite des médecins et des philosophes. Depuis que la Renaissance avait remis les Arabes à leur rang, les Grecs illustres, grandissant tous les jours dans l'opinion des doctes, furent bientôt considérés comme des héros, comme des saints, parés du nimbe et de l'auréole. Les philosophes étaient platoniciens ou aristotéliciens ; les médecins, hippocratistes ou galénistes. Épicure, deviné seulement à travers Lucrèce, ne fut bien connu et un peu réhabilité qu'avec P. Gassendi. Zénon n'était abordable aux profanes que par Sénèque, Epictète et Marc-Aurèle, en attendant Juste-Lipse, absorbé d'ailleurs en grande partie par le christianisme. Le scepticisme était, comme on dit, dans l'air, mais peu connu dans ses sources pures. Sextus Empiricus est un écrivain prolixe et peu aimable, qui attend encore un digne interprète de son encyclopédie sceptique. On sait qu'il était médecin : ses deux ouvrages renferment des choses curieuses sur les rapports de la médecine et de la philosophie. Les autres sectes philosophiques de la médecine n'étaient connues que de nom. Qui aurait pu dire alors en quoi consistait le pneumatisme, encore assez mal connu présentement, et considéré, peut-être à tort, comme dérivé de la doctrine stoïcienne ? Asclépiade n'avait pas plus de réalité qu'un mythe, et l'histoire de la médecine méthodiste, qui remonte jusqu'à lui par son disciple Thémison, attendait encore Prosper Alpin, qui en a écrit un livre mémorable (en 1611). L'éclectisme ne convenait qu'aux esprits du genre neutre. Puisqu'il fallait opter entre les opinions reçues, il y avait tout avantage à suivre la plus ancienne, la plus autorisée, la plus solide et la plus grave en ce temps-là des doctrines médico-philosophiques ; la plus répandue parmi les philosophes et les médecins ; la plus régulière et la plus symétrique, et dont la longue durée semblait garantir l'avenir. Il a fallu l'analyse chimique et la réhabilitation des solides de l'économie animale, pour renverser cette antique et imposante construction, dont les ruines ne sont pas tout à fait disparues : le langage usuel conserve encore l'empreinte des vieilles théories humorales.

Rien ne serait plus curieux que l'histoire de la doctrine des éléments, originaire de l'Inde et de l'Égypte, arrangée et embellie par les Grecs avec un vrai génie, ayant toutes les apparences de la science la plus solide. Aussi fut-elle construite laborieusement par ces savants encyclopédistes qui fondèrent la philosophie grecque, sous le nom de physiciens ou de physiologues, parce qu'ils voulaient expliquer la nature. Tous y mirent la main, depuis les maîtres de l'école ionienne jusqu'aux derniers disciples de Pythagore. Empédocle, philosophe, médecin et poète, passe pour avoir définitivement assis sur sa base quadrangulaire cette haute pyramide qui a défié près de vingt-cinq siècles les outrages du temps. C'est une belle durée pour une œuvre humaine. Les éléments remontent aux prêtres, les qualités premières aux philosophes, les humeurs aux médecins; de sorte que dans cet édifice à trois étages, on trouve l'empreinte profonde des trois corporations qui ont le plus efficacement agi sur les hommes, par la foi, par l'intelligence et par la bienfaisance. En peu de mots, ce sont les médecins du corps et de l'âme qui ont cooperé à ce chef-d'œuvre de la cosmogonie et de la physiologie antiques, qu'on ne peut se défendre d'admirer.

Quoiqu'il soit difficile d'imaginer ce que Huarte pensait au juste de cette trilogie quaternaire, il convient de remarquer, à son honneur, qu'il n'avait point la superstition des chiffres, comme le divin Hippocrate, qui se laissa leurrer par la théorie pythagoricienne des nombres, suivant la critique de Celse, qui lui reproche justement son erreur. Des quatre éléments il dit fort peu de chose; il élimine, ou peu s'en faut, le froid, que Broussais appelait l'ennemi de la vie, se bornant à combiner le chaud, le sec et l'humide, soit en proportions différentes, soit en une harmonie parfaite ; opérant de même sur les humeurs, par l'exclusion de la pituite ; de sorte que le sang, la bile jaune et la bile noire sont les trois ingrédients essentiels de la chimie vivante. Ce parti pris d'élimination montre assez qu'il n'était pas superstitieusement rivé au dogme, et qu'il n'en prenait que ce qui pouvait servir utilement à l'exposition de ses idées. Après cela, il se peut aussi que ce double retranchement ait eu pour objet de mettre en parfaite symétrie les qualités premières et les humeurs avec les trois facultés classiques, l'intelligence, l'imagination et la mémoire; car il n'en admet point d'autres, simplifiant autant qu'il lui est permis, et n'ayant pas plus de goût pour les entités fictives que son prédécesseur Gomez Pereira, adversaire résolu des réalistes. Il est vraiment singulier que des esprits essentiellement ingénieux se montrent aussi réfractaires aux conceptions mythiques. Il faut croire que la raison positive était chez eux prépondérante. C'est par là que les vrais philosophes diffèrent des rêveurs et des visionnaires.

Galien logeait les facultés dans les quatre ventricules de l'encéphale, comme pour combler ces vides de l'organe psychique. Huarte a senti l'inconséquence de cette distribution : les ventricules sont au nombre de quatre, et il n'y a que trois facultés; donc symétrie impossible entre pair et impair. Sans aller jusqu'à l'invention de Descartes, qui emprisonne l'âme, substance pure, non étendue, dans la glande pinéale, comme pour s'assurer de son existence, il n'ose pas localiser les facultés, se bornant à les placer dans la tête, sans déterminer leur résidence, les laissant libres de se mouvoir dans l'organe cérébral, mais sans les séparer, les rendant solidaires sans les déclarer indépendantes, les concevant, en d'autres termes, comme une trinité indissoluble; ce qui semble montrer son éloignement pour la manière de voir des vitalistes, qui admettent trois éléments de la nature humaine, et pour celle des animistes qui n'en reconnaissent que deux. En somme, ni trinitaire, ni dualiste. Il est unitaire, et toutes les fois qu'il parle des trois âmes de Platon, il laisse assez voir que ces trois manifestations de la vitalité ne sont que les degrés superposés d'un principe unique. Ce principe n'est pas autre que la vie organique, dont les phénomènes sont en raison de l'état des organes, modifiables par divers agents, soit extérieurs, soit intérieurs, et sujets à subir mille influences. Il se plaît à montrer la diversité des jugements que font les hommes, suivant la différence de leurs tempéraments, et les illusions des sens, par exemple, de la vue, dont les sensations dépendent de l'état des membranes ou des milieux réfringents de l'œil, instrument de la vision. L'œil enflammé voit autrement que l'œil sain; une gouttelette de bile suffit pour faire paraître jaunes les objets; et le moindre épanchement de sang les montre rouges. Ainsi du goût, de l'odorat, de l'ouïe, du toucher, qui est le sens fondamental et rectificateur.

On conçoit aisément tout ce que doivent inspirer à un sceptique des considérations de cet ordre. Rappelant à propos le mot attribué au philosophe-naturaliste Démocrite, que l'homme, du commencement à la fin, n'est que maladie, il remarque avec finesse que les lecteurs qui jugeront son ouvrage, chacun à sa manière, sont peut-être malades, comme l'est sans doute l'auteur lui-même. A ceux qui voient les choses comme elles sont, il paraît difficile d'établir un critère pour la connaissance de la vérité, et ils inclinent vers ce scepticisme raisonné, qui conseille la modestie pour soi-même, et l'indulgence pour les autres. Pour entrer dans les vues de l'auteur, son tempérament de philosophe ne le portait point au dogmatisme; il n'inclinait point du tout à l'infaillibilité, à l'intolérance, au prosélytisme. Ce n'est point, loin de là, un de ces novateurs fanatiques, qui prétendent que leur doctrine s'impose par l'évidence, comme la lumière du soleil. Il sait trop bien ce que vaut la certitude humaine pour aller se joindre sur les hauteurs au groupe des Jacobins de la pensée, dont les convictions ardentes prouvent qu'ils sont encore plus près de la foi que de la raison. La philosophie compte un assez grand nombre de ces doctrinaires impérieux, qui, avec toutes leurs prétentions hautaines, ne sont au fond que des esprits bornés, sans compter ceux qui philosophent en vrais pédants, comme des maî-tres d'école, insatiables d'autorité. Aussi ce philosophe-physiologiste ne prend-il jamais le ton d'un prédicant ou d'un catéchiste; il n'a point de tirades à effet; il ne s'indigne point à froid; et quoiqu'il ait de belles pages, d'une forte éloquence, il n'a rien absolument du rhéteur et du sophiste. Il n'a pas même les défauts que pouvait développer, par réaction, le milieu social où il vivait, milieu profondément perverti, corrompu mentalement et moralement, envahi dès lors par le double fléau de la déraison dans les lettres et de l'hypocrisie dans la religion. De l'absence de ces vices de l'esprit et du cœur, il est permis de conclure que ce pénétrant observateur possédait la sérénité du sage, qui se résigne sans dépit au spectacle tel quel de la réalité, plus porté à s'égayer doucement qu'à se fâcher en pure perte, en contemplant les sottises humaines et les iniquités de l'ordre social.

Pour un réformateur qui vivait dans un pays d'inquisition et de despotisme, il y a quelque mérite à s'être préservé des maladies épidémiques de son temps : le mysticisme, le casuisme, le fanatisme, et ce pédantisme scolastique qui régnait dans les universités, et qui gâtait trop souvent les meilleurs esprits. Voilà donc un docteur comme on n'en voyait guère alors : simple, modeste, naturel et charmant; car ce traité de la sélection des esprits n'a point du tout les allures d'un de ces gros ouvrages didactiques et techniques, qui réclamaient les honneurs des pesants formats in-folio ou in-quarto, à l'usage des docteurs graves. Bien peu de ces lourds volumes sont arrivés à destination, tout auteur visant à la postérité, tandis que les tout petits ont traversé les siècles. Quand on écrit pour être lu, il faut écrire pour tout le monde, et concentrer sa pensée, tout en la rendant claire. Il n'est point de système fortement conçu qui ne puisse tenir en un modeste volume. Aux compilateurs prolixes les gros tomes et l'ennui mortel qu'ils renferment. En écrivant pour quiconque savait lire, en une langue pure, nette, alerte et sobre, avec gaieté et bonne humeur, Huarte se proposait évidemment d'être utile à la société en général, et plus particulièrement aux ayants charge d'âmes, aux classes dirigeantes d'alors : hommes d'État et de gou-

vernement, administrateurs, ministres de l'autel et de la parole
évangélique, directeurs de conscience, instructeurs et instituteurs
du peuple, gens de loi et hommes de l'art, ingénieurs, militaires, à
l'élite, en un mot et par-dessus tout, aux pères de famille, en vue de
les éclairer sur l'éducation de l'enfance et de la jeunesse.

Sans perdre de vue les professions libérales, auxquelles il consacre
toute la partie pratique de son livre, Huarte s'est essentiellement
préoccupé de l'instruction de la jeunesse. A ce titre, son livre devrait
être considéré comme une introduction philosophique à tous les
traités de pédagogie. Aussi ne le trouve-t-on pas mentionné dans les
innombrables ouvrages qu'a fait éclore cette épidémie pédagogique,
qui dure encore, et dont le résultat le plus net a été de remplacer la
vieille routine scolaire par le désordre et l'anarchie. Cependant ce
médecin-philosophe, oublié par nos réformateurs de l'enseignement
public, est le premier qui a signalé, depuis plus de trois siècles, les
graves inconvénients qui résultent pour la société des privilèges de
diplôme et d'école, pour parler comme un publiciste contemporain.
C'est dans la sélection des esprits, à l'entrée des carrières libérales,
que consiste la haute originalité de l'*Examen*; c'est par là surtout
que ce livre ingénieux et profond a une très grande portée.

Il est probable que l'auteur ne tenait que médiocrement à sa
théorie des combinaisons diverses du sec, du chaud et de l'humide,
répondant aux trois facultés, à savoir : l'intelligence, l'imagination
et la mémoire; du moins ne tire-t-il pas vanité de la conception
savante qui lui fit ajouter un quatrième étage à l'édifice de la doctrine des tempéraments, en superposant les facultés aux humeurs,
aux qualités premières et aux éléments. La preuve qu'il ne procédait pas comme un systématique, c'est qu'il ne se souciait nullement
d'observer la symétrie entre l'étage supérieur et les trois autres,
malgré les facilités qui s'offraient à lui de mettre quatre facultés correspondantes aux quatre éléments, aux quatre qualités premières et
aux quatre humeurs; d'autant plus que le cerveau lui offrait une
quatrième chambre disponible pour loger cette quatrième faculté,
qu'il n'avait que la peine de nommer, en l'appelant, par exemple, sensibilité, conscience, volonté. Or, le pouvant, il n'en fit rien; ce qui
semble prouver que la forme le préoccupait beaucoup moins que le
fond, et qu'il tenait moins au couronnement qu'à la base de sa construction. Un dogmatique de tradition n'eût pas négligé les avantages
d'une invention capable de confirmer de tout point les assises de la
vieille doctrine; et un réaliste se serait complu à créer une nouvelle
entité. Mais, outre que le médecin-philosophe goûtait peu les fictions. il pouvait se dispenser d'introduire la sensibilité dans un sys-

tème qui concentre au cerveau toutes les forces vives de l'organisme; de telle sorte que le sentiment vital, sous n'importe quelle forme, n'est pas moins nécessaire que la nutrition, propriété fondamentale de tout être vivant. Quant à la conscience, elle est la vie même dans certains états, et un cas de la sensibilité; et d'ailleurs, il est possible de penser et, à plus forte raison, de vivre sans se connaître, comme il arrive à un nombre infini d'êtres vivants, et même d'êtres humains, dont les trois quarts pensent sans le savoir, exactement comme les organes qui remplissent leurs fonctions sans en avoir conscience. Il n'eût pas été moins inconséquent en faisant de la volonté ce qu'elle n'est point, une faculté de l'âme. La volonté n'est en somme que le pouvoir virtuel d'agir, la cause prochaine de l'activité, le commencement de l'action. Or, dans ce système de psychologie organique, la volonté n'est que la résultante des impulsions de la chair ou du tempérament; soumise par conséquent à toutes les influences extérieures et héréditaires, de climat et de race, qui ont un caractère de permanence relative, et à l'action plus variable du régime, puissant modificateur de l'organisme vivant et de la vitalité.

Les organes crient plus haut que l'impératif catégorique du rationaliste Kant; *sic natura jubet*, comme dit le poète, et l'organisme fait écho. Suivez la nature, répètent Epicure et Zénon, justifiant le mot profond que la nature et la sagesse parlent la même langue. Or c'est d'un philosophe naturaliste qu'il s'agit, et non d'un de ces psychologues qui substituent la volonté au déterminisme, en répétant les lieux communs de l'historien Salluste, qui était décidément un piètre philosophe. La volonté, telle que l'entend l'École, ne va pas sans la liberté, autre fiction de même provenance, qui serait la négation de la nécessité, de la réalité, le contraire de ce qui est. Le libre arbitre, pure métaphore, ne peut rien contre le fatalisme qui domine toutes choses, l'organique aussi bien que l'inorganique. Comprendre ces lois fatales de l'ordre général, et s'y soumettre, c'est tout ce que peut faire le philosophe; et c'est ainsi qu'il se conforme à la nature, et non en y substituant les fictions convenues. La conscience est intermittente, même à l'état sain, tandis que l'inconscient ne cesse qu'avec l'organisme vivant. Pascal a beau se fâcher, c'est la vie inconsciente qui domine la vie consciente.

Ce n'est qu'en des phrases incidentes ou dans quelques notes que Huarte dit un mot en passant du libre arbitre. S'il y avait cru, l'Inquisition aurait laissé circuler son livre sans y toucher; mais les fins douaniers du Saint-Office ne se laissaient point piper aux fausses étiquettes d'un auteur qui faisait la contrebande, et ils éventraient le ballot. Avec la volonté et la liberté classiques, il n'y avait pas lieu d'écrire cet ouvrage qui subordonne toute la psychologie à ce qu'il est permis d'appeler le fatalisme de la chair, aux circonstances extérieures et intérieures qui font le tempérament. Tout bien pesé, l'Inquisition y a vu plus loin que les déclamateurs qui s'indignent de ses poursuites. Une preuve certaine de sa clairvoyance, c'est que jusqu'en plein xviii° siècle, ce livre dangereux a été surveillé de très près, ainsi que le montrent les éditions successives de la congrégation de l'Index. Or, tous les ouvrages expurgés par cette congrégation étaient entachés d'hétérodoxie. L'*Examen* a été soumis à la plus minutieuse censure; les notes hors texte, les plus inoffensives en apparence, ont été impitoyablement biffées, raturées, comme si les censeurs avaient senti que jamais l'auteur n'est plus suspect, qu'alors qu'il entreprend de concilier deux choses incompatibles, la réalité et la révélation. Or, Huarte excelle à rapprocher le réel et le surnaturel, de manière qu'ils soient bien en contraste : méthode perfide et bien plus funeste à la religion que celle qui déclare ouvertement la guerre à l'infâme pour l'écraser.

Rien de plus contraire à la grâce que la nature interprétée par la science. Tout auteur qui fait penser en pensant avec originalité sur l'homme physique et moral, aiguise l'esprit et trouble la conscience du lecteur. Aussi les inquisiteurs de la foi ne se souciaient point de voir mettre en pratique le conseil que donne Huarte au législateur, de ne permettre d'imprimer que les ouvrages renfermant des choses neuves et originales; et bien que ce conseil ait été suivi à la lettre et consigné dans un des monstrueux recueils de lois connus sous le titre de *Leyes de nueva recopilacion*, on peut assurer que la loi ne fut jamais appliquée. Aucun privilège ou permis d'imprimer n'était délivré par le gouvernement, sans la censure préalable de l'autorité ecclésiastique, laquelle faisait sévèrement la police des esprits et ne laissait passer que ce qui se trouvait de tout point conforme au dogme catholique.

Ni la science, ni la vérité ne trouvent leur compte à suivre ce régime d'abstinence. Les savants espagnols sont des mythes éclos dans la cervelle des patriotes qui voudraient bien que l'on crût à la réalité de la science espagnole. Sans liberté, la pensée dépérit. En revanche, le perpétuel carême imposé aux savants favorisa singulièrement ce carnaval littéraire, qui fut comme la soupape de sûreté par laquelle s'écoula tout le génie de la race. De là cette fécondité stérile qui épouvante le consciencieux bibliographe, et qui met à l'aise l'historien des lettres espagnoles. En effet, il ne se peut rien de plus vide, de plus profondément creux que cette mine inépuisable de la littérature espagnole, encombrée d'auteurs en tous genres, condamnés à résoudre ce problème d'écrire sans penser, et qui s'en tirent comme ils peuvent, les uns par des figures et des images extravagantes, les autres en se payant de mots creux et de phrases redondantes; les uns burlesques, les autres graves, et presque tous brouillés à mort avec le sens commun. Montesquieu ne croyait pas dire si juste, en écrivant cette boutade : « Les Espagnols n'ont qu'un bon livre, et c'est celui qui fait voir le ridicule de tous les autres »; la folie vaudrait mieux. Le fait est que s'il y a encore quelque chose avant Cervantès, il n'y a plus rien après.

Il semble que le génie national suive la même pente que la dynastie, laquelle brille d'un incomparable éclat avec l'épileptique Charles-Quint, et finit par un imbécile, surnommé l'Ensorcelé. Non moins ensorcelée était l'Espagne, et non par défaut d'exorcistes. Notons en passant que cette terre classique de l'aliénation mentale n'a pas produit un seul médecin aliéniste de renom.

Huarte, qui a dû mourir sous le règne de Philippe III, n'eut pas le chagrin d'assister à la dégénération prodigieuse de la dynastie et de la race; mais il était clairvoyant; et l'on s'étonne qu'il ait pu se faire illusion sur l'avenir, en considérant ce qu'il a dit de l'Espagne intellectuelle. Parmi les peuples les mieux doués, il compte les Grecs, les Italiens, les Espagnols, les Français, accordant la primauté aux races du Midi et de la zone tempérée, tandis que les peuples du Nord sont exclus de cette élite de l'humanité, à cause des influences climatériques des régions froides, qu'il estime peu compatibles avec les qualités dont les combinaisons diverses produisent les talents, ou du moins les aptitudes heureuses. Sans insister ici sur la théorie des agents extérieurs, peu différente au fond de celles d'Hippocrate et d'Aristote, qu'il adopte, sans les exagérations de Montesquieu, et qu'il modifie habilement en faisant une place plus large au régime, il convient de remarquer une tendance singulière à confondre les habitants du Nord avec les Barbares; tendance si nettement accusée en certains endroits, qu'on pourrait croire qu'il regardait le soleil, la chaleur, la lumière, et les autres excitants naturels de la vie organique, comme les conditions essentielles de la haute culture des races civilisées. Et de fait, la Palestine, la Grèce et l'Italie sont à ses yeux les terres classiques de l'humanité policée, dont les traditions se retrouvent chez les peuples novo-latins du Midi, y compris la France, dont la ville capitale est, dit-il, une nouvelle Athènes.

Il reconnaisssait donc une hégémonie de race et de culture étroitement liée à l'action des milieux, par une application à l'histoire générale de sa doctrine de la sélection, et classait en conséquence les variétés de l'espèce groupées en nations, d'après la combinaison des éléments constituants, des qualités premières et des humeurs respectives; attribuant logiquement la supériorité de tel ou tel groupe aux mêmes causes qui font la supériorité des individus, soit à la combinaison parfaite des forces vitales en proportions égales, ou à la prépondérance de l'une des trois facultés sur les deux autres. C'est ainsi que, sans se départir de la combinaison ternaire, il montre l'excellence de la race grecque, favorisée par un merveilleux concours de circonstances, et produisant beaucoup d'hommes illustres et vraiment supérieurs, par le juste équilibre de toutes les facultés de la nature humaine. Ces créatures accomplies, ces types achevés de l'humaine espèce, ces héros de la race, se trouvent encore, quoique beaucoup plus rares, en Italie; laquelle, comme on sait, a donné au monde quelques-uns de ces hommes qu'on pourrait dire complets; mais on n'en trouve guère en Espagne, sauf des exceptions rarissimes, une ou deux tout au plus, que l'auteur désigne à mots couverts et par des allusions si obscures, qu'il est à peine permis de risquer des conjectures. Peut-être pensait-il au prince régnant, comme on pourrait le supposer d'après certain portrait physique de cette merveille comparable au merle blanc. Mais puisqu'il a poussé la discrétion jusqu'à dérouter les conjectures, on ne saurait sans témérité lui attribuer une flagornerie indigne de son caractère indépendant.

Si Huarte refuse à l'Espagne l'honneur de s'asseoir au premier rang, entre la Grèce et l'Italie, en revanche, il fait aux Espagnols un compliment qui, s'il était sincère, donnerait raison au vieil adage malveillant, que nul n'est prophète dans son pays; car, s'il a écrit ce qu'il pensait, Huarte s'est trompé lourdement, et sur le présent et sur l'avenir; ce qu'il est malaisé de croire d'un esprit aussi fin et pénétrant, rompu à l'observation, et qui observait en Espagne. Quoi qu'il en soit, son opinion sur les Espagnols ne laisse pas de paraître étrange à première vue. C'est, dit-il, en termes très précis, l'intelligence qui prédomine chez eux; et c'est justement de cette prépondérance de l'intelligence sur les deux autres facultés que vient leur grande et manifeste infériorité dans tous les genres de connaissances qui s'acquièrent plus spécialement par l'imagination et par la mémoire. Et tout en développant la proposition, en défense de sa thèse générale, il les dépouille des aptitudes les plus nécessaires à la vie individuelle et à la vie collective, en les rendant forcément tributaires des autres nations, qui, dès ce temps-là, il le faut reconnaître, envoyaient en Espagne des produits et des denrées exotiques,

industriels, des fabricants et des travailleurs en tout genre, que
Espagnols recevaient et accueillaient avec plus de dépit que de
»nnaissance, mais sans renoncer à leurs préjugés rances et à
e noble paresse que la découverte de l'autre hémisphère rendit
verselle et classique, et qui devint bientôt une sorte de religion
s dissidents.

'est ainsi que le philosophe, dorant la pilule à ces fainéants de
b, trop fiers pour travailler, semblait leur dire : Vous êtes trop
lligents pour daigner montrer votre intelligence, et trop gen-
nommes pour ne pas vous laisser exploiter par d'avides étrangers,
ui l'imagination et la mémoire tiennent lieu de cette intelligence
ne sert qu'à vous rendre superstitieux, ignorants, paresseux et
érables. Et de fait, l'intelligence espagnole s'est si bien endormie
re le sentiment ridicule de l'honneur et le besoin impérieux de
aresse, que toute science a déserté l'Espagne, portant ailleurs la
ière et la force qui naît du savoir. Parmi les centaines de mille
verbes espagnols, on ne trouve le pareil, ni même l'équivalent de
ji-ci : Mieux savoir afin de mieux pouvoir. Et cependant, nulle
ion, excepté la Chine, n'eut jamais autant de mandarins de tous
des, docteurs, licenciés, bacheliers dans les quatre facultés. Cer-
tès, dépourvu de titres académiques, et traité à cause de cela de
enio logo, Cervantès n'a pas oublié les parchemins universitaires
is son histoire de la folie espagnole : il y a mis un bachelier ès
i, un licencié en théologie et un docteur en médecine, sans parler
légistes qui ne devaient pas rire des jugements dignes de Salo-
n, rendus par l'éphémère gouverneur de l'île Barataria, qui ne
ait pas lire. Ces pédants bouffis d'orgueil figurent dans la plupart
i romans du genre picaresque, qui était le genre réaliste ou natu-
iste de ce temps-là. Avec un diplôme on entrait partout, on arrivait
out, bien que le diplôme fût le plus souvent un certificat d'igno-
ice. Les petites universités le vendaient et s'en faisaient des rentes,
intrant ainsi l'exemple aux gouvernements qui trafiquent des
xorations. Les ordres religieux avaient aussi leurs savants attitrés,
i enseignaient dans les écoles monastiques, pour ne rien dire des
idicateurs réguliers et séculiers. La perversion du goût n'eut point
pôtres plus zélés que ces déclamateurs ignares : leurs sottises
pirèrent à un jésuite du siècle dernier un livre burlesque et fasti-
ux, dont le héros est un de ces baladins de la chaire chrétienne.
s chapitres des cathédrales fourmillaient de chanoines aussi doctes
e l'oncle goutteux de Gil Blas. Les bénéfices étaient donnés à des
ètres illettrés; et le vulgaire des clercs vivait de l'autel, en ven-
nt des messes au rabais : on les qualifiait couramment *clérigos de*

misa y olla. Quant aux couvents, hormis des exceptions de plus en plus rares, on ne saurait oublier le trait cruel d'un moine défroqué qui se fit protestant. Il comparait les couvents à l'arche de Noë. qui renfermait peu de gens et toute sorte de bêtes.

Telle était, dès la fin du xvi° siècle, cette élite sociale qui se partageait les professions libérales : prêtres, médecins, avocats, juges, administrateurs, associés pour veiller à la santé, au salut, aux intérêts de cette foule sans nom que le poète appelle *ignobile vulgus*, et que les hommes d'État qualifient, selon les temps, le peuple souverain ou [la vile multitude. Tout ce monde de mandarins ecclésiastiques et laïques était bien connu de Huarte, excellent observateur, à qui] l'exercice de son art et l'expérience acquise par de nombreux voyages'ne' laissaient rien ignorer d'essentiel à la composition d'un ouvrage où la théorie scientifique, conforme par la méthode à la plus saine philosophie, aboutit à une réforme sociale dont le moyen serait la sélection des esprits, et dont le résultat devait être l'établissement de l'ordre dans la société refondue et régénérée.

Beaucoup d'admirateurs et de critiques de l'*Examen* n'ont vu que la théorie, ce qu'on appelle aujourd'hui la psychologie physiologique, et ont voulu faire de Huarte le prédécesseur de Lavater et de Gall, sans se souvenir de Cabanis; ils ont laissé dans l'ombre le réformateur de la société de son temps, réformateur platonique sans doute, puisque sa réforme n'a point reçu la sanction de la pratique; mais en somme réformateur hardi et clairvoyant, qui fit son devoir de médecin et de philosophe, en remontant aux causes du mal, et en indiquant les moyens de le traiter, suivant la méthode à la fois rationnelle et pratique, qui prescrit de conformer la thérapeutique à l'étiologie.

Il nous reste à montrer qu'étant parti d'un principe que ne sauraient ébranler toutes les objections adressées à la doctrine galénique des tempéraments et des humeurs, il en a déduit des conséquences positives et justes, dont le temps a démontré la vérité; de sorte qu'en remontant de trois siècles en arrière, en le considérant dans son milieu, on ne trouve presque rien à redire à son étude de médecine sociale : d'où l'on peut conclure que ce rare esprit, ingénieux jusqu'à la subtilité, et parfois jusqu'au paradoxe, avait le sens droit de l'observateur et le tact du praticien. Le bon Guibelet, qui a doctement composé une longue réfutation de l'*Examen*, ne dit mot de la réforme capitale proposée et exposée par Huarte, théoricien subtil, mais accoutumé à voir les choses de près, ce qui lui a permis de les voir de haut et d'ensemble. C'est ainsi que les observateurs philosophes transforment les faits en idées.

III. Application de la Doctrine.

Comme La Bruyère, Huarte aurait pu dire : « Je rends au public ce qu'il m'a prêté »; car il a peint d'après nature la société de son temps. Ses observations portent sur ces classes qu'on appelle aujourd'hui dirigeantes, et qui dirigèrent si mal, que l'Espagne contemporaine se ressent encore de leurs méfaits. Sous la monarchie absolue, le peuple ne compte pas : c'est le monarque qui est tout et qui donne quelque chose de sa valeur effective à quiconque le touche de près ou de loin, puisque de lui émanent tout pouvoir et toute grâce. Ce n'est pas à tort que le plus glorieux des rois se comparait au soleil et le prenait pour emblème. En dehors du peuple des laboureurs et des artisans, des gens de commerce et de négoce, il y avait le roi et sa cour, les ordres militaires et l'armée, les clercs séculiers et réguliers, autre armée formidable; la puissante corporation des légistes; les médecins, les chirurgiens-barbiers et les apothicaires, et des légions de maîtres et d'étudiants, qui peuplaient les universités et les collèges groupés autour d'elles; on peut ajouter les hidalgos faméliques, dont le métier était de ne rien faire. En somme, ce qui dominait dans la bourgeoisie espagnole, c'était l'élément universitaire et académique, les gradués qui vivaient de leurs titres et, parmi eux, beaucoup de gens partis de très bas, enfarinés de science, pour se soustraire au travail. Les universités ne désemplissaient point, et se recrutaient aussi mal que le clergé des deux ordres. Le parasitisme prenait le masque de la religion et de la science, et les bras manquaient pour cultiver le sol. Faute de sélection, l'aristocratie de l'intelligence se trouvait menacée, envahie, débordée et submergée par la démagogie des écoles, plus avide de la fin que des moyens, s'inquiétant uniquement du diplôme et se moquant des études.

La pompe des noms et des cérémonies masquait la pauvreté de l'enseignement, de même que l'arrogance et la morgue des gradués remplaçaient la dignité et la modestie du vrai mérite. La science suivait la même pente que la religion : le formalisme s'imposait à tous, comme l'étiquette de cour; et c'est ainsi qu'on sauvait les apparences. En réalité, tous ces dehors fastueux cachaient la fausseté de la foi, de la sagesse et du savoir, et tous ces gens travestis jouaient la comédie, comme des histrions. C'est ainsi que l'hypocrisie, qui consiste à simuler et à dissimuler, se glissait dans toutes les classes dirigeantes. Des universités grandes et petites sortaient

des légions de pédants qui se faisaient des rentes de leur incapacité.
Chacun voulait paraître; la sotte vanité faisait tourner toutes les
têtes. Quoique Gascon, le baron de Faeneste aurait dû naître en
Espagne; mais il lui aurait fallu plus de gravité; la gravité servait de
masque à la nullité; et si l'on comptait peu d'hommes sérieux, en
revanche les hommes graves étaient en nombre. Charles-Quint ne
fut pas dupe de ces dehors menteurs; il vit très bien que l'orgueil
castillan n'était que de la vanité.

Le mal avait tout envahi vers la fin du règne de son fils, le plus
grave et le plus sot des monarques. Les belles promesses du siècle
à son début s'étaient évanouies. Les hommes de la Renaissance ne
furent pas remplacés. Après la seconde Bible polyglotte, plus d'érudition, plus de philosophie, plus d'exégèse. Arias Montano, le plus
illustre des orientalistes espagnols, persécuté, abreuvé d'amertume,
se met à faire des vers latins, comme les plus médiocres humanistes
de l'université de Valence. On disputait dans les écoles en un jargon barbare; mais on ne pensait plus. Déraisonner avec art, en vue
des concours, voilà le but. des logiciens scolastiques; car tout se
donnait au concours (*oposiciones*), et il fallait argumenter victorieu-
sement pour avoir une prébende, un bénéfice, un emploi, une
charge, une chaire, bref, une position sociale, *otium cum dignitate*.
Et malgré tout, le concours pour le mandarinat, toujours en vigueur,
n'a pu préserver du ramollissement la cervelle des mandarins, ni
conjurer cette démence sénile que tous les titres du monde ne sauraient pallier.

Un contemporain de Huarte, qui n'était pas médecin, a laissé une
consultation mémorable sur l'épidémie scolaire qui tendait à s'accli-
mater en Espagne avant la fin du XVIᵉ siècle. Il se nommait Pedro
Simon Abril, né dans la ville d'Alcaraz, compatriote par conséquent
de Oliva Sabuco, dont le livre hardi sur la rénovation de la médecine
et de la philosophie, précéda de deux années seulement le manifeste
de ce grand humaniste, publié en 1589. C'est un opuscule de quelques
pages, qu'il faut analyser brièvement, afin que le lecteur puisse
comparer les deux consultations.

C'est au roi que le réformateur adresse son projet d'une réforme
des études, lui représentant sa haute responsabilité, et l'insuffisance
des sujets qu'il a commis à l'inspection des collèges et des hautes
écoles. Il compare le mal à une fièvre hectique, dont les ravages
sont lents, mais sûrs, *que va consumiendo la virtud á la doctrina, y
transformandola poco á poco en un puro barbarismo*. L'ignorance
des bonnes méthodes est complète : les quelques auteurs qui en

ont écrit l'ont fait en latin, de sorte que leurs livres sont lettre morte, *estase esto encerrado en los libros*. C'est l'amour du bien public qui inspire le publiciste, fort d'une expérience de quarante-trois années d'enseignement, qui lui ont appris combien les modernes sont inférieurs aux anciens pour ce qui est des écoles où doivent se former les serviteurs de l'État. Il va de soi que l'école primaire, alors dans l'enfance, n'entre point dans l'examen des causes de la déplorable décadence des études classiques et supérieures.

Le vice radical consiste à enseigner dans une langue hors d'usage, qui est une gêne pour les maitres autant que pour les écoliers : on sait que le latin trônait dans les écoles. Le temps perdu à apprendre très mal les langues mortes pourrait être utilement employé à l'acquisition de la science des choses, pour laquelle éprouvent un insurmontable dégoût les jeunes gens qu'on oblige, durant les meilleures années, à poursuivre des études inutiles, *emperezan á pasar adelante á los estudios de las cosas*; de sorte que, une fois libres, ils se livrent par réaction à des goûts et à des exercices qui éteignent la raison et la lumière naturelle, *que estragan la lumbre natural de la razon*.

Un autre vice capital de l'enseignement est de mêler à l'exposition de la science mille choses impertinentes, en vue de faire valoir le savoir du maitre : l'abus d'une érudition intempestive sévissait alors comme un fléau. Le maitre parlait volontiers de tout, hormis du sujet, moins jaloux de montrer son esprit que de prouver qu'il l'avait bien meublé. Les chaires appartenaient aux sots savants, et les cours se faisaient à l'aide de citations.

Une autre cause de la décadence des études, c'est que presque tous les écoliers étudient moins pour s'instruire à fond que pour avoir des titres et des parchemins. De là une industrie lucrative et détestable : la préparation aux examens par les manuels, les abrégés, les résumés, *por compendios, sumas ó sumarios*, qui tuent la curiosité et l'amour de la lecture.

Voilà pour l'étiologie générale. Vient ensuite une revue sommaire des matières de l'enseignement. C'est par la grammaire que l'auteur commence : il demande que la langue nationale, enseignée dès l'enfance, devienne la base des études, et que tout enseignement soit donné en cette langue vulgaire. La grammaire doit se réduire au plus essentiel, à un petit nombre de règles clairement exposées et suivies d'exemples choisis avec discernement. Au lieu de confier ces règles à la mémoire, il vaudrait mieux l'enrichir de faits et de préceptes utiles aux bonnes mœurs. C'est par la lecture attentive. des auteurs que les règles se gravent dans l'esprit. Point de thèmes;

les traductions suffisent. C'est la manie de se servir des langues mortes pour traduire les langues vivantes qui a produit ce latin plat et barbare qu'on entend dans les écoles, *que es el vicio que mas ha destruido la lengua latina, y transformadola en diferentes barbarismos*. On sait que le latin macaronique a de tout temps fleuri en Espagne, où les bons latinistes sont rares, même à l'époque de la Renaissance.

Après la grammaire, la logique : il appelle les deux *los instrumentos de la doctrina*. Qui n'a point fait de bonnes études de grammaire et de logique, péchera toujours par les fondements, *de do se colige que los que estudiaren las ciencias con estos dos instrumentos estragados, harán las obras de la doctrina malas é imperfectas*. La logique se doit enseigner pratiquement, en vue de l'utile, en l'appliquant aux choses ordinaires de la vie et aux affaires usuelles, *pues tambien estos se tratan con buen uso y discurso de razon*. Ce n'est point en vue d'elle-même qu'il la faut apprendre, mais pour en user dans les autres sciences. Que le maître se borne donc aux préceptes et aux exemples, laissant à d'autres le soin d'en faire l'application, sans y introduire des questions impertinentes de métaphysique et de théologie, comme c'est l'usage; de sorte que, au lieu d'être un guide et une lumière, elle brouille les jeunes esprits et les égare dans un inextricable labyrinthe. Il demande que la science par excellence de la méthode soit exposée dans un ordre lumineux, de manière que l'esprit s'habitue à ranger les matières selon leur importance, et que la clarté résulte de cet arrangement, *por elegante orden y concierto*. Il suffirait de redresser ces deux instruments de toute connaissance, la grammaire et la logique, pour améliorer l'enseignement tout entier, au grand profit des maîtres et des écoliers : *los que aprenden harian mejores obras en el aprender, y los que enseñan en el enseñar como gente que obraria con buenos y perfectos instrumentos*.

L'article sur la rhétorique mériterait d'être intégralement traduit, à cause de la justesse des vues et des observations. S'exercer à l'éloquence sur des sujets imaginaires et en des langues mortes, c'est perdre son temps. Il faut apprendre à haranguer dans la langue du peuple, en cultivant les bonnes dispositions naturelles par l'application de quelques règles et un fréquent exercice. Les modèles de l'antiquité sacrée et profane, traduits en langue vulgaire, tiendraient lieu de maîtres. L'éloquence de la chaire, la seule qui fût en ce temps-là, ne paraît pas l'avoir séduit; le fait est que de l'âge d'or des lettres espagnoles il ne reste pas un sermon qu'on doive lire. Ainsi le peuple le plus dévot de la terre n'a pas un prédicateur digne de mémoire.

Voilà pour les arts.

La revue des sciences commence par les mathématiques. Elles n'ont point échappé à la décadence générale; leur enseignement est dérisoire. Faute de cultiver cette branche du savoir, l'Espagne manque d'ingénieurs, de pilotes, d'architectes; et cette disette de savants utiles la rend tributaire de l'étranger, *pues en materia de ingenios ha de ir siempre á buscarles á las extrañas naciones con daño grave del bien público.* Les mathématiques servent à autre chose encore : elles préparent admirablement aux autres études, à cause des bonnes habitudes qu'elles donnent à l'esprit par une discipline fortifiante. Il les faut, bien entendu, enseigner en langue vulgaire, comme on le fait, ajoute-t-il, dans l'École que Votre Majesté a établie près de sa cour. Ce que le réformateur ne pouvait dire, car il n'était pas prophète, c'est que la chaire de hautes mathématiques de l'Université de Salamanque resta vacante près d'un siècle et demi faute de maîtres pour la remplir. L'exemple de Galilée avait rendu les mathématiciens suspects.

On examine ensuite l'enseignement de la philosophie naturelle, par laquelle il faut entendre les sciences appliquées. C'était là surtout le point faible des écoles. Les maîtres se perdaient dans les généralités et ne daignaient point descendre aux détails techniques, aux démonstrations expérimentales. Le censeur déplore particulièrement l'abandon des bons préceptes d'agriculture, et la décadence de cette industrie agricole qu'il signale comme la cause principale de la misère publique et de la diminution des revenus de la couronne. Et il montre l'Espagne appauvrie dans son propre sol, et réduite à la famine, dès que la récolte des grains est compromise, avec une population misérable qui déserte les champs. L'art de les cultiver devrait être partout enseigné en langue vulgaire; les bons ouvrages d'agronomie des anciens pourraient être avantageusement traduits. Chose étrange. Les écoles publiques coûtent des sommes énormes, et l'on n'y trouve pas à s'instruire des trois choses les plus essentielles à la vie : l'agriculture, l'architecture et l'art militaire, tandis qu'on y enseigne tant de futilités, *habiendo tantas liciones de vanas sofisterias las cuales quien las sabe no sabe nada por sabellas, ni por ignorarlas ignora nada el que no las sabe.*

Quant à la philosophie morale, elle n'est point enseignée de fait dans les écoles, bien qu'elle soit essentielle, tant pour la conduite privée que pour le gouvernement. Il faudrait exiger de tous des notions de morale; et l'enseigner en langue vulgaire, en la rendant obligatoire pour les gouvernants de tout ordre, qui s'imaginent que l'art de gouverner consiste uniquement à faire fortune; de sorte que toute la machine gouvernementale souffre beaucoup d'une morale aussi facile. Qu'aurait-il dit de nos jours où la morale a rompu tout lien avec la politique? Cet honnête homme ne croyait pas que l'art de s'enrichir fût le premier de tous les arts.

La médecine lui paraît la moins déchue des connaissances, à cause de sa fidélité à la tradition des anciens maîtres, qui lui ont tracé la voie, *que la pusieron en método y órden de razon*. Ce qui laisse fort à désirer dans l'enseignement médical, c'est la pauvreté des démons- trations en anatomie et en matière médicale; et ce qui manque le plus, ce sont les traductions des médecins grecs, d'autant plus faciles à faire, qu'il y a une remarquable conformité entre le grec et le cas- tillan, de sorte qu'il serait infiniment plus utile de traduire en cas- tillan qu'en latin. On remarquera cette réflexion d'un helléniste de race, dont les nombreuses traductions d'auteurs grecs comptent parmi les trésors de la littérature espagnole. Il faut imiter les Arabes, ajoute-t-il, qui traduisirent en arabe les philosophes et les médecins grecs. Puis, citant l'erreur déplorable d'un médecin qui prescrivit de l'eau de chaux au lieu d'eau ferrée, dans une dysenterie, faute de connaître la valeur du mot *chalybes*, il remarque qu'il n'en serait pas ainsi, *si los médicos griegos hablasen en castellano claro, y no en oscuro y barbaro latin*. C'est à peine si l'usage de formuler en latin a reçu quelques atteintes en Espagne, où médecins et pharmaciens persistent encore à parler l'ancien grimoire.

Les pages les plus fortes de ce ferme manifeste sont celles qui ont pour objet le droit. L'auteur y critique durement le code de Justinien et fait l'éloge d'Alphonse le Savant, dont le recueil de lois en langue vulgaire eût frayé la voie à la législation espagnole, sans les légistes qui ont intérêt à obscurcir la loi, sans les juges qui sont le plus sou- vent des bacheliers ignares, ayant tout au plus quelques notions insuffisantes de grammaire, c'est-à-dire sachant très mal un peu de latin. Le jurisconsulte doit être philosophe; le droit doit être écrit et enseigné en langue vulgaire. Il faut exiger des apprentis légistes un cours de philosophie, comme pour les médecins et les théolo- giens, et en particulier de sérieuses connaissances de morale. La réforme des lois devrait s'opérer par une assemblée de légistes qui élaboreraient un code, *sin preambulos ni retóricas*, et procéderaient avec ordre et clarté, de manière à rendre inutile ce fatras de livres qui étouffent la loi sous les commentaires.

La revue se termine par la théologie. Tout en la proclamant la reine des sciences, l'auteur remarque qu'on y a introduit beaucoup de choses impertinentes. La réforme consisterait à revenir aux anciens auteurs, parce que les modernes ont ouvert largement la porte à la métaphysique et à toute sorte de questions plus curieuses qu'utiles. Le mieux serait de revenir simplement à la méthode analytique d'Aristote et d'Euclide, *con que el entendimiento humano va siguiendo la verdad*, au lieu de s'engager imprudemment dans les discussions et les disputes sans fin, à la manière des philosophes académiques et sceptiques. Toutes les arguties dialectiques ne valent pas l'étude des livres saints, des conciles, des docteurs et de l'histoire ecclésiastique. Sans en vouloir, comme les hérétiques, à la théologie scolastique, l'auteur déplore le temps perdu en vaines altercations. Entre autres réformes, il voudrait un enseignement préparatoire à la prédication; et il indique comme modèles de l'éloquence sacrée, les Pères de l'Église grecque et latine, et les Épîtres de saint Paul.

Arrivé au bout de son rouleau, il s'excuse de sa prolixité et rappelle encore une fois, qu'il tire toute son autorité d'une longue pratique de l'enseignement et de la connaissance des anciens auteurs, qu'il cite avec sobriété, en insistant sur l'excellence de leurs méthodes didactiques, et sur l'avantage considérable qu'ils avaient sur les modernes, de s'instruire dans leur propre langue et de la savoir à fond.

Tel est, en substance, le manifeste de Pedro Simon Abril, une des œuvres les plus saines et les plus fortes de cette période de déclin. Il ne paraît pas que l'auteur se soit inspiré du livre de l'*Examen*. Quoiqu'il ait envisagé la question d'un autre point de vue, le réformateur humaniste ne contredit point le médecin philosophe. Au fond, ils sont d'accord; mais le premier ne considère que les matières et les méthodes de l'enseignement, tandis que le second va plus loin : il soumet à son examen psychologique tout le public des écoles et les gens qui en sortent pour prendre rang dans la société, qui leur fait crédit sur leurs titres. L'un voit le mal, et l'autre voit les malades qui en sont atteints. Ce qu'il y a de commun entre les deux observateurs, c'est la préoccupation évidente du bien public. Pedro Simon Abril constate la maladie; et le remède spécifique consiste, selon lui, à changer la méthode de traiter les esprits. En réalité, il n'a bien vu qu'une des causes prochaines du mal, à savoir l'ambition du diplôme, conquis par tous les moyens qui remplacent le travail et la probité.

Huarte ne pouvait pas ignorer cet état de choses; mais suivant la méthode inductive, qui est celle des observateurs, et en particulier des naturalistes et des médecins, il voit les malades avant la maladie et il compare les différences et les ressemblances. Les malades sont, non pas les incapables, les fruits secs, comme on dit; mais ceux, fort nombreux, qui, se trompant de vocation, font nécessairement fausse route. Voilà, selon lui, la cause permanente de ce mal endémique d'une société mal organisée en dépit des apparences, parce que peu de gens y sont à leur place. En autres termes, toutes les places sont occupées et prises d'assaut, mais rarement elles sont remplies. Il y a déperdition continue des forces vives de l'organisme social. Tel est médecin, qui devrait être ingénieur; tel autre plaide des causes, qui était né pour les juger; un troisième enseigne la théologie, qui était prédestiné aux affaires; un quatrième gouverne, dont la vocation était de compter et de calculer. De cent individus qui remplissent des fonctions publiques, à peine en voit-on trois ou quatre dont l'emploi se trouve en rapport avec leurs aptitudes natives. Beaucoup d'appelés et peu d'élus, comme dans la doctrine de la prédestination.

C'est moins l'art qui est en défaut, que la nature; or, l'art ne peut rien ou presque rien sans elle. Son pouvoir est très limité, tandis que la nature peut à la rigueur se passer des secours de l'art. De là cette vieille comparaison du champ, de la semence et du laboureur qui fait les semailles en vue de la moisson. Elle ne sera abondante qu'autant que la semence aura été répandue dans une terre fertile et bien préparée à la recevoir. Autrement, si le grain lève, il sera étouffé par les ronces et les chardons, et le laboureur aura perdu son temps et sa peine.

Ce thème allégorique a été traité mille fois avec les développements qu'il comporte. On connaît la parabole évangélique, et le vers d'Horace amplifié par Boileau, à savoir que nul ne peut rien en dépit de Minerve. Toute l'antiquité connaissait donc la réalité, mais empiriquement. La science ne commença qu'avec l'application de la doctrine des tempéraments à ces faits purement empiriques. Ce que les philosophes-naturalistes avaient à peine ébauché, les médecins, qui furent les véritables successeurs de ces philosophes naturels, l'achevèrent.

Il paraît bien démontré que c'est à Galien que revient l'honneur insigne d'avoir fait le premier essai sérieux d'un traité des rapports du physique et du moral. Sans s'arrêter aux antécédents qui facilitèrent à Galien la rédaction de son programme, Huarte ne reconnaît point d'autre maître, et il proclame ce principe contesté par les partisans de l'âme immortelle, que c'est le physique qui détermine le moral. Il ne se peut rien de plus nettement explicite. Huarte est franchement déterministe, et toute sa métaphysique se réduit à reconnaître l'action des causes extérieures, qui sont de nature inorganique, et de l'organisme qui réagit. C'est ainsi qu'il explique toutes les manifestations de la vie par l'action simultanée des milieux et la réaction des organes vivants. Naturellement l'hérédité intervient comme facteur dans l'évolution de la vie.

Telle est à peu près la substance de la doctrine fondamentale.

Qu'il ait renversé l'arche sainte, en tournant le dos aux vérités convenues, en bornant l'activité psychique, en restreignant la personnalité, en écornant le domaine du conscient, en proclamant le fatalisme organique, en chassant le surnaturel de la nature, il serait difficile de le contester. Sa vocation était de spéculer librement sur les faits réels, sans invoquer le dieu de la machine. On ne saurait le blâmer de l'avoir suivie, en usant quelquefois de subterfuges un peu trop ingénieux, par exemple, quand il allègue les textes sacrés à l'appui d'opinions puisées dans l'étude de la nature. Malheureusement, en ce temps-là, les libres esprits devaient se soumettre à la nécessité : ils spéculaient comme ils pouvaient, en essayant de ramener la raison dans le droit chemin.

L'auteur de l'*Examen* n'entreprend de réfuter personne, ne voulant convertir personne, ce qui est à remarquer de la part d'un novateur de la fin du xvi° siècle. Il ne se sert de l'autorité des anciens que pour corroborer la sienne, en étudiant la réalité présente, tandis que la plupart de ses contemporains, rivés à la tradition, faussaient les faits réels pour les plier aux doctrines des anciens. On sait que Vésale eut bien de la peine à démontrer par les dissections les erreurs manifestes de Galien en anatomie. Encore une fois, l'autorité de Huarte repose sur le principe même de la philosophie naturelle et sur la méthode qui en dérive. Le principe consiste à voir le vrai dans le réel, et la méthode, à procéder par induction, en allant du particulier au général. Quel que soit son goût pour l'analyse subtile, il n'a point plié les faits à sa théorie; de sorte que la partie paradoxale de la doctrine n'a point à redouter le contrôle de la pratique. Donc l'observateur a prévalu sur le théoricien, et le goût du vrai sur l'esprit de système.

Admettons que tout soit faux dans la triple conception des quatre éléments, des quatre qualités premières et des quatre humeurs; n'attachons qu'une valeur historique à la cosmogonie orientale qui a servi de support à la physiologie des médecins grecs; supposons que la psychologie fondée sur le trépied des facultés soit insuffisante : malgré toutes ces concessions, il faudra reconnaître l'excellence du principe qui donne un substratum à l'origine des choses, au lieu de dériver tout d'une substance inétendue, infinie, éternelle, ce qui équivaut à tirer le concret du néant; et partant la juste conséquence d'une conception de la vie, qui assimilant le microcosme au macro-

cosme, loin d'ouvrir un abîme entre l'organique et l'inorganique,
fait naître le premier du second, et explique les organismes vivants
par les lois de la physique et de la chimie, sans l'hypothèse d'une
entité assimilable, par son origine et son essence, à la cause première.
Si l'on reconnaît la vraisemblance de cette manière de voir, il
faudra reconnaître aussi que toutes les manifestations de la vie,
toutes sans exception, sont de source organique ; qu'il est permis
tout au plus de les classer par degrés, sinon par catégories distinctes,
et que tous les phénomènes de la vie organique, conscients et inconscients, relèvent également du mouvement et de la sensibilité, qui en
sont les deux pôles. Ni les vitalistes avec leur trilogie, ni les animistes avec leur dualisme, n'ont pu résoudre le problème de la vie
sans imaginer des êtres de raison, sans personnifier l'abstrait ; mais
il le faut reconnaître, en tendant diversement vers l'unité, les uns
par l'activité incessante du principe vital, les autres par l'autocratie
de l'âme pensante. Leurs systèmes sont très raisonnables quand on
en élimine les fictions, en se bornant à demander à l'organisme
l'explication de la vie organique et de tous les phénomènes vitaux.
Le sage Locke, qui est l'honneur de la médecine et de la philosophie, se passait de toutes ces fictions platoniciennes et aristotéliques
et quoique bon chrétien, il ne croyait point offenser Dieu en se con-
tentant de la matière. C'est à cette conception simple du plus candide des philosophes que nous devons un beau livre de Leibniz où
ce génie conciliant, par une restriction singulière à l'axiome aristotélique de la philosophie naturelle, s'efforce de sauver sa monade.
Locke est le père de la philosophie qui tend à prévaloir dans la
science et dans les mœurs, grâce aux efforts du xviii° siècle, efforts
qui ont abouti à réhabiliter la vie organique, et à réconcilier les
philosophes avec les naturalistes et les médecins ; ou du moins il en
est le parrain, car il n'a fait que reprendre l'héritage de Démocrite,
d'Empédocle, d'Epicure, d'Asclépiade et de Lucrèce, et de ses précurseurs du xvi° siècle, parmi lesquels brillent d'un vif éclat Gomez
Pereira, Huarte et Oliva Sabuco, qui essayèrent successivement,
dans un intervalle de trente-cinq années, de ramener la psychologie
à la physiologie et de fonder la science de l'homme sur les faits
d'observation et d'expérience : le premier en refondant la doctrine
de la sensibilité ; le second en faisant de la psychologie organique ; le
troisième en expliquant les passions par le système nerveux ; tous les
trois en rompant avec les traditions de la métaphysique scolastique,
et les deux derniers en demandant à la médecine les moyens d'améliorer la vie sociale.
Gomez Pereira en voulait surtout aux erreurs et aux préjugés qui

régnaient dans les écoles; aussi écrivit-il en latin, pour les doctes; tandis que Huarte et Oliva Sabuco se préoccupent du bien public, et traitent les plus hautes matières en langue vulgaire, en se mettant à la portée de tous les lecteurs.

C'est à ce point de vue d'une utile propagande, qu'il faut considérer la longueur relative de la seconde partie de l'*Examen*, qui renferme toutes les applications de la doctrine générale. C'est là qu'on voit combien était positif et pratique cet observateur que beaucoup de ses adversaires ont traité d'esprit chimérique et paradoxal. En somme, il tient moins à sa physiologie et à sa psychologie, si ingénieuses qu'elles soient, qu'à l'amélioration d'un état social dont la réforme lui paraît possible, et même facile, puisqu'il ne s'agit que de l'élite de la nation et de la sélection des esprits qui représentent la vie supérieure de la race.

Et ce qui montre bien qu'il se préoccupe avant tout de l'utile, c'est qu'il élimine de cette élite quiconque contribue au luxe plutôt qu'à la prospérité de l'État. Peut-être estimait-il que chez un peuple où la misère psychologique allait de pair avec la disette et la famine, le luxe était de trop. Aussi ne doit-on pas s'étonner de sa sobriété à l'égard des artistes, des musiciens, des poètes et des écrivains, en un mot, de tous ceux qui ne travaillent qu'en vue de plaire, pour l'agrément des oisifs. Il leur accorde bien une mention en passant, mais avec une sorte de dédain prémédité, en les mettant pour ainsi dire hors cadre, comme des parasites de la société.

L'indifférence qu'il montre pour la tribu innombrable des amuseurs de tout ordre s'expliquerait par son scepticisme philosophique, si elle n'était pas justifiée par l'incroyable ascendant des baladins du cirque et du théâtre, dont le métier était d'amuser le public et de le distraire des questions dont l'autorité se réservait le monopole. Les courses de taureaux, les actes de foi, suivis des scènes hideuses du brûloir (*quemadero*), les processions solennelles, les fêtes de quartier, les mystères (*autos sacramentales*), les représentations théâtrales de l'après-midi : telles étaient les occupations journalières des nobles fainéants dont la profession était de ne rien faire. La cruauté, le fanatisme, l'intolérance se développaient à l'aise, avec l'ignorance universelle; et l'éducation publique s'achevait au spectacle de ces pièces mal bâties, incohérentes, monstrueuses, où la déraison et l'immoralité se donnaient libre carrière. Le pavillon de la foi couvrait ces marchandises avariées, et les dramaturges les plus populaires s'honoraient du titre envié de familier de l'Inquisition, portaient le froc ou la soutane. Beaucoup de livres d'un dévergondage cynique avaient pour auteurs des hommes d'Église, entre autres la méprisable suite de *Don Quichotte*, attribuée à un moine dominicain. Quévédo gâta son merveilleux génie par le goût le plus dépravé et l'obscénité la plus révoltante : les sales équivoques surabondent dans les œuvres en vers et en prose de cet auteur corrompu et dévot, qui se donnait pour un moraliste, traduisait Phocylide et Epictète, et se faisait le biographe de Sénèque et de saint Paul. Piron n'est qu'un novice auprès de lui. Ce qui distingue particulièrement cette littérature de carnaval, ce qui la caractérise bien, c'est la fausse dévotion qui sert de passeport aux immondices.

Huarte jugeait-il le mal comme incurable? Peut-être bien. Un fait certain, c'est que Cervantès, son contemporain, fut impuissant contre le fléau, malgré la forte critique qui circule dans cette incomparable poème en prose que quelqu'un a appelé l'histoire de la folie et le livre de la sagesse. Chassé des romans de chevalerie, ce virus délétère s'infiltra partout, et les ouvrages d'imagination en furent infectés. Ni les mystiques, ni les casuistes ne se privèrent de ce condiment obligé ; sous prétexte de guérir la plaie rongeante, ils l'étalèrent dévotement. La paillardise et la piété marchèrent la main dans la main.

Huarte ne pouvait songer qu'aux malfaiteurs officiels, patentés, estampillés par l'État, et le plus souvent inconscients. Il faut peser sur ce mot, car l'inconscience était leur excuse, et atténuait leur responsabilité. Ne se connaissant pas, ils prenaient le mauvais chemin, et tout le monde souffrait de leur erreur, que consacrait l'autorité souveraine. L'ignorance de soi-même étant la pire de toutes, cette inconscience générale des classes dirigeantes rendait la malfaisance plausible, du moment qu'elle s'exerçait à l'aise, à l'abri des titres et de l'imposition des mains.

A y regarder de près, le réformateur s'attaquait à une oligarchie, à une aristocratie usurpatrice; et la sélection, telle qu'il la voulait, ne pouvait se faire que par un nouveau recrutement de l'élite, par un appel à toutes les capacités, de manière à faciliter le choix des plus dignes. Voilà un mode de concours qui, n'excluant personne, ne saurait plaire aux corporations fermées. Le projet est un peu bien démocratique pour l'époque et le pays; mais l'auteur songeait à l'avenir, et d'ailleurs on ne surprend jamais chez lui de ces préjugés étroits qui sont familiers aux hommes de coterie. Un docteur, entiché de ses parchemins, se croit volontiers apte à tout, même quand il n'est bon à rien.

Huarte connaissait à fond ces incapables brevetés et diplômés; et c'est justement pour en réduire le nombre toujours croissant, qu'il demande une réforme urgente. Au lieu d'épuiser ingénieusement les combinaisons ternaires des qualités premières, des humeurs et des facultés, il énumère tout simplement les connaissances nécessaires, sciences, lettres, arts, en ayant soin de distinguer la théorie de la pratique : distinction capitale dans l'application de la doctrine. En effet, la pratique a forcément devancé la théorie, et celle-ci ne vaut guère si elle n'aboutit pas à la pratique. Qui ne sait qu'en médecine, par exemple, le théoricien le plus médiocre peut devenir un excellent guérisseur? Or, c'est en vue de la guérison qu'on traite les malades. Ici c'est l'expérience qui se prononce en faveur du succès. Dans l'art de tuer les hommes selon les règles de la tactique et de la stratégie, tel se trouvera grand capitaine à vingt ans, qui n'aura pas eu le temps d'apprendre la guerre, tandis que le tacticien et le stratégiste le plus savant se laissera battre par le général imberbe. Inspiration ou génie, peu importe ; l'essentiel est de vaincre, les faits ont raison contre le raisonnement. Condé triomphe du premier coup, sans apprentissage. Claude Perrault, bon mécanicien et médecin très docte, s'éveille un jour grand architecte, et Nicolas Boileau Despréaux, si dur pour lui, élabore péniblement l'ode à la prise de Namur, qui ne vaut point la colonnade du Louvre. Chapelain se tue à rimer au lieu d'écrire en prose, et le dur satirique se rit de ses vers martelés. Le R. P. Hardouin, d'heureuse mémoire, est un puits de science, mais le jugement lui fait défaut : son érudition, qui est prodigieuse, va droit au paradoxe. L'écrivain incomparable, Cervantès, s'obstine à rimer dans tous les genres, et c'est un libraire à qui il offre ses comédies qui lui fait cette réponse : Votre prose est merveilleuse, mais vos vers ne valent rien. Un théologien connaît à fond l'Écriture, les Conciles et les Pères, et prêche ridiculement, tandis qu'un curé de campagne ou un pauvre missionnaire parlent comme l'Évangile, ils font trembler et pleurer l'auditoire. Tel professeur fait de sa classe un dortoir, tant son savoir est soporifique, et cet autre, avec un bagage très mince, ne fait pas bâiller la jeunesse. Lamennais manie la plume comme un burin, et ne sait pas parler; et tel orateur éloquent ne sait pas écrire.

A quoi bon multiplier les exemples? La conclusion est claire : il faut apprendre à se connaître, mais à fond, sans illusion ni complaisance. Si vous êtes maçon, maniez la truelle, et si vous êtes pédant, maniez la férule. Chacun son métier, comme dit le proverbe.

Qui ne voit les graves conséquences d'une fausse vocation? et comment ne pas reconnaître la nécessité de faire un choix en rapport avec ses aptitudes? Mais ce n'est pas tout que de suivre sa voie; il faudrait comprendre que chaque aptitude a son embranchement. Les carrières libérales seraient moins encombrées, si la plupart de ceux qui s'y précipitent inconsidérément et s'y heurtent rudement prenaient le bon sentier. Les curieux investigateurs de la nature, par exemple, ont un autre tempérament que les praticiens. Un savant de laboratoire qui immole des hécatombes à la méthode expérimentale, n'entendra rien à la médecine clinique; et le médecin clinique, le clinicien comme on dit aujourd'hui, avec une pointe d'ironie, qui observe sans expérimenter, se moquera de l'expérimentateur et de ses vivisections.

Ces rivalités ridicules ont d'autres causes que l'amour-propre, la jalousie et l'envie des artisans vulgaires. Le monde, à tous les étages, offre ce spectacle de la discorde des opinions, née le plus souvent d'un malentendu ou d'informations insuffisantes. Autant de têtes, autant d'avis, et chacun croit avoir raison.

Il suffirait de cet examen de conscience pour rendre possible et même facile la sélection des esprits, pourvu que cet examen fût rigoureux et sincère; mais ni la sincérité ni la rigueur ne sont habituelles dans cette espèce d'exercice assez rare; et quiconque a le courage de se confesser soi-même sur sa propre valeur, aboutit à l'absolution par les circonstances atténuantes.

Tous les orateurs politiques ne font pas comme Démosthène, qui ne consentit jamais à parler en public sans préparation suffisante; et tous les maîtres de philosophie n'ont pas les scrupules du sage Sanz del Rio qui, avant de prendre possession de sa chaire dans l'université de Madrid, demanda un sursis de deux ou trois ans, ne se trouvant pas absolument prêt à enseigner ce qu'il avait laborieusement appris en Allemagne.

Voilà des consciences vraiment rares, et qu'on proposerait à l'imitation, si les hommes en général étaient bons juges dans leur propre cause. Mais comme cette vertu est de celles qui florissaient dans l'âge d'or, qui donc jugera des capacités? qui donc procédera à cet examen des esprits? L'État peut évidemment prendre l'initiative de cette sélection délicate : son droit est incontestable, lorsqu'il s'agit d'ouvrir ou de fermer les portes dont il tient la clef. Huarte demande en conséquence au roi d'Espagne l'institution de ces examinateurs d'entrée dans la carrière des honneurs et des emplois publics, et Pedro Simon Abril reproche aux inspecteurs des écoles de l'État d'avoir échoué dans leur mission de réformateurs, par ignorance des saines méthodes.

Voilà donc la réforme des études compromise par l'insuffisance de ces *missi dominici* de l'instruction publique. Quel savoir ne faudrait-il pas exiger des délégués à la sélection des esprits? Ne faudrait-il pas les choisir parmi ces têtes bien faites qui représentent l'équilibre

parfait des facultés? Mais ces natures exceptionnelles sont particulièrement rares en Espagne, où les hommes complets, de l'aveu de
Huarte, peuvent passer pour des merveilles. En supposant qu'ils
soient en nombre pour former ce corps d'élite des inspecteurs généraux des écoles, qui donc les désignera? Sera-ce le roi? Évidemment
le choix d'un conseil d'État pour l'instruction publique serait le plus
beau privilège de la royauté, si la tête des rois était toujours digne
de ceindre la couronne. Malheureusement les têtes couronnées sont
rarement des têtes bien faites, telles que les voulait Huarte, en parfait équilibre et meublées de toutes les connaissances de son encyclopédie. Que fera le roi, s'il n'a pas reçu en naissant l'influence céleste,
s'il n'a pas sur toutes choses des clartés qui puissent devenir des
lumières? Si Philippe II a lu le portrait de ce monarque idéal que
l'auteur lui propose pour modèle, il a dû faire d'amères réflexions,
malgré son orgueil formidable et sa croyance au droit divin.

Mais l'État n'est pas tout, lors même qu'il se personnifie dans le
roi. A côté, sinon au-dessus, est la société, laquelle a aussi des droits
et des devoirs. La famille en est l'élément essentiel; et la responsabilité du père de famille, qui est de droit naturel, doit être pour la
société la principale garantie de sa prospérité. Huarte a parfaitement établi les devoirs et les droits de cet agent responsable, dont
il fait le premier éducateur de l'enfance, et qu'il prépose à cette première sélection, qui doit précéder et faciliter celle de l'État. En effet
le père de famille exerce son action sur des enfants et des adolescents, sur des mineurs; tandis que l'État opère sur des adultes
devenus responsables. Loin d'adopter les idées de Platon, qu'il tient
pour un utopiste, il veut le respect absolu de l'individu, de la personnalité de chacun, soit de sa nature et de son tempérament.

C'est en cela que consiste la portée sociale de son livre, de ce
traité de physiologie comparée de l'homme considéré dans sa nature,
dans sa destinée, comme un organisme vivant qui se développe dans
des conditions de vitalité dont les unes sont fatales et les autres plus
ou moins modifiables, les unes étant naturelles et les autres artificielles.

L'art peut beaucoup sans doute, pourvu que la nature le seconde,
ou mieux, pourvu qu'il se conforme à la nature, ce qui a lieu toutes
les fois que l'institution de l'homme est en rapport avec son tempérament. Prétendre lutter contre la fatalité organique, c'est renouveler
le combat des mortels contre les dieux. Céder à la nature, la suivre,
la comprendre, lui donner satisfaction, c'est se conformer au principe de la loi naturelle dans l'éducation de l'homme. Sans croire à la
prétendue puissance de la liberté et de la volonté, Huarte ne nie

point la salutaire influence des milieux de tout ordre, des agents
modificateurs. Aussi termine-t-il son livre par un véritable traité de
la génération, dont les cinq articles ont l'étendue d'autant de chapitres, et sont considérés comme tels dans quelques éditions de
l'*Examen*.

Ce complément se ressent naturellement des erreurs qui avaient
cours en un temps où l'embryogénie n'était pas même en embryon.
Les hypothèses suppléent à l'ignorance générale, et la théorie ne
vaut rien. Mais ce n'est pas là une raison suffisante pour proscrire
ce traité final, sous prétexte de décence, et l'éliminer des éditions
modernes. Le médecin philosophe a complété son œuvre par un
abrégé de la physiologie du mariage, en cherchant à déterminer
les conditions diverses qui peuvent améliorer les produits de la
conception. Qu'il se soit fait illusion sur la procréation des enfants,
en insistant sur les circonstances plus ou moins efficaces de la production des sexes, des tempéraments et des facultés, on ne saurait
le contester. Mais si l'on tient compte des faits observés, des observations curieuses, des réflexions opportunes, des vues fines et des
ingénieux aperçus qui abondent aussi dans cette partie finale, on
s'étonnera moins que l'auteur ait songé à la régénération des races
par la sélection des époux, et qu'il ait entrevu pour l'humanité la
possibilité d'une palingénésie.

Quoiqu'il ne fût point question alors d'évolution et de transformisme, et que la terrible formule de la lutte pour la vie restât
inconnue, on savait en gros bien des choses qui, n'étant point expli-
quées, n'étaient ni classées ni réduites en système : les bons observateurs, les médecins surtout ont entrevu des lueurs qui sont maintenant des clartés ou des lumières. Il eût été impossible d'écrire
un traité de l'hérédité dans le genre de ceux que nous devons à la
médecine et à la philosophie contemporaines; mais bien des faits
étaient acquis dès lors, que le progrès des siècles devait faire passer
de l'empirisme dans la science.

Si les censeurs de Huarte avaient pu pressentir seulement les
résultats obtenus par les éleveurs et les expérimentateurs, il est probable qu'ils auraient tempéré leurs critiques acerbes. Et qu'importe
d'ailleurs que le novateur ait tiré les conséquences extrêmes de sa
doctrine? Dans l'appréciation des œuvres du passé, c'est moins le
succès qui doit compter, que l'intensité et la direction de l'effort.

Tout en subissant l'influence de son milieu, Huarte a travaillé pour
l'avenir, en faisant de la psychologie une science organique d'observation et d'expérience, fondée sur la connaissance de la nature
humaine, et en fondant sur elle l'art de l'éducation. La sélection arti-

ficielle des esprits, d'après les données de la physiologie et de la médecine, marque le début et la fin de ses recherches, le point de départ et le terme de son excursion scientifique. Bien que son ouvrage soit âgé de trois siècles et plus, le principe et la méthode portent l'empreinte d'un esprit qui, dans la recherche de la vérité, s'inspirait surtout de la réalité. Comme médecin, comme philosophe, comme réformateur, il a fait preuve d'un sens droit, d'une sagacité discrète, d'un respect éclairé de la tradition qui tempérait le plus vif amour du progrès. A ces qualités fondamentales, il joignait ce tempérament de l'écrivain qui invente sans effort apparent, qui expose ses idées avec ordre et clarté, en leur imprimant le mouvement et la couleur, d'où naît le style. Ce médecin philosophe, ce hardi réformateur est aussi un grand maître en l'art d'écrire : il se meut à l'aise dans les questions les plus ardues, et revêt sa pensée d'une forme transparente et vive, qui se déroule comme une plaine fertile marquée de points lumineux. L'ouvrage est fortement conçu et fait de main d'ouvrier. L'unité se manifeste par l'absence de confusion et de contradiction, bien que la trame ait beaucoup souffert des atteintes de la censure inquisitoriale. Le sujet, neuf et fécond, a suffi à l'auteur pour philosopher sa vie durant, et il en a fait sa province. C'est à ce point de vue surtout que l'histoire de l'*Examen* serait intéressante. Elle se recommande à la curiosité patiente des bibliographes qui ne s'interdisent pas de penser : on regrette de ne pas en trouver du moins les matériaux épars dans cette bibliothèque des livres rares et curieux, qui est une des plus méritantes productions de la bibliographie espagnole contemporaine.

Quelques mots encore pour terminer cette étude. On s'y est proposé seulement de faire connaître l'esprit de l'*Examen*, les intentions de l'auteur et le champ d'expérience où il lui fut donné de recueillir ses observations, en faisant revivre son milieu. Le travail d'analyse et d'appréciation, qu'on ne pouvait recommencer ici, a été fait méthodiquement et consciencieusement dans une thèse soutenue en Sorbonne, il y a trente-cinq ans, et qui fut reçue avec indulgence, sinon avec empressement, parce que les juges reconnurent un effort sincère pour renouveler l'antique alliance de la médecine, de la philosophie et des lettres [1]. Souhaitons le retour définitif de cette

---

1. Essai sur l'ouvrage de J. Huarte : Examen des aptitudes diverses pour les sciences, par J.-M. G., Paris. Auguste Durand, 1855, in-8°, 328 pages. Le futur éditeur du livre de l'*Examen* pourrait s'inspirer de ce jugement de Bordeu : « L'ouvrage de Huarte est plein de réflexions singulières, de vues très fines; on le lit, ce me semble, trop peu; il mériterait un très ample commentaire. » (*Rech. sur l'hist. de la méd.*, chap. VII, § 5.)

alliance féconde dont le livre de la sélection des esprits propres aux sciences est un témoignage éclatant parmi les plus mémorables.

J.-M. GUARDIA.

P.-S. — Le peu qu'on sait de Huarte se trouve dans les papiers de feu B.-J. Gallardo, mis en ordre et publiés par Zarco del Valle et Sancho Rayon (*Ensayo de una biblioteca española de libros raros y curiosos*, t. III, col. 230-236, Madrid, 1888). Il exerçait la médecine à Grenade, en 1566, lorsque ses services furent agréés pour combattre la peste qui ravageait la ville de Baeza. Le conseil municipal lui témoigna sa reconnaissance par une pension alimentaire (200 mesures de blé). Fixé désormais à Baeza, Huarte publia son livre dans cette ville, en 1575 (achevé d'imprimer le 23 février; le privilège est daté de Madrid, 25 avril 1574). Il était mort en 1592, après avoir remanié, revu, corrigé l'*Examen*, dont la seconde édition parut à Baeza, deux ans après, en 1594. Le privilège accordé à son fils, Luis Huarte, constate que l'auteur n'avait point de fortune. Cette seconde édition servit de modèle à toutes celles qui furent données en Espagne au xvii⁰ et au xviii⁰ siècle.

Entre la première et la seconde édition de Baeza, parurent les éditions de Pampelune, en 1578; de Bilbao, de Logroño, de Valencia, en 1580; de Huesca, en 1581; toutes conformes à la première, ainsi que toutes celles qui furent publiées en Hollande et en Belgique, depuis la fin du xvi⁰ siècle jusqu'au commencement du xviii⁰. Quant aux éditions faites en Espagne, sur la seconde de Baeza, elles ne peuvent servir qu'à constater la vigilance de l'inquisition et l'incurie des éditeurs.

Jusqu'à présent, on ne connaît que trois exemplaires de la première édition de Baeza (1575) : l'un appartient à l'Université de Salamanque, l'autre à l'Académie de l'Histoire, le troisième à la Bibliothèque de l'Escurial. Ce dernier est peut-être le même qui fut offert par l'auteur à Philippe II, à en juger par le luxe de la reliure et les tranches dorées. Cet exemplaire de la bibliothèque du roi a été biffé, lacéré, mutilé successivement en 1586, en 1612 et en 1707, conformément aux prescriptions de la congrégation de l'Index.

Dans l'enquête bibliographique dont on voit ici les premiers résultats, nous avons été amicalement secondé par trois professeurs de l'Université de Barcelone, MM. J.-R. de Luanco, G. Vidal de Valenciano, J. Balari y Jovany, dont nous ne saurions trop louer l'empressement et la complaisance.

J.-M. G.

LES ORIGINES DE LA TECHNOLOGIE

(*Fin* [1].)

État des techniques correspondant. — Mais, auparavant, il nous faut indiquer rapidement à quel état de la technique correspond, dans l'histoire de la race grecque, la doctrine physico-théologique que nous venons d'exposer.

Comme on doit s'y attendre en vertu des lois de l'évolution, la division du travail est de plus en plus faible à mesure qu'on se rapproche des origines de la société hellénique. Les mêmes hommes exécutent les travaux les plus divers. Ulysse excelle à allumer le feu, à faire cuire le repas, à labourer, à moissonner, à construire des vaisseaux et des meubles, comme à ourdir des ruses et à déjouer celles de ses ennemis, comme à combattre et à discourir [2]. Hésiode cultive son champ, fabrique ses instruments aratoires, entretient son navire et se risque, bien que non sans appréhension, à le conduire lui-même. L'esclavage ne s'est développé que lentement.. Il n'y eut, pendant longtemps, aucune incompatibilité entre les occupations industrielles, mercantiles ou agricoles et la situation d'homme libre. Si toutes les tâches sont enseignées par les dieux n'ont-elles pas toutes quelque dignité? Seule la fonction de rendre la justice s'élève de bonne heure au-dessus de toutes les autres; elle est l'apanage des rois et des princes et les rapproche de la divinité.

Les métaux précieux et l'émail sont largement mis à contribution au temps d'Homère pour l'ornement des demeures royales. Mais le fer, bien que connu, est rarement cité. C'est le bronze (le cuivre) qui est employé là où le fer le sera plus tard, et la trempe en est médiocre. L'épée de Ménélas se brise sur le casque de Pâris et le javelot de celui-ci s'émousse sur le bouclier de son rival : la pique d'Iphidamas plie comme du plomb sur une lame d'argent du bouclier d'Agamemnon. Hésiode désigne son temps comme l'âge de

1. Voir le numéro précédent de la *Revue.*
2. *Od.* XV, 320; xiii, 365; v, 243; xviii, 365; xxiii, 189.

fer; le soc de la charrue en est fait; les campagnards s'assemblent
l'hiver autour des forges. De nombreux outils de métal sont mentionnés dans les poèmes homériques, enclumes, marteaux, tenailles,
haches, scies, rabots, compas [1], faucilles, sans parler des armes. La
plupart des machines élémentaires figurent dans ces mêmes poèmes :
ainsi vers le temps de la prise de Troie, du IX* au X* siècle avant
Jésus-Christ, les Grecs connaissaient le fuseau, le métier à tisser, le
bateau à voile, le mors, le soufflet, la charrue, le char de guerre et
le chariot, le gond, la serrure, la tarrière, l'arc, le tour du tourneur
et le tour du potier, la balance. Mais ni l'outil ni même la machine
n'obligent toujours l'ouvrier à prendre une conscience bien nette
des fins réalisées par leurs moyens, et surtout du pouvoir qu'a
l'homme de varier indéfiniment ses procédés à la lumière de l'expérience en vue de satisfaire des besoins nouveaux. L'outil ne fait
qu'un avec l'ouvrier; il est la continuation, la projection au dehors
de l'organe [2]; l'ouvrier s'en sert comme d'un membre prolongé sans
penser presque jamais à en remarquer la structure ni à chercher
comment ses diverses parties s'adaptent si bien à leur but. Le travail obtenu par son aide peut paraître encore *naturel*. Quant à la
machine, elle est une projection non plus des parties terminales des
membres, mais de l'articulation qui unit les membres entre eux et
au tronc et leur permet, en jouant les uns sur les autres, d'exécuter
des mouvements déterminés à l'exclusion des autres mouvements.
Une machine est un ensemble de pièces rigides ou élastiques arti-
culées de telle sorte que, quand on applique une force à l'une des
parties du système, il se produit dans une autre partie un mouvement, le seul possible, et précisément adapté à un but utile. Il
semble que là se révèle l'intention de l'agent, que la puissance
d'adaptation et de combinaison propre à l'homme doit se saisir dans
cet agencement et s'exalter de son succès [3]. Eh bien, l'humanité s'est
servie longtemps des premières machines sans en concevoir le
moindre orgueil, sans songer à en inventer d'autres. Les Égyptiens,
par exemple, n'étaient pas beaucoup moins avancés que les Grecs du

1. Le livre V de l'*Odyssée*, où sont mentionnés la plupart des outils en fer, est
suspect aux yeux de plusieurs critiques. (Helbig, *das Homerische Epos*.)

2. La théorie de la projection organique est de la plus haute importance pour
la philosophie de l'action; elle y joue le rôle que joue l'idéalisme dans la philosophie de la connaissance, au : ἄνθρωπος ἔστιν ὁ πάντες ἴσμεν, correspond le : ἄνθρωπος ἔστιν ὁ πάντες ποιοῦμεν ἢ πράττομεν. Ce point de vue a été développé
pour les œuvres de la main humaine par Kapp : *Grundlinien einer Philosophie
der Technik*, 1877; il s'étend à toutes les productions du vouloir humain.

3. Voir la *Métrologie* de Hultsch, 1882, p. 128. Pour les autres instruments, voir
Blümmer, *Technologie und Terminologie der Gewerbe und Künste bei Griechen und
Römern*, 1886.

temps d'Homère en mécanique et ils sont restés dans l'état religieux. Il y a plus, les premières machines paraissent avoir été
offertes aux dieux et consacrées au culte avant d'être employées à
un effet utile. Le foret à courroie a été inventé très probablement
par les Indiens pour allumer le feu sacré, opération qui devait sé
faire rapidement, puisqu'elle se renouvelle encore lors de certaines
fêtes 360 fois par jour. La roue fut une grande invention; c'est vraisemblablement aux dieux qu'elle a été d'abord consacrée. « Geiger
est d'avis qu'on doit considérer comme étant les plus anciennes les
roues à prières qui sont encore en usage dans les temples boudhistes du Japon et du Thibet et qui sont en partie des roues à vent,
en partie des roues hydrauliques en dessous [1]. » Et ces faits s'accordent avec notre observation : que la plupart des fonctions nouvelles,
soit individuelles, soit sociales, s'exercent selon le mode esthétique,
comme jeu, avant de s'exercer comme travail. Les machines dont
nous avons parlé, empruntées d'ailleurs pour la plupart par les Grecs
aux peuples de l'Orient, ont pu être, pendant plusieurs siècles, contemporaines des croyances que nous avons décrites sur l'origine
céleste des arts. La projection des premières articulations organiques
s'est donc opérée sans une conscience beaucoup plus nette que celle
des organes eux-mêmes.

Les moyens de transport sur terre étaient fort insuffisants. Les
petits chariots de guerre, où il n'y avait place que pour le seigneur
et son écuyer, ne pouvaient servir de véhicule pour le commerce et
d'ailleurs les routes n'étaient ni commodes, ni sûres. Il est probable qu'il y a beaucoup d'exagération dans les assertions d'Homère
au sujet des voyages en voiture de Télémaque à travers tout le
Péloponnèse, et on peut croire que, pendant les siècles qui suivirent, la viabilité laissa beaucoup à désirer dans la Grèce propre :
elle ne fut régularisée que quand les besoins du culte international
exigèrent l'établissement d'un réseau de voies suffisant au passage
des chars sacrés et de trêves qui assurassent la circulation des théories, soit entre les cités confédérées, soit des cités aux sanctuaires, ce
qui n'eut lieu qu'au vie siècle. Le cheval resta pendant toute cette
époque une bête de luxe. C'est par mer que se fit tout le commerce
avec l'Orient et entre les villes, presque toutes en rapport avec le littoral. Mais la marine resta jusqu'au viie siècle dans l'état où Homère
nous la montre. Les bateaux n'avaient pas de ponts véritables. Les
navigateurs étaient à la merci des vents et des courants et ne se

---

1. D'après Reuleaux, *Cinématique*, trad. française, 1877. Coup d'œil sur l'histoire du développement des machines, p. 213.

hasardaient jamais volontairement loin des côtes. L'hiver, toute navigation était suspendue. Les marins ont de tout temps été superstitieux; on juge de ce que devaient être les matelots grecs en ces siècles primitifs. Poseidôn, les Dioscures, Aphrodite leur étaient des secours beaucoup plus assurés que leurs chétifs moyens de lutter contre les fléaux de l'air et du ciel. Le soleil, de jour, les astres, par les belles nuits, étaient leurs guides et les astres étaient des dieux. La barque portait à la poupe une image sacrée. Elle recevait le nom de quelque puissance céleste : au temps de Démosthènes ces appellations étaient encore de beaucoup les plus nombreuses. Elle paraissait aux Grecs de l'époque dont nous nous occupons quelque chose de vivant; elle avait un *visage*, l'avant; des *joues*, les courbures de chaque côté de l'étrave; des *yeux*, les trous pour l'ancre ou écubiers; des *oreilles* saillantes, les bossoirs; les formes consacrées se prêtaient aussi complaisamment que possible à ces interprétations : les écubiers étaient toujours découpés en forme d'yeux; les flancs du navire s'arrondissaient comme le corps d'un oiseau; l'étambot se recourbait en volutes élégantes et représentait tantôt une aigrette, tantôt un corymbe. Un ensemble d'images poétiques et de sentiments religieux voilait aux yeux des marins le caractère artificiel de cette machine dont la manœuvre était pourtant déjà compliquée.

Le grand essor de l'architecture civile et religieuse date des VIIe et VIe siècles. Mais bien longtemps auparavant, les Atrides avaient élevé à Mycènes des tombeaux qui subsistent encore et supposent une technique avancée.

Quelques-uns d'entre ses procédés sont encore mal éclaircis. On ne sait pas, par exemple, à quel moment les machines élévatoires ont été découvertes. Les Égyptiens ne s'étaient pas toujours contentés de rampes inclinées pour porter les matériaux d'assise en assise; ils s'étaient servis aussi de machines faites de courtes pièces de bois [1], c'est-à-dire, selon Maspero [2], de chèvres grossières plantées sur la crête du mur. Les Grecs du VIe siècle ont peut-être, dans certains cas, si l'on en croit le témoignage de Pline [3], recouru pour élever des architraves d'un poids exceptionnel, aux talus en spirale formés de sacs de sable accumulés; mais il est peu probable qu'ils aient ignoré les engins connus de l'Égypte. Si les grues ou corbeaux propres à suspendre des poids lourds n'ont été mentionnés qu'au moment où

---

1. Hérodote, II, 125.
2. *Archéologie égyptienne*, p. 48. Cf. Emile Soldi, *la Sculpture égyptienne*. Paris, 1876.
3. Pline, XXXVI, 21 (14).

ils étaient déjà parvenus à un assez haut degré de perfection [1] pour
servir à arracher des pieux dans le port de Syracuse, comme l'ont
fait au témoignage de Thucydide les navires athéniens au siège de
cette ville, il est d'autre part difficile de croire que le procédé primitif des rampes ait pu être employé jusque-là normalement sans
que le plus faible témoignage nous en ait été conservé. Quoi qu'il en
soit, la possession des ressources variées qui contribuaient à la construction des temples, privilège des associations sacerdotales, n'a pu
changer les idées des contemporains sur l'origine des arts. Ceux-ci
s'employaient naturellement au service des dieux qui leur avaient
donné le jour. L'architecture garde pendant toute cette période un
caractère impersonnel; c'est Apollon qui se construit ses temples
par le bras de Trophonios et d'Agamède; et en effet, les procédés
techniques ne sont pas moins que le style et les proportions de
l'œuvre, dictés soit par la tradition, soit par la volonté anonyme des
collèges de prêtres. De même pour la sculpture, la période religieuse
arrive seulement à son déclin quand, aux noms mythiques de Dédale,
d'Eucheir et d'Eugrammos nous voyons succéder des noms de personnages historiques, et que les artistes prennent pour modèles non
plus les types imposés par la tradition, mais les athlètes vainqueurs
aux jeux Olympiques, nouveauté qui apparaît au VIe siècle dans les
écoles doriennes de Corynthe, de Sicyone, d'Argos et d'Egine [2].

Les arts dont le but est pour nous exclusivement esthétique sont
encore à ce moment étroitement liés à la pratique. Le peintre, le
fondeur et le sculpteur sont des ouvriers dont l'habileté est avant tout
estimée comme l'auxiliaire indispensable du culte. Il en est de
même de la poésie. Elle est un instrument de gouvernement et de
civilisation en même temps qu'un moyen de se concilier la faveur
des dieux et l'organe de leurs oracles. Terpandre, qui a posé les
règles de la poésie lyrique, apparaît comme le second fondateur de
Sparte (vers 676); Thalétas (vers 620), qui savait unir selon les traditions crétoises la gymnastique, la danse et la musique à la poésie,
joue un rôle important dans l'établissement de l'éducation chez les
Lacédémoniens; Tyrtée est pour beaucoup dans l'organisation de
leur discipline militaire. Des chœurs exécutaient les chants lyriques
que le VIIe siècle vit éclore et rendaient pour la première fois sensible, parmi les cités diverses, l'union des âmes dans le culte du
dieu cher à tous les Hellènes. Delphes a pesé de toute son autorité
sur le choix du dialecte et des règles musicales adoptées par la

---

1. Thucydide, VI, xxv. Cf. la *Technologie* de Blümner, t. III, p. 111.
2. Curtius, vol. II, p. 94; Collignon, *Archéologie grecque*, p. 108.

poésie lyrique. La tradition attribuait à la première prêtresse de
Delphes l'invention de l'hexamètre. Quand, au vie siècle, l'inspiration poétique, au lieu de rester au service de la religion commune,
célèbre les succès individuels, quand l'art devient indépendant de
ses fins sociales, la période objet de ce chapitre est close virtuellement.

Pendant toute cette période, l'écriture prend naissance en Grèce et
se vulgarise lentement. On sait que les poèmes d'Homère n'ont pu
être coordonnés qu'au temps des Pisistratides; c'est sans doute pendant le siècle précédent (le viie) qu'ils avaient été transcrits peu à
peu : jusque-là les poèmes des divers genres n'existaient que dans la
mémoire des hommes. Or l'emprunt de l'écriture aux Phéniciens et
la constitution de l'alphabet grec est l'œuvre des sanctuaires. Les
premiers documents écrits sont des sentences et des traités conservés
dans les temples ioniens sur les peaux des victimes. « Dans la Grèce
européenne, l'écriture s'est introduite en divers endroits indépendamment les uns des autres et tout d'abord en Béotie, où elle fut étroitement liée au culte d'Apollon. Les plus anciens caractères cadmiens
se voyaient à Thèbes, dans le sanctuaire d'Apollon isménien, sur les
trépieds qui y étaient dressés; l'inscription y avait été apposée comme
charte de fondation, comme l'attestation de la propriété divine. Les
prêtres transcrivaient dans leur forme solennelle les prières, surtout
les imprécations et les excommunications pour prévenir les crimes
par cette publicité même : enfin ils employaient l'écriture comme
un dessin (γράφειν n'a pas à l'origine d'autre signification), pour orner
l'édifice de sentences morales, remarquables par leur extrême conci-
sion [1]. » Elle servit ensuite à dresser des listes de prêtres et de prê-
tresses, à noter en regard les grands événements contemporains, par
exemple la fondation des colonies, à constituer la série des magistrats
de chaque cité, à conserver les noms des vainqueurs aux jeux nationaux, en sorte que son emploi est lié aux principales fonctions du
culte public. Si elle a renoncé à la direction propre aux écritures
orientales, c'est, on l'a supposé avec vraisemblance, parce que la
droite était le côté favorable, adopté selon des prescriptions religieuses pour tous les gestes et les démarches de la vie publique et privée. Nous verrons comment, à partir du moment où le papyrus se
répand, où l'écriture se vulgarise, devient laïque, une ère d'analyse
et de liberté relative commence : le système pratique fondé sur
l'obéissance aveugle aux traditions consacrées est définitivement
compromis.

---

1. Curtius, t. II, p. 60.

On peut à peine croire qu'avant l'invention et la vulgarisation de la connotation scripturale, un système de mesures approximatives de l'espace, du temps, du poids et de la valeur se soit développé dans les pays de culture grecque. Tel est cependant le fait et ce fait commence même antérieurement à la période que nous étudions ici. Avant, en effet, que l'espace et le temps soient mesurés, il faut qu'ils soient constitués qualitativement, c'est-à-dire que, d'une part, des régions soient distinguées et rapportées à un centre, d'autre part des époques soient établies et rattachées à un commencement. C'est à cette condition que l'homme peut exercer son action à distance et s'emparer de l'espace d'une part, prévoir l'avenir d'autre part et dominer le temps. Tout ce travail s'est fait en Grèce inconsciemment sous l'empire des croyances religieuses.

L'idée religieuse prend d'abord comme centre le foyer, autel du culte domestique; au-dessus, les régions célestes, séjour des dieux de l'éther; au-dessous, les régions souterraines, séjour des mânes et des divinités telluriques et infernales. Quand le suppliant se tourne vers le nord, comme il doit le faire d'après les rites, il a à sa gauche la région de l'obscurité et de la malédiction, à sa droite la région de la lumière et du succès. Et il y a autant de mondes que de foyers, tous immuables, tous liés d'une manière indissoluble au coin de terre où sont ensevelis les ancêtres. La religion de la cité fonde sur une base semblable, c'est-à-dire sur le culte des ancêtres communs à tous les membres de l'association, et ensevelis en un même lieu, une organisation cosmique plus compréhensive, à laquelle les mondes, constitués par les cultes privés se subordonnent. La religion de la Hellade, à son tour, choisit pour centre Delphes, ombilic du monde et c'est autour de l'autel pythique que se disposent les diverses régions de l'univers peuplées de cultes locaux, environnées par l'Océan, père des dieux. Cette religion permet une sorte de classification technique déjà très générale des régions, en ce sens que toutes les hauteurs sont consacrées à Zeus et à Apollon, toutes les mers et toutes les sources à Poseidôn, tous les volcans et les mines à Héphaistos, toutes les villes à Minerve, tous les marchés à Hermès, tous les carrefours à Hécate, etc. Mais cela n'empêche pas chaque lieu d'avoir sa divinité spéciale, en tant que consacrée à un culte privé ou public. De ce point de vue, l'espace offre à l'action un champ exploré où aucun lieu n'est indifférent, où l'homme sait d'avance quel risque il peut redouter, quel secours il peut obtenir. Le sort qui attribue ce morceau du sol à tel ou tel peuple, lors des fondations de ville, à tel ou tel individu, lors des partages qui suivent les émigrations, est une forme de dévolution céleste, une loi d'en haut (νόμος, νέμω). C'est par une telle loi que les temples doivent être placés sur les hauteurs ou près des sources. La divination ne manque pas de compléter ces indications par des prescriptions spéciales, auxquelles se mêlent déjà une part d'expérience politique et quelque notion de l'hygiène. C'est ainsi que les établissements des colonies dans tout l'Occident et la technique religieuse des fondations de villes ont été réglés par les indications des sanctuaires. C'est à ces principes dominants que se subordonnent pendant longtemps les mesures plus ou moins exactes nécessitées pour les opérations prescrites, par exemple l'appréciation des distances géographiques pour les voyages et celle des longueurs et des surfaces pour la fondation des temples et des villes, comme pour la distribution des terres.

Ces mesures présentent un bel exemple de projection organique. Ce sont : le doigt, la paleste (largeur de 4 doigts), l'empan, le pied, la coudée, la brasse. Indirectement, par le même procédé, on avait obtenu : l'akèna, perche de six pieds qui servait à piquer le bœuf ; le pléthre, longueur du sillon que le bœuf pouvait creuser d'une haleine (le trait de charrue) ; la γύη, la surface qu'un laboureur vigoureux pouvait labourer en un jour ; le stade, la distance qu'un bon coureur pouvait parcourir à la course sans se reposer. Pour les distances de routes on se servait du pas (Alexandre avait encore ses mesureurs au pas), et des unités de temps pendant lesquelles le char ou le navire ou l'armée avaient poursuivi leur course avec une vitesse moyenne. Le pied était l'unité fondamentale, elle se trouve déjà chez les Grecs et les Italiens avant leur séparation ; cette mesure s'est établie comme la coudée des Égyptiens dans une complète inconscience sociale. L'ensemble de ces mesures est donc probablement antérieur comme date à la période physico-théologique. L'une d'elles a seule reçu le cachet des croyances propres à cette période, c'est le stade, et particulièrement le stade tel qu'on le voyait à Olympie : il passait pour contenir 600 fois la longueur du pied d'Hercule. C'était pour cette raison, disaient sérieusement quelques anciens, que ce stade était plus grand que les autres. Et en effet, ces diverses mesures variaient les unes plus, les autres moins ; la journée de marche ou de navigation était une grandeur fort élastique ; le pas lui-même devait être sujet à caution ; même le pied n'était pas partout de même longueur. Cet ensemble de mesures n'atteignit la fixité et l'universalité relatives auxquelles elles pouvaient prétendre que grâce aux progrès réalisés dans l'art de compter par les législateurs et les géomètres du VIᵉ siècle. A partir seulement de ce moment, les savants purent s'élever jusqu'à l'idée générale de l'espace et concevoir le lieu comme un ensemble de rapports moralement neutres, indifferents au bonheur ou au malheur de l'homme.

Dans la technique de la mesure du temps, on peut distinguer deux parties, la détermination des unités similaires et la détermination des périodes variables.

Comment, par l'observation des phénomènes astronomiques et météorologiques les plus saillants, se constituent les éléments de l'année et l'année elle-même, c'est ce que nous n'avons pas à rechercher; bornons-nous à constater que cette détermination se fit antérieurement à la période physico-théologique d'une manière socialement inconsciente, c'est-à-dire sans qu'aucune tradition s'établît à ce sujet. Mais peu à peu, comme on avait remarqué que certaines heures et certains jours sont propres à certains travaux, d'autres impropres, en raison des influences météorologiques, et que ces influences étaient divines, on conçut l'idée que tous les jours étaient soumis à l'empire d'une divinité bienfaisante ou redoutable. Il devenait dès lors d'une souveraine importance pour l'action de savoir d'abord quelles étaient les propriétés des heures et des jours; lesquels étaient « heureux », lesquels « malheureux », et ensuite ce que les dieux prescrivaient ou défendaient d'y faire. Nulle observation ne pouvant, en effet, être tentée en cette matière qu'aux risques et périls de l'observateur, il était naturel qu'on s'en rapportât là-dessus aux enseignements divins. Or les dieux avaient manifesté leur volonté sur ce point avec la dernière précision. Non seulement on savait quelles fêtes solennelles devaient être accomplies dans les divers mois; mais encore chaque jour avait sa physionomie propre et comportait des opérations spéciales. A Athènes, le premier et le septième jour du mois étaient consacrés à Apollon, le second était le jour du bon génie (ἀγαθοῦ δαίμονος), le troisième appartenait à Athéné, le quatrième se partageait entre Mercure et Hercule, le sixième, placé sous l'invocation d'Artémis, était un jour heureux parce que c'était ce jour-là que les dieux avaient vaincu les Géants; le huitième était sous la protection de Thésée et de Poseidôn; le trentième, le jour d'Hécate, appartenait aux divinités infernales. De là des obligations définies marquées pour chacun d'eux. Mais si l'on veut voir jusqu'à quel point ces obligations enchaînaient (ou soutenaient) dans le détail le plus menu l'activité des petites gens, il faut lire dans Hésiode le tableau des occupations et des dispositions d'esprit convenables à chaque jour d'après les prescriptions de Jupiter. « Tel est comme une marâtre, tel autre comme une mère [1]. »

1. *Op. et D.*, vers 825.

Il y en a un dans chaque mois (le 6°), où il est à propos de châtrer les moutons et de plaisanter; un autre (le 10ᵉ), où il y a lieu de chercher à apprivoiser les bêtes demi-domestiques, et qui est bon pour la naissance des enfants mâles; un autre (le 4ᵉ), où il faut se garder d'être triste, et où on peut se marier, après avoir toutefois consulté les oiseaux, etc. « Le 19ᵉ est bon *dans l'après-midi.* » Car les heures ne sont pas moins spécialisées que les jours pour les diverses actions et les diverses dispositions de l'âme. Et ces prescriptions ne sont pas moins sûres que celles qui sont données par les phéno-mènes météorologiques : tous les travaux de l'année distribués par les dieux, toutes ces désignations de temps sont des lois, νόμοι [1]. Il n'y a pas seulement avantage à s'y conformer, risque à les mécon-naître; on est innocent dans un cas aux yeux des Immortels (ἀναίτιος), coupable dans l'autre. Le calendrier est un programme d'exercices religieux obligatoires [2].

Il était facile de dire quand commence l'année; c'est au printemps où tout renaît que débute la série des mois. Mais quand commence la série des années? Dans la religion domestique, le temps est con-stitué par la succession des générations à partir du père de la race; dans la religion de la cité, il commence à la fondation du culte public, c'est-à-dire à la fondation de la ville par l'*œkiste*; dans la religion panhellénique, il a pour point de départ l'inauguration des fêtes communes et se compose de cycles au terme desquels ces fêtes sont célébrées de nouveau. De plus longues périodes embrassent ces périodes restreintes. La religion d'Hésiode tend déjà par un côté à dépasser les limites du culte individuel ou national; elle prend ses points de repère dans la succession des divinités cosmiques et des âges du monde. Cette conception se retrouve dans Eschyle et dans les légendes rapportées par Platon. Les séries de temps sont adé-quates à l'extension de la conscience religieuse.

Mais l'année lunaire et l'année solaire ne concordent pas. De plus, chaque État avait son calendrier. Quand des confédérations se for-mèrent autour des oracles les plus renommés, et que les cités confédérées voulurent établir une concordance entre leurs fêtes, on se trouva en présence d'une terrible confusion. Pour en sortir, on consulta l'astronomie. Des périodes furent établies en vue des com-pensations nécessaires. Cette création scientifique, cette distribution artificielle du temps enlevait d'emblée aux jours leur signification morale, leurs vertus propres; ils devenaient des durées vides de tout

---

1. *Op. et D.*, vers 338, 398.
2. Platon, *Lois*, II, 653, *d*, V, 738, *e*, et VII, 809, *d*.

contenu émotionnel et pratique; ils étaient neutralisés. Une nouvelle technique de la mesure du temps commençait.

Tandis que les Grecs préhistoriques se servaient encore, pour mesurer la valeur, de l'objet qui prime tous les autres aux yeux de peuples pasteurs et agriculteurs, à savoir le bœuf, les Égyptiens, les Chaldéens et]les Assyriens se servaient depuis des siècles des métaux précieux dans leurs échanges commerciaux. Comme ils connaissaient la balance et avaient des séries de poids, il leur était possible de donner aux lingots mis en circulation avec la forme traditionnelle, le poids fixe qui les rendait propres aux transactions commerciales. Mais il est certain que cette mensuration exacte ou du moins approximative du poids avait été précédée par une mensuration tout à fait empirique, par l'œil qui juge de la couleur et des formes, par la main qui apprécie la pesanteur, car toute pesée est une évaluation comparative et le choix de l'unité est toujours, à l'origine, le résultat d'une préférence organique devenue traditionnelle. Il est probable que là où la balance était connue, tous les petits marchands n'avaient pas la leur et que les métaux, même non marqués d'une empreinte, circulaient sur les marchés, évalués d'après la forme et le poids des lingots. C'est le point où en sont précisément les Grecs du temps d'Homère. Ils connaissent la balance, ils appellent l'unité d'or un talent, c'est-à-dire une pesée, mais il est évident qu'à défaut d'une empreinte qui certifie la valeur et dispense de la vérification, ils ne pouvaient sans cesse employer la balance pour contrôler le poids. D'ailleurs le talent étant le poids même, la vérification ne pouvait se faire que par comparaison avec des lingots plus petits supposés exacts eux-mêmes; ce qui devait offrir dans la pratique de nombreuses difficultés. C'est donc à l'œil et à la main qu'ils jugeaient le plus souvent ces espèces de glands, de broches, de barres, qui, dans la Grèce primitive, furent les avant-coureurs de la véritable monnaie. Nous trouvons donc ici encore la projection organique à l'origine des arts de la mesure de la valeur, soit que les Grecs aient reçu leurs lingots d'échange des peuples orientaux, lesquels avaient dû suivre la voie que nous avons indiquée pour leur détermination, soit qu'ils aient, ce qui est peu probable, inventé à leur tour des unités nouvelles. Le talent homérique est, en effet, assimilé sans hésitation par les métrologues au shequel ou sicle babylo-phénicien (16,8 g. d'or).

Des idées religieuses furent-elles dès le début mêlées à cette évaluation par les sens; et si elles n'intervinrent que plus tard, quand le furent-elles? C'est ce que nous ne pouvons savoir en aucune façon. Il est certain seulement que ces usages naquirent dans la plus complète inconscience sociale. Il est certain aussi que, de bonne heure, puisque les mesurages incessants étaient impossibles et que le contrôle des sens était insuffisant, la confiance qu'inspiraient les mains desquelles on tenait ces lingots a dû jouer un grand rôle dans leur acceptation; la circulation était assez limitée pour qu'on pût de proche en proche certifier cette origine. Il est difficile qu'un phénomène social de cette importance ait pu se produire sans la coopération de la *croyance*. Bientôt certaines marques particulières furent employées pour attester cette origine [1]. Les grands empires asiatiques qui connaissaient les cachets et les sceaux n'avaient point songé à les utiliser pour la garantie des métaux d'échange; certaines cités de la Grèce asiatique conçurent cette pensée et la monnaie naquit. Mais pour cela il fallut que les membres de ces associations politiques eussent pour l'autorité qui garantissait la pureté et le poids des lingots ainsi marqués, une confiance, un respect dépassant de beaucoup ce qu'on pouvait accorder alors de confiance et de respect à un homme ou à un gouvernement humain. Il fallut que la marque ait un caractère religieux : la foi a eu sa part dans la création de la monnaie.

Deux États, l'un d'Europe, l'autre d'Asie, sont cités par des auteurs dignes de foi comme ayant frappé les premières monnaies; les rois de Lydie auraient frappé la première monnaie d'or à Phocée; Phidon, roi d'Argos, la première monnaie d'argent à Egine. L'assertion d'Hérodote et de Xénophon attribuant la priorité à la Lydie nous paraît comporter la vraisemblance la plus haute. Phidon ne peut être que de la première moitié du vii° siècle; avant ce moment, il n'y a pas d'inventeurs ou de vulgarisateurs nommés. De plus, s'il a, comme on le raconte, déposé les *obéliskoi* d'argent dont on se servait avant lui, dans le temple d'Héra, en même temps qu'il lançait dans la circulation ses écus ovaloïdes, sans aucun doute ce n'est pas lui qui a inventé ceux-ci, car il est contraire à toutes les lois du devenir social qu'une invention de cette sorte se produise ainsi brusquement au lieu de provenir par transformation lente d'un type d'action antérieur. Il n'a fait que ce que pouvait faire l'introducteur d'une nouveauté étrangère, essayer de fléchir les dieux en leur rendant en quelque sorte l'ancienne monnaie qu'il osait abandonner. Les statères d'électron (or mêlé d'argent) de Lydie apparaissent au contraire sans nom d'inventeur; ils accusent une technique perfectionnée par de longs essais; ils portent l'effigie du renard, attribut de Bassareus, le grand

---

1. Telle est la conclusion de Curtius, I, 293, et de Lenormant, *Monnaies et médailles*, Quantin, p. 22. Il est encore normal que l'or ait été frappé avant l'argent.

dieu de la Lydie. Nous n'hésitons pas à les considérer comme le type original dont les pièces d'argent éginètes ne sont que l'imitation.

« Les temples, dit Curtius, ont été le berceau de la circulation monétaire et le champ des pièces a été pendant de longs siècles réservé à quelque emblème sacré. » En effet, la tortue à Egine [1], le gland de chêne à Orchomène, le bouclier béotien à Thèbes, le griffon à Téos, la partie antérieure du loup à Argos, le canthare à Naxos, la tête de lion à Milet, le pégase à Corinthe, ont, dans les monnaies archaïques, une signification évidemment religieuse. Dans les monnaies postérieures, les emblèmes religieux persistent pendant de longs siècles : l'épi de Métaponte, attribut de Déméter, et le taureau dionysiaque ont le même caractère sacré que l'aigle de Zeus à Agrigente et la chouette d'Athéné à Athènes. Même les figurations parlantes qui rappellent, par une sorte de jeu de mots, le nom de la ville (la pomme, μῆλον, de l'île de Mélos, la grenade, σίδη, de Sidé de Pamphilie, le grain d'orge, κριθή, de Crithoté, la feuille de persil, σέλινον, de Sélinonte; plus tard la rose, ῥόδον, de Rhodes) se rattachent pour le choix du type à quelque motif de même sorte [2]. Quand les progrès de l'art le permirent, les gravures représentèrent la figure même des dieux. Ajoutons que, partout où nous saisissons la trace des ateliers de fabrication monétaire, nous les trouvons en relation avec un édifice sacré. Les temples étaient à la fois les hôtels des monnaies et les trésors publics.

Il n'est donc pas étonnant que, là où on s'interrogea sur les origines de l'art, on les fit remonter sinon à un dieu, l'invention avait été trop tardive, du moins à un héros, par exemple chez les Athéniens à Thésée, au sanctuaire duquel l'atelier public était annexé. La technologie s'inspira encore ici directement de la technique. Seulement de telles légendes ne purent se multiplier; la période historique, c'est-à-dire de conscience sociale, commença pour les monnaies dès le vie siècle, sinon auparavant. Bientôt même la portée du mot par lequel on distinguait la monnaie cessa d'être comprise; on l'avait appelée νόμισμα, comme le dit Aristote [3], parce qu'elle résultait d'une loi, νόμος, c'est-à-dire d'une volonté sociale supérieure et mystérieuse, ou en d'autres termes de la religion, mais on ne l'avait pas nommée ainsi ὅτι οὐ φύσει ἐστίν, parce qu'elle était le fruit d'une convention arbitraire, opposée à la nature. Cette opposition, comme nous le ver-

---

1. Elle représentait la voûte du ciel et était le symbole d'Aphrodite Ourania.
2. Les dauphins de Delphes étaient consacrés à Apollon, etc. Cf. Lenormant, *op. cit., passim.*
3. *Éthique Nic.*, V, 8, 1133, *a.*

rons, ne s'est produite que plus tard. Liées aux croyances locales, les monnaies différaient donc avec les cités et leur essor fut entravé tant qu'on ne parvint pas à inventer des moyens de les mettre en rapport les unes avec les autres.

Les poids, nous l'avons vu, n'étaient autres que les monnaies mêmes. Quant aux mesures de capacité elles sont, dès l'origine, dérivées de sensations moyennes prises pour types; par exemple le chénix contenait autant de blé, disait-on, qu'il en fallait à une personne pour la nourriture d'un jour; le médimne correspondait à la charge d'un homme vigoureux. Peu à peu ces mesures participèrent au caractère religieux qui envahissait toutes les branches de la pratique sociale; elles furent déposées dans les temples. Les premières foires eurent lieu aux jours des grandes solennités sacrées, les transactions quotidiennes furent placées sous la protection et le contrôle de divinités dont la statue s'élevait dans les marchés. Le crédit· naquit dans les temples et les prêtres de Delphes furent les premiers grands banquiers des États grecs.

Un savant critique s'est appliqué à montrer que la médecine dès les temps homériques est indépendante de la religion dans une certaine mesure. Esculape est un homme et la connaissance qu'il a des régions du corps, de la gravité des blessures et des remèdes efficaces semble due à l'observation plutôt qu'à une révélation divine. Mais il ne faut pas oublier d'abord que le médecin par excellence n'est pas pour Homère Esculape, mais Pæon, le médecin des dieux; que la peste est pour lui une affliction céleste, et que ce n'est pas un médecin, mais Calchas, que l'on consulte pour aviser aux moyens de conjurer le fléau. Ensuite on doit craindre de se méprendre sur la vraie signification du naturalisme homérique. Tant que la doctrine contraire du surnaturel n'a pas été formulée, il n'y a pas de naturalisme véritable. Certes beaucoup de pratiques se sont développées au début de la civilisation hellénique sans être rattachées à une origine religieuse; nous l'avons constaté pour plusieurs des techniques; il ne faut pas en conclure que ces techniques ont traversé alors une période proprement laïque. Boire quand on a soif, manger quand on a faim, poser sa main ou un bandeau sur une blessure pour empêcher le sang de couler, jeter de l'eau froide sur une brûlure, éviter de froisser une plaie en voie de cicatrisation sont des actes instinctifs comme celui du chien qui se purge avec de l'herbe ou lèche une région enflammée de son corps. La médecine laïque digne de ce nom, c'est-à-dire consciente de son indépendance rationnelle, n'apparaît qu'après la médecine religieuse et en opposition avec elle.

Avec ces réserves, on peut dire que la médecine fondée sur la tra-

dition religieuse, considérant la maladie comme une infliction divine
que les moyens enseignés par les dieux peuvent seuls ou le plus
efficacement guérir, a pris en Grèce depuis Homère jusqu'au ve siècle
une extension considérable. On l'a vu, Hésiode croit que la maladie
-est envoyée par Jupiter. Pour Solon les médecins exercent le métier
de Pæon, le médecin des dieux. Aux remèdes adoucissants, ils ajoutent l'effet d'attouchements mystérieux. Mais leur art est peu efficace.
« Le Destin distribue aux mortels tantôt le bien, tantôt le mal; les
dons (heureux ou funestes) que les dieux nous envoient ne peuvent
pas être évités. Toute œuvre est pleine de dangers et nul ne sait où
aboutira le travail commencé [1]. » L'idéal du médecin a été, selon Pindare, réalisé par Chiron [2], fils de Philyre, rejeton de Kronos, maître
d'Esculape; celui-ci se sert, pour guérir, de remèdes, d'incisions et
d'incantations; mais la science du maître ne peut être égalée par
celle du disciple, qui est mortel. Eschyle [3], Hérodote [4], Sophocle [5]
font encore dépendre les épidémies de la colère des dieux. Euripide
enfin distingue deux sortes de maladies : celles qui viennent d'elles-
mêmes, par un enchaînement de causes physiques, selon les théories de ses contemporains; et celles qui nous viennent des dieux;
celles-ci nous les guérissons par des rites (νόμῳ). En présence de
l'opinion universellement accréditée que la maladie vient des dieux
et que certaines familles ont seules le don de la guérir, est-il possible de douter que ces familles aient reçu des dieux un tel privilège?
Un moment vint où dire de quelqu'un qu'il était fils d'Esculape signi-
fiait seulement qu'il avait puisé à bonne source la tradition indispensable, qu'il était médecin, en un mot; mais une telle locution n'a pu
s'établir que si, à l'origine, les Asclépiades et les Pæonides ont été
regardés comme dépositaires exclusifs d'un art divin et comme man-
dataires du dieu révéré dans l'Asclépiéion ou le Pæoneion. Il
est parfaitement établi que la médecine a été exercée dans les
temples comme une branche de l'art divinatoire [6] : il l'est beaucoup

1. Fragment 13 dans Bergk. Cf. Daremberg : *État de la médecine entre Homère
et Hippocrate*, 1869, p. 8.
2. A rapprocher de Eucheir. Chiron est habile de la main, et les médecins
sont des χειρουργόι. La chirurgie, art de bander et de panser les plaies, semble
avoir devancé la médecine.
3. *Supplic.*, vers 650-660.
4. *Antigone*, 1141-1145; *Œdip. rex*, 25 et sqq. et 190.
5. *Hist.*, VI, 27.
6. M. Bouché-Leclercq l'a démontré dans son livre sur *la Divination*, t. I, p. 287;
II, 373; III, 373. M. Daremberg le reconnaît lui-même, *Hist. des sciences médicales*,
vol. I, p. 81, en note. Cf. Blümner, *Manuel de Hermann*, § 38. Les médecins vont
dès lors de ville en ville, quelques-uns même sont attachés d'une manière
durable aux Etats; mais dans les Etats doriens, à Sparte, par exemple, ils ont

moins qu'il y ait eu depuis Homère jusqu'à Eschyle des médecins laïques, exerçant leur art d'après les seules indications de l'expérience. Pour nous, nous ne pouvons croire à un tel anachronisme sur les preuves qu'on nous en fournit. Ce qui caractérise la médecine de ce temps, c'est précisément l'absence de documents écrits, car les inscriptions qui constataient pour chaque cas dans le temple de Cos la maladie, le traitement et l'issue n'étaient que les premiers vestiges de véritables observations médicales, et les sentences cnidiennes appartiennent, comme les sentences des gnomiques en général, à une période où, les longues rédactions scripturales étant encore impossibles, on était forcé de condenser les résultats de l'expérience et de la réflexion en brefs apophtegmes que la mémoire pouvait facilement retenir. Or là où l'écriture ne peut encore servir aux discussions scientifiques, la tradition, l'autorité gardent encore leur empire.

L'hygiène joue un grand rôle dans cette médecine dépourvue de ressources et trop souvent réduite, quand elle veut intervenir, à des pratiques brutales. Si la nature est divine, la maladie n'est plus qu'un châtiment et le corps, préservé des excès, développé par des exercices convenables, doit garder l'équilibre parfait : de là l'importance accordée de bonne heure au régime et à la gymnastique. Les cités doriennes avaient institué un système d'éducation où l'entraînement musculaire tenait une place considérable. Mais d'une part ce système laissait périr tous les débiles, tous les mal conformés, comme si Dieu lui-même n'avait pas voulu qu'ils vécussent[1] ; et d'autre part on faisait courir les fiévreux pour les ramener à l'état de nature ! Dans les grandes agglomérations d'hommes, le défaut de précautions hygiéniques faisait éclater des maladies terribles, comme par exemple à Delphes où nous voyons périr une fois — et cela devait arriver fréquemment — quatre-vingt-dix-huit sur cent des jeunes garçons envoyés par les habitants de Chios[2]. Quand les prêtres assignaient des lieux choisis pour la fondation des villes et l'érection des temples, ils se guidaient moins sans doute d'après des motifs scientifiques que d'après la prédilection attribuée aux dieux pour l'air libre et la lumière. Et les grands feux nocturnes allumés sur l'ordre des personnages sacrés qu'on faisait venir en temps d'épidémie avaient pour but plutôt une purification religieuse, que l'assainissement de l'air, d'ailleurs tout à fait impossible par ce moyen.

Dans l'éducation, la religion était maîtresse. La récitation et le

dans l'armée leur place marquée à côté des aruspices et des musiciens, comme servants d'Apollon.

1. Platon, *République*, livre III.

2. Hérodote, VI, 27.

chant des poètes, sources des croyances mythiques, étaient les seuls travaux intellectuels dont on jugeait alors que la jeunesse eût besoin, les seuls à vrai dire qui fussent possibles, puisque la poésie tenait lieu de science. Les jeunes gens ainsi formés pouvaient prendre part à l'exécution des poèmes lyriques qui précédèrent les odes de Pindare, et des odes de Pindare elles-mêmes, dernière floraison d'un art déjà ancien. Les exercices gymniques de toutes sortes faisaient de l'éphèbe un chef-d'œuvre de force, de grâce et de souplesse digne d'être offert à la vue des dieux dans les processions et dans les concours. Les exercices hippiques avaient le même but. Soixante chars de guerre figurent encore vers le commencement du VIᵉ siècle dans la procession d'Artémis à Érétrie. Plus tard les cavaliers les remplaceront. Des concours hippiques s'établissent près des grands sanctuaires; ils ont lieu dans l'après-midi des fêtes religieuses, après la procession et le sacrifice. D'abord ils ne comprennent que des courses de chars (680), puis en 648 apparaissent les chevaux montés. L'éducation aboutit donc d'abord à rendre le jeune homme capable de figurer dans ces grandes manifestations nationales, où, comme chanteur, comme membre d'une troupe qui défile ou évolue, comme concurrent soumis à la règle des jeux, il doit subordonner spontanément sa volonté à l'ordre aimé des dieux, et réaliser un type de groupement et d'action traditionnel. Le *chœur* symbolise cette activité sociale. Une cité est un vaste chœur; c'en est un encore, mais plus grand, que la confédération des cités représentée à Olympie ou à Delphes. Mais le chœur terrestre est l'imitation des chœurs célestes, des groupements et des mouvements harmoniques que réalisent les astres dans le ciel comme au fronton du temple de Delphes. Apollon avec les Muses forme un chœur, lui aussi; lui aussi s'avance sur un char suivi des autres immortels. L'éducation rend donc les citoyens semblables aux dieux et fait de la cité l'image du ciel.

Ébauché par les cités ioniennes d'Asie, ce type d'éducation a été constitué par les cités doriennes sous l'influence continue de Delphes, puis porté à sa dernière perfection par l'Athènes du VIᵉ siècle. Il est hautement aristocratique, mais dans une aristocratie d'égaux; la société où il domine est une société militaire, jadis gouvernée par des rois, puis par les chefs de familles féodales qui régnaient de très haut sur une population chétive. Ces nobles étaient détenteurs du droit, parce qu'ils l'étaient des rites religieux avec lesquels le droit s'identifiait. Les lois étaient inconnues du peuple; comme il ne pouvait les lire écrites nulle part ou que l'accès des sanctuaires où elles étaient déposées lui restait défendu, l'art du gouvernement, la justice et l'administration, choses divines pour ses maîtres, l'étaient encore bien plus pour lui : il en recevait les bienfaits ou les disgrâces comme les sourires ou les intempéries du ciel. Peu à peu cependant le nombre des familles riches augmenta; les situations s'égalisèrent et le pouvoir des nobles fut menacé. Alors, ou bien les avantages sociaux furent partagés entre tous ceux qui pouvaient justifier d'un certain revenu : la timocratie fut une halte sur le chemin de la démocratie; ou bien la foule croissante des petits propriétaires aidée du vil peuple se fit un chef pour lutter contre les nobles : la tyrannie apparut. Avec cette série de révolutions commence une nouvelle ère politique; mais jusque-là l'idée même de changer les lois fondamentales ne pouvait venir pas plus aux classes gouvernées qu'à la classe gouvernante. La société politique était pour tous comme un chœur céleste à jamais enchaîné aux mêmes mouvements.

L'armée était l'expression la plus exacte de cet état social. Du temps d'Homère, les rois et les princes sillonnaient le champ de bataille des allées et venues de leurs chars, et le peuple avançait ou reculait avec eux; eux seuls étaient redoutables; eux seuls pouvaient récolter la gloire des combats. Plus tard la cavalerie fut peu à peu délaissée; la formation d'un hoplite exigeait un apprentissage prolongé qui excluait l'instruction également fort longue du cavalier; au VIᵉ siècle, Athènes n'a presque pas de chevaux et les Spartiates n'en ont pas du tout, l'infanterie d'élite tient partout le premier rang. Or quelle est la tactique de ces hoplites, bardés d'airain? Ils s'avancent contre l'ennemi en une seule ligne ou en rangs peu épais, serrés les uns contre les autres, d'un pas cadencé, au son des instruments, de manière à ne former qu'une seule masse, et doivent frapper tous ensemble la ligne ennemie du choc de leurs boucliers [1]. C'est encore le chœur, tourné cette fois contre l'ennemi de la cité : il vaut par son ordre simple, par l'homogénéité de ses éléments, non par la rapidité et la variété de ses évolutions; il est d'autant plus sûr de la victoire qu'il est plus solide et plus fixe. Au lieu de quelques héros combattant çà et là dans la mêlée confuse des gens de pied, nous voyons deux cités en présence et dans chacune d'elles un accord des volontés, une abnégation de l'individu, une solidarité matérielle et morale qui donne l'idée d'un seul ζῶον marchant et combattant avec des milliers de membres et une âme unique. Cette âme est, en effet, celle du dieu qui fait l'unité du groupe.

En l'absence d'un droit écrit, la politique devait se confondre avec la morale. Le ressort interne de l'organisation politique que nous

---

1. Alb. Martin, *les Cavaliers athéniens*, p. 428.

venons d'indiquer était le sentiment d'une obligation personnelle envers des pouvoirs divinement institués. De même que dans la maison les membres de la famille s'inclinaient devant leur chef, parce qu'il était le ministre du culte ancestral, dans la cité, les citoyens obéissaient aux archontes et antérieurement les membres de la tribu obéissaient au roi, parce qu'ils leur attribuaient une nature supérieure, parce qu'ils les considéraient comme étant d'une autre race qu'eux-mêmes, et pouvant seuls par leur parenté avec les dieux assurer le salut commun. Ce que Platon et Aristote disent du roi (βασιλεύς) [1] primitif, qu'il est supérieur de naissance aux autres hommes, exprime, en effet, l'opinion que les sujets avaient d'eux. La subordination envers de tels maîtres était donc, comme le disent avec raison ces philosophes, volontaire, en tant que reposant sur des lois ou règles inscrites dans la conscience. De même que, dans le chœur apollinien, les muses savent de science innée et exécutent librement leur partie à l'unisson, ainsi dans la société antérieure aux institutions démocratiques, des impulsions naturelles mettent les volontés des sujets d'accord avec les volontés des princes. La crainte des supplices, la misère, l'impuissance et l'ignorance des uns, la richesse, les lumières et la puissance des autres ne jouaient-elles aucun rôle dans la cohésion de cette société? Loin de nous la pensée de le soutenir. Mais ce qui était au premier plan et ce qui méritait de l'emporter dans le souvenir des historiens philosophes, c'était la spontanéité du concours prêté jadis par les Grecs à leurs chefs sous l'empire de croyances qu'ils avaient faites, de règles qu'ils s'étaient données à leur insu et qu'ils croyaient divines.

De telles règles n'obligeaient que les citoyens envers les citoyens de la même ville. Le droit, la morale, étaient bornés aux mêmes limites que le culte. Quand se formèrent les confédérations religieuses, les cités associées eurent des devoirs les unes envers les autres sans que ces obligations eussent le temps de revêtir le caractère de droits positifs. Mais le non-Grec et l'esclave restèrent en dehors de la société politique et morale, comme ils étaient en dehors de la religion. Les techniques traditionnelles sont toujours héréditaires comme les instincts sont spécifiques.

Toutes les techniques de cette époque ont donc les mêmes caractères. Elles sont religieuses, traditionnelles, locales. Les mythes que nous avons exposés d'abord en sont donc l'expression fidèle bien que symbolique. Nous avons opposé ce mode d'explication à la projection organique, qui consiste en une objectivation inconsciente

---

1. Platon, *le Politique*, 271, *e*; Aristote, *Politique*, livre V, 1313, *a*.

de l'une des parties de l'organisme humain. En réalité le symbolisme mythique relève du même procédé et devient à peine plus conscient. Il est le produit d'une projection psychologique et sociologique; c'est-à-dire que les choses de l'art sont conçues comme des sentiments bienveillants ou irrités, comme des inventions ou combinaisons intelligentes que l'on prête à des hommes fictifs idéalisés, comme des échanges que l'on fait avec eux, comme des dons ou des enseignements que l'on en reçoit, ou des ordres que leur volonté impose. Ce sont donc des opérations psychiques ou des rapports sociaux tirés de la conscience humaine à son insu qui, personnifiés, se trouvent invoqués par elle pour s'expliquer à elle-même ses propres créations. Nous retrouvons ainsi entre les divers procédés que nous avons dû opposer les uns aux autres pour les distinguer, un lien de filiation; ce sont des stades divers de projection ou d'objectivation, là organique, ici psychologique et sociologique. Nous allons assiter à la réintégration de ces éléments dans l'esprit humain qui se reconnaitra dans son œuvre et s'apercevra que ces sentiments, ces volontés, ces combinaisons intelligentes sont les siennes, que ces rapports d'obéissance et de direction sont ceux mêmes qui constituent la société formée par lui. Il suffira pour cela que les arts et les relations sociales se perfectionnent : des théories nouvelles sur leur nature et leur origine se développeront parallèlement.

A. Espinas.

UN DOCUMENT INÉDIT

SUR LES

MANUSCRITS DE DESCARTES

Il m'a été permis d'étudier dans la bibliothèque d'un amateur un volume qui n'est pas sans intérêt pour l'histoire du cartésianisme et qui fournit quelques renseignements sur les manuscrits perdus de Descartes. On sait que ces manuscrits, qui étaient en la possession de Clerselier, disparurent après la mort de l'abbé Legrand (1704), à qui Clerselier les avait légués [1] ; Leibniz en avait copié des fragments du vivant de Clerselier; les copies de Leibniz ont été retrouvées à Hanovre par M. Foucher de Careil et publiées par lui; tout le reste paraît définitivement perdu. Nous apportons aujourd'hui un nouveau témoignage sur ce *fonds Clerselier*, témoignage dont nous ne voulons pas essayer d'exagérer l'importance, mais qui mérite pourtant d'être signalé, d'autant plus qu'il peut mettre sur la voie de nouvelles découvertes.

Notre document est un exemplaire des *Principes* de Descartes, édition de 1659. C'est là la « seconde édition françoise ». L'ancien possesseur du volume a écrit ces mots sur le titre, ainsi que d'autres renseignements bibliographiques et son nom : « Ex libris Annæ Josephi de Beaumont ». L'ouvrage est couvert de notes de sa main; les unes, tracées sur les pages blanches du volume, sont des vues générales sur Descartes et sa philosophie; Beaumont s'y montre adversaire déclaré du péripatétisme et partisan enthousiaste de Descartes; les autres, marginales, étaient évidemment destinées à éclaircir, à commenter, pour l'usage et la satisfaction du possesseur, le texte des *Principes*. Beaumont a lu et relu ce volume à plusieurs reprises; car les notes en

1. **Millet**, *Descartes avant 1637*, p. XXI. Que sont devenus, à leur tour, les documents réunis par Millet pour une édition complète de Descartes (*Ibid.*, p. XIV), à laquelle ses deux volumes sur Descartes avant et depuis 1637 devaient servir d'introduction?

question sont tantôt d'une encre très noire et d'une écriture très nette, tantôt d'une encre pâle et d'une écriture un peu négligée; toutes pourtant sont, à n'en pas douter, de la même main. Quelques-unes, en latin, montrent que Beaumont écrivait naturellement en latin comme en français.

Voici quelques spécimens des notes de la première catégorie :

« Il n'y a rien en toute la philosophie péripatéticienne, j'entends parler de tout ce qui lui est propre et qui la fait différer des autres, qui ne soit *nouveau*, et au contraire il n'y a rien dans celle de M. Descartes qui ne soit *ancien*. Car pour ce qui est des principes, il ne reçoit que ceux qui jusques icy ont esté connus et admis généralement de tous les philosophes, et qui pour cela mesme sont les plus anciens de tous, et ce qu'il en déduit ensuite paroit si manifestement (ainsi qu'il est facile de voir dans ce livre) estre contenu et renfermé dans ces principes, qu'il paroist aussi en mesme temps que cela est très ancien, puisque c'est la nature mesme qui l'a gravé et imprimé dans nos esprits. Mais tout au contraire les principes de la philosophie vulgaire, du moins à le prendre du temps qu'ils ont été inventés par Aristote ou par d'autres, estoient *nouveaux*, et ils ne doivent pas à présent être estimés meilleurs qu'ils estoient alors. Or, l'on n'en a encore rien déduit jusques icy qui ne soit contesté et qui, selon l'usage ordinaire des escoles, ne soit sujet à estre changé tous les ans par ceux qui se meslent d'enseigner la philosophie et qui par conséquent ne soit aussi fort nouveau, puisque tous les jours on le renouvelle. »

« On peut dire de M. Descartes ce que Senneque dit de Chrysipe, à scavoir qu'il n'a employé dans tous ses escrits aucune parole pour l'oreille, mais tout pour l'esprit, *rei agendæ causa loquitur et verbis non ultra quam ad intellectum satis est utitur.* »

Et tout à la fin du volume, en guise de conclusion :

« *Uno hoc Renato universa mathesis et philosophia renata fuit.* »

Quant aux notes marginales, je me bornerai à transcrire celles qui ne sont pas de pur commentaire :

Page 78 : « Mʳ Claub. » (Clauberg), deux fois, raturé les deux fois.

Page 135 : « On appelle cette inclination latitude. Voies (voyez) mon diction. math. » Même page, plus bas, le même renvoi. — Qu'est-ce que ce *dictionnaire mathématique?* sans doute une œuvre de Beaumont qui sera restée manuscrite et dont la trace a été perdue; car Beaumont est absolument inconnu des historiens du cartésianisme et des historiens des mathématiques; M. P. Tannery, que j'ai interrogé, a bien voulu me répondre qu'il n'avait rencontré nulle part la mention d'un personnage de ce nom.

Page 9, avant le texte de la Préface : « Cette préface est une partie d'un traité de l'érudition que Mʳ Desc. avait envie de faire, p. 78, Iʳ to. Le discours de la methode en a esté tiré aussi, et M. Clerœelier (sic) en a le manuscript qui paroitra un jour. » — La première phrase de cette note est un souvenir de la lettre de Descartes à la princesse Élisa-

beth, fin janvier ou 1er février 1648, t. I, p. 78 de l'édition Clerselier,
t. X, p. 120 de l'édition Cousin. Descartes s'excuse d'avoir abandonné
son projet d'un traité De l'érudition, en alléguant entre autres raisons
qu'il a déjà dit dans la Préface des Principes une partie de ce qu'il
avait envie d'y mettre. La seconde phrase de la note de Beaumont a été
écrite après la première, car l'encre est différente, et sans doute à la suite
d'une visite chez Clerselier. Mais le curieux, c'est que ce traité De l'érudition, dont Beaumont a vu le manuscrit, semble n'avoir jamais existé.
La lettre de Descartes à Élisabeth parle seulement d'un « dessein »
abandonné et non d'un ouvrage commencé et interrompu. D'autre
part, on lit dans Baillet : « Le P. Rapin (Réflexions sur la philosophie,
VIII) avait ouï dire que M. Descartes avait commencé une Logique,
mais qu'il ne l'avait pas achevée, et qu'il en était resté quelques fragments entre les mains d'un de ses disciples, sous le titre De l'érudition.
Ce disciple ne peut être que M. Clerselier... Mais après une recherche
exacte qui s'est faite de cette Logique prétendue parmi ses papiers, il
ne s'est rien trouvé sous le titre d'Érudition, ni même rien qui puisse
passer pour Logique, si l'on en excepte les Regulæ ad directionem
ingenii [1]. » Ailleurs, le même Baillet, analysant le Studium bonæ
mentis, ouvrage perdu du fonds Clerselier, montre que cette œuvre
de la jeunesse de Descartes contenait la première esquisse du Discours
de la Méthode, du moins des premières parties. Enfin Millet, s'appuyant
peut-être sur le vague témoignage du P. Rapin, identifie le mystérieux
traité De l'érudition avec le dialogue inachevé sur la Recherche de la
vérité par la lumière naturelle [2], qui existait en texte français dans le
fonds Clerselier, et qui a été publié, on ne sait comment, en latin, dans
les Opuscula posthuma (Amsterdam, 1701). L'hypothèse de Millet me
paraît arbitraire; le P. Rapin « avait ouï dire », Beaumont a vu; il vaut
mieux suivre l'indication qu'il nous donne. Clerselier possédait un
manuscrit qu'il intitulait Traité de l'érudition (c'est-à-dire, en langage
moderne, traité de la science ou des sciences), quand il le montrait à
ses amis; on y retrouvait les idées du Discours de la Méthode; c'était
donc, à ce qu'il semble, le Studium bonæ mentis; mais si Clerselier
l'avait intitulé Traité de l'érudition, c'est apparemment qu'il avait cru
y retrouver également les idées de la Préface des Principes et que la
lettre de 1648 lui avait paru autoriser ou même commander cette identification. Mais Clerselier se trompait, et le Traité de l'érudition n'a
jamais été écrit : qu'on relise sans parti pris la lettre de 1648, on verra
que Descartes y parle d'un simple projet auquel il a renoncé et qu'il
n'est nullement disposé à reprendre.

Page 139, au début du paragraphe 41 de la 3e partie : « La version est
depuis ici de M. Des. Mr Clerselier a le reste de ce livre en manuscript de M. Descartes mesme. Il me la monstré. » — Comment con-

---

1. La vie de M. Descartes, t. I, p. 282.
2. Millet, Descartes depuis 1637, p. 326; Descartes avant 1637, p. 129.

cilier ce témoignage avec l'affirmation très nette de Baillet[1], qui assure
que Picot traduisit successivement les deux premières parties des *Principes*, puis la troisième, puis la quatrième? Peut-être Descartes avait-il
recopié la traduction de Picot en la corrigeant à mesure.

Plus d'une fois, dans d'autres notes marginales, Beaumont renvoie
soit au texte latin des *Principes* (« *vide latinum* »), soit à d'autres
volumes des œuvres de Descartes qu'il avait sans doute annotés pour
son usage comme l'exemplaire des *Principes*; les indications « tome I,
tome II » visent évidemment les lettres de Descartes publiées par Clerselier. Quelques-uns de ces volumes, portant, comme le nôtre, la mention : « Ex libris Annæ Josephi de Beaumont » peuvent se trouver dans
des bibliothèques publiques ou privées; il vaudrait la peine de les
rechercher; on peut espérer qu'ils porteraient des notes marginales et
autres dont l'histoire du cartésianisme pourrait faire son profit.

VICTOR EGGER.

1. T. II, p. 247.

NOTICES BIBLIOGRAPHIQUES

J. Luys. LES ÉMOTIONS DANS L'ÉTAT D'HYPNOTISME ET L'ACTION A DIS-
TANCE DES SUBSTANCES MÉDICAMENTEUSES OU TOXIQUES. J.-B. Baillière,
1890, in-16, 320 p.

Il est juste de faire connaître aux personnes qui s'intéressent aux
études sur le sommeil hypnotique, les deux volumes que vient de
publier M. le Dr Luys, même s'il nous est impossible d'en partager les
idées.

M. Luys reproduit dans ce premier ouvrage les expériences de
MM. Bourru et Burot qui ont eu tant de retentissement il y a quelques années. Il enferme dans des tubes de verre des substances médicamenteuses ou toxiques, puis il les approche d'un sujet hypnotisé, et
constate les phénomènes physiques ou psychologiques que le sujet présente sous cette influence. C'est ainsi qu'il a essayé un grand nombre
de corps sous forme gazeuse, solide ou liquide; il a surtout recherché
l'action des corps usités en thérapeutique, la morphine, la strychnine,
l'atropine, etc. Les résultats de ces nombreuses expériences sont exposés
avec détails : c'est ainsi que l'on voit un tube de verre « en réfléchissant par un chatoiement continu la lumière ambiante » produire des
spasmes et des contractures, un tube plein d'eau pure déterminer
« l'hydrophobie expérimentale », les spiritueux provoquer l'ivresse,
les narcotiques, le sommeil, etc. Certaines substances ont eu des
actions plus particulières, la valériane a inspiré au sujet le désir de
gratter la terre; « il est bon d'ajouter, remarque l'auteur, que les chats
auxquels on donne de la racine de valériane sont aussi portés à gratter
la terre » (179); les verres bleus ont déterminé presque constamment
des sentiments d'appréhension, de tristesse, d'abattement, les verres
rouges ont donné des sentiments de gaieté et de satisfaction, les
rayons jaunes des sensations brusques d'attraction et de vive satisfaction (122).

M. Luys s'est surtout préoccupé de rechercher les modifications de
cette action médicamenteuse, suivant la région du corps auprès de
laquelle on approchait le tube de verre; « le sujet est inégalement
impressionné à gauche ou à droite, il est tourné à la tristesse si on
agit sur le côté gauche par exemple, et vers la gaieté si c'est le côté

droit qui est mis en action » (29). Nous ne pouvons choisir un exemple plus probant que le suivant : « Un gramme de pilocarpine est-il placé sur le côté gauche du cou, le sujet exprime une série de sentiments tendres : Viens, viens, dit-elle, rapproche-toi de moi, tu sais bien que je t'aime. Met-on la même substance du côté droit, elle s'écrie : Va-t'en, je te déteste » (129). N'est-il pas naturel d'essayer maintenant l'action de ce tube placé sur la ligne médiane du corps, le sujet se met à murmurer : « Tout m'est égal, je veux et je ne veux pas, reste, pars, si tu veux », et bien plus, au bout de quelques minutes, cette jeune femme vivement sollicitée et fortement émue de son embarras, balancée qu'elle était entre ses appétitions amoureuses et le respect de sa chasteté, trouve la solution typique de sa situation et soudainement heureuse d'avoir rencontré la solution qui doit la tirer d'embarras, elle s'écrie tout d'un coup : « Oh! je me marie » (132).

On trouvera aussi dans ce livre d'autres études sur le transfert des maladies d'une personne à une autre, grâce à l'action de l'aimant qui avait été signalé par M. Babinski, et sur la fascination par le miroir à alouettes en rotation.

J. **Luys.** LEÇONS CLINIQUES SUR LES PRINCIPAUX PHÉNOMÈNES DE L'HYPNOTISME DANS LEURS RAPPORTS AVEC LA PATHOLOGIE MENTALE. Georges Carré, 1890, in-8°, IV-288 p., avec 13 planches.

Dans ces leçons, M. le Dr Luys reproduit les théories anciennes sur les principaux phénomènes de l'hypnotisme, en particulier la division de cet état en trois phases distinctes, telle que l'a enseignée l'école de la Salpêtrière. Ces questions étant fort connues, nous passerons rapidement. On peut comparer, suivant notre auteur, « la sériation des phases hypnotiques à une sorte de puits creusé à travers trois couches stratifiées dans un certain ordre. L'état somnambulique est représenté par les couches les plus superficielles, l'état léthargique par les couches les plus profondes, l'état cataleptique est l'intermédiaire » (22). M. L. décrit les caractères qu'il a constatés dans chacun de ces états. Dans la léthargie, outre les contractures souvent décrites, l'auteur constate une hyperesthésie particulière. « Les sujets hypersensitifs sentent les impressions lumineuses irradiées d'une boule colorée à travers l'épaisseur d'un écran interposé » (45). Dans la catalepsie, il insiste sur les états dimidiés (51), et, dans le somnambulisme, sur la théorie physiologique des suggestions. « La suggestibilité est due à la rétrocession de la volonté consciente qui disparaît avec la personnalité annihilée expérimentalement... La volonté doit être considérée comme une force diffuse générale répartie sur l'ensemble des cellules psychomotrices; cette force, toujours à l'état de tension, leur communique les stimulations incessantes du rayonnement à travers l'écorce de la personnalité consciente incessamment en éveil » (176-178). M. Luys prétend aussi que dans cet état on peut, en ouvrant un œil ou en le fermant, exciter ou paralyser un hémisphère cérébral, et il croit pouvoir étudier ainsi la parole et l'écriture provenant de l'hémisphère droit aussi bien que de l'hémisphère gauche (123).

L'idée générale qui domine cette étude, c'est que dans l'état hypnotique « la vie du cerveau est éteinte instantanément comme un flambeau sur lequel on souffle, et l'individu ainsi décapité moralement ne vit plus que par les activités réflexes de la moelle épinière qui acquiert une suractivité d'autant plus grande que l'action modératrice de l'encéphale a cessé de se faire sentir » (8). « Dans le somnambulisme, le sujet perd les notions acquises par l'expérience, notions qui sont d'ordre psychique et intellectuel... Son esprit est plus éclairé que par la vision physique des objets : en présence d'un miroir il croit qu'il y a une personne cachée derrière... Il ne reconnaît plus sa propre figure, car il a perdu la notion de la personnalité. »

Cette manière d'étudier le somnambulisme, sans tenir aucun compte de l'état moral du sujet, et en supposant qu'il est incapable de sentir, d'apercevoir les signes les plus délicats, de comprendre et de raisonner, nous semble bien dangereuse et nous regrettons que l'auteur n'ait pas fait dans son travail une part plus importante à la psychologie.

PIERRE JANET.

E. Domet de Vorges. CAUSE EFFICIENTE ET CAUSE FINALE, in-8°, 136 p. Paris. Bureaux des *Annales de philosophie chrétienne*, 1889.

Des circonstances tout à fait indépendantes de notre volonté nous ont mis fort en retard avec cet écrit où M. de Vorges complète sa précédente brochure : *la Constitution de l'être selon la doctrine péripatéticienne*. C'est encore à la doctrine d'Aristote et à la scolastique qu'il emprunte ses idées et ses principales formules. A ce titre, ce travail, comme son aîné, mérite d'être consulté par tous ceux qui veulent avoir une idée nette et juste de la méthode et des doctrines de la véritable scolastique. En y ajoutant le beau livre du P. de Régnon sur la *Métaphysique des causes*, on aurait ainsi tout le principal des doctrines du moyen âge. Nous sommes fort ignorants en ces matières et, ne fût-ce que pour mieux comprendre ses origines et le développement de la philosophie moderne depuis Descartes, il ne serait pas inutile que nous fissions quelques voyages de découvertes à travers ces terres presque inexplorées. Les travaux de M. de Vorges seraient une bonne et presque nécessaire introduction à l'étude immédiate des textes. De cette étude faite par des esprits déjà imprégnés des théories modernes pourraient jaillir bien des aperçus nouveaux.

Je ne puis indiquer par le menu les idées de M. de Vorges et résumer son travail, qui est lui-même fort condensé. Je me contente

d'en dresser comme la table des matières. Après avoir, en un préam·
bule, indiqué la méthode d'Aristote, M. de Vorges nous donne sa
théorie de la formation des premiers principes. Il trouve ensuite l'idée
de cause dans l'activité du moi et le principe de causalité n'est que
l'universalisation de l'idée de cause. Passant après à la causalité divine, l'auteur en décrit les effets et en tire enfin une théorie de la
nature des causes créées et de leurs déterminations. Un dernier chapitre nous expose la théorie des causes finales. — A lire cet aperçu, le
lecteur pourrait croire que M. de Vorges ne fait que répéter ce qui se
trouve dans tous les cours de philosophie. Outre qu'il n'est jamais
mauvais de repasser ses auteurs et que nous ne brillons pas en général
par une connaissance bien précise des théories les plus fondamentales,
ce serait là une erreur et il y a dans cette brochure bien des idées qui
contredisent tout ce qui est communément enseigné sur la foi de Descartes ou de Kant. Ces idées sont d'ailleurs exprimées en fort bon
style, avec clarté et avec méthode et la logique en est très serrée.

G. F.

A. **Castelein.** Cours de philosophie. T. I, Logique, in-8°, 525 p.;
t. II, Psychologie, in-8°, 706 p. Namur, Douxfils, 1887-1890.

Ces deux volumes sont les premiers d'un cours de philosophie scolastique, où se montre une vive préoccupation de montrer l'accord des
principes du thomisme avec les découvertes les plus récentes de la
science. Cette préoccupation, déjà très visible dans la *Logique* où sont
analysées avec beaucoup de soin les principales découvertes de Claude
Bernard et de M. Pasteur au point de vue de la méthodologie, est
encore bien plus accusée dans la *Psychologie* où un appendice, qui
tient plus de la moitié du volume, est exclusivement consacré à mettre
les thèses scolastiques sur l'âme en regard des découvertes les plus
récentes de la physiologie. C'est là ce qui fait le principal intérêt de
l'ouvrage et par là il mérite d'être signalé à nos lecteurs. Il le mérite
aussi par l'ouverture d'esprit dont il témoigne. Le P. Castelein n'a
pas peur de la science ni des découvertes modernes. Il les expose et
les tire à lui, ce qui est assurément plus habile que de les contester ou
de les nier. — Cependant il semble qu'il eût pu donner une saveur
plus grande à ses deux volumes s'il s'était rapproché davantage des
sources de la scolastique. Une étude plus attentive de l'*Organum* eût
rajeuni sa *Logique* et je ne suis pas sûr qu'une méditation plus profonde du *de Anima* n'eût pas changé quelque chose à sa *Psychologie*.
Je n'ai, pour ma part, aucune hostilité préconçue contre la scolastique
mais cependant je résisterai longtemps, en présence des expéri
de Müller, de Helmholtz et de Tyndall, à admettre que la couleur que
nous voyons est la même dans l'objet qu'elle est en nous. Aristote ne

dit-il pas que la sensation est l'acte commun du sentant et du senti, et, dès lors, ce produit, cet acte commun, peut-il être identique à un seul de ses facteurs? — Et enfin, n'est-ce pas une proposition bien scolastique que cette formule : *Receptum est in recipiente per modum recipientis?* Mais alors la couleur qui est le *receptum* est en moi *per modum mei* et non *per modum objecti.* Les principes scolastiques sont donc moins étroits que ne l'a cru ici le R. P. — Cet attachement exclusif à la lettre des docteurs m'a paru devoir d'autant plus être signalé que le P. Castelein se montre au contraire partout ailleurs, et sur des points peut-être moins bien établis, très indépendant, très conciliant et très ouvert.

G. F.

Joseph Serre. ESQUISSE D'UNE MÉTHODE DE CONCILIATION UNIVERSELLE. AU LARGE! in-18°, 303 p. Paris, Leroux, 1890.

J'ai eu l'an dernier l'honneur de présenter aux lecteurs de la *Revue* le premier livre de M. Serre : *A la découverte du vrai.* Après avoir essayé de découvrir le vrai par l'analyse des notions universellement acceptées sur le bien, cet auteur veut aujourd'hui réconcilier tous les systèmes en les adoptant tous, moins leurs étroitesses. Si l'intention n'est pas nouvelle elle demeure toujours louable. M. Serre ne suit pas une méthode didactique et pédantesque. Il procède par comparaisons, apostrophes, descriptions, et cache avec soin la trame logique de ses pensées sous une abondance facile qui ne manque ni d'intérêt, ni même parfois d'éloquence. Mais le raisonnement, pour être caché, n'existe pas moins et ce petit volume d'allures exotériques, bien qu'il s'adresse surtout au grand public, contient bien des passages de nature à faire réfléchir même les philosophes de profession.

M. Serre, par exemple, remarque avec beaucoup de raison que les systèmes sont d'ordinaire plutôt contraires que contradictoires les uns aux autres, et que si la logique interdit la conciliation des contradictoires, elle permet au contraire d'une certaine façon celle des contraires.

M. Serre ne veut pas non plus qu'on accorde au scepticisme, ainsi qu'il parait de mode de le faire, le privilège de la largeur d'esprit. Il montre avec beaucoup de finesse que la prétendue largeur d'esprit du sceptique consiste essentiellement à n'admettre aucune affirmation, ce qui est précisément la définition de l'étroitesse de l'esprit.

Où nous ne pouvons être de l'avis de l'auteur, c'est quand il croit n'être pas éclectique et faire autre chose que ce qu'avait essayé Victor Cousin. Mais n'est-ce pas Victor Cousin qui a dit : Tous les systèmes sont vrais dans ce qu'ils affirment et faux par ce qu'ils nient? Et n'est-ce pas cette formule qui résume tout le livre de M. Serre? Nous lui accorderons, s'il veut, qu'il est moins inconséquent que Victor Cousin, mais son originalité n'y gagnera rien, car Leibniz a, lui aussi, formulé le même principe en termes analogues.

Mais M. Serre se flatte d'avoir réussi là où Leibniz a certainement
échoué. Pour lui montrer qu'il se trompe et que malheureusement la
conciliation universelle ne peut ainsi s'obtenir en trois cents pages vivement tournées d'ailleurs, il faudrait plus de place que nous n'en
avons. Je me contente de dire que c'est là un livre vrai, original, intéressant, plus raisonnable et plus nourri qu'il n'en a l'air au premier
abord. Il inspire pour l'auteur une pleine sympathie. On y voit un
cœur vaillant, un amour sincère de la vérité, une belle foi à la raison
et au bon sens, une intrépidité intellectuelle qui se fait rare et qui, si
on sait bien la comprendre, n'a rien qui puisse légitimer le sourire.
En deux mots, il se laisse et se fait lire et je sais telle thèse rébarba-
tive qui passe pour profonde et ne contient pas plus d'idées.

G. F.

Ernest Naville. LA PHYSIQUE MODERNE, 2ᵉ édit. 1 vol. in-8° de VIII-
276 p. Paris, Alcan, 1890.

C'est avec un vif plaisir que nous signalons la deuxième édition de la
Physique moderne de M. Ernest Naville, dont la première avait paru en
1883, car on ne peut qu'être heureux du succès obtenu par une telle
œuvre. Nous n'avons pas, du reste, à la présenter aux lecteurs de la
Revue philosophique, qui en a publié deux fragments avant leur
réunion en un volume et en a donné un compte rendu écrit par M. Lio-
nel Dauriac [1]; si l'œuvre avait été en quelque sorte renouvelée par une
revision et la discussion des principales objections auxquelles elle a
donné lieu, nous eussions sans doute profité de la circonstance pour
prendre part au débat, mais nous sommes en présence d'un second
tirage et non d'une deuxième édition, au sens propre du mot.

La seule partie nouvelle consiste dans une préface faisant suite à
celle de 1882-1883 : c'est une courte réponse à ceux qui affirment avec
Büchner qu' « aujourd'hui nos plus laborieux ouvriers dans les sciences,
nos plus infatigables physiciens, professent des idées matérialistes ».
Laissant de côté la question théorique des conséquences *logiques* de
la science, pour s'en tenir à la question de fait ainsi résolue par
Büchner, M. Naville s'étonne d'une telle assertion, rappelle ce qu'il dit,
à ce point de vue, d'Ampère, Liebig, Fresnel, Faraday et Robert Mayer;
puis il renvoie aux protestations, mentionnées par lui, d'Osvald Heer,
d'Auguste de la Rive, de Wurtz et de Chevreul, et enfin appelle en
témoignage MM. de Quatrefages, Pasteur et Faye.

A l'occasion des très nombreuses citations d'autorités scientifiques
que fait M. Naville, nous noterons que M. Dauriac a peut-être exagéré
le côté presque confessionnel qu'il attribue à la thèse du philosophe
genevois en faveur du rôle du spiritualisme comme inspirateur des
recherches scientifiques : « La physique n'appartient à aucune Église,

1. VII, 265; XI, 46; XVII, 93.

it ce dernier; elle n'est le produit ni la confirmation d'aucun symbole
)gmatique; mais elle est théiste dans ses origines historiques et dans
s principes directeurs. Elle l'est déjà chez les penseurs de la Grèce,
ai proclament plus ou moins l'unité divine en face des idoles... »
. 135 et 136). D'ailleurs, au point de vue spécial du spiritualisme
était-il pas mis en garde contre l'attribution au christianisme d'une
leur propre et essentielle par le fait que la philosophie scolastique
tribue la sensibilité physique et même la sensibilité morale à la
atière, sous la seule condition d'un changement de forme substan-
lle? Si donc il parle parfois de spiritualisme chrétien, cela tient sim-
ement à ce qu'il est chrétien, à ce que le spiritualisme est souvent
:ompagné de croyances chrétiennes, et enfin à ce que le christia-
sme professe toujours une partie des théories spiritualistes.

Puisse cette nouvelle édition trouver le même accueil que la précé-
:nte auprès du public, et M. Naville avoir l'occasion de nous en
)nner une autre, que nous souhaiterions revue, car il n'en est pas des
uvres philosophiques comme des œuvres artistiques, que leurs auteurs
: peuvent guère retoucher sans leur faire perdre leur charme premier.

GEORGES LECHALAS.

H.-P. Cazac. POLÉMIQUE D'ARISTOTE CONTRE LA THÉORIE PLATONI-
ENNE DES IDÉES, ESSAI PHILOSOPHIQUE SUIVI D'ÉCLAIRCISSEMENTS SUR
ELQUES POINTS DU PÉRIPATÉTISME. Tarbes, 1889.

En lisant les dissertations nombreuses, variées et quelquefois d'une
elle valeur, que les professeurs des gymnases allemands publient
aque année sur des sujets qui relèvent de la philosophie ou de son
stoire, j'ai souvent souhaité que cet exemple fût imité par les profes-
urs de notre enseignement secondaire, dont la préparation scienti-
ue ou historique est au moins égale, sinon supérieure. La Revue
ilosophique accorde aux travaux dogmatiques une large hospitalité.
s sociétés savantes des départements qui ont rendu, par leurs publi-
tions, tant de services à l'histoire et à la philologie, pourraient en
1dre d'analogues sur un autre domaine, si les professeurs montraient,
r leur exemple, que l'on peut, ailleurs qu'à Paris, poser, traiter,
sayer de résoudre certaines questions dont la solution n'est pas sans
portance pour le progrès des études philosophiques.

A vrai dire, quelques professeurs sont déjà entrés dans cette voie :
isi M. Foncin a communiqué à la Société des arts et des sciences de
rcassonne un autographe de Descartes et un document inédit sur
Cogito, ergo sum. M. Compayré a donné à l'Académie des sciences,
scriptions et belles-lettres de Toulouse, quelques détails nouveaux
r Laromiguière, d'après une correspondance inédite.

A son tour M. Cazac, ancien élève des facultés de Toulouse et de

Paris, professeur de philosophie à Tarbes et maintenant à Nîmes, a abordé, devant la Société académique des Hautes-Pyrénées, l'examen d'une question fort controversée dans l'histoire de la philosophie ancienne.

Son ouvrage comprend deux parties. Dans l'une, où il examine la polémique d'Aristote contre la théorie platonicienne, il rapporte l'argumentation d'Aristote contre Platon, et essaye de donner une synthèse du platonisme et de l'aristotélisme. Dans l'autre, il a placé en appendice des éclaircissements sur quelques points du péripatétisme qui traitent : I. Du Platonisme. — II. De la Théorie de la réminiscence. — III. Théorie péripatéticienne de la connaissance intellectuelle. — IV. Théorie de l'être, d'après Aristote. — V. Du Dieu d'Aristote. — VI. Des principaux rapports du système d'Aristote et de celui des Stoïciens.

M. Waddington a présenté à l'Institut le travail de M. Cazac. M. Blavé, correspondant de l'Institut, lui a consacré un article dans la *Revue de l'Agénois*, enfin il a été l'objet d'un rapport lu à l'Académie de Nîmes par M. Ferry. Tous en ont fait l'éloge, et avec raison.

Nous laisserons de côté l'Appendice, composé de notes érudites et sagaces, mais qui, par cela même, échappent à l'analyse. Dans la première partie, M. Cazac a essayé, selon l'esprit du péripatétisme, de ramener à ses points essentiels la critique qu'Aristote oppose à la doctrine des Idées. Il a été conduit ainsi à rechercher quelle théorie Aristote y substitue, et s'il n'est pas possible de découvrir, dans les écrits des deux penseurs grecs, les éléments d'une conciliation et d'un accord. Nous aurions bien quelques réserves à faire sur l'exposition de la critique d'Aristote ou plutôt sur certaines affirmations que M. Cazac a négligé de justifier. Ainsi, sans contester la sincérité philosophique d'Aristote (p. 10), nous avons établi, dans nos conférences aux Hautes-Études, par des textes précis, que, dans le traité *de l'Ame*, dans la *Métaphysique*, Aristote a donné une expression inexacte aux doctrines de Démocrite, d'Anaxagore, de Platon, etc., en les traduisant dans son langage, et en forçant ses prédécesseurs à répondre à des questions qu'ils ne s'étaient pas encore posées. En outre, il nous semble que l'œuvre de Platon n'est rien moins que *systématique* (p. 16), et que l'on ne peut donner à ses doctrines une rigueur logique, sans être obligé de déclarer inauthentique tel ou tel de ses dialogues. Mais M. Cazac nous répondrait que la plupart des historiens de la philoso phie ancienne s'accordent à vanter l'exactitude des expositions d'Aris tote, comme à parler du *système* platonicien, et que cela lui suffit.

Pour ce qui concerne l'exposition elle-même, M. Cazac a recueilli diligemment tous les textes, il leur a cherché une signification précise il s'est entouré de toutes les informations nécessaires pour donner à la pensée d'Aristote toute la clarté désirable. Il a consulté les travaux modernes qui pouvaient lui être de quelque utilité, mais surtout il s'est inspiré des commentateurs du moyen âge. Nous ne saurions trop l'en louer. Saint Thomas, en particulier, nous semble l'auteur le plus propre à donner l'intelligence claire et complète d'Aristote.

L'essai de synthèse entre les doctrines de Platon et d'Aristote est une œuvre dogmatique autant qu'historique. Si M. Cazac a cherché dans les écrits des deux auteurs les éléments d'une conciliation, il s'est aussi proposé de trouver la formule définitive de tout spiritualisme ultérieur (p. 25). Il a fort bien montré que l'on ne pouvait faire d'Aristote un nominaliste, mais aussi il a essayé, en rapprochant la conception de l'universel chez l'un et chez l'autre, de préparer les éléments d'une fusion entre les deux doctrines. Pour Aristote comme pour Platon il y a, selon lui, des idées générales; l'idée est la forme sans laquelle l'objet demeurerait un simple possible (p. 24). Puis, appliquant le célèbre principe du philosophe : « Dieu et la nature ne font rien en vain », M. Cazac cherche la cause dernière de cette série linéaire de formes qui va des corps élémentaires et mixtes à l'acte pur de toute passivité, et il ne trouve que par l'hypothèse d'une hiérarchie de concepts en Dieu, la justification du progrès physique des essences et des formes substantielles dans le système péripatéticien (p. 26). Enfin, la distinction entre le moteur immobile et les dieux secondaires du ciel des étoiles fixes, lui semble propre à résoudre l'objection tirée de l'assertion d'Aristote qu' « il est des choses qu'il vaut mieux ne pas voir que de les voir ».

Nous ne savons si M. Cazac réussira à convertir les lecteurs à son péripatétisme ainsi rapproché du platonisme, mais ce qui nous semble incontestable, c'est qu'une doctrine aussi compréhensive pourrait être mise en accord avec les progrès scientifiques, et que tous ceux qui étudieront l'ouvrage reconnaîtront l'érudition, la sagacité et la pénétration de l'auteur.

F. Picavet.

J.-H. Witte. Sinnen und Denken, etc. Halle-Saale, Pfeffer, 1889, vii-250 p. in-8°.

Le nouveau volume de M. W. ne comporte pas une analyse. Il est formé de morceaux détachés sur des sujets de littérature, de philosophie et de pédagogie. Je me bornerai à transcrire les titres de ces morceaux : Le pessimisme dans la poésie et la poésie du pessimisme; — Sur le patriotisme et l'importance morale de l'État; — La crise sociale dans les hautes classes, l'organisation de notre éducation et l'idée d'une éducation nationale; — Fichte comme politique et patriote; — Sur les services de Frédéric le Grand pour l'éducation et l'enseignement; — Trois commerçants hommes supérieurs en littérature et en science (Daniel de Foë, Benjamin Franklin et Moïse Mendelssohn).

L. A.

Eugen Dreher. DIE PHYSIOLOGIE DER TONKUNST (*la Physiologie de la musique*). Halle-Saale, Pfeffer, 1889, XI-128 p. in-8°.

Dans cette petite brochure, M. D. soumet à une critique sévère la théorie de Helmholtz. Il ne juge pas que Helmholtz, malgré l'importance de ses belles découvertes, ait suffisamment expliqué les secrets de l'harmonie et de la mélodie musicale. Les *battements* ne font pas à eux seuls la dissonance; sans l'intervention de l'activité psychique, tout reste obscur, inachevé. Dans les arts, il est vrai, les sens sont toujours les portes de l'âme, et les perceptions valent par elles-mêmes. « Dans le beau seulement, écrivait Schiller, le contenant fait le contenu. » Mais enfin, l'élément concret doit être reçu par l'âme, interprété, élaboré, et c'est sur quoi la physiologie pure passe trop négligemment.

M. Dreher, cela s'entend bien, rapporte ses critiques à une doctrine générale. Il est dualiste. Un abime existe pour lui entre l'esprit et la matière; les théories monistes n'ont pas réussi à le combler. C'est par une sorte d'harmonie préétablie que nous entrons en rapport avec le monde extérieur. Non pas le *moi* directement, le *moi* auquel appartient l'*aperception* de Leibniz. L'âme est entre les deux, et il ne faut pas l'identifier avec le *moi*, comme a fait Descartes. Le *moi* ne perçoit jamais qu'un produit tout préparé, élaboré par l'âme *inconsciente*. L'âme, selon l'expression de Fries, a une mathématique intérieure qu'elle applique à la perception des sens. Elle apprécie les formes du mouvement, et les traduit en sa langue, à laquelle l'espace et le temps servent de matériel; puis le *moi* donne à cette langue la forme d'une perception sensible.

A chaque perception de nos sens, écrit M. D., notre moi perçoit un produit d'une force créatrice inconsciente. Par exemple, quand nous écoutons de la musique, nous sentons des *pensées* que nous avons introduites inconsciemment dans les sons qui frappent notre oreille. Il est vrai que dans la musique la pensée revêt la forme de la perception et n'est pas directement transmise. Mais c'est là le secret de notre plaisir; il y a, comme disait Euler, à *deviner* dans la musique. Son expression purement concrète est sans importance; ce qui la distingue, c'est de soumettre d'une manière tout à fait originale les perceptions de l'espace aux lois internes de la pensée.

Le lecteur trouvera dans cette brochure quelques pages techniques intéressantes, que je ne pourrais pas analyser sans les rendre un peu confuses. Il suffit d'avoir indiqué le point de vue. Par un côté, les recherches de M. D. touchent à celles de M. Lipps, que nous avons fait précédemment connaitre. Peut-être ne sont-elles pas toujours aussi précises.

LUCIEN ARRÉAT.

Alfred Biese. Das Metaphorische in der dichterischen Phantasie, etc. Berlin, Haack, 1889, 35 p. in-8°.

Travail intéressant sur la signification philosophique de la métaphore et sur l'emploi de ses formes principales dans la littérature.

L'esthétique peut recevoir beaucoup, nous dit M. B., d'une histoire comparative des littératures; une poétique sérieuse ne se conçoit pas sans cette histoire.

De même que le monde extérieur se reflète dans nos perceptions diverses, et que les données sensibles de couleur, de forme, de lumière et de son y restent continuellement entremêlées, ainsi les attributs esthétiques que nous attachons aux choses, beau, agréable, séduisant, tragique, comique, sublime, dépendent plus encore des données objectives. Le poète transpose les événements de sa vie intérieure aussi bien que les perceptions qu'il reçoit du monde extérieur; la poésie est une métaphore, au plus large sens du mot. Mais la métaphore a ses degrés, qui répondent au mode d'échange de l'âme avec la nature, et l'on peut étudier ces degrés, ces qualités de la métaphore dans les produits de l'imagination poétique aux différentes époques de l'histoire. Ainsi est justifié le sous-titre de cet opuscule, *contribution à une poétique comparative*.

Lucien Arréat.

REVUE DES PÉRIODIQUES ÉTRANGERS

La Nuova Scienza.

(Luglio-decembre 1889.)

I. *La psychogénie pythagorique de M. Paulhan.* — Spencer nous a présenté avec une grande érudition l'évolution cosmique comme un phénomène de persistance de la force mécanique, en considérant tous les faits au point de vue de la quantité du mouvement. Ce point de vue étroit doit être complété par celui de la philosophie italique, qui regarde comme essentielle l'évolution de la qualité ou sensation. Ce qui est permanent, c'est l'unité, la forme unitaire numérique : la métamorphose de la qualité qui unifie les mouvements peut s'appeler, avec Pythagore, le *nombre réel*. M. Paulhan, qui avait déjà remarqué en mainte occasion les lacunes et les défauts de la philosophie de Spencer, se rapproche de la philosophie italique dans son nouveau livre : *l'Activité mentale et les éléments de l'esprit*. Son idée centrale et directrice est pythagorique, c'est-à-dire la *tendance à une plus haute unité de tous les éléments*. Les lois secondaires d'*inhibition*, de *contraste*, etc., sont ramenées à cette loi primordiale de la *systématisation*. Ce qui fait la systématisation des éléments psychiques n'est pas la coordination à un but (que la nature inférieure ne connaît pas) : elle se fait sans idée claire, par la simple unité et continuité du nombre réel, c'est-à-dire par la tendance de tous les éléments de la matière à l'unité.

Les sensations n'existent pas en dehors de l'individu sentant : ce sont des manières de saisir l'unité (l'harmonie) ou le manque d'unité (la désharmonie) du multiple. Ces sensations très complexes dérivent d plus simples que nous n'appelons pas sensations, mais dont nous voyons bien les effets dans les cellules, dans les molécules centrales pulsantes des cristaux, dans tous les éléments de la matière inorganique. Pour M. Paulhan, la psychogénie procède de la somagénie : la sensation a pour lui la même valeur substantielle que pour le philosophe italique : elle ne vient pas après et comme superfétation.

Aussi, dans la genèse de la pensée, M. Paulhan abandonne-t-il Spencer et Taine, en ce qu'il étudie le mouvement et la sensation du point de vue de l'être et non du connaitre, et qu'il fait consister l'activité essentielle de l'esprit dans la *systématisation* et dans l'*harmonisation*. Il ne réduit pas la conscience au sentiment de l'effort qui accompagne la volonté, comme font les associationnistes. Il ne confond jamais *la nature qui se fait* avec *la nature faite*. Il pense qu'avec le *sentiment* s'est développée dans la série animale la *logique*, la variété des sensations conduisant à comparer leurs qualités et quantités, et que par la répétition de ces petits jugements se sont formés peu à peu les sentiments de plaisir et de douleur, qui réveillent à eux seuls la *conscience* ou *nature qui se fait*.

La matière et la force jaillissent aussi, pour M. Paulhan, comme pour M. Caporali, des centres sentants, qui systématisent les mouvements, ce qui se dit *orientation* dans le monde physique et chimique, *pensée* dans le monde humain, les circonstances étant adaptées aux besoins éprouvés.

Être, pour la nature qui se fait, signifie persistance dans le flux des changements, comme centre de comparaison de ce qui peut nuire ou être utile au développement de son propre système, hérité ou habituel, ou en voie de formation, dans lequel elle se complait. Dans son unité et sa continuité, elle trouve les concepts d'identité, les rapports d'espace et de temps, de conservation de la force.

La volonté et l'action sortent de la sensation comme divergence des lignes de force unifiées dans la convergence sentie. L'essence du mouvement est figuration désirée, anticipation de l'objet, effort. Les effets sont égaux à la cause dans la quantité du travail, mais bien différents dans la qualité, et dérivent de la réaction de la chose excitée, de la manière d'être particulière des unités provoquées. La nature faite n'est que du mouvement réflexe, l'équilibre des forces déjà dirigées et mesurées : mais la nature qui se fait, c'est la sensation qui fait des mouvements nouveaux, adaptés au besoin. La volonté est donc une activité produite par les sentiments de plaisir ou de douleur, pour changer la matière sentie, et le générateur de toutes les énergies est le désir d'harmonie, de systématisation.

Dans la psychologie de M. Paulhan, bien fondée sur les problèmes fort essentiels de la philosophie expérimentale, la systématisation fait tout. Il laisse bien loin de lui les prétentions empiriques des associationnistes et les illusions des phénoménistes.

En somme, appréciation large et assez complète d'un livre très remarquable, fortement pensé, à beaucoup d'égards original, et que d'autres se sont contentés d'analyser ou d'apprécier au point de vue assez secondaire de la forme littéraire.

II. *La formule pythagorique de l'évolution cosmique*. — L'âge préhistorique du fer commence en Afrique, environ 20000 av. J.-C. Le bronze est formé dans les premières sociétés de la Médie et de l'Inde, environ 6000 av. J.-C., et porté en Égypte 2700 ans plus tard.

La famille utérine se dissout par l'association des hommes plus

habiles dans l'extraction et le travail des métaux, par l'exogamie ou
défense du mariage hors de la tribu, et par la lutte continuelle des
premières villes contre les Nomades.

Le fait fondamental qui produit la société est le sentiment de confiance mutuelle, d'où découle le plaisir d'appartenir à la communauté,
de jouir de sa vie, plaisir qui se manifeste par l'évolution de la parole.
Celle-ci conduit à l'évolution des idées, des premières hypothèses sur
la nature des choses, sur les puissances occultes qui les gouvernent,
aux sentiments d'espérance ou de crainte qui s'éveillent et font les premières religions. Le moteur de la psychogénie des peuples primitifs a
été la confiance grandissant dans la victoire des fins humaines et dans
le secours des divinités (qu'on se figure toujours moins sévères et plus
bienveillantes) pour les réaliser.

La fusion de milliers de petits langages et de mythologies locales a
produit les premières langues égyptiennes, sémitiques, aryennes, et les
grands systèmes religieux et politiques de ces peuples. La société primitive de l'Égypte et sémitique était matriarcale; aussi la première
société chinoise n'a-t-elle adopté les mœurs et la famille patriarcales que
plus tard, environ 2400 av. J.-C.

M. Caporali parle de la société patriarcale du Pérou, du socialisme
de l'Amérique centrale, de l'animisme féroce de l'Amérique du Nord,
et arrive à la fondation de la société aryenne, qui est, dès le début,
patriarcale, virile, et se fait avec Zoroastre, 2600 av. J.-C., un idéal de
la divinité dualiste, bonne et mauvaise, celle-ci très inférieure, celle-là
notre alliée et très puissante. Des Gathas, commentaires à la révélation
du Zoroastre, dérivent les idées fondamentales des religions sémitiques
modernes.

M. Caporali traite ensuite des Aryens de l'Inde et de leur évolution
primitive, en cherchant à donner une base sûre à la philosophie de la
société par la coordination des faits importants recueillis dans ces dernières années par l'égyptiologie, l'assyriologie, la sinologie, par les
indianistes et les savants auteurs de l'histoire des religions.

III. *Le principe d'Héraclite comparé à celui de Pythagore.* — Le
feu d'Héraclite s'allume et s'éteint à mesure, comme le nombre réel,
avec le sens des proportions. Il est comparé à la tension de l'arc, à
l'harmonie de la lyre; il est appelé Logos, et il est pur dans l'âme
humaine. Il ne devient jamais une abstraction métaphysique, ni un
système de contradiction, ni un procès qui unifie l'Être avec le Bien,
comme l'ont pensé Hegel, Lassalle, Mariano, et autres hégéliens. Il
n'est pas la nature dialectique du mouvement. Il est énergie mesurée,
sensible, matérielle. Peut-être Héraclite l'a-t-il appelé feu pour éviter
les erreurs de ceux qui confondaient le nombre conceptuel avec le
nombre réel de Pythagore, auquel il ressemble sous bien des rapports
surtout dans la tendance à l'unité des éléments.

La Filosofia, Rassegna Siciliana.

(1º numero, Gennaio.)

Cette revue paraîtra tous les deux mois à Palerme, à la librairie inter-
nationale L. Pedone-Lauriel. Elle a pour directeur le prof. Simone
Corleo. Elle se rattache par ses tendances aux doctrines dynamiques,
qui partout en Europe ont accentué leur mouvement de réaction contre
les théories du positivisme mécanique.

R. BENZONI. *La philosophie de nos jours.* — Résumons les conclusions de cet article assez long et qui suffit à lui seul pour montrer l'esprit
de la nouvelle revue, d'ailleurs ouverte, nous est-il dit, à toute doctrine
quelle qu'elle soit, scientifiquement exposée, sous la responsabilité de
l'auteur.

La philosophie de nos jours, parallèlement aux systèmes rationalistes,
idéalistes et ontologiques de la vieille métaphysique, justifie avec la
Critique de la connaissance son propre caractère *réaliste*. Pour déterminer le point où commence et celui où finit la série des faits, elle prend
la forme de *monisme.* Or, comme la *reconstruction raisonnée* du monde
analytiquement connu, l'*unification totale* des données empiriques
n'est pas possible sans un principe unificateur, et que pour le déterminer il faut dépasser l'expérience, le monisme de nos jours prend un
caractère différent, selon que l'on dépasse l'expérience par *quantité*
seulement ou par *quantité* et *qualité*, selon qu'on y applique le procédé
régressif ou *progressif.*

Pour résoudre le problème cosmologique, on peut s'en tenir à la
transcendance réelle; mais ce problème se rattache étroitement avec
le problème *psychologique* et le *problème ontologique*, et, pour
résoudre ces derniers, il faut dépasser l'expérience par *qualité*; c'est
pourquoi, dans les limites de la *transcendance réelle*, on ne pourra
donner au problème *cosmologique* une solution adéquate et définitive.

En dépassant l'expérience, soit par qualité, soit par quantité, on peut
regarder à l'infiniment grand ou à l'infiniment petit. Spencer a regardé
au premier : par la transcendance quantitative, il arrive à la force, à
laquelle on ne peut assigner des limites; par la transcendance qualitative,
il aboutit à l'*inconnaissable.* Si l'on observe que l'inconnaissable et, en
général, les résultats de la transcendance qualitative, en regardant à
l'infiniment grand , prennent caractère et valeur *intellectuels*, on
s'explique l'aversion de l'esprit scientifique moderne pour de telles
solutions du problème cosmologique se rattachant aux vieux systèmes
du rationalisme et de l'idéalisme. Cette même observation justifie la
tendance qui porte la philosophie actuelle à l'infiniment petit; nous
appuyant sur le procédé régressif, si nous dépassons l'expérience par
quantité, nous devons, comme le savant, nous arrêter à l'*atome*, et, si
nous la dépassons par qualité, nous parvenons au *monde.*

La spéculation philosophique atteindra son but si elle réussit à concilier, en s'y appuyant en même temps, la *transcendance réelle* et la *transcendance imaginaire* (la conception du possible), les procédés *régressif* et *progressif*; c'est là que tend le *monisme dynamique* de nos jours.

Autres articles : F. MALTESE. *La filosofia* : sur le *credo* ainsi formulé par A. Labriola : « Je crois fermement que la philosophie doit être le complément de toute culture spéciale : historique, juridique, mathématique, physique, ou toute autre. » — DI GIOVANNI : La conception de l'*être vivant* chez les Miceliens (les partisans de la doctrine de *Miceli*, philosophe palermitan).

Comptes rendus : R. BENZONI : Une critique fort étudiée du livre de Wundt (1er art.) : *System der Philosophie.* — ID. : *Leçons de philosophie morale* de S. Corleo. — Plusieurs autres comptes rendus du même auteur.

———

La Rassegna critica, fondée par le regretté Angiulli, reparaît à Naples depuis le 1er avril, sous la direction de MM. A. Colozza et E. de Marinis.

B. P.

CORRESPONDANCE

Genève, 15 juillet 1890.

Monsieur le directeur,

Permettez-moi de donner à vos lecteurs quelques explications à propos du jugement porté par M. Tarde dans le numéro de juillet de votre Revue, sur le livre de M. Delbœuf, *Magnétiseurs et Médecins*. M. Tarde affirme que son ami n'a pas été l'agresseur « dans cette querelle » et qu'il a été l'objet d'« attaques imméritées ». L'éminent critique ajoute qu'on a eu tort, au Congrès de l'hypnotisme, de blâmer avec sévérité l'attitude de M. Delbœuf, qui s'est fait le défenseur des magnétiseurs de tréteaux « contre la fausse pudeur des savants qui n'osent pas reconnaître franchement les services certains rendus à la science par les magnétiseurs de profession ».

Je pense que tous ceux qui auront lu l'article du docteur Merveille dans le numéro du 20 mars 1890 de la *Gazette médicale de Liége*, et celui que j'ai fait paraître le 1er avril dernier, dans la *Revue de l'hypnotisme* (p. 309), sauront où il faut chercher l'agresseur et d'où sont parties les attaques imméritées.

Depuis plusieurs années, M. Delbœuf accuse publiquement partout les médecins d'être jaloux des magnétiseurs, et de ne demander l'interdiction des séances publiques que dans un but intéressé, pour en avoir le monopole et en tirer un intérêt pécuniaire qu'ils n'avouent pas.

Voilà les « attaques imméritées » contre lesquelles je me suis élevé au Congrès, comme je devais le faire pour rester fidèle à la tâche qui m'avait été confiée.

On chercherait en vain dans mon rapport des attaques contre la personnalité honorable de M. Delbœuf, sa bonne foi, sa moralité scientifique, ses savants travaux et sa gloire. C'est lui-même qui a jeté toutes ces choses dans le débat, s'efforçant d'en faire une querelle personnelle, et m'abreuvant d'invectives.

Quant à l'attitude que M. Delbœuf a prise, en se faisant l'avocat des magnétiseurs ambulants, je ne l'ai point blâmée avec sévérité, comme le dit M. Tarde. Tous ceux qui voudront bien lire le rapport que j'ai présenté au Congrès pourront s'en convaincre.

Ce qui irrite particulièrement M. Delbœuf, c'est, parait-il, la fausse pudeur des savants qui n'osent pas reconnaître franchement les services rendus à la science par les magnétiseurs de profession. Je ne puis accepter, pour ma part, cette imputation. J'ai toujours publiquement reconnu les services que certains magnétiseurs, à l'instar de Puységur ou de beaucoup d'autres, ont rendu depuis un siècle à la science. Je l'ai proclamé dans mes écrits et, plus spécialement encore, dans une conférence publique que j'ai faite à l'*Aula* de l'Université, à Genève, en janvier 1887. Mais je sais bien qu'on ne m'en tiendra aucun compte. Ce qu'on veut faire avouer aux médecins, c'est qu'ils doivent tout ce qu'ils savent aux magnétiseurs ambulants, ou qu'ils ont fait leur éducation scientifique dans les représentations publiques de magnétisme et d'hypnotisme.

Et, parce que nous osons dire avec franchise que ce n'est pas là qu'il faut chercher la science et que les exhibitions qui se font sur les tréteaux n'ont aucun caractère scientifique et sont, au contraire, dangereuses à divers points de vue, on nous traite comme l'on sait, et on insinue que tous les charlatans ne sont pas sans diplôme.

Je sais beaucoup de gré à M. Tarde pour le vœu qui termine son article et je puis l'assurer que, si cela ne dépendait que de moi, ses souhaits seraient depuis longtemps pleinement réalisés.

Veuillez agréer, monsieur le directeur, l'assurance de ma considération très distinguée.

Dr LADAME.

Le propriétaire-gérant : FELIX ALCAN.

Coulommiers. — Imp. P. BRODARD et GALLOIS.

LE DÉLIT POLITIQUE

Expliquer la criminalité par des causes générales et non simplement par des circonstances particulières, ou plutôt par des circonstances particulières qui consistent en interférences des causes générales : telle est la tâche à laquelle se sont voués les nouveaux criminalistes. Et l'on ne doit pas trouver surprenant que, après avoir essayé de faire prévaloir cette explication en ce qui concerne la criminalité de droit commun, M. Lombroso se risque à l'appliquer au délit politique lui-même. Le malheur est que sa foi obstinée au type criminel. qu'il croit avoir découvert, en dépit des faits contraires, fausse assez gravement sa manière d'entendre les causes générales dont il s'agit. Pour lui, elles sont, avant tout, sinon exclusivement, d'ordre physique ou physiologique. Encore, tant qu'il s'est borné à étudier des meurtriers et des voleurs vulgaires, son point du vue a-t-il pu se soutenir. Mais, dans son dernier ouvrage [1], il l'étend aux délinquants politiques, comme s'il avait voulu, en tirant lui-même les dernières conséquences de ses principes, en faciliter la réfutation. Alors même, en effet, que la prépondérance des causes d'ordre social dans la délictuosité ordinaire serait contestable ou improbable, ne semble-t-il pas qu'elle devrait rester hors de toute contestation en fait de délictuosité politique, d'excès produits par l'esprit de sédition et de révolte ? Si l'on en pouvait douter, il suffirait de lire le livre dont je parle; et c'est à ce titre principalement, malgré la multiplicité et çà et là la justesse profonde de ses aperçus, qu'il mérite d'être examiné. Je crois inutile cependant d'en faire l'examen minutieux et méthodique; je ne m'attacherai qu'à quelques-uns des innombrables sujets sur lesquels il morcelle et pulvérise l'attention du lecteur. Notez qu'il y a là 17 chapitres hachés menu en 187 subdivisions, si j'ai bien compté, ayant chacune son étiquette; le tout dans le plus

---

1. *Il delitto politico, e le revoluzioni* (Turin, frères Bocca, 1890).

beau désordre du monde, sans lien saisissable parfois; et non sans
de fréquentes contradictions.

M. Lombroso a pour méthode de ne jamais définir, ni circonscrire
les notions dont il se sert; et, comme il s'attaque toujours à des
notions très complexes ou très confuses, qu'il s'agirait avant tout
d'éclaircir, il se persuade trop vite, par cette complexité et cette confusion complaisantes, qu'il qualifie synthèse, échapper au reproche
d'inconséquence qu'il encourt assez souvent. Qu'est-ce qu'il entend
par *crime*? par *folie*? par *épilepsie*? C'est ce qu'on ignore tout à fait
quand on a achevé de le lire. Rendons-lui toutefois cette justice,
qu'il a fait de louables efforts pour distinguer en principe les actes
insurrectionnels seuls délictueux d'après lui, des actes *révolutionnaires*, bien que, après les avoir opposés comme contraires, il les
confonde perpétuellement dans ses calculs statistiques. Mais la déli-
mitation précise de la simple révolte et de la révolution proprement
dite, si tant est qu'elle soit possible *à priori*, avant le résultat final,
suppose un esprit en possession d'une foi politique, ou, ce qui vaut
mieux encore, d'une théorie sociologique. Dire que, « en somme, les
révolutions sont des phénomènes physiologiques, les révoltes des
phénomènes pathologiques », c'est se payer d'une comparaison, qui
n'est pas même très heureuse, car la plus bienfaisante révolution
est une crise toujours dangereuse pour la santé des nations. Puis,
comment le savant auteur concilie-t-il ce caractère normal, physiologique, attribué ici aux révolutions, avec ce principe répété par lui
passim que l'état normal des peuples est *essentiellement* le *misonéisme*, c'est-à-dire l'attachement conservateur aux coutumes, l'hostilité déclarée contre toute innovation? Vous dites (p. 145) que le
Christ et Luther ont provoqué des révolutions pures, mais que la
Révolution française et « les Vêpres siciliennes », ont été en partie
des révoltes. Je le veux bien ; mais, pour en décider ainsi, quelle
est votre pierre de touche? Je ne l'aperçois nulle part.

M. Lombroso n'a pas de sociologie arrêtée et propre. C'est là une
fâcheuse condition pour aborder l'étude de la criminalité ordinaire,
mais surtout, je le répète, celle de la criminalité politique. Je vois
bien, cependant. qu'il s'évertue à combler ou à se dissimuler à lui-
même cette lacune. Par tous les bouts à la fois, il saisit l'écheveau
social, et, s'il ne le dévide pas, s'il l'embrouille au contraire, ce
n'est pas faute de bonne volonté. Des influences innombrables,
inextricables, qui concourent à produire un fait social quelconque,
une révolte aussi bien qu'un trait de génie, il n'en omet pas une, pas
même la plus minime; et, successivement, avec une patience impa-
tiente, avec une persévérance fébrile, il étudie le rôle qu'a bien pu

jouer dans les événements de ce genre l'humidité ou la sécheresse du climat, la configuration du sol, la brachycéphalie, etc., etc. Chacun de ces *facteurs*, à son tour, nous est montré sur le devant de la scène, comme personnage important; on dirait d'un défilé d'ombres chinoises toutes au premier plan. Mais l'auteur se noie dans ce détail d'influences accessoires ou insignifiantes; les causes dominantes n'apparaissent que pour être méconnues, reléguées dans le rang des autres; et ce qu'il y a de plus clair dans cette procession qui est loin d'être un enchaînement, c'est l'absence d'une idée directrice. Par centaines, il est vrai, M. Lombroso découvre des vérités dans le genre de celle-ci : « le minimum de génialité coïncide avec le maximum de terrains crétacés », mais j'avoue que ce rapprochement et d'autres me laissent froid.

II

Je me hâte d'ajouter que son ouvrage renferme des rapprochements plus heureux, des parallélismes vraiment instructifs. Les plus importants de ceux-ci lui ont été visiblement suggérés par Jacoby qui, dans son livre sur la sélection, a le premier imaginé de tracer la carte départementale du génie français, si je puis ainsi dire, et de l'interpréter à la lumière de cartes différentes. C'était une entreprise hasardeuse et ardue, d'où Jacoby s'est tiré à son honneur. Il a dressé avec un soin minutieux la liste des hommes remarquables produits par chaque département dans un temps donné assez long et le même pour tous, et, les rangeant par ordre de fertilité géniale décroissante, eu égard à un même chiffre de population, il a recherché s'il y avait un lien, d'abord, entre ce rang et le climat ou les caractères du sol. Il n'en a pas trouvé. « Les départements [1], dit-il, qui ont le même climat, présentent les plus grandes différences sous le rapport de la fréquence des personnages remarquables, et, *vice versa*, les départements analogues sous ce dernier rapport se trouvent être aux extrémités opposées de la France. » Il en faut dire autant « des conditions du terrain, de la nature du sol, de la constitution géologique. Les départements les plus opposés sous le rapport de la fréquence des personnages remarquables se trouvent occuper les mêmes terrains; ainsi, sur le terrain tertiaire, se trouvent le département de la Seine, qui occupe le premier rang sous le rapport de la fécondité en talents et en capacités, et celui des Landes, qui occupe le der-

1. *Études sur la sélection*, p. 545.

nier rang. Les départements de la Meuse et des Hautes-Alpes, du
Jura et de la Charente, présentent le même terrain (jurassique), etc. »
On voit par là que Jacoby avait devancé Lombroso dans les recherches et les fouilles de cet ordre; mais, après avoir fait des sondages
inutiles, il avait abandonné ses puits comme font les ingénieurs,
et son successeur, en y descendant, a cru y découvrir des mines
exploitables. Autant, d'ailleurs, Lombroso est impétueux et préci-
pité, autant Jacoby est calme et circonspect, admirable de méthode
et de lucidité. S'il aperçoit un lien apparent entre deux phénomènes,
il ne se hâte pas de le baptiser loi et de le généraliser. Il démêle
souvent très bien, sous un semblant d'influence naturelle, une
influence sociale. Par exemple (p. 546), il montre à merveille que, si
les départements à grandes plaines sont les plus stériles en talents,
contrairement à ce que Lombroso prétend observer, cela tient tout
simplement à ce que les grandes villes, foyers rayonnants de génialité autour d'elles, sont situées dans les vallées, au bord des fleuves.

Jacoby, en revanche, à la suite d'une discussion approfondie, met
hors de doute l'action de la race sur la production du génie. Mais la
race, telle qu'il l'entend, est elle-même un produit de l'histoire e
des causes sociales quelconques qui ont refondu à leur convenance
le type humain. A vrai dire, sa division de la France par races correspond si exactement à celle des anciennes provinces qu'elle est leur
reproduction sous un autre nom, et parfaitement avouée du reste.
C'est un plaisir de voir ce naturaliste, conduit, par la compréhension
pénétrante de son esprit, à dégager l'importance prépondérante de
l'élément historique et social, mieux que nul archéologue ou nul
sociologue ne l'eût su faire. Il prend à part chaque groupe de départements constituant une province, et, dans chacun de ces groupes,
montre clairement que la série des départements rangés suivant leur
degré décroissant de génialité coïncide avec leur classement d'après
la densité décroissante de leur population, et encore mieux d'après
la proportion décroissante de leur agglomération urbaine. Voilà le
résultat net et décisif de ses travaux sur ce point.

Est-ce une coïncidence simplement curieuse ou particulière à
notre pays? Non, M. Lombroso, dans son *Uomo di genio*, a voulu
étendre à l'Italie la méthode de notre compatriote; il a figuré aux
yeux, par des teintes graduées, la productivité comparée des diverses
régions italiennes en musiciens, en peintres, en sculpteurs, en architectes, célèbres ou distingués. Or, à l'aspect de ces six cartes, et
quel que soit l'avis contraire de leur auteur qui n'a pas toujours
l'habitude de se rendre même à l'évidence de ses propres observations, il est impossible de n'être pas frappé d'un fait qui saute aux

yeux : l'influence dominante des capitales, et des capitales les plus renommées, Rome, Florence, Milan, Gênes, Parme, etc. Quant à y voir éclater en traits lumineux, comme on nous l'assure, l'influence de la race étrusque ou grecque et des pays de collines, j'avoue être atteint d'une cécité complète à cet égard. En somme, Jacoby est pleinement confirmé par Lombroso, que celui-ci le veuille ou non.

Celui-ci tranche avec trop de désinvolture cette obscure question des origines du génie. Quand on considère, par exemple, en ce qui concerne la musique, que les peuples de même race et de même latitude, Angleterre et Allemagne, Italie et Espagne, diffèrent profondément, pendant que des peuples de races et de latitudes différentes, Italie et Allemagne, Espagne et Angleterre, présentent un degré à peu près égal d'aptitude ou d'inaptitude ; quand on sait que le don de la composition musicale s'est communiqué du midi au nord, de la race italienne à la race allemande, après avoir émigré de la Grèce et de l'Orient, maintenant stériles, à Rome et à l'Occident chrétiens, seuls féconds aujourd'hui; il paraît assez difficile d'accorder au célèbre professeur de Turin que « l'influence du climat volcanique et de la race latine » est manifeste, et que la supériorité des conditions atmosphériques et climatériques sur toutes autres est indubitable [1]. A chaque page, je m'étonne d'assertions telles que celle-ci : « *tous les pays de plaine, Belgique, Hollande*, ou ceux qui, encaissés dans de hautes montagnes, sont sujets au goitre et au crétinisme endémiques, comme *la Suisse* et la Savoie, *sont dépourvus d'hommes de génie*; le *petit nombre de génies* que compte la Suisse sont nés..., etc.... » Peut-on oublier à ce point le merveilleux épanouissement de la peinture et de la marine hollandaises, du génie hollandais sous toutes ses faces en cette trop courte phase historique où les circonstances l'ont déployé? Quant à la Suisse, je tenais pour démontré, après l'ouvrage si souvent cité de M. de Candolle sur l'hérédité des capacités scientifiques, autre chef-d'œuvre d'analyse, que le petit peuple helvétique avait fourni un contingent de grands hommes de science vraiment extraordinaire, eu égard au chiffre de sa population. M. de Candolle, non seulement a prouvé ce fait, mais l'a expliqué, et, tout naturaliste éminent qu'il est, lui aussi, il en a trouvé les raisons dans des conditions de famille, d'éducation, de mœurs, qu'il énumère judicieusement. Est-ce parce que Florence est entourée de collines et Pise en pays plat, que la première a été si féconde en génies, du moins jusqu'au XVIIᵉ siècle, et Pise si improductive? Avant tout, il faut se rappeler la longue hostilité de ces

---

1. Voy. *Uomo di genio*, p. 118 et s.

deux villes pendant le moyen âge, la défaite et la subordination politique de la seconde. La victoire militaire est toujours une circonstance favorable au déploiement intellectuel du vainqueur, tout autrement favorable que la *collinosité* de son sol, si l'on me passe ce néologisme.

Mais, cela dit, l'essentiel reste à dire encore, à notre avis. Et ni Lombroso ni Jacoby même n'en disent rien. Plus encore que le voisinage d'un grand centre ou que la chance des armes, l'avantage de se trouver porté par un ou plusieurs *courants, logiques* d'inventions en train de se dérouler favorise l'éclosion des célébrités dans un lieu et un pays donnés. Les inventions réelles ou possibles, prises dans leur totalité par hypothèse, font partie d'un ordre rationnel que je me représente comme une sorte d'espace intellectuel dont chacune d'elles est un point fixe. Pour aller de l'une à l'autre, il y a toujours des intermédiaires à parcourir, intermédiaires qui changent si le point de départ est changé, mais qui, si le point de départ est à peu près le même, comme c'est le cas pour les sociétés humaines qui débutent toujours par la mise en rapport de cerveaux à peu près semblables en face d'une nature extérieure à peu près invariable, doivent se reproduire presque sans changements. Elles doivent donc se suivre dans un ordre linéaire, que le perfectionnement graduel des méthodes de découverte et des méthodes d'enseignement tend à rendre de plus en plus rapproché de la ligne droite, c'est-à-dire d'un certain minimum de vérités interposées au delà duquel l'abréviation ne saurait se poursuivre. On a perfectionné Euclide, on le perfectionne encore de temps en temps, on fait des traités de mécanique, d'astronomie, de physique, de chimie, d'anatomie, de physiologie, de plus en plus rigoureusement déduits et enchaînés ; et que signifie ce progrès, sinon que les auteurs de ces livres se sont conformés de mieux en mieux à la série rectilinéaire, pour ainsi parler, des théorèmes ou des lois qu'ils exposent et qui tous ont été à leur date des innovations géniales, d'apparence accidentelle et fortuite ? Eh bien, ces enchaînements rationnels des innovations réelles ou imaginables forment des séries soit *reversibles*, soit *irréversibles* (comme je l'ai dit ailleurs des imitations, c'est-à-dire des inventions *imitées*, ayant joué un rôle social). Je n'ai pas à chercher pourquoi elles sont tantôt réversibles, tantôt irréversibles, à quoi tient leur réversibilité ou leur irréversibilité. Cela nous éloignerait de notre sujet. Il suffit de sentir la réalité de cette distinction, et que, par exemple, on ne peut d'aucune manière concevoir la musique de Wagner précédant celle de Mozart, ou l'orgue et le piano précédant la flûte et la harpe, ou *Hernani* les tragédies de Voltaire, ou les romans naturalistes les poèmes épiques, ou même l'ordre corinthien l'ordre dorique, ou le gothique fleuri le gothique pur et sévère, bien qu'on puisse très bien imaginer le style gothique précédant le style roman, ou les instruments à cordes les instruments à vent, ou la première comédie le premier drame. Par suite, une invention a pour conditions nécessaires et *sine quibus non*, la production antérieure et la connaissance préalable d'autres inventions qui en sont l'antécédent logique. Combien de gens admirablement doués pour telle ou telle branche de l'art ou de la science, — car il y a fort peu de talents universels, — sont morts sans avoir rien produit, parce qu'ils ont eu le malheur de naître soit avant le temps où leurs prédécesseurs logiquement nécessaires devaient apparaître, soit loin des lieux où ils auraient pu être initiés aux progrès préparatoires dus à ceux-ci! Combien, en des âges grossiers, d'artistes et de poètes ignorés ont péri misérablement dans un monde qui n'était pas mûr pour eux! Newton né avant Keppler, Darwin né avant Malthus et Lamarck, Spencer né avant Auguste Comte, avant Hegel même, se fussent peut-être éteints dans l'obscurité. M. Lombroso, qui sait? s'il fût né au Maroc, à Fez qui est pourtant une ville située dans un climat très chaud, et, j'ajoute, une assez grande ville, de population très dense, ou bien s'il fût né à Paris, mais au XVIIIe siècle, avant Darwin, Broca et Jacoby, n'aurait jamais écrit l'*Uomo delinquente*, l'*Uomo di genio* ni le *Delitto politico*. Sans doute il eût écrit autre chose, mais sans doute aussi, avec un moindre succès.

Il faut donc tenir compte, en première ligne, de ces lois supérieures qui régissent souverainement l'évolution logique des idées géniales et dont leur évolution réelle n'est jamais qu'une application fragmentaire et mutilée, si l'on veut comprendre, en n'importe quel ordre de faits, l'apparition du génie. Le génie est un accident historique où s'exprime une nécessité logique. Le génie est la rencontre de deux rencontres, le confluent de deux confluents, un confluent physiologique d'aptitudes cérébrales, d'heureux legs hérités, et un confluent social d'enseignements recueillis. Mais ces aptitudes elles-mêmes sont-elles autre chose que la consolidation vitale d'habitudes sociales? En somme, la première tâche, et la plus importante, qui incombe au chercheur des sources de ce Nil, consiste à remonter le courant séculaire des inventions, à noter les affluents dont il se grossit sur sa route, à indiquer la fatalité des pentes qui l'ont alimenté; et, quand cette besogne sera finie, il sera temps alors de s'amuser à composer le *calendrier du génie*, l'*horloge du génie*, la géologie ou la météorologie du génie.

Les calendriers sont à la mode actuellement. Après l'ingénieux

calendrier du crime, dû à M. le docteur Lacassagne, nous avons
celui du suicide et plusieurs autres. Celui du génie, j'en conviens
n'a rien de plus surprenant que les précédents, et je crois même que
renferme comme eux une grande part de vérité, contre laquelle
n'ai nulle raison de m'inscrire en faux. Il y a, pour chacun de nous
des saisons inspiratrices qui se reproduisent aux mêmes mois de
l'année. D'après Lombroso, le printemps et l'été verraient mûrir
toutes les moissons et toutes les vendanges de l'esprit. Je n'entre
pas dans le détail de ses statistiques. Mais je crois qu'il convient ici
de ne pas confondre deux choses bien distinctes : la production des
œuvres d'art et celle des travaux scientifiques ou spéculatifs. Si les
premières s'épanouissent plus volontiers pendant les mois d'enivre-
ment extérieur, de soleil, de beautés naturelles, ajoutons de
vacances, le philosophe et le savant ne retrempent-ils pas la vigueur
de leur esprit dans la saison froide qui épure et recueille la
pensée ? A cela on aurait beau objecter que Galilée découvrit les
anneaux de Saturne en avril, et que la première idée de la découverte du Nouveau Monde vint à Colomb en mai et juillet, il pourrait
rester des doutes sur la portée de telles observations, surtout si l'on
remarque, au sujet de l'une d'elles, que les découvertes astronomiques ont dû forcément être plus fréquentes pendant la belle saison
puisque, si les nuits sont plus courtes, elles sont beaucoup plus limpides.

On peut se faire une idée, ce me semble, assez exacte des variations en plus ou en moins que traverse au cours des diverses saisons
l'inspiration philosophique, en consultant à ce sujet M. Ribot. Je le
remercie d'avoir bien voulu dessiner pour moi, très approximative-
ment, la courbe annuelle des manuscrits qui lui sont envoyés pour la
Revue philosophique, depuis quinze années qu'elle vit et prospère. Un
manuscrit de ce genre, il est vrai, n'est jamais mis à la poste qu'un
certain temps après qu'il a été terminé, et sa composition est assez
lente. Mais on peut, sans trop d'inexactitude, reporter, en moyenne,
à un mois en arrière de la date de l'envoi, l'époque où l'auteur était
dans le feu de son travail. Or la courbe des envois montre une forte
dépression qui commence brusquement à l'époque des vacances, fin
juillet, juste au moment des grandes chaleurs, et ne se termine qu'en
octobre. En octobre et novembre, ce tracé se relève lentement,
lance une vive poussée en décembre, s'abaisse un peu en janvier
(à cause du jour de l'an sans doute), mais monte très haut en mars
et se maintient à peu près jusqu'en juillet où, pendant une courte
période avant les départs pour les vacances, elle fait jaillir une vive
arête. Cela signifie qu'en novembre et février, aussi bien qu'en avril,

ai, juin, les philosophes travaillent beaucoup, et qu'ils ne font pas
rand'chose en juillet, août, septembre et octobre. Si je compare ce
ésultat avec celui que figure, en regard de la page 98 de l'*Uomo di*
enio, un tableau graphique exprimant la courbe annuelle des créa-
ions géniales. j'y vois des différences importantes. Dans ce tableau,
'un des plus hauts pics est en septembre, le plus profond ravin est
en février; novembre et décembre sont bas. — M. Ribot a eu l'obligeance de m'adresser un autre document : « c'est la statistique des
lettres, me dit-il, reçues par la *Revue* depuis le jour où a paru le
1er numéro. Je parle des lettres concernant la *rédaction,* non l'administration, le *spirituel* non le temporel ». Pour chaque année, il y a
deux chiffres seulement, un pour chaque semestre; puis le total. Le
total ne varie guère, les chiffres semestriels varient davantage, mais
tantôt le premier l'emporte, tantôt le second, on ne voit point l'un des
semestres affecter une supériorité constante, quoique variable, à
l'égard de l'autre. Quant à la distribution des lettres par mois, « rien
de plus irrégulier » m'assure M. Ribot; « tantôt une pluie, tantôt
rien ». Aucune influence saisonnière ne paraît ici se faire sentir.

N'importe, j'admets une action, quelle qu'elle soit, de la température
sur les manifestations du talent humain. J'admets aussi, en principe,
le *calendrier insurrectionnel* pour ainsi dire, que M. Lombroso dresse
pour le comparer à son calendrier génial et au calendrier criminel. Il
est intéressant d'apprendre que, soit dans notre Europe moderne, soit
dans l'antiquité, soit même au moyen âge, le maximum des révoltes
ou des révolutions a eu lieu dans les mois les plus chauds de l'année,
et, bien qu'il y ait des exceptions à la règle, et que par exemple,
(voy. le tableau de la p. 51), dans notre Europe, de 1793 à 1884, sur
37 révolutions d'ordre politique, 16 aient eu lieu au printemps et en
été, 21 en hiver et en automne, on ne peut méconnaître une certaine
relation entre les périodicités des manifestations révolutionnaires et
la gravitation de la terre autour du soleil. — Mais le sens de telles
remarques ne se révèle qu'à mesure qu'elles se multiplient. Car ce
n'est pas seulement en révoltes, en traits de génie, en crimes passionnels ou sanglants, que les mois chauds sont particulièrement féconds;
c'est encore en productions industrielles, et en consommations de tout
genre, en fabrication de discours et de lois, en guerres aussi, en victoires et en défaites, en luttes électorales, etc. Tous ces calendriers
économiques, militaires, politiques, parlementaires, veulent être
rapprochés. Et leur rapprochement laisse entendre avant tout ceci,
que les plus longs jours, les plus chauds, soit à cause de leur longueur, soit à cause de leur chaleur, ce qui n'est pas clair, sont liés
à un redoublement d'activité de la vie sociale.

III

Mais revenons à Jacoby. C'est une source. En même temps qu'il découvrait et démontrait la liaison entre l'intensité de la vie urbaine dans chaque département et sa génialité, il s'efforçait de rattacher celle-ci à la couleur politique de ce département. Cette idée, beaucoup moins heureuse que l'autre, n'en a pas moins reçu quelques confirmations apparentes sous la forme que l'ingénieux investigateur lui a donnée. Il a montré, dans un grand nombre de cas, pour les départements groupés dans certaines provinces, que leur fertilité en hommes remarquables était en rapport avec le chiffre des non fournis par eux au plébiscite de 1870. Ce succès partiel tient au choix singulièrement favorable de ce scrutin. Si la comparaison eût porté sur nos autres luttes électorales, elle n'aurait point confirmé l'hypothèse d'où semblait partir Jacoby, à savoir qu'une présomption de talent, d'originalité inventive, s'attache à l'adoption d'une opinion politique déterminée. M. Lombroso, en reprenant cette idée et la poussant à bout suivant sa manière, a précisé la nature de cette opinion politique qui, d'après lui, serait l'opinion républicaine, en France du moins. Mais Jacoby ne dit rien de pareil ; ce n'est pas dans une cocarde *positive*, c'est dans une cocarde simplement *négative* qu'il a cherché le signe révélateur d'une aptitude aux innovations géniales. Au plébiscite de 1870, l'esprit d'opposition et d'indépendance sous toutes ses formes, républicaine, socialiste, légitimiste, orléaniste, s'exprimait par les *non*. Rien d'étonnant, par suite, à ce que leur chiffre fût dans une certaine mesure proportionnel à la proximité des grands centres et à la densité de la population, et, par conséquent, puisque deux quantités proportionnelles à une troisième sont proportionnelles entre elles, à la génialité de chaque département. Encore y aurait-il beaucoup à dire à ce sujet. Mais, quand la République commence à s'établir et s'asseoir dans un pays, est-ce faire preuve d'indépendance et de tendance aux nouveautés, et non pas seulement de bon sens, que de s'y rallier? Et y a-t-il la moindre raison de penser que la promptitude à prendre le vent, à s'orienter vers le pôle gouvernemental, peut servir à mesurer la vocation aux voyages de découvertes sur des mers inconnues? Sans parti pris, comparons attentivement les six cartes de France où l'on nous a figuré, par départements, la distribution des races, le caractère plat, colline ou montageux du sol, la génialité, la répartition des votes politiques en conservateurs et républicains, la densité de la population, enfin la nature agricole, industrielle, ou agricole et industrielle à la fois.

des occupations. Ce qui m'y frappe, c'est que les départements conservateurs sont en majorité les départements agricoles ou semi-agricoles, groupés à l'ouest et en partie au nord, tandis que les régions républicaines sont industrielles. La comparaison des cartes 4 et 6 le prouve, malgré force exceptions. Quant au rapport entre la génialité et le républicanisme, il me frappe bien moins, et je ne puis voir dans les coïncidences que présentent à cet égard les cartes 3 et 4 que l'action de la vie urbaine sur les deux phénomènes à la fois. M. Lombroso observe lui-même que l'opinion républicaine prévaut là où la population est la plus dense. Cette remarque, par laquelle il vient confirmer Jacoby, aurait dû lui faire reconnaître le rôle majeur des grandes villes et de leur contagion exemplaire en matière électorale.

Par exemple, plus je regarde et moins j'aperçois le parallélisme prétendu entre la carte orographique et la carte électorale. « La montagne, nous dit M. Lombroso, favorise la génialité et les tendances républicaines. » Je cherche en vain la preuve de cet aphorisme, en contradition absolue avec le fait, démontré par Jacoby, que la génialité est en rapport avec la densité de la population, très clairsemée, on le sait, dans les pays montagneux. J'avais cru jusqu'ici, d'autre part, que les montagnards, par leur genre de vie sédentaire et domestique, étaient enclins au conservatisme politique ou religieux. L'histoire le démontre, en particulier l'histoire de la Grèce que M. Lombroso invoque pourtant (p. 62) à l'appui de son idée. Du reste, quelques pages plus loin, il oublie celle-ci. Ces *cités de l'intérieur*, dont les philosophes grecs louaient l'esprit traditionaliste, en opposition avec le tempérament révolutionnaire des cités du littoral, étaient situées dans les parties montagneuses ou dans les vallées hautes et encaissées de la Grèce. Il dit lui-même (p. 105) des Doriens, que, « ayant habité les régions montagneuses, ils sont restés attachés à la tradition ».

On pourrait croire, d'après ce qui précède, que M. Lombroso est un républicain ardent, malgré l'éloge qu'il fait quelque part de la monarchie de Savoie. Mais, en vérité, je crois qu'un jeune homme docile et confiant serait bien embarrassé, s'il consultait *Il delitto politico* sur le choix d'un parti politique. Avec qui fera-t-il bien de voter? Avec les monarchistes? Mais ils abondent en France là où la *malaria* est le plus répandue, dans les pays marécageux, « Landes, Creuse, Charente-Inférieure, Vendée ». De plus, les monarchistes sont surtout brachycéphales, très dénués de génie [1]. Faut-il donc être répu-

---

1. Il montre, p. 102, que la race cimbrique, en France, est entièrement monarchique. De là, il devrait suivre, naturellement, d'après la liaison cent fois alléguée par L. entre monarchisme et absence de génie, que la race cimbrique est la

blicain? Ce n'est pas bien sûr. Les départements conservateurs sont ceux où la mortalité est la moindre, et où les hommes sont les plus robustes, les plus grands de taille. Ce sont aussi les plus fertiles en céréales. Le progrès du républicanisme correspond à celui de la folie. Il y a là de quoi donner à réfléchir. Est-ce que, par hasard, le dernier mot de la sagesse serait de voter par bulletin blanc?

M. Lombroso s'est laissé entraîner à quelques-unes des illusions que je lui reproche par sa préoccupation de ce qu'il appelle le *misonéisme*. Par *misonéisme* il entend l'horreur systématique, instinctive et innée de toute innovation, effroi sacré qu'il se croit forcé, bien malgré lui, de reconnaître comme l'attribut normal, nécessaire et universel des masses humaines [1]. Il suit de là que les révélations quelconques du génie, dont le *philonéisme* pour ainsi dire est le caractère propre, sont des anomalies, comme celles de la folie. Plus une région est géniale, donc, plus elle doit être réputée *à priori* novatrice, rebelle ou révolutionnaire en politique. Mais, s'il en est ainsi, M. Lombroso ne devrait-il pas songer que toute résistance à un entraînement électoral, à une majorité triomphante, dénote de la liberté d'esprit? Ignore-t-il la dose de hardiesse intellectuelle que suppose l'ascension au-dessus des nuages de l'opinion jusqu'aux cimes élevées d'où s'aperçoit la raison de l'irrationnel apparent, la justification des institutions historiques? Si le monde humain ne datait que de cinq à six mille ans, je comprendrais cette présomption de *vérité* que M. Lombroso paraît attacher à toute *nouveauté* politique. Mais, depuis que l'antiquité prodigieuse du passé social apparaît à nos yeux et que l'origine des civilisations recule dans les temps géologiques, il n'est plus permis d'être si prompt à croire que quelque chose de réellement nouveau et en même temps de viable, de plus utile et de plus vrai que ce qui a précédé, puisse être encore découvert, après tant d'expériences sociales accumulées, en fait d'institutions et de principes politiques essentiels ; il y a lieu, au contraire, de garder une certaine méfiance à l'égard de tout ce qui se flatte d'être neuf en ces matières, et de se demander si de prétendues nouveautés ne semblent point telles précisément parce qu'après avoir

---

moins géniale des races françaises. Mais, p. 103, il nous apprend que « le génie prédomine là où prévaut la race belge et *cimbrique* ». Je ne comprends plus. Je suis fâché d'apprendre la supériorité des races blondes sur les races brunes; est-il vrai cependant qu'Hector a été vaincu parce qu'il était brun et qu'Achille était blond? (p. 97).

1. Comme exemple de ce *misonéisme* national, il cite le peuple français, qui, depuis Strabon, est demeuré le même, « vain, belliqueux, *amoureux des nouveautés* ». Ici la contradiction est tellement forte qu'il faut l'attribuer à un *lapsus calami*.

été bien des fois expérimentées dans les civilisations antérieures, elles ont été rejetées chaque fois ensuite et remplacées par des vieilleries plus conformes à la nature des choses. Il en est de l'art politique comme de l'art en général, où tout changement n'est pas progrès, et dont le point de perfection impossible à franchir a plusieurs fois été atteint, dans certaines de ses branches au moins, au cours de l'histoire. En parlant ainsi, je ne crois nullement céder à une inspiration réactionnaire. Mais je conclus de ces considérations que, lorsque des hommes comme Le Play, et Taine, par exemple, au prix d'un grand effort émancipateur, retrouvent les titres du passé, ou quand un critique vigoureux tel que M. Brunetière recompose et redresse la statue des maîtres classiques, on n'est pas en droit de leur attribuer, comme le fait M. Lombroso, un *misonéisme larvé*, de les traiter en esprits inconséquents, parce qu'ils apportent des pierres neuves à de vieilles digues qu'on ébranle et qu'ils cherchent à raffermir. Sont-ils misonéistes ou philonéistes? Peu importe; ce sont des talents et des capacités en somme; et supposons que les esprits de cette trempe abondent dans un département ou qu'ils y donnent le ton, vous verrez la majorité y revêtir la couleur conservatrice (ce qui ne veut pas dire monarchiste nécessairement, au moment actuel). M. Lombroso, d'ailleurs, insiste souvent sur cette vérité, que l'homme de talent ou de génie, opposé sur un point, sur un seul point, au misonéisme des foules, est lui-même, sur tous les autres points, par une compensation inévitable, d'un misonéisme renforcé. Le conservatisme politique ne saurait donc être pris, *à priori*, et sans autre explication, pour une marque de stérilité artistique, agricole ou scientifique. Si l'on entre dans cette voie, où s'arrêtera-t-on? Hæckel, à une certaine époque, évaluait le degré de civilisation des races et des nations d'après leur cônversion plus ou moins rapide et générale à la religion darwinienne; ce qui semblait l'autoriser alors à placer la France bien au-dessous de l'Allemagne, de l'Angleterre et de l'Amérique. A son exemple, le savant criminaliste italien ne serait pas éloigné de penser quelque part (p. 131 et 145) que l'empressement à accepter ses idées sur le *type criminel* peut servir à mesurer la génialité des divers pays. « L'idée socialiste florit, dit-il, en Russie, et l'école pénale italienne (la nouvelle) a en Russie ses principaux fauteurs. » Les Russes sont donc à la tête des peuples. Au contraire, ajoute-t-il, « la *France*, l'Espagne et l'Amérique du Sud, peuples si fréquemment en état de sédition, comptent de très rares créateurs de véritables révolutions politiques et scientifiques ». La France mise au même rang que l'Amérique du Sud, et citée comme exemple de stérilité imaginative et révolutionnaire! Au demeurant, il paraît

que moralité et génialité font deux, car, après cela, nous lisons ce
mélancolique aveu : « Nous voyons parmi nous les hommes les
plus avancés concevoir subitement et adopter les nouvelles idées, y
compris celles de la nouvelle école pénale, mais se comporter dans
la vie publique bien moins correctement que les cléricaux, d'idées
assez courtes, mais de conscience intègre ». Je cite ce passage comme
un échantillon des surprises qui attendent le lecteur presque à chaque
page de *Il delitto politico*.

M. Lombroso est à la fois sévère et trop bienveillant pour l'esprit de conservation en général. Trop sévère en le qualifiant *mis-
néisme*, ce qui est une manière dénigrante et toute négative de le
comprendre. Trop bienveillant en le regardant comme le seul état
normal des sociétés. C'est oublier que l'accueil hospitalier fait aux
nouveautés étrangères est aussi une de leurs fonctions non moins
normales, quoique discontinue et intermittente. Si, au lieu de
faire pivoter ses idées sociologiques autour de l'idée du *nouveau* et
de créer une antithèse inféconde entre l'amour et la haine du nouveau, il eût pris pour notion centrale l'idée d'*imitation* et constaté
la distinction universelle entre l'imitation du nouveau et l'imitation
de l'ancien, il aurait évité bien des erreurs où son point de vue l'a
entraîné. Il se fût gardé, d'abord, de considérer l'attachement à la
tradition et à la coutume ou l'engouement pour les innovations contemporaines comme des caractères immuables, inhérents à une race
ou à un peuple; il eût pu voir, en effet, l'alternance de ces deux
formes plus complémentaires que contradictoires de l'imitation. Il
eût constaté sans nul étonnement que les peuples ou les départements les plus conservateurs aujourd'hui ont été à une époque antérieure très novateurs, et *vice versa* [1]. En comparant un certain nombre
de cartes électorales d'un même pays à diverses époques avec un
même nombre de cartes *géniales* de ce pays aux mêmes époques
successives, de la France par exemple dans le courant de ce siècle, il
eût sans nul doute vu les premières différer entre elles beaucoup
plus profondément d'une date à l'autre que les secondes, en sorte
que, si quelque coïncidence semblait apparaître entre l'une des premières et l'une des secondes, cet accord momentané et transitoire

---

1. Les Ioniens ne sont pas toujours novateurs, ni les Doriens toujours conservateurs. Les premiers sont conservateurs en Asie Mineure, les seconds sont
novateurs en Sicile et dans la Grande-Grèce. M. Lombroso explique ces prétendues *anomalies* par des croisements de races. Je me demande comment le
croisement des Doriens, nés conservateurs par hypothèse, avec des races autoch-
tones encore plus routinières en tant que sauvages ou barbares, aurait pu
donner des résultats diamétralement contraires aux tendances des deux races
progénitrices.

rait être jugé en grande partie fortuit ou s'expliquer par l'inter-
tion d'une cause étrangère.

ln chacun de nous, à côté de l'habitude, sorte de misonéisme
siologique, existe le caprice; à côté du penchant à se répéter, le
chant à innover. Le premier de ces deux besoins est fondamen-
mais le second est l'essentiel, la raison d'être de l'autre. Il n'y
ait point de nouveautés possibles s'il n'y avait point de routines
ables; c'est la persistance des types spécifiques qui rend seules
bles et même imaginables les variations individuelles. La lutte
re l'habitude et le caprice, qui se sont mutuellement indispen-
les, dure toute la vie de l'individu; mais il est à remarquer qu'elle
mmence par le triomphe du penchant novateur, et qu'elle se ter-
ne, dans l'extrême vieillesse, par la victoire définitive du pen-
nt routinier. Il en est de même dans la vie sociale, bien que
re auteur semble croire précisément le contraire. C'est au plus
ien début des sociétés qu'il place le règne du misonéisme absolu,
près l'observation superficielle des sauvages. Il estime que l'hor-
r du nouveau sous toutes ses formes est le propre des esprits
les, femmes et enfants, à commencer par les animaux. Or, en ce
concerne ces derniers, je veux bien l'en croire sur parole
and il nous affirme qu'une poule blanche peinte en vert a excité,
ès ce changement de couleur, une vive répulsion dans tout son
ilailler; mais je ne puis m'empêcher de penser que, parmi les
is révolutionnaires des hommes en train de prendre un bain
ns une rivière ou de figurer *in naturalibus* devant un conseil de
ision, l'arrivée inopinée d'un homme nu, tout vert, ne laisserait
s de provoquer aussi un mouvement de répugnance. Ne confon-
ns pas l'horreur du nouveau et celle de l'anormal. Quant aux
nmes, sans parler des enfants, leur facilité à s'imbiber des nou-
les modes, non seulement en fait de toilette, mais de sentiments,
dées, de mœurs, est incroyable, quoique parfois dissimulée sous
s dehors trompeurs. S'il y a en elles beaucoup de *survivances*
igieuses et morales, de pratiques qui jadis leur ont été enseignées
r notre sexe (car tous les fondateurs de religions, et tous les apô-
es, ont été des hommes et ont eu des hommes pour premiers
èles), cela tient simplement à la loi de l'imitation du supérieur par
iférieur, qui s'est appliquée ici comme partout. La femme a tou-
irs imité l'homme, dont elle a toujours senti la supériorité; il n'est
nc pas surprenant que sa religiosité, fille de celle de l'homme, lui
rvive un temps. D'ailleurs, quand les femmes emboîtent le pas des
surgés ou des révolutionnaires, elles vont plus loin qu'eux. M. Lom-
oso est embarrassé (p. 227 et s.) pour concilier l'exemple des tri-

coteuses de guillotines, des pétroleuses, des dames nihilistes, voire
même des doctoresses russes, avec le misonéisme soi-disant essentiel à la nature féminine. Mais si, avec moi, on ne voit dans le penchant à suivre les nouvelles modes qu'une forme de l'imitation, on
ne sera pas surpris que ce goût alterne chez les mêmes personnes
avec le culte des vieux usages, des aïeux et du foyer. Et on concevra
facilement que la femme, précisément parce qu'elle est très imita-
trice, soit tour à tour dévote du passé jusqu'à la routine aveugle, et
enthousiaste d'actualités jusqu'aux pires extravagances. Je ne dirai
rien des sauvages; mais je ferai remarquer que l'admiration superstitieuse, la vénération enthousiaste des peuples barbares pour les
diverses formes de la folie, baptisées souvent prophétisme et sainteté, ne s'accorde guère avec cette aversion pour les nouveautés,
c'est-à-dire pour les singularités, qu'on leur attribue trop libéralement. La noble folie qu'aime le barbare, c'est celle qui accentue
l'individualité, qui en fait une exception singulière et puissante à la
règle commune. Il oublie ses prêtres, représentants de la règle, pour
courir au prophète et à l'ascète, représentants de l'exception.

IV

Ce qu'il y a de plus fâcheux peut-être dans la manière dont M. Lombroso entend le misonéisme, c'est qu'il est conduit par là à regarder
toute invention, toute innovation, comme une anomalie morbide, compagne de la folie, puisque la routine est le seul phénomène normal,
la santé et le salut des nations. Il ne distingue même pas entre les
inventions qui sont conformes et celles qui sont contraires à l'esprit
général de la société où elles éclosent. C'est pourtant cette distinction
fondamentale, quoique souvent délicate et subtile dans le détail, qui
seule peut justifier et expliquer l'opposition sur laquelle il insiste si
fort sans parvenir à l'élucider, celle des insurrections et des révolutions, ou, pour mieux dire, celle des crises de destruction et des crises
de renouvellement. Les révolutions vraiment rénovatrices sont, comme
il le dit très bien, non le contraire de l'évolution sociale, mais son
expression la plus nette et la plus forte. Le succès rapide et durable
d'une idée politique ou religieuse nouvelle et brusquement importée
dénote qu'elle était appelée, cherchée à tâtons depuis longtemps
par les intelligences inquiètes, hantées des problèmes dont elle offre
une solution inattendue. Le révolutionnaire, ou, pour mieux dire, le
régénérateur, heurte un rocher de préjugés, comme le simple insurgé;
mais il en brise une pierre, et il en sort une source, un flot de con-

victions antérieures et accumulées qu'il a fait jaillir. L'insurgé frappe, et rien ne jaillit ; c'est un Moïse avorté. Il n'est pas d'insurgé qui, en d'autres temps, n'eût pu être un révolutionnaire, et *vice versa*. Luther, venu cent ans plus tôt, avant la découverte de l'imprimerie, ou né en Espagne au lieu de naître en Allemagne, eût péri sur le bûcher comme Jean Huss. Il n'a manqué non plus à Jean Huss pour être un Luther que d'être né à propos. — Voilà bien, ce me semble, au fond, la vraie différence entre les rébellions et les régénérations sociales. Voilà bien la pierre de touche, indiquée par le bon sens, dont il faudrait commencer par faire usage avant de rechercher dans quels climats, dans quelles saisons, sous quelles latitudes, avec quel indice céphalique, etc., l'un de ces phénomènes est plus fréquent que l'autre. Pour être en droit de décider, en vertu de certaines statistiques, que (p. 377) « les révoltes s'observent plus fréquemment dans les pays à altitude très élevée et très chauds, en temps de disette, ou chez les peuples brachycéphales et bruns, et sont en rapport très étroit avec l'alcoolisme et les saisons chaudes », tandis que « les révolutions, *plus rares dans les pays très chauds, plus fréquentes dans les mois chauds* (chose un peu étrange), surtout pour les créations géniales, se développent pourtant, à l'inverse des rébellions, *dans les pays modérément froids*, secs, surtout dans les pays de montagnes et de collines, rarement dans les plaines et sur les sols volcaniques,... e sont en rapport avec la haute stature de la race » ; pour être en droit de poser ces conclusions, très curieuses à coup sûr, ne faudrait-il pas préalablement expliquer sur quel principe on s'est appuyé pour dresser les listes de révoltes et de révolutions qui ont servi de fondement à ces calculs, pour classer dans une liste plutôt que dans l'autre beaucoup de faits historiques diversement appréciés? M. Lombroso ne nous dit pas le principe qui l'a guidé dans cette délicate opération. Tout à l'heure, nous l'avons vu mettre sur le même rang la Révolution française et les Vêpres siciliennes : cela est un peu hardi.

Au demeurant, je n'entreprendrai pas de discuter les propositions ci-dessus et d'autres semblables, malgré quelques timides objections que j'aurais peut-être à y opposer. C'est en songeant à l'Égypte et à la Mésopotamie anciennes, à la Chine, à la Russie, que M. Lombroso attribue aux pays de grandes plaines un caractère anti-révolutionnaire. Mais il ne songe pas aux phases de bouleversements gigantesques traversées par ces peuples avant leur époque d'apaisement sur laquelle s'arrêtent de préférence les yeux de l'histoire ; il méprise trop les exceptions à sa règle présentées par la République Argentine et la Pologne, si agitées, quoique situées dans des pays d'une extrême platitude. Il dit, au sujet de la République Argentine, que cela tient « à la sécheresse de l'air, au débordement de la vie urbaine, à l'imitation des révolutions européennes », trois considérations dont deux au moins ont leur valeur. Mais, par malheur, aucune des trois n'est applicable à la Pologne avant le partage. Je ne suis nullement surpris, pour ma part, de voir une nouvelle société en pleine fièvre de croissance, comme La Plata, se convulsionner souvent, et il y a des raisons de croire que toutes les sociétés destinées à un grand avenir, à un large développement territorial, qui se sont formées dans le haut passé, c'est-à-dire celles qui ont eu pour berceau une belle vallée, les vallées du Nil, de l'Euphrate, du fleuve Amour, ont été convulsionnaires de la sorte à leurs premiers débuts. Mais, en vieillissant, la plaine argentine se calmera comme s'est apaisée au dix-septième, au dix-huitième siècle, la plaine hollandaise, maintenant si tranquille, autrefois si tourmentée. — Il est à remarquer, à ce propos, que toutes les civilisations de l'ancien et du nouveau monde ont bâti leur nid dans une plaine ou sur un plateau. Si donc il était vrai que les révolutions, j'entends les vraies et heureuses révolutions, ont pour théâtre habituel les collines ou les monts, il s'ensuivrait que révolution et civilisation seraient deux termes incompatibles, formant antithèse complète. Peut-être Metchnickoff, le savant et profond révolutionnaire, auteur de *La civilisation et les grands fleuves historiques*, ne serait-il pas de cet avis. Et je crois, quoique fort peu révolutionnaire, qu'il aurait raison. Si révolution veut dire innovation féconde, propagée et durable, toute civilisation est un faisceau de révolutions entassées et tassées. Par les lois de l'imitation, — si, par hasard, ma propre chimère ne m'abuse — se résoudrait aisément une apparente difficulté que *Il delitto politico* présente au lecteur attentif.

V

Mais je crains bien qu'en agitant ces questions avec notre auteur, nous ne perdions de vue, comme lui, notre véritable sujet. Il s'agit, en somme, de caractériser le délit politique et le délinquant politique, de dire dans quels cas nous avons devant nous un délit et un délinquant de cet ordre. Serons-nous suffisamment éclairés à cet égard quand nous saurons en quoi l'insurrection et l'insurgé diffèrent de la révolution et du révolutionnaire? Non, à moins de révolter la conscience humaine en subordonnant l'appréciation morale et juridique d'un acte à son succès ou à son échec. Une conspiration éclate. Les conspirateurs sont-ils des régénérateurs ou des rebelles? L'avenir le dira. S'ils réussissent, on les saluera grands hommes ; s'ils échouent, on les fusillera. Sans doute, ils échoueront ou ils réussiront, le plus souvent, non toujours, suivant leur contradiction ou leur accord avec les idées et les tendances de leur milieu. Mais leur entreprise même prouve qu'ils ont cru s'accorder avec elles, pouvoir compter sur elles. Or, s'ils se sont abusés, de quoi sont-ils coupables ? De leur erreur. Mais là n'est pas la question. Dès le moment où ils ont pris les armes, et avant le dénouement de leur tragédie, l'homme de pensée et de cœur se croit le droit de juger leur conduite et de ne pas attendre, comme la foule, le résultat final, pour les applaudir ou les blâmer. Me direz-vous que c'est là un droit imaginaire, un pur préjugé ? Si vous me disiez cela, M. Lombroso, je ne vous croirais pas, car d'un bout à l'autre de vos livres, vibre énergiquement la fibre honnête de l'indignation ou du mépris contre toute sottise même applaudie, contre toute méchanceté même réussie ; c'est cela surtout qui attache à votre lecture, qui fait passer par-dessus tous les paradoxes et toutes les étrangetés. Vous avez beau dire, de bouche, que mérite et démérite ne signifient rien, qu'il est puéril de blâmer et de s'indigner, je vous vois avec plaisir flétrir à chaque page toute infamie et protester contre tout fait qui a donné tort au droit. Qu'un autre en cela vous accuse d'inconséquence, parce que vous êtes déterministe ; je le suis aussi et je prétends rester logique en m'indignant à l'occasion. Je me persuade même l'avoir prouvé. Droit, devoir, vice, vertu, bien, mal : notions toujours jeunes, patrimoine commun de tous les systèmes. « Quel pacte de ces mots nous a déshérités ? » dirons-nous avec le poète. Donc, il nous reste permis de nous demander, à la vue de cet ouvrier qui monte sur une barricade un fusil à la main, de ce régicide ou de ce présidenticide qui va mettre le feu à une bombe, s'il est ou non, et jusqu'à quel point il est coupable. N'est-il pas manifeste qu'il s'agit pour cela de scruter son cœur, avant tout, et d'y lire le sentiment qui l'anime ; de savoir si son mobile a été égoïste ou généreux, lâche ou héroïque ? Tel révolutionnaire, qui a combattu dans le sens de l'avenir, et à qui l'avenir dresse des statues, n'a été qu'un grand scélérat, concussionnaire et souillé de sang. Tel insurgé, acharné à un impossible idéal, à une cause perdue d'avance, chimérique ou prématurée, et, pour ce, pendu, guillotiné, fusillé, brûlé, suivant les temps et les lieux, est un héros qui a fait pleurer ses bourreaux mêmes de pitié et d'admiration. Ce que je dis là n'est peut-être pas politique, mais c'est moral ; et la morale, c'est, je l'espère bien, la politique de l'avenir. La nouvelle école italienne de droit pénal s'est fait honneur en signalant, à propos des homicides ordinaires, l'importance majeure et en partie méconnue de la nature du mobile. Elle

voudrait, avec raison, voir substituer cette considération à celle de
la préméditation, dont on abuse. Mais c'est surtout, me semble-t-il,
aux crimes politiques qu'il conviendrait d'appliquer cette doctrine. Si
les meurtres passionnels sont dignes d'une indulgence particulière,
cela est surtout vrai de ceux qu'une passion, non plus individuelle
comme l'amour ou la jalousie, mais patriotique ou humanitaire, a
inspirés. Cette passion est un danger, je le veux, et il importe d'en
prévenir les nouveaux éclats; mais, si l'on n'a égard en la châtiant
qu'à l'utilité de « faire un exemple », et si l'on croit faire acte de profond homme d'État en ordonnant telle ou telle exécution capitale
contre laquelle vont se soulever des protestations « sentimentales »,
on commet une erreur sanglante, qui devient plus grave et plus
évidente chaque jour.

Les crimes politiques sont le dernier asile où ait régné jusqu'à
nous l'utilitarisme pénal pur; et l'on peut là le juger à l'œuvre.
Frapper un rebelle dans la mesure où l'État croit avoir intérêt à l
faire sans tenir le moindre compte du caractère vil ou noble de s
rébellion : telle a été la règle de conduite des chefs d'État dans tou
les temps, même aux époques où l'on se flattait de proportionner l
pénalité ordinaire au degré précis de culpabilité, de responsabilité
morale. Mais notre siècle inaugure en ceci une ère nouvelle, qu'il
est aisé de caractériser par le contraste du présent et du passé à deu
égards, la peine de mort et l'extradition. Jadis, la peine capitale éta
un très important appareil social dont il ne nous reste plus qu'u
organe rudimentaire; elle fonctionnait partout et continuellement;
mais n'était-ce pas surtout en matière politique qu'elle déployait tou
son luxe d'atrocités, qu'elle trônait comme dans son domaine propre ?
Il semblait qu'on eût pu la déloger de partout ailleurs, sans avoir
l'idée de l'assiéger dans ce dernier retranchement. Aujourd'hu
c'est ici précisément qu'elle a été supprimée, pendant qu'elle subsist
pour les crimes de droit commun. Même antithèse en fait d'ex
tradition. Les premiers traités par lesquels les États anciens on
stipulé l'échange de leurs criminels avaient trait aux criminels poli
tiques, ceux-ci ont été extradés longtemps avant qu'on ait songé
saisir par delà les frontières les vulgaires assassins. Dans notre siècle
au contraire, l'extradition atteint les délits graves de droit commun
pendant qu'elle épargne habituellement les délits d'ordre politique.
Je ne sais quelle explication physique ou physiologique de ces deux
grands faits aurait fournie M. Lombroso, s'il les avait remarqués.
Pour moi, j'y vois la suite des progrès immenses qu'a faits l'assimilation réciproque des nations civilisées en étendue et en profondeur;
elle a commencé par les classes supérieures qui, en devenant sem-

blables, ont eu les premières le sentiment de leur solidarité, de leur communauté d'intérêt; puis elle a gagné les dernières couches du peuple, et l'intérêt commun des gouvernés a fini dès lors par prévaloir même sur celui des gouvernants. Quoi qu'il en soit, du reste, il résulte au moins du double contraste indiqué, que le crime et le criminel politiques, loin d'être l'objet d'une horreur exceptionnelle, comme cela s'est vu au xviiie siècle, lors de l'attentat de Damiens, ont actuellement le privilège de provoquer l'indulgence ou la faveur universelle. Ce qui prouve que l'humanité en s'éclairant ne devient pas de plus en plus utilitaire, quoi qu'on en dise : en effet, si rien n'est plus généreux souvent que le mobile du conspirateur, rien n'est plus dangereux d'ordinaire que sa tentative, rien n'est plus ruineux ni plus destructif que son succès. Ni Pranzini, ni Prado, ni Eyraud n'ont fait au public qui demande leur tête autant de mal que les condamnés de la Commune dont il a réclamé l'amnistie.

C'est que le public est psychologue sans le savoir, beaucoup plus que sociologue; et il trouve, avec raison, la psychologie de l'insurgé bien plus intéressante que celle du brigand ordinaire. Mais il faut avouer que souvent il est dupe des mots, ici comme ailleurs, et qu'il se hâte trop de ranger parmi les délinquants politiques des scélérats n'ayant rien de politique que le nom [1]. Dans un chapitre des plus instructifs, M. Lombroso nous montre combien de fois cette confusion a dû être faite. Passant en revue (p. 263 et s.) les régicides célèbres, Orsini, Fieschi, Hœdel, etc. il énumère les condamnations pour délits de droit commun qui avaient été, avant leur attentat, encourues par eux-mêmes ou par leurs complices. Elles sont nombreuses. Il fait la même remarque, non seulement d'après Despine et Maxime du Camp, mais d'après Cluseret et Vallès, relativement aux hommes de la Commune. Il l'étend aux chefs jacobins. Il ne perd pas une si belle occasion d'utiliser son type criminel. Si, malgré moi, je ne gardais toujours quelque méfiance à l'endroit de ses statistiques, je ne pourrais m'empêcher d'être frappé d'un fait qu'il avance : la proportion des individus porteurs de ce fameux type est, d'après lui, beaucoup plus considérable parmi les insurgés que parmi les révolutionnaires; elle est très forte là où la cause du soulèvement est injuste, elle est très minime quand la révolte est légitime. Ainsi,

---

1. Nous savons tous à quelles conditions l'affaire la plus simple du monde est réputée affaire politique et, comme telle, soustraite à la juridiction du bon sens et du sens moral. Il suffit qu'elle intéresse de près ou de loin un homme politique, ou qu'elle soit censée pouvoir exercer une influence quelconque sur le résultat d'une élection, fût-ce une élection municipale. — Remarquons que l'augmentation des affaires politiques ou qualifiées telles est un symptôme grave, un signe certain de perturbation sociale.

sur 521 martyrs de l'indépendance italienne, il compte seulement
trois stigmatisés de cette espèce; tandis que, sur 50 photographies
de membres de la Commune, il y en a 6, et, sur 8 pétroleuses, 4.
Mais les lunettes du patriotisme n'auraient-elles pas, peut-être,
altéré sa vision? Parmi nos grands agitateurs français, il trouve
Mirabeau très beau, il est vrai, mais son nez de travers lui paraît
suffire à le classer dans la catégorie des individus *typés*, à côté de
Marat, de Carrier, etc. Il découvre beaucoup d'épileptiques au
nombre des novateurs : Mahomet par exemple. De là une nouvelle
névrose dont il a voulu être le parrain et qu'il a baptisée l'épilepsie
politique. Remarque plus sérieuse : le nombre extraordinaire de fous
dans les rangs révolutionnaires. Luther, Savonarole, ont eu de vraies
hallucinations; Masaniello, Cola de Rienzi, fous dangereux; le dernier, mégalomane. Châtel, Jacques Clément, Poltrot, autant d'hallu-
cinés. Ravaillac, en frappant Henri IV, obéissait au délire de la persécution. Pendant la Révolution française, Théroigne de Méricourt,
aliénée; sous la Commune, la folie règne; voir à ce sujet le livre du
Dr Laborde. Beaucoup de fous parmi les insurgés de l'Amérique du
Sud. John Brown, l'apôtre de l'émancipation des esclaves en 1859,
était atteint de folie héréditaire. Fou aussi, Hong-Sion-Tucen, le
révolutionnaire chinois (M. Lombroso voit donc bien que la Chine,
malgré ses vallées, a eu ses révolutions) qui, vers le milieu de ce
siècle, a rêvé de christianiser le Céleste Empire et y a suscité de
grands troubles. Fou encore, le fondateur d'une nouvelle religion
qui, en 1862, s'est formée parmi les sauvages de la Nouvelle-Zélande
(preuve que le prétendu misonéisme des sauvages n'est pas sans
exception). C'était, paraît-il, un nommé Horopapera, en relations
continuelles avec l'archange Gabriel.

S'il en est ainsi, nous devons nous attendre à voir l'esprit de
révolte et de révolution, dans une nation ou dans une classe, en rapport avec la fréquence des cas de folie dans cette population. Il doit
donc être plus répandu et plus intense dans les villes que dans les
campagnes, dans les pays *en train* de se civiliser (je ne dis pas dans
les pays très anciennement civilisés et assis en leur civilisation
établie, tels que la Chine ou l'Égypte) que chez les peuples barbares.
En voyant progresser d'un même pas, dans notre Europe, l'aliénation
mentale et l'agitation novatrice, on ne saurait douter de ce parallélisme ni hésiter à l'expliquer par des causes principalement sociales.

Le seul fait que l'esprit révolutionnaire a ses accès et ses apaise-
ments, qu'il souffle tantôt du nord, tantôt du midi, qu'il se promène
d'Orient en Occident, ou d'Occident en Orient, prouve clairement
qu'il ne tient pas à des causes physiques ou physiologiques, au climat

ou à la race, qui ne changent pas. S'il dépendait principalement de ces conditions, il serait fixe et constant comme elles. Jusqu'à Luther, comme on peut le voir notamment dans le *Précis de l'histoire de l'Église d'Occident* par Charles Schmidt, la plupart des grands hérésiarques chrétiens ont pris naissance dans le midi de l'Italie, ou de la France, foyer de la civilisation et de la richesse européenne au moyen âge ; et c'est parce que la découverte de l'Amérique et celle de l'imprimerie ont eu pour effet graduel de transporter à l'ouest et au nord le courant commercial et civilisateur, que l'hérésie, comme le génie, s'est mise à éclore, depuis le xvie siècle, sous une latitude plus élevée. Au xive siècle, quand éclataient ces épidémies révolutionnaires par imitation de plèbe à plèbe, que Lombroso a remarquées, et qui ont sévi de 1378 à 1394, les plèbes de Rome, de Florence, de Palerme ont servi de modèle aux communes allemandes, aux hussites de la Bohême, aux bourgeois suisses. C'est toujours la nation ou la classe la plus brillante qui est imitée. Par cette même loi de l'imitation du supérieur s'explique un autre fait, que cite notre auteur : « Jusqu'à la moitié du siècle actuel, en Russie, les révoltes et les conspirations étaient localisées dans les hautes classes ; c'étaient des événements de palais. Mais, depuis, le régicide est descendu peu à peu dans les couches profondes de la nation. » Chez nous, l'exemple des révoltes a été donné à la bourgeoisie et au peuple par les chefs aristocratiques de la Fronde dont la tradition s'est perpétuée jusqu'en 1789 et a eu pour représentant le plus illustre le comte de Mirabeau. Si M. Lombroso eût tenu compte de cette loi, il eût été moins surpris d'un phénomène qu'il se donne beaucoup de mal pour expliquer : comment se peut-il faire que, la noblesse étant essentiellement *misonéistique* d'après lui, il y ait toujours eu, mais surtout jadis, tant de nobles à la tête de toutes les révolutions? Ses efforts pour résoudre ce problème insoluble sont curieux. Mirabeau est représenté comme un *dégénéré* névropathe ! La vérité est que, loin d'avoir le misonéisme pour caractéristique essentielle, la noblesse, en ses jours de splendeur, est toujours amie des nouveautés, même des nouveautés qui tendent *indirectement*, par exemple les idées des Encyclopédistes et de Rousseau au dernier siècle, à ébranler son pouvoir.

Mais c'est assez critiquer M. Lombroso. Malgré tout, son livre est très intéressant, et s'il ressemble un peu trop à une forêt vierge, je m'aperçois que le laisser aller de mon article m'a enlevé le droit de l'en blâmer. Disons-le en finissant, M. Lombroso est un des agitateurs les plus passionnés, mais les plus sincères qui existent. C'est, à sa manière, un *impulsif*. Une forte excitation intérieure le pousse cons-

tamment, non à commettre des crimes, mais à pourfendre des
ennemis intellectuels qui l'assiègent, et qui, toujours taillés en pièces,
se redressent toujours sur leurs pieds, comme cela se voit dans les
poèmes orientaux. Il lui sera beaucoup pardonné, non peut-être pour
avoir beaucoup aimé, — car il me semble haïr cordialement ses
adversaires, — mais pour avoir beaucoup cherché, sinon trouvé
toujours, ce qui serait vraiment trop de bonheur.

G. TARDE.

UNE THÉORIE NOUVELLE DE LA LIBERTÉ

Nous n'oserions point écrire le titre qu'on vient de lire s'il s'agissait d'une théorie qui nous appartînt. Il nous semblerait trop difficile à justifier. Il pourrait paraître téméraire de promettre une solution nouvelle d'un problème qui a exercé et souvent défié la sagacité d'un si grand nombre de penseurs et des plus divers. Il en est pourtant de cette question comme de toutes les questions primordiales en philosophie : une moyenne originalité en éloigne, parce qu'elle y redoute la banalité; une originalité plus profonde y ramène, parce que c'est là surtout qu'elle trouve son emploi. C'est pourquoi M. Bergson, dans son récent et remarquable *Essai sur les données immédiates de la conscience* [1], a voulu aborder à son tour la question aussi inévitable que rebattue du libre arbitre; il a réussi en effet à en formuler une théorie vraiment neuve à bien des égards, et c'est cette théorie que nous nous proposons d'examiner.

L'ouvrage dont cette théorie forme la partie culminante, et dont elle est le terme final, présente une telle unité, une si savante construction, qu'il faudrait, pour être parfaitement clair et pour donner surtout sa vraie valeur à la doctrine qu'on en détache, remonter jusqu'aux prémisses métaphysiques sur lesquelles elle repose, et les exposer avec toute l'ampleur qu'elles réclament. C'est cependant une satisfaction que nous sommes obligés de nous refuser. Un tel travail dépasserait les limites que nous devons nous imposer ici, et soulèverait plus de questions que nous n'en pourrions résoudre; on ne refait pas, et surtout on ne défait pas dans son ensemble, au pied levé, une œuvre aussi sérieusement élaborée. D'ailleurs une analyse très bien faite, et qui a paru ici même [2], fait suffisamment connaître les principes de cette philosophie, et nous y renvoyons le lecteur qui n'aurait pas eu la bonne fortune de faire connaissance avec l'ouvrage même de M. Bergson. Ces principes, nous nous contenterons

1. 1 vol. in-8º, Alcan, 1889.
2. *Revue philosophique*, mai 1890. Compte rendu de M. Lévy-Brühl.

de les rappeler aussi brièvement que possible, dans leur rapport avec la question qui nous occupe. Au reste, cette brièveté, croyons-nous, ne nous expose pas à être injuste et à faciliter notre critique au détriment de la doctrine critiquée. Nous nous proposons en effet, avant tout, d'examiner si la notion que cette philosophie nous offre de la liberté résout les difficultés inhérentes à la question, et surtout si elle répond bien au fait même de la liberté tel qu'il se présente à la conscience, tel qu'il est reconnu dans la pratique, et proclamé (quel qu'il soit) par le sens commun. Il nous importe donc moins de savoir ce que valent les prémisses qui conduisent l'auteur à cette notion, que de bien examiner ce qu'elle vaut elle-même. Il nous paraît d'autant plus légitime de poser ainsi la question que justement M. Bergson ne vise qu'à dégager le *fait* de la liberté, considéré comme une *donnée immédiate de la conscience*, des paralogismes philosophiques, ou même des illusions psychologiques spontanées qui le dissimulent, et qu'il s'engage ainsi, plus que qui que ce soit, à se conformer dans le résultat final au témoignage de l'expérience immédiate.

Si en effet M. Bergson s'attaque à une des questions les plus usées de la philosophie, c'est aussi en s'emparant de ce qui semblait le plus banal, que son originalité la renouvelle; et c'est par la voie qui paraissait la plus ouverte et la plus battue qu'il l'aborde. Tout son travail ne fait, en un sens, que restaurer et rajeunir le vieil argument tiré de la conscience, la preuve (bien improprement appelée ainsi), du sentiment vif interne de notre liberté. Cette liberté, il ne cherche pas à la démontrer, ni même à la définir, mais à nous la faire sentir, à nous la faire constater au fond de notre être; à la naïve et vague constatation qui constituait toute la vieille preuve cartésienne et spiritualiste, il donne l'appui et ajoute l'intérêt d'une théorie profonde de la nature du moi et de la vie subjective, dont elle devient le corollaire final. Et de fait, il se dégage de ces pages pénétrantes et ingénieuses un sentiment de la réalité et de l'unité psychiques qui forme, à notre sens, un curieux contraste avec la subtilité des analyses par lesquelles l'auteur nous y amène. Ce serait, suivant lui, pour avoir méconnu cette réalité psychique, ses caractères propres, sa nature intime que partisans et adversaires du libre arbitre se sont heurtés à des obstacles insurmontables. Ainsi nous restons sur le terrain de la psychologie pure; ni la morale ni la métaphysique transcendante n'interviendront pour nous sauver des conclusions déterministes. On n'essayera point de nous extorquer l'affirmation de la liberté au nom du devoir et de la moralité. On n'évoquera point le noumène pour servir de refuge à un pouvoir exilé et impuissant. On ne postulera pas la liberté; on ne la démontrera pas non plus; on prétend simplement nous la montrer, ce qui nous dispenserait de l'un et de l'autre. La personne pure, M. Bergson la cherche au fond de notre conscience même, dégagée des fausses représentations que nous nous faisons de nous-mêmes comme d'une chose, de l'esprit sous les formes de la matière.

L'idée dominante du livre de M. Bergson est en effet que nous avons le grand tort d'appliquer à la réalité externe et à la réalité interne, directement saisie par la conscience, les mêmes formes, les mêmes catégories. Nous perdons de vue la profonde hétérogénéité de ces deux mondes; et comme la pensée est dominée, absorbée par l'objectif, séduite par la clarté de la science des choses, elle s'oublie elle-même, méconnaît sa propre nature; et c'est aux dépens de la conscience que s'opère ainsi l'assimilation de l'interne à l'externe. L'homme, dirions-nous, a commencé, dans l'anthropomorphisme des mythologies primitives, par concevoir le monde à son image; mais le monde le lui a bien rendu, lorsque la science abandonnant cette conception enfantine, lui a substitué la notion d'un monde inerte, mathématique, sans vie et sans volonté. Car cette conception abstraite des choses extérieures a en quelque sorte déteint sur l'idée que nous nous sommes faite de nous-mêmes. Habitués à ne penser distinctement les choses du dehors que grâce aux formes de l'espace, du nombre, du mouvement, nous devenons incapables de rien comprendre sans les appliquer. Nous arrivons alors à nous représenter le moi lui-même, à son tour, comme une sorte de petit monde où nos idées et nos sentiments gravitent les uns autour des autres, ainsi que des astres séparés, mais solidaires. Nous imaginons les phénomènes psychiques comme des *choses* distinctes distribuées dans une sorte d'espace vide qui serait la conscience, et qui s'attireraient, se repousseraient, s'entre-choqueraient entre elles. La vie sociale et le langage contribuent à fortifier cette illusion, à accentuer cette altération de notre conscience. Car pour entrer en relation avec nos semblables, nous sommes obligés de nous analyser et pour ainsi dire, de nous émietter nous-mêmes. Nous ne pouvons montrer de nous-mêmes aux autres que ce qui est déjà en eux, leur faire comprendre nos sentiments que par les leurs. Mais chacun de nos sentiments, chacune de nos idées tient à notre personnalité tout entière dont elle reflète la nuance, et l'exprime tout entière, bien qu'à un point de vue particulier, comme la monade de Leibnitz exprime l'univers.

Tout cela ne peut passer au dehors; de sorte qu'à la place de notre personnalité originale et vivante nous mettons une généralité, une abstraction. Nous ne pouvons communiquer notre indivisible conscience, et pour en donner l'idée à autrui, nous le forçons, lui aussi, à tirer de sa propre conscience tous les éléments dont nous croyons pouvoir former un amalgame suffisamment analogue à notre propre état. Nous sommes réduits à nous analyser, mais nous l'obligeons aussi à s'analyser lui-même, et nous sommes ainsi, les uns pour les autres, des ferments de décomposition.

Il n'est pas étonnant qu'ainsi altérée par le contact avec le monde extérieur d'un côté, par les nécessités du langage et le contact des autres consciences de l'autre, notre conscience perde le sentiment de sa nature propre, et en particulier de sa liberté, qui en est le trait essentiel. Purement qualitative (c'est du moins l'idée, et l'idée fondamentale de M. Bergson, que nous ne voulons pas examiner ici), la vie consciente est dès lors soumise de force à la catégorie de la quantité; purement dynamique, elle est, par la distinction arti-ficielle des états qui la composent, transformée en une sorte de mécanisme; se développant uniquement en ce que M. Bergson appelle la *durée concrète*, dont tous les moments se pénètrent les uns les autres, elle est étalée dans une sorte de milieu inerte et homogène, qui n'est au fond que de l'espace; libre enfin, elle paraît, par suite de ces déformations, soumise à la nécessité d'un complet déterminisme.

Dans l'associationnisme en effet, auquel M. Bergson s'attaque par-ticulièrement, pourquoi se produit l'apparence d'un déterminisme incompatible avec la liberté? C'est que l'âme y est décomposée en éléments séparés et distincts, et constituée pour ainsi dire d'atomes de conscience qui, restant extérieurs les uns aux autres, exercent les uns sur les autres une sorte de pression et de contrainte. Obsédés, comme nous l'avons dit, par les formes de la réalité objective, nous sommes amenés à les appliquer au moi, et pour nous comprendre nous-mêmes, nous usons du cadre de la causalité qui est celui de toutes nos explications dans l'ordre objectif. Dès lors la liberté s'évanouit et la nécessité apparaît. En effet ces élé-ments que nous distinguons pour la commodité de notre entende-ment analyste ne sont pas des éléments dans la réalité. Le moi n'est pas, pour lui-même, une synthèse donnée préexistante; c'est l'unité qui est ici le fait réel; en chaque instant la conscience est constituée par un état total ayant sa coloration propre, et c'est après coup, artificiellement, par abstraction, que nous y distinguons des parties. Qu'arrive-t-il dès lors? C'est que ces éléments disjoints résistent pour ainsi dire à la violence que nous leur faisons et cherchent à se réunir. Nous prétendons alors qu'ils se *conditionnent* les uns les autres, parce qu'en effet ils ont besoin les uns des autres pour se compléter et de là vient l'apparente nécessité qui pèse sur la vie interne. Nous disons, par exemple, que telle croyance ou telle volition a été *déterminée* par tel sentiment et s'explique par lui, que par conséquent elle n'était pas libre. Mais, en réalité, il y avait là un tout indissoluble; la liaison extérieure et en quelque sorte mécanique que nous établissons sous la forme d'un conditionnement, n'est que le substitut inexact et d'ailleurs toujours insuffisant du lien intime et dynamique, de l'unité vivante qui existait tout d'abord. C'est à peu près comme si, ayant brisé une statue, nous sentions la nécessité de rétablir le tout primitif, et que nous prenions alors le ciment et les crampons à l'aide desquels nous rattachons les morceaux disloqués pour le vrai principe de leur liaison.

Le moi présente donc deux aspects bien différents : « l'un, net, précis, mais impersonnel; l'autre, confus, infiniment mobile et inexprimable, parce que le langage ne saurait le saisir sans en fixer la mobilité, ni l'adapter à sa forme banale sans le faire tomber dans le domaine commun ». « Au-dessous de la durée homogène, symbole extensif de la durée vraie, une psychologie attentive démêle une durée dont les moments hétérogènes se pénètrent; au-dessous de la multiplicité numérique des états conscients, une multiplicité qualitative; au-dessous du moi aux états bien définis, un moi où succession implique fusion et organisation [1] ». Le premier, le moi superficiel, que sa clarté même et sa meilleure adaptation aux exigences de la vie sociale nous rend plus familier, est celui que considèrent les déterministes, et il semble leur donner raison. Mais le second, le moi profond, que l'on oublie et qui est pourtant le plus réel, exclut au contraire le déterminisme en excluant la division, la quantité, la durée homogène.

On pourrait facilement rapprocher cette théorie de celle de Kant. Ce que M. Bergson appelle le moi superficiel est évidemment très analogue au moi empirique de Kant, soumis aux lois du déterminisme. D'autre part, à la place et dans le rôle du noumène kantien M. Bergson installe le « moi profond », la vie consciente prise dans son essence même, dans sa nature propre. Le premier est, comme la personne empirique, le résultat de l'altération du second par les lois de la pensée et les exigences de la science. Seulement, tandis que pour Kant, le temps est la forme propre de la vie interne, pour·

1. *Essai sur les données immédiates de la conscience*, p. 96 et 97.

M. Bergson, ce temps lui-même, temps homogène et mathématique, très différent de la durée vraie, n'est qu'un succédané de l'espace, forme de la connaissance objective. Puisque nous indiquons cette comparaison, nous nous demandons même si la conception de M. Bergson ne l'emporte pas en clarté et en cohérence sur celle de Kant. On comprend bien en effet, si l'on veut, que nous soyions obligés de soumettre les choses aux lois de notre pensée, et que ces choses, distinctes de la pensée suivant Kant, ne nous apparaissent que réfractées suivant les lois de notre optique mentale. Mais comment comprendre que la pensée se voie elle-même autrement qu'elle n'est, soit obligée, pour se penser, d'intercaler *entre elle et elle-même* quoi que ce soit, qu'enfin naturellement, primitivement et nécessairement nous nous voyions nous-mêmes comme des choses extérieures, à l'aide de certaines formes de sensibilité? M. Bergson nous propose une théorie bien plus concevable, à notre avis, lorsqu'il nous présente une semblable altération de la conscience par elle-même, non comme primitive mais comme dérivée, non comme nécessaire mais comme contingente; lorsqu'il nous montre la connaissance objective, soumise, elle, nécessairement, à certaines formes d'intelligibilité, déteignant *après coup*, sur notre conscience et créant en nous, à titre d'habitude acquise, la tendance à nous penser nous-mêmes comme une chose, à ne nous voir que du dehors, comme nous nous voyons dans un miroir.

Qu'est en définitive la liberté d'après toute cette doctrine? Nous voyons bien où il ne nous la faut pas chercher et pour quelles raisons on a pu la méconnaître; nous voyons bien aussi où, et dans quelles conditions, nous devrions, d'après M. Bergson, la retrouver. Mais qu'est-elle enfin? Il n'est pas aussi facile de le dire. La liberté nous est donnée tout d'abord comme « un certain caractère de la décision prise, de l'acte libre », caractère consistant en ce que l'acte libre « émane du moi », porte la marque de notre personne » (p. 132). D'autre part, la liberté nous est encore définie comme force, comme cause dans l'acception dynamique du mot, par opposition à l'acception mécanique; dans cette seconde acception, la causalité revient à une équivalence mathématique, qui ne saurait évidemment avoir de sens ni trouver d'application là où il n'y a pas quantité, mais qualité pure. Cette causalité dynamique ne comporterait pas la détermination nécessaire, et le déterminisme psychologique ne proviendrait que de la formation d'un concept hybride qui mêlerait les deux sortes de causalité, prêtant à l'une la nécessité qui n'appartient qu'à l'autre (p. 151 et s., et surtout 164-166). En fin de compte, la liberté est considérée comme « le rapport du moi concret à l'acte qu'il accomplit » ; et l'auteur s'empresse d'ajouter que « ce rapport est indéfinissable, précisément parce que nous sommes libres. On analyse en effet une chose, mais non pas un progrès ; on décompose de l'étendue, mais non pas de la durée. Ou bien, si l'on s'obstine à analyser quand même, on transforme inconsciemment le progrès en chose, la durée en étendue. Par cela seul qu'on prétend décomposer le temps concret, on en déroule les moments dans l'espace homogène ; à la place du fait s'accomplissant, on met le fait accompli, et comme on a commencé par figer en quelque sorte l'activité du moi, on voit la spontanéité se résoudre en inertie, et la liberté en nécessité. C'est pourquoi toute définition de la liberté donnera raison au déterminisme » (p. 167). Ainsi la liberté serait une donnée irréductible. C'est, pourrait-on dire, la subjectivité elle-même, dans son essence. Pour la voir, il faudrait ne pas trop la regarder, car notre regard analyste et décomposant, la figerait et l'immobiliserait, comme faisait le regard de la Gorgone. Et ainsi, comme M. Bergson a déployé ses remarquables facultés d'analyse à nous faire comprendre que nous ne devions pas nous analyser, il conclut en démontrant que la liberté ne peut pas être démontrée, et en la définissant par son caractère indéfinissable. Et si cette conclusion laisse le lecteur un peu perplexe (pourquoi ne pas avouer tout de suite que tel est un peu notre sentiment?), M. Bergson lui répondra qu'il continue simplement à être hanté par le fantôme de l'étendue et de la quantité, et en appellera au fait immédiat.

Dans cette exposition, nécessairement fort incomplète, nous nous sommes uniquement efforcés de dégager le fond même, l'essence de la théorie, laissant de côté tous les éléments polémiques, qui la précisent, toute la discussion du déterminisme qu'elle fournit à son auteur. Nous allons d'ailleurs les retrouver maintenant, en la discutant à son tour. M. Bergson examine le déterminisme, d'abord sous son aspect physique, puis sous son aspect psychologique. Dans la critique, il nous paraît naturel de suivre l'ordre inverse, pour voir d'abord si, sur le terrain psychologique même, qui est proprement le sien, l'auteur réussit à écarter complètement le déterminisme, s'il y a même intérêt, et si la notion qu'il nous donne de la liberté est psychologiquement satisfaisante. Nous apprécierons plus facilement alors les rapports du déterminisme psychologique et du déterminisme physique, et les difficultés nouvelles que celui-ci introduit dans la question.

II

Une chose frappera certainement le lecteur au courant des débats

récents sur la question de la liberté. C'est que nombre de ses plus
ardents défenseurs oublient de nous dire quelle est exactement la
chose qu'ils entreprennent de défendre sous le nom de liberté; ils en
parlent comme d'une notion qui n'aurait besoin d'aucun éclaircissement, disons le mot, d'aucune définition. Et quand ils arrivent à la
définir (car on ne peut longtemps parler d'une chose sans laisser
entendre de quoi l'on veut parler), ils omettent de nous faire voir si
c'est bien à cette notion que leur argumentation s'applique. C'est
ainsi, par exemple, qu'après avoir plaidé au nom de la morale en
faveur d'une liberté dont la notion est d'abord plus ou moins laissée
dans le vague, lorsqu'il est devenu clair que cette liberté dont on
parle n'est au fond que l'indéterminisme, on omet de se demander
si la morale est vraiment intéressée à cette liberté-là. M. Bergson,
lui aussi, se refuse à définir la liberté, et pourtant il se dérobe en un
sens au reproche précédent; car il ne cherche pas à prouver ni à
postuler la liberté au nom de quoi que ce soit; il ne cherche aucun
appui en dehors de la conscience même. Il tire simplement un
voile: il ne veut pas avoir à nous dire ce que nous voyons; nous
devons le voir et cela suffit.

Cependant, au risque de paraître encore possédés du démon de
la quantité que l'on a essayé d'exorciser, nous nous demandons si
cette fin de non recevoir est bien légitime. Une première raison
nous paraît s'opposer à ce refus absolu de définir et d'analyser la
liberté. En l'absence de toute définition, en effet, la liberté ne pourra
être rien d'autre que le sentiment même que nous en avons. Or
nous nous demandons si la psychologie, si l'expérience commune
elle-même, justifient cette manière de voir, et si, au contraire, elles
n'établissent pas une différence sensible entre la liberté, quelle
qu'en soit d'ailleurs la nature, et le sentiment que nous en avons.
Ces deux choses ne sont nullement équivalentes, et la seconde paraît
beaucoup moins variable que la première. Nous nous accordons
pour ne pas attribuer une véritable liberté pratique à l'homme qui
rêve, au somnambule, à l'homme atteint de quelque trouble mental.
Cependant l'homme qui, en rêve, se voit agir, se voit libre dans son
action; le somnambule se sent également libre et s'attribue à lui-
même, dans son sommeil, une responsabilité que nous nous refusons à faire peser sur lui, et que lui-même déclinera à son réveil;
l'hypnotisé même se sent libre aussi dans nombre de cas où il ne fait
qu'accomplir une suggestion qui, aux yeux de tous, excepté aux siens
propres, altère ou supprime sa liberté; lors même qu'on lui révèle
la suggestion dont il a été l'instrument, il arrive souvent qu'il persiste à prétendre avoir agi de lui-même et librement, qu'il s'obstine

enfin dans la conviction de sa liberté; le fou furieux enfin doit ordinairement se sentir libre dans l'accomplissement d'un meurtre pour lequel un tribunal ne consentira pas à le punir. C'est qu'il suffit, pour nous sentir libres, que nos actes soient en harmonie avec nos idées et nos sentiments. Or cela peut très bien arriver au rêveur, au somnambule, à l'hypnotisé qui se sera suffisamment assimilé une suggestion, et qui naturellement la perçoit en tant qu'elle fait actuellement partie de sa propre conscience, et non en tant qu'elle lui vient du dehors; au fou, qui, sauf au début, ne peut, avec une conscience pervertie et un moi désorganisé, apprécier cette perversion et cette désorganisation. Ils se sentiront donc libres. Mais ils ne le sont pas : car le rêveur, le somnambule, l'hypnotisé, le fou, ne jouissent que d'une conscience incomplète; et un grand nombre d'éléments de leur moi normal, qui permettraient le contrôle, la correction, l'inhibition, font défaut. Nous, spectateurs extérieurs, nous pouvons dire : cet homme n'est pas libre, car il n'est plus lui-même, il n'est plus lui tout entier, il ne possède pas, dans toute son étendue, sa conscience normale, ou il ne la possède plus dans l'état d'organisation normale. Mais lui-même, sur le moment, n'en peut rien savoir; il n'est pour lui-même, en chaque instant, que ce que sa conscience lui montre de lui-même. Il peut donc, il doit même se sentir aussi libre, quand sa personnalité est altérée ou réduite, que lorsqu'elle jouit de la plus complète possession d'elle-même. Il suffit pour cela que ses actes soient en corrélation avec sa conscience actuelle. Il cessera seulement d'éprouver ce sentiment de liberté, dans ces cas d'obsession, de folie non encore systématisée, où il conservera encore une assez grande portion de son moi normal pour sentir le désaccord qui s'élève entre l'obsession ou la folie naissantes et le reste de sa personnalité; il éprouvera alors le sentiment d'une fatalité, d'une contrainte. Or c'est justement ce qui atteste qu'il possède encore un reste de liberté; c'est conserver encore quelque liberté que de s'apercevoir qu'on ne s'appartient plus. C'est le cas de ces pères qui, obsédés de l'idée de tuer leur enfant, sont encore capables d'avoir horreur de cette obsession, de se faire arrêter et enfermer.

Il s'en faut donc beaucoup que notre liberté ne soit rien d'autre que le sentiment que nous en avons ou qu'elle soit proportionnelle à ce sentiment. Comment dès lors échapper à la nécessité d'en définir la nature et les conditions? Comment se contenter de faire revivre en nous le sentiment de la liberté si altéré qu'on puisse le supposer par les préoccupations déterministes de l'esprit, par les influences de la connaissance objective?

Mais une raison plus décisive encore vient s'ajouter à la précédente pour nous faire rejeter cette fin de non recevoir : c'est qu'à vrai dire, ce qui est ainsi altéré par les habitudes déterministes de l'esprit, par les formes de l'espace et de la quantité, ce n'est nullement le sentiment de notre liberté, mais bien l'interprétation qu'on en donne. Le sentiment en question, précisément parce qu'il est immédiat, spontané, antérieur à toute théorie et à toute analyse, nous semble échapper absolument à une telle influence. Chez le déterministe le plus convaincu, la conscience du vouloir, toutes choses égales d'ailleurs, est exactement la même que chez le partisan le plus déclaré du libre arbitre. Cesse-t-on de voir le soleil se lever et se coucher, parce qu'on sait qu'il est immobile? La prétention la plus explicite du déterminisme (nous n'avons pas à examiner si elle est justifiée ou non), c'est précisément d'expliquer aussi bien, et même mieux que ne le fait la théorie contraire, la conscience que nous avons de notre liberté. C'est donc l'interprétation de ce fait, la théorie, qui seules diffèrent. Elles sont altérées ou peuvent l'être par les exigences analytiques de la pensée. Ne va-t-il pas dès lors falloir opposer théorie à théorie, interprétation à interprétation? Pourra-t-on persister dans le refus de définir la liberté, c'est-à-dire de montrer en quoi consiste ce fait immédiat, que personne au fond ne conteste, mais que l'on peut comprendre de si diverses manières?

Mais, nous répondra-t-on, parler ainsi, c'est méconnaître toute la doctrine que vous discutez. Vous voulez, parce que nous repoussons le déterminisme, nous forcer à nous déclarer indéterministes; or nous ne voulons ni l'un ni l'autre; une fois amenés sur ce terrain, vous auriez trop facilement raison de nous, nous l'avons montré nous-mêmes [1]. Car nous reconnaîtrions alors que la question se pose sur le terrain de la causalité et du temps, et c'est ce que nous ne voulons pas. C'est comme si à la question : la vertu est-elle carrée? nous avions l'imprudence de répondre non, laissant ainsi supposer que nous lui attribuons une autre figure géométrique. Vous commettez un *sophisma hétérozêtèseôs*. A de semblables questions, il ne faut répondre ni oui ni non, car ce serait les accepter; il faut les repousser; elles n'ont pas de sens.

Telle est bien, semble-t-il, l'attitude que prend M. Bergson. Son originalité est d'avoir essayé de changer le terrain ordinaire du débat, et de renvoyer dos à dos les adversaires au lieu de se prononcer pour l'un ou l'autre. Mais cette attitude, a-t-il vraiment réussi à la garder? C'est ce qui nous semble douteux. Ce sont peut-être nos yeux, encore mal faits à l'optique nouvelle à laquelle on veut les soumettre, qui persistent à voir du déterminisme et de l'indéterminisme là où il n'y aurait ni l'un ni l'autre; mais M. Bergson nous semble osciller en réalité entre ces deux conceptions, comme nous le ferons voir dans notre conclusion. Voici dès lors, suivant nous, ce qui arrive : d'une part on nous présente une critique du déterminisme (une des plus originales assurément qui aient été tentées de longtemps) qui nous fait excellemment comprendre *pour quelles raisons* le déterminisme a dû paraître contraire à la liberté, et *sous quelle forme* il l'est en effet; mais cela ne saurait équivaloir à un rejet absolu de tout déterminisme, rejet qui, à notre sens, n'était ni vraiment possible, ni même souhaitable dans l'intérêt de la liberté. D'autre part, en cherchant à éviter le déterminisme, on arrive malgré tout à faire d'inévitables concessions à l'indéterminisme, et cet indéterminisme à son tour, loin d'être favorable à la liberté, lui est plutôt fatal. Ainsi les efforts que l'on a faits pour échapper au déterminisme sans y réussir complètement, ont abouti à une conception de la liberté très peu conforme sur bien des points à l'expérience commune et au témoignage de la conscience. C'est ce que nous allons essayer de montrer.

Dans sa discussion du déterminisme psychique, M. Bergson s'attaque avant tout, nous l'avons vu, à l'associationnisme et à sa conception en quelque sorte toute mécanique du moi. Il n'a évidemment pas tort. Cette idée vraiment plus qu'étrange, que les motifs altèrent ou suppriment la liberté, n'a pu se faire jour que grâce à une conception de ce genre; le sens commun ne l'eût jamais formulée. Nous voyons donc très bien ici pourquoi et en quel sens le déterminisme a pu être pris, pourquoi il s'est pris lui-même pour l'adversaire irréconciliable de la liberté. Mais tout déterminisme psychique est-il supprimé parce qu'on a détruit cette fausse conception d'un moi fragmenté, constitué par des éléments extérieurs les uns aux autres? En rétablissant l'unité du moi, n'a-t-on pas, au contraire, rétabli un déterminisme plus évident et plus radical? La vie psychique, en effet, marchera dès lors tout d'une pièce; nos actes ne seront plus l'œuvre d'une détermination partielle, mais d'une détermination totale. S'il y a une abstraction à dire que l'âme s'est déterminée par tel ou tel motif pris à part, parce que ce motif n'a pas une réalité vraiment distincte et se trouve intimement combiné avec l'ensemble du moi, c'est qu'alors donc l'acte résulte de l'état psychique total. Par là, on a sans doute retrouvé l'autonomie, élément fondamental (mais non suffisant) de la liberté; mais en même temps on a substitué à un déterminisme superficiel un déterminisme plus profond. M. Bergson

« pense avoir montré que, *même* au point de vue associationniste, il est difficile d'affirmer l'absolue détermination de l'acte par ses motifs ». N'aurait-il pas dû écrire : *surtout* au point de vue associationniste? Car il est certain que les motifs détachés, limités que fournit l'analyse de la psychologie associationniste ne sauraient être adéquats à l'acte qu'ils semblent provoquer, ni l'expliquer complètement. Mais il n'en est plus de même si l'âme tout entière est motif dans chacun de ses actes. Ce n'est pas dans l'associationnisme, mais dans la thèse de son adversaire que la détermination est la plus complète.

Maintenant, cette détermination, comme telle, n'a rien, à notre sens, de contraire à la liberté. Loin de là; si elle était toute clairvoyante, tout intelligente, ce serait la liberté même; si vraiment l'âme tout entière était *motif* au sens rigoureux du mot, c'est-à-dire motif clairement conscient, notre liberté serait entière. Malheureusement c'est ce qui n'est pas. L'âme, à côté des motifs proprement dits, renferme des éléments de conscience obscure, des impulsions confuses, inaperçues ou incomprises; de sorte que la vraie conclusion à tirer de l'unité indissoluble du moi, de la fusion absolue des états de conscience les uns dans les autres, ce n'est pas l'affirmation de notre liberté, mais celle de l'inévitable imperfection de cette liberté, quelle qu'elle soit. En soudant ainsi en un seul bloc la conscience claire et la conscience confuse, on a montré non la véritable essence, mais la nécessaire limitation de la liberté; on a donné raison, non à ceux qui la veulent entière et parfaite, mais à ceux qui la reconnaissent restreinte ou même à ceux qui la croient illusoire. M. Bergson écrit avec raison : « Si l'on convient d'appeler libre tout acte qui émane du moi, et du moi seulement, l'acte qui porte la marque de notre personne est véritablement libre, car notre moi seul en revendiquera la paternité [1] ». Mais de quel moi peut-il être question ici? Est-ce de la personne tout entière y compris ses appétitions confuses? N'est-ce pas beaucoup plutôt du moi réfléchi et qui se comprend lui-même?

Il est vrai que cette intelligence que nous croyons avoir de nous-mêmes est souvent illusoire. M. Bergson nous montre avec justesse que très souvent les motifs auxquels nous rapportons nos actions sont imaginés après coup pour en fournir la justification rétrospective. Rien de plus exact. L'exécution des suggestions hypnotiques a fourni des preuves nombreuses et décisives de la réalité de ce fait. et il n'est pas douteux qu'il se retrouve aussi bien dans la vie nor-

1. *Op. cit.*, p. 132.

male. Et cela est vrai des peuples comme des individus. Lorsque l'historien cherche dans une religion, dans un principe politique, dans un dessein explicite, la raison de certains événements de l'histoire d'un peuple, lorsque ce peuple lui-même, dans sa conscience nationale, se donne de ses propres actes une semblable explication, ils prennent bien souvent l'effet pour la cause. Ce ne sont pas ordinairement des croyances purement intellectuelles, des intentions nettement exprimées qui mènent à ces résultats; au contraire, on accepte les unes, on formule les autres, parce qu'elles s'adaptent au fait accompli et le justifient. Ainsi nos motifs apparents ne sont souvent que des prétextes. Ce sont des vêtements dont nous habillons les véritables raisons de nos actes. Ce n'est pas parce que nous sommes optimistes que nous sommes heureux, mais parce que nous sommes heureux que nous sommes optimistes. Les tourments de Pascal devant l'infini n'étaient pas sans rapport avec sa dyspepsie. Calvin, quelques années plus tôt, aurait peut-être fait brûler beaucoup d'hérétiques; et Torquemada, quelques siècles plus tard, aurait fait un bon Fouquier-Tinville. Ils auraient habillé leur tempérament à la mode du temps. Ce ne sont pas non plus tant les religions morales qui font les hommes moraux que les hommes moraux qui font les religions morales. On admire la force conquérante du monothéisme chez les Arabes; mais les Hébreux étaient monothéistes sans être conquérants et les Romains conquérants sans être monothéistes. Il y a donc en l'homme un fond de nature inconsciente dont ses idées claires et ses aspirations avouées ne sont souvent que la traduction imparfaite et le reflet déformé. Que d'hommes se contentent de réduire leur caractère en système et se font de leur tempérament une philosophie!

Mais qu'y a-t-il au bout de tout cela? La liberté ou son contraire? Tous ces faits nous montrent sans doute combien est insuffisante l'explication des actes par les motifs, mais est-ce à l'actif de la liberté qu'il faut les porter? Il nous semblerait bien paradoxal de le prétendre. Ils prouvent au contraire que nous ne sommes pas aussi souvent libres que nous voudrions le croire ni aussi complètement que nous nous plaisons à le dire. Est-ce être libre que d'obéir à des impulsions cachées, si intimement personnelles qu'elles soient? Il est vrai qu'en obéissant à notre caractère, « c'est encore à nous que nous obéissons ». Oui, mais c'est aussi à nos parents, à nos ancêtres, à notre milieu social. Quand est-ce vraiment à moi-même que j'obéis? C'est seulement lorsque la réflexion et la critique ont fait pénétrer leur lumière dans ces recoins obscurs de la conscience; car alors *j'accepte*, par le seul fait de les comprendre, des impulsions auxquelles, sans cela, je ne ferais que céder. Le déterminisme n'en est suivant nous, ni plus grand ni moindre; mais il est devenu liberté en devenant intelligent. Alors seulement en effet, mes actes sont vraiment *miens*, non sans doute par leur originalité (qu'importe?) mais par leur assimilation. Notre liberté serait vraiment tout ce qu'elle peut être si nous pouvions (pur idéal) nous résoudre tout entiers en idées clairement comprises et logiquement liées, faire de toutes nos impulsions des motifs. Ces motifs, nous dit-on, sont souvent illusoires, étant inventés après coup. Sans doute, mais justement ce qui se produit alors ce n'est point du tout l'illusion du déterminisme, mais l'illusion de la liberté; et pour qu'elle fût réelle, il faudrait que ces motifs fussent de vrais motifs. Parlant de ces faux motifs imaginés pour nous expliquer à nous-mêmes, M. Bergson écrit : « Il semble que nous tenions à sauvegarder le principe du mécanisme et à nous mettre en règle avec les lois de l'association des idées [1] ». C'est, à notre avis, l'interprétation absolument opposée qui conviendrait C'est au contraire notre liberté que nous tenons à sauvegarder ainsi. Nous ne voulons pas nous traiter comme un pur mécanisme, mais comme un être libre, suivant les formes de la finalité. *C'est pour nous croire libres* que nous cherchons des motifs justificatifs à une décision déjà arrêtée. « En nous interrogeant scrupuleusement nous-mêmes, nous dit-on encore, nous verrons qu'il nous arrive de peser des motifs, de délibérer, alors que notre résolution est déjà prise. Une voix intérieure, à peine perceptible, murmure : Pourquoi cette délibération? tu en connais l'issue, et tu sais bien ce que tu vas faire. » Ici encore M. Bergson se montre fin psychologue; mais le langage de cette voix intérieure est-il bien celui de la liberté? N'est-ce pas plutôt celui du fatalisme, celui de la volonté qui s'abandonne? « L'intervention brusque de la volonté est comme un coup d'État dont notre intelligence aurait le pressentiment et qu'elle légitime à l'avance par une délibération régulière. » Mais ces coups d'État n'en sont que par rapport à notre moi conscient, et non à l'égard du moi total. Ils surprennent notre raison, comme une révolution, pourtant préparée de longtemps par les confuses aspirations du peuple, surprend un gouvernement peu vigilant. Ce sont moins des coups d'État partis d'en haut que des émeutes qui viennent d'en bas et auxquelles les chefs renoncent à résister dès qu'ils les entendent gronder. Émeutes ou coups d'État, sont-ce là des gages de liberté?

Ne remarque-t-on pas maintenant combien la thèse primitive a

---

1. P. 121.

changé de caractère? Tout à l'heure la liberté nous était présentée comme la simple spontanéité d'un moi indivisible qui agit tout d'une pièce, et alors nous objections que la liberté vraie, la liberté clairvoyante, risquait d'être étouffée par la masse des impulsions irréfléchies. Maintenant on la fait résider dans une volonté indépendante qui « veut pour vouloir », dont, l'acte loin « d'émaner naturellement » du moi total, constitue un coup d'État d'une partie du moi contre l'autre. Dans le premier cas, on pose un déterminisme relativement aveugle où nous avons reconnu les limites de la liberté et non la liberté elle-même. Dans le second cas, on pose un indéterminisme décidant d'une manière arbitraire (du moins aux yeux de la conscience claire) et qui ne ressemble pas davantage à la liberté. Cet arbitraire n'est lui-même que l'apparence produite par l'inconscience de la poussée que nous subissons, et dans les deux cas par conséquent, les véritables ressorts de notre action nous restent cachés. Comment dès lors pourrions-nous avoir le sentiment de notre liberté? — « Quand nos amis les plus sûrs s'accordent à nous conseiller un acte important, les sentiments qu'ils expriment avec tant d'insistance viennent se poser à la surface de notre moi... Petit à petit ils formeront une croûte épaisse qui recouvrira nos sentiments personnels; nous croirons agir librement, et c'est seulement en y réfléchissant plus tard que nous reconnaîtrons notre erreur. » Mais serait-ce une erreur? Ne serait-ce pas au contraire dans ce cas que nous serions vraiment libres, puisque nous obéirions à des raisons comprises et acceptées au lieu d'obéir à des instincts obscurs et à des impulsions inexprimables? « Mais aussi, continue M. Bergson, au moment où l'acte va s'accomplir, il n'est pas rare qu'une révolte se produise. C'est le moi d'en bas qui remonte à la surface... En recueillant nos souvenirs, nous verrons que nous avons formé nous-mêmes ces idées, vécu nous-mêmes ces sentiments, mais que, par une inexplicable répugnance à vouloir, nous les avons repoussés dans les profondeurs de notre être chaque fois qu'ils émergeaient à la surface [1]. » Il nous semble qu'au contraire ce refoulement « du moi d'en bas qui remonte à la surface », des impulsions profondes par les idées claires, est l'expression même du vouloir et de la liberté, loin d'être le fait d'une « inexplicable répugnance à vouloir ».

Ainsi M. Bergson, comme nous le disions, pour ruiner le déterminisme, est amené à concevoir la liberté sur un type qui est au moins aussi éloigné du témoignage de la conscience commune que peut l'être la conception des déterministes. Ceux-ci ont incontestablement

---

1. P. 129-130.

tort d'assimiler les motifs à des causes d'ordre physique exclusives
de toute liberté. Mais si, pour écarter cette conception vicieuse et
superficielle, on s'attache à diminuer la valeur du motif dans l'activité, la liberté n'y perd-elle pas plus qu'elle n'y gagne?

C'est à une conclusion analogue que nous mène l'examen des autres
thèses que M. Bergson oppose au déterminisme. La plus ingénieusement développée est certainement celle qui a trait à la prévision des
actes. Jamais peut-être cet argument du déterminisme, tiré de la
possibilité où serait une intelligence suffisamment éclairée de prévoir les actes appelés libres, n'a été passé au crible d'une critique plus
fine. Autant l'argument est vieux et banal, autant la réfutation en est
nouvelle et originale. Pour prévoir l'acte futur d'une personne, nous
dit en substance M. Bergson, il faudrait se représenter avec une
absolue exactitude son état psychique. Or jamais cette représentation
de la conscience de Paul dans celle de Pierre ne sera complètement
exacte. Car si Pierre diffère encore de Paul, cette différence suffira
à donner aux pensées de Paul, dans la conscience de Pierre, une couleur nouvelle différente de celle qu'elles ont dans l'original. Encore
une fois nous ne pensons jamais la pensée même d'autrui, mais seulement la nôtre propre dont nous extrayons tant bien que mal les
éléments les plus analogues à ce que nous croyons entrevoir chez
autrui. Il faudrait donc pour que cette représentation de l'état psychique de Paul dans la conscience de Pierre fût complète et exacte,
que la personnalité de ce dernier disparût entièrement, se fondît
dans celle de l'autre. Dès lors tout ce qu'on pourra dire c'est que
Pierre (ou Paul, puisqu'ils ne font plus qu'un) a agi comme il a agi;
la prétendue prévision de l'avenir se borne à la constatation du
passé, ressemblant à ces faciles prophéties faites longtemps après
l'événement. Rien de mieux établi que l'impossibilité où nous sommes
de penser la pensée d'autrui sans la défigurer; mais a-t-on pour cela
exclu l'hypothèse de la détermination de l'avenir par le présent? Il
nous semble qu'on l'a plutôt implicitement supposée. Car pourquoi
a-t-on voulu ainsi amener Pierre à coïncider avec Paul? Précisément
parce que sans cela *toutes les conditions* de l'acte ne seraient pas
réunies. L'acte est donc supposé dépendre de ces conditions. Mais,
objectera-t-on, ces conditions n'existent complètement qu'au moment
exact de l'acte; une prévision est donc absolument chimérique; elle
se borne donc encore une fois à la constatation de l'acte même au
moment où il a lieu; la prétendue détermination de l'acte par des
conditions soi-disant antérieures se borne au fait même que cet acte
s'accomplit. Cet argument n'irait-il pas, si on le hasardait, contre son
but? Qu'appelle-t-on en effet le moment exact de l'action? Un présent

absolu est une fiction. L'action est une chose complexe et qui dure ; avant d'être accomplie, il faut qu'elle commence ; et quand elle s'accomplit, il faut qu'elle s'achève ; qui plus que M. Bergson lui-même insiste sur cette pénétration mutuelle des états de conscience, caractéristique de ce qu'il appelle la *durée vraie*? Mais alors l'idée d'un *moment présent* est une véritable abstraction ; ce moment n'est point détaché du précédent ni du suivant ; il ne leur est point extérieur comme le sont entre eux les lieux contigus de l'espace. Toute la doctrine de M. Bergson est une protestation contre l'établissement d'une pareille assimilation. S'il en est ainsi, chaque moment de la *durée vraie* de la conscience est un commencement et un achèvement, c'est-à-dire une liquidation du passé et un engagement pour l'avenir. Que veut-on dire autre chose en parlant d'une détermination? Qu'est-elle sinon précisément cette liaison intime des événements qui nous empêche d'isoler un présent absolu? On a donc prouvé que la prévision ne saurait être adéquate à la détermination, mais non que celle-ci fut absente.

Arguera-t-on de ce que l'auteur de l'acte, seul bien placé pour le prévoir, puisque seul il peut en réunir les conditions, cependant ne le prévoit pas en fait. Mais alors nous nous demanderons si cette absence de prévision est favorable à la liberté. C'est le contraire qui nous semble vrai. L'incertitude de l'avenir n'est point un élément de liberté et d'activité, mais plutôt de passivité et d'inertie. Dans l'incertitude, je n'ai d'autre ressource que d'attendre et de voir venir les événements. Sans doute, si je prévois mes actes, je ne les prévois point comme indépendants de ce que je suis actuellement, à la façon dont je pourrais prévoir la pluie et le beau temps. C'est alors en effet qu'ils m'apparaîtraient comme fatals ; ce genre de prévision est précisément celui que nous écartions tout à l'heure comme contraire à la liberté ; c'est la prévision de celui qui se dit : la délibération est inutile ; l'acte est déjà fixé. Nous les prévoyons au contraire comme liés à notre état présent, comme nôtres enfin ; c'est ce qui fait leur liberté, mais cela suppose aussi leur détermination. Cette prévision, dira-t-on, est toujours insuffisante et imparfaite. Évidemment, mais c'est tant pis et non tant mieux pour la liberté. C'est ce qui la limite et non ce qui la fait. C'est qu'il y a toujours, hors de nous, des événements qui nous dominent et déjouent nos calculs. C'est aussi qu'il y a toujours en nous des tendances inconscientes, des poussées inaperçues qui se développent sourdement sous le moi réfléchi et clairvoyant, et qui éclatent soudain, le déroutent et le bouleversent ; comme ces vagues de fond qui surgissent tout à coup à la surface d'une mer paisible et limpide, le « moi d'en bas » se soulève et fait remonter toute une alluvion de désirs ou de colères, qui trouble notre claire conscience. C'est alors que se révèle à notre âme humiliée l'infirmité de notre vouloir, et que, loin d'éprouver notre liberté, nous sentons mieux l'étroitesse des limites où elle reste enfermée.

Pour que la prévision fût concevable, objecte-t-on encore, il faudrait que l'idée de loi fût applicable aux faits psychiques. Or elle ne l'est pas. Un fait psychique ou, pour mieux dire, un état psychique donné, est un cas à jamais unique en son genre, ayant une absolue originalité qualitative, et qui ne se reproduira jamais tel quel. Pourquoi nie-t-on qu'il doive se reproduire? Est-ce parce que les conditions en sont trop complexes pour qu'elles puissent coïncider à nouveau? Parler ainsi serait d'abord reconnaître que cet état psychique *dépend* de ses conditions; ensuite qu'on est en droit d'*analyser* ces conditions de manière à ramener les cas complexes qui ne se reproduisent pas à des *éléments simples* qui se reproduisent, ainsi que le fait toujours la science objective. Cette explication ne saurait être celle de M. Bergson, étant précisément la négation de toute sa doctrine. Est-ce donc parce que le passé, s'accumulant toujours, ne reste jamais semblable en deux moments, et colore de teintes toujours nouvelles le présent qui vient s'y ajouter, en sorte que le principe des indiscernables serait applicable aux instants de la durée comme aux êtres dans l'espace? Telle paraît bien être la pensée de notre auteur. Mais se peut-il une affirmation plus nette de la solidarité du présent et du passé, et partant, du déterminisme? N'a-t-on pas par conséquent changé la question en substituant à celle de la *solidarité* des faits celle de leur *originalité*? En quoi celle-ci empêcherait-elle celle-là? Malebranche voulant expliquer les miracles, les considérait comme des cas uniques, des coïncidences sans analogues dans toute l'histoire de l'univers. Ce qu'il voulait sauver ainsi, c'était pourtant le déterminisme, et non la contingence. Au physique, comme au moral, tout individu est sans doute absolument sans Sosie; produit unique de la nature, produit néanmoins. Et si un chimiste produit dans son creuset un alliage dont il n'existe aucun autre spécimen dans l'univers, quelle contingence cela introduit-il dans sa production et ses propriétés? Théoriquement, la certitude de l'induction n'est qu'hypothétique : *si* les mêmes conditions sont données, le même fait se reproduira. Pratiquement peut-être notre analyse des conditions est-elle forcément incomplète, de sorte que nous ne puissions jamais affirmer sous la forme catégorique qu'*en fait*, des conditions rigoureusement identiques à celles d'une expérience antérieure soient reproduites. Mais il n'importe. Le premier de ces jugements est le plus essentiel et suffit pour fixer l'idée d'une dépendance, d'une solidarité des faits. La répétition des faits est une garantie pratique, peut-être toujours incomplète, elle n'est pas le fondement de l'induction. Ici encore on conclura donc que sans doute notre science est inadéquate à la réalité, que ses lois ne formulent jamais complètement la détermination d'un phénomène, mais non pas que celle-ci est illusoire ou imparfaite.

Peut-être faudrait-il aller plus loin et remarquer que de nouveau on a dépassé le but. Parmi nos actes les plus *uniques*, les plus originaux sont loin d'être les plus libres. Les excentricités du fou le sont plus que les actes de l'homme raisonnable. Les actes réfléchis, ceux par conséquent qui sont traités comme libres, se ressemblent beaucoup plus entre eux que les actes irréfléchis (les cas d'habitude et d'instinct mis à part). Quand un homme agit en vertu de motifs dont nous ne trouvons pas l'analogue en nous, nous ne pouvons considérer son acte comme voulu, ni par conséquent comme libre, puisque nous ne voyons pas comment nous-mêmes nous pourrions le vouloir. Sa conduite nous paraît capricieuse ou folle [1]. Plus au contraire les hommes sont éclairés, plus ils font et pensent la même chose. Leurs divergences viennent de leurs ignorances et de leur inconscience, qui sont aussi les bornes de leur liberté. Il en est d'eux comme de la nature : c'est lorsqu'elle produit des monstres qu'elle est le plus nouvelle, mais c'est alors aussi qu'elle a été le moins libre, le plus gênée dans ses allures [2].

Ainsi, M. Bergson ne nous paraît pas avoir réussi à écarter absolument le déterminisme psychologique; et, d'autre part, s'il y avait réussi, ce ne serait pas, croyons-nous, sans dommage pour la liberté.

III

Mais la question se complique si nous considérons que le problème n'est pas purement psychologique; il est en réalité psycho-physique. Ce n'est pas seulement d'une manière artificielle et en vertu d'une habitude mentale que nous introduisons dans l'ordre psychique le déterminisme qui serait d'origine extérieure. La nature même établit en fait une connexion de ce genre, puisque nous sommes à la fois corps et conscience, et que dans le corps le sujet devient à lui même son propre objet. Une liberté qui ne s'exercerait pas dans le monde

1. C'est cette idée que met en lumière Edgar Poe dans son conte du *Scarabée d'or*.

2. Qu'on veuille bien prendre la comparaison pour une simple comparaison, sans nous attribuer cette pensée qu'il y ait dans la nature ni liberté, ni même contrainte au sens rigoureux de ces mots.

extérieur serait absolument nominale et illusoire; et pour s'y manifester il faut bien, ce semble, que jusque dans ses derniers éléments
elle soit accompagnée de certains processus physiques. Dès lors ce
n'est plus seulement au déterminisme psychique qu'il s'agit d'échapper, mais au déterminisme physique lui-même, si l'on persiste à
croire que déterminisme et liberté soient deux termes contradictoires.

M. Bergson est ici dans une situation particulièrement délicate.
Toute sa théorie repose, nous l'avons vu, sur cette idée que le déterminisme psychique a pour origine l'illusion par laquelle le moi se
considère lui-même comme une chose, et s'applique à lui-même les
formes de l'objectivité, de l'espace, de la quantité. N'est-ce pas
avouer implicitement que si le déterminisme est à tort importé du
dehors au dedans, du monde extérieur dans la conscience, il est du
moins légitime dans le domaine physique, et même inhérent à notre
conception du monde matériel. Mis dans la nécessité maintenant de
discuter le déterminisme physique, M. Bergson, par un détour subtil,
s'efforce de nous convaincre que le déterminisme physique, ou tout
au moins son extension à l'organisme humain, est à son tour le résultat d'une illusion psychologique sur laquelle nous aurons à nous
expliquer plus loin. Il se demande « si le savant, qui n'aurait *a priori*
aucune prévention contre la liberté humaine, songerait à ériger ce
principe (de la conservation de la force) en loi universelle ». Mais la
question ainsi posée semble assez singulière. Comment aurait-on
a priori une prévention contre la liberté? Quelle envie l'homme éprou-
verait-il, à l'origine, de se dépouiller lui-même d'un pouvoir que sa
conscience semble attester, si de puissantes raisons, bien ou mal
interprétées, ne l'y conduisaient? C'est au contraire la difficulté de
concilier cette liberté (mal définie d'ailleurs) avec certaines exigences
de l'esprit ou certaines données de l'expérience qui a provoqué après
coup des doutes à son sujet, et amené le philosophe, malgré lui, à la
contester. Lorsque le principe éléatique : l'être est et le non-être
n'est pas, conduit les Mégariques à déclarer que le réel seul est possible, et à poser la question de la contingence des futurs; lorsque
déjà Empédocle, Démocrite et Anaxagore en tirent le principe physique de conservation, peut-on dire qu'ils avaient une prévention
contre la liberté dont la notion n'était même pas encore dégagée?
N'est-il pas visible, au contraire, qu'en posant ainsi le principe de
conservation sinon dans toute sa précision, du moins dans toute sa
généralité et dans toute sa force, ils sont guidés par des exigences
logiques vraiment fondamentales, et que ce sont ces exigences qui
ont attiré l'attention sur les obscurités du libre arbitre auquel on ne
songeait nullement tout d'abord?

De fait, M. Bergson s'est vu forcé de prendre directement à partie le déterminisme physique. Nous ne voulons ni ne pouvons évidemment traiter à fond une telle question. Nous nous demanderons seulement si M. Bergson a réussi à échapper à ce déterminisme, et si, d'autre part, les arguments qu'on lui oppose ne compromettent pas parfois la liberté elle-même. Deux moyens s'offrent à l'esprit pour dégager la liberté des entraves du déterminisme physique : ou bien on s'efforcera de disjoindre le physique et le moral, et d'en détruire partiellement la corrélation, ou bien on s'attaquera au fondement même du déterminisme, au principe de conservation.

Sur le premier point, on essaye d'établir que la corrélation du physique et du psychique n'est nullement prouvée d'une manière générale. Elle n'existerait même qu'à titre exceptionnel et ne serait constatée que pour des cas où justement personne ne fait intervenir la volonté. Il nous semble qu'au contraire cette corrélation est un fait si général que la preuve incombe beaucoup plutôt à ceux qui la nient qu'à ceux qui l'affirment. C'est même peut-être l'extrême familiarité de ce fait, la banalité de cette expérience qui nous en fait oublier les plus éclatantes manifestations, et ne nous laisse attentifs qu'aux cas plus rares et plus particuliers que révèlent les recherches savantes. Mais, à ne considérer même que ces dernières, on peut dire qu'elles tendent toutes à fortifier la conviction d'une constante connexion d'un substrat physique avec tous les phénomènes psychiques. Et les faits volontaires n'échappent nullement à cette règle. On ne peut manquer d'être frappé du rôle de plus en plus considérable attribué dans ces phénomènes aux contractions musculaires. L'idée d'une volonté purement intérieure qui ne se manifesterait par aucun effort, aucune tension physique, perd de jour en jour du terrain. Les lecteurs de cette *Revue* n'ont pas besoin qu'on leur rappelle à cet égard la théorie récente de l'attention qui a été exposée ici même. Il ne s'agit point ici de discuter ces théories (ce que M. Bergson ne fait pas d'ailleurs), mais seulement de montrer combien est aventureuse l'hypothèse d'un défaut de correspondance entre le physique et le moral.

Mais demandons-nous maintenant si, même en l'acceptant, nous aurions sauvé la liberté. On se le figure volontiers parce que l'on aurait ainsi fait pièce au déterminisme, et que l'on part de cette idée préconçue, mais non justifiée, que le déterminisme est le contraire de la liberté. Mais ce succès remporté sur un faux ennemi pourrait bien être fatal à ceux qui l'escomptent, et il nous semble que ce que le déterminisme perdrait, la liberté serait loin de le gagner. Qu'arriverait-il. en effet, dans la supposition d'une incomplète corrélation entre la pensée et l'organisme? D'une part, il pourra y avoir des volitions auxquelles ne correspondra aucun effet extérieur; et alors votre volonté vous apparaîtra comme impuissante et vous éprouverez le sentiment découragé du paralytique qui croit pouvoir remuer ses membres et s'aperçoit qu'il ne le peut pas. D'autre part, vous aurez nombre d'actes qui surgiront dans l'organisme sans l'aveu de la conscience à la façon de mouvements réflexes. Ces deux cas présentent-ils la moindre ressemblance avec celui de l'acte libre? Le corps marchant son train et l'âme le sien, au milieu de ces intentions sans résultats et de ces résultats sans intentions, que deviendrait le sentiment même de la liberté?

Ce sentiment ne se retrouvera donc que là où la correspondance du physique et du moral ne sera pas en défaut, et nous voilà ramenés à la rétablir dans l'intérêt même de la liberté. Ce que nous avions pris pour une entrave était notre salut, comme pour le funambule de la fable son balancier.

Mais on pourra alors se rejeter sur la seconde hypothèse, si l'on craint encore d'enchaîner la liberté à la nécessité physique. Au lieu d'accepter le déterminisme physique, sauf à couper les liens qui l'unissent à la vie consciente, on supprimera ce déterminisme même, et dans ce double indéterminisme on pourra sans danger rétablir la corrélation psycho-physique. Les actes volontaires seraient alors des faits physiquement contingents en connexion avec des faits psychiques également contingents. Mais qui ne voit que le remède est pire que le mal? Il faudra en effet, nous l'avons vu, que ces deux contingences se correspondent pour que nous ayions le sentiment de la liberté. Or comment comprendre une telle correspondance? Quel étrange hasard que la liaison constante de deux hasards! Invoquera-t-on l'harmonie préétablie? Mais une harmonie préétablie ne se comprend justement que dans la liaison de deux déterminismes; elle devient inintelligible dans le cas d'un double indéterminisme [1].

Nous ne voyons plus qu'un moyen d'échapper, c'est de supposer le psychique capable par lui-même de *produire* des modifications physiques; à l'hypothèse d'une simple *correspondance* on substituera celle d'une *causation* véritable. La loi de conservation ne serait pas rigoureuse et il pourrait se faire alors qu'une énergie non soumise au calcul (traduisez supra-physique) produisît des effets physiques [2].

---

1. Cf. Fouillée, *La liberté et le déterminisme*. p. 146-147.
2. M. Bergson nous fait remarquer « qu'on s'est fort longtemps passé d'un principe conservateur universel », que « sous sa forme actuelle, il marque seulement une phase de l'évolution des sciences, et n'a pas présidé à cette évo-

« Rien ne dit, écrit M. Bergson (p. 116), que l'étude des phénomènes physiologiques en général et nerveux en particulier ne nous révélera pas à côté de la force vive ou énergie cinétique dont parlait Leibnitz, à côté de l'énergie potentielle qu'on a dû y joindre plus tard, quelque énergie d'un genre nouveau qui se distingue des deux autres en ce qu'elle ne se prête plus au calcul. » M. Bergson a raison, sans doute, de laisser ouverte et subordonnée aux découvertes de la science, la question de la formule à donner de la quantité qui se conserve dans l'univers. Dans le principe de conservation il y a deux éléments bien distincts : l'un rationnel et *à priori*, l'affirmation que quelque chose se conserve en quantité constante dans l'univers; l'autre *à posteriori*, la détermination de la nature de cette quantité. Ce second élément, que l'expérience seule peut déterminer, ne saurait assurément être considéré comme définitivement fixé, et nous accorderons aisément qu'il y aurait présomption de la part de la science présente à interdire à la science future toute modification aux résultats qu'elle a posés. Mais cette *formule* à venir du principe de conservation, devra nécessairement respecter le *principe* même de conservation. Comment comprendre qu'elle puisse renfermer un élément qui précisément serait soustrait à ce principe? Comment comprendre que l'expérience puisse nous faire connaître dans le monde extérieur « une énergie qui se distinguerait des autres en ce qu'elle ne se prêterait plus au calcul »? Cela paraît diamétralement contraire aux principes mêmes de la philosophie de M. Bergson. Suivant lui, en effet, c'est l'espace qui donne le nombre. Tout ce qui est spatial doit donc être calculable, quelle que puisse être d'ailleurs notre incapacité accidentelle de le calculer, faute d'instruments ou d'unités de mesure appropriés. Comment une énergie pourrait-elle

---

lution ». Sous sa forme actuelle, c'est bien exact. Mais ne faut-il pas remarquer que d'une part, considéré dans ce qu'il a d'essentiel, le principe de conservation a au contraire joué un rôle important dans l'évolution de la science? Y a-t-il une branche de la physique qui ne lui doive ses plus importantes théories? Où en serait-on sans le besoin inexorable du savant de retrouver partout dans les transformations des phénomènes l'*équivalent* de ce qui semble s'évanouir? D'autre part, cette évolution même de la science n'a-t-elle pas eu précisément pour effet de rendre la formule de ce principe de conservation de plus en plus rigoureuse et générale, loin de l'atténuer et de la restreindre? Si la formule a changé et peut changer encore, n'est-ce pas précisément pour satisfaire de mieux en mieux au principe, qui semble pour ainsi dire devenir de plus en plus exigeant à mesure qu'on le comprend mieux et que les applications en sont plus variées? Enfin, ajouterons-nous, la question de savoir si l'on s'est passé d'un principe est une question de fait, et un principe nécessaire, en droit, peut très bien avoir été méconnu. En quoi cela en infirme-t-il la nécessité? Il est même assez naturel que l'homme doive penser longtemps et beaucoup pour reconnaître distinctement les exigences de sa pensée.

donc se manifester dans l'univers physique, c'est-à-dire dans l'espace, sans se soumettre par cela même aux formes de la quantité et aux exigences du calcul? Ce n'est donc pas une formule plus ou moins incomplète du principe de conservation, c'est ce principe lui-même que ruine l'hypothèse d'une énergie « qui ne se prêterait plus au calcul [1]. »

On oppose, il est vrai, au partisan du déterminisme mécanique un argument qu'on peut appeler *ad hominem* : la forme la plus radicale du mécanisme est la doctrine qui fait de la conscience un *épiphéno-mène*. Or « si le mouvement moléculaire peut créer la sensation avec un néant de conscience, pourquoi la conscience ne créerait-elle pas du mouvement à son tour, soit avec un néant d'énergie cinétique et potentielle, soit en utilisant cette énergie à sa manière [2]? » Que cette forme du mécanisme soit la plus radicale, nous n'y contrevenons pas; mais que ce soit la plus conséquente et la plus satisfaisante, on nous permettra de le contester, puisqu'il ne serait pas difficile de montrer qu'elle s'accorde bien mal avec le principe même de con-servation. M. Bergson d'ailleurs renonce lui-même à un tel argu-ment puisqu'il repousse, et il a mille fois raison, cette doctrine de la *conscience épiphénomène*; « car dans un mouvement, dit-il, on trouvera la raison d'un autre mouvement, mais non pas celle d'un état de conscience [3] ». Mais alors inversement, d'un état de con-science vous trouverez la raison dans un état de conscience, mais non pas celle d'un mouvement. « D'un néant de conscience vous ne ferez jamais jaillir de la conscience », objecte-t-on avec raison aux partisans de la *conscience superflue*; d'un néant de réalité phy-sique vous ne ferez jamais sortir le moindre fait physique, objecte-rons-nous à notre tour aux théoriciens du *mouvement superflu*. Est-il plus favorable à la liberté enfin de dire : le mouvement est inutile, que de dire : la pensée est inutile?

Ainsi, en résumé, de deux choses l'une : ou la corrélation du physi-que et du psychique est constante, ou elle ne l'est pas. Qu'elle ne le soit pas, c'est une hypothèse non seulement peu vraisemblable en elle-même, mais qui n'établirait une certaine contingence qu'au détriment de la liberté. Si elle l'est, et la liberté le demande, elle ne se comprend pas dans l'indéterminisme comme une simple

1. Nous ne voulons pas nous demander si l'instant est bien choisi pour faire une semblable hypothèse, au moment où les recherches de M. Hertz permettent d'espérer une réduction prochaine des phénomènes électriques aux lois des mouvements ondulatoires.
2. P. 117.
3. P. 113.

correspondance ou harmonie préétablie; il faudra donc qu'elle soit le résultat de la *production* du physique par le psychique; il faudra que la conscience soit considérée comme une énergie motrice, et que cependant elle échappe à la loi de conservation; nouvelle hypothèse qui non seulement ne se comprend guère mieux en elle-même que la première, mais qui paraît difficilement conciliable avec la doctrine fondamentale de M. Bergson sur les rapports de l'espace avec la quantité.

IV

Si maintenant nous cherchons pourquoi, malgré de si ingénieux efforts, malgré l'excellence de son point de départ, M. Bergson vient se heurter à tant de difficultés dont un certain nombre sont propres à sa doctrine, nous en trouverons la raison essentielle dans un triple passage, suivant nous peu justifié : 1° de la notion de qualité à la notion de force; 2° de la notion de force à celle d'indétermination ; 3° de la notion d'indétermination à celle de la liberté.

1° La doctrine fondamentale de M. Bergson, suivant laquelle tout est qualitatif dans la vie psychique, le conduisait à une première conclusion vraiment satisfaisante : c'est que la liberté est simplement un « caractère » propre de l'acte libre consistant en ce qu'il « porte la marque du moi ». S'il s'en était tenu là, M. Bergson nous paraissait dispensé de s'attaquer au déterminisme. Car la question ne portait plus dès lors sur la *production* des actes. En quoi le déterminisme empêcherait-il nos actes de porter ce caractère? Nous avons essayé de montrer qu'au contraire c'est l'indéterminisme qui l'empêcherait.

Mais M. Bergson au lieu de s'en tenir à ce point de vue passe de la notion de *qualité* à la notion de *force*. Or la question est ainsi replacée sur le terrain de la *production* des actes; la notion de force appartient évidemment à la catégorie de causalité que l'on voulait écarter du problème. La qualité comme telle nous paraît échapper à la loi de conservation et le *progrès qualitatif* ne nous semble nullement contradictoire; mais c'est que justement la qualité n'est point conçue comme force. La notion de force au contraire n'est-elle pas essentiellement quantitative? Cette première transition du point de vue de la qualité à celui de la force, outre qu'elle ne s'explique pas en elle-même, devait donc rejeter M. Bergson en plein déterminisme.

2° Il lui fallait alors, pour s'en défendre, s'efforcer de prouver que le dynamisme exclut la nécessité, et passer ainsi de la notion de force à celle d'indétermination. Suivant lui en effet, « la notion de force exclut en réalité celle de détermination nécessaire ». Pour l'affirmer, il s'appuie sur une analyse nouvelle de l'idée de cause suivant lui l'idée de cause, telle que nous l'appliquons ordinairement, est un composé hybride de deux notions très différentes. L'une, tirée du moi, applicable à la durée hétérogène, qualitative à laquelle le temps n'est pas indifférent, est celle d'une « préformation des actes à l'état d'idée », l'autre, exclusivement applicable à durée homogène, à l'objectif, au quantitatif, se ramène à l'idée d'une équivalence mathématique indifférente au temps [1]. La conscience témoignerait que « l'idée abstraite de force est celle d'effort indéterminé, celle d'un effort qui n'a pas encore abouti à l'acte où cet acte n'existe encore qu'à l'état d'idée », « à l'état de pur possible qui ne sera peut-être pas suivi de l'action correspondante » Il nous semble qu'il est bien difficile de concevoir un effort indéterminé, une tendance sans direction. S'il est possible de former ce concept, au moins faut-il reconnaître qu'il est une pure abstraction. Il est possible aussi de considérer un mouvement en négligeant soit sa vitesse, soit sa direction; mais cela ne veut pas dire qu'un mouvement réel étant donné, il n'ait pas une vitesse et une direction déterminée. M. Bergson, qui reproche aux déterministes d'oublier la réalité concrète, ne serait-il pas à son tour victime d'une de ces abstractions, d'une de ces réfractions mentales qu'il excelle à découvrir? Il nous semble en effet que cette apparente indétermination dans la notion d'effort est simplement une abstraction résultant plus ou moins spontanément de la diversité même de nos tendances et de la multiplicité de nos expériences. Nous arrivons ainsi à isoler la notion de force de celle du fait actuel d'un effort particulier. Mais c'est là une simple fiction mentale, et dès que nous essayons de la transporter dans le concret elle nous paraît contradictoire; c'est comme si nous voulions nous représenter la force d'un ressort tendu, en supprimant la pensée de la pression actuellement exercée par ce ressort sur son cran d'arrêt. Quant à la conscience immédiate dont on invoque le témoignage, à plus forte raison elle ne nous révèle point, suivant nous, d'effort indéterminé. Nous éprouvons bien, il est vrai, dans quelques cas, des aspirations vagues dont nous ne saurions définir l'objet, certaines inclinaisons inquiètes auxquelles nous sommes incapables d'assigner aucune fin précise. Mais c'est seulement pour notre intelligence qu'elles paraissent

---

1. Nous regrettons de ne pouvoir, faute d'espace, mettre cette remarque sous les yeux du lecteur. V. *Essai...*, p. 161 sqq.

indéterminées; elles ne le sont pas pour cela en réalité. Or justement parce que nous ne pouvons nous en rendre compte, nous ne
saurions non plus les dominer ni les diriger. Est-ce donc alors que
nous sommes libres?

M. Bergson reconnaît d'ailleurs que dans l'effort, l'acte est déjà
« préformé à l'état d'idée ». Mais exister à l'état d'idée, est-ce, comme
il le veut, exister à l'état de pur possible? Il nous semble que les
résultats les plus généraux et les plus certains de la psychologie
contemporaine tendent au contraire à établir que toute idée d'acte
suppose un commencement d'acte dont elle est la traduction dans
la conscience; la présence même de l'idée dans la conscience atteste
que l'acte est déjà commencé. Sans doute il ne s'achève pas toujours, mais cela tient simplement à ce que cette idée n'est pas toute
seule et que l'acte commencé est interrompu par d'autres commencements; il n'en faut pas conclure qu'il n'existait qu'à l'état de
pur possible. Ainsi de deux choses l'une : ou l'idée est vide, contemplative, inerte et non accompagnée d'éléments moteurs qui se
révèlent à la conscience sous la forme d'une appétition; mais alors
comment trouverait-on là rien qui ressemble au dynamisme psychique? ou bien l'idée est force, et cela signifie seulement qu'elle
exprime un acte déjà préparé, déjà commencé, déjà déterminé par
conséquent dans une partie de ses conditions.

Nous pouvons maintenant, comme M. Bergson, nous reporter à la
notion de causalité et essayer d'y faire la part du subjectif et de
l'objectif. Si, comme M. Bergson lui-même l'a si fortement établi, la
vie psychique est caractérisée par la pénétration intime de ses états
successifs (*durée concrète*), ce qui viendra de la conscience ce sera
précisément l'idée de la liaison constante des parties du temps et de
l'impossibilité d'un présent absolu, et non, comme il le pense, l'idée
d'une indépendance de ces parties. Descartes pouvait croire à cette
indépendance des parties du temps justement parce qu'il se plaçait
au point de vue objectif d'une durée abstraite, d'un temps homogène
analogue à l'espace, et dont les moments paraissent dès lors extérieurs les uns aux autres. C'est de la conscience, de l'expérience
subjective que part la protestation contre ce manque de liaison. C'est
parce que nous ne la pouvons souffrir ni la comprendre en nous
que, dans l'objectif, nous rétablissons sous la forme d'une équivalence mathématique le lien, l'intériorité des moments du temps les
uns les autres. Nous croyons donc pouvoir soutenir que ce qui vient
du dedans, c'est précisément l'affirmation de la liaison, de la détermination; ce qui vient du dehors, c'est seulement la forme mathématique que nous sommes obligés de donner pour appliquer au

monde objectif cette loi de détermination et de solidarité [1].

3° Pourquoi d'ailleurs, demanderons-nous enfin, passer de la notion d'indétermination à celle de liberté? S'équivalent-elles donc? On a déjà vu combien nous sommes, avec Leibnitz, loin de le penser. De deux choses l'une : ou il y a solidarité entre les événements de notre existence interne et ses moments successifs ; alors seulement nos actes seront vraiment nôtres ; reliés à nos idées, à nos sentiments, à nos tendances, à toute notre existence consciente antérieure ou présente, ils ne sauraient nous apparaître comme étrangers ; alors seulement nous nous sentirons libres et nous croirons responsables. Mais alors aussi il n'y aura plus d'indéterminisme ; cette liaison revêt sans doute une forme profondément différente de celle d'une causation mécanique, mais il y aura liaison. Ou bien cette solidarité de nous-mêmes avec nous-mêmes est rompue et supprimée au moins en partie. Mais alors c'est précisément là où elle ferait défaut que la liberté et le sentiment de la liberté deviendraient impossibles. Nous ne saurions accepter la responsabilité d'actes, de sentiments qui se produiraient en nous sans que nous puissions les rattacher au reste de notre vie consciente, sans que nous puissions trouver dans notre conscience même de quoi en rendre compte. Entre ces deux hypothèses on ne voit pas nettement à laquelle s'arrête M. Bergson, sans qu'on puisse non plus prétendre qu'il les rejette toutes deux. Cette solidarité, tantôt il l'affirme, tantôt il la nie et il

---

1. M. Bergson a été naturellement amené à chercher dans Leibnitz une autorité en faveur de son dynamisme et il allègue que « le déterminisme de Leibnitz ne vient pas de sa conception de la monade, mais de ce qu'il construit l'univers avec des monades seulement » (p. 163). Il nous semble cependant que le principe de raison suffisante est le fondement essentiel et *interne* du déterminisme leibnitzien, et ce principe a évidemment une application à la monade prise en elle-même. Leibnitz passe donc suivant nous du déterminisme à l'harmonie préétablie et non de celle-ci à celui-là. Dans la *Monadologie* on voit Leibnitz passer du principe de raison suffisante (§ 32) au déterminisme (§ 36) et de là bien plus loin, à l'harmonie préétablie (§ 52). C'est seulement parce que tout est lié dans chaque monade que les monades peuvent être liées entre elles d'un lien idéal ; sans quoi l'on en serait réduit à expliquer leur correspondance par une intervention artificielle de Dieu, que Leibnitz appelle l'*hypothèse de l'assistance*, et qu'il écarte (1er et 3e éclaircissements sur le nouveau système de la Nature et de la Communication de substances : Ed. Janet, II, p. 540 et 545). Dans les *Nouveaux essais* (II, 21), et les *Remarques sur le livre de M. King*, § 2 et § 20 sqq. (Janet, II, 439 et 463) nous voyons bien Leibnitz poser son déterminisme psychique au nom du principe de raison suffisante, et sans s'appuyer sur l'harmonie préétablie. Enfin, même en admettant l'interprétation de M. Bergson, nous remarquerons qu'en tout état de cause on se heurte toujours à la difficulté même qui a été le point de départ de la théorie de l'harmonie préétablie, c'est-à-dire au problème de la connexion du physique et du psychique. Nous avons essayé de montrer qu'on ne pouvait la lever que par le déterminisme. Le déterminisme de Leibnitz ne vient donc pas seulement de ce qu'il construit le monde exclusivement avec des monades.

justifie la liberté tantôt par sa présence, tantôt par son absence. Au début la liberté est fondée sur la pénétration mutuelle des états de conscience; on nous montre jusque dans la sensation elle-même un commencement de liberté, parce qu'elle renferme « l'esquisse et la préformation des mouvements automatiques futurs » (p. 25), et on définit l'acte libre, celui qui « émane du moi » sans intervention étrangère (p. 132). Puis peu à peu la thèse inverse prend le dessus : l'acte de la volonté est présenté comme un « coup d'Etat »; « les moments successifs du temps réel ne sont pas solidaires les uns des autres » (p. 158); la conception dynamique suppose « que l'avenir n'est pas plus solidaire du présent dans le monde extérieur qu'il ne l'est pour notre propre conscience » (p. 163).

Il est impossible de supposer qu'un aussi pénétrant dialecticien se soit aussi formellement contredit et en effet sa théorie renferme une réponse à notre critique; il serait injuste de la méconnaître. C'est qu'en effet la solidarité, disons même le déterminisme peuvent être admis entre le passé et le présent sans être affirmés entre le présent et l'avenir. Une fois l'événement arrivé, il faut bien que nous puissions l'expliquer, et nous le pourrons toujours par des raisons plausibles. Mais cette connexion est établie après coup pour la satisfaction de notre raison discursive. Le passé est fixé, il ne peut pas ne pas avoir été, il est devenu une *chose* justiciable de l'entendement et de l'analyse. Mais au moment où elle agit, l'activité est un *progrès* auquel nous n'avons aucun droit d'appliquer les mêmes procédés. Quand le chemin est tracé, nous pouvons en analyser les directions et les détours; mais il n'est pas tracé d'avance; ici c'est la marche qui fait le chemin et non le chemin qui détermine la marche. Nous avons à expliquer ce qui est donné, non ce qui ne l'est pas [1]. Mais cette réponse ne nous satisfait pas complètement; d'abord parce que l'auteur lui-même ne se tient pas rigoureusement à ce point de vue puisqu'il nous parle de la « préformation » de l'avenir dans le présent. Ensuite parce qu'il est aussi nécessaire au sentiment de notre liberté de pouvoir lier notre avenir à notre présent dans notre décision, que de pouvoir, une fois l'acte accompli, nous en rendre compte par des raisons tirées de notre conscience.

En fin de compte, la raison de ces fluctuations dans la pensée de M. Bergson paraît être dans la dualité même de son point de

1. Cette distinction est si bien au nœud de la question qu'elle rappelle une des premières formules précises qui aient été données du déterminisme, le κυριεύων λόγος de Diodore le Mégarique. Ce raisonnement consiste essentiellement, en effet, à prétendre que le passé, avant sa réalisation, était déjà nécessaire, parce qu'une fois réalisé, il est impossible qu'il ne soit pas.

départ. Deux idées en effet très différentes et peut-être opposées
dominent sa conception de la vie interne, l'idée de l'indéfinie hétérogénéité qualitative des états psychiques, et celle de leur pénétration
mutuelle. Si deux états psychiques successifs, si voisins qu'on les
suppose, sont qualitativement hétérogènes, alors il semble que la
vie de l'âme se résolve en une poussière infinitésimale où aucune liaison, aucune teneur, aucune pénétration des états successifs, aucune
identité psychique ne semble plus possible. Y a-t-il au contraire une
semblable pénétration? Cela veut dire qu'on pourra toujours prendre
deux états assez voisins pour que par leur qualité, leur nature ils se
rappellent l'un l'autre et qu'ensemble ils ne fassent pour ainsi dire
qu'un tout, tandis qu'ils diffèrent seulement par le degré, comme
deux nuances très voisines d'une même couleur. Mais alors on
reconnaîtra quelque élément quantitatif dans la vie interne. Telle est
suivant nous la difficulté primordiale qui vicie la doctrine et jette
particulier tant d'obscurité sur cette conception de la « durée vraie »
de la vie interne à laquelle est suspendue toute la théorie.

Il est maintenant aisé de voir ce qui, à nos yeux doit rester, ce qui
au contraire nous paraît difficile à maintenir dans la doctrine que nous
venons de discuter.

On ne saurait d'abord faire trop grande la part de cette vérité,
profondément comprise par M. Bergson : que c'est dans la nature
propre de la vie consciente, par opposition à la réalité objective, qu'il
faut chercher la justification de la liberté. Si le déterminisme paraît
si communément contraire à la liberté, c'est parce que, consciemment on non, on ne l'envisage que sous sa forme mécanique. Et en
effet dans l'ordre mécanique il l'exclut évidemment. D'abord parce
que, soumis à l'*espace*, il revêt la forme d'une *contrainte* : une bille
de billard en frappe une autre, cette dernière apparaît comme purement passive, et il en est ainsi de tous les termes de la série, parce
qu'ils restent toujours *extérieurs les uns aux autres*. Mais quand une
idée en appelle une autre, elles font toutes deux partie d'une même
unité consciente, et c'est par rapport à cette unité qu'il y a liberté,
car elle inclut à la fois le déterminant et le déterminé. Et si nous
nous pensions clairement dans notre totalité, si nous étions pour ainsi
dire de cristal pour nous-mêmes, notre liberté serait tout ce qu'elle
peut être, puisque nos déterminations nous paraîtraient alors adé-
quates à notre être. — D'autre part le déterminisme mécanique
se déroule dans le *temps*, suivant la forme d'une pure succession
où le passé n'est plus rien, où l'avenir n'est rien encore; par là
encore les termes de la série mécanique sont en dehors les uns des

autres et la liberté en est exclue. La conscience au contraire se souvient et prévoit, et dans cette mesure même, échappe au temps et possède comme un rudiment d'éternité ; et ainsi nous sommes libres, non parce que les moments de notre existence ne se tiendraient pas entre eux. mais au contraire parce qu'ils se tiennent et que nous le voyons. Dans l'univers physique aussi les moments sont liés ; mais ils ne le sont que pour notre pensée, « l'univers n'en sait rien ». Et ci encore ce qui manque à notre liberté, c'est une plus grande extension de notre souvenir et de notre prévision, qui ferait que nous resterions plus complètement nous-mêmes à travers le temps. C'est l'oubli et l'imprévoyance qui la restreignent et nous rendent à chaque instant victimes des contraintes du dehors et des surprises du dedans. Si notre mémoire était intégrale et nos inductions sans lacunes nous serions idéalement libres, car nous serions toujours parfaitement *adaptés à nous-mêmes*.

Ainsi la liberté n'est bien, comme le voulait·au premier abord M. Bergson, qu'un caractère de l'activité. Elle résulte, non de ce que l'activité appelée libre serait sans lois, mais de ce que ses lois sont d'une autre nature que celles du monde physique. Par cela même nous pensons que pour défendre la liberté il n'était pas nécessaire de vouloir supprimer le déterminisme, mais seulement de l'interpréter. Car ce n'est pas en tant que déterminisme, mais en tant que mécanique et objectif, que le déterminisme serait contraire à la liberté ; la liberté, telle est notre conviction, ne peut rien devoir à l'hypothèse d'une contingence des futurs ; bien au contraire elle ne peut qu'en être compromise. Il faudrait renoncer, suivant nous, à confondre deux questions si différentes, et à donner du problème une formule et une solution qui lui sont complètement étrangères.

En second lieu, M. Bergson cherche la liberté à un pôle de la vie psychique précisément opposé à celui où elle nous paraît se trouver. Si la liberté est le résultat de la subjectivité, c'est dans les formes les plus élevées de la vie psychique qu'elle doit être le plus complète. Ce n'est donc pas dans le « moi profond », mais dans le moi supérieur qu'il faut la chercher, dans le moi réfléchi et intellectuel. Car d'abord notre vraie *unité* mentale n'est pas dans les sources qui alimentent notre conscience, mais dans leur confluent ; elle est, en fait, le terme, et non le point de départ. Le « moi profond » est au contraire relativement fragmentaire ; plus loin on le pénètre, et plus on trouve une pluralité de consciences à la place de l'unité de conscience. C'est là qu'on rencontre, au lieu de la liberté, l'automatisme ; au lieu du vouloir, les impulsions aveugles ; au lieu de l'harmonie et du *consensus*, les incohérences, les contradictions, les obscures batailles de la vie intérieure, comme aux origines d'une nation les mêlées confuses des peuplades destinées à s'absorber peu à peu dans une unité politique supérieure. — Ce n'est pas non plus dans le moi profond qu'il faut chercher notre vraie *continuité* psychique: c'est là au contraire qu'on rencontre les impressions insaisissables, les sentiments fugaces, les représentations instables, dont l'état de somnolence et de rêverie nous donne communément une certaine expérience; nous ne pouvons alors lier nos idées ni par suite les fixer; elles s'évanouissent à peine esquissées sans que nous puissions les ressaisir. C'est ce moi profond dont les improvisations vagabondes démentent nos prévisions, bouleversent nos résolutions le mieux arrêtées, entravent sans cesse enfin notre liberté.

Si la liberté était dans ce moi profond, le mieux pour l'homme serait peut-être d'y renoncer et de travailler à la détruire plutôt qu'à la conquérir. Car, pour la retrouver, il faudrait un véritable retour en arrière; il faudrait une régression de la pensée intelligente vers la spontanéité irréfléchie, de l'humanité à l'animalité, de la vie sociale vers l'isolement individuel, puisque la conscience distincte et analytique, le langage et la communication avec les autres esprits seraient nuisibles à la liberté. La liberté, loin d'être un idéal à atteindre, serait un point de départ dont il faudrait s'éloigner; elle serait non le fruit d'un progrès, mais le terme d'une déchéance. Cette conséquence sera-t-elle facilement acceptée non seulement du philosophe, mais de la conscience commune elle-même?

En terminant cette discussion déjà trop longue et pourtant encore insuffisante, nous souhaitons seulement d'avoir attiré l'attention sur une œuvre brillante et savamment conduite. Nous ne nous dissimulons pas combien peut sembler fragile toute notre critique pour un esprit placé à un autre point de vue. Car une théorie aussi pénétrante aussi directement puisée aux sources intimes de la conscience pe difficilement se discuter à l'aide d'idées tout en dehors; elle est de celles qui n'exigent pas seulement un examen exact et une logique correcte, mais une profonde assimilation et une vraie préparation de l'esprit. M. Bergson est le premier à nous faire sentir combien les esprits ont de peine à se pénétrer mutuellement; mieux que personne il comprendra que nous ne partagions pas entièrement sa pensée, nous pardonnera si nous l'avons mal saisie. Car notre critique même serait alors la vérification de sa théorie.

G. BELOT.

NOTE SUR LA PHYSIOLOGIE DE L'ATTENTION

L'état des muscles a depuis longtemps frappé ceux qui se sont occupés de la physiologie de l'attention. « Lorsque l'âme désire quelque chose, tout le corps devient plus agile et plus disposé à se mouvoir qu'il n'a coutume d'être sans cela », dit Descartes. Pour les uns, toute la musculature prend part à l'action. « Dans l'attention, dit Gratiolet, tout le corps se tend vers l'objet qui la détermine, d'où le danger de considérer un objet d'un endroit élevé, surtout si l'objet se meut »; s'il existe une prédominance d'activité locale dans les muscles annexés à l'organe le plus intéressé, cette prédominance n'est qu'un élément du phénomène. Pour d'autres, au contraire, comme Duchenne (de Boulogne), la condition physiologique de l'attention serait spécialisée dans l'activité de quelques fibres musculaires de la face. Cette localisation étroite a peu de partisans. Si les muscles de la face sont plus facilement mis en mouvement dans l'attention et dans l'expression des émotions, cela tient à des conditions physiologiques spéciales : les muscles les plus rapprochés des centres réagissent plus rapidement à l'action nerveuse [1]; l'activité motrice est toujours en relation avec l'irrigation sanguine; le nerf facial paraît jouir d'une excitabilité plus intense sur la plupart des nerfs, c'est lui qui après la mort répond le dernier à l'excitation faradique; considérés dans ses connexions centrales, les nerfs moteurs de la face sont plus rapprochés des noyaux des nerfs sensoriels que les autres nerfs moteurs, circonstance qui doit faciliter la réflexion.

La diffusion de l'activité musculaire dans l'attention est montrée par ce fait que sous son influence, et quelle que soit son orientation, les contractures, les spasmes fonctionnels, les crampes professionnelles, etc., s'exagèrent d'une manière bien évidente.

Donc, l'attention paraît s'accompagner de mouvements.

---

[1]. A. James, *Tendon reflex and clonus phenomena. ankle clonus in relation to the height of the individual* (*Physiological and clinical studies*, Edinburgh. 1888).

Dans son livre récent, M Ribot [1] a résumé les notions actuell
sur la physiologie de l'attention qui est constituée exclusivement
de phénomènes moteurs. Ces phénomènes moteurs consistent en
mouvements de la face. qui prend une expression particulière.
mouvements des membres qui se présentent avec des attitudes
variables et enfin en mouvements du thorax indiquant une suspension de la respiration. Ces phénomènes n'ont pas été l'objet d'une
description précise; on pourrait soutenir qu'ils étaient correctement indiqués dans le vers de Virgile : ..... *intentique ora tenebant*.

L'absence d'une étude précise des phénomènes musculaires qui
accompagnent l'attention a permis tout récemment de contester
ces phénomènes musculaires M. Sully peut affirmer sans s'appuyer
sur aucune exploration appropriée. qu'il n'existe aucun mouvement
dans les faits d'attention qu'il a observés [2]: cependant il généralise
trop facilement, lorsqu'il affirme en même temps que les sensations
ou les représentations de couleur ne déterminent aucun phénomène
musculaire; des expériences démontrent clairement le contraire [1].
Toutes les sensations ou représentations s'accompagnent de tension des muscles. de mouvements réflexes; or cette tension des
muscles, ces mouvements réflexes constituent les phénomènes
accessibles de l'attention dite spontanée.

Mais la physiologie n'est pas seulement en mesure de renseigner
sur l'existence de mouvements; elle peut encore étudier les qualités
de ces mouvements. leur énergie, leur forme, leur précision, leur
rapidité. M. Wundt a montré que sous l'influence de l'attention, le
temps de réaction simple diminue à tel point qu'il peut devenir
négatif. Je ne pense pas qu'on puisse opposer à la règle souvent vérifiée de M. Wundt. les expériences de M. Münsterberg dans lesquelles le sujet répond par un mouvement d'un des doigts à une
excitation préalablement associée au mouvement de ce doigt, sans
augmentation du temps de réaction. Ces expériences indiquent que
l'attention n'est pas aussi étroitement locale qu'on le suppose.

L'expérience suivante me parait de nature à rétablir l'accord entre
les faits. Les pulpes de l'index, du médius et de l'annulaire sont posées
sur les membranes de trois tambours, qui reposent sur un plan soutenant aussi la main du sujet. Chacun de ces doigts doit répondre res-

1. Th. Ribot, *La psychologie de l'attention* (Bibl. de phil. contemp.), in-18, 1889.
2. J. Sully, *The psycho-physical process in attention* (Brain. part. II, 1890).
3. Ch. Féré, *Sensation et mouvement.* 1887, p. 32. — *Les conditions physiologiques des émotions* (Rev. phil., 1887). — *Dégénérescence et criminalité*, 1888, p. 23
La fatigue et l'hystérie expérimentale; théorie physiologique de l'hystérie (C. R
Société de Biologie*, 1890).

pectivement aux signaux 2, 3, 4. Le signal s'inscrit par la distension d'un tube élastique qui reprend sa forme lorsque la bouche de l'expérimentateur, qui le tient entre ses dents, s'ouvre pour émettre le mot. Le tube signal et les trois tambours récepteurs sont en rapport avec des tambours à levier; le temps s'inscrit avec le chronographe. Lorsque le sujet a bien associé les mouvements des doigts avec les signaux convenus, il arrive en effet à réagir à peu près dans le même temps, qu'il soit prévenu ou non du chiffre appelé : la différence ne dépasse souvent pas un ou deux centièmes de seconde. Mais les courbes inscrites montrent bien que la question de temps n'est pas tout dans l'étude des mouvements. Tandis que lorsque le sujet réagit à un signal convenu, 3 par exemple, avec le médius, un seul doigt, le médius, a produit une seule courbe par sa flexion isolée; lorsque l'attention est diffuse, lorsqu'il ne sait pas d'avance avec quel doigt il faudra presser, il se produit trois courbes, les trois doigts se fléchissent au signal. L'aspect des trois courbes est intéressant à considérer : l'ascension de la courbe qui correspond au doigt désigné par le signal précède les deux autres de un, deux ou trois centièmes de seconde et elle est plus brusque, et plus énergique, plus élevée. Si le sujet s'applique à éviter ces mouvements associés, le temps de réaction se trouve considérablement allongé.

J'ai montré d'autre part, que sous l'influence de l'attention l'énergie des mouvements augmente [1]. Cette augmentation de l'énergie, coïncidant avec l'augmentation de la rapidité du mouvement, a pour effet de modifier la courbe graphique du mouvement dont la ligne d'ascension est non seulement plus élevée, mais plus brusque. Cette concordance entre les caractères du mouvement paraît du reste un fait général [2].

Tout ce qui trouble l'attention diminue l'énergie du mouvement et allonge le temps de réaction. Mais toutes les excitations extérieures ou intérieures ne sont pas de nature à troubler l'attention; l'observation montre, au contraire, que bon nombre d'excitations intercurrentes favorisent les effets physiques de l'attention. Une excitation lumineuse, par exemple, peut augmenter dans des proportions considérables l'énergie des mouvements et le temps de réaction de la main à un contact cutané; inversement, la privation de lumière détermine chez des sujets parfaitement normaux un allongement du temps de réaction qui peut dépasser un quart ou même un tiers du temps normal. Il est facile d'établir que d'autres

1. Ch. Féré, *Sensation et mouvement*, 1887, p. 18.
2. Ch. Féré, *L'énergie et la vitesse des mouvements volontaires* (*Rev. philos.*, 1889, juillet). — *Les épilepsies et les épileptiques*, 1890, p. 39.

agents physiques (chaleur, son, tension électrique, etc.) déterminent une tension préalable des muscles qui les met dans un état
tel qu'ils agissent plus énergiquement et plus rapidement à un
signal donné, c'est-à-dire qu'ils déterminent les effets physiques de
l'attention. « Le son est une cause d'excitation, il arrache subitement l'organisme au repos... Il détermine une sorte d'extension
générale », dit Gratiolet [1], qui met bien en évidence les effets musculaires.

Les effets heureux des excitations périphériques sur l'activité
intellectuelle sont d'ailleurs mis en lumière par le soin que certains individus mettent à s'entourer d'objets qui flattent les sens
lorsqu'ils travaillent, comme Buffon, Haydn [2]. Ce besoin d'excitation
sensorielle se manifeste encore chez ceux qui font un usage modéré
du tabac, ou de substances du même genre, ou chez ceux qui
recherchent des sensations bizarres, comme Schiller qui ne pouvait
travailler que quand il sentait l'odeur des pommes pourries qui
remplissaient le tiroir de sa table [3].

Toutes ces excitations réalisent les conditions de l'attention
d'origine externe ou réflexe. Nous allons voir qu'il n'y a aucune
raison d'admettre que l'attention dite volontaire, attention provoquée par des représentations d'excitations externes, attention
réflexe aussi, ait d'autres bases physiologiques.

Cette modification de l'énergie et de la rapidité des mouvements
est en rapport avec des modifications de la circulation et de la
nutrition. J'ai déjà rapporté des expériences nombreuses qui mettent en lumière la relation qui existe entre l'état de la nutrition et
l'activité des phénomènes psychiques. J'ajouterai un groupe de
faits qui ne sont pas sans intérêt. Non seulement ces modifications
de l'énergie et de la vitesse des mouvements se manifestent sous
l'influence de l'ingestion ou de l'inhalation d'excitants diffusibles
qui peuvent être considérés dans une certaine mesure comme des
excitants sensoriels, mais on la voit encore se produire sous
l'influence de modifications de la pression atmosphérique.

On a noté depuis longtemps que, sous l'influence de la raré-
faction de l'air (mal des montagnes, mal des ballons), il se produit
une diminution de la force musculaire et un remarquable état de
torpeur cérébrale; sous l'influence d'une augmentation de pression
au contraire, on a signalé un état d'excitation et même une sorte
d'ivresse. Les dégénérés, les névropathes et peut-être en partie

1. Gratiolet, *La physionomie et les mouvements d'expression*, p. 236.
2. Carpenter, *Principles of mental physiology*, 6ᵉ édit., 1881. p. 278.
3. Gœthe, *Conversations*, t. I, p. 403.

culier les hommes de génie, comme l'a noté M. Lombroso [1] en citant Giordani et Maine de Biran, paraissent plus sensibles à ces influences de la pression. L'exemple de Gœthe [2] est peut-être plus intéressant : « Ainsi, dit-il, je travaille plus facilement quand le baromètre est élevé que lorsqu'il est bas; comme je sais cela, quand le baromètre est bas, je cherche par une tension plus forte de mon esprit à combattre l'influence mauvaise. »

Grâce à l'obligeance de M. le Dr Dupont, directeur d'un établissement aérothérapique, j'ai pu me soumettre avec un de mes aides à des augmentations de pression variant de 0,25 à 0,35 et nous avons constaté que lorsque l'équilibre est établi, le temps de réaction diminue de $\frac{3}{15}$, $\frac{4}{16}$, $\frac{5}{21}$, tandis que l'énergie du même mouvement augmentait de $\frac{5}{45}$, $\frac{8}{60}$, $\frac{6}{52}$ [3].

Les modifications du temps de réaction qui se produisent sous l'influence des excitations externes ou internes ou de modifications de la nutrition, rapprochées des modifications concordantes de l'énergie du travail musculaire et de la forme de la courbe qui représente graphiquement ce travail, paraissent montrer que ces diverses causes déterminent un état particulier des muscles, une tension préalable qui constitue en quelque sorte une attention réflexe ou organique, vitale, comme dit Cabanis [4]. Or, ces mêmes modifications du temps de réaction et de l'énergie des mouvements se reproduisent sous l'influence de l'attention dite volontaire (par excitation interne, par représentation). Il paraît donc vraisemblable que cette attention a une condition physiologique analogue à celle qui est déterminée par la constitution du milieu ou par ces excitations externes, et que ce doit être une tension préalable des muscles.

Dans le but de me rendre compte du rôle de la tension musculaire dans l'attention, j'ai entrepris sur une douzaine de sujets (personnel médical et administratif de mon service, enfants, épileptiques) des expériences qui m'ont donné quelques résultats assez intéressants [5] :

Après avoir simplement immobilisé l'avant-bras et la main gauche du sujet comme pour les expériences avec l'ergographe de

1. Lombroso, *L'homme de génie*, p. 135.
2. Gœthe, *Conversations*. t. II, p. 223.
3. M. Dupont nous a fait remarquer que, parmi les malades qui séjournent dans les appareils, trois sur cinq environ dorment; mais il faut noter que ce sont en général des anémiques et des asthmatiques, qui ne dorment pas la nuit et qui sont soulagés de leur dyspnée par l'augmentation de pression.
4. Cabanis. *Des rapports du physique et du moral*, etc., 1802, t. II, p. 192.
5. *Note sur la physiologie de l'attention* (*C. R. Soc. de Biologie*, 1890, p. 484).

Mosso, les yeux étant clos, nous avons pris une série de temps de réaction simple de la main droite à un contact sur l'éminence thénar. Après un repos, le sujet étant dans la même position, nous avons suspendu au médius gauche, resté libre, un poids qui exerce au moyen d'une poulie une traction suivant l'axe du membre; puis le temps de réaction a été repris de la même manière. Après un nouveau repos, pendant lequel on a enlevé le poids, on exerce une nouvelle traction dans les mêmes conditions avec un poids supérieur au premier, et ainsi de suite s'il y a lieu. Les poids employés à cette traction mécanique ont varié de 1 à 10 kilogrammes.

Nous avons vu dans des expériences précédentes que l'exercice modéré d'un membre provoque une tension des muscles du membre symétrique dont l'énergie volontaire s'accroît [1]. Si la tension des muscles est provoquée par une traction mécanique, elle agit de même. La tension artificielle des muscles a un autre effet encore : elle modifie la durée du temps de réaction. Tant que le poids qui exerce une traction sur le fléchisseur de la main gauche n'a pas produit la fatigue, il détermine à mesure qu'il s'accroît une diminution du temps de réaction de l'autre main. C'est-à-dire que la tension artificielle purement mécanique d'un muscle entraîne, dans un point éloigné du corps, une augmentation d'énergie, en même temps qu'une augmentation de la rapidité de la réaction; c'est-à-dire que cette tension artificielle détermine les effets ordinaires de l'attention dite volontaire.

Ces expériences paraissent montrer que la tension musculaire générale constitue bien la condition physiologique de l'attention.

J'ai, du reste, institué une autre expérience qui, bien que n'étant pas à l'abri de tout reproche, constitue une sorte de contre-épreuve de la précédente. L'avant-bras et la main gauche du sujet sont disposés comme pour l'expérience de l'ergographe de Mosso; un poids de 2 kilogrammes exerce une traction comme précédemment sur le médius gauche en demi-flexion. Le cylindre enregistreur est mis en mouvement; pendant que le métronome inscrit les secondes, la plume de l'ergographe inscrit l'allongement du muscle. Au bout de 30 ou 40 secondes, on présente au sujet une feuille de papier sur laquelle sont inscrits trois nombres de trois chiffres qu'il s'agit d'additionner mentalement; on marque le commencement et la fin de l'opération. Le tracé montre que, pendant la période qui a précédé le calcul, l'allongement du muscle est assez rapide ; pendant le travail mental, au contraire, l'allongement est à peu près nul et

---

1. Ch. Féré. *L'énergie des mouvements volontaires et la sensation de poids* (C. R. Soc. de Biologie, 1890, 10 mai).

quelquefois même on observe un relèvement notable de la courbe, c'est-à-dire un raccourcissement du muscle.

Cette expérience confirme celles que j'ai rapportées précédemment, et dans lesquelles on voit qu'un exercice intellectuel modéré s'accompagne d'une exagération de l'énergie des mouvements [1]. Elle n'étonnera pas ceux qui connaissent les conditions physiologiques de la lecture de la pensée, qui n'est en somme que la lecture des mouvements.

L'influence sur la rapidité et l'énergie de la réaction d'un groupe musculaire de la tension artificielle ou volontaire d'un autre groupe, m'a conduit à une étude du temps de réaction simple, dans des conditions qui n'avaient pas encore, je crois, excité la curiosité des expérimentateurs. J'ai étudié le temps de réaction de la main successivement dans le décubitus dorsal (résolution complète sur un lit), dans la position assise, et dans la station. Chez plusieurs sujets, la différence de durée du temps a été de plus d'un tiers entre les réactions faites dans le décubitus et dans la station ; la réaction dans la station a toujours été plus rapide. La différence entre les réactions dans la position assise et dans la station est moins marquée, mais s'est retrouvée constamment, sauf chez un sujet qui, prenant 12 grammes de bromure de potassium par jour depuis plusieurs mois, a de la faiblesse des jambes et a des oscillations surtout lorsque les yeux sont clos : ce malade a une rapidité plus grande des réactions de la main dans la position assise que dans la station.

Ce résultat pouvait être prévu par la clinique; nous savons en effet que les spasmes de la face et surtout du cou sont exagérés par la station et encore plus par la marche.

Nous voyons que la tension des muscles favorise les réflexes cérébraux, comme elle favorise les réflexes spinaux dans l'exploration du réflexe rotulien par la méthode de Jendrassik, dans laquelle on fait intervenir une tension artificielle des muscles des membres supérieurs, tension qui s'accompagne d'une augmentation générale de la tonicité des muscles comparable à celle qui se produit sous l'influence d'une excitation sensorielle [2].

1. *Sensation et mouvement*, p. 7.
2. L'énergie et la rapidité des mouvements volontaires les plus simples subissent, à l'état normal, les mêmes variations que celles des mouvements réflexes. Orchansky a vu que sous l'influence de l'exercice les réflexes tendineux s'exagèrent, et peuvent diminuer jusqu'à l'abolition sous l'influence de la fatigue. Les variations d'activité volontaire et réflexe, sous l'influence de la fatigue, reconnaissent une condition particulière du muscle, reconnue récemment par Mosso, la diminution de l'élasticité, l'extensibilité plus grande du muscle sous une même traction.

L'exaltation générale de l'activité motrice dans le processus
physiologique de l'attention était importante à constater expérimentalement. Elle semble démontrer que c'est à tort que l'on fait intervenir l'hypothèse de l'action d'arrêt, de l'inhibition, dans la physiologie de l'attention. Nous voyons que, dès que la tension des muscles
fait défaut sur un point, les effets de l'attention s'atténuent; la tension générale est le support nécessaire de la réaction locale. Il
existe des conditions dans lesquelles une excitation très intense,
qu'elle vienne de l'extérieur ou du dedans, amène une suspension
de telle ou telle activité locale, comme dans la peur, l'étonnement;
mais cette suspension locale, est en réalité, un effet de l'épuisement
nerveux consécutif à une décharge excessive, où l'activité motrice a
pu se manifester sous des formes diverses, mais bien saisissables.
On n'est pas fondé à dire que cette suspension d'activité locale est
un effet de la volonté, ni qu'elle favorise telle autre activité. La
peur a quelquefois des effets locaux nettement prédominants contre
lesquels le sujet peut lutter dans une certaine mesure; le maréchal de Luxembourg était pris de fièvre et de diarrhée pendant la
bataille : « Dans ces moments-là, disait-il, je laisse faire à mon corps
tout ce qu'il veut, pour conserver tout mon esprit à l'action. » Les
mêmes faits peuvent s'observer dans l'ivresse : « Le maréchal de
Villars fut adonné au vin même dans sa vieillesse. Allant en Italie
pour se mettre à la tête de l'armée dans la guerre de 1734, il alla
faire sa cour au roi de Sardaigne tellement pris de vin qu'il ne pouvait se soutenir et qu'il tomba à terre. Dans cet état, il n'avait pourtant pas perdu la tête, et il dit au roi : Me voilà porté tout naturellement aux pieds de Votre Majesté. » Dans ces circonstances, dont
on pourrait multiplier les exemples, l'attention persiste *malgré* les
phénomènes paralytiques qui ne peuvent cependant qu'en atténuer
les effets.

Tout acte qui emploie une certaine quantité d'énergie diminue la
tension générale, tend à détruire le support de l'attention orientée
vers un point quelconque, et à détruire ses effets actifs. Deux activités ne peuvent s'exercer simultanément à leur maximum d'intensité. Les actes des fonctions de nutrition ont à cet égard la même
valeur que le travail mécanique des muscles de la vie de relation.
Nous sommes disposés à oublier que le travail silencieux de la
nutrition use peut-être plus de force que beaucoup de gens n'en
dépensent en travail neuro-musculaire [1].

La suspension des autres activités qui se manifeste à propos d'une

_____

1. Clifford Allbutt, *Gultsonian lectures on visceral neuroses.* 1884.

attention locale n'est qu'une application de la loi de l'équivalence des forces; elle n'a rien à faire avec la volonté. Il a été vérifié que lorsqu'on excite l'attention d'un chien par la vue de la viande, il devient plus difficile d'obtenir les effets ordinaires de l'excitation des centres moteurs corticaux; de même lorsque les centres de la mastication sont en activité, l'excitabilité des centres moteurs des membres diminue [1]. Bubnoff et Heidenhain ont vu de leur côté qu'une excitation douloureuse atténue l'excitabilité de l'écorce, tandis qu'une excitation sensorielle modérée l'exagère.

D'autre part, Exner a constaté que l'excitation électrique des muscles favorise l'excitabilité des centres corticaux de ces muscles. Cette expérience montre que l'activité artificiellement provoquée des muscles favorise l'action que le cerveau exerce sur eux. C'est sous une autre forme l'expérience rapportée plus haut.

Les psychologues paraissent avoir quelquefois confondu avec le repos, l'immobilité volontaire, qui au point de vue mécanique en est fort éloignée, car Béclard a montré que la contraction statique produit plus de fatigue et fait augmenter la température du muscle plus rapidement que la contraction dynamique. L'immobilité volontaire résulte d'activités musculaires très intenses, elle a pour condition physiologique la tension générale de la musculature, qui met le sujet dans un état tel qu'il peut réagir le plus vite et le plus énergiquement possible à une excitation quel que soit le point où elle porte. C'est la condition physiologique de l'attention. On ne peut prolonger l'immobilité volontaire, c'est-à-dire l'attention, qu'à condition d'avoir de bons muscles, bien innervés et bien nourris. On peut dire que l'exercice de l'immobilité est l'exercice le plus favorable au développement de l'intelligence : une éducation qui négligerait cet exercice supprimerait l'attention, ce serait une éducation régressive.

Si la tension volontaire ou involontaire des muscles favorise l'attention et l'activité psychique en général, le relâchement des muscles tend au contraire à supprimer l'attention et l'activité psychique. C'est par le relâchement des muscles que certains individus peuvent se procurer le sommeil à volonté; chez ces sujets, qui déploient ordinairement une grande activité tant physique que psychique, le décubitus seul peut amener le sommeil : l'effet se produit d'autant mieux que le sujet est soustrait aux excitations extérieures; mais cette dernière condition n'est pas indispensable.

---

1. Tarchanoff, *Sur les centres psycho-moteurs des animaux nouveau-nés* (*Revue mensuelle de méd. et de chir.*, 1878).

L'attention fait défaut ou est affaiblie dans toutes les conditions
où il existe une dépression des forces, fatigue par décharges normales ou pathologiques (épilepsie), convalescence des maladies
aiguës, maladies chroniques, états neurasthéniques congénitaux ou
acquis, hystéries héréditaires ou symptomatiques, enfance, vieillesse, etc. Elle fait encore défaut dans toutes les conditions où une
partie de l'énergie se trouve dépensée en détail dans des décharges
volontaires ou non, travail, excitation maniaque, chorée, etc.

Les oscillations physiologiques de l'attention ont elles-mêmes
pour condition physique des oscillations de l'énergie motrice.
M. Lombard a observé sur plusieurs sujets (trois sur neuf) des
oscillations spontanées de l'énergie des contractions musculaires[1].
C'est encore la fatigue musculaire qui peut rendre compte de ce
fait, que les effets de l'attention ne s'accroissent pas à mesure qu'elle
se prolonge, tant s'en faut[2].

Les intermittences des sensations à leur limite inférieure, faciles
à constater surtout pour l'audition (Urbantschich, Gellé), ont sans
doute la même condition physiologique.

Dans quelques circonstances on pourrait croire que non seulement
le mouvement n'est pas la condition de l'attention, mais que l'attention est capable d'empêcher un mouvement projeté. C'est ainsi que
Holland[3] remarque que l'attention portée sur l'action d'avaler en
entrave les mouvements, et Darwin a vu que l'éternuement peut
être empêché par le désir de le voir se produire[4]. Mais dans ces
cas le mouvement est empêché non pas par une diminution de
l'activité motrice, mais par la contraction exagérée et spasmodique
des muscles que l'on veut faire entrer en action. L'exagération des
troubles de la motilité sous l'influence de l'attention chez les sujets
qui sont atteints d'impotences congénitales ou acquises des muscles de l'articulation ne tient pas à une autre cause. On ne peut pas
soutenir que dans ces cas de spasme fonctionnel, la contraction exagérée de certains muscles soit due à un défaut d'inhibition; souvent
on peut reconnaître l'existence de paralysies des muscles antagonistes.

La destruction de centres excitables entraîne la suppression des
activités propres à ces centres; cette économie d'activité profite aux
centres restés intacts qui réagissent plus énergiquement. L'ablation

1. Warren P. Lombard, *The effect of fatigue on voluntary muscular contractions* (The *Amer. journ. of psychology*, 1890. p. 41).
2. G. Dwelshauvers, *Psychologie de la perception* et *Recherches expérimentales
sur l'attention*. in-8°, Bruxelles. 1890.
3. H. Holland, *Chapters on mental physiology*, 2ᵉ éd., 1858, p. 85, 86.
4. Darwin, *L'expression des émotions*, p. 39.

du cerveau supprime les activités normales provoquées par des excitations visuelles ou auditives, mais elle ne supprime pas celle qui est provoquée par les excitations cutanées : les excitations de la peau déterminent alors des réflexes exagérés, des mouvements plus rapides et plus énergiques, c'est-à-dire les effets ordinaires de l'attention réflexe. C'est ce qui paraît se passer dans les expériences de M. Fano, chez les tortues auxquelles on a enlevé tout l'encéphale, hormis le cervelet et la moelle allongée, et qui marchent sans s'arrêter jusqu'à la mort. Les principaux effets de l'attention ne sont pas supprimés par l'ablation du cerveau. Le cerveau paraît disséminer les effets de l'attention. Les centres excitables qu'il contient, en se spécialisant et en se multipliant, tiennent sous leur dépendance des activités de plus en plus nombreuses, à mesure qu'on s'élève dans l'échelle animale. Chacune de ces activités, mise en tension par ses excitants extérieurs normaux, concourt à la diffusion de l'énergie ; de sorte que telle activité considérée en particulier ne se décharge que sous l'influence d'une excitation capable de rompre l'équilibre. La multiplicité des excitations, des sensations, des motifs d'action, retarde mécaniquement les décharges, en diminuant la tension locale de l'énergie qui finit toujours cependant par se dégager dans la direction, commandée par l'excitation la plus forte. A mesure que l'intelligence se développe, les mouvements réflexes deviennent moins impérieux ; la multiplicité des motifs d'action donne l'illusion de la liberté du choix. De même que lorsqu'on a supprimé expérimentalement une partie des centres excitables du cerveau, l'excitabilité des centres inférieurs se manifeste avec plus d'énergie ; de même, lorsque les centres excitables sont incomplètement développés, ce qui se traduit par une insensibilité relative, les impulsions, et les réflexes en général, dont les centres ont mieux évolué, sont plus violents et plus incoercibles : c'est ce que l'on voit chez les femmes, chez les enfants, et surtout chez les dégénérés. Le défaut d'attention dans ces conditions ne doit pas s'expliquer par le défaut de développement de centres inhibitoires *hypothétiques*, mais par le défaut de développement de centres excitables *expérimentalement* démontrés.

L'énergie et la vitesse des mouvements ne sont pas les seuls effets physiques de l'attention. Dans dés expériences destinées à contrôler les résultats donnés par le chronomètre d'Arsonval, j'ai enregistré les réactions aux mêmes excitations cutanées, le sujet pressant une petite poire en caoutchouc. Ces expériences m'ont montré, comme je l'avais d'ailleurs observé précédemment, que l'attention modifie la courbe graphique du mouvement, qui présente une ascension d'autant plus brusque que le mouvement est plus énergique et plus rapide. Le chronographe de Marey donne d'ailleurs, dans ces conditions, des chiffres de temps qui confirment les résultats fournis par le chronomètre de d'Arsonval.

Si une certaine activité musculaire préalable favorise l'exécution des mouvements, cette même activité musculaire favorise aussi l'arrêt des mêmes mouvements. Duchenne (de Boulogne) nous a appris, et les expériences de M. Beaunis ont confirmé, que dans tout mouvement l'activité des muscles qui déterminent la direction du déplacement n'est pas seule en jeu : les muscles antagonistes jouent aussi un rôle dans le phénomène qui ne se produit qu'à la condition qu'il existe une tension de ces derniers muscles. Dans l'arrêt du mouvement, c'est l'intervention de ces muscles antagonistes qui joue le rôle prédominant; il n'y a pas d'inhibition, il n'y pas de suppression, mais simplement dérivation d'activité. L'activité qui arrête le mouvement est de même nature que celle qui l'a provoqué, et elle exige un temps comparable pour se manifester [1].

Lorsque chez un individu atteint d'affaiblissement paralytique d'un côté du corps, on provoque au signal pour l'inscrire un mouvement bilatéral de pression exécuté par le pouce et l'index par exemple et que l'on fait cesser aussi au signal ce mouvement de pression, on voit [2] que du côté faible, la pression commence en retard et s'inscrit par une courbe graduelle; le même retard et la même courbe graduelle se retrouvent du même côté lorsque le sujet arrête la pression. Le défaut d'activité motrice se traduit par un retard et un défaut d'énergie aussi bien au départ qu'à l'arrêt.

Dans le cas de l'hémiplégique, ces deux effets de l'affaiblissement des muscles, défaut d'énergie et lenteur du mouvement aussi bien au départ qu'à l'arrêt, coïncide avec un défaut de précision : la main la plus faible et la plus lente atteint moins précisément le but. La tension préalable des muscles favorise donc non seulement l'énergie et la rapidité du mouvement, mais encore sa précision.

Le même fait se retrouve dans l'attention volontaire. On peut s'en rendre compte par l'expérience suivante : on trace sur un carton une demi-circonférence de 10 centimètres de rayon; sur cette demi-circonférence on inscrit une série de circonférences concentriques de 1, 2 et 3 centimètres de diamètre. Ces sortes de cibles ayant toutes leur centre sur la même demi-circonférence sont à égale distance du centre. Si on fait parcourir au signal la distance qui sépare

---

1. Orchansky, *Zur Lehre der Willensthätigkeit. Ueber Wilkürliche Impulse und Hemmungen* (*Arch. f. Anat. und Phys.*, 1888).

2. Ch. Féré, *Étude physiologique de quelques mouvements d'articulation* (*Nouv. Iconographie de la Salpêtrière*, 1890, p. 169).

le centre de la demi-circonférence de chaque cible, on voit que suivant que telle ou telle cible a été ou non désignée d'avance, le temps nécessaire à parcourir la distance a été moins long ou plus long, et que la précision du mouvement varie en même temps que sa rapidité; c'est-à-dire que sous l'influence de l'attention le contact s'établit le plus souvent dans le plus petit cercle de la cible, tandis que lorsque le sujet n'est pas prévenu, il se fait souvent dans les plus grands cercles ou même en dehors.

En somme dans l'attention toutes les qualités du mouvement sont modifiées : sa rapidité, son énergie, sa précision; et il existe une tension générale des muscles qui paraît constituer la condition physiologique du processus. Cette activité musculaire qui joue un si grand rôle dans la physiologie de l'attention, coïncide avec d'autres activités qui ont été moins étudiées, mais ne sont pas moins intéressantes. L'attention qui porte sur la sensibilité gustative, s'accompagne d'une augmentation de sécrétion salivaire : l'eau vient à la bouche sous l'influence de représentations, de sensations gustatives à tel point qu'Eberle pouvait, rien qu'en fixant son attention sur une saveur acide, se procurer assez de salive pour ses expériences. Cet effet de l'attention se reproduit aussi bien chez les animaux que sur l'homme : lorsque Thénard voulait obtenir de la salive pour ses analyses, il prenait un chien à jeun depuis 24 heures, et le plaçait devant un gigot à la broche : l'animal bâillonné, et ne pouvant déglutir, laissait écouler une quantité énorme de salive. Cl. Bernard a employé un stratagème analogue chez le cheval, et il provoquait un écoulement « aussi abondant et aussi continu que le jet d'un robinet [1] ».

Le pléthismographe peut montrer que, lorsque l'attention est dirigée sur l'extrémité d'un membre, il s'y produit une augmentation de volume. On sait bien que chez les hystériques, l'attention peut déterminer des exsudations sanguines (stigmates) ou séreuses (vésication, etc.), ou des gonflements localisés du sein (Dumontpallier), de la glande thyroïde (Luys), s'accompagnant de sensations plus ou moins intenses. J'ai déjà cité le cas d'un individu qui faisait métier d'exhiber ses organes génitaux et de provoquer à volonté, sans aucun mouvement, l'érection et l'éjaculation.

Ces différentes formes d'activité accessibles à l'observation rendent compte des sensations dites subjectives, mais en réalité objectives, qui peuvent se produire sous l'influence de l'attention : « En fixant mon attention sur un point quelconque de mon corps, dit Hunter, je suis sûr de pouvoir faire naître une sensation. »

CH. FÉRÉ.

1. Cl. Bernard, *Leçons sur les propriétés des tissus vivants*, p. 381.

NOTES ET DISCUSSIONS

LES BASES EXPÉRIMENTALES DE LA GÉOMÉTRIE

I. Les premiers faits de la géométrie nous sont révélés par nos sens ; ils sont le résultat d'expériences longtemps ignorées par notre raison, qui ne devient que beaucoup plus tard apte à *combiner* les conséquences d e ces *axiomes*.

La géométrie doit être considérée dans ses prémisses comme une véritable science expérimentale ; ses *postulats*, assez nombreux et définitivement acquis, sont susceptibles d'adapter leurs conséquences à de si fréquentes interprétations des découvertes incessantes de l'analyse pure, que son domaine passe, à juste titre, pour l'un des plus intéressants des mathématiques. Que les axiomes de la science de l'étendue ont une signification purement expérimentale : c'est là une vérité devenue banale pour les géomètres.

Je demande pourtant à la développer de la manière la plus simple ; dans ce but, je me contenterai de dresser la liste des axiomes, et de les commenter le plus brièvement possible. Cette liste peut offrir d'ailleurs quelque intérêt, car tous les traités pédagogiques de géométrie sous-entendent beaucoup plus de *postulats* qu'ils n'en énoncent.

II. Je ferai d'abord une remarque.

Lorsque pour caractériser ce que l'on nomme la logique déductive, on veut en faire le ressort même de la méthode des sciences exactes, on commet une grave erreur. On est dupe, je présume, des nécessités de l'enseignement, qui pour les mathématiques plus encore peut-être que pour les autres sciences, trouve un avantage didactique, à une *exposition* faite sous la forme déductive. La logique déductive n'est qu'une méthode précise de classification des découvertes acquises ; elle est par cela même, en mathématiques, fort utile; mais pas plus dans ces sciences que dans aucune autre, elle n'est l'instrument même de la découverte; la force de l'esprit d'investigation réside : d'une part dans la puissance de l'induction, d'autre part dans le don, acquis ou inné, d'embrasser d'un coup d'œil les ensembles; sans oublier toutefois le mystérieux élan qui entraîne le chercheur sans cesse en avant.

Cette remarque faite, je ne crains plus de dire que la fécondité des axiomes de la géométrie tient précisément à leur origine expérimentale. Dans le domaine intellectuel, comme dans le domaine moral, il n'y a point d'idées *innées*; cependant, il y a en mathématiques un domaine où l'esprit paraît se mouvoir, en tirant tout de son propre fonds; c'est l'analyse pure qu'un géomètre humoriste définissait un jour : « L'esprit du nombre s'aiguisant lui-même ».

En effet, en analyse, on se crée des problèmes, dont la complexité est toujours un charme, et on les résout quelquefois. L'histoire des sciences mathématiques atteste pourtant que les progrès de l'analyse pure ont été suscités par des problèmes posés par la nature.

III. Les premiers faits de la géométrie forment un tout assez compact pour que l'abstraction ne puisse qu'incomplètement les isoler les uns des autres; par exemple, la notion du *déplacement d'un ensemble invariable*, qui au point de vue analytique est relativement complexe, sert en réalité de support aux faits les plus simples de la géométrie, même à la définition de la *ligne droite*, comme on le verra tout à l'heure.

Rappelons d'abord les premiers termes de la nomenclature géométrique :

Surface : *Ce qui* sépare le *volume* d'un corps de l'espace environnant.

Ligne : *Ce qui* limite une surface.

Point : *Ce qui* limite une ligne.

Remarquons-le bien, ces définitions ne ressemblent en rien à celles de l'analyse, où l'esprit crée lui-même l'objet de son étude. En effet, dans les définitions précédentes, les *ce qui* n'ont guère qu'une valeur verbale, ils ne sont destinés qu'à rappeler des groupes d'expériences; ils les rappellent, mais ne les expliquent point. Les êtres géométriques, qui dans l'ordre précédent apparaissent comme les bornes les uns des autres, peuvent aussi se lier dans l'ordre inverse, au moyen d'une notion analogue à celle du mouvement.

Tout *ensemble* de points qu'on peut rattacher à la variation d'*une seule* quantité variable forme une *ligne* (élément à une *dimension*).

Tout *ensemble* de points qu'on peut rattacher aux *variations* de *deux variables indépendantes* constitue une *surface* (élément à deux dimensions).

Tout *ensemble* de points qu'on peut rattacher aux *variations* de trois *variables indépendantes* constitue un *espace* (élément à trois dimensions).

L'espace ne possède que trois dimensions.

Les notions qui précèdent, déjà tirées de l'expérience, ne suffisent pas à asseoir les bases de la géométrie; il faut encore connaître quelque ligne simple, quelque surface simple, et définir comment l'espace se distribue autour d'elles. Ce sera l'objet des axiomes ou postulats que je vais examiner maintenant.

IV. LES AXIOMES OU POSTULATS. Premier postulatum. — *L'existence de la ligne droite.*

Étant donnés dans l'espace, deux points A, B, on peut les *joindre* par une infinité de lignes différentes; chacune de ces lignes une fois tracée, et envisagée comme un *ensemble invariable*, peut occuper une infinité de positions différentes, en *pivotant* sur ses extrémités A et B; mais, nous *admettons* qu'il existe entre A et B une certaine ligne, qui soumise au même pivotement ne cesserait pas de coïncider avec elle-même; d'où la définition bien connue de la ligne droite :

« La ligne droite est une ligne telle que par deux de ses points on n'en peut faire passer qu'une. »

Il résulte de cette définition, qu'elle est encore vraie, si on remplace les points A et B par deux points intermédiaires.

Deuxième postulatum. — *Une ligne droite peut être prolongée indéfiniment dans deux sens différents.*

Troisième postulatum. — *Elle est formée d'une infinité de portions identiques entre elles.*

Quatrième postulatum. — *L'existence du plan.*

Nous *admettons* qu'il existe une *surface* telle que si l'on réunit *deux quelconques* de ses points par une ligne droite, celle-ci reste tout entière contenue dans la surface.

On peut aussi considérer un plan comme le *lieu* des positions successives d'une droite mobile qui s'appuierait sur un point et sur une droite fixes.

Le plan est indéfini, puisqu'il contient des droites indéfinies.

Cinquième postulatum. — *Distribution de l'espace de part et d'autre d'un plan.*

Nous admettons qu'un plan partage l'espace en deux *régions* caractérisées de la manière suivante :

.

Si on considère deux points appartenant à une même région, la droite limitée, terminée à ces deux points, ne *perce* pas le plan. Au contraire, si on considère deux points pris dans l'une et dans l'autre région, la droite limitée qui les réunit *percera* le plan en quelque point intermédiaire.

Sixième postulatum. — *Distribution d'un plan de part et d'autre d'une droite d'un plan.*

Une droite indéfinie XY partage un plan en deux *régions* ainsi caractérisées :

Si l'on réunit par une droite deux points pris dans la même région, la droite limitée ainsi tracée ne coupe pas la droite XY ;

Si on choisit au contraire deux points appartenant à chacune des deux régions, la droite *limitée* qui les réunit percera la droite XY en quelque point intermédiaire.

Septième postulatum. — *Double mode de superposition des angles plans.*

Cet axiome n'est presque jamais énoncé dans les traités usuels, et je m'y arrêterai un moment.

On définit deux figures *égales*, deux figures qui peuvent être amenées *sans cassure*, et par un simple déplacement relatif, à se superposer l'une l'autre ; mais dans certains cas, plusieurs modes de superposition sont possibles, et il y a alors plusieurs manières de faire correspondre les points d'une figure aux points de son égale.

Ainsi on définit deux angles égaux XOY, X′O′Y′ deux angles superposables, c'est insuffisant ; supposons en effet les angles couchés sur le même plan, on peut amener par *glissement* l'un des angles sur l'autre *et cela d'une seule manière* ; mais auparavant on peut *renverser* l'angle mobile et l'amener ensuite sur l'autre par glissement ; dans le second cas, les *faces en regard* ne seront pas les mêmes que dans le premier cas.

Ce double mode de superposition que nous regardons comme *évidemment possible* est encore une vérité expérimentale.

On peut d'ailleurs distinguer les deux modes de juxtaposition par la notion d'*orientation* : il suffit de *lier* à l'angle un observateur dont la *gauche* et la *droite* pourront servir à distinguer les deux faces du plan.

Cette orientation, trop souvent déguisée dans les ouvrages de géométrie, ne contribue pas peu à décourager les débutants.

Huitième postulatum. — *L'existence du déplacement de rotation.*

Nous avons admis, pour définir la ligne droite, qu'une figure peut pivoter sur deux de ses points maintenus fixes.

Nous allons maintenant préciser ce pivotement : concevons une

figure plane, par exemple un triangle MXY, *orienté* comme on vient
de le dire; nous *admettons* comme un fait que ce triangle peut pivoter sur deux de ses sommets X, Y, et se mouvant sans cesse *toujours*
vers un certain côté de l'une de ses faces, revenir néanmoins à sa
position de départ; nous admettons de plus que ce *mouvement est* :

1° *Déterminé*;

2 *Fini*.

En sorte qu'en prenant un certain *angle dièdre* arbitraire comme
unité, et en l'ajoutant un nombre *suffisant* mais *fini* de fois à lui-
même, on trouvera une position ultérieure de ce dièdre qui comprendra dans son intérieur la position primitive du triangle MXY.

REMARQUE. Il est facile de déduire de là, la possibilité du renversement d'une figure plane, autour d'une droite de ce plan; on en
déduit encore, grâce aux axiomes 5 et 6, la réciprocité de situation
de deux droites *perpendiculaires*.

Neuvième axiome. — *Postulatum d'Euclide*.

Tous les faits qu'on vient de rappeler se rapportent à deux notions
fondamentales, la distribution linéaire et la distribution angulaire
de l'espace.

Mais quel lien établir entre les mesures linéaires et les mesures
angulaires? Un autre principe est ici nécessaire.

Considérons dans un plan, une droite indéfinie XY et un point O,
extérieur à cette droite. Menons de O sur XY, la perpendiculaire dont
l'existence résulte des faits précédents. Du pied P de cette perpendiculaire pris comme point de départ, cheminons indéfiniment sur la
droite dans la direction PX, et joignons les points successivement
rencontrés au point O; les droites ainsi obtenues tendent vers une
position limite OL.

En cheminant à partir de P, dans la direction opposée PY, nous
aurions de même une seconde droite limite OL', *symétrique* de OL
par rapport à OP.

Mais ces deux droites seront-elles dans le prolongement l'une de
l'autre, c'est-à-dire perpendiculaires à OP? C'est ce qu'il serait *impos-*
sible d'affirmer en se fondant sur les deux principes précédents; et
c'est à l'assertion de ce fait que revient au fond le célèbre postulatum d'Euclide que nous énoncerons ainsi :

Dans un plan, et par un point extérieur à une droite de ce plan
on ne peut mener qu'une seule droite qui ne coupe pas la première.

Les conséquences de ce postulatum pour l'espace peuvent s'en
déduire en concevant une rotation effectuée autour de OP.

V. Tel est l'ensemble des faits primitifs de la géométrie.

Des huit premiers postulats, on peut déduire la théorie du triangle, considéré comme assemblage de droites, la théorie des droites et des plans perpendiculaires et une propriété de l'angle trièdre.

Si on laisse de côté le neuvième axiome, la théorie des figures semblables disparaît, les mesures des aires et des volumes sont profondément modifiées : on a ce qu'on appelle la *géométrie non euclidienne*, que l'on peut voir développée dans un opuscule de Lobatchewski, et dans un article du même auteur publié dans le journal de Crelle; la philosophie mathématique de cette géométrie a été admirablement résumée il y a quelques années par M. H. Poincaré en quelques pages du Bulletin de la Société mathématique. Dans ces courtes pages, le lecteur curieux verra mentionné un beau théorème de M. Sophus Lie sur une limite du nombre des conditions capables de déterminer la situation d'une figure.

J'ai, dans cet article, systématiquement évité de me placer au point de vue analytique, mais j'espère néanmoins, en soulignant les *faits* de la géométrie, antérieurs au raisonnement, en avoir avec toute clarté indiqué la nature éminemment expérimentale.

JULES ANDRADE.

SUR LE PRINCIPE DE CAUSALITÉ

Le rôle de la philosophie ne saurait être plus justifié que lorsqu'elle étudie le sens et la portée des notions fondamentales de la pensée. Tant qu'on ne sera pas au clair sur ce point, une foule de discussions dans tous les domaines continueront à être incertaines ou viciées. M. Lalande a donc bien fait, dans le dernier numéro de la *Revue*, de porter encore une fois la question du principe de causalité devant le public philosophique. Nous croyons également bien faire en ajoutant ou en opposant quelques remarques à sa conclusion. M. Lalande affirme que le principe de causalité, même entendu au sens empiriste, n'a qu'une valeur approximative et provisoire; qu'il correspond à une conception encore enfantine des choses; qu'il faut lui substituer le principe de la continuité et de l'identité mathématique. Et certainement cette thèse, défendue avec beaucoup de talent, contient d'importants éléments de vérité. Cependant elle nous semble contenir aussi quelques confusions, et les raisonnements sur lesquels elle se fonde ne nous paraissent pas tous avoir la porté voulue.

C'est avec raison d'abord que M. L. établit la solidarité du concept de cause avec celui de la distinction et de la discontinuité réelles dans les phénomènes. « Qu'on donne au principe de causalité, dit-il, telle forme qu'on voudra, il exigera toujours que le monde soit un composé d'élémen's ultimes, mélangés sans doute d'une façon singulièrement complexe, mais étant et demeurant en eux-mêmes des unités discontinues. » Il nous semblerait également juste de réclamer la suffisance de chacune de ces unités pour la détermination causale de leurs conséquents immédiats. Si les rapports de causalité n'avaient pas lieu exclusivement entre deux faits, si la cause débordait l'antécédent immédiat, comme il n'y aurait pas de raison pour qu'elle s'arrêtât ici plutôt que là, et qu'il faudrait étendre la causalité à l'infini, on n'aurait jamais la cause suffisante, la vraie cause. Ainsi que le dit M. L..., on pourrait considérer la cause « *ad libitum* comme infinie ou comme nulle » . Donc, que le monde nous offre des antécédents réellement distincts et rigoureusement suffisants, ou bien qu'on renonce au principe de causalité.

Mais c'est à tort, nous semble-t-il, que M. L... résout négativement la question ainsi posée. Le monde, pense-t-il, ne nous offre point d'an-

técédents suffisants. La preuve, c'est, d'une part, la régression illimitée,
à laquelle il vient d'être fait allusion, dans la série des antécédents;
c'est, d'autre part, l'universelle réaction des choses dans le sens de la
coexistence. L'une et l'autre semblent incontestables à M. L... « Il
n'est pas un événement, dit-il, quelque insignifiant qu'il soit, qui n'ait
pour cause, c'est-à-dire pour « la somme de ses conditions positives et
négatives », tous les événements concomitants de l'univers ». De même,
« il n'est pas possible de s'arrêter dans la régression continue qui nous
fait reculer dans la série illimitée des antécédents ». — Pour notre
part, nous n'admettons pas cette régression illimitée. Et d'abord, pour
la science, il ne doit pas même y avoir de régression. Si l'on en parle,
c'est qu'on se représente métaphysiquement certains faits comme s'étant
passés hors de la conscience, comme ayant existé avant elle : force
est bien de reculer vers les faits placés en arrière, quand on veut les
trouver. Mais qu'on se mette à un point de vue strictement phénoménal,
qu'on se souvienne des limites théoriquement infranchissables de l'expérience et de la science, bref qu'on se maintienne dans le monde des
faits de conscience, et l'on comprendra sans peine qu'il ne saurait se
produire autre chose que des progressions. La série des faits de conscience, même quand il s'agit du passé, ne se déroule que dans le sens
du présent à l'avenir. On avance toujours, on va toujours vers du nouveau, même quand on croit reculer vers de l'ancien. — Qu'importe,
dira-t-on, si cette progression conduit aux mêmes termes et se produit
dans les mêmes conditions qu'une régression? Il y a pourtant cette
différence, c'est que, avec la progression, nous n'allons pas d'antécédent en antécédent, mais de conséquent en conséquent; c'est que,
comme nous l'avons montré ailleurs [1], nos investigations scientifiques
ne sont pas, à rigoureusement parler, des recherches de causes, mais
des productions d'effets; c'est que, en croyant expliquer un fait dont la
différence d'avec l'état de conscience précédent nous a surpris, nous
tendons seulement à la reproduction idéale de ce fait à la suite d'intermédiaires toujours plus rapprochés de lui et de nature à faire cesser
notre surprise. — Mais encore, dira-on, qu'importe si la série de ces
intermédiaires ou de ces conséquents est illimitée comme le serait la
série des antécédents? C'est que justement elle ne l'est pas. Ce qui est
illimité, c'est la série des faits de conscience en général, ce n'est pas la
série des intermédiaires qui doivent conduire sans écart différentiel
considérable à l'analogue d'un fait déjà produit. La preuve, c'est que
ce nouveau fait peut avoir lieu quand on veut; on peut donc arrêter
aussi quand on veut la série qui y conduit. Vous désirez, par exemple,
expliquer l'audition du tonnerre, c'est-à-dire arriver à la reproduction
idéale de cette audition par des états de conscience établissant une
transition insensible : n'êtes-vous pas libre de hâter ou de retarder
cette reproduction idéale, et par conséquent d'arrêter plus ou moins

---

1. *Le Phénomène, esquisse de philosophie générale*, p. 209.

vite la série des faits intermédiaires? Votre esprit pourra n'être pas
encore en repos, et réclamera peut-être une meilleure explication,
c'est-à-dire une nouvelle série, mais celle-ci pourra prendre fin, et
prendra fin en réalité, comme la précédente. Et ainsi pour toutes les
autres. Plus ou moins satisfaisantes pour l'élimination du différentiel,
elles seront toutes suffisantes pour la détermination causale. Encore
une fois, il y a là une preuve de fait, la production de l'effet visé. On
ne saurait donc contester la suffisance causale des antécédents immédiats au nom de la régression illimitée dans la recherche des antécédents : il n'y a ni régression illimitée, ni même régression et recherche
des antécédents. — Nous en dirions autant à propos de la régression
illimitée dans la recherche des concomitants. Et nous ajouterions que,
dans le monde du phénomène, si c'est bien le monde des états de
conscience qu'il faut entendre par là, il n'y a pas de causes concomitantes; sauf pour les deux faits nécessaires au rapport et qui ne sauraient se distinguer en cause et effet, tout s'y passe en succession.
Après cela, il ne serait pas trop difficile de montrer que les séries ne
valent que par leurs termes, et finalement d'établir la suffisance de
chacun d'eux relativement à son conséquent immédiat.

La distinction réelle des faits n'est pas plus atteinte que leur
suffisance causale. « L'idée du continu, dit M. L., est évidemment
donnée à l'esprit dans l'intuition à *priori* de l'espace. » L'assertion
est contestable, mais nous ne voulons pas nier la valeur de l'idée
du continu; nous demandons seulement si elle exclut l'idée opposée
du discontinu. En tout cas, M. L. devrait répondre : pas plus que
l'idée d'espace n'exclut celle de temps, attendu qu'il admet aussi que
l'idée du discontinu est donnée dans l'intuition à *priori* du temps.
Il en est ainsi, il est vrai, « parce que le temps est la forme du sens
intérieur et que l'hétérogénéité de nos états de conscience crée
une véritable discontinuité naturelle dans leur succession » : mais,
encore une fois, le monde des phénomènes, où nous étudions les rapports de causalité, est-il autre chose qu'un monde d'états de conscience? Il est possible de découvrir dans le phénomène bien des éléments variés : pourquoi pas le continu et le discontinu? Pourquoi
pas aussi le ressemblant et le différent, car nous tenons à distinguer
ces deux dualités un peu trop confondues dans la discussion? Le ressemblant et le différent s'opposent sans doute sur la nature, l'essence,
des choses : mais il suffit, pour rendre cette opposition acceptable à la
pensée, et conformément d'ailleurs à une étude approfondie des deux
termes, de ne pas la pousser jusqu'à la contradiction, de considérer le
ressemblant comme un moindre différent, et le différent comme un
moindre ressemblant. De leur côté, le continu et le discontinu s'opposent sur l'existence même des choses, et forment bien, comme l'être
et le non-être auxquels ils correspondent, une véritable contradiction : mais on se souviendra que le non-être n'est pas une réalité, qu'il
ne se place pas positivement en face de son opposé, et par conséquent

qu'il ne saurait exclure l'être, dont il marque simplement l'absence sur
certain point, et sans lequel il ne serait même pas pensable. — Mais la
distinction, soit d'existence, soit d'essence, ne serait-elle pas con-
damnée à d'autres égards et plus directement, par exemple par ce
même principe de causalité qui, d'autre part, l'exige? M. L... le prétend.
« Une relation entre deux phénomènes distincts, dit-il, serait un mystère et un miracle. » Oui, sans doute, s'il n'y avait que distinction dans
le phénomène; oui, si l'on ne trouvait pas partout et toujours les dualités dont il a été question, la continuité aussi bien que la discontinuité,
la ressemblance en même temps que la différence. Mais voici, avec ces
dualités d'éléments fondamentaux, il y a dans chaque nouveau fait
comme une prolongation du précédent. Nous disons bien prolongation,
car la ressemblance, c'est l'absence de lutte, de résistance, d'usure, et
par conséquent c'est la stabilité. Donc, tout en étant réellement distinct, tout en ayant sa marque propre, et bien que formant un tout
fermé, une existence achevée, bref un *fait*, le terme suivant n'est pas
sans rapport avec le terme précédent; il est constitué partiellement
par lui, il est lui avec un autre élément différentiel; on peut bien dire
qu'il est quelque chose de nouveau, mais du nouveau où se retrouve
de l'ancien et dont l'ancien est la condition. Voilà un rapport, le rapport même de causalité. Sans doute un élément reste toujours en dehors
de ce rapport ainsi compris, élément tantôt fort, tantôt faible; mais est-
il nécessaire que le fait concret appelé cause contienne entièrement
le fait concret appelé effet? Non, car il n'existerait plus alors qu'un seul
terme et il n'y aurait pas lieu d'appliquer le principe de causalité. Si
c'est un échec pour la science, tant pis; la science ne saurait jamais
être qu'une approximation de la réalité.

Cependant, si le concept de causalité reste intelligible, c'est grâce à
son rapprochement avec celui de persistance. Or M. L... n'aurait-il pas
raison de dire que ce concept ne fait qu'un avec celui d'identité mathématique, et n'aboutirions-nous pas ainsi, en dépit de nos critiques, à la
même conclusion que lui? Ce n'est pas notre avis. La causalité et l'identité mathématique demeurent en face l'une de l'autre comme deux
formes bien distinctes du même concept. La causalité, c'est l'identité
(mais encore ce mot est-il trop fort) portant sur la nature, l'essence, la
qualité des choses; l'identité mathématique, c'est l'identité portant sur
l'être vu du dehors, sur le tout fermé qui fournit l'unité numérique,
sur la quantité des choses, abstraction faite de leur nature. Ce sont là
deux catégories bien distinctes, alors même que la science est appelée
constamment à les rapprocher. Donc, modifions les formules du principe de causalité, rectifions-en les applications, mais gardons-en le
caractère distinctif. Telle est notre conclusion : nous regrettons de ne
pouvoir en ce moment en éclaircir davantage le sens et en développer
plus longuement les preuves.

J.-J. GOURD.

ANALYSES ET COMPTES RENDUS

Pierre Laffitte. — Cours de philosophie première. Tome I :
Théorie générale de l'entendement. 1 vol. in-8°, LIX-406 p. Paris,
Émile Bouillon, 1889.

I. — M. Laffitte est le directeur actuel du positivisme; il a consacré,
pendant plusieurs années, des séries de leçons à l'exposition de la doctrine positiviste; il nous donne aujourd'hui, réunies en volume, celles
de ces leçons qui concernent la philosophie première.

Il n'est pas besoin de dire que M. Laffitte est un disciple convaincu
d'Auguste Comte ; toutefois il a repris, développé, et même quelquefois
modifié l'œuvre du maitre. « Auguste Comte, dit-il, avait posé toutes
les bases de la Philosophie première, mais il ne l'avait pas réalisée,
quoiqu'il l'eût fait certainement si une mort prématurée ne l'eût enlevé
à l'Humanité. C'est cette réalisation que j'ai effectuée. Ceux qui voudront bien lire avec attention mon travail vérifieront, je l'espère, qu'il
consiste en autre chose que des *illustrations*, selon l'heureuse expression anglaise, appliquées à chacun des énoncés de Comte. Un travail
original de méditation était évidemment nécessaire. Bien plus, les
lecteurs attentifs pourront constater des conceptions véritablement
nouvelles, quoique dans la direction tracée par Auguste Comte; il
y a développement dans la continuité. De toutes manières, il y avait
nécessité pour le positivisme d'établir cette base fondamentale de son
dogme. »

La philosophie première traite « des lois communes aux divers ordres
de phénomènes; elle précède et prépare la philosophie seconde qui
s'occupe des lois propres à chaque ordre de phénomènes ; c'est le
domaine le plus abstrait du dogme positif ». La philosophie seconde qui
comprend les lois générales des diverses sciences abstraites, mathématiques, astronomie, physique, chimie, biologie, sociologie et morale,
est suivie elle-même de la philosophie troisième constituée par la
coordination scientifique de la raison concrète. La philosophie troisième comprend la théorie de la Terre, la théorie de l'Humanité et la
théorie de l'Industrie ou de la réaction systématique de l'Humanité
sur sa planète.

La philosophie première se divise en deux parties : la théorie de
l'entendement et les lois universelles du monde; c'est la première

partie seulement que renferme le premier volume de M. Laffitte. Mais il s'ouvre par des considérations générales sur la philosophie positive et sa méthode qui nous intéressent et que nous devons examiner.

La première leçon traite de la méthode subjective. On sait que le positivisme de Comte s'est partagé en deux écoles : l'une que Littré représenta longtemps auprès du public français, et dont il vulgarisa les doctrines dans diverses publications et en particulier dans sa revue, *la Philosophie positive*, a rejeté à peu près toute la partie religieuse et sociale de l'œuvre de Comte, comme l'avait fait aussi Stuart Mill en Angleterre, ne gardant que la hiérarchie des sciences, et quelques principes de philosophie générale, par exemple : la relativité de la connaissance, entendue d'une certaine façon. Pour l'autre école, au contraire, les théories que Littré regardait comme le produit de la maladie mentale de son maître sont peut-être ce que Comte a laissé de plus précieux; la réforme de Littré leur paraît une mutilation, et au point de vue de la beauté et de la profondeur du système, je n'affirmerais pas qu'elle ait complètement tort. L'activité sociale reste le dernier but de la doctrine, celle vers lequel tout doit converger. Je ne sais si le positivisme orthodoxe a beaucoup d'adeptes, et même je pense que non, mais il a des adeptes distingués et convaincus, il a sa revue, la *Revue occidentale*, ses cours, ses adhérents et, si toutes ses théories ne me paraissent pas vraies, j'estime que cependant il peut aider à la marche de la science et à la marche de l'humanité, et qu'il restera de lui autre chose que les divagations qu'on lui attribue trop généreusement, j'entends des idées justes, des conceptions élevées et des sentiments qui sont loin d'être sans valeur.

La méthode subjective en particulier a été très vivement attaquée. M. Laffitte l'expose et tâche de la justifier et de la défendre contre les critiques de Littré qui est d'ailleurs traité d'une manière particulièrement sévère.

« En deux mots l'on peut dire : l'objectif c'est le monde, le subjectif, c'est l'homme.

« De là, deux manières de philosopher, deux manières de coordonner et de régler ses connaissances, soit par rapport au monde, soit par rapport à l'homme, et, par suite, deux méthodes : la méthode objective et la méthode subjective.

« Coordonner par rapport au monde ou suivant la méthode objective, c'est rechercher dans la multiplicité et la complexité des phénomènes extérieurs celui d'entre eux autour duquel devront se grouper tous les autres; c'est par conséquent se soumettre à la condition préalable de connaître le monde extérieur jusque dans ses moindres détails, de ne rien omettre, de tenir compte du plus humble fait à l'égal du plus important, de ne se décider qu'après avoir tout vu, tout analysé, tout découvert. »

M. Laffitte déclare cette coordination objective impossible, et, si elle ne l'était pas, le moment où elle pourrait être réalisable serait trop éloigné, « nous devrions aujourd'hui la regarder comme chimérique et satisfaire autrement notre besoin d'unité ». On serait porté peut-être à croire que Comte lui-même n'a pas fait autre chose par sa hiérarchie des sciences que chercher une coordination objective du monde. M. Laffitte, sans s'expliquer peut-être suffisamment sur ce point et sans analyser assez profondément ce cas particulier, répond que : « Certes, le spectacle des sciences ainsi rangées suivant leur degré de généralité objective décroissante, correspondant au degré de généralité subjective croissante, présente à l'esprit une incomparable idée d'ordre, et est à lui seul un enseignement salutaire. Mais cela n'aurait point suffi pour donner à l'œuvre l'unité puissante qui en fait une véritable philosophie. »

C'est dans l'homme, par conséquent, non dans le monde objectif que doit être cherché le principe d'unification. « La seule coordination possible est celle qui prend pour point de départ l'homme, et pour mieux dire l'Humanité; qui fait converger autour de cette connaissance fondamentale toutes les autres connaissances, considérées comme accessoires et n'ayant d'utilité que celle que l'Humanité en tire; qui, par conséquent, ne les honore et ne les encourage qu'autant que l'exige la bonne organisation de la société. Cette systématisation-là est subjective parce qu'elle dépend non d'un phénomène nécessairement désigné par le monde extérieur, mais d'un phénomène choisi par nous-mêmes, dans notre liberté, pour notre service. »

Les mots objectif et subjectif n'ont pas dans la terminologie positiviste le même sens que dans la terminologie kantienne. Il ne s'agit pas ici de vérifier la nature de nos connaissances ou de scruter la valeur de notre intellligence et la réalité, pour ainsi dire réelle de ses produits. On peut dire à un certain point de vue que tout est objectif pour le positiviste, il ne s'inquiète pas de savoir si par exemple nos sens nous montrent des objets réels, les mots relativité de la connaissance et méthode subjective ont pour lui un sens particulier, comme ils en ont un dans d'autres théories, chaque théorie interprétant les mots et même posant les problèmes à sa façon. Bornons-nous sans insister sur ces points, qui prêteraient cependant au développement, à constater que le sens des mots dans la doctrine positiviste est très suffisamment clair et précis.

La méthode subjective étant comprise comme l'indique M. Laffitte, on peut faire valoir plusieurs arguments en sa faveur. Je crains même qu'en la réfutant, on ne l'entende dans un sens un peu étroit ou peut-être qu'on ne la sépare pas de certaines conséquences que Comte en a tirées, mais qui, en tant qu'elles seraient inacceptables, n'en sont peut-être pas une conséquence rigoureuse. Examinons-la en elle-même et sous sa forme abstraite : elle consiste à peu près à dire que le savoir est acquis pour l'action et qu'il faut s'attacher à posséder les connaissances dont nous pourrons un jour tirer parti, qu'il faut organiser, systématiser ces connaissances de manière à en pouvoir tirer le meilleur parti possible. Au point de vue individuel, la théorie passerait généralement pour bonne. Il est peu de parents qui voulant faire de leur fils un cordonnier ou un maçon s'aviseraient de lui faire étudier le sanscrit ou les mathématiques. Si l'on donne aux enfants des connaissances qui ne leur seront pas plus tard d'une utilité immédiate, c'est que l'on pense ainsi leur ouvrir l'esprit pour développer en eux certains sentiments et les rendre plus capables d'exercer leur devoir de citoyen ou d'homme du monde; c'est peut être un peu pour leur permettre d'occuper plus tard leurs loisirs d'une manière agréable, c'est surtout en bien des cas pour leur permettre de répondre à l'examen du baccalauréat. Une acquisition intellectuelle qui n'aurait aucune conséquence serait une sorte de gourmandise et l'usage pourrait, dans une société idéale, en être tenu pour réellement blâmable. Mais quel inconvénient y aurait-il à appliquer à la société ce qui vient d'être dit de l'individu? Ne peut-on pas admettre que les connaissances acquises par les membres de la société doivent tôt ou tard, sous une forme ou sous une autre, maison, outils, invention quelconque, chef-d'œuvre littéraire, théorie scientifique, discours éloquent, jouer un rôle dans la vie sociale, et les connaissances ne devront-elles pas être d'autant plus recherchées que ce rôle sera plus important et plus favorable au développement de l'humanité? Il semble en vérité que cette théorie qui n'exclut aucun des emplois élevés de l'esprit ne soit pas susceptible d'être sérieusement attaquée par quiconque pense que la vie sociale est une bonne chose, et que d'ailleurs l'homme ne peut exister sans la société. Il est bien entendu que pour un pessimiste absolu la morale serait pour ainsi dire renversée.

Et d'ailleurs la loi morale ferait-elle ici autre chose que ce qu'elle fait toujours : énoncer une loi naturelle encore imparfaite. En fait, la société acquiert les connaissances dont elle a besoin et les classe, les interprète, selon ses besoins; il s'agirait simplement de régulariser un travail spontané, de préparer avec soin les deux premières phases de l'action réflexe sociale pour mieux assurer la perfection de la troisième. M. Laffitte l'a bien vu. « Chaque époque, on peut le dire, fit réellement ce qu'elle avait à faire... L'esprit humain n'a donc jamais travaillé au hasard, il a suivi la marche régulière de toute étude qui veut qu'on s'attache d'abord aux choses les plus simples avant d'aborder les plus composées; il a obéi à la loi naturelle qui guide encore notre hiérarchie scientifique et qui n'a cessé de présider à l'enseignement. »

Mais, d'après M. Laffitte, il est temps de régler l'activité humaine, que sa spontanéité ne peut plus suffire à conduire...« La somme des matières sur lesquelles peut porter notre investigation est épuisée. Si les recherches sont encore loin d'être closes dans quelques-unes, toutes, du moins, sont abordées, toutes sont explorées et l'homme n'est plus attiré comme autrefois, vers l'étude utile, nécessaire, par l'appât de l'inconnu. »

« ... On ne fait pas assez attention que la richesse intellectuelle est la première de toutes, et que s'il y a dans l'évolution sociale une tendance manifestement croissante à régler la production et la répartition de nos capitaux, il n'y a aucune raison pour que le travail intellectuel échappe seul à la règle générale. Nous aménageons nos terres, nos forêts, nos rivières, nos fleuves ; il serait curieux vraiment que notre bien le plus précieux, celui d'où dépend la création et l'accroissement de tous les autres, fût le seul qui demeurât sans direction. »

Ici nous abordons l'application de la loi, et la tâche devient plus difficile — c'est que nous connaissons encore mal l'humanité, sa nature, son origine et sa fin. S'il est relativement facile de déterminer la direction que doit prendre l'éducation d'un individu déterminé, lorsque ses aptitudes, ses goûts ont pu être déterminés, lorsqu'on connaît l'état actuel de la société dont il fait partie et le milieu immédiat qui l'entoure, il est à peu près impossible de dire quelles connaissances seront ou ne seront pas utiles à l'humanité, et l'on n'est peut-être pas bien sûr qu'une direction intelligente ou prétendue telle soit préférable pour le moment à l'activité spontanée.

Les positivistes ne l'entendent pas ainsi ; ils voient bien les objections qu'on peut leur faire, ils n'en sont pas ébranlés. « Mais ne craignez-vous pas que votre gouvernement intellectuel n'abuse ? objectait Dunoyer à Auguste Comte. — J'espère bien qu'il abusera, répliquait celui-ci, sans quoi ce ne serait pas un gouvernement. Il y a des abus partout et principalement dans l'ordre vital. Vouloir que nous n'abusions pas, c'est vouloir que nous ne soyons pas... Le pouvoir que nous créons n'est pas un pouvoir parfait, incapable de se tromper ou d'abuser ; le tout est de savoir si ces inconvénients ne seront pas, et au delà, compensés par les avantages qu'il procurera à l'Humanité. » Ajoutons cependant que la contrainte exercée par le pouvoir spirituel sera purement morale ; ajoutons aussi que le programme des recherches futures, bien que trop rigoureusement limité peut-être, ne l'est pourtant pas autant qu'on pourrait le craindre.

Au fond, l'on pourrait admettre le principe positiviste, sans admettre les conséquences que les positivistes en tirent. Il est possible que, même au point de vue de la synthèse subjective, l'étude objective complète s'impose ; ce qu'il y aurait de meilleur pour l'humanité serait peut-être d'avoir une synthèse du monde aussi objective que nos moyens nous le permettent. Nous ne connaissons pas les limites de l'adaptation de l'homme au monde, et à supposer que ces limites puissent être déterminées, elles ne peuvent l'être, semble-t-il, que par la connaissance objective du monde. Avant de déclarer qu'une connaissance nous est inutile, il faudrait commencer par avoir cette connaissance à un degré plus élevé que celui que beaucoup ont atteint. D'un côté comme de l'autre, une philosophie objective s'impose, mais il est bien évident que la science objective devra être ensuite arrangée, systématisée en vue des diverses fonctions sociales. Une science variera par la forme, selon le but de celui qui l'enseigne; un cours de physiologie ne sera pas le même, il ne contiendra pas les mêmes faits et les faits pourront être autrement disposés et rattachés les uns aux autres, selon qu'il s'adressera à de futurs savants, à de futurs médecins, à de futurs vétérinaires, à des gens du monde, à des mères de famille; mais cette disposition de diverses synthèses subjectives ne semble pouvoir être pratiquement recommandable que lorsqu'il s'agit d'un subjectif déterminé, d'une fonction sociale particulière, parce que je ne crois pas que nous connaissions suffisamment les fonctions humaines en général pour déterminer un moule général de nos connaissances qui jusqu'à un certain point d'ailleurs serait inspiré par notre nature même et par notre milieu sans que nous nous en mêlions. Peut-être convient-il de se fier plus longtemps, et jusqu'à ce que nous soyons plus éclairés, à la finalité immanente.

Aussi tout en reconnaissant — avec tout le monde, je pense — que toutes les connaissances n'ont pas la même valeur et que celles qui ont le plus de valeur doivent être recherchées de préférence, nous éprouvons quelque méfiance devant les recommandations positivistes. Lorsqu'on nous dit de M. Regnault corrigeant la loi de Mariotte qu'il a porté préjudice à la science et à l'humanité et que « les savants qui, à l'instar de M. Regnault, passent leur vie à remplacer par des tableaux dont les praticiens n'ont que faire, les lois découvertes par le génie de leurs prédécesseurs sans que la pratique l'ait exigé, sont, dans l'ordre intellectuel, aussi condamnables que les hommes qui, dans l'ordre social, passent leur vie à se révolter contre des institutions nécessaires », nous pensons que les praticiens pourront parfaitement continuer à se servir d'une formule approximative qui leur sera utile, mais qu'il est bon que les savants soient prévenus que cette formule est inexacte, car l'inexactitude d'une formule une fois reconnue peut mettre sur la voie de découvertes importantes, et il n'est peut-être pas mauvais que l'humanité garde — au moins dans quelques-uns de ses représentants — l'idée que ses formules sont rarement rigoureuses, et qu'il faut se tenir prêts, tant que notre adaptation ne sera pas terminée, à remplacer quelquefois des théories par d'autres plus vraies et quelquefois supérieures. Lorsqu'on nous parle des inconvénients de l'introduction dans la science de « ces appareils de précision, par qui nos sens acquièrent une si extraordinaire puissance », nous pensons aux applications pratiques du microscope pour l'hygiène et la médecine et nous ne pouvons guère être d'accord avec le philosophe qui écrit : « Alors que nous embrassons déjà avec une difficulté singulière la masse des phénomènes que nos sens, dans leur médiocrité, nous révèlent, n'est-ce point folie que d'en chercher de nouveaux? »

Mais il est vraiment trop facile de faire au positivisme ces objections qui viennent forcément à l'esprit de tout le monde, et qui risqueraient d'empêcher de voir en quoi il est bon et solide même dans ses parties les plus bizarres en apparence. Prenons par exemple ce qui paraît

peut-être l'idée la plus extravagante d'Auguste Comte, la fétichisation
de la terre, sous le nom de Grand Fétiche, de l'espace sous le nom de
Grand Milieu, nous y trouvons une certaine raison d'être, et même à
certains égards une conception générale beaucoup plus juste que celle
qui passe généralement pour scientifique. A propos de la question du
pessimisme, on a dit et répété que pour la science il n'y avait ni optimisme ni pessimisme, que la nature n'était ni bonne ni mauvaise, mais
indifférente, inconsciente et aveugle, et sous une vérité incontestable
il y avait là une confusion grave ; il ne s'agit pas dans la question de
la valeur du monde pour nous, de savoir si les choses ont été arrangées
par un être qui a voulu préméditer notre bonheur ou notre malheur ou
si la nature nous entend et se plaît à nous contrarier ou à nous favoriser, mais bien de savoir si nos conditions générales d'existence telles
qu'elles sont, sont telles qu'elles permettent le libre développement de
notre activité, le libre jeu de nos tendances, ou s'il n'en est pas ainsi.
Selon la solution que l'on donnera à la question, on sera optimiste ou
pessimiste à des degrés divers, à moins qu'on ne tienne pour l'équilibre
absolu. Le positiviste penche pour l'optimisme ; il considère que la
société, la terre et en général toutes les choses qui nous entourent sont
des conditions de notre existence et jouent dans notre vie un rôle utile
plus ou moins important, et que nous tirons un bon parti de notre
milieu d'une manière ou d'une autre. Il y a, ceci n'est pas douteux.
un certain ensemble de conditions, de lois naturelles qui nous permettent de vivre et de nous développer jusqu'à un certain point. Que
pour nous le fait ait quelque importance, il est difficile de le nier.
Mais le positivisme ne se borne pas à constater le fait, il en fait le point
de départ d'une sorte de religion, il a voulu *incorporer le Fétichisme
au Positivisme;* l'Humanité, le Grand Être, devient l'objet de notre
culte ; la Terre, le Grand Fétiche,. et l'Espace, le Grand Milieu, sont
associés à elle. Mais il faut bien comprendre que le positiviste ne
dépasse pas autant qu'on pourrait le croire le point de vue auquel nous
nous placions tout à l'heure, il ne substitue pas des volontés capricieuses à des lois immuables ; les volontés qu'il introduit dans le monde,
il ne les admet que comme une manière commode, utile pour satisfaire
l'imagination et le sentiment de se représenter les choses ; les volontés
dont il s'agit sont toujours conformes aux lois naturelles, elles sont
toujours aveugles. Le philosophe agit ici en poète qui n'est pas dupe
de sa poésie. « Auguste Comte n'a fait autre chose que de proposer
l'alliance de la philosophie et de la poésie, celle-ci soutenant celle-là,
et au besoin occupant la place dans tous les cas où la philosophie fait
défaut... Si Auguste Comte n'avait voulu que donner satisfaction à
l'esprit, il s'en fût sans doute tenu à l'élaboration philosophique de
l'ordre abstrait, mais instituant une religion, et cherchant à diriger
la vie, il a dû répondre aux différentes aspirations de la nature humaine
et donner à l'activité et au sentiment une part égale, sinon supérieure
à celle de l'esprit. Et pour cela il s'est servi des seuls moyens que

l'humanité ait mis en son pouvoir : l'art, la poésie, le culte. Pourtant, il ne pouvait que tracer les grandes lignes et préciser le but : aux poètes, aux artistes à embellir, à féconder ses conceptions, aux prêtres futurs à en tirer le meilleur parti pour le perfectionnement de l'Humanité. » On voit facilement toutes les objections que soulève la manière dont le positivisme essaye de tirer parti de ce fait que l'homme existe et que la société s'est développée et que par conséquent les circonstances le leur ont permis. Je ne crois pas que le Grand Être, et surtout le Grand Fétiche et le Grand Milieu aient jamais une influence considérable sur l'esprit humain, et je ne puis même le regretter. Il n'en est pas moins intéressant, en ce temps où l'on voit réapparaître une tendance justifiable et bonne à certains égards vers une sorte de mysticisme scientifique, de noter la tentative positiviste; peut-être répondra-t-elle à certaines aspirations.

II. — Nous ne pouvons songer à examiner au long toutes les parties de l'ouvrage de M. Laffitte; je me bornerai à en indiquer le plan et à revenir sur quelques points particuliers. La leçon générale sur la philosophie première est suivie de deux leçons sur l'abstraction; viennent ensuite une série de leçons consacrées chacune à une des lois de la philosophie première. Les lois de la philosophie première forment trois groupes, le premier autant objectif que subjectif, le second essentiellement subjectif, le troisième essentiellement objectif. Les deux premiers seulement sont étudiés dans le volume de M. Laffitte. Voici les lois qu'ils comprennent.

Premier groupe *autant objectif que subjectif* : 1° former l'hypothèse la plus simple et la plus sympathique que comporte l'ensemble des renseignements obtenus; 2° concevoir comme immuables les lois quelconques qui régissent les êtres d'après les événements; 3° les modifications quelconques de l'ordre universel sont bornées à l'intensité des phénomènes dont l'arrangement demeure inaltérable.

Deuxième groupe, *essentiellement subjectif*; premier sous-groupe, relatif à l'état statique de l'entendement : 4° subordonner les constructions subjectives aux matériaux objectifs; 5° les images intérieures toujours moins vives et moins nettes que les impressions extérieures; 6° toute image normale doit être prépondérante sur celles que l'agitation cérébrale fait simultanément surgir; — deuxième sous-groupe, relatif à l'état dynamique de l'entendement : 7° chaque entendement présente la succession des trois états : fictif, abstrait et positif, envers les conceptions quelconques, avec une vitesse proportionnée à la généralité des phénomènes correspondants; 8° l'activité est d'abord conquérante, puis défensive et enfin industrielle; 9° la sociabilité est d'abord domestique, puis civique et enfin universelle, suivant la nature propre à chacun des instincts sympathiques.

Le positivisme est, en somme, une grande doctrine. Un critique peu bienveillant, c'est, je crois, M. Huxley, a déclaré que c'était un catho-

licisme sans christianisme; à mon sens, c'est là un assez bel éloge. Il y
a plaisir à voir une doctrine, une institution fortement coordonnée,
l'organisation de la science, la hiérarchie des sciences abstraites, la
méthode subjective, la fondation de la sociologie comme science, et la
subordination de toutes nos connaissances à la sociologie : tout cela
forme un ensemble qui n'est pas sans grandeur, et auquel, qu'on soit
ou non un disciple de Comte, on ne peut guère, à bon droit, refuser
son admiration, étant donné surtout que l'admiration en philosophie
est souvent une admiration purement esthétique.

Mais si nous nous posons la question de la vérité de la doctrine, de
graves objections se présentent; parmi des vérités profondes, on
trouve des erreurs singulières, et l'ensemble même du système,
malgré ses hautes qualités, nous paraît inacceptable. En lisant le livre
de M. Laffitte, le positivisme m'est apparu comme un système mort,
trop étroit et incapable de s'élargir. Nous croyons que les temps ne
sont pas venus encore de faire entrer le monde dans des formules
philosophiques déclarées immuables. On sent trop que le siège des
positivistes est fait, et c'est un défaut grave pour une philosophie universelle qui est achevée dès maintenant, ou peu s'en faut. Le positivisme est trop, comme l'appelle M. Laffitte, un dogme. Les dogmes sont
le défaut général de ne pas se tenir au courant de la science. En psychologie, nous en sommes encore à la classification d'Auguste Comte,
« si parfaite, on peut le dire, que depuis trente ans qu'elle a vu le jour,
il n'est pas une observation sérieuse qui ne soit venue la consolider ».
Voici un bref résumé de cette classification. « Auguste Comte fait du
cerveau trois parts : le sentiment, l'intelligence et le caractère. Avec
Gall et tous ceux qui ont fait leur étude du cerveau, il consacre la
partie antérieure à l'intelligence, la partie postérieure au sentiment, la
partie moyenne au caractère. Nous ne nous occuperons ici que de la
partie consacrée à l'intelligence.

« L'intelligence, d'après Auguste Comte, est composée de cinq
organes ou facultés : la *contemplation concrète* et la *contemplation
abstraite;* la *méditation inductive* et la *méditation déductive*, le *langage*. »

Nous voyons plus loin que « une première opération a lieu dans l'organe de la *contemplation abstraite*, placée dans le voisinage immédiat
du précédent, suivant la localisation cérébrale d'Auguste Comte. Les
images sympathiques de la contemplation concrète y sont ramenées à un
travail analytique; l'objet observé n'est plus considéré comme un *tout*,
mais comme un ensemble de propriétés ou de parties, dont chacune
peut être étudiée indépendamment des autres. Là s'élaborent les
matériaux à l'aide desquels se créera la notion des propriétés et des
relations abstraites. » Il n'est pas utile de montrer longuement que
des notions exactes sont ici défigurées pour être rendues trop précises,
et les inconvénients de la méthode subjective telle que les positivistes
la pratiquent y sautent aux yeux. On a fait pour la commodité de la

ensée ou de l'action des théories auxquelles on s'attache trop ensuite.
e même reproche peut être renouvelé à propos de la loi d'évolu-
ion du sentiment : « La sociabilité est d'abord domestique, puis
ivique, et finalement universelle ». Est-il bien sûr que « au début les
ociétés ne sont que des groupements passagers de famille, pour quel-
ues opérations communes, mais où la notion de l'être collectif, famille,
st seule prépondérante et peut seule, par suite, en se combinant avec
s impulsions du cœur, donner lieu au sentiment composé de la socia-
ilité domestique ».

La philosophie positive manque quelquefois d'esprit positif, elle
arait manquer quelquefois aussi de philosophie; ses diverses lois ne
ont peut-être pas suffisamment coordonnées ensemble; il me semble
ifficile de voir dans les lois que j'ai citées tout à l'heure une vraie
théorie de l'entendement ». Toutefois, malgré les critiques qu'on peut
ur adresser, je n'hésite pas à recommander la lecture du livre de
. Laffitte; on y trouve beaucoup de réflexions justes, d'idées sugges-
ves, de théories trop oubliées et de vérités méconnues. Disons que le
vre est clairement écrit et fortement pensé. Le mérite de la pensée
evient sans doute pour une grande part à Auguste Comte; il serait
juste d'en refuser une part importante à M. Laffitte lui-même.

Fr. PAULHAN.

Georges Dwelshauvers. Psychologie de l'aperception et
echerches expérimentales sur l'attention. Bruxelles, E. Guyot,
890, ix-179 p.

Dans son *Introduction*, M. D. développe des considérations intéres-
antes sur l'historique de la psychologie expérimentale, les services
ue cette science est appelée à rendre, les méthodes dont elle se sert.
l remarque en particulier que « personne ne songe à supprimer la
erception interne » (p. 15) et que la psychologie expérimentale « ne se
onfond pas et ne se confondra jamais avec la physiologie » (16).

Dans la *première partie* qui suit, M. D. nous donne les résultats des
xpériences qu'il a entreprises dans le laboratoire de Wundt et dont le
ut était d' « étudier l'influence qu'exerce le temps pendant lequel
attention est tendue — donc la durée de cette tension — sur un acte
onné qui la suit immédiatement et en vue duquel l'effort attentif a
té provoqué » (41). Il a constaté que quand les impressions sur les-
uelles on doit réagir sont précédées de signal, l'adaptation de l'attention
e fait plus aisément, que la distinction établie par L. Lange entre les
éactions sensorielles et les réactions musculaires est juste, que l'inter-
alle le plus favorable entre le signal et l'impression pour que la réac-
ion soit rapide est celui d'1 1/2 seconde, que, sauf l'influence de l'ha-
itude, l'accroissement de l'intervalle, notamment s'il s'agit de réactions
ensorielles, entraine une augmentation de la durée de la réaction.

M. D. a eu en outre l'idée de prier ses sujets de noter ce qu'ils éprou-
vaient en réagissant. C'est ce qu'il appelle le procédé nouveau des
rapports subjectifs. La comparaison qu'il fait de ces appréciations subjectives avec les résultats constatés objectivement constitue l'une des
parties les plus intéressantes de son ouvrage et fournit une preuve
expérimentale des difficultés et de l'incertitude de l'observation interne.
Ainsi dans le cours d'une série d'expériences, bien que les conditions
de chaque expérience restent les mêmes, le jugement du sujet peut
varier considérablement : par exemple, trois réactions sensiblement
égales en durée lui paraîtront l'une brève, l'autre longue, la troisième
normale.

La *deuxième partie* renferme un exposé très complet, auquel s'ajoute
encore l'analyse de divers travaux français et anglais, de la théorie de
Wundt sur l'aperception. Comme Wundt, M. D. admet que l'intensité
de la sensation et l'intensité de l'aperception sont deux phénomènes
différents, qu'une sensation faible peut être fortement aperçue et réciproquement : la *clarté* de la représentation dépend donc, selon lui, de
deux facteurs, 1° de son intensité, 2° de la netteté de l'aperception
qu'on en a. Nous objecterons que l'idée de clarté est vague et que
M. D. lui-même semble tendre à la confondre avec celle d'intensité
lorsqu'il dit que « la représentation reçoit un léger accroissement
d'intensité par l'aperception » (131).

Examinant le rôle des mouvements dans l'attention, c'est-à-dire dans
l'aperception, M. D. reconnaît qu'il n'y a pas de pensée sans expression, mais il maintient en même temps avec Wundt que l'attention a sa
première origine dans un acte aperceptif, antérieur à tout mouvement
musculaire (150).

Comme on voit, le présent ouvrage, dont la Faculté de philosophie et
lettres de l'université de Bruxelles à laquelle il était présenté comme
thèse d'agrégation a refusé d'autoriser l'impression, ne contient rien
qu'on puisse aujourd'hui qualifier de subversif.

B. BOURDON.

Général Jung. LA GUERRE ET LA SOCIÉTÉ. Paris, Berger-Levrault,
1 vol. in-8°, 334 p.

L'ouvrage de M. le général Jung ne rentre qu'en partie dans le
cadre de cette *Revue*; et la partie la plus technique relative aux questions d'organisation militaire, qui est celle où l'auteur possède une
compétence incontestée, sort précisément trop de la nôtre pour que
nous voulions en faire l'examen.

Restent donc les questions de sociologie générale soulevées par le
fait de la guerre. Le titre permettait de penser qu'elles devaient
occuper le premier rang dans l'ouvrage. L'auteur indique bien, dans
ses premiers chapitres quelques-unes de ces questions, quoique d'une

esquisse trop rapide, et qui présente bien peu d'ensemble. Mais il s'est tracé un programme qui d'une part, l'entraine à des généralités dépassant de beaucoup la question sociologique de la guerre, d'autre part le fait redescendre jusqu'aux questions purement techniques. Son plan, en effet, qui ne manque pas d'ambition, consiste à s'élever de l'idée de la guerre et de la science de la guerre à l'idée de la société et à l'idée de la science en général, pour redescendre ensuite au point de départ, à la science militaire. Nous ne voyons guère l'opportunité d'un plan aussi vaste; car à propos de quoi ne pourra-t-on parler de la société en général et de la science en général? Nous ne voyons même pas, ce qui est plus grave, quel parti l'auteur en a tiré. Il est vrai qu'il y a trouvé l'occasion de tenter à son tour, après tant d'autres dont il nous rappelle assez longuement les essais, une classification des sciences. Le propre de cette classification est de se présenter sous la forme d'une abaque, ou table à double entrée, les lignes horizontales correspondant aux divers *milieux* de la vie humaine, les colonnes verticales aux divers *moyens* ou facultés que l'homme applique à ces milieux. Le détail de cet essai donnerait lieu à bien des questions. Pourquoi par exemple « l'histoire universelle de l'Évolution » est-elle rapportée au milieu « Les sociétés » et non au milieu « Univers »? Pourquoi trouve-t-on encore dans cette même case la Biologie qu'on ne trouve pas sous la rubrique « Corps organisés »? etc. Mais laissons ces critiques de détail puisqu'aussi bien nous ne pouvons mettre le tableau sous les yeux du lecteur. Observons seulement que le principe même de la division d'après les *milieux* et les *moyens* s'appliquerait plutôt à une classification des industries qu'à celle des sciences. Encore se demande-t-on s'il est susceptible d'une application bien rigoureuse. Les milieux s'englobent les uns les autres; comment peut-on les séparer? Quant aux *moyens*, ils collaborent en général et par conséquent ne peuvent guère non plus fournir un principe de division, ainsi que le remarquait déjà A. Comte critiquant le principe de la classification baconienne.

Nous voilà bien loin de la question de la guerre. Les premiers chapitres sont cependant consacrés aux questions suivantes : Définition de la guerre, antiquité de la guerre; la guerre est un jugement (la thèse hégélienne); la guerre est une science; les derniers sont intitulés : Le recrutement; des modes d'action; de la direction, de l'exécution et de la transmission; de l'organisation, de l'instruction; des peines et des récompenses; enfin un chapitre final : du droit de la guerre et de ses effets. Nous regrettons que, dans ceux mêmes de ces chapitres qui devaient plus particulièrement attirer notre attention, la marche de l'auteur, entravée par la surabondance des citations, soit difficile à suivre, et que ses conclusions, affaiblies par le manque de netteté dans l'argumentation, soient malaisées à dégager.

Ajoutons en terminant que si l'ensemble laisse quelque chose à désirer, le lecteur trouvera dans l'ouvrage de M. le **général Jung** nombre de détails intéressants, faits historiques, données statistiques, citations instructives, anecdotes même, qui témoignent de lectures abondantes et de connaissances étendues.

G. B.

Franz Brentano. VOM URSPRUNG SITTLICHER ERKENNTNISS (*Des sources de la connaissance morale*). Leipzig, Duncker et Humblot, 1889. Broch. de 122 p. in-8°.

Cette brochure est la reproduction d'une conférence faite à l'occasion d'un discours prononcé par Ihering à la *Société des juristes* de Vienne sur la formation du sentiment du droit. Malgré sa brièveté (elle n'a pas 50 pages de texte [1]), elle mérite de nous arrêter quelque temps, en raison de l'intérêt du sujet et de l'importance qu'attache l'auteur à ses thèses et à ses conclusions qui représentent, dit-il, le fruit de longues années de réflexion; en raison surtout de la méthode que l'auteur a suivie.

Le titre, tout d'abord, ne doit pas nous tromper. Il ne s'agit pas, comme on pourrait le croire, de l'origine empirique des idées morales de leur formation, mais de leur point de départ dans la pensée même: c'est une sorte d'analytique des principes de la moralité que nous présente l'auteur. Quant à leur origine empirique, il ne s'inscrit pas en faux contre les thèses des associationnistes et des sociologues de l'école empirique, mais il déclare qu'il ne faut pas confondre ces origines avec les véritables principes de la moralité dont elles ne font que provoquer l'apparition, et qui ont une source plus profonde.

Existe-t-il un droit naturel? Tel est le point de départ de cette étude. Cette expression de droit naturel comporte deux sens. Si l'on veut entendre par là un droit inné, universel en fait, l'auteur est d'accord avec Ihering pour le nier. Mais s'il s'agit d'un droit naturel, par opposition au droit positif, d'un droit immanent, qui d'ailleurs ne comporte pas plus qu'un théorème de géométrie, l'aperception immédiate et innée, M. Brentano déclare qu'il cesse de suivre Ihering dans sa négation et reconnaît la réalité du droit naturel en ce sens.

Quel en est le fondement, où en réside l'autorité, ou, suivant l'expression adoptée dans cette acception par M. Brentano, la sanction? Une impulsion, un instinct ne sauraient remplir ce rôle; il en est de même des sentiments de crainte et d'espérance; l'impératif catégorique de son côté est une fiction inacceptable et inutile.

Toute volonté supposant une fin, la question revient à nous demander quelle est la fin légitime, juste (*richtig*) de la volonté; car la volonté, pense M. B., n'a pas pour règle nécessaire de suivre le plus grand plaisir. D'où vient cette notion du légitime et de l'illégitime, du

------

[1] Des notes très étendues, dont quelques-unes sont de véritables appendices, la complètent d'ailleurs et éclaircissent la pensée de l'auteur. Il y a ajouté la reproduction d'un article sur « les propositions sans sujet d'après Miklosich ».

richtig et de l'*unrichtig?* C'est que dans l'ordre des sentiments, comme dans l'ordre des jugements, les opposés s'excluent, de sorte que l'un d'eux seul peut être déclaré valable.

Jusqu'ici cette notion reste purement formelle, remarquerons-nous, et ne nous fait aucunement connaître *ce qui* est juste. Comment M. Brentano résout-il cette difficulté? D'une manière qu'on trouvera sans doute bien peu conforme à la qualité d'empiriste qu'il revendique : en invoquant tout simplement des *sentiments évidents* comparables aux jugements évidents. Ces sentiments « d'ordre supérieur » ne peuvent sans doute se prouver, mais c'est qu'ils n'en ont pas besoin, à l'inverse des sentiments *aveugles* qui ne se justifient pas par eux-mêmes. L'auteur n'est pas éloigné de les considérer comme des jugements synthétiques *a priori*. — Quel exemple nous en fournit-il? D'abord tout le monde aime nécessairement le vrai, hait le faux. Le vrai est *évidemment* bon, le faux *évidemment* mauvais; on ne conçoit pas une espèce, si différente qu'on la suppose de la nôtre par le contenu de sa sensibilité, qui préfère le faux au vrai. — Second exemple : Tout le monde préfère la joie à la tristesse; l'inverse serait *absurde.* — Troisième exemple : L'amour du bien est lui-même *évidemment* bon, l'amour du mal *évidemment* mauvais.

Tout cela n'est guère discutable. Mais nous nous demandons si nous avons appris quoi que ce soit : car, à notre sens, c'est une pure tautologie que de dire : une espèce, quelle qu'on la suppose (pourvu, sans doute, qu'elle soit intelligente) ne peut qu'aimer le vrai et haïr le faux. Car cela est l'essence même de l'intelligence; et si le menteur préfère le faux, c'est qu'il sacrifie son intelligence à sa sensibilité; c'est sa passion qui ment, ce n'est pas sa pensée. De même la joie est bonne (comme telle), et l'on ne conçoit pas une espèce (sensible apparemment) qui préfère la peine. Mais c'est encore là une pure identité. Car la peine est par définition : ce qu'une sensibilité (comme telle) repousse, de même que l'erreur est par définition : ce qu'un entendement (comme tel) repousse. En définitive, on semblait nous promettre des jugements synthétiques et nous ne pouvons trouver là que des jugements analytiques; ils sont la simple expression du *fait* de l'intelligence et du *fait* de la sensibilité. Nul doute qu'il ne soit nécessaire de partir de là, puisqu'il faut bien supposer l'agent moral au début de la morale; mais ce sont des données, non la solution du problème. Une preuve que l'auteur lui-même sent bien le terrain se dérober sous lui, c'est cette parenthèse bien singulière : la joie, dit-il, est préférable à la tristesse (*à moins que ce ne soit précisément la joie du mal*). Mais quel est donc ce mal qu'on présuppose ainsi au moment même où l'on essaye de définir le bien et le mal, et comment ne pas soupçonner ici une pétition de principes? La difficulté renaît donc. Elle renaît encore d'un autre côté. On nous a défini le bien de l'entendement et le bien de la sensibilité. Mais s'ils entrent en conflit (et c'est là une des formes sous lesquelles le problème moral a été, non sans raison, le plus commu-

nément présenté), quel critérium de choix nous fournit-on? **Entre ces**
deux biens *évidents* l'un et l'autre lequel choisirons-nous?

M. B. reconnait que la pluralité des biens l'oblige à chercher quel est
le meilleur.

Sera-t-il plus heureux dans la détermination du meilleur que dans
celle du bien? Que le lecteur en juge : Le meilleur est ce qui est préféré à *bon droit.* Et quand ce « bon droit » existera-t-il? Dans la préférence : 1° du bien sur le mal; 2° du bien sur son absence; 3° d'un bien
total sur ses parties. Tout cela n'est guère douteux, mais ces critères
de préférence sont singulièrement insuffisants; car ils sont valables
pour le voleur qui préfère : 1° la bourse d'autrui (le bien) au travail (le
mal); 2° une bourse pleine à une bourse vide; 3° une bourse qu'il garde
pour lui tout seul à une bourse qu'il partagerait avec des complices.
Ces critères purement quantitatifs ne sont valables que dans l'homogène, tandis que la difficulté résultait de la nécessité d'établir une
règle de préférence entre des biens hétérogènes et exigeait la détermination d'un critérium qualitatif. Mais, essaye de démontrer M. B.,
en dehors des trois cas mentionnés, les biens n'ont pas de commune
mesure, et les faits montrent que nous sommes alors en effet sans critérium. Comment donc reconnaissait-il tout à l'heure la pluralité des
biens (qui ne peut s'entendre évidemment que d'une pluralité qualitative) et la nécessité où elle le mettait de déterminer *le meilleur!*
Nous admettrons volontiers que la question ainsi posée était peut-être
insoluble. Mais n'est-ce pas l'auteur même, à moins que nous n'ayions
bien mal compris la marche de ses idées, qui la posait ainsi?

Si la détermination du bien restait presque entièrement *formelle,*
celle du meilleur l'est donc encore bien davantage et c'est surtout pour
le bien faire sentir que nous avons insisté. La fin de l'ouvrage atteste
l'espérance d'en tirer pourtant la détermination *matérielle* de la loi
morale. C'est cette tentative, si nous avons vu clair dans la conférence
de M. Brentano, qui caractérise sa théorie morale. En tout cas, il n'est
pas douteux qu'il ait réduit à si peu de chose les éléments du problème moral, que celui-ci prend réellement l'aspect d'un problème
abstrait, et pour ainsi dire tout logique. C'est la particularité de cette
méthode qui fait l'intérêt de l'ouvrage et nous parait, quoi qu'on pense
de la valeur des résultats, lui mériter l'attention; et c'est pourquoi
aussi il ne nous a pas semblé qu'il fallût se laisser arrêter par l'apparente banalité de certains thèmes dont l'extrême brièveté de l'ouvrage
contribue à rendre la portée moins évidente. N'y a-t-il pas nécessairement, au point de départ de toute étude, des données élémentaires et
par conséquent, pour ainsi parler, des naïvetés, qu'il n'est pourtant
pas inutile de mettre en lumière?

L'auteur, pour réaliser son programme, déduit, avons-nous dit, les
règles concrètes de la moralité des principes relativement abstraits
qu'il a posés. C'était même cette application qui constituait le vrai
contrôle de ces principes et la pierre de touche de la méthode suivie.

Malheureusement cette déduction nous parait bien rapide, bien peu explicite et le rôle des principes établis n'y est pas bien clair. La nécessité de la vie sociale, la règle du développement harmonique des facultés dans l'individu, des intérêts dans la société, tels en sont les principaux résultats.

Nous voudrions, en terminant, appeler encore l'attention sur un point important. Quoiqu'en fait, M. Brentano ne définisse le bien que par rapport aux facultés de l'homme, il parait convaincu (et cette thèse n'est guère non plus d'un empiriste) qu'il existe des choses bonnes *en soi*, meilleures *en soi*. Il combat la thèse suivant laquelle les choses ne seraient bonnes qu'en raison d'une satisfaction produite : car alors la même chose serait bonne et mauvaise à la fois suivant les individus ; la valeur des biens est au contraire indépendante des individus ; elle ne réside donc pas dans la satisfaction. Il nous semble qu'il y a là, entre les partisans et les adversaires de l'idée du bien en soi, un malentendu assez fréquent pour mériter que nous nous y arrétions un instant. Ceux-ci (comme tout récemment M. Döring et M. Gizycki) nous paraissent inattaquables en soutenant que la notion de bien n'a aucun sens en dehors d'une satisfaction produite. Ceux-là, d'autre part, ont raison de remarquer que l'individu n'est pas libre d'appeler bon ce qui lui plait et mauvais ce qui lui déplait et que la *valeur* des choses a par conséquent un fondement en dehors de sa préférence personnelle. Mais les deux thèses ne sont pas contradictoires, comme on le voit bien en considérant la notion de valeur dans son application économique. Aucun économiste n'admettra que les choses aient une valeur *en soi*, indépendante des besoins à satisfaire. Cependant un joaillier à qui je marchande un diamant n'en abaissera pas le prix au-dessous d'un certain niveau, sous prétexte que moi en particulier je n'en témoigne qu'un très faible désir, si toutefois il sait qu'il existe un public d'acheteurs au désir moyen desquels ce prix correspond. C'est que la valeur d'un produit étant la résultante des désirs respectifs de la totalité des acheteurs et des vendeurs d'un même marché, elle devient partout où il existe un marché de ce produit, indépendante en une large mesure de l'intensité des besoins de chaque acheteur ou vendeur en particulier. Elle est une moyenne qui s'impose à tous en dépit des écarts individuels ; et l'on pourra ainsi, communément, parler comme si la valeur existait en soi dans l'objet, comme s'il y avait un prix absolu. Cependant il n'y en a point.

Il en est de même, à cet égard, de la valeur morale des actes et des fins. Elle est une moyenne sociale. L'ensemble des exigences de la vie sociale fixe le degré de l'estime où nous *devons* tenir chaque sentiment, chaque acte, chaque fin. Il ne nous est point loisible de substituer à ce *tarif* moral notre appréciation particulière, et cela se vérifie jusque dans la bizarrerie de certaines opinions morales régnantes contre lesquelles la réflexion de l'individu est impuissante, comme elle le serait, économiquement, contre les conséquences d'une mode ridicule. On a donc bien raison de sentir et d'affirmer hautement, dans certaines écoles, que la valeur morale des choses s'impose à l'individu au nom de raisons qui dépassent l'individu. Mais on aurait tort d'en conclure qu'on puisse en chercher le fondement dans quelque chose de supérieur et d'étranger à la totalité des individus ou, pour mieux dire, au système de leur société. Ce serait commettre le paralogisme appelé par les logiciens passage du sens divisé au sens composé.

G. BELOT.

Anton Œzelt-Newin. UEBER PHANTASIE VORSTELLUNGEN (*Les représentations de l'imagination*), in-8. Leuschner et Lubensky, Gratz. 130 p.
Voici un livre excellent de psychologie positive. Beaucoup de faits, peu de déductions. L'auteur non seulement ne s'est pas fait faute d'observer par ses propres yeux, mais il a interrogé les mémoires des grands artistes, il s'est renseigné de toutes manières sur leurs procédés de création; et puis, il connait tout ce qui s'est écrit sur son sujet ou sur les sujets voisins, non seulement en Allemagne, mais dans toute l'Europe. Ce n'est pas qu'aucun document n'ait échappé à sa perspicacité : les mémoires de MM. de Goncourt, par exemple, lui auraient fourni d'intéressantes observations, et, parfois, de précieux appuis. Mais M. Œ.-N. a rassemblé tant d'observations, et il les a interprétées avec tant de prudence, qu'il serait injuste de lui reprocher quelques omissions.
L'ouvrage de M. Œ.-N. se compose de six chapitres, et d'un appendice.
I. *Définitions.* — Deux traits caractérisent l'imagination : 1° elle est de nature intuitive (*Anschaulichkeit*), et ses intuitions sont toujours des nouveautés; 2° elle est une spontanéité; M. Œ.-N. entend par là « la prédominance de causes internes, qui a pour effet l'apparition de phénomènes psychiques ». M. Œ.-N. ne pense pas que l'imagination s'explique par l'association des idées. Il définit celle-ci avec raison, la liaison de représentations ou de sentiments qui autrefois se sont présentés chacun séparément. Il ne croit pas qu'on puisse ramener l'association par ressemblance à l'association par contiguïté. Toutes les fois, en effet, que l'on suppose une réduction de cette sorte, on imagine que l'élément commun aux deux groupes de phénomènes associés par ressemblance, peut se séparer des éléments dissemblables de l'un et de l'autre groupe : l'association par ressemblance ABCD DEFG, est, dit-on une association par contiguïté, car elle se produit parce que D, contigu à C et par là à ABC, a été contigu aussi, autrefois, à E, et par là à EFG. Mais cela même prouve que, si les deux représentations associées par ressemblance sont des continus, ne comportant aucune division, leur association ne saurait s'expliquer par la présence simultanée d'un élément dans l'une et dans l'autre représentation. Ainsi l'asso-

ciation du rouge foncé et du rouge clair, quand elle se produit par
suite de leur ressemblance, n'est pas une association par contiguïté. —
Il nous semble que la difficulté soulevée par M. Œ.-N. n'est pas insurmontable. Deux cas sont à considérer. Regardant devant moi, j'éprouve
une perception visuelle, par exemple celle de rouge. Si je ne me la
nomme pas à moi-même, si je regarde purement et simplement, il est
infiniment probable qu'aucune image sensiblement semblable à la précédente ne sera évoquée. J'ai fait bien des fois l'expérience sur les
plus intelligents de mes élèves, et sur moi-même. Elle n'a abouti
à aucun résultat. Si, au contraire, je nomme, à part moi, l'image que
je perçois; si je me dis : voici du gris; alors seulement il m'arrive de
me représenter par association une autre couleur; et la suggestion est
d'autant plus sûre que la dénomination de l'image aura été plus précise. Quand je dis à mes élèves : « Vous voyez du gris devant vous;
quelle est l'image que vous suggère immédiatement cette sensation? »
les uns me répondent par l'image d'un son, d'autres par celle d'une
odeur, quelques-uns seulement par celle d'une couleur. Mais quand je
leur dis qu'ils perçoivent, non pas du gris, mais une couleur grise,
tous me répondent que c'est du jaune, ou du rouge, etc., en un mot
une couleur, qui est suggérée par la première sensation. Enfin, quand
je spécifie avec plus de précision encore, et je dis : Voici du gris
cendré, ils cherchent le nom d'une autre nuance de gris. Que conclure
de là, sinon que, dans ces sortes de cas, l'association se produit par
l'intermédiaire du nom commun aux deux images? Quand donc, pour
me servir de l'exemple de M. Œ.-N. le rouge sombre évoque le rouge
clair, c'est que chacune des deux perceptions, quoique perceptions de
deux continus uniformes, est désignée par deux mots distincts, dont
l'un : rouge, est commun aux deux perceptions. Aussi l'association par
ressemblance se ramène, dans ce cas comme dans les autres, à une
association par contiguïté.

Que, d'ailleurs, il y ait deux types d'association, ou qu'il y en ait un
seul, le problème de la réduction de l'imagination à l'association des
idées reste le même. M. Œ.-N. le résout par la négative : 1° Toute représentation est spontanée; aucune ne sort purement et simplement de
l'état antérieur : la spontanéité est seulement mieux marquée dans les
représentations de l'imagination ; 2° les souvenirs ne sont jamais
identiques aux états primitifs; ce sont, à vrai dire, des représentations
de l'imagination; il y a donc un cercle vicieux à expliquer celles-ci par
ceux-là; 3° c'est une contradiction que de rendre compte des images
nouvelles, par une loi de simple reproduction, comme l'est celle de
l'association des idées. Sans doute les éléments de l'image complexe
sont, si on le veut, des souvenirs; mais l'image totale n'est pas une
simple juxtaposition de souvenirs : des cheveux et du feu ne font pas
des cheveux de feu. « La forme spéciale de l'image » ne s'explique pas
par l'association des idées; 4° la création artistique surtout révèle la
spontanéité de l'imagination. Les déclarations de Weber, d'Alb. Dürer,

du peintre Richter, de Feuerbach, etc., sont décisives. Mozart disait :
« Quand je suis bien disposé, les idées viennent comme un torrent;
d'où et comment, je n'en sais rien, et je n'y puis rien ». Tout aussi
remarquable est le pouvoir qu'avait Gœthe, quand il se représentait une
fleur, d'en voir sortir des fleurs nouvelles, encadrées dans des feuilles
de toutes couleurs, et douées de formes fantastiques. Telles sont les
raisons que M. Œ.-N. oppose à Sully, à Wundt, et à tous ceux qui
croient pouvoir ramener l'imagination à l'association des idées. Il n'en
est pas moins vrai, ajoute avec beaucoup de justesse M. Œ.-N, que la
psychologie doit essayer d'expliquer autant qu'elle le peut par l'association des idées, l'imagination comme les autres fonctions mentales. —
On définira donc l'imagination, d'après M. Œ.-N. une spontanéité
capable de produire des intuitions nouvelles.

M. Œ.-N. ne pousse pas plus loin, d'ailleurs, son investigation concernant la spontanéité imaginative, et il ne se demande pas non plus
dans quelles relations elle se trouve avec ces deux autres spontanéités,
l'habitude et l'intelligence. M. Œ-N. s'est arrêté devant des questions
qui ne semblent pas·pouvoir se résoudre par l'observation. C'est son
droit.

II. *Division.* -- Il y a deux sortes de représentations de l'imagination : les unes sont originelles (*ursprünglich*); les autres résultent d'associations. Les premières sont « telles que, d'aucun de leurs éléments
nous n'avons conscience qu'il ait été auparavant dans le souvenir, ni
qu'il ait évoqué par association les autres représentations élémentaires ».
Quand le mot : froid, me suggère un paysage d'hiver, ma représentation est originelle, le froid n'en étant pas un élément. Comment, dans
l'inconscient, ces représentations élémentaires se sont-elles unies, et
pourquoi sous cette forme plutôt que sous une autre? Il y a là une
mystérieuse synthèse. Tout ce qu'on peut se demander, c'est la raison
des modifications que subissent les représentations élémentaires dans
l'élaboration de la représentation totale. Sans doute les jugements ne
se reproduisent-ils pas, qui imposent aux impressions sensibles des
rapports déterminés de grandeur, d'intensité, de position. Peut-être
aussi, à certains souvenirs, s'en ajoute-t-il d'autres qui, faisant contraste avec les premiers, les limitent et les déforment. Un tout imaginé peut, d'ailleurs, s'unir à un autre tout, également imaginé, et
former ainsi des images aussi complexes que l'on voudra. Ainsi, non
seulement j'imagine une personne à genoux, bien que je ne l'aie jamais
vue elle-même, ni à plus forte raison dans cette attitude, mais encore
elle est à genoux devant une autre personne que je ne connais pas plus
que la première. On comprend par là toute la force, toute l'étendue de
la spontanéité de l'imagination. — Les images de la seconde espèce se
produisent par association; non pas qu'elles soient seulement des associations, mais parce qu'au lieu d'être créées de toutes pièces, elles sont
suggérées par une représentation donnée qui, elle-même, fait partie

de la représentation totale. Un enfant voit le chapeau de son père sur la table; il veut se le mettre sur la tête. L'image du chapeau sur sa tête comprend la perception du chapeau, qu'il avait déjà reçue. De cette sorte sont les illusions qui nous font voir un chameau dans un nuage, ou, dans un pâturage gris, le Roi des aulnes. L'imagination, « associative » joue un rôle important dans les arts, surtout en musique. Tantôt un sentiment, tantôt une pensée peut être le point de départ de toute une mélodie. Schumann et Beethoven le déclarent formellement. Parfois la simple audition ou le souvenir d'un rythme suffit à provoquer toute une composition musicale. C'est par là que M. Œ.-N. rend compte, très ingénieusement, de la musique du *Roi des aulnes* par Schubert : le rythme même du premier vers de Gœthe a, sans doute, inspiré l'air tout entier au musicien. Il arrive même qu'à un simple son se suspende une mélodie : Beethoven, quand on le priait de jouer d'inspiration, frappait au hasard les touches du piano, et à un son donné se nouaient, pour ainsi dire, les plus capricieuses fantaisies. (Je ne serais pas étonné que ces quelques pages, où sont condensées un très grand nombre d'observations dont il faut lire l'exposition dans l'auteur lui-même, eussent fait faire un pas à la théorie de l'imagination musicale.) Dans les arts plastiques l'imagination associante joue un rôle moins étendu, mais non moins certain, que dans la musique. Un peintre rencontre une femme : il lui voit, en imagination, une attitude et un costume; et voilà une sainte. Ici encore l'activité associante de l'imagination est soutenue par des sentiments et des pensées : on ne se figure guère Pénélope qu'en noir. En poésie, cette sorte d'imagination marque son influence par les épithètes d'embellissement, par les images impliquant une comparaison; et M. Œ.-N. la fait voir par une analyse excellente du monologue de Richard III, que nous voudrions pouvoir citer tout entière (p. 29 et 30). L'imagination poétique est suscitée tantôt par des impressions sensibles, tantôt par des idées abstraites. Les femmes de Gœthe ont toutes leur original. Le poète alors voit vraiment ses figures, qui sont à peine moins que des intuitions. De cette sorte n'était pas l'imagination de Schiller. — Originelle ou associante, l'imagination est toujours une activité qui met en œuvre spontanément des souvenirs que, tantôt elle évoque de toutes pièces, tantôt elle suspend, par association, mais toujours d'une manière originale, à un premier souvenir ou à une première impression.

III. *Propriétés.* — 1° L'imagination est capable d'images plus ou moins neuves. 2° Elle est vive ou languissante : Flaubert dit que lorsqu'il empoisonna Mme Bovary, il conserva plusieurs jours en bouche le goût d'arsenic; Lotze et Fechner ne se rappellent qu'à grand'peine la couleur des objets. 3° Elle est distincte ou confuse : des peintres, tels que Kaulbach, saisissent les plus fines nuances de gris, tandis qu'il y a d'autres couleurs qu'ils sont incapables de distinguer nettement. 4° Elle est riche ou pauvre, c'est-à-dire qu'elle contient dans un même

contour un plus ou moins grand nombre d'images : Mozart se représentait simultanément les sons de longues phrases musicales; Shakespeare, à en croire Gœthe, dut embrasser d'un coup d'œil tout son
Hamlet. — Clarté et richesse sont les conditions indispensables de la
production artistique. 5° Les images sont fréquentes ou rares, c'est-à-
dire se suivent plus ou moins nombreuses. 6° Elles sont durables ou
fuyantes. Dans le premier cas, elles sont tantôt périodiques, tantôt continues. Ce sont elles qui font la distraction du génie. 7° Elles sont
volontaires ou involontaires. Les déclarations de Schiller, Gœthe,
Beethoven, etc., montrent, sans contestation possible, que la création
est affaire de volonté. Il n'est pas possible de comprendre comment la
volonté s'applique à ces sortes d'images que M. Œ.-N. appelle originelles; mais quand il s'agit de l'imagination associante, la volonté se
porte sur la représentation donnée qui évoque les autres.

IV. *Conditions.* — 1° La condition essentielle de l'imagination est
cette spontanéité que M. Œ.-N. avoue être inexplicable : ce qui veut
dire sans doute qu'elle ne tombe pas sous l'observation. 2° Après cette
condition, la plus importante est l'accumulation de matériaux sur
lesquels puisse s'exercer le génie. Ce qui le montre, c'est la biographie
des grands artistes, l'examen de leurs œuvres, enfin l'influence des
arts les uns sur les autres, qui implique l'action réciproque d'un grand
nombre de pensées et d'affections. Une si riche expérience s'acquiert
grâce à cette capacité de percevoir les plus subtiles différences, et à
cette prodigieuse mémoire, dont les grands artistes, tels que Mozart,
nous présentent des exemples étonnants. 3° Le génie créateur doit être
susceptible d'affections fortes et vives. Les noms caressants inventés
par l'amour; la ferveur religieuse, inspirant aux peintres du xv° siècle
leurs figures de saints; l'étonnement, ressort de l'imagination scientifique; les plaisirs aigus des artistes, tels que Schubert, qui mourut de
la joie d'entendre un quatuor de Beethoven; l'action de la faim, de la
soif, des autres appétits, excitant l'imagination dans telle ou telle
direction; l'influence de l'isolement, des ennuis, de l'habitude; la
nécessité d'une affection persévérante pour grouper toutes les représentations, associations, jugements, volitions, émotions, nécessaires à
la conception ou à la composition d'une œuvre d'art : tous ces faits
prouvent le rôle considérable de l'affection dans la production artistique. 4° Une dernière condition de l'exercice de l'imagination est
l'humeur *(Stimmung)*, affection sans objet, mais capable d'orienter à
son gré les représentations, disposition analogue à la tristesse et à la
gaieté qui nous font voir les mêmes choses en noir et en blanc. Mozart,
ayant jeté les yeux sur une orange, se crut transporté à Naples, au
milieu d'une fête, où, sur des barques, des jeunes gens et des jeunes
filles se battaient à coups d'orange. De là sortit un air de danse.

V. *Évolution.* — 1° A son degré inférieur, l'imagination ne diffère
guère du souvenir, toujours infidèle.

2° Chez les animaux, l'exemple le plus frappant d'imagination est celui de la construction des nids par les oiseaux. On y reviendra dans l'appendice.

3° Quant aux enfants, le jeu, dans les premiers temps, épuise tout l'effort d'imagination dont ils sont capables. M. Œ.-N. remarque avec raison après Mme Necker, que leurs jouets les amusent d'autant plus qu'ils laissent plus de marge à leur fantaisie. J'avais un petit voisin, de trois à quatre ans. Il venait me trouver et me disait : Fais-moi un chien. Je froissais un journal, que je liais d'une ficelle. Voilà un chien dans la compagnie duquel le bonhomme se plaisait beaucoup plus que dans celle de Toto. Venait-il me faire faire une vache? Je la confectionnais de la même manière; et il traînait le tout après lui, comme si les informes morceaux de papier avaient été de vrais animaux. Parfois cependant l'étrangeté de ces bêtes le faisait rire d'un air malin; et il exigeait des corrections; mais ce qui le réjouissait alors, c'était semble-t-il, non pas la ressemblance, plus fidèle maintenant, du morceau de papier et de l'animal; mais la constatation qu'il avait faite, d'une différence vraiment ridicule entre les modèles qu'il connaissait et les copies imparfaites que je me permettais de lui fournir. — Cependant il ne faudrait pas croire que l'imagination des enfants eût une vivacité extraordinaire : elle manque de souplesse, et se plaît toujours aux mêmes constructions.

Un peu plus tard, l'imagination se déprime : les petits enfants, remarque Lombroso, crayonnent beaucoup plus de bonshommes que ceux qui sont déjà plus grands.

Vers quatre ans, survient une recrudescence d'imagination, marquée, suivant M. Œ.-N., par la peur. M. Œ.-N. emprunte plusieurs exemples à Preyer, à Darwin, à Rousseau, à Hebel, à ses propres souvenirs. Mais parfois la peur est beaucoup plus précoce; j'en ai remarqué un cas indubitable chez ma petite fille quand elle n'avait guère que deux mois. Elle était tranquille sur les genoux de sa nourrice. J'étais assis à côté ; à un moment donné, comme elle me regarda, elle vit la lumière de la lampe briller dans mon binocle; elle se mit à pousser des cris d'épouvante. Et, bien qu'elle n'ait que dix mois, depuis longtemps elle se met à crier, dès que subitement on parle d'une voix un peu forte.

En même temps, selon M. Œ.-N. les enfants ont des hallucinations, des cauchemars, comme les grandes personnes. — Dans tous ces cas, normaux ou anormaux, l'imagination des enfants produit sans doute des représentations où la réalité est agrandie et altérée de toutes façons.

Vers huit ans, parfois plus tôt, l'imagination subit une modification importante : elle devient sexuelle, avant même le développement complet des organes génitaux. M. O.-N. cite de nombreux et terribles exemples de précocité... Ces affections, aussi bien que la peur, sont tout d'abord des tendances indéterminées (*objectlose*); les hasards de l'expérience viennent leur fournir à la fois une matière et des causes

de surexcitation. Où l'imagination intervient, c'est dans la modification
de ces représentations empiriques, et dans leur adaptation, si je puis
dire, aux pressentiments de la vie sexuelle.

Puis commence d'ordinaire le développement de l'imagination esthétique. L'art où l'enfant réussit le plus vite est la musique : à douze ou
treize ans, ont été produites des œuvres déjà remarquables, telles que le
Mithridate, de Mozart, et le *Songe d'une nuit d'été* de Mendelssohn.
Dans les arts plastiques, l'enfant ne se distingue guère avant quatorze
ans; et les plus jeunes des poètes de valeur ont au moins seize ans.
Plus tardive encore est, en moyenne, l'éclosion de l'imagination scientifique. Chaque art, de son côté, notamment les arts plastiques et la
poésie, suit le même ordre de développement, du concret à l'abstrait :
comparez l'*Iliade* à *Faust*.

Dans ce chapitre sont condensés un nombre considérable de faits.
Peut-être pourrait-on demander plus d'idées générales. Peut-être aussi
pourrait-on soutenir que les stades de l'évolution de l'imagination ne
sont pas marqués nettement, et que le lecteur n'assiste pas à la complication progressive, au lent travail d'enrichissement, d'une faculté
qui commence par reproduire presque fidèlement une perception, et
qui finit par créer des œuvres comme *Hamlet*, *Faust*, ou la *Légende
des siècles*.

VI. *Relations avec les phénomènes corporels.* — L'imagination
excite l'activité du corps, notamment celle du cœur; elle élève la température générale de l'organisme, en particulier celle de la tête : elle est
même capable d'imprimer à l'attitude du poète un caractère durable.
Elle est cause de fatigue, parfois de désordres organiques : M. Œ.-N.
aurait pu ajouter à ses exemples celui de Malebranche, pris de battements de cœur à la lecture du *Traité du monde*, de Descartes. Mais le
génie n'est pas, comme on le croit quelquefois, une cause de mort
prématurée, pas plus qu'elle n'est une cause de folie.

Les mêmes phénomènes du corps, qui sont les effets de l'imagination,
peuvent en être les causes. La vivacité du pouls, la température élevée
de la tête, l'activité des sens, favorisent, ou même produisent, l'activité
de l'imagination. L'influence des affections sexuelles sur l'art est indéniable. A ce sujet, M. Œ.-N. indique la différence entre l'imagination
de l'homme et celle de la femme. Celle-ci ne brille guère dans les arts
intuitifs : musique, peinture, sculpture. On pourrait ajouter que lorsqu'elle est poète, sa fantaisie se plait dans l'abstrait plutôt que dans le
concret : telle Mme Ackermann. Et même en fait de créations abstraites,
la femme, comme le dit M. Œ-N., est bien inférieure à l'homme : elle
n'a rien inventé de durable dans la science. Peut-être faudrait-il
excepter Sophie Germain. Mais, ce qu'il y a de certain, c'est que la
constitution corporelle influe sur l'imagination. Ainsi, l'âge affaiblit le
pouvoir créateur. Il n'est pas vrai, pourtant, que la maturité entraîne
une baisse de l'imagination; celle-ci, tout en s'enrichissant, est, alors

seulement mieux réglée : comparez les *Brigands* et le *Wallenstein*, de Schiller.

Au sujet des relations de l'imagination avec le corps, il y aurait lieu de traiter la question de l'hérédité de l'imagination. M. Œ.-N. distingue l'innéité de l'hérédité. La première, suivant lui, est certaine ; la seconde est douteuse. On naît artiste. Il y a des génies musicaux qui se révèlent à dix ans. Ils possèdent, dès l'origine, les qualités nécessaires à la création esthétique : la finesse des sens, l'étendue de la mémoire, la vivacité des sentiments. Mais prétendre que le génie doit beaucoup à l'hérédité, c'est, suivant M. Œ.-N., outre-passer l'expérience. L'auteur s'attaque surtout, dans un langage assez vif, au rapport de 50 p. 100, qui marque, suivant M. Ribot, le nombre de grands artistes qui doivent leur génie à leurs parents. M. Œ.-N. reproche à M. Ribot de négliger l'influence de l'éducation, de compter parmi les antécédents influents, des artisans, si je puis dire, aussi bien que des artistes, des oncles, des parents dont l'imagination fut d'une toute autre sorte que celle de leurs descendants, etc., etc. M. Œ.-N., nous semble-t-il, n'est pas juste envers M. Ribot, quand il prend à la lettre ce chiffre de 50 p. 100. Tout ce que prouve, tout ce qu'a voulu sans doute voulu prouver M. Ribot, par le tableau de 51 artistes et de leurs antécédents, c'est que l'influence de l'hérédité sur le génie créateur est plus étendue et plus fréquente qu'on ne le croyait, et que ne le croit M. Œ.-N. lui-même. Quant à exprimer en nombre le degré de cette influence, personne n'y a jamais songé. M. Œ.-N., qui, notamment dans son chapitre sur l'évolution de l'imagination, essaye d'établir quelques moyennes, sait mieux que personne combien ces sortes de nombres sont sujets à discussion.

VII. *Appendice : l'imagination chez les animaux.* — M. Œ.-N. étudie l'imagination, non pas chez tous les animaux, mais seulement chez les oiseaux ; encore la considère-t-il dans un acte spécial, la construction des nids. La question est double : 1° Les oiseaux sont-ils doués d'imagination ? 2° Leur en faut-il pour construire leurs nids ? — Le premier problème sera résolu si l'on peut montrer que chez les oiseaux sont rassemblées toutes les conditions de l'imagination. Les oiseaux, tout d'abord, ont des sens très subtils. Ils distinguent à de grandes distances de petits objets. Ils discernent avec finesse les différences de température. La langue est, pour eux, l'organe du toucher plutôt que celui du goût. La beauté et la variété de leur chant supposent un développement tout particulier de l'ouïe : il y a une véritable science du chant du pinson. Enfin, ce qui peut faire croire, malgré certains naturalistes, que l'odorat des oiseaux est assez subtil, c'est que les oiseaux aveugles sont parfois difficiles dans le choix de leur nourriture : cette délicatesse ne peut se mettre sur le compte que de l'odorat, le goût étant, comme on sait, très obtus chez les oiseaux. — Puis la mémoire, avec la faculté de discernement qui y est unie, n'a pas été refusée aux oiseaux. La conduite du pic, les migrations des oiseaux, les habitudes

des cigognes, des hirondelles, des rossignols, l'esprit d'imitation, du perroquet, et mille particularités, citées par les naturalistes, ne laissent aucun doute là-dessus. — Enfin les affections des oiseaux sont parfois aussi vives que celles des mammifères. L'amour et la haine, le courage et la lâcheté, la colère, la peur, la jalousie, la pitié, etc., se mêlent chez eux pour former des sentiments souvent très complexes. — Si donc rien ne manque aux oiseaux pour qu'ils aient de l'imagination, pourquoi n'en auraient-ils pas? — Une preuve plus directe qu'ils n'en sont pas dépourvus, c'est que les cigognes, les canaris, les perroquets, rêvent comme des chiens ou des chevaux; c'est qu'ils subissent des illusions et des hallucinations; c'est qu'enfin les oiseaux jouent de mille manières, rongeant les arbres, picotant le sable, lançant de la terre en l'air, recueillant dans leurs nids et déchiquetant des objets de toutes couleurs, se mirant, se redressant, voletant, se répondant d'arbre à arbre et entretenant les conversations les plus animées.

Maintenant, la construction d'un nid implique-t-elle l'exercice de l'imagination? Des exemples empruntés à Wallace, à Darwin, à White, aux deux Müller, etc., permettent de répondre affirmativement. Trouver une feuille, la percer, filer un fil, le nouer, chercher une seconde feuille, la coudre avec le fil, puis doubler le nid d'un tissu animal, et presser de la poitrine la doublure, etc., etc., tous ces actes, agencés, coordonnés, ne supposent-ils pas cette synthèse mystérieuse de représentations, qui précisément est l'imagination? M. Œ.-N., d'ailleurs, reviendra sur la question, dans un nouvel ouvrage qu'il annonce, et que nous lirons avec plaisir.

Cette sèche analyse peut faire comprendre combien d'idées sont soulevées et traitées dans la brochure de M. Œ.-N.; mais elle ne saurait donner l'idée des détails, si nombreux et si intéressants, qui font le principal charme de l'ouvrage. Il faut les lire dans le texte même du livre, l'un des meilleurs qui aient paru ces derniers temps.

HENRI MÜLLER.

Max. Falk. VERSUCHE UEBER DIE RAUMSCHATZUNG MIT HULFE VON ARMBEWEGUNGEN. Dorpat, 1890, 57 p.

Les principaux résultats des expériences faites au moyen du bras droit par M. Falk sont les suivants : nous aurions une tendance à nous exagérer les petites distances et à nous rapetisser les grandes; le point d'indifférence serait pour le mouvement en avant du bras vers 7-8 cent., pour le mouvement en arrière vers 15 cent.; on s'exagérera davantage la distance dans le mouvement en arrière; l'accroissement de l'effort serait sans influence sur l'erreur commise; au contraire, elle semblerait dépendre de la position du bras. La finesse de la sensibilité discriminative serait presque aussi grande, lorsque les distances comparer sont importantes, que dans le cas de perceptions visuelles serait un peu moindre lors de mouvements en arrière que lors de mouvements en avant ; la vitesse, l'effort déployé, la position du bras lui-même n'exerceraient sur elle aucune influence.

B. B.

H. **Steinthal** GESCHICHTE DER SPRACHWISSENSCHAFT BEI DEN GRIECHEN UND ROMERN MIT BESONDERER RUCKSICHT AUF DIE LOGIK : *zweite vermehrte und verbesserte Auflage.* Berlin, 1890, XVI-374 p.

Cette seconde édition de l'ouvrage bien connu de Steinthal comprendra deux volumes ; jusqu'à présent le premier seul a paru. Ainsi que l'annonce Steinthal lui-même, le contenu du premier de ces volumes est « essentiellement logique », tandis que celui du second appartiendra à la « grammaire empirique ». Les améliorations que le titre indique se rencontreront surtout dans le second volume ; dans le premier, la rédaction primitive a été généralement conservée ; elle n'a reçu quelques notables modifications que dans la troisième partie. Cette troisième partie, où il est parlé des Stoïciens, termine le volume, dont les dernières pages sont consacrées à exposer la question historique de l'*analogie* et de l'*anomalie*.

B. B.

REVUE DES PÉRIODIQUES ÉTRANGERS

Philosophische studien.

(Tome VI, 1™ liv.)

WUNDT. *Sur la question des localisations cérébrales.* — Sur la physiologie du cerveau, il y a deux opinions contraires : l'une considère les circonvolutions cérébrales comme le miroir de la périphérie du corps, les nerfs sensoriels et moteurs se terminant dans des régions circonscrites comme les organes périphériques; l'autre, qui remonte à Flourens et est principalement représentée par Goltz, n'admet pas ce fractionnement et considère la couche corticale comme destinée à ramener à l'unité fonctionnelle les fonctions distinctes des organes périphériques. Enfin, on doit remarquer que, dans ces derniers temps, des expérimentateurs s'attachant surtout aux faits en sont venus comme Luciani à admettre les suppléances fonctionnelles et comme Goltz à s'éloigner de plus en plus de la thèse de l'indifférence fonctionnelle de Flourens, occupant ainsi une position intermédiaire entre les deux thèses rivales. Seul, Munk, dans une récente publication (1889), s'en tient à sa position première, soutenant comme il l'avait fait déjà sa thèse de la « cécité corticale » due à un trouble du « centre visuel » qui est le représentant immédiat de la rétine et de la « cécité psychique » qui serait due à la perte des images visuelles (des souvenirs visuels). Wundt combat cette hypothèse que l'auteur a le tort de considérer comme une déduction immédiate des faits. De plus, Munk soutient que Wundt ayant, dans plusieurs endroits de sa *Psychologie physiologique*, vivement combattu la doctrine de l'énergie spécifique des nerfs, est conduit par cette thèse même à rejeter les localisations cérébrales au sens circonscrit et déterminé; à quoi Wundt réplique que les deux questions ne sont pas connexes et il maintient de nouveau la théorie qu'il a défendue au sujet des localisations : c'est la possibilité pour les mêmes éléments de suffire à des fonctions différentes, sous l'influence de circonstances extérieures différentes

C. LORENZ. *Recherches sur la perception des distances entre les sons.* — L'auteur résume ainsi les résultats de ses expériences qui sont exposées dans un long mémoire.

1° Elles donnent la preuve directe que nous avons la faculté de comparer et de mesurer entre elles des différences inférieures dans la teur des sons, indépendamment de l'affinité des sons (*Klangverwandt-schrift*).

2° Elles montrent que cette mesure immédiate, pour les différences de hauteur des sons, donnée dans la sensation, ne se conforme pas à la loi de Weber; que les intervalles harmoniques égaux ne représentent pas des différences de sensation absolument égales; mais que les différences absolues dans les sensations de son sont rigoureusement proportionnelles aux différences dans le nombre des vibrations.

3° La méthode des différences qui sont plus que simplement perceptibles, lorsqu'elle est jointe à la méthode des cas vrais et faux, trouve son application dans le domaine des sensations auditives et n'est pas limitée, comme on l'avait admis jusqu'à présent à la comparaison des intensités lumineuses.

W. Brix. *Le concept mathématique de nombre et les formes de son développement* (suite). — L'auteur passe en revue l'histoire des diverses conceptions du nombre réduites à trois points de vue :

1° Du réalisme mathématique (Euclide, Descartes, Leibniz, Kant);
2° du nominalisme mathématique (Cardan, Hobbes, Berkeley, Hume, A. Comte, Stuart Mill, Cauchy, Duhamel, etc.); 3° du nombre absolu.

Zeitschrift für Völkerpsychologie und Sprachwissenschaft.
(20. B. H. 1 und 2, 1890.)

G. Simmel. *Zur Psychologie der Frauen.* — L'auteur s'attache à ramener les particularités depuis longtemps connues du caractère des femmes à un manque relatif de différenciation individuelle qui caractériserait celles-ci même au point de vue physique : ainsi, chez les races les plus diverses, des mensurations ont permis de constater que les hommes diffèrent les uns des autres beaucoup plus que les femmes.

F. Misteli. *Sprachphilosophisches.* — Misteli, à propos de la traduction allemande récemment parue du livre de Max Müller, intitulé *the Science of Thought,* fait une critique longue et sévère des idées que ce dernier a développées dans l'ouvrage en question, lui adressant entre autres reproches ceux d'avoir fait une œuvre scolastique et métaphysique, d'avoir confondu la grammaire et la logique, d'ignorer la psychologie contemporaine.

L. Tobler. *Ein Fall partieller Aphasie.* — Il s'agit d'un domestique de ferme qui, à la suite d'une chute, a perdu, puis partiellement recouvré l'ouie et la parole. L'étude, assez brève, mérite d'être consultée par ceux qui s'occupent de la théorie du langage. Le cas a ceci de remarquable, en effet, que l'aphasique s'est en partie refait de lui-même son langage : c'est ainsi que, pour désigner les jours de la semaine, il recourt au procédé original suivant : il ajoute au mot *Sundig* qui lui sert à exprimer dimanche (*Sonntag*) l'indication du nombre de fois qu'il a l'habitude de dormir depuis ce jour; il dit donc, pour lundi,

Sundig einist schlôfe (*Sonntag einmal schlafen* c'est-à-dire, en français, *dimanche une fois dormir*); pour mardi, *Sundig zwène schlôfe* (*Sonntag zweimal schlafen*), etc.

THEODOR CURTI. *Die Sprachschöpfung.* Würzburg, A. Stuber, 1890, 74 pages. — L'auteur de cette étude prend ses exemples de préférence dans les langues des peuples non ou peu civilisés. Il voit dans l'onomatopée le principe de la parole et distingue six classes de mots primitifs : 1° des *mots de sensation* (*Empfindungswörter*), tels que cris d'appel, de douleur, etc.; 2° des *mots concomitants de sensation* (*begleitende Empfindungswörter*), désignant des objets qui accompagnent les sensations et par conséquent les cris qu'elles font pousser; 3° des *mots de geste* (*Gebärdenwörter*) imitant par exemple les bruits produits avec les lèvres en mangeant, buvant, etc.; 4° des *mots imitant des cris d'animaux;* 5° des *mots cosmiques* (*kosmische Wörter* imitant des bruits de la nature; 6° des *mots symboliques primitifs* : ainsi, on rencontera l'*i* dans certains mots parce que « l'*i* est un son grêle, effilé, propre à exprimer la petitesse, la délicatesse, la grâce ». L'ordre précédent représente à peu près, selon l'auteur, l'ordre d'apparition des classes de mots distinguées.   B.

Archiv für Geschichte der Philosophie.
(Band I, Heft 3,4, p. 309 à 652.)

Nous avons donné dans la *Revue philosophique* (XXV et XXVII, p. 108 et 200) le compte rendu des deux premiers numéros de la *Revue* publiée par M. Ludwig Stein. Les deux autres numéros, qui complètent le premier volume, comprennent des comptes rendus fort complets des ouvrages qui ont paru sur l'histoire de la philosophie en France, en Italie, en Allemagne, en Angleterre. Nous nous bornerons à signaler les articles de fond.

RUDOLF EUCKEN, *Sur la terminologie philosophique.* — PAUL TANNERY, *Un fragment d'Anaximène dans Olympiodore le chimiste.* — M. Tannery signale, dans la première livraison de la collection des anciens alchimistes grecs, publiée par M. Berthelot avec la collaboration de M. Ruelle, un fragment à propos duquel on peut se demander s'il n'a pas été tiré textuellement de l'ouvrage d'Anaximène de Milet. M. T. croit que le chimiste dont il est question est Olympiodore d'Alexandrie, auteur du commentaire sur la *Météorologie* d'Aristote et disciple de Proclus. Le traité d'Olympiodore est dédié à Pétasios, roi d'Arménie, réfugié à Alexandrie. C'est en voulant établir que l'unité de la matière est professée par les maitres de l'art qu'Olympiodore est amené à citer Anaximène : Μίαν δὲ κινουμένην ἄπειρον ἀρχὴν πάντων τῶν ὄντων ἐδόξαζεν Ἀναξιμένης ἱὸν ἀέρα. Λέγει γὰρ οὕτως · Ἐγγύς ἐστινὁ ἀὴρ τοῦ ἀσωμάτου καὶ ὅτι κατ' ἔκροιαν τούτου γινόμεθα, ἀνάγκη αὐτὸν καὶ ἄπειρον εἶναι καὶ πλούσιον διὰ τὸ μηδέποτε ἐκλείπειν. Or, dans la seconde moitié du VIᵉ siècle, il est bien certain qu'Olympiodore n'avait pas entre les mains l'ouvrage d'Anaximène, improbable qu'il eût un abrégé inconnu de l'œuvre historique de Théophraste, mais il ne l'est pas qu'il disposât de quelque cahier de notes que les professeurs pouvaient se transmettre de l'un à l'autre : l'authenticité est simplement possible. D'ailleurs, Olympiodore n'attribue à Anaximène que les deux membres de phrase qui commencent à Ἐγγύς et finissent à γινόμεθα. Or, il semble douteux qu'Anaximène ait pu employer le terme ἀσώματον puisqu'il n'avait pas le concept de l'incorporel, défini seulement par Aristote. Cependant il aurait pu l'employer comme synonyme de ψυχή, et Théophraste aurait déjà pu le substituer à une expression différente de la même idée. Dans ce cas, la première partie, suffisamment authentique pour le fond, resterait suspecte pour la forme. Quant au terme ἔκροια, il est assez frappant pour qu'on l'attribue à Anaximène ou à un faussaire qualifié. Si on le traduit par *émanation*, on devra le reporter à un faussaire; mais cette explication ne paraît pas soutenable. Il semble qu'il faut y reconnaître une métaphore parfaitement admissible chez Anaximène : « Nous naissons, aurait-il dit, suivant le flux de l'air », et il y aurait lieu de se demander si Héraclite ne lui a pas emprunté sa doctrine de l'écoulement des choses. Mais le silence des doxographes ne permet pas de l'affirmer. La seconde proposition est donc plus suspecte comme fond que comme forme.

J. FREUDENTHAL. *La doctrine de Xénophane.* — Freudenthal a publié une brochure sur la théologie de Xénophane, que nous avons signalée dans la *Revue critique* en 1886. Il y soutenait, contrairement à l'opinion, généralement adoptée, qui voit en Xénophane le fondateur du monothéisme, que l'Éléate est demeuré un partisan du polythéisme. Dans l'article dont nous avons donné le titre, il répond à Zeller et à Diels, en essayant d'ajouter de nouveaux arguments à ceux qu'il avait autrefois employés.

P. NATORP. *Sur la* γνησίη γνώμη *de Démocrite.* — On sait à quelles discussions a donné lieu l'opposition établie par Démocrite entre la connaissance que l'on appelle claire, γνησίη, et celle que l'on appelle obscure, σκοτίη, faute de meilleurs termes pour rendre les expressions grecques. Natorp soutient qu'il faut entendre par la première l'accord (*Einstimmigkeit*) logique de la pensée (*Denkens*) dirigée sur les phénomènes (*auf die Phänomene gerichteten*).

A. GERCKE. *Un prétendu fragment de Théophraste.* — H. SCHRADER *Les fragments de* φιλόσοφος ἱστορία *de Porphyre chez Cyrille d'Alexandrie.* — L'auteur établit que l'écrit de saint Cyrille d'Alexandrie contre l'empereur Julien constitue une source qui peut fournir de nouvelles indications pour la reconstitution du livre de Porphyre dont le titre a été cité.

H. SIEBECK. *La psychologie de la scolastique.* — Siebeck, dans deux articles importants (p. 375-390, 518-533) fait l'histoire de la psychologie

empirique au moyen âge. Il examine, en acceptant à tort selon nous
l'ancienne opinion qui fait de la querelle des Universaux le fond de la
scolastique à toutes les époques, ce qu'il appelle l'ancien nominalisme, puis il passe à Jean de Salisbury, étudie les sources de la psychologie au XII° siècle, et insiste surtout sur Constantin de Carthage dont
l'inflence lui semble avoir été considérable.

LUDWIG STEIN. *Les lettres de Leibnitz trouvées à Halle* (*suite*). —
Dans le troisième groupe des lettres trouvées à Halle, M. Stein nous
montre en Leibnitz l'interprète critique d'Aristote. La première, datée
du 8 février 1701, contient, dit-il, la méthode suivie pour l'explication
d'Aristote par Becker, Brandis, Zeller, Bonitz, Schwegler, etc., etc.
Leibnitz veut qu'on recherche, en traduisant Aristote, la propriété et la
clarté, plutôt que l'élégance des termes. Il demande aux autres ouvrages
d'Aristote, et spécialement à la physique, la signification de termes
obscurs de la métaphysique. Dans d'autres lettres, il recommande
l'étude des commentateurs grecs d'Aristote, et surtout d'Alexandre
d'Aphrodise. Il voudrait enfin savoir ce qui existait des théories du
syllogisme avant Aristote, etc.

F. PUGLIA, *L'évolution progressive réellement observée dans l'histoire des systèmes philosophiques de l'Italie*. — Spaventa et Siciliani
ont nié que la spéculation ait suivi en Italie un développement organique. Puglia affirme au contraire que, de Pythagore et de l'école
pythagoricienne à saint Thomas d'Aquin, de celui-ci à Giordano Bruno,
à Campanella et à Galilée, puis de ceux-ci à Romagnosi, et de Romagnosi aux naturalistes modernes, la tradition géométrique de l'esprit
italien n'a pas été interrompue (*non soffrono interruzione*). Il se
réserve de le démontrer dans une autre occasion.

H. DIELS. *Le Protreptikos d'Aristote et l'Hortensius de Cicéron*. —
Le Protreptikos d'Aristote et l'Hortensius de Cicéron ont, à l'exception
de certains fragments, disparu sans laisser de traces. Diels a trouvé
un nouveau fragment de l'Hortensius dans les *Soliloques* (I, 17) de
saint Augustin : *Nam cum triginta tres annos agam, quattuor decim
fere anni sunt, ex quo ista cupere destiti nec aliud quidquam
in his, si quo casu offerentur, praeter necessarium victum libera-
lemque cogitavi. Prorsus mihi unus Ciceronis liber facillime per-
suasit nullo modo appetendas esse divitias, sed si provenerint,
sapientissime atque cautissime administrandas.* Il confirme ainsi
l'opinion déjà exprimée que Cicéron a empruntée au Protreptikos la
pensée exprimée dans ce fragment, comme l'ensemble des doctrines
exposées dans tout le dialogue.

OTTO KERN. *Empédocle et les Orphiques*. — Si le système d'Empédocle est un éclectisme, et si l'auteur a fait des emprunts à Héraclite
et à Parménide, on peut se demander où il a puisé sa doctrine de la
métempsychose. Zeller a fortement combattu l'opinion qui fait de Pytha-

gore l'inspirateur d'Empédocle, Kern soutient que non seulement Empédocle mais Pythagore lui-même ont puisé vraisemblablement la doctrine de la métempsychose dans les mystères ou poèmes orphiques, surtout dans la théogonie rapsodique d'Orphée.

PAUL WENDLAND. *L'écrit de Philon* περὶ τοῦ πάντα σπουδαῖον εἶναι ἐλεύθερον. — Ausfeld a contesté, dans une dissertation imprimée à Göttingen en 1887, que l'écrit dont le titre vient d'être cité fût réellement de Philon. Wendland soutient, tout en admettant que Philon a puisé à une source stoïcienne, l'authenticité de l'ouvrage.

LUDWIG STEIN. *Découvertes manuscrites sur la philosophie de la Renaissance; la première histoire de la philosophie antique dans les temps modernes.* — On considère d'ordinaire l'ouvrage donné en 1518 par Vivès sous le titre suivant : *De initiis, sectis et laudibus philosophiæ*, comme le premier abrégé d'histoire de la philosophie ancienne qui ait été donné dans les temps modernes. M. Stein, dans un voyage d'études en Italie, a découvert dans les archives, une lettre de Jean-Baptiste Buoninsegnius écrite à Florence en mai 1458, et peut-être adressée à Marsile Ficin, qui constitue réellement la première histoire de la philosophie ancienne composée dans les temps modernes. M. Stein publie cette lettre, qui occupe douze pages de la *Revue*, et est intitulée : *Epistola de nobilioribus philosophorum sectis et de eorum differentia.* M. Stein nous apprend en outre, qu'à peu près à la même époque (1463), Jean Christophore de Arzignano composait à Venise, mais avec moins de sens critique, un ouvrage ayant pour titre : *De vita et moribus philosophorum.*

LUDWIG STEIN. *Nouveaux éclaircissements sur l'héritage littéraire et l'édition des œuvres posthumes de Spinoza.* — Van Vloten a établi que l'éditeur, demeuré inconnu depuis deux cents ans des *Opera posthuma* de Spinoza, fut G.-H. Schuller, médecin d'Amsterdam.

C.-J. GERHARDT. *La dynamique de Leibnitz.* — M. Gerhardt publie une lettre fort intéressante de Leibnitz, écrite en français à Claude Perrault, membre de l'Académie des sciences, en réponse au discours qu'il lui avait communiqué sur les causes de la pesanteur, du ressort, etc. Puis il donne une partie d'un autre ouvrage latin de Leibnitz, intitulé *Phoranomus seu de potentia et legibus naturæ.* Il conclut de ces deux écrits que Leibnitz, de 1676 à 1687, trouvait insuffisant le fondement mathématique des lois de la dynamique, et qu'il croyait nécessaire d'invoquer pour les expliquer des principes métaphysiques.

ALESSANDRO CHIAPPELLI. *Pythagore et Anaximène.* — Zeller signale l'influence que les anciens Ioniens, et surtout Anaximandre, ont exercée sur Pythagore. Chiapelli soutient qu'à son tour le pythagorisme a agi sur les Ioniens plus récents, et spécialement sur Anaximène, dont la doctrine de la forme sphérique du monde et de l'air qui l'entoure paraît avoir été professée par Pythagore. F. PICAVET.

LIVRES DÉPOSÉS AU BUREAU DE LA REVUE

A. DUMONT. *Dépopulation et civilisation; étude démographique.* in-8°. Paris, Babé et Lecrosnier.

G. RIVET. *La Recherche de la paternité*, in-12. Paris, Dreyfus.

V. VATTIER. *John Wyclyff, sa vie, ses œuvres, sa doctrine*, in-8°. Paris, Leroux.

H. BOIS. *Essai sur les origines de la philosophie judéo-alexandrine*, in-8°. Paris, Fischbacher.

A. REGNARD. *Le bilan du judaïsme et du christianisme*, in-18. Paris, Dentu.

B. MALON. *Le Socialisme intégral*, in-8°. Paris, Alcan.

M. MÜLLER. *Three Lectures on the science of language*, in-8°. Chicago, Open Court.

PIKLER. *The Psychology of the Belief in objective existence. I. Objective capable of presentation*, in-8°. London, Williams and Norgate.

P. CARUS. *The ethical Problem*, in-18. Chicago, the Open Court.

K. FISCHER. *Glauben oder Wissen?* in-8°. Gotha, Pertha.

L. RATTO. *Stato e libertà : saggio di scienza politica*, in-8°. Savona, Ricci.

G. D'AGUANNO. *La Genesi e l'Evoluzione del diritto civile*, in-8°. Torino, Bocca.

CAGNO-POLITI. *Elia Astorini filosofo e matematico del sec. XVII.* in-12. Roma, Lœscher.

R. D'ALFONSO. *La Lotta nel Educazione*, in-8°. Milano-Roma, Trévisini.

M. V. VATTIER vient de publier à la librairie universelle, 41, rue de Seine, un précis qui a pour titre *Éléments de philosophie scientifique* (I, *Psychologie*). Il s'adresse principalement aux élèves commençant leur cours de philosophie : simple et clair, au courant des progrès de la psychologie scientifique, il sera utile aux lecteurs pour lesquels il a été écrit.

Il vient d'être fondé à l'Université de Rome, sous la direction de M. Sergi, un laboratoire de psychologie physiologique ayant pour but « de préparer la jeunesse à l'observation et à l'expérimentation ».

Notre collaborateur M. CH. FÉRÉ prépare la publication d'un ouvrage sur *La pathologie des émotions.*

Le propriétaire-gérant : FÉLIX ALCAN.

Coulommiers. — Imp. P. BRODARD.

QU'EST-CE QUE LA PHYSIOLOGIE GÉNÉRALE?

Grâce à l'hospitalité de la *Revue philosophique*, je vais essayer de faire entendre aux philosophes ce que je m'évertue en vain depuis bientôt quarante ans à faire pénétrer dans le cerveau des médecins. Toutefois ma vieille persévérance a reçu dans ces derniers temps un encouragement qui, on en conviendra, est bien fait pour l'affermir. Voyez cet hypnotisme, voyez cette suggestion, dont le premier, il n'y a guère moins d'un demi-siècle, je faisais connaître en France toutes les merveilles, toute la série des applications utiles, sans en dissimuler les dangers, et en sus une explication physiologique développée dans plusieurs gros volumes. Autant de choses sur lesquelles le monde savant s'obstinait à fermer les yeux et les oreilles; mais, un jour, d'autres plus goûtés ont su faire accepter d'emblée et avec enthousiasme ce qui, offert par moi, n'avait obtenu que le dédain. Un pareil retour de fortune attend peut-être prochainement d'autres vues de réforme scientifique que j'expose aussi depuis un temps presque immémorial; c'est dans cette espérance que je viens les rééditer ici encore une fois en un court résumé.

Nos physiologistes ont beau dire et beau faire, la physiologie languit encore en deçà de la grande crise de développement avant laquelle un corps de connaissances est pour ainsi dire à l'état de larve et se meut dans le chaos de l'empirisme en rampant et les yeux fermés. Non. à la physiologie les ailes n'ont pas encore poussé, et elle le doit à ce qu'elle s'obstine à rester sans méthode philosophique. cette *anima scientiæ* que nous avons vue infuser une vie nouvelle à la botanique, à la zoologie et à la chimie, et les transformer en un clin d'œil comme par miracle.

Est-ce à dire que la physiologie n'ait pas fait à notre époque de très importantes acquisitions, et que jusqu'à présent on n'ait pas compté de grands physiologistes? Loin de là. Mais l'astronomie était déjà riche de découvertes avant Newton, et longtemps avant lui Philolaüs, Hipparque, Copernic, furent des astronomes de premier

ordre. Et de même de la chimie : elle n'avait pas attendu Lavoisier et
Dalton pour naître, et certes nos chimistes modernes comptent de
glorieux ancêtres parmi les alchimistes. Et encore pareillement de
l'histoire naturelle : il serait peu sensé de soutenir qu'elle n'a commencé qu'avec Linné et Jussieu, qu'avec Cuvier, Lamarck, Geoffroy
Saint-Hilaire, et de contester le titre de naturaliste à Aristote. Mais
ce qui n'est pas moins vrai, c'est que ces diverses sciences ont subi
une mue complète, et sont passées pour ainsi dire de la nuit au
jour dès l'instant où un principe supérieur est venu répandre sur
elles sa lumière, où est venue les guider une méthode intégrale
apportant l'ordre à la place de la confusion et simplifiant en un petit
nombre de questions générales l'infinie multiplicité des questions
particulières. C'est ainsi que l'astronomie, autrefois d'une si incohé-
rente complexité et embarrassée de tant d'hypothèses disparates, n'est
plus aujourd'hui, comme on l'a dit, qu'un grand problème de mécanique; c'est ainsi que la chimie, noyée auparavant dans la foule
confuse des corps particuliers, a vu cette confusion immense se
résoudre, et ses éléments innombrables s'ordonner et s'unifier au
point de contenir tous, et sans aucune gêne, dans les quelques
petites cases d'une nomenclature merveilleusement succincte, où la
nature de chaque substance nous est apprise par la place même
qu'elle y occupe. C'est encore également que la zoologie et la botanique, qui ne pouvaient ni se reconnaître ni se retourner dans le
pêle-mêle et l'encombrement énormes des espèces, ont été tirées
tout à coup d'embarras par la théorie de la classification naturelle,
c'est-à-dire généalogique, qui, ébauchée par les naturalistes philosophes de la fin du xviiie siècle et du commencement du xixe, a
reçu finalement sa formule exacte de l'idée transformiste.

Répétons-le, cette révolution féconde, cette palingénésie où plusieurs autres sciences se sont déjà régénérées, la science de l'organisation vivante, du mécanisme de la vie, la physiologie, pour tout
dire en un mot, ne l'a point encore connue. Cependant le suprême
réformateur et législateur, ce vrai messie, que les mathématiques
avaient trouvé en Descartes, l'astronomie en Newton, la chimie en
Lavoisier, etc., la physiologie fut sur le point de le rencontrer dans
Bichat. Je vais m'appliquer à faire comprendre par suite de quelle
erreur elle laissa échapper cette bonne fortune. Mais une courte
digression sur la théorie pure de la méthode me paraît d'abord
nécessaire.

Au fond, qu'est-ce que la méthode rationnelle d'une science? C'est
une manière de considérer les faits qui font son objet telle qu'on

puisse parvenir à les connaître par la voie la plus facile, la plus courte et la plus sûre.

La réalité ne nous offre que des faits individuels, des faits absolument concrets, et ce n'est pas à d'autres qu'à ceux-ci que nous avons affaire dans la pratique; et c'est par conséquent d'eux seuls, en fin de compte, que la connaissance nous importe. Cependant si la connaissance péniblement et lentement acquise par l'étude d'un fait particulier était exclusivement restreinte à ce fait singulier et éphémère, et ne pouvait point s'appliquer à la fois à une foule d'autres qui s'offrent en même temps ou qui apparaîtront plus tard, la science, cela est évident, serait une chimère. Et pourtant la science naît et grandit. Comment cela se fait-il? Cela s'opère par la vertu de cette primitive et toute instinctive découverte, à savoir que les choses ne sont pas absolument différentes les unes des autres, qu'elles se ressemblent toutes plus ou moins, qu'elles sont reliées ensemble par un système de degrés et de modes de ressemblance, ce qui, rendu avec plus de précision, veut dire que tout objet particulier n'étant qu'un total de propriétés ou caractères, autrement dit, de manières d'être, on observe que presque tous les caractères d'un objet donné se retrouvent identiquement dans un certain nombre d'autres objets. C'est ce qui constitue entre tous ces objets particuliers le plus haut degré de similitude. Ensuite il se découvre encore beaucoup d'autres objets qui sont également unis aux premiers par une certaine communauté de caractères; mais ceux-ci sont en nombre un peu moindre que dans le premier cas, et de là un degré inférieur de ressemblance, mais s'étendant à un nombre d'autant plus grand d'individualités. Et ainsi progressivement.

C'est alors que l'esprit se forge l'idée de grouper en un tout imaginaire les caractères communs concourant ensemble à former un même degré de ressemblance, abstraction faite des objets réels qui les manifestent, et de se représenter ce corps factice de caractères comme une sorte d'objet de convention, qui serait, pour ainsi dire, un extrait des objets véritables. Tel est l'objet abstrait. Puis à chaque objet abstrait on affecte une dénomination qui lui devient propre, et cette dénomination est pareillement dite un nom abstrait, ou encore un nom commun, un nom général, ou générique. Ainsi, le mot *homme* est un nom abstrait exprimant l'idée d'un objet abstrait idéalement formé du groupe de caractères qui sont le fond essentiel de la nature humaine, et s'appliquant généralement à tous les individus qui offrent ce groupe de caractères.

L'étude d'un objet individuel nous ayant donné la science de cette portion de sa nature qui lui est commune avec d'autres objets, dits pour cela ses similaires, il saute aux yeux que cette étude ne sera pas à recommencer sur ces derniers, du moins pour ce qui est de cette partie commune de leur nature, mais toutefois à une condition : c'est que, au moyen de quelque signe apparent, de quelque indice facile à saisir, il nous sera donné de pouvoir distinguer *e facie libri* ces objets de même nature. Or une telle condition est une loi universelle des choses; c'est ainsi que, jusque sous les vêtements qui dissimulent les formes extérieures du corps humain, et purement d'après quelques traits du visage, nous pouvons affirmer : voilà un homme, voici une femme; c'est-à-dire affirmer la présence cachée de tout un ensemble précis de particularités physiques et morales chez des individus que nous voyons pour la première fois, ou plutôt que nous ne voyons pas même pour ainsi dire, et cela sans les soumettre à aucun examen actuel, sans même les déshabiller, et à plus forte raison sans les disséquer.

Toutefois, cet instinct de l'abstraction, qui nous est inné, ne produit spontanément aucune création scientifique, c'est-à-dire aucun corps de connaissances précises et sûres, solidement reliées les unes aux autres par l'attache du raisonnement; il ne fait naître que des notions empiriques, plus ou moins vagues, plus ou moins mêlées d'erreur, et dont la réunion n'est point un ensemble ordonné, mais un ramassis incohérent. Ces fruits spontanés de l'esprit d'abstraction sont comparables à ceux des arbres fruitiers de nos bois, qui sont misérablement chétifs, âpres, et presque de nulle valeur; pour obtenir le développement superbe, la saveur exquise, le parfum délicieux et enfin toutes les riches qualités dont le germe est en eux, les soins savants d'une culture philosophique leur sont indispensables. Il sert de peu, en effet, de généraliser si on ne généralise pas à bon escient; il sert de peu que l'intelligence conçoive ces types abstraits des choses qui doivent être formés de ce qui est commun à ces choses, si ce qu'elle y met n'existe pas véritablement en celles-ci; si ces concepts de généralisation, fussent-ils exacts individuellement, restent comme autant de chaînons épars, au lieu de former une chaîne, une série continue dont chaque terme est un passage qui nous conduit sûrement et aisément à chacun des autres, et qui nous donne le gros de la définition, c'est-à-dire de la connaissance, de tous ceux qui lui sont subordonnés. Répétons-le, la création de cet organisme parfait de la science abstraite, c'est un produit que le sol intellectuel ne donne pas de lui-même, c'est-à-dire tant qu'il est à l'état de sauvage inculture; il est le prix d'une observation patiente et rigoureuse des faits, conduite et couronnée par la spéculation logique.

LIBRAIRIE FÉLIX ALCAN

PARIS, 108, BOULEVARD SAINT-GERMAIN, PARIS

ŒUVRES SCIENTIFIQUES

DU

Dᴿ DURAND (DE GROS)

ÉLECTRODYNAMISME VITAL ou les relations physiologiques de l'Esprit et de la Matière démontrées par des expériences entièrement nouvelles et par l'histoire raisonnée du système nerveux. 1 fort vol. in-8, Paris, 1855 (sous le pseudonyme de PHILIPS). **7 fr.**

Important ouvrage contenant l'exposé des démonstrations expérimentales par lesquelles, dès le commencement de l'année 1853, l'auteur inaugurait sur le continent l'étude de la suggestion et en faisait connaître en détail tous les plus surprenants effets ainsi que les applications de tout ordre. Ce livre n'est pas moins remarquable par un ensemble de vues physiologiques et psychologiques dans lesquelles, non pas seulement les phénomènes de l'hypnotisme, dont Braid n'avait pas même essayé de se rendre scientifiquement compte, mais d'une manière générale toutes les manifestations de l'influence du moral sur le physique et du physique sur le moral, trouvent une explication plausible et précise, acceptée aujourd'hui par les savants compétents.

TÉMOIGNAGES. — L'affirmation des faits hypnotiques, alors totalement inconnus en France, soulève de violentes protestations contre l'*Électrodynamisme vital*, à son apparition; mais, en même temps, la valeur scientifique et littéraire de l'ouvrage est unanimement reconnue.

La *Gazette médicale de Paris* (n° du 23 février 1856), prenant la défense du livre et de l'écrivain vivement attaqués, publie la déclaration suivante signée de LOUIS PEISSE, membre de l'Institut et de l'Académie de médecine : « L'ouvrage et l'auteur sont également et hautement respectables au point de vue de la science et à celui de la moralité. »

Le professeur LASÈGUE, dans les *Annales générales de médecine* (année 1856, t. I, p. 256), estime que l'*Électrodynamisme vital* est « un prodigieux mélange de savoir et de fantaisie ».

M. LOUIS FIGUIER, dans *la Presse* (23 février 1856), juge que « M. Philips a dépensé beaucoup de science et de talent à poursuivre des solutions chimériques ».

L'illustre BUCHEZ, dans un rapport à la Société médico-psychologique (*Annales médico-psychologiques*, année 1862), s'exprime ainsi : « Je vous en avertis, nous allons entrer dans le domaine de l'imagination, mais, hâtons-nous de le dire, dans le domaine de l'imagination savante. M. Philips est un systématisateur puissant et hardi... »

Chimère! fantaisie! imagination! la science de l'époque ne caractérisait pas autrement l'hypnotisme, quand toutefois elle ne le qualifiait pas d'*imposture*.

COURS THÉORIQUE ET PRATIQUE DE BRAIDISME OU HYPNO-TISME NERVEUX considéré dans ses rapports avec la Psychologie, la Physiologie et la Pathologie, et dans ses applications à la Médecine, à la Chirurgie, à la Physiologie expérimentale, à la Médecine légale et à l'Éducation (sous le pseudonyme de PHILIPS). 1 vol. in-8, Paris. 1860. **3 fr. 50**

TABLE DES CHAPITRES. — I. Le merveilleux à l'ordre du jour de la science positive. — L'empirisme et la superstition, berceau commun de toutes les sciences. — Mesmérisme et Braidisme. — Découverte et progrès du Braidisme. — Le Braidisme empirique chez divers peuples anciens et modernes.

II. Tableau des phénomènes braidiques. — Deux périodes et deux opérations distinctes dans la production de ces phénomènes. — *Hypotaxie*, ou modification fondamentale et préparatoire. — *État hypotaxique* idiosyncrasique et état hypotaxique provoqué. — Moyens divers d'amener cet état et théorie générale de leur action. — *Idéoplastie,* ou détermination des modifications spéciales préparées par l'hypotaxie. — L'*impression mentale*, agent de l'idéoplastie.

III. Esquisse de la physiologie nerveuse. — Composition de l'élément intégrant du système nerveux. — Tous les points de l'économie en rapport avec le cerveau par un couple nerveux. — Réaction réciproque des modifications fonctionnelles végétatives et des modifications fonctionnelles cérébrales. — Modifications objectives et modifications subjectives. — Tout centre nerveux cérébral peut être excité par voie d'impression mémorative. — Action des facultés morales sur la mémoire. — Chaque faculté morale a son excitateur spécifique. — La créditivité et l'affirmation.

IV. Comment l'impression mentale peut se substituer à tous les spécifiques. — Le caractère des modifications physiologiques n'est pas inhérent à la nature des agents modificateurs. — La faculté vitale, l'organe, le spécifique. — Théorie des spécifiques. — Le moteur premier de toutes les fonctions est de même nature chez toutes. — Le cerveau et le ganglion. — L'âme et le corps, l'esprit et la matière.

V. Manuel opératoire. — Marche à suivre dans le développement des phénomènes idéoplastiques. — Dangers du Braidisme. — Applications médicales. — Corrélation symptomatologique et étiologique entre les modifications braidiques et les modifications pathologiques. — Actions thérapeutiques respectives de l'hypotaxie et de l'idioplastie. — Applications chirurgicales. — Anesthésie opératoire et action sédative sur les opérés. — Applications à la pathologie. — Applications à la médecine légale. — Applications à l'orthopédie morale et à l'éducation. — Applications à la physiologie et à la psychologie expérimentales.

VI. Expériences faites par le professeur durant le cours. — Observations expérimentales, médicales et chirurgicales empruntées à divers auteurs.

VII. Résumé général. — Réponse à quelques critiques. — Appel aux médecins.

TÉMOIGNAGES. — Bien que datant de 1860, le *Cours de Braidisme* semble écrit d'hier, et reste jusqu'à présent, non pas seulement le meilleur, mais le seul traité didactique sur l'hypnotisme véritablement digne de ce nom.

Le Dr BERNHEIM, professeur à la Faculté de médecine de Nancy : « Seul, dit-il, le Dr Durand (de Gros), sous le nom de Philips, appela l'attention des médecins et des savants sur ces phénomènes par des leçons orales et expérimentales, en Belgique, en Algérie et à Marseille pendant le cours de l'année 1853; il publia, en 1855, un traité intitulé *Electrodynamisme vital*, dont les conceptions théoriques abstraites furent trop obscures pour émouvoir le public médical ; puis, en 1860, parut son *Cours théorique et pratique de Braidisme*, où la pensée et la méthode de l'auteur se dégagent avec une grande clarté. » (*De la Suggestion*, 2ᵉ édit., p. 159.)

Le même, à propos d'une vue formulée dans le *Cours de Braidisme* : « Un médecin philosophe, esprit d'une rare élévation, écrivait en 1860 : « Le Braidisme « nous fournit la base d'une orthopédie intellectuelle et morale qui certainement « sera inaugurée un jour dans les maisons d'éducation et dans les établissements « pénitentiaires. » La voix du Dʳ Durand (de Gros) vient de trouver un écho dans la section de pédagogie du Congrès de Nancy, etc. » (*Revue de l'hypnotisme* du 1ᵉʳ nov. 1886.)

M. Liégeois, professeur à la Faculté de droit de Nancy : « En 1860, Durand (de Gros) publia un second ouvrage beaucoup plus clair et plus facile à comprendre : *Cours théorique et pratique de Braidisme ou hypnotisme nerveux, considéré dans ses rapports avec la psychologie, la physiologie et la pathologie et dans ses applications à la médecine, à la chirurgie, à la physiologie expérimentale, à la médecine légale et à l'éducation.* Le titre peut paraître ambitieux, mais nous croyons, quant à nous, que le livre tient pleinement la promesse de l'auteur. » (*De la Suggestion et du Somnambulisme*, p. 56.)

ESSAIS DE PHYSIOLOGIE PHILOSOPHIQUE. 1 gros volume in-8 avec figures. Paris, 1866. 8 fr.

TABLE DES MATIÈRES. — 1ᵉʳ *Essai :* Un coup d'œil sur les rapports physiologiques établis entre l'organisme et le monde extérieur. — 2° *Essai :* Physiologie et médecine expérimentale de l'âme. — 3ᵉ *Essai :* Des propriétés et forces vitales comparées aux propriétés et forces inorganiques. — 4ᵉ *Essai :* Qu'est-ce que l'organe? étude théorique d'anatomie générale. — 5° *Essai :* La fonction, sa faculté, son organe et son agent spécifique. — 6° *Essai :* Une introduction à la théorie physiologique de l'instinct. — 7° *Essai :* Physiologie des corrélations du physique et du moral.

TÉMOIGNAGES. — « Il est impossible de donner une idée exacte de ce livre en restant dans les limites d'une simple présentation ; je me bornerai à dire que les problèmes généraux de la physiologie, ceux qui la constituent dans son intégrité comme science d'application à la médecine, à la morale et à la psychologie, y sont nettement posés, clairement discutés et en partie bravement résolus. Je connais peu d'ouvrages consacrés à un si imposant sujet qui témoignent d'une aussi ferme intelligence... Je recommande ce remarquable travail, fortement médité, élégamment écrit, à l'accueil de l'Académie. » (Présentation à l'Académie de médecine, séance du 12 juin 1866, par le Dʳ Cerise.)

« Le livre se compose d'essais très savants, très approfondis... Le livre de M. Durand (de Gros) est l'œuvre remarquable d'un homme de talent très versé dans toutes les questions de physiologie psychologique, très capable lui-même d'en soulever de nouvelles et de les résoudre. » (Présentation à l'Académie des sciences morales, séance du 13 juillet 1867, par le Dʳ Lelut.)

LES ORIGINES ANIMALES DE L'HOMME éclairées par la physiologie et l'anatomie comparatives. 1 vol. grand in-8 avec 42 figures dans le texte. Paris, 1871.   **5 fr**.

TABLE DES CHAPITRES. — *Première partie :* Le polyzoïsme. — La pluralité animale dans l'homme. — Le zoonite et le nœud vital. — Une critique du polyzoïsme. — *Deuxième partie :* La parenté animale de l'homme. — La torsion de l'humérus et la filiation des espèces. — Création et transformation. — Origine et finalité.

TÉMOIGNAGES. — « Je me bornerai à dire que le fait de la torsion de l'humérus est devenu, entre les mains de Charles Martins, la base essentielle d'un nouveau et lumineux parallèle anatomique des membres thoracique et abdominal ; qu'après avoir établi ce parallèle dans ses premières publications, le même auteur en a tiré des conséquences importantes pour l'étude de l'évolution des formes organiques ; qu'enfin M. Durand (de Gros), par une étude plus complète de la disposition de l'humérus chez les Vertébrés inférieurs, et de son adaptation aux divers genres de vie, a apporté à la doctrine transformiste l'appui de faits très précis et enchaînés avec beaucoup de sagacité. » (PAUL BROCA, *la Torsion de l'humérus et le tropomètre*, p. 201.)

« Charles Martins a tenté d'expliquer cette opposition des deux membres locomoteurs par le double effet d'une torsion humérale et d'une demi-révolution du radius et du carpe sur l'extrémité inférieure du cubitus. Mais c'est dans le beau mémoire de Durand (de Gros), *Création et transformation*, qu'il faut suivre l'histoire de cette transformation. » (*Dictionnaire des sciences anthropologiques*, article MEMBRES.)

« Je viens de lire votre livre, et je l'ai admiré d'un bout à l'autre ; la puissance des arguments, la profondeur des vues, le charme de l'exposition m'ont passionné. Je félicite la Zoologie de votre retour à la science, et vous souhaite de continuer votre œuvre si importante déjà. » (MAREY, professeur de physiologie au Collège de France, membre de l'Institut. Lettre adressée à l'auteur à la date du 22 octobre 1887.)

ONTOLOGIE ET PSYCHOLOGIE PHYSIOLOGIQUE. 1 vol. in-12, Paris, 1871.   **3 fr. 50**

TABLE DES CHAPITRES. — La métaphysique dans les sciences naturelles et médicales, à propos d'un rapport académique du Dr Pidoux. — Les deux cellules du centre nerveux et leur rôle psychologique. — Une erreur spiritualiste ; M. Guizot et M. Vacherot. — La caratéristique différentielle de la raison et de la folie d'après M. Littré. — L'ontologie de M. Taine. — La psychologie de Fourier. Deux lettres au Dr Barrier sur ses *Principes de Sociologie*. — Deux lettres apologétiques sur le polyzoïsme. — M. Claude Bernard psychologue. — Le libre arbitre et les médecins. — L'âme devant la science, rapport à la Société médico-psychologique de Paris. — Le panthéisme jugé par M. Grandet. — Création et finalité.

Coulommiers. — Imp. P. Brodard et Gallois. — 7-90.

Cependant l'ordre d'abstraction progressive et systématique est-il le seul ordre fondamental de rapports qui doive servir de base à cet arrangement rigoureux que les différentes parties d'un ensemble de faits auront à prendre dans notre esprit pour permettre à la science de les saisir, de les pénétrer, de les embrasser, de s'en rendre maîtresse? Non. A côté de cet ordre de composition *idéale* duquel il s'agit quand on dit, mais alors puremeut au figuré, que le genre est un composé d'espèces congénères, et qui porte sur la relation du général au particulier, il y a à considérer l'ordre de composition *réelle*, lequel a trait au rapport du tout à la partie. La distinction nette de ces deux ordres d'idées si profondément, si primordialement distincts, a échappé au discernement des logiciens; ils ont l'habitude de les confondre par la plus grave des méprises. C'est ainsi qu'ils sont coutumiers de dire que le corps est un terme général par rapport aux membres, de même qu'animal est également un terme général pour les différents animaux. Cette confusion est une erreur de point de départ qui, dans certaines catégories de faits, empêche absolument l'esprit d'arriver à se faire une saine et claire idée de la méthode.

Des deux ordres de rapports taxinomiques fondamentaux que je viens de distinguer, le premier, que j'appellerai encore celui de la généralité progressive, est essentiel à toute classification; l'autre, qu'on pourrait nommer à son tour celui de la collectivité progressive, ne se joint au premier que dans la classification de certaines catégories d'objets seulement. Les classifications de la botanique et de la zoologie, dont les espèces végétales et les espèces animales font l'objet, sont exclusivement établies sur l'ordre de généralité; des spécimens typiques de l'ordre composite comprenant celui de généralité et celui de collectivité nous sont offerts par la taxinomie de deux sciences qui n'ont guère entre elles d'autre point commun, la chimie et la grammaire. Je prendrai mes exemples dans cette dernière, parce que les principes en sont familiers à tous les lecteurs.

L'objet de la grammaire, le discours, se décompose en une grande variété de parties; ainsi, entre autres, on y distingue des phrases incidentes; des *a*, des *b*; des superlatifs comparatifs; des voyelles brèves, des indicatifs présents, des verbes, des syllabes, des ablatifs, des diphtongues, des périodes, des radicaux, des prépositions, des suffixes, des cas, des temps, des féminins, des mots, des modes, etc. Certes, tout ce que je viens d'énumérer est partie composante du mobilier grammatical, mais, ainsi offertes pêle-mêle, ces parties, bien qu'appartenant toutes à un même corps d'idées, présentent une masse hétérogène, *rudis et indigesta moles*, dont la monstrueuse incohérence révolte le sens commun et fait vivement sentir la nécessité d'établir entre ces choses un ordre logique, c'est-à-dire de les soumettre à un groupement régulier. Et maintenant pour réaliser ce *desideratum*, il sera aisé de le faire comprendre, il y aura lieu de tenir compte des deux grands ordres de rapports taxinomiques dont j'ai affirmé plus haut l'existence distincte. En effet, quel est le rapport que soutiennent les termes *lettre, voyelle, syllabe*, vis-à-vis du terme *mot*; et les termes *mot* et *phrase* vis-à-vis du terme *discours*? Evidemment, c'est un rapport de partie à tout, un rapport de simple à composé. Mais est-ce par hasard un rapport de même nature que celui qui s'observe entre les termes *a, b, c, d* et le terme *lettre?* entre les termes *substantif, adjectif, verbe, préposition*, et le terme *mot?* Non, assurément. Ici nous sommes en présence d'une relation purement logique, catégorique, *nominale*, et non d'une relation *réelle*, comme dans l'autre cas. Là il s'agissait d'une relation partitive, il s'agit cette fois d'une relation abstractive, de la relation du particulier au général, de l'espèce au genre, et en aucune façon de celle qui existe entre l'idée d'élément et l'idée d'agrégat, entre l'idée de membre et l'idée de corps.

La classification grammaticale a su tenir compte de cette distinction capitale. D'abord elle a établi, comme charpente de son édifice, une échelle de composition progressive dont elle a indiqué les échelons successifs par les noms que voici : la *lettre*, la *syllabe*, le *mot*, le *membre de phrase*, la *phrase*, pour aboutir enfin au collectif total, le *discours*. Et puis de chacun de ces termes, de chacun de ces nœuds, de la série de composition ou collectivité, elle a fait un *genre* sur lequel s'embranchent des *espèces* congénères, lesquelles seront, par exemple pour le terme générique *lettre*, les termes spécifiques *voyelle, consonne*; pour le terme générique *mot*, les termes spécifiques *substantif, adjectif, adverbe, verbe*, etc. Eh bien, disons maintenant que le problème de la taxinomie anatomique et physiologique c'est-à-dire de la classification naturelle des parties du corps et de ses fonctions, est pour ainsi dire calqué sur celui de la taxinomie grammaticale, dont nous venons de prendre un aperçu, et qu'à l'instar de ce dernier, sa solution doit être demandée à une juste combinaison de l'ordre abstractif et de l'ordre collectif. Mais, moins philosophes que les grammairiens, anatomistes et physiologistes s'étaient montrés incapables de s'élever à cette vue quand Bichat apparut. Jusqu'à lui, les parties du corps humain et ses fonctions s'offraient à l'esprit dans le beau désordre où nous venons de nous figurer par hypothèse les objets de l'inventaire grammatical, c'est-à-dire dans un pêle-mêle chaotique où la situation réciproque des choses, s'affranchissant de la loi de leurs rapports naturels, ne prend guère pour règle que des apparences superficielles et des semblants grossiers et le plus souvent faux. Bichat fit un premier effort, et non en vain, pour tirer la science de ce désordre et de cette impuissance. Il conçut une ébauche de l'échelle de composition organique qui devait être comme le squelette de la classification des pièces organiques. Il choisit les dénominations suivantes pour représenter les termes successifs de cette progression : le *tissu*, le *système*, l'*organe*, l'*appareil*. Disons avant d'aller plus loin qu'à cette énumération les élèves de Bichat ne tardèrent pas à en substituer une autre qui constituait un amendement heureux à celle trop peu rigoureuse du maître; la voici : l'*élément*, le *tissu*, l'*organe*, l'*appareil*.

Chacun des degrés de cette progression de composition anatomique *réelle* où l'inférieur est au supérieur dans le rapport du simple au composé, de la partie au tout, chacun de ces termes partitifs devient ensuite un terme générique relativement à un groupe d'espèces qui se rattachent à lui. De même que la lettre, la syllabe, le mot, etc., expriment respectivement la nature commune des différentes lettres, des différentes syllabes, des différents mots, etc., pareillement l'élément anatomique, le tissu, l'organe, l'appareil deviennent, chacun, le nom de genre des différentes espèces d'éléments, des différentes espèces de tissus, des différentes espèces d'organes, etc.

Telle est la vue qui s'offrit à l'esprit de Bichat (elle l'a, et justement, immortalisé), et en écrivant ce titre si neuf et si significatif d'*anatomie générale* sur le livre où il en donnait la primeur, cela paraît indubitable, il ne dut, dans l'anatomie générale, voir autre chose que la philosophie de l'anatomie, et il ne put pas ne pas lui assigner pour objet essentiel la définition et la théorie des quatre points généraux dans lesquels venait de se résumer à ses yeux l'entier programme de la science du corps humain. Il serait inexplicable que son idée native n'eût pas été que chacun des quatre termes de sa progression de composition organique devait être considéré et déterminé en soi, dans sa généralité, pour qu'on pût arriver à formuler une doctrine générale des tissus, des organes, des appareils, destinée à éclairer de haut et à ramener à sa plus simple expression, à son expression purement spécifique, l'étude de chaque espèce particulière de tissu, de chaque espèce particulière d'organe, etc. Entre l'anatomie générale et l'anatomie spéciale, la ligne de démarcation était donc bien nette, bien tranchée; mais voilà que Bichat, qui venait de la tracer de sa propre main magistralement, cesse tout à coup de la voir, la méconnaît tout à fait. Par la plus grave des méprises qui ne peut s'expliquer, chez l'illustre physiologiste, que par le manque d'éducation métaphysique, l'idée du rapport catégorique et l'idée du rapport partitif se brouillent dans sa tête, et il prend l'un pour l'autre; et il est amené par là à cette conséquence monstrueuse, dans laquelle ses disciples à hautes prétentions philosophiques de l'école positiviste l'ont suivi moutonnièrement, qui est de voir l'objet de l'anatomie générale dans les tissus, évidemment par la belle raison que les tissus sont généralement répandus dans toutes les régions de l'organisme, et de voir celui de l'anatomie spéciale dans les organes et les appareils, sans aucun doute par cette considération admirable que ceux-ci n'occupent individuellement que des portions restreintes et circonscrites du corps!

C'est absolument comme si les Bichat de la chimie, après avoir eu la pensée sublime de donner pour fondement à la classification des corps leurs degrés de composition, eussent raisonné ainsi : Tous les corps sont simples ou composés de corps simples, d'où il appert que le corps simple est en tout et partout, libre ou en composition, tandis que le corps composé est seulement quelque part; nous en concluons que le corps simple est un corps *général*, et que partant son étude doit constituer la chimie générale; et, réciproquement, considérant l'existence limitée du corps composé, nous instituons celui-ci objet de la chimie spéciale! Et, pour en revenir à notre premier point de comparaison, c'est encore comme si les logiciens, faisant un raisonnement semblable, avaient vu la grammaire générale, non dans la philosophie de la grammaire, mais dans la science des premiers éléments du langage, c'est-à-dire des sons articulés, c'est-à-dire en la confondant avec la phonétique, tandis que mots et phrases auraient été relégués par eux dans le domaine inférieur de la grammaire spéciale! *Risum teneatis*. Ah! il faut nous habituer à la pensée que les grands hommes de la science n'ont pas été exempts de grandes erreurs, et que nos plus illustres physiologistes, notamment Bichat, et sans en excepter Cl. Bernard, ont laissé échapper parfois de grosses sottises. Peut-on traiter autrement que d'ânerie philosophique cette bévue à laquelle je suis en train de faire le procès, qui, simple inattention peut-être chez Bichat, a été reprise en sous-œuvre par des physiologistes théoriciens, tels que Ch. Robin et Littré, et érigée par eux en dogme formel [1]? Certes, ce n'est pas sans dommage pour la science qu'une erreur aussi lourde a pu prendre naissance et acquérir force de loi. Je vais montrer en gros ses conséquences dans un rapide aperçu.

---

1. Voir le *Dictionnaire de Médecine, de Chirurgie, de Pharmacie*, etc., par E. Littré et Ch. Robin, à l'article ANATOMIE GÉNÉRALE.

Tandis que vivifiée dans son germe par la considération philosophique de l'élément et du tissu, l'histologie éclosait et prenait bientôt un essor brillant, l'organologie restait dans son œuf, ainsi que cela devait être, l'organe étant systématiquement exclu de toute spéculation d'ordre général. Et cela dit, ajoutons que si la science de l'organisme vivant s'est beaucoup accrue par les révélations de l'histologie, les découvertes qu'elle devait puiser dans l'organologie, et dont elle s'est volontairement privée, étaient d'un prix incomparablement supérieur; c'est ce que je vais essayer d'expliquer en quelques mots.

Le degré de composition organique dont la notion a été vaguement aperçue par Bichat sous le nom d'*organe*, ne présente pas une simple fraction de l'organisme, il en constitue en réalité l'élément intégrant. L'organe est en effet une unité organique complète, autrement dit un mécanisme physiologique pourvu de toutes les pièces essentielles à l'exercice de la vie, qu'on la considère dans la plante ou dans l'animal. C'est qu'effectivement l'organisme animal et l'organisme végétal observés jusque dans les espèces où ils offrent le plus de complexité et de concentration, ne sont rien de plus qu'une agglomération de vraies plantes ou de vrais animaux réduits à l'organisation la plus simple. Et cette vérité s'applique notamment et de tous points à l'homme, que nous prendrons pour sujet de cette démonstration.

Quand, dans un premier essai de physiologie philosophique paru en 1855 [1], je formulai cette proposition que l'organisme humain, et plus généralement l'organisme des vertébrés, est un composé de zoonites non moins que le corps des articulés, M. Flourens vivait encore et n'avait pas cessé de régner sur la physiologie. Or M. Flourens avait prononcé avec toute la solennité d'un oracle de la science qu'un abîme sépare le plan organique des vertébrés de celui des invertébrés; et que, tandis que l'organisme de ceux-ci est un composé d'êtres vivants similaires, celui des autres ne nous offre qu'un centre de vie unique, nous présente une unité vitale irréductible, absolue. En conséquence, on fut unanime à conspuer ma thèse, véritable outrage à l'orthodoxie de l'époque. Par la suite, l'opinion scientifique s'est modifiée à cet égard comme à d'autres, et il y a déjà

---

1. *Electrodynamisme vital*, ou les relations physiologiques de l'esprit et de la matière démontrées par des expériences entièrement nouvelles et par l'histoire raisonnée du système nerveux. Paris, 1855, 1 fort vol. in-8. (Librairie F. Alcan.) Voir encore mes *Essais de physiologie philosophique*, 1 gros vol. in-8° avec figures, Paris, 1866, et ma brochure *La philosophie physiologique et médicale de l'Académie de médecine*, Paris, 1868 (même librairie).

quelque chose comme vingt et un ans qu'un très célèbre physiologiste
n'a pas dédaigné de rééditer mon idée dans un grand discours académique, en l'offrant, bien entendu, comme de son cru. Et aujour-
d'hui, bien que feu M. Flourens compte encore des disciples fidèles
dans le haut enseignement et à l'Académie des sciences ainsi qu'à
l'Académie de médecine, l'hérésie de jadis est généralement professée par la jeune école physiologique. Quoi qu'il en soit, le principe ne peut plus être combattu que par des arguments surannés,
puisés dans des considérations qui peuvent être respectables, mais
qui sont extra-scientifiques.

Oui, cela a été surabondamment démontré par moi dès l'année
1855, l'organisme humain est un assemblage d'organismes élémentaires dont chacun possède tous les attributs fondamentaux mani-
festés par l'ensemble. J'ai appelé *organe entier primaire* cet élément
organique intégrant, et sa part du travail vital est la *fonction*. Déterminer les lois générales de l'organe et de la fonction équivaut dès
lors à donner la clef de l'entière mécanique vitale, et c'est résoudre
d'un seul coup une infinité de problèmes physiologiques particuliers,
les plus importants de tous, et ceux-là mêmes qu'on était convenu
de regarder comme insolubles.

Et maintenant, quels sont les attributs divers nécessaires qui concourent à constituer l'organe et la fonction?

L'organe entier primaire ou unité fondamentale intégrante d
l'organisme est essentiellement formé, *premièrement*, d'un centr
nerveux, lequel j'ai affirmé et démontré être le siège d'un principe
psychique de même nature que celui qui occupe le centre cérébral
et qu'on s'accorde à appeler l'*âme*, le *moi*; — *secondement*, de conducteurs nerveux afférents et efférents; — *troisièmement*, d'un organe-outil adapté au bout périphérique des conducteurs nerveux; ——
enfin, *quatrièmement*, il faut compter, sinon comme pièce composante de l'organe, puisqu'il est en dehors de lui, du moins comme
son complément nécessaire, et l'un des facteurs fonctionnels obligés,
l'*agent spécial* de la fonction ou agent physiologique externe particulier qui doit concourir à l'exercice de la fonction, et qui lui est
spécialement et exclusivement approprié par une disposition adéquate de l'organe-outil, que j'ai nommé, pour cette raison, *organe
différentiateur*.

Quelles sont maintenant les conséquences lumineuses et les applications utiles par lesquelles se recommande cette vue de physiologie
générale? Forcé de me renfermer dans le cadre d'un article de revue,
je vais me borner sur ce point à quelques aperçus très sommaires.

I. — Le corps humain cessant d'être regardé comme le royaume d'une âme unique où cette reine trônerait dans la plus parfaite solitude, et s'offrant maintenant à nous comme le siège d'une colonie d'individualités psychiques absolument distinctes, mais toutes subordonnées à un chef suprême, le moi cérébral, qui est pour elles un *primus inter pares*, cette conception nouvelle, on l'admettra facilement, vient proposer des changements sérieux dans nos idées reçues sur un grand nombre de questions, et des plus hautes. Je me bornerai là-dessus à quelques indications principales.

Une vérité reconnue et indéniable, c'est qu'à tout instant nous faisons acte de volonté, de jugement, de science et de mémoire, sans en avoir conscience, c'est-à-dire à notre insu, c'est-à-dire sans sentir actuellement que nous voulons, que nous jugeons, que nous savons, que nous nous souvenons. Cette faculté étrange est appelée l'instinct quand elle est innée, mais elle s'acquiert, ou plutôt se développe, et cela d'une façon prodigieuse, à l'aide de ce qu'on nomme l'habitude. Dans le fait, si nous nous observons avec quelque attention, nous reconnaîtrons que dans l'ensemble des actes dits volontaires qui remplissent la vie de l'homme le plus intelligent, le plus instruit et le plus actif, il n'en est peut-être pas un sur mille qui n'appartienne à cette catégorie. Chez les illettrés, l'action d'écrire est un laborieux travail dont chaque détail, et le moindre, réclame de la part du sujet une attention soutenue et une détermination raisonnée distincte. Rien de pareil chez l'homme de cabinet. Il tracera de longues pages *currente calamo*, et cela en bonne écriture, en bonne orthographe et en bonne syntaxe, et pas une fois, pas un seul instant sa pensée ne se sera arrêtée sur le point de savoir quelle forme devait recevoir chaque lettre, et quelle impulsion il fallait imprimer à la plume pour la lui donner; sur le point de savoir de quelles lettres devait se composer chaque mot, dans quel ordre ces lettres devaient s'y succéder, et comment les différents mots devaient se ranger dans la phrase. Tout cela s'est effectué pour ainsi dire de lui-même, et pendant que l'esprit de l'écrivain, attentif à un tout autre objet, était, comme on dit, à cent lieues de ces questions calligraphiques, orthographiques et grammaticales. Et ce n'est pas tout : si parfois l'esprit s'avise de se poser de telles questions, il pourra se sentir sérieusement embarrassé pour les résoudre, tandis que la main, abandonnée à elle-même, sans que notre pensée s'en mêle, nous donnera la solution sans hésiter, et presque toujours la bonne.

Mais est-il bien permis, est-il possible de dire, d'une part, que nos membres exécutent des mouvements manifestement empreints de sensibilité, d'intel   ᵃ savoir, de mémoire et de volonté, et d'ajouter d'autre part que cette sensibilité, cette intelligence, ce savoir, cette mémoire, cette volonté sont privés de sujet, c'est-à-dire que ces états subjectifs existent en l'absence de toute conscience qui sent, comprend, connaît, se souvient, veut? Non, assurément, car un pareil jugement se contredit lui-même. Et pourtant ce jugement contradictoirc dans les termes, cette logomachie, tranchons le mot, cette absurdité, est aujourd'hui le propre de nos physiologistes, qui nous parlent couramment et sans sourciller d'une sensation et d'une sensibilité *inconscientes*, c'est-à-dire d'une sensation qui n'est pas sentie, et d'une sensibilité qui ne sent pas.

On me répondra : Malgré tout et malgré votre dialectique, il reste le fait avéré, le fait brutal, le double fait que voici : d'un côté, des sensations, des intellections et des volitions attestées par certains mouvements incontestablement intentionnels et habilement combinés en vue d'un but déterminé, et d'un autre côté les protestations de notre moi affirmant se sentir absolument étranger et à ces sensations, et à ces intellections, et à ces volitions.

J'en conviens, grande était la difficulté du problème ainsi posé, et jusqu'à un certain point notre physiologie trop peu métaphysicienne est excusable d'y avoir trébuché. Mais ces défaillances cessent de lui être permises maintenant, la pierre d'achoppement étant écartée grâce à une notion physiologique nouvelle, celle de la pluralité psychique dans l'organisation animale, celle de la présence, dans chaque centre nerveux, d'un centre psychique, d'un moi. Les sensations, les volitions dites *inconscientes* sont telles en effet pour moi, c'est-à-dire pour mon individu psychique, en qui elles ne se passent point, mais elles sont conscientes pour un autre moi que le mien, pour le moi distinct qui réside dans le cerveau secondaire, dit centre réflexe ou automatique, auquel se rattachent les manifestations énigmatiques considérées.

Je ne m'arrêterai pas à faire ressortir les conséquences que ce *polyzoïsme* et ce *polypsychisme* humains pourront avoir pour l'avenir des doctrines ayant eu cours jusqu'à présent tant en psychologie qu'en morale et qu'en eschatologie. L'intelligence du lecteur y suppléera.

II. — Aussi grandes que soient la diversité et la complexité des fonctions vitales chez l'homme, elles n'ont toutes au fond qu'une même loi, et cette commune loi s'exprime par une formule très simple. En effet, toute fonction se réduit à la mise en rapport d'un agent psychique avec les agents de la matière pour la modification, soit de ceux-ci par celui-là, soit du premier par les seconds; et cette mise en rapport s'effectue au moyen d'un instrument organique dont nous avons indiqué tout à l'heure le mode de composition et les éléments essentiels. Revenons brièvement sur ce dernier point.

Toute fonction s'exerce par le concours des quatre facteurs suivants : 1° une individualité psychique, un moi, siégeant au centre nerveux respectif; 2° un organe nerveux formé d'un centre, générateur de l'agent de transmission qu'on appelle principe ou force nerveuse, et d'une ou plusieurs paires de fils rhéophores pour la double conduite de cette force dans le sens centripète et dans le sens centrifuge ; 3° un organe-outil placé à la terminaison du nerf spécial, et destiné, d'une part, à ménager une adaptation élective et exclusive entre le conducteur afférent et l'agent excitateur spécifique, et destiné, d'autre part, à recevoir la réaction efférente et motrice, et à appliquer cette impulsion au travail utile de la fonction, autrement dit à une certaine modification de la matière, constituant l'objet et la fin de cette fonction.

Ce qui précède étant posé, il en découle différents ordres de conséquences d'un intérêt évident. Je n'en signalerai ici que deux ou trois.

III. — Quelle est au juste la part contributive de l'agent dans le produit fonctionnel, et en quoi et dans quelle mesure influe-t-il sur la nature de ce produit? Celui-ci offre-t-il, comme on se l'imagine encore généralement, un mélange des propriétés intrinsèques de cet agent et des propriétés inhérentes aux forces vitales? Non, tout cela n'est que rêve et erreur. La nature du produit fonctionnel n'a rien de commun, rien absolument, avec celle de l'agent de la fonction. Celui-ci en effet n'est pas autre chose qu'un excitateur des pouvoirs, des *facultés* du centre psychique par l'intermédiaire de l'action nerveuse; et maintenant si tel agent est l'excitateur élu et exclusif de telle fonction, il le doit uniquement et entièrement à un rapport d'adaptation réciproque, qui existe entre ses propriétés inorganiques et les propriétés de même ordre, c'est-à-dire mécaniques, physiques, chimiques, que présentent les dispositions de l'organe-outil ou appareil différentiateur. Ainsi, le jugement humain est la dupe d'une illusion immense quand il se persuade que les couleurs sont dans la lumière ou dans les objets qui la réfléchissent. L'agent lumière excite le sens des couleurs dans notre sensorium où celles-ci résident exclusivement, et s'il est chargé de cet office, c'est grâce à la conformation de l'œil proprement dit en manière d'appareil d'optique, qui ménage aux vibrations éthérées que nous nommons lumière l'accès du nerf visuel, tandis qu'il protège ce même nerf contre les atteintes des vibrations de l'air dites sonores, pendant que, d'autre part, celles-ci sont redevables à la conformation de l'oreille et à sa situation à la terminaison du nerf auditif d'être les agents de l'audition. Et maintenant supposons que ces deux outils, que ces deux organes différentiateurs permutent, entre eux, que l'oreille s'adapte au nerf optique et l'œil au nerf acoustique, que s'en-suivra-t-il? C'est que les vibrations dites sonores détermineront des sensations lumineuses, et que les vibrations appelées lumineuses provoqueront des sensations de son. Apprenons donc à nous guérir de l'erreur innée qui nous fait confondre la nature du résultat fonc-tionnel avec la nature de l'agent. A l'égard du premier, celui-ci n'est que cause déterminante, et non cause efficiente; et ce principe s'applique à toutes les fonctions, à celles de la vie végétative comme à celles de la vie animale. Si le sel marin appliqué sur la langue donne des sensations de goût et provoque la sécrétion salivaire, c'est simplement parce que, d'une part, cette substance a la propriété phy-sico-chimique de resserrer les tissus, et que les papilles de la langue, organe différentiateur du goût, présentent de leur côté certaines dispositions mécanico-physiques les rendant particulièrement aptes à éprouver ce resserrement que produisent les agents styptiques. Mais qu'on porte tout autre irritant sur les fibres nerveuses qui abou-tissent aux papilles, qu'on les excite par un procédé quelconque, et cette excitation sera invariablement suivie d'une sensation gustative, et d'un afflux de salive.

De ces considérations un peu trop sommaires nous avons diverses conclusions à tirer.

Le rôle de l'agent spécifique se réduisant en fin de compte à servir d'excitant au centre psychique de la fonction par l'intermédiaire de son organe nerveux, on est tenté d'en déduire cette conséquence audacieuse qu'une excitation directe du centre psychique provo-querait chez lui les réactions motrices consécutives à la manière des excitations produites par l'agent lui-même.

Toutefois, se mettre directement, c'est-à-dire moralement, en communication avec les centres psychiques secondaires de la moelle ou du grand sympathique, est jusqu'à présent chose trop mal aisée; mais voici qui peut y suppléer. Notre moi, le moi cérébral, subit l'influence de tous les centres secondaires de l'économie et les a en même temps sous sa dépendance, et cela au moyen de paires nerveuses de conducteurs afférents et efférents unissant le cerveau à tous les points vivants de l'organisme. Et ce qui prouve qu'il en est ainsi, c'est que chacun de ces points peut devenir, suivant l'expression consacrée, le siège d'une sensation douloureuse ou autre, et que cette sensation, quand elle est intense, s'accompagne au même lieu d'une réaction vaso-motrice plus ou moins appréciable. Donc provoquons en nous directement les états de l'âme qui la mettent spécialement en rapport avec telle ou telle fonction médullaire ou ganglionnaire, et l'âme agira sur cette fonction comme le fait son agent matériel lui-même.

Il suffit de considérer le témoignage de l'observation la plus vulgaire pour se convaincre qu'une telle conclusion n'a rien d'excessif. Reprenons notre dernier exemple. Un corps sapide mis en contact avec la langue provoque à la fois la sensation de saveur et la sécrétion de la salive. Agit-il directement à la fois sur les nerfs du goût et sur les nerfs végétatifs de la glande salivaire? ou bien la glande n'est-elle excitée que par réflexion de l'impression faite sur le sens du goût? Il importe peu à ma thèse que la chose se passe d'une façon ou de l'autre, car l'expérience établit en outre le point capital que j'ai en vue, c'est que la sécrétion salivaire est sous l'empire de l'âme, et que celle-ci peut lui servir d'agent, c'est-à-dire d'excitant, non moins que ses agents matériels spécifiques, les aliments sapides. En effet, ne suffit-il pas de rappeler à la mémoire d'un gourmand les délices d'une table absente pour que « l'eau lui en vienne à la bouche »? La physiologie expérimentale a recours à ce procédé original pour se procurer de la salive de chien : on place un sujet de cette espèce en face d'un gigot de mouton succulent qui tourne à la broche. L'animal est empêché de toucher à la viande, mais il lui suffit de la regarder pour que le vif désir qu'il en éprouve fasse affluer la salive dans sa gueule. Cette sensation *à vide* (sans calembour), si je puis ainsi m'exprimer, est assez vive néanmoins pour réagir d'une manière très puissante sur les centres moteurs de la sécrétion salivaire. Mais qu'est-il besoin maintenant de réunir ces quelques preuves éparses de l'observation ancienne, quand la science enregistre aujourd'hui celles sans nombre et d'un poids si écrasant qu'apporte la suggestion hypnotique?

C'est en l'année 1853, ou plutôt vers la fin de 1852, que je suis arrivé à cette vue de l'organisation de notre être psycho-physiologique que je viens d'esquisser en quelques traits; j'y fus amené par les efforts continuels de mon esprit pour se rendre scientifiquement compte de ces prodiges de l'hypnotisme dont le secret venait de m'être révélé en Angleterre, et que j'avais entrepris de faire connaître sur le continent. Les médecins se rirent alors de mes paroles, ou s'en indignèrent, quand je les assurais et offrais de leur prouver expérimentalement qu'une idée suggérée, que dis-je? que le simple mot qui sert à suggérer cette idée peut offrir à la thérapeutique un succédané des agents de la matière médicale les mieux caractérisés et les plus énergiques, tels notamment que le jalap, l'émétique,

l'opium, le chloroforme, tels que les meilleurs diurétiques, sudori-
fiques, sialagogues et emménagogues, et jusqu'à la poudre de
cantharide comme vésicatoire. Aujourd'hui qu'on veut bien là-dessus
faire amende honorable et reconnaître que je ne trompais ni ne me
trompais en affirmant une chose aussi incroyable, aussi « insensée »,
on devrait, il me semble, s'intéresser davantage à l'explication que
j'en proposais en même temps, et vouloir s'assurer si sur ce point
théorique, comme sur le point de fait, je n'aurais pas encore eu
raison contre les sceptiques.

IV. — Ces mêmes notions sur la constitution générale des fonctions
me paraissent intéresser encore l'art médical à beaucoup d'autres
points de vue. Arrêtons-nous sur un seul, un moment, et finissons.

Après avoir rappelé ma série des facteurs fonctionnels, je déclare
que chacun d'eux peut être individuellement et isolément le point
de départ des différents troubles ou altérations qui peuvent être
constatées dans le résultat d'une fonction quelconque. Cette proposition ne pouvant être démontrée ici *in extenso* faute de place, je
vais me contenter d'un simple aperçu de démonstration au moyen
d'exemples.

Le résultat de la fonction de vision, autrement dit voir, peut être
dévié de ses conditions normales de diverses manières ; supposons
ici la plus simple, soit le fait de dysopie, c'est-à-dire de ne voir que
faiblement. Cette altération de la vision ne peut-elle pas avoir séparément et indifféremment son origine, soit dans une altération de
l'agent, c'est-à-dire dans la faiblesse de la lumière employée? soit
dans un état vicieux des milieux de l'œil, ne livrant qu'imparfaitement passage aux rayons lumineux? soit dans un affaiblissement de
l'action nerveuse dans les nerfs et les centres optiques? soit enfin
dans une modification primitive et purement psychique du sensorium telle que l'on en obtient si facilement par voie de suggestion?

Autre exemple :

Nous sommes en présence de certains phénomènes de l'enté-
rite, soit le plus caractéristique, la diarrhée. Eh bien, cet effet
physiologique irrégulier anormal, ce trouble d'une des fonctions
digestives, peut être causé séparément : 1° par un état anormal de
l'agent, c'est-à-dire des aliments, ou par ce qui peut en avoir usurpé
la place; 2° par une lésion propre de l'organe-outil, c'est-à-dire de
l'appareil intestinal; 3° par une lésion des centres ou des conducteurs nerveux qui actionnent le mécanisme de la digestion; 4° par
une modification anormale particulière du moi cérébral, que nous
avons vu être relié par un double rapport, à la fois actif et passif, à
tous les points de la vie végétative. Et, en effet, il a été reconnu

de tout temps que l'émotion de la peur a la propriété spécifique d'agir sur l'intestin à la façon d'un purgatif.

Je viens d'indiquer très superficiellement ce que j'ai dénommé jadis la loi de l'*équivalence pathogénique des différents facteurs fonctionnels*. Cette loi, quand on le voudra, viendra tirer le diagnostic médical des épaisses ténèbres où il se démène impuissant, n'ayant ni fanal ni boussole, réduit à chercher son chemin à tâtons, et se heurtant à mille obstacles invisibles.

J.-P. DURAND (de Gros).

L'AXIOLOGIE [1] ET SES DIVISIONS

A. — *Division de l'axiologie d'après les unités de mesure.*

Une estimation peut être purement subjective, il suffit pour cela que l'unité de mesure soit elle-même simplement subjective et ne comporte ni signification ni application objectives. Il en est ainsi, par exemple, lorsqu'on calcule la valeur du liège, en tant qu'il doit servir à la fabrication de nos bouchons. Quand, au contraire, l'unité, qui sert de terme de comparaison, a une signification et une application objectives, la comparaison objectivement exacte des données avec cette unité fournit également une estimation d'une valeur objective. Nous ne nous demanderons pas si l'unité appliquée ou applicable a une valeur objective ou paraît simplement en avoir une; il nous suffira de faire observer que, quand une fois la valeur d'une certaine unité est admise, l'estimation de l'univers et de la vie n'a plus pour but que la fixation des rapports que les objets ont avec elle, sans qu'il intervienne un jugement quelconque de source subjective.

D'une manière générale on n'admet que cinq unités de mesure : 1° le plaisir, 2° la finalité, 3° la beauté, 4° la moralité, 5° la religiosité.

Le plaisir et la douleur ne sont des unités objectives qu'autant qu'on juge de la vie de chaque créature d'après son *propre* plaisir ou sa *propre* douleur, et non d'après ceux qu'elle provoque chez les autres, et qui interviennent plutôt dans l'estimation de l'existence de ces dernières. Tout plaisir est évidemment, dans la créature qui le ressent, quelque chose de subjectif, mais il est en même temps l'accident d'un être objectif, à savoir de son sujet réel et existant, et comme tel il est lui-même quelque chose de réellement existant et objectif. L'objectivité de l'unité de mesure du plaisir devient d'autant plus manifeste que l'observation enveloppe plus de catégories d'êtres,

---

1. Le mot *axiologie* est tiré du grec ἀξία, évaluation, valeur, littéralement poids, du grec ἄγω, conduire, guider, charrier....

jusqu'à ce que, devenant le bilan du plaisir universel, elle rejette tout caractère de subjectivité.

La finalité de l'organisation et du processus de l'univers ne fournirait pas une nouvelle unité à côté de celle du plaisir, si elle n'avait d'autre but que l'augmentation du plaisir; car, dans ce cas, la finalité ne serait que le moyen du plaisir et sa valeur se mesurerait à celle de ce dernier. L'étude détaillée de l'axiologie nous apprendra s'il existe une finalité ayant un autre but que celui de l'augmentation du plaisir dans l'organisation des créatures et dans le processus de l'univers.

La finalité actuelle n'est qu'une étape du développement général du monde : comme telle, elle est le résultat du passé et le point de départ de l'évolution ultérieure. Aussi peut-on donner à l'unité téléologique le nom d'unité d'évolution. Tout changement ne doit donc être appelé que progrès ou développement, car il mène du moins au plus, c'est-à-dire de ce qui, téléogiquement parlant, a une valeur moindre à ce qui a une valeur plus grande. C'est d'ailleurs la raison qui fait que l'unité d'évolution se confond avec l'unité téléologique. La beauté, la moralité et la religiosité elles-mêmes, si elles ne servaient qu'à augmenter le plaisir, seraient tout au plus des particularités ou des modifications de l'unité de mesure du plaisir, et ne serviraient qu'à une vue d'ensemble plus exacte dans les limites de l'estimation d'après l'unité du plaisir. Mais là encore il faudrait distinguer entre l'influence que la beauté, la moralité et la religiosité exerceraient sur les conditions du plaisir chez le sujet, et celles que subirait le plaisir individuel de la part de la beauté, de la moralité et de la religiosité des autres. La beauté, la moralité et la religiosité pourraient de même être considérées comme des particularités ou des modifications de l'unité de mesure de la finalité, dans ce sens que la beauté ne serait que la manifestation sensible de la finalité interne, l'ordre moral de l'univers et l'ordre religieux du salut que des dérivés de l'ordre téléologique général de l'univers. La beauté, la moralité et la religiosité seraient alors des subdivisions de l'estimation téléologique du monde, devant, en tant que divisions intérieures, faciliter la vue d'ensemble. Comme idées et idéaux subjectifs, elles ne seraient que des reflets ou des images de relations téléologiques, et finalement leur valeur objective se bornerait à leur influence sur le processus du développement universel.

Si la finalité du processus de l'univers valait comme unité de mesure par soi et était indépendante de l'augmentation du plaisir dans les autres, la beauté, la moralité et la religiosité pourraient être prises, d'un côté, comme des espèces d'unité téléologiques, tan-

dis que, d'un autre côté et en même temps, on tiendrait compte de
l'influence de ces facteurs sur l'estimation du plaisir universel. En
effet, lors même qu'elles auraient tout d'abord une importance téléologique, elles ne laisseraient pas de réagir fortement sur les conditions du plaisir, de telle sorte qu'une appréciation de la valeur du
plaisir universel serait incomplète si ces facteurs y étaient négligés.
Même remarque pour le cas où la beauté, la moralité et la religiosité
fourniraient trois unités de mesure indépendantes à la fois de la fin
de l'augmentation du plaisir et de celle du développement téléologique du monde; car, en dehors de leur valeur comme unités de
mesure indépendantes, elles doivent être considérées encore dans
leur réaction et sur les conditions du plaisir et sur le processus du
développement de l'univers.

L'étude de l'estimation du monde ou axiologie, si l'on accepte des
unités indépendantes, doit avoir naturellement des subdivisions
multiples. Si, au contraire, on ne conserve comme unité que le
plaisir et la douleur, ou bien le bonheur ou eudémonie (*eudämonie*),
il n'y aura qu'une axiologie eudémonologique, et alors la finalité
naturelle aussi bien que le processus historique du monde, la beauté
aussi bien que la moralité et la religiosité ne seront considérées que
comme des moyens de l'eudémonie dans l'axiologie eudémologique.
Il ne sera donc pas inadmissible alors de parler également d'une
axiologie téléologique, esthétique, morale et religieuse, pourvu
qu'on ne néglige pas d'affirmer que par ces quatre dénominations on
n'entend autre chose que des parties déterminées ou des subdivisions de l'axiologie eudémonologique. S'il n'existe que deux unités
indépendantes, l'unité eudémonologique et l'unité téléologico-évolutionniste (*teleologisch-evolutionistische*), l'axiologie elle-même ne se
divisera qu'en deux parties : la beauté, la moralité et la religiosité
devront alors trouver dans chacune d'elles une application convenable. Mais dans ce cas encore il sera permis de parler d'une axiologie esthétique, morale et religieuse, en tant qu'on entendra par là
des espèces respectives de l'axiologie eudémonologique et téléolo-
évolutionniste. Cependant il vaudrait mieux, pour éviter toute confusion, qu'on rappelât en même temps la branche de l'axiologie à
laquelle devrait correspondre la subdivision. On dirait, par exemple,
axiologie esthétique — eudémonologique, ou bien axiologie morale
— évolutionniste; si toutefois l'une de ces branches n'a pas été formellement exclue d'une étude spéciale.

Que si l'on considère également la beauté, la moralité et la religiosité comme des unités de mesure indépendantes, on aura, à côté
des subdivisions esthétiques, morales et religieuses de l'axiologie

eudémonologique et téléolo-évolutionniste, une axiologie esthétique, morale et religieuse formant trois branches indépendantes de l'axiologie générale. On fera bien alors de les distinguer (par des mots comme ceux de « indépendantes » ou de « proprement dites », ou bien encore de « dans un sens plus restreint ») des subdivisions correspondantes de l'axiologie eudémonologique et téléolo-évolutionniste.

B. — *Division de l'axiologie d'après sa possibilité.*

Sous le rapport de la possibilité du problème axiologique, on peut distinguer cinq opinions différentes.

La première conclut, d'après des raisons *objectives*, que l'axiologie est impossible, autrement dit que la recherche même en est insensée ou absurde, parce que, d'une manière générale, il n'existe pas d'unités de mesure objectives, ou parce que l'idée de valeur n'est en rien applicable à l'univers et à ses parties. La seconde ne conclut pas précisément que le problème axiologique est absurde en soi, mais qu'il est insoluble pour des raisons *subjectives*, parce que la nature humaine ne peut absolument pas concourir à sa solution : on nie que le progrès de la connaissance humaine, dans les limites de notre pouvoir intellectuel, puisse jamais modifier cette incapacité subjective. La troisième est plus prudente : elle se garde de tout jugement sur la valeur ou la non-valeur de l'univers, non point parce qu'elle considère le problème comme insensé ou sa solution comme impossible, mais parce qu'elle estime que, dans son état *actuel*, la connaissance humaine n'a pas atteint un *degré suffisant* pour le résoudre. Elle ne nie pas la possibilité abstraite d'un progrès important de la connaissance humaine qui permît une solution approchante du problème ; mais elle pense qu'elle n'a pas à se préoccuper de possibilités abstraites de ce genre, et doute qu'on puisse jamais les réaliser. Au contraire, la quatrième opinion tient la connaissance humaine comme suffisante, dès maintenant, pour fournir une solution *approchante* du problème axiologique, solution qui donnerait, sinon une certitude, du moins une *probabilité* suffisante. Pour elle, l'écart est si petit qu'il ne peut plus modifier l'indice positif ou négatif du résultat, c'est-à-dire que le résultat de positif qu'il est ne peut devenir négatif, et *vice versa*. La cinquième opinion enfin tient pour possible une solution *apodictique* du problème axiologique, et croit être en possession d'une solution absolue, certaine et capable d'une démonstration rigoureuse.

La première opinion n'est que la soi-disant *reductio ad absurdum* du problème axiologique. La seconde représente l'agnosticisme (*agnosticismus*) axiologique ou théorie axiologique de l'ignorance. Toutes deux affirment dogmatiquement l'impossibilité d'une axiologie, et sont dans la même mesure un dogmatisme axiologique *négatif*. A ces deux théories s'oppose le dogmatisme axiologique positif de la cinquième opinion, qui, en tant que dogmatisme, est formellement positif, quel qu'en soit, d'ailleurs, le résultat à venir. Entre ces deux dogmatismes axiologiques, l'un formellement négatif, l'autre formellement positif, la troisième et la quatrième opinion occupent une position moyenne. Pour ne pas tomber dans le dogmatisme, la troisième préfère renoncer à tout résultat, s'arrête au *non liquet* comme à la position la seule conforme à l'état actuel des choses, et tombe ainsi dans un *scepticisme* qui est tout aussi infécond que le dogmatisme formellement négatif. La quatrième opinion évite tout dogmatisme aussi bien que tout scepticisme, car elle essaye, par un examen judicieux, de voir jusqu'à quel point elle est capable de pousser l'approximation et peut par suite être nommée *criticisme* axiologique.

C. — *Division de l'axiologie d'après les résultats.*

Puisque la *réduction à l'absurde*, le dogmatisme formellement négatif et le scepticisme axiologiques ne fournissent aucun résultat, il ne reste plus, pour la division d'après les conséquences, que le dogmatisme formellement positif et le criticisme axiologiques. Le premier, qui prétend posséder des résultats d'une certitude apodictique, tend d'un côté à admettre le zéro absolu de la valeur ou à affirmer que toutes les valeurs dans l'univers tournent autour du zéro et que l'ensemble du monde a la constante et éternelle grandeur zéro; d'un autre côté, elle tend à admettre des extrêmes absolus aussi bien dans le sens positif que dans le sens négatif, c'est-à-dire à affirmer que la valeur de l'univers est toujours un *maximum* positif ou négatif. Nous pouvons dire de la première théorie qu'elle est un *indifférentisme* axiologique, et des deux autres qu'elles sont un *optimisme* ou un *pessimisme* absolus (*superlativen*). Telle qu'elle a été étudiée, par exemple, par Kant dans sa brochure intitulée : *Versuch, den Begriff der negativen Grössen in die Weltweisheit einzuführen*, 1763, et par Haller [1], la première théorie affirme dogmatiquement que toutes les valeurs positives et négatives dans l'univers se compensent sans cesse, et qu'à un excédent sur un point donné doit

---

1. *Tout en tous.* Métalog. Métaph. de Louis Haller. Berlin, chez C. Dunkers, 1888.

répondre, sur un autre point, un excédent opposé, si bien que le résultat général s'arrête sur le fil du couteau ou sur le point précis qui marque la limite entre + et —. Les deux autres théories, à savoir l'optimisme et le pessimisme absolus, affirment aussi dogmatiquement que la valeur positive ou la non-valeur négative du monde est, en tout temps, aussi grande que possible (par ex., Leibniz et Schopenhauer).

Le criticisme axiologique, en revanche, ne s'arrête pas à ce cas d'équilibre parfait et constant (cas qu'on peut considérer *à priori* comme infiniment invraisemblable); il ne se perd pas davantage dans la théorie des extrêmes où le châtiment attend tout regard naïf jeté sur les tromperies de l'univers. Il ne conteste ni le résultat positif du bilan universel, comme le fait le pessimisme absolu; ni son résultat négatif, comme le fait l'optimisme absolu; ni la possibilité d'un excédent en faveur de l'un ou de l'autre, comme le fait l'indifférentisme compensateur. Il cherche à savoir, premièrement si le bilan universel, à travers les temps, passe d'un excédent positif à un excédent négatif, ou si un excédent constant a été observé; secondement de quel côté on le constate, étant donnée la moyenne du surpoids flottant pour un certain laps de temps; troisièmement si l'excédent relevé ici ou là est supérieur ou inférieur à l'erreur probable qui résulte de l'observation. Si l'excédent affectant un côté était plus petit que l'erreur probable, le résultat demeurerait entaché d'une inexactitude telle qu'il perdrait toute valeur pratique et théorique, et il ne nous resterait plus, dans la voie des recherches ultérieures, que l'espoir de diminuer de plus en plus l'erreur probable du résultat jusqu'à la faire tomber au-dessous de l'excédent (du solde, *des Saldo*). Si, au contraire, l'erreur probable se montre, dès maintenant, inférieure à l'excédent, le résultat peut être admis comme positif ou négatif, autrement dit le criticisme axiologique conclura à un bonisme (*bonismus*) ou à un malisme (*malismus*). Au lieu de ces dénominations, on pourrait encore employer celles de méliorisme (*meliorismus*) et de péjorisme (*pejorismus*), en tant que le monde du bonisme représenterait le *melius*, celui du malisme, le *pejus*, par comparaison avec le zéro de la valeur. Mais comme ces quatre mots ne sont pas pratiques, alors que ceux d'*optismisme* et de *pessimisme* ont pris droit de cité depuis longtemps, dans un sens mitigé, non plus absolu, mais relatif ou comparatif, il nous sera permis de nous en tenir à ces deux expressions [1].

1. En latin, la forme du superlatif, comme on sait, est employée simplement pour accentuer et non pour marquer un sens réellement superlatif. On connaît

Donc en l'étudiant au point de vue des résultats, nous distingue-
rions dans l'axiologie : 1° un optimisme absolu, 2° un optimisme
comparatif, 3° un indifférentisme compensateur ou ponctuel (*punc-
tuellen*), 4° une incertitude provisoire du résultat ayant pour cause
le degré d'insuffisance de la probabilité, 5° un pessimisme comparatif, 6" un pessimisme absolu. Les n°ˢ 1, 3 et 6 rentrent dans le
dogmatisme formellement positif; les n°ˢ 2, 4 et 5 dans le cristicisme.

D. — *Division de l'axiologie d'après les différentes sphères d'existence.*

L'estimation de la valeur universelle peut avoir pour objet soit le
phénomène, soit l'être. Nous aurons à distinguer, dans ce cas, une
axiologie *phénoménale* qui ne comprendra que le monde des phénomènes, une axiologie *métaphysique* qui n'appliquera son unité de
mesure qu'à l'être universel ou à la base métaphysique du monde.
Lorsque l'axiologie embrasse du même coup la face phénoménale et
la face métaphysique de l'univers, et les pénètre dans toutes leurs
parties, alors seulement elle est une axiologie enveloppant tout, ne
négligeant aucune face de son objet, une axiologie universelle, in-
conditionnée, en un mot *absolue*; c'est-à-dire que l'axiologie absolue,
s'il en existe une semblable, doit être la réunion des axiologies phénoménale et métaphysique.

L'axiologie métaphysique donnera des résultats tout à fait différents
suivant les hypothèses métaphysiques sur la constitution de l'essence
matérielle qu'elle vise. Une métaphysique complexe qui admet que
l'essence de l'univers se retrouve dans un grand nombre de substances séparées, donnera à l'axiologie un substratum autre que
celui que lui supposera une métaphysique moniste, laquelle met en
avant une essence simple et unique. Une métaphysique matérialiste
rendra impossible, au point de vue objectif, l'axiologie métaphysique, parce que la substance passive et morte de la force mécanique
insensible excluent l'application de toute idée d'évaluation. Une
métaphysique complexe de la volonté, qui cherchera l'essence de
chaque monade dans une volonté réellement et dialectiquement par-
tagée (comme Bahnsen) conduira nécessairement à une axiologie
métaphysique différente de celle qu'engendrera une métaphysique
théiste, qui croira que l'ensemble des idéaux et de la béatitude
est réalisé dans un Dieu créateur. Une essence insensible rejettera

---

ce mot : « Le superlatif ne dit pas plus, mais moins que le positif. » Dans ces
conditions, il ne sera pas nécessaire non plus de prendre au pied de la lettre
l'expression traditionnelle « le pessimisme », qui a une forme absolue.

l'application de l'unité eudémonologique; une essence intelligente, celle de l'unité téléologique. Une essence privée de toute faculté ne permettra pas l'emploi de l'unité esthétique; une essence qui ne rencontre aucune antithèse (et, par conséquent, celle même des individus entre eux) n'autorisera pas l'usage de l'unité morale dans l'axiologie métaphysique. Il en résulte que celle-ci est réduite à des *deductions* tirées d'une métaphysique étudiée à un autre point de vue, et qu'elle ne peut faire aucun usage immédiat de la méthode inductive.

Quant à l'axiologie phénoménale, elle se divise, à son tour, d'après les unités de mesure des différentes sphères de l'existence phénoménale. Si nous prenons l'expression de « monde phénoménal » dans son sens le plus large, elle embrasse toutes les sphères de l'être et de la conscience où l'essence métaphysique de l'univers se manifeste : elle ne comprend donc pas le seul univers matériel que nous fournit l'expérience avec tous ses organismes et ses individus conscients, mais encore tous les mondes de l'imagination croyante ou superstitieuse, qui échappent à l'expérience, — si toutefois ils ont quelque réalité. Il nous sera permis de considérer le monde de la croyance comme non actuel ou supra-expérimental (*jenseitige oder uberempirische*) par opposition avec l'univers actuel ou expérimental (*diesseitigen oder empirischen*); il nous faudra alors diviser avant tout l'axiologie phénoménale en axiologie *non actuelle ou supra-expérimentale* et en axiologie *actuelle ou expérimentale*. Très souvent encore l'axiologie non actuelle ou supra-expérimentale porte le nom de « transcendantale »; c'est ainsi, par exemple, qu'on parle d'un optimisme transcendantal de la vie après la mort, par opposition avec le pessimisme de la vie actuelle. Je pense toutefois qu'il vaudrait mieux, étant donnés les sens multiples de l'expression « transcendantal » et la facilité avec laquelle on la confond avec celle de « métaphysique », l'éviter dans le cas présent où des dénominations plus claires sont de rigueur [1].

Tandis que l'axiologie supra-empirique ou non actuelle se subdivise en autant de parties qu'on admet de mondes non actuels de la croyance, l'axiologie empirique ou actuelle n'a qu'à distinguer deux sphères d'existence dans l'univers matériel : le terrestre (*irdisch*) et l'extra-terrestre (*ausserirdisch*). En effet, comme jusqu'ici nous ne connaissons la vie, d'une façon expérimentale, que sur notre globe, et que nous ne nous la représentons dans d'autres corps existants

---

1. Dans mon ouvrage « Philos. Fragen der Gegenwart », p. 84-85, je me suis servi encore du mot transcendantal dans le sens de supra-empirique ou de non actuel.

que sous des conditions spéciales et d'après des analogies, toute la
partie de l'univers en dehors de notre globe ne forme qu'un groupe
unique. Nous diviserons donc l'axiologie empirique ou actuelle en
axiologie terrestre et en axiologie extra-terrestre. Cependant le mot
extra-terrestre (*uberisdisch*) doit être écarté, car il pourrait être confondu avec ceux de *monde phénoménal supra-expérimental ou non
actuel*, et l'analogie qu'il serait possible d'établir entre la vie terrestre et la vie extra-terrestre se trouverait alors, sinon abolie totalement, du moins limitée sans raison.

E. — *Croisement des quatre divisions.*

Les divisions introduites dans l'axiologie d'après différents points
de vue, se croisent de la façon la plus diverse. J'ai indiqué plus haut
déjà les relations qui existent entre la division d'après la possibilité
et la division d'après le résultat. On peut dire d'une manière analogue
que le dogmatisme et le scepticisme axiologiques formellement négatifs, de même que le dogmatisme formellement positif, choisissent
pour champ d'action, en première ligne, l'axiologie métaphysique, en
seconde, l'axiologie supra-empirique et non actuelle, en troisième,
l'axiologie extra-terrestre, et que l'axiologie terrestre demeure réser-
vée de préférence à un criticisme axiologique circonspect. Dans l'axiologie terrestre nous rencontrons à nouveau, d'abord les unités de mesure esthétique, morale et religieuse, puis l'unité téléologique dont
s'emparent le dogmatisme de l'ignorance et le dogmatisme positif de la
certitude absolue, tandis que dans ces branches mêmes de l'axiologie,
le scepticisme trouve, à son tour, le point faible de toutes les affirmations dogmatiques. Dans le domaine terrestre, l'axiologie eudémonologique demeure ainsi comme la branche qui livre à l'expérience les
faits les plus sûrs, réservant à un criticisme axiologique, appuyé sur
la méthode inductive, le champ d'action le plus étendu.

La division d'après les sphères de l'existence se croise avec les
divisions d'après la possibilité et le résultat. L'axiologie eudémonologique s'étend sur toutes les sphères de l'existence où l'on reconnaît quelque faculté de jouir et de souffrir. Elle vaut donc pour le
monde extra-terrestre, dans le cas où il s'y rencontrerait quelque
chose d'analogue à la vie organique. Elle vaut pour les mondes de la
croyance supra-empiriques et non actuels, dans le cas où l'on accorderait individuellement à leurs esprits une espèce ou seulement un
reste de sensibilité. Elle vaut enfin pour l'être multiple ou simple
de l'univers, dans le cas où le bonheur ou le malheur y trouverait

un écho. L'axiologie téléologique s'étend à toutes les sphères de l'existence comprises dans le processus du monde phénoménal et capables d'un progrès, d'un arrêt ou d'un recul. Un être universel unique répugne, en général, aussi bien au développement qu'à l'altération de l'essence. Cependant des modifications d'état (*zuständliche*), particulièrement celles de la sensibilité, lui seraient possibles, et l'unité de mesure téléologique y trouverait son application, en tant que le processus de l'univers serait considéré comme le moyen nécessaire à l'être universel pour son passage d'un état à l'autre (par exemple, de l'indifférence à la félicité, d'un bonheur moindre à un bonheur plus grand, du malheur à l'indifférence, etc.). L'unité esthétique ne peut être appliquée qu'autant qu'il se manifeste des phénomènes de sensibilité; l'unité morale, que dans la mesure où le permet une opposition entre différentes personnalités morales; l'unité religieuse, que dans le cas où une relation religieuse est possible entre un individu phénoménal, limité et spirituel, comme sujet, et la substance universelle, absolue et spirituelle, comme objet. La première et la seconde unité ne sont donc absolument pas applicables dans l'axiologie métaphysique; la seconde, à savoir l'unité morale, ne pourra être appliquée à l'être universel que si ce dernier, en tant que personnalité spirituelle, se trouve placé, par opposition et dans des relations morales, au nombre des esprits créés.

Dans les différentes sphères de l'existence, la diversité des résultats axiologiques est dès l'abord fort possible. Les représentants de la théorie des extrêmes et de l'équilibre absolu se plaisent à établir déductivement, dans l'axiologie métaphysique, leurs assertions dogmatiques, et, en partant de ce point, à affirmer leur valeur générale dans tous les domaines de l'être. C'est pourquoi l'optimisme et le pessimisme absolus ont pour champ d'action incontesté la sphère de l'être pur (considéré comme simple ou multiple), et, immédiatement après, les mondes de la croyance actuels, les différents paradis et enfers de l'imagination mythologique. Plus l'axiologie se rapproche du fond solide de l'expérience terrestre, plus les extrêmes se trouvent repoussés, le tout a l'avantage d'un excédent relatif de la valeur ou de la non-valeur, plus encore la lutte des antithèses tend vers une justification plus exacte d'un optimisme ou d'un pessimisme comparatifs. Un criticisme axiologique qui ne monte que lentement et prudemment de l'expérience aux sphères d'existence non expérimentales, devra accorder aussi la préférence, dans ces dernières, à l'optimisme ou au pessimisme comparatifs, dans le cas où ce criticisme, dans son éloignement graduel de la base empirique,

ne viendrait pas échouer trop tôt dans ses recherches devant une
trop grande incertitude, j'entends devant une valeur telle de l'écart
probable qu'elle dépasserait l'excédent.

Il ne nous reste donc plus qu'à examiner le croisement des deux
divisions, l'une, d'après l'unité de mesure, l'autre, d'après les résultats, pour épuiser les six combinaisons possibles entre les quatre
subdivisions de l'axiologie.

Si l'on accepte des axiologies esthétique, morale et religieuse
comme des branches séparées, à côté des axiologies eudémonologique et téléologique, la première mènerait avant tout à un optimisme esthétique; la seconde, au pessimisme moral de la colère; la
troisième, au pessimisme religieux de la damnation. Toutefois ce
triple résultat doit être pris dans un sens, non pas absolu, mais
comparatif. Une estimation esthétique du monde, pour peu que l'on
s'aveugle suffisamment sur l'existence des choses non belles ou
laides, se complaît dans la beauté dominante de la nature. Une estimation morale élémentaire des hommes et de leur organisation
s'emporte très vite contre l'excès de bassesse, d'égoïsme, de vanité,
d'inconsidération, de sensualité et d'immoralité des hommes, et
contre l'imperfection et le manque de perfectibilité ou de constance
relevés dans les différentes organisations sociales. Mais ici encore il
faut accepter, à titre d'exception, l'existence de la grandeur morale,
de la dignité, du sacrifice, de l'abnégation, de la résignation et des
sentiments nobles. Une estimation religieuse superficielle des
hommes, qui prendrait les signes extérieurs de la religiosité, le clé-
ricalisme et la profession de foi purement verbale, pour la foi véritable, pousserait très vite aux récriminations contre l'impiété et la
corruption du monde, à l'anathème contre les irréligieux et les dissidents, à l'inquisition pharisaïque, à l'estime exagérée d'un bigo-
tisme tout extérieur. Elle trouverait la justification de son pessimisme de la damnation dans les passages de la Bible concernant *la
route large et la route étroite, et la porte ou grande ou petite*; mais
elle trouverait en revanche dans le petit nombre des élus un remède
contre un pessimisme absolu.

Une simple considération nous empêche d'accorder une valeur
exagérée à ces unités et à leurs conséquences, à savoir que la beauté
d'un phénomène n'existe que pour les autres et non pour le sujet
dont elle ne touche pas l'être, que les états moraux et religieux, si
variables dans l'humanité, ne nous sont connus que pour un temps
très court, et que tout pessimisme religioso-moral est vaincu par un
optimisme téléolo-évolutionniste, pour peu que ce dernier reçoive
créance. Si, au contraire, l'axiologie téléolo-évolutionniste devait

mener à une conséquence pessimiste, un optimisme religioso-moral, valable pour le présent, devant l'hypothèse de la dégradation éventuelle des états en question, modifierait aussi peu le jugement général porté sur le monde qu'un optimisme esthétique. Dans tous les cas, un optimisme ou un pessimisme basé sur les expériences faites jusqu'ici et établi d'après une unité esthétique, morale et religieuse, peut entrer dans toutes les combinaisons avec un optimisme ou un pessimisme établi d'après une unité eudémonologique et téléolo-évolutionniste, et cela, lors même que les premières unités dépendraient immédiatement ou non des dernières. Car, dans le cas même de la dépendance, le résultat obtenu pour le présent et les temps historiques antérieurs, peut être essentiellement différent de celui que fournit le coup d'œil jeté sur l'ensemble du développement. Quoi qu'il en soit, l'importance des trois premières unités le cédera à celle des deux autres, s'il s'agit de l'estimation du tout dans l'unité du processus de son développement. Nous porterons donc notre attention avant tout sur l'axiologie téléolo-évolutionniste et l'axiologie eudémonologique.

Si la finalité de l'organisation et des progrès réalisés dans le développement de l'univers n'était autre chose qu'un moyen pour augmenter le plaisir des créatures, ou bien si l'état actuel de ce plaisir n'était que la réflexion interne de la finalité actuellement réalisée en elles, les unités eudémonologique et téléologique se trouveraient dans des relations de dépendance si directes, qu'une séparation des résultats de l'axiologie eudémonologique et de l'axiologie téléologique serait impossible. Alors un optimisme eudémonologique comprendrait immédiatement un optimisme téléologique, et réciproquement. Si, au contraire, les deux unités conservent, dans le processus de l'univers, une certaine indépendance, l'une à l'égard de l'autre, et une autonomie relative, les branches correspondantes de l'axiologie pourront fournir encore des résultats ou différents ou opposés. Si, afin de ne pas embrouiller notre étude, nous négligeons les extrêmes absolus, il nous restera comme possibles les combinaisons suivantes :

1° Un optimisme eudémonologique et un optimisme téléologico-évolutionniste ;

2° Un optimisme eudémonologique et un indifférentisme téléologico-évolutionniste ;

3° Un optimisme eudémonologique et un pessimisme téléologico-évolutionniste ;

4° Un indifférentisme eudémonologique et un optimisme téléologico-évolutionniste ;

5° Un indifférentisme eudémonologique et un indifférentisme téléologico-évolutionniste;

6° Un indifférentisme eudémonologique et un pessimisme téléologico-évolutionniste;

7° Un pessimisme eudémonologique et un optimisme téléologico-évolutionniste;

8° Un pessimisme eudémonologique et un indifférentisme téléologico-évolutionniste;

9° Un pessimisme eudémonologique et un pessimisme téléologico-évolutionniste.

Toutes ces combinaisons sont possibles, bien que jusqu'ici on n'en ait pas écrit une histoire authentique. Cette histoire fait défaut principalement parce que l'indifférentisme et le pessimisme téléo-évolutionniste n'ont pas été assez distingués jusqu'à ce jour (et nous entendons par indifférentisme la croyance à une immobilité incapable de développement ou à un cercle perpétuel du processus universel; par pessimisme, la croyance à un recul constant et à une dégradation croissante du monde).

Qu'on veuille bien remarquer que, pour ce qui me concerne, j'accepte la septième des neuf combinaisons, c'est-à-dire celle d'un pessimisme eudémonologique avec un optimisme téléologico-évolutionniste. Ce dernier, ainsi qu'il a été observé plus haut, vaincra tout pessimisme moral et religieux concernant le temps présent, et le réduira à n'être qu'une étape dans le développement progressif des choses. Donc, plus je reconnaîtrai dans l'axiologie les divisions eudémonologique et téléologico-évolutionniste, plus je devrai demander qu'on ne voie jamais dans le pessimisme dont je suis le représentant qu'un pessimisme eudémonologique, puisque je n'ai pas affirmé de conséquence pessimiste dans toute autre partie de l'axiologie que la branche eudémonologique; puisque, bien au contraire, j'ai toujours été un défenseur également résolu des conclusions optimistes dans le domaine de l'axiologie téléologico-évolutionniste. Il y a, d'ailleurs, lieu d'observer que je n'accepte le pessimisme eudémonologique que dans un sens *comparatif*, et que je suis arrivé à cette conclusion par l'idée d'un criticisme axiologique.

Quiconque méconnaît ou ignore ces faits, et espère réfuter mon opinion en se basant sur des objections tirées d'autres espèces de pessimisme ou d'autres combinaisons, lutte contre des moulins à vent. Quiconque, tablant sur l'idée qu'il se fait de la dépendance absolue de ces deux unités, taxe de contradictoire ma synthèse du pessimisme eudémonologique et de l'optimisme téléologico-évolutionniste, ne s'aperçoit pas qu'il se sert d'arguments hypothétiques, lesquels sont contraires aux miens, et qu'il argumente en vain tant qu'il n'a pas attaqué et ébranlé mes hypothèses sur l'indépendance relative de ces deux unités, l'une par rapport à l'autre, dans le processus de l'univers.

A mon su, il n'a pas été fait jusqu'ici un essai de ce genre : bien mieux, les eudémonologistes, qui disent que la finalité dépend directement des effets du plaisir dans l'univers, ont cru leurs assertions fondamentales si compréhensibles par elles-mêmes qu'elles n'avaient pas besoin d'être démontrées, et que leur contraire était absurde. Mais dans l'étude que j'ai faite de la double axiologie, et dans l'antinomie qui existe entre le processus du développement et les degrés de l'organisation, d'une part, et la félicité, d'autre part, se trouve la démonstration inductive de l'indépendance relative des deux unités, l'une à l'égard de l'autre, dans le processus universel. Or, comme cette démonstration n'a été nulle part ni renversée ni affaiblie, l'indépendance des deux unités qui en découle ne peut davantage être renversée ou taxée d'absurde par de simples décrets ou des hypothèses eudémonologiques.

ÉDOUARD DE HARTMANN.

Traduction de M. Alexandre Keller.

LE NOUVEAU MYSTICISME

Nous assistons actuellement, si je ne me trompe, à la formation d'un esprit nouveau, j'entends d'une nouvelle manière générale de considérer l'homme et le monde, d'un ensemble logique d'idées, de croyances et de sentiments, et cet esprit, qui est loin d'avoir encore sa forme définitive, paraît devoir différer notablement de celui qui l'a précédé, et ce qui est naturel, lui être, à certains égards, exactement opposé. En ce moment, les éléments qui doivent le composer sont en présence ; de grands courants d'opinions, d'émotions. de croyances naissent et se répandent, s'associent parfois et parfois s'ignorent ou se combattent. D'une part, un mysticisme qui, loin de repousser l'appui de la science, le recherche volontiers, envahit quelques esprits attachés à ces phénomènes obscurs et troublants qui marquent la limite actuelle de nos connaissances, ou pénètrent déjà dans le domaine des sciences occultes que la science positive, en élargissant le sien sans cesse, semble pouvoir envahir et éclairer ; un mysticisme d'une autre nature est né de la contemplation de la souffrance humaine : au pessimisme railleur, révolté ou simplement froid et scientifique, succède un pessimisme attendri et actif ; les imperfections de l'état social, ses vices essentiels ont déterminé la formation de nouvelles écoles économiques dont l'importance s'accroît, et où les idées générales et les sentiments généraux tiennent une grande place ; d'autre part enfin, nous sommes de plus en plus convaincus que toute effusion sentimentale qui ne s'accompagne pas de connaissances précises court grand risque de rester sans efficacité ; la science, l'esprit scientifique, la précision dans les faits, la minutie dans l'analyse, la rigueur dans la synthèse sont pour nous les seuls moyens d'arriver à des résultats sérieux, soit en théorie, soit en pratique. Par-dessus tout cela, une tendance plus générale encore se manifeste qu'il serait assez juste d'appeler un besoin religieux si le mot ne risquait d'être mal compris, ou un besoin moral, et qui est un désir pressant, aigu, de se rattacher à quelque chose de supérieur, de trouver un principe de conduite, une base de croyances qui donne à la fois l'unité à nos connaissances et à nos actes, une doctrine coordonnée qui nous permette de comprendre le monde et l'homme, et non seulement de les comprendre, mais d'agir sur eux et d'agir sur eux dans un sens déterminé. Il ne s'agit pas ici d'une tendance purement philosophique, mais d'une tendance philosophique et pratique à la fois, et qui a pour objet, au moins chez un grand nombre de ceux qu'elle dirige, non seulement l'homme considéré comme individu, mais surtout la société humaine et même l'univers entier. La recherche de cet idéal n'est pas seulement une satisfaction de l'esprit, elle est dirigée par des sentiments généraux, vagues et puissants, nés de ce besoin général d'harmonie qui est, après tout, le fond de l'esprit humain. Il est probable aussi que, dans beaucoup d'esprits, les anciens sentiments religieux, froissés, comprimés, en partie dissous par l'esprit scientifique et la philosophie contemporaine, tendent à apparaître de nouveau sous une forme différente.

Ainsi l'esprit scientifique, l'esprit religieux, la pitié pour la souffrance, le sentiment de la justice, le mysticisme social, l'attrait de faits mystérieux, dangereux peut-être, que nous commençons à entrevoir, l'espèce de puissance nouvelle que leur connaissance peut nous donner, un besoin général d'harmonie universelle : telles sont les principales parties de l'esprit qui se forme. Ces éléments sont loin d'être tous nouveaux, mais jamais peut-être ils n'avaient acquis autant de force, et ne s'étaient trouvés aussi directement en contact, dans un tourbillon social aussi apte à les rapprocher, à les heurter, à les combiner, jamais leur combinaison n'avait donné le produit qu'elle peut donner aujourd'hui. Cette sorte d'opération chimique intellectuelle et sociale qui s'accomplit sous nos yeux s'impose à notre étude, nous allons tâcher de déterminer les circonstances qui ont amené la situation actuelle, ensuite les principaux éléments de l'esprit nouveau et leurs différentes manifestations. Enfin nous essayerons de déterminer sa valeur logique, son avenir possible.

I

Parmi les causes d'une croyance, il faut compter tous les faits qui lui viennent en aide directement : les croyances analogues déjà émises, les besoins intellectuels ou moraux auxquels elle répond, les désirs naissants ou comprimés jusqu'ici qui peuvent tirer d'elle quelque satisfaction, mais il faut compter aussi les circonstances qui nous paraissaient aller directement contre elle. Il se produit dans les sociétés des phénomènes tout à fait analogues à ceux du contraste psychologique; les tendances trop longtemps opprimées acquièrent souvent plus de force, les tendances fortement combattues sont obligées pour se défendre de s'éveiller, de s'épurer, de s'organiser mieux. L'œil ou le cerveau qui a longtemps vu du rouge est porté ensuite à voir tout en vert, et même à côté du rouge naît simultanément une bande de couleur verte. De même un peuple chez qui une religion a été longtemps combattue éprouve souvent, si cette religion conserve encore chez lui une certaine force, un désir plus vif de la pratiquer, et même pendant la domination d'idées opposées, ceux qui conservent les idées anciennes sont naturellement portés à les fortifier, à leur donner une meilleure organisation. De tout cela naît, au bout d'un certain temps, un état nouveau qui résulte de la combinaison des tendances qui peuvent subsister et de la réaction de celle des anciennes tendances qui peuvent s'accommoder aux premières. Ce phénomène n'est pas général, il ne se produit tout d'abord que chez quelques personnes, mais il se multiplie rapidement. Un nouvel état d'esprit se forme et se propage. Comme l'homme n'a pas encore trouvé l'équilibre, la même série de phénomènes se reproduit et, à chaque fois, un nouveau fait peut se produire par l'acquisition de nouveaux éléments précieux, par l'élimination d'éléments nuisibles, par la complexité croissante de la synthèse politique, philosophique ou religieuse, si les circonstances sont favorables. Sans doute ce n'est pas là la seule forme que prenne l'enchaînement des croyances et, d'ailleurs, cette forme n'aboutit pas toujours à un progrès. Mais c'est une forme fréquente, dont la politique nous offre depuis le dernier siècle des exemples intéressants, et c'est celle qu'a prise l'évolution des esprits dont nous avons ici à constater le mouvement, à apprécier les résultats.

Le mouvement actuel paraît, en partie, une réaction contre le naturalisme et le pessimisme qui ont été en faveur pendant quelque temps. Le pessimisme réagissait de son côté contre une doctrine qui était elle-même une réaction. La théorie de la « bonne nature », de la mère inconsciente qui veille sur notre vie et notre bonheur, que nous méconnaissons parfois en la contrariant, avait, après une longue lutte, remplacé, dans bien des esprits, la conception chrétienne du monde mauvais, du monde occasion de péché, de même que celle-ci lui avait autrefois succédé. La loi de nature, le retour à la nature, toutes ces expressions scientifiquement vagues ou inexactes, mais d'un intérêt historique certain, montrent assez bien comment on concevait le monde. Il y a quelque cent ans, la mode était de croire que si l'on délivrait l'homme des entraves dont la société et la religion l'avaient chargé, le règne de la nature, c'est-

à-dire de la vertu, de la bonté, de la justice et du bonheur allait
commencer sans difficulté, l'homme étant un être foncièrement
bon, dépravé peut-être superficiellement par des superstitions religieuses et de mauvaises institutions, dont il fallait le débarrasser. Le
rêve ne fut pas bien long. Les enseignements de la pratique auraient
pu suffire à le faire évanouir, les progrès des sciences naturelles, les
progrès aussi de la psychologie, la réaction religieuse pour sa part vin-
rent y contribuer, et l'on put remettre en question la bonne opinion qu'on
était porté à avoir de la façon dont le monde était organisé. Bientôt
l'univers à côté de l'harmonie qu'on avait trouvée en lui et quelquefois au lieu de l'harmonie qu'on lui supposait sans raison bien valable,
parut offrir un désordre lamentable, d'autant plus affligeant, qu'il
était la condition de l'harmonie superficielle qui frappait tous les
yeux, et la base même du progrès. C'est du moins ce que l'on put
conclure des théories de Darwin sur la lutte pour l'existence et la
sélection naturelle et de l'énorme masse de faits qu'il avait amon-
celés à l'appui de sa doctrine.

Ce n'est pas que Darwin autorisât de son exemple les idées tristes
que ses écrits pouvaient inspirer. Il n'y a pas de plus bel exemple
de l'influence de notre forme mentale individuelle sur la formation
de nos idées et de nos sentiments généraux que son attitude devant
la loi à laquelle il accordait une telle place dans le monde. On voit
ici comment la formation d'un état d'esprit général et permanent est
chose sociale plus qu'individuelle et comment même un grand
homme vient apporter sa pierre à l'édifice sans savoir comment cette
pierre sera employée. Ce massacre ou cette disparition lente de millions d'organismes, qui s'effectuent continuellement et permettent
la survivance de quelques favorisés, cette souffrance permanente de la
matière vivante qui n'aboutit qu'à un bonheur douteux pour quelques-uns, bonheur sans cesse menacé et troublé sans relâche, et à
un perfectionnement instable acheté bien cher pour ce qu'il vaut,
tout cela touche peu le grand savant anglais. Non par sécheresse
de cœur : personne n'était plus doux, plus humain, moins disposé à
faire souffrir que l'homme qui se reprocha pendant de longues
années d'avoir tué un oiseau d'un coup de pierre. Cela provenait
simplement de sa façon personnelle de voir les choses, peut-être
un peu d'un amour-propre d'auteur, d'un amour paternel pour la
loi qu'il avait en somme, et quelque prédécesseur qu'on lui trouve,
inventée. Il eût volontiers félicité Dieu d'avoir si ingénieusement
arrangé les choses que la souffrance et la mort même fussent une
cause de progrès, et certes si la disproportion et la désharmonie des
causes et des résultats pouvaient rehausser le mérite de celui qui

avait su les observer et en établir l'enchaînement, elles paraissaient difficilement devoir mettre en lumière la bonté et la sagesse d'un auteur tout-puissant. Mais ses opinions scientifiques et philosophiques n'empêchaient nullement Darwin de pencher vers l'optimisme et la croyance en Dieu.

Il n'en fut pas de même pour ses disciples. Si la grande intelligence de Darwin, sollicitée par d'autres considérations, n'a pas été frappée de certaines conséquences de la théorie qu'il défendait, ces conséquences ont été pleinement aperçues et même exagérées ou dénaturées par ses adversaires et aussi par ses disciples. La théorie de la concurrence vitale a été successivement appliquée à divers domaines scientifiques ou philosophiques, on l'a généralisée, elle est devenue une loi sociale, une loi du monde comme elle était déjà la loi de l'existence des végétaux et des animaux. De plus, on l'a, comme à plaisir, considérée dans ses applications les plus brutales; on s'est plu, sans rechercher si le droit n'est pas une force, à lui faire exprimer le triomphe de la force sur le droit. Mais si des conséquences en ont été tirées que rien ne justifie ni au point de vue moral, ni même au point de vue logique, on ne s'est pas tout à fait trompé en lui donnant un caractère triste et brutal, et peu de penseurs ont pu voir dans la lutte pour la vie et la sélection qui en résulte une confirmation de la sagesse et de la bonté du créateur. Les conceptions darwiniennes, ou mieux dérivées de la doctrine de Darwin, ont eu cet honneur, dangereux pour une théorie philosophique, d'entrer dans les notions intellectuelles courantes, dans les lieux communs de la conversation, du journalisme et de la littérature; on a pu les voir, récemment, faire, non sans bruit, leur entrée au théâtre. Jusqu'à quel point les doctrines de Darwin se sont défigurées à mesure qu'elles se sont répandues, c'est une question qui nous intéresserait si nous nous occupions ici de la vraie nature et du degré de vérité de ces doctrines ainsi que de leur adaptation possible aux exigences de la société et de la morale, mais, sans rechercher si un assassin comme Lebiez a tiré les conséquences légitimes de la théorie qu'il exposait après le meurtre, dans une conférence, il nous suffit ici de retenir cet état d'esprit assez général, cette tendance diversement comprise et diversement sentie, mais relativement assez commune, de concevoir le monde comme un champ clos où il faut vaincre son adversaire pour n'être pas tué par lui.

Le darwinisme ainsi compris mène assez facilement au pessimisme, mais le pessimisme venait aussi d'autre part. Schopenhauer, méconnu pendant une bonne partie de sa vie, devenait chez nous illustre après sa mort; son disciple Hartmann pénétrait également en

France : l'un et l'autre faisaient tomber bien des illusions, leurs doctrines répondaient assez bien à notre besoin, un peu superficiel chez
beaucoup, de science ou tout au moins d'apparences scientifiques ;
de plus, les circonstances malheureuses que notre pays avait traversées nous rendaient peut-être plus capables d'apprécier le plaisir
amer de la perte des illusions et sans doute aussi d'accueillir favo-
rablement des théories arrivant de pays étrangers, même ou surtout
de celui qui nous avait vaincu. D'autre part, des maîtres avaient
répété et non sans raison, que l'esprit scientifique doit être désintéressé, qu'il ne recherche nullement dans une opinion la façon dont
elle répond aux besoins de notre cœur, que le philosophe étudiant
une question doit négliger les conséquences pratiques de la théorie
qu'il formule, que la vérité et la morale n'ont rien à faire ensemble.
Un esprit sincère qui est bien pénétré de ces idées n'est pas éloigné
de se laisser influencer en un sens inverse de celui qu'il cherche à
éviter, et le côté désespérant d'une hypothèse est une raison parfois
de la traiter avec faveur. Des raisons moins innocentes agissaient
également pour faire adopter les nouvelles doctrines, et la forme
même sous laquelle le darwinisme s'est vulgarisé est un indice
fâcheux de l'état moral de certains esprits. Les anciennes croyances
religieuses ébranlées, les nouvelles n'étant pas encore formées, la
philosophie spiritualiste, qui avait jusque-là rallié la masse des
esprits, attaquée plus fortement que jamais, les règles de la conduite
privées de leurs anciens fondements sans être appuyées sur des
bases nouvelles suffisantes, la rapidité des changements dans les
régimes politiques, dont la plupart sinon tous ont quelque peu
déçu leurs meilleurs partisans : toutes ces causes ont déterminé une
anarchie intellectuelle et morale assez grande pour inquiéter l'homme
en intéressant le psychologue. La littérature de ces vingt dernières
années en est un indice plus que suffisant.

Un fait important, c'est que les idées pessimistes qui ont pu être
accompagnées, qui l'étaient même assez naturellement, quoique avec
une logique insuffisante, de croyances chrétiennes, ont été produites
dans ces derniers temps par des adversaires déclarés du christianisme et de toute religion, tout au moins par des indifférents, et c'est
ainsi qu'elles se sont propagées dans des milieux irréligieux. Tandis
qu'une forme de la religion, le protestantisme libéral, qui pencha
vers le panthéisme avant de tomber dans la doctrine radicalement
opposée, le criticisme, tentait une sorte de retour vers l'optimisme
dont M. É. de Hartmann l'a bien sévèrement blâmé, l'irréligion
devenait morose et pessimiste. Or la situation du pessimiste est
incomparablement différente selon que son appréciation de la valeur

du monde s'appuie ou non sur des croyances religieuses. On peut avoir les vues les plus désespérées sur le monde que nous habitons, déclarer que la vie n'est qu'une épreuve pénible, et prêcher la renonciation à tous les biens, rien n'est perdu pour qui entrevoit derrière le monde matériel, un monde idéal meilleur et plus vrai, pour qui voit sous tout ce qui arrive une volonté bonne et puissante. On se distrait même de croyances sombres ou terribles comme la prédestination, si on attache sa pensée à la sagesse suprême et insondable. Dans le cas contraire, l'homme qui a renoncé au bonheur pour lui et pour les siens dans la vie future et qui croit devoir renoncer aussi pour lui et pour les siens au bonheur dans le présent et pour sa race au bonheur dans l'avenir, est évidemment dans une situation généralement pénible et, pour un certain nombre, intenable, pour ceux surtout que des croyances religieuses ont autrefois dirigés et soutenus.

Un symptôme intéressant de l'anarchie intellectuelle, en même temps qu'un indice d'une coordination pénible, c'est la substitution de la méthode historique à la méthode dogmatique. Dans beaucoup de cas, la prédominance de la méthode historique était devenue utile. Sans aucun doute, la méthode de critique religieuse que le siècle dernier avait vue en pleine prospérité, avait des côtés étroits, mesquins, inintelligents, mais on en est venu à oublier ce qu'elle avait de juste et de raisonnable. La réaction, comme souvent, a été excessive. L'impartialité, qui est un devoir, a été déformée au point de devenir de l'indifférence ou de l'abstention. Dans les études religieuses surtout, mais dans beaucoup d'autres aussi, on a voulu écarter les conclusions sur la vérité, sur la valeur réelle d'une croyance ou d'une théorie pour ne retenir que la forme de son développement. on a ainsi voulu substituer une connaissance spéciale à une connaissance générale beaucoup plus importante en somme, qui d'ailleurs peut exister à côté de l'autre, et l'on a trop généralisé une méthode souvent utile et parfois indispensable. Connaître et non juger est devenu un mot d'ordre très répandu, comme si la connaissance n'impliquait pas le jugement, comme si l'on pouvait avoir une idée complète d'un fait sans déterminer ses causes, sa nature, ses conséquences, sa portée. Il semblait que toutes les croyances devenaient égales, chacune ayant eu son jour ou son heure, aucune n'étant supérieure intrinsèquement aux autres. Avec ces principes, on se laisserait aller facilement à dire, mais non par figure de rhétorique comme on le fait quelquefois, que Copernic avait mis la terre en mouvement ou que Képler avait lancé les planètes dans des orbites elliptiques. Mais leur application ne descendit pas dans la sphère des sciences physiques et naturelles, où l'on a continué à regarder certaines opinions comme réellement vraies et d'autres comme réellement fausses. Dans le domaine des sciences religieuses, elle marqua, en somme, une réaction légitime à la fois contre les excès des apologistes et contre ceux des détracteurs de la religion, et ses propres excès étaient rendus très excusables par la difficulté d'échapper à l'influence des croyances religieuses ou irréligieuses dans la simple constatation des faits et, à plus forte raison, dans leur appréciation même limitée. Mais il fallait reconnaître hautement que, à côté de l'étude historique des religions, des croyances quelconques, des habitudes, etc., il y a place pour une autre étude qui en détermine la valeur spéculative et morale. Étudier la genèse d'une religion, préciser les facultés morales d'un peuple sauvage ou celles de tel ou tel de nos concitoyens est une bonne chose, c'est la condition de l'histoire des religions ou de la morale, mais il est important de savoir aussi si telle religion, dans laquelle presque tous nos enfants sont encore élevés, doit être réellement tenue pour vraie, si telle ou telle faculté psychique est nuisible ou utile dans tel ou tel état social donné, si tel ou tel acte doit être commis ou défendu. Le parti pris de considérer le vrai et le faux, le bien et le mal, comme des caractères sans importance, et purement transitoires, ou comme des côtés des choses qui nous resteront toujours ignorés et qu'il est un peu puéril ou arriéré de rechercher, ce parti pris ne peut exercer qu'une influence dissolvante sur les croyances, que l'on considère cette influence comme bonne ou comme mauvaise, ou comme tantôt bonne et tantôt mauvaise, ou encore, selon les principes de l'école, comme un fait historique qu'il faut simplement constater.

A côté de ces raisons ou symptômes généraux que j'indique, on en trouverait d'autres nombreux sur lesquels je n'insiste pas. Signalons par exemple, en littérature, ce dédain complet de tout ce qui n'est pas leur art de prédilection, dont Flaubert et d'autres auteurs vivants ont été de si parfaits modèles, cette indifférence complète pour la moralité, même pour l'agrément d'une œuvre, qui fait considérer l'œuvre d'art comme une chose absolument à part dans la société, sans relation aucune avec aucun intérêt, même avec aucun autre sentiment qu'un sentiment esthétique très particulier, très rare, très isolé, indifférence qui peut très bien s'allier en pratique avec l'excitation involontaire, inconsciente peut-être, de sentiments peu élevés, grossiers, vulgaires ou dépravés, mais très utile au succès de vente de certains ouvrages. Ici encore nous trouvons ce parti pris de considérer à part de tous les autres des faits dont les ramifications sont innombrables et qui tiennent aux phénomènes les plus importants de la vie sociale, cette tendance à la dispersion des forces sociales, au mépris ou à la méconnaissance de toute une classe d'intérêts aussi respectables en somme que les intérêts de l'art, au manque de solidarité.

Aussi les théories générales sur le monde et sur l'homme se sont ressenties de cette désagrégation de la pensée et des sentiments, de cette dissolution intellectuelle et morale dont nous avons offert un si bel exemple. Le pessimisme même était dépassé, il était encore une doctrine et l'on n'en voulait plus. L'optimisme et le pessimisme, disait E. Schérer, sont deux manières également subjectives et impertinentes de considérer le monde. Et il tombait en cela dans le travers de l'école historique, car, comme on le lui a fait remarquer, rien n'est plus pessimiste que cette façon de voir. S'il est un mot dont on nous ait ces derniers temps rebattu les oreilles, c'est que la nature est indifférente, qu'elle n'a pour but ni le bien ni le mal, qu'elle est un ensemble de forces fatales, sans fin connue ou connaissable. En ce qu'elle a de vrai, cette doctrine est une réaction légitime contre la théorie des causes finales telle que le déisme ou les diverses religions l'ont acceptée, mais elle avait des défauts graves, elle confondait la fatalité, le déterminisme et le manque de finalité, qui sont choses tout à fait distinctes; de plus, elle ne voyait pas ce qu'il y a de positif dans la notion de finalité entendue au sens positif, comme convergence et coordination d'un certain nombre de phénomènes, ou bien elle méconnaissait cet enchaînement de coordinations qui avait produit le développement des êtres vivants, et dont il ne faut pas chercher la cause dans une volonté extra-humaine, mais dans les propriétés de la matière vivante. Quoi qu'il en soit d'ailleurs, cette doctrine était une sorte de nihilisme cosmique, n'admettant pas de liens de coordination entre les différentes parties de l'univers et qui correspondait, sans en être la cause dans la plupart des cas, au nihilisme politique, à l'anarchisme et au nihilisme moral, fondés eux aussi avec la négation de rapports de finalité et de coordination entre les individus qui composent une société.

Quand nous signalons la prédominance d'un état d'esprit, cela ne veut pas dire que cet état d'esprit existe seul dans un pays comme le nôtre, sans doute il restait des croyants de toute sorte, catholiques, protestants, spiritualistes, matérialistes, savants pour qui la science est une foi véritable et comme une religion; mais, à considérer l'ensemble des esprits, on voyait, on voit encore un manque frappant d'harmonie, et un manque d'harmonie causé non seulement par l'apparition d'esprits qui agissent vigoureusement dans des directions opposées, mais par un manque de directions surtout; on ne voyait pas plusieurs écoles opposées mais florissantes, il y avait une sorte d'émiettement général de la pensée (qui se manifeste aussi bien dans l'ordre politique et dans l'ordre social que dans l'ordre philosophique). Notre largeur d'esprit s'accompagnait trop souvent, provenait peut-être, d'une inaptitude à conclure, faute de connaissances suffisantes ou par manque de force d'esprit. L'union des esprits se faisait mal, ou ne se faisait pas. Les croyants mêmes, menacés dans leurs idées les plus chères, s'ils n'étaient ni convaincus, ni ébranlés, étaient obligés d'admettre au moins la coexistence de doctrines absolument opposées aux leurs et cette coexistence seule est une cause d'affaiblissement et de ruine, et c'est pour cela aussi qu'elle est une cause de réaction. Toutes ces causes réunies réagissant les unes sur les autres, favorisées par les circonstances sociales que nous avons rencontrées depuis vingt ans, ont amené un état intellectuel, curieux, intéressant, rare, mais, à certains égards, dangereux du moment qu'il se généralisait trop. On avait trop démoli, il fallait reconstruire ou étayer provisoirement.

La généralisation, la diffusion d'un ensemble de croyances ou d'opinions tend à produire une réaction contre elle, car ces croyances ou ces opinions finissent par opprimer des croyances et des sentiments qui ne peuvent s'accorder avec elles et qui, vivaces encore, s'éveillent et se défendent. Ceux même qui ont contribué à les répandre, en viennent souvent à agir en sens inverse. Soit que l'idée en se vulgarisant se déforme, soit qu'on lui attribue une certitude qu'elle n'a pas aux yeux de ses premiers partisans, soit qu'on en tire des conséquences inexactes, soit enfin que les conséquences théoriques et pratiques de l'idée effrayent ses premiers défenseurs, ceux-ci peuvent devenir ses adversaires. Il y a là une première cause de réaction contre une doctrine et même d'action contre des idées ou des sentiments qui ne tiennent pas logiquement à ceux que l'on combat. Ajoutons-en d'autres nombreuses et actives. Quand une doctrine triomphe ou paraît triompher, cela ne signifie pas qu'elle soit bien solide. Parmi ceux qui l'acceptent, un grand nombre sont au fond assez peu zélés. Entraînés dans un camp par l'exemple, par un concours de circonstances peu importantes en somme, ils seront aussi bien entraînés par un exemple contraire dans le camp opposé. Quelques-uns d'entre eux auraient accepté avec le même enthousiasme des doctrines tout à fait opposées, d'autres seraient restés indifférents. Parmi ceux qui ne l'acceptent pas, une part perfectionne, en combattant l'idée en faveur, ses propres opinions et les accommode au goût du jour, ou tout au moins apprend à les présenter de la manière qu'il faut pour se faire écouter et courir la chance de se faire suivre; d'autres, indifférents en apparence, n'attendent qu'un changement d'orientation, qu'une occasion favorable, une parole dite à propos, pour célébrer la doctrine d'hier qui ressuscitera demain en partie. Si nous ajoutons que la réaction est très légitime par certains côtés, qu'elle donne satisfaction à des sentiments importants gênés ou froissés et qu'il se trouve toujours des esprits prêts à prendre l'initiative d'un changement de direction et qui penchent volontiers, pour rétablir l'équilibre, en sens inverse du parti qui triomphe, il n'y a pas doute qu'un ensemble d'idées, comme celui qui a eu une si grande faveur auprès du public pendant un temps assez long, doive déterminer un mouvement de réaction dont la forme devra varier selon que telle ou telle des forces qui le produisent se trouvera momentanément plus puissante, selon la part aussi des idées régnantes qui pourra se trouver incorporée à la nouvelle doctrine; et nous voyons en fait depuis quelques années des signes non équivoques de la formation d'un esprit nouveau qui s'oppose sur bien des points à celui qui l'a précédé. Ce nouvel esprit n'en sera pas moins une combinaison des dernières croyances régnantes et des anciennes croyances plus ou moins évincées, mais encore résistantes, c'est cette synthèse qui lui donne son caractère de nouveauté.

C'est que, en effet, la réaction n'est qu'une partie du phénomène, et peut-être pas la plus considérable. L'ancien état d'esprit ne revient pas. Si nous examinons même le contraste simultané dans la vie sociale, nous voyons que chaque doctrine en s'opposant à une autre et en se fortifiant par cette lutte, change, se développe et se transforme le plus souvent parallèlement aux progrès de la doctrine ennemie. De même dans le contraste successif. Mais ici, outre cette cause de changement il y en a une plus importante, c'est que non seulement des sentiments comprimés reprennent de la force et se transforment en se développant, mais encore ils s'associent avec une foule d'autres sentiments, de croyances, de tendances diverses avec qui ils n'avaient point été en contact ou avec qui ils auront, à la faveur de nouvelles circonstances, des rapports tout autres que ceux qu'ils avaient eus jusqu'à présent. Nous allons voir les uns après les autres ces divers courants d'idées qui paraissent devoir s'unir en un composé nouveau, alors même que quelques-uns des hommes qui les représentent, se combattent ou même s'ignorent. Les éléments de la combinaison nouvelle naissent ou se forment en eux, ils se répandent au loin et se modifient ensuite pour s'unir en d'autres esprits.

II

Il arrive que tel ou tel travail scientifique a pour effet une série de faits sociaux, de croyances, de désirs et d'actes, qui, sans aller toujours directement contre le sentiment qui les a provoqués, s'inspirent d'une idée complètement différente et prennent une direction divergente et même opposée. Nous avons déjà remarqué la différence entre les vues de Darwin sur la sélection naturelle et la philosophie de la lutte pour l'existence telle qu'elle s'est vulgarisée, les idées et les sentiments qui en sont sortis. D'autres faits sociaux de même genre indiquent des tendances générales tout à fait différentes.

Il y a dix ans, M. Charcot, expérimentant sur les malades de la Salpêtrière, reproduisit un certain nombre de phénomènes dont l'existence était jusque-là contestée et négligée par la plupart des savants et que seuls des magnétiseurs de profession, des amateurs relativement rares et isolés et quelques médecins, sans doute utiles mais peu remarqués, se permettaient de produire. Plusieurs courants d'idées prirent naissance et se répandirent aussitôt. Les esprits sages se tinrent sur la réserve, observant sans conclure, attendant pour tirer des conséquences que les faits fussent mieux connus, plus variés, plus précis, espérant cependant des résultats de ce nouveau mode d'investigation psychique, ou de cette thérapeutique nouvelle ; quelques autres eurent cette idée imprévue que les magnétiseurs étaient à présent complètement démasqués et que l'on ne parlerait plus de leurs jongleries ; les anciens adeptes haussèrent un peu les épaules, mais l'hypnotisme entra définitivement dans la science et un grand nombre d'incrédules furent convaincus. Ceux qui jusque-là avaient observé des phénomènes sans rien dire, doutant peut-être d'eux-mêmes et sûrement des autres, publièrent leurs observations ; ceux qui avaient déjà parlé ou écrit bien ou mal sur la question recommencèrent et trouvèrent des auditeurs et des lecteurs. Le magnétisme fut en vogue, les écoles se multiplièrent ; les faits ont abondé, plus ou moins singuliers, plus ou moins suggestifs, plus ou moins bien observés ; les théories, plus rares, ne manquèrent pas cependant, l'application de l'hypnotisme à la médecine fut fréquente, avec des résultats variables ; son application à la psychologie, fréquente aussi, a rendu à la science des services incontestables. On peut trouver que la pratique de l'hypnotisme s'est trop vulgarisée ; il est question de la régulariser et de la restreindre ; il y a eu, il y a encore un engouement véritable qui passera sans doute ou qui diminuera, mais qui laissera des traces importantes. Les travaux de

M. Charcot paraissent en avoir été l'origine, non que les phénomènes hypnotiques fussent inconnus avant lui, mais il les a fait
entrer officiellement dans la science, et le mouvement occasionné
par lui a contribué à faire connaître ses devanciers, et aussi ses
adversaires, et même à produire la doctrine de ces derniers.

Sans doute cette vogue du magnétisme ne va pas directement
contre l'ensemble d'idées dominantes dont je parlais tout à l'heure;
cependant ce serait se tromper que de ne voir aucun rapport entre
les deux. Quelle que soit la valeur de l'hypnotisme, et bien que la
science l'ait admis, cependant une partie des tendances qui l'ont
remis en faveur sont des tendances opposées à ce qu'on a appelé
« l'esprit scientifique ». Ce n'est pas simplement l'amour du fait
positif qui a entraîné les esprits, il y a eu certainement une sorte de
revanche de l'amour du merveilleux, de désirs autrefois satisfaits
et qui, comprimés à présent, sommeillaient inavoués à l'état latent.
La magie, la sorcellerie, l'astrologie, la divination, toutes ces antiques croyances correspondent à un besoin de la nature humaine,
celui de pouvoir agir facilement sur le monde extérieur et sur le
monde social, celui d'avoir, par des moyens relativement aisés, les
connaissances requises pour que cette action soit possible et
féconde. L'homme a tant de désirs qui ne se satisfont pas et qu'il
est obligé d'apaiser par des rêves, des romans, de la musique, toutes
les ressources de l'imagination. Il a souvent besoin d'une croyance
qui le console de la réalité en lui promettant une réalité meilleure,
obtenue sans souffrance et rapidement; c'est là une des grandes
sources de l'amour du merveilleux sous toutes ses formes. Il y a
là à la fois un besoin philosophique et un besoin moral, le besoin
de connaître les forces naturelles, d'agir sur elles pour satisfaire
nos désirs, c'est-à-dire pour mettre le monde en harmonie avec
nos tendances et, comme nos tendances aussi font partie du monde,
pour introduire l'harmonie dans le monde, en un langage mystique
le besoin d'être en communion avec le principe des choses, puisque
c'est avec lui ou par lui que nous pouvons agir. Sans doute l'hypnotisme ne paraissait pas devoir donner immédiatement tout ce qu'on
aurait aimé trouver en lui; mais les faits que les savants observaient
à présent et faisaient connaître, ressemblaient étrangement à ces
phénomènes mystérieux attribués aux fondateurs de religions, aux
saints, aux thaumaturges, aux sorciers; par une association d'idées
bien naturelle, il devenait une sorte de succédané des croyances
éteintes ou assoupies. Une porte paraissait ouverte sur le domaine
de la science et du pouvoir : on s'y précipita.

Ce désir de l'harmonie dans le monde, d'une harmonie non seu-

lement philosophique mais pratique et morale, nous le constaterons
souvent, il se manifeste à présent en réaction contre l'individualisme et la dispersion des intérêts et des croyances qui dominaient
jusqu'à présent. Sans doute il est tout naturel que l'hypnotisme
dans ses formes les plus connues ait été appliqué à la guérison des
malades, la solidarité humaine a malgré tout été toujours suffisante
pour produire de pareils faits; mais on a témoigné déjà plus de
hardiesse et beaucoup de confiance dans la nouvelle science, en s'en
servant pour la correction des enfants vicieux. De plus, autour de
l'hypnotisme, d'autres catégories de faits plus ou moins étroitement
reliées à lui commencent à se dessiner et ce sont elles surtout qui
alimentent notre besoin de merveilleux : la vision à distance, la
suggestion mentale, les hallucinations véridiques, les songes prophétiques, etc. Tous ces phénomènes, dont un certain nombre paraissent sinon prouvés au moins rendus probables par les dernières
recherches faites en France et en Angleterre, semblent devoir, dans
l'esprit des personnes qui s'en occupent, ou du moins de plusieurs
d'entre elles, établir des communications harmoniques entre les
hommes séparés par la distance, entre les hommes et le monde
extérieur, et même entre le monde des vivants et le monde improbable ou problématique des morts.

Si nous nous avançons un peu plus dans le domaine encore inconnu
que la science entrevoit, nous trouvons le spiritisme, dont la prétention avouée est de nous mettre en rapport avec les esprits des morts.
J'en dirai quelques mots ici. On n'en parle plus guère, ou on n'en
parle guère encore dans le monde scientifique ; mais à le prendre
seulement par son côté psychologique et social, il offre plus d'intérêt
et peut avoir plus d'importance qu'on ne paraît disposé à le croire.
Déjà d'ailleurs des savants connus ont commencé à s'en occuper, il
me suffira de citer ici le nom de M. Ch. Richet et de rappeler ses
travaux sur les mouvements inconscients et la suggestion mentale.
Aux causes invoquées par M. Chevreul, M. Richet a été déjà conduit
à ajouter au moins comme probable l'influence de la suggestion
mentale. Peut-être faudra-t-il aller plus loin, certains phénomènes
spirites, comme une partie de ceux qu'a exposés M. Crookes, semble-
raient impliquer une action de l'esprit, ou si l'on préfère du système
nerveux qui s'exercerait sur la matière dans des conditions bien différentes de notre activité ordinaire. Les spirites vont plus loin
encore : mais rien ne nous oblige à les suivre [1]. Quoi qu'il en soit, il

---

1. L'hypothèse de la réalité des esprits est une des plus invraisemblables
qu'on ait données pour expliquer les phénomènes spirites. Pour certaines caté-

faut savoir gré aux savants qui tâchent d'appliquer à ces phénomènes obscurs des méthodes précises; je sais bien que la science ne paraît pas pouvoir rendre compte encore de tous les phénomènes observés, que la question n'est peut-être pas tout à fait mûre; mais des recherches conduites à la fois avec hardiesse et prudence seraient un bon moyen d'en hâter la maturité. Cependant, les doctrines du spiritisme ont un assez grand nombre d'adeptes réunis en groupes et pour qui leur doctrine est une véritable religion. Cette religion nous intéresse ici, en ce qu'elle se fait accepter assez souvent par des personnes qui ont abandonné toutes les autres.

J'ai été amené, par le désir d'observer des phénomènes qui m'intéressaient, à entrer en relation avec quelques adeptes du spiritisme. Les faits que j'ai pu constater n'offrent pas d'importance au point de vue scientifique; ils me paraissent plus intéressants au point de vue social et psychologique. Les spirites que j'ai connus directement ou indirectement, employés, petits propriétaires, n'ont mis d'ailleurs aucun empressement à me faire assister à leurs expériences. Pour eux la partie pratique du spiritisme n'est pas la plus importante au point de vue de l'acquisition de leurs croyances; il faut croire d'abord à la doctrine : l'un d'eux me disait avoir cru immédiatement en lisant les œuvres d'Allan Kardec, il avait senti que cette doctrine était la vraie. Ces croyants pour qui le spiritisme est une foi sont peu disposés à se prêter à des expériences scientifiques. Au point de vue philosophique, le spiritisme est sans grande valeur : la doctrine d'Allan Kardec est assez puérile et prétentieuse, elle aurait besoin d'être sérieusement revue par un spirite au courant de la philosophie contemporaine et des dernières recherches psychologiques. Mais si le spiritisme répond un peu au besoin de connaissances générales sur le monde et sur l'homme, s'il satisfait, en la trompant, je pense, la faim de science des personnes croyantes qui interrogent les tables tournantes sur les mystères de la vie future et de la création, il me paraît répondre bien mieux aux besoins affectifs de la nature humaine. Il a cet avantage sur la plupart des religions de ne pas séparer les vivants et les morts; par ses procédés un père entre en communication avec ses enfants morts, un amant avec sa fiancée. Il ne faut pas s'étonner que les croyants au spiritisme soient assez souvent d'anciens libres penseurs; les autres éprouvent moins le besoin de cette nouvelle religion. A l'heure qu'il est, pour les croyants des anciens cultes, le spiritisme

gories de phénomènes, les belles expériences de M. Pierre Janet ont montré que le dédoublement de l'esprit du médium était la seule cause réelle.

est une erreur puérile ou dangereuse, car l'esprit du mal est peut-être mêlé à ses pratiques; pour les libres penseurs qui restent incrédules, il est ridicule. J'avoue qu'il me paraît à peu près aussi respectable et aussi vrai que d'autres croyances religieuses, à peine plus dangereux que beaucoup d'entre elles, moins dangereux que quelques-unes peut-être pour la santé du système nerveux. Il sert comme elles à donner un appui à ceux qui le désirent, il offre une doctrine assez simple au fond dans ses traits généraux, à ceux que leurs anciennes croyances ont abandonnés, et il établit entre le monde et l'homme une harmonie, factice et trompeuse à mon avis, mais qui satisfait et console ceux qui ont la foi. Si je ne puis penser, comme le ferait presque une certaine école, qu'il est provisoirement et localement vrai, rien ne m'empêche d'admettre qu'il soit provisoirement et localement utile, qu'il remplisse dans ces conditions un office élevé, et par suite qu'il ait, au moins provisoirement, droit à quelque respect de notre part.

A côté du spiritisme, les sciences occultes, la magie, l'astrologie, les doctrines des anciens sages de la Chaldée, de l'Égypte et de la Perse, offrent une sorte de renouveau. La théosophie, les doctrines hindoues reprennent faveur et viennent conquérir l'Occident. Des sociétés se forment, des publications se fondent, meurent et renaissent pour propager la science, pour multiplier ou susciter les adeptes et les initiés. Ici encore se montre bien le double aspect théorique et pratique de la recherche de l'harmonie dans les aspirations nouvelles. M. Héricourt signalait récemment, à propos des recherches de M. Charles Henry, sous le fatras des sciences occultes, la vision de l'importance des nombres et de leurs rapports pour l'explication du monde. En effet, ramener le monde à des lois générales est un des buts des sciences occultes, mais ce n'est pas le seul. Une fois connues les causes des phénomènes, il faut se servir de ces découvertes pour agir sur le monde. La magie n'est pas autre chose que la science qui permet la mise en activité par l'initié de l'agent universel et des différentes forces invisibles, émanées de l'âme humaine, pour obtenir certains résultats pratiques. Notons encore que l'établissement d'une fraternité universelle est un des buts de la société théosophique. Sur plusieurs points la théosophie et le spiritisme se rencontrent, mais c'est souvent pour se combattre. Si les spirites ont attaqué les théosophes, ceux-ci ne voient guère dans le spiritisme qu'une forme incomplète et inférieure des connaissances occultes : l'initié est bien supérieur au médium; le médium subit la force, l'initié la dirige; le médium est passif, l'initié est actif; l'un et l'autre, chacun à sa manière, cherchant à augmenter notre science et à perfectionner l'univers. Il faut avouer aussi que la théosophie, malgré ses défauts, le vague de sa doctrine, et surtout le manque de certitude scientifique de ses phénomènes, paraît au point de vue philosophique, supérieure au spiritisme.

Remarquons bien que, s'il se mêle à ces croyances la foi, l'enthousiasme, le mysticisme enfin, qui accompagnent rarement les croyances purement scientifiques, la théosophie et le spiritisme n'en ont pas moins la prétention d'être des sciences, des sciences longues et difficiles. J'ai parlé tout à l'heure de moyens faciles de connaître le monde et d'agir sur lui : il faut prendre ces mots dans un sens relatif. Un homme qui dans le cours de sa vie peut parvenir à l'adeptat, acquiert ainsi une puissance que des siècles d'études physiques et chimiques ne donneraient pas à l'humanité ; mais cet homme doit suivre un enseignement pénible et long et, on ne nous le cache pas et même on nous le dit volontiers, cet homme risque la folie et la mort, si ses facultés ne sont pas en rapport avec son ambition. Le besoin de connaissances précises, de recherches minutieuses s'allie donc au désir de connaissances générales, de connaissances du mystérieux, et d'une puissance, non pas de faire des miracles (le miracle, s'il est admis par quelques théosophes, ne l'est pas par tous, il s'en faut), mais d'agir sur le monde par des procédés plus efficaces, plus prompts que ceux de la pratique courante, et entièrement différents de ceux-ci.

La philosophie n'a pas les mêmes prétentions que la théosophie. Cependant nous pouvons bien constater chez elle quelques tendances qui s'accordent avec celles que nous venons de reconnaître. Le but avoué de la philosophie étant d'ailleurs l'unification des connaissances, la systématisation de la pratique, il n'est pas étonnant que l'on ait toujours rencontré chez elle un des caractères généraux de l'esprit nouveau ; mais ce qui nous intéresserait surtout, ce serait un retour de la philosophie vers un certain mysticisme, vers des succédanés de la religion, ou même vers des religions véritables ; les exemples n'en ont pas manqué dans le courant du siècle, ils peuvent nous servir à la fois à indiquer la persistance et la force des tendances comprimées qui se réveillent aujourd'hui et aussi la différence entre ce qu'étaient ces tendances et ce qu'elles sont devenues. Un fait intéressant à cet égard est la tentative d'Auguste Comte aboutissant à la religion de l'humanité et à la méthode subjective. Ici la tentative de systématisation théorique et pratique est reconnue par son auteur, la méthode subjective ayant pour but avoué de ranger toutes nos connaissances dans l'ordre qui permettra à l'humanité d'en tirer parti, de déterminer quelles sont les connaissances qui peuvent entrer dans cet ordre et même de faire admettre des croyances, des façons de se représenter les choses qui n'ont rien de bien scientifique, mais qui répondent à nos besoins. Je ne pense pas au reste que le positivisme religieux, qui mérite plus de considération qu'on ne lui en accorde depuis Littré et Stuart Mill, recrute des prosélytes bien nombreux, mais il continue à vivre, et en somme il a eu moins d'éclat, mais plus de durée que l'école purement scientifique, rendue un moment populaire par les travaux de Littré. Actuellement ni l'une ni l'autre doctrine ne paraît de nature à nous satisfaire. Le positivisme scientifique nous paraît à la fois trop peu scientifique, trop peu prouvé dans plusieurs de ses conclusions, trop arrêté, trop précis aussi. Le positivisme religieux a des défauts analogues, ce qui n'est pas surprenant : c'étaient les défauts de l'esprit d'Auguste Comte. Ce grand organisateur faisait des cadres trop rigides, trop nombreux, trop étroits, pour contenir tout ce que l'homme peut sentir ou connaître. Mais si ni l'une ni l'autre des formes que sa doctrine a prises ne paraît devoir définitivement triompher, l'une et l'autre laisseront des traces fécondes. A bien des égards, Comte est un précurseur dont le tort a été de vouloir faire du définitif.

Le succès de la théorie de l'évolution donne lieu à des considérations analogues, ainsi que son déclin. La philosophie de M. Herbert Spencer est très connue chez nous et très appréciée. Peut-être est-elle un peu moins en faveur depuis quelque temps. Ce qui l'a fait triompher, c'est sans doute les qualités du philosophe anglais, la puissance de la généralisation, l'ampleur des vues, l'étendue des connaissances, l'ingéniosité des détails; c'était aussi la simplicité de la formule à laquelle le monde entier se laissait ramener, un peu péniblement parfois. Du reste, il ne faut pas s'imaginer que le succès de la philosophie évolutionniste fut absolument le triomphe de l'esprit scientifique. Sans doute on était charmé d'avoir un système du monde qui prétendît ne s'appuyer que sur l'expérience et le raisonnement scientifique, mais on était charmé surtout d'avoir un système du monde et comme il ne péchait pas par où péchaient les croyances religieuses que l'on venait de rejeter ou qui étaient au moins bien ébranlées, on l'acceptait malgré ses imperfections, malgré les nombreuses hypothèses qu'il nécessitait, malgré le manque de rigueur et de précision de certaines de ses parties, on l'acceptait parce qu'il venait remplir une place vide, qui ne pouvait rester vide. Malheureusement, sur un point le système a failli; il suffisait tant bien que mal à la théorie, il n'a pu suffire à la pratique; il avait systématisé nos connaissances, on pouvait du moins l'admettre à la rigueur, mais il

n'a pas offert assez de prise au besoin, exagéré d'ailleurs chez l'homme,
de se soumettre l'univers ou tout au moins d'y trouver soit des instruments de domination, soit une collaboration consciente ou inconsciente. L'homme était trop perdu dans un univers mécanique avec
lequel il ne pouvait guère sympathiser. Peut-être l'idée qu'elles
étaient en harmonie avec la loi générale de l'évolution et qu'elles
contribuaient pour leur part à en rendre les manifestations régulières,
a-t-elle suffi à quelques personnes. Il est des esprits qui se plaisent
assez à la contemplation désintéressée des lois abstraites pour ne
pas, au moins de quelque temps, désirer autre chose, et pour en
tirer des impressions très vives. On se rappelle la belle page, pleine
d'une sorte d'admiration respectueuse, consacrée par M. Taine à
« l'axiome éternel »; c'est toujours avec une certaine émotion qu'on
entre dans les secrets de l'univers; la lecture de Spencer, à ce point
de vue, est attirante et j'imagine que plusieurs ont ressenti, comme
moi, une forte et presque religieuse émotion, en lisant à vingt ans,
pour la première fois, les *Premiers Principes*. Mais ces émotions sont
rares, ne pouvant s'éveiller chez tous; elles sont aussi peu durables
et ici nous touchons aux deux grands défauts théoriques du système:
un manque de certitude, une trop grande clarté. L'impression première ne peut durer : on a cru que l'on allait trouver le secret des
choses, on a vu surtout la forme d'un esprit, qui, si grand qu'il soit,
ne contient pas le monde, on aperçoit les côtés faibles des théories,
les erreurs du système; à moins d'être aveuglé par la foi, on reste un
admirateur sans être un disciple, et ce que l'on garde de la doctrine
est bien peu en comparaison de ce qu'on exigeait d'elle. D'un autre
côté une formule, même la formule de l'évolution, est bien faible pour
exprimer l'univers entier, et bien précise pour donner une idée de
ce que nous en connaissons et surtout de ce que nous n'en connaissons pas. Comme nous sentons en nous des désirs inassouvis, des
forces inemployées, nous en concluons volontiers, quoique imprudemment, qu'il y a dans l'univers quelque chose qui doit satisfaire ces
désirs, qui doit dégager ces forces, et ce quelque chose nous reste
caché. Tout au moins nous nous sentons environnés d'un inconnu
immense où nous demandons au moins qu'on nous réserve un accès.
L'évolutionnisme, comme le positivisme, a fermé le passage. Littré a
parlé éloquemment de l'« Océan pour lequel nous n'avons ni barque
ni voile », et Spencer a fait sa théorie de l'Inconnaissable par
laquelle en somme il nous déclare incapables de rien savoir de ce
qui ne rentre pas dans sa formule philosophique. Il y a maintenant
une forte tendance à réagir contre cet agnosticisme, et parmi ceux
qui l'ont attaqué avec le plus de vivacité, et, à mon sens, avec le

plus de justesse, je citerai M. de Roberty. En somme le problème de l'Inconnaissable est un problème mal posé, comme la plupart des problèmes que l'on voudra résoudre avant le temps. Une doctrine philosophique, si large qu'on veuille la faire, sera certainement trop étroite un jour pour peu qu'on veuille la préciser et surtout la fermer ; la prétention de déterminer l'Inconnaissable n'est pas moins grande ni plus justifiée que celle d'embrasser dans une vaste synthèse tout ce qui peut être connu. Pour toutes ces raisons l'évolutionnisme devait, tout en laissant de grandes idées, se montrer impuissant à suffire à la direction des esprits. Si le succès des *Premiers Principes* et des *Principes de Psychologie* ne s'est pas étendu complètement aux *Principes de sociologie* et à la partie parue de la *Morale*, c'est aux défauts pratiques du système qu'il faut l'attribuer sans doute, mais aussi à son insuffisance théorique.

A côté de l'évolutionnisme et du positivisme, contre eux, une autre doctrine s'est élevée, le néo-criticisme ; elle aussi a eu son influence, elle la conserve encore en grande partie, je pense, bien que la Revue qui la présentait au public ait cessé de paraître. Une part de son succès revient sans nul doute à la vigueur d'esprit, à la force d'analyse et de raisonnement de M. Renouvier, au talent d'exposition, à la rectitude de M. Pillon ; une part importante est due aussi à ce qu'elle a essayé de réaliser la synthèse de l'homme et du monde en donnant à l'homme le rôle prépondérant. Pour elle tout se ramène à l'esprit, l'esprit impose ses lois au monde ; par la théorie de la croyance libre comme par celle de la volonté libre, on peut presque dire que l'esprit fait le monde, il le crée en quelque sorte en croyant et en agissant. Si, en combattant le culte exclusif de la science mal comprise d'après eux, les criticistes allaient contre un courant puissant, ils s'aidaient des forces de réaction dont nous avons signalé la nature et par l'importance donnée à la morale, par la lutte qu'ils entreprenaient d'un autre côté contre le catholicisme, par leurs doctrines politiques, ils répondaient à des besoins intellectuels ou affectifs très divers plus ou moins sentis, plus ou moins intenses, mais réels et puissants, et, si sur quelques points ils étaient en opposition avec les tendances dominantes, par beaucoup d'autres ils étaient pleinement d'accord avec elles. Une de leurs erreurs a peut-être été de s'allier trop étroitement, à un moment donné, avec une religion positive, un certain excès d'individualisme a pu nuire aussi au développement de la théorie, mais une des faiblesses de la doctrine, c'est certainement la difficulté de soutenir et de faire vivre la théorie du libre arbitre et surtout les conséquences qu'on a cru pouvoir en tirer et qu'il est encore plus difficile de répandre dans la foule que de défendre devant des philosophes.

Il faut citer encore, comme témoignant de tendances intellectuelles bien vivantes, les travaux de M. Fouillée et de M. Guyau. M. Fouillée a critiqué avec sévérité, et souvent avec justice, les principaux systèmes de morale, il a essayé de réunir l'idéalisme et le naturalisme, le déterminisme et la liberté, et par sa philosophie des idées-forces, de nous rendre la théorie de l'évolution plus sympathique, si je puis dire, en rapprochant la nature de l'esprit. Guyau avait cherché des équivalents destinés à remplacer d'antiques erreurs, tout en tenant compte des besoins qu'elles avaient satisfaits, et sans doute développés ou créés quelquefois. Il a cherché ainsi à suppléer aux croyances qu'il rejetait sur l'obligation morale, sur la sanction, puis à la religion elle-même, dans un beau livre qui mérite de rester comme le témoignage des doutes, des négations et des croyances, des aspirations d'un esprit supérieur en qui ont pris conscience bien des tendances contemporaines. Guyau réunissait en effet quelques-uns des plus beaux et les meilleurs côtés du mouvement intellectuel le plus récent, il savait la valeur de l'esprit scientifique et que tout ce qu'on essayera dorénavant de fonder sans lui sera caduc; il savait aussi que la science ne sait pas tout et qu'il faut à la fois respecter les anciens abris qui tiennent encore, et en construire à la hâte de nouveaux, pas aussi solides qu'on le voudrait pour ceux dont les anciennes croyances se sont écroulées; par-dessus tout on remarquait dans ses écrits cette générosité de sentiments, cette chaleur de cœur, ce besoin d'union et d'harmonie qui lui ont fait de beaucoup de ses lecteurs autant d'amis inconnus. Son irréligion était plus religieuse en un sens que la plupart des doctrines qu'il combattait. Il a laissé son œuvre inachevée, et sa mort est un grand dommage. Il était, je crois, dans la bonne voie. L'association, Guyau y voyait, à juste titre, la raison d'être des religions; c'est à elle aussi qu'il s'adressait pour les remplacer. Mais où trouver un lien d'association capable de tenir la place des vieilles croyances humaines, répandues dans chacune des âmes qui composent notre société, les formant et les animant, comme le sang — un sang parfois usé, pauvre, ou malsain — est apporté à chacune des cellules de notre corps et leur donne la vie et l'activité?

La littérature, plus encore que la philosophie, permet sans doute de voir avec précision un ensemble de désirs et d'idées qui commence à se dégager. Avant de produire des théories ou de servir à en faire naître, les sentiments se manifestent d'une autre manière par le succès d'un livre, par l'apparition d'un roman, d'un article, d'une pièce de théâtre, où un écrivain a condensé le résultat de ses observations, de ses réflexions, de ses impressions inconscientes. Nous avons eu depuis quelques années plusieurs faits importants dans cet ordre d'idées.

Le premier ou l'un des premiers a été le succès du roman russe, la célébrité acquise du jour au lendemain aux noms de Tolstoï et de Dostoiewski assez inconnus encore parmi nous. On en avait déjà parlé ; j'ai retrouvé depuis, en parcourant d'anciennes revues, des articles sur eux qui ont, à l'époque où ils parurent, passé à peu près inaperçus. Le succès éclata après les articles de M. de Vogüé dans la *Revue des Deux Mondes*. Les romanciers russes avaient trouvé l'introducteur qu'il leur fallait, un écrivain éloquent et profond, et un représentant éminent de l'esprit nouveau, comprenant le positivisme de la science, et épris du mysticisme de la foi, naturaliste et idéaliste par ses goûts littéraires. Les lecteurs français lurent les ouvrages qu'on leur recommandait si bien ; après avoir lu, ils relurent et firent lire autour d'eux, ils avaient trouvé dans les auteurs russes les qualités de précision, d'analyse psychologique, de réalisme, qu'ils aimaient dans leurs contemporains, et en même temps, quelque chose d'étrange, de mystérieux, de raffiné et de primitif à la fois, qui les charmait par sa nouveauté et sa saveur exotique, accessible pourtant à nos sens, assez exercés à apprécier le rare et le nouveau. Par-dessus tout peut-être, en mettant à part le grand talent, le génie si l'on veut de Dostoiewski et de Tolstoï, ils furent séduits par l'allure philosophique et générale de l'inspiration et plus encore par cette sorte de mysticisme surhumain ou humain dont sont imbues les principales œuvres des deux romanciers, par cette religion de la douleur de l'homme si profondément exprimée par eux. Le mot de Raskolnikoff à Sonia : « Ce n'est pas devant toi que je me prosterne, c'est devant toute la souffrance de l'humanité », ce mot qui nous transportait si loin du naturalisme pessimiste, misanthropique avec Flaubert, brutal et puissant avec M. Zola, inepte avec d'autres, répondait à des désirs latents, à un sentiment de solidarité assez longtemps mal satisfait et dont nous trouverons ailleurs des manifestations.

Il est assez curieux de comparer l'accueil fait aux romans russes et l'accueil fait à ce que l'on a appelé le naturalisme anglais. George Eliot est, elle aussi, un grand romancier, ses œuvres ont été beaucoup lues en France ; toutefois, elles n'ont pas donné lieu à un mouvement intellectuel marqué, brusque et fort comme celui qui a accompagné le succès des romanciers russes. C'est avec raison, toutefois, que M. Brunetière a réclamé pour elle une partie de l'admiration émue qui, à un certain moment, allait surtout à ces derniers ; il faisait

remarquer justement le caractère de sympathie dont est empreint le
roman anglais et le mettait en opposition avec le naturalisme français. Mais des raisons sérieuses semblent expliquer et justifier dans
une large mesure la préférence accordée aux Russes. Pour écarter
les considérations secondaires, la sympathie, le sentiment de solidarité, l'humanité, paraissent s'appuyer chez eux sur des raisons plus
philosophiques, plus religieuses, plus profondes et surtout peut-être
senties avec plus de force, ou exprimées avec un sentiment plus
douloureux, et qui, par cela même, devait paraître plus puissant.

Plusieurs œuvres de genres très divers, et de tendances différentes
sont aussi « des signes du temps : » tels sont les romans de M. José-
phin Péladan, où l'auteur, qui rappelle un peu Barbey d'Aurevilly,
mais dont l'originalité est indéniable, analyse, dans un style souvent magnifique, avec une grande abondance d'idées, les mœurs de
ce qu'il appelle la décadence latine, et se réclame à la fois du catholicisme et des sciences occultes; les œuvres de M. Édouard Rod,
principalement le Sens de la vie, et enfin un roman dont le succès a
retenti jusqu'à l'Académie des sciences morales et politiques, le
Disciple de M. Paul Bourget. L'auteur avait commencé aussi par
étudier la décadence en psychologue, mais surtout en littérateur.
Après s'être intéressé aux idées dominantes, il a voulu réagir contre
elles. On sait le sujet de son livre : il s'agit de l'influence du système
philosophique sur la direction de la vie, d'un vieux philosophe,
brave homme indifférent à tout ce qui n'est pas sa science, dont
l'élève commet, conformément aux conséquences qu'il tire des
enseignements de son maître, une mauvaise action, que, malheureusement, il aurait pu tout aussi bien commettre, étant donnée la
nature que l'auteur lui donne, s'il n'avait jamais entendu parler
d'Adrien Sixte. L'idée de la responsabilité des philosophes à l'égard
des conséquences de leur doctrine, exposée ou plutôt suggérée avec
un talent fin et pénétrant, fut aussitôt mise en discussion un peu
partout. Sans vouloir étudier ici le fond de la question, je dirai que
je ne vois pas bien pourquoi un philosophe ne serait pas responsable des conséquences logiques de ses opinions. Ne lui en rapporte-
rions-nous pas l'honneur si elles sont bonnes? Pourquoi donc ne
l'en blâmerions-nous pas si elles sont mauvaises? C'est à lui de voir,
avant d'émettre une idée, — et à ceux qui la vulgarisent avant de
la répandre dans tel ou tel milieu, — s'il veut accepter les conséquences de sa théorie, quelles qu'elles soient, et, s'il est pessimiste
convaincu, il pourra se faire un mérite d'amener des catastrophes.
Mais ce que nous retiendrons surtout, c'est que le problème qui s'est
posé intéresse au plus haut point notre sentiment de la solidarité

humaine : il s'agit de déterminer si le philosophe, et nous pourrions dire aussi bien l'artiste ou le littérateur, fait partie d'un ensemble auquel il doit avoir égard, ou bien s'il a en lui-même et en lui seul ou dans quelques-uns seulement de ses semblables sa raison d'être. Que le problème se pose en dehors de toute considération religieuse ou morale, mais pour ainsi dire au point de vue de l'humanité en général et abstraitement considérée; que le livre où il a été étudié ait un vif succès et provoqué de longues, nombreuses et vives discussions, qu'il ait été mis en avant par un auteur qui avait paru bien disposé pour des idées opposées à celles qu'il semble vouloir faire triompher dans son dernier ouvrage, c'est un symptôme sérieux du réveil d'un sentiment un peu assoupi et d'idées longtemps combattues. On veut pouvoir trouver un prix et un sens à la vie, c'est ce qui ressort de tout ce qui précède; le danger est de s'illusionner sur la vraie nature du mal et sur la nature du remède; il est regrettable que M. Bourget ait ici prêté le flanc à la critique, on peut trouver que les doctrines responsables ne soient pas celles qu'il croit, et des écoles philosophiques contemporaines, auxquelles il semble faire allusion, sont fondées à ne pas reconnaître les principes qu'il leur prête et à renier les conséquences qu'il tire de ces principes.

Il faut citer encore la pièce de M. Daudet sur la lutte pour la vie à laquelle j'ai plus haut fait allusion. Elle n'a ni pour intention ni pour effet de faire aimer cette conception vulgaire de concurrence vitale que l'on a cru pouvoir tirer des doctrines de Darwin. M. Daudet a même confié au public qu'il aurait tué lui-même son « struggle forlifeur » plutôt que de le laisser impuni, indignation louable sans doute, bien que l'expression en soit discutable tout au moins. Mais le courant d'idées, la réaction que tout cela révèle est assez claire pour que je n'aie pas à y insister. Enfin, on pourrait mentionner aussi quelques œuvres secondaires aussi banales par la pensée que par la forme; il est inutile à tous les points de vue d'en parler longuement, cependant il faut remarquer que c'est un signe de force pour une idée quand les romanciers d'ordre inférieur, ceux qui ne précèdent pas l'opinion générale, mais la suivent, se mettent à s'en inspirer, alors surtout qu'ils ne paraissaient pas auparavant avoir sensiblement pris garde à elle.

Le mouvement décadent, symboliste, n'a peut-être pas eu grande faveur auprès du public. Le fait seul de sa production est intéressant à notre point de vue. Sous les obscurités de certains poètes, sous les divagations de quelques autres, un sentiment sérieux se manifeste, c'est le besoin, déjà entrevu, que tout ne soit pas trop clair, et l'on peut trouver qu'ils le satisfont trop. L'évolutionnisme, le matérialisme, le positivisme scientifique avaient fait un monde trop simple, trop intelligible et en même temps trop peu satisfaisant. Si les choses étaient réellement comme on nous les a montrées, ce monde paraissait un peu plat à l'intelligence, un peu sec au sentiment. Pour l'apprécier, pour s'y intéresser, il fallait non pas s'en tenir aux grandes lignes, mais approfondir une science, s'attacher à un ordre de faits et le pénétrer aussi bien que possible. La multiplicité, la variété des phénomènes, les applications infiniment nombreuses et complexes d'une loi générale font oublier ce que cette loi peut avoir de sévère et de monotone. Mais tout le monde n'a pas le goût et la possibilité de devenir un savant. D'un autre côté, notre science est bien incomplète encore, l'homme lui-même peut être considéré comme une ébauche mal dégrossie, et il y a en lui plus de possibilités d'idées et de sentiments que la science naissante n'en peut développer. De là le désir de trouver au monde un dessous, de réserver un vaste inconnaissable, dont on ne peut rien dire, mais qui nous laisse croire que nous trouverons en lui de quoi satisfaire ce que la science ne satisfait pas en nous, au point de vue intellectuel et au point de vue moral. Les inconnaissables de Spencer et de Littré, conceptions trop négatives pour les esprits religieux, trop affirmatives ou erronées pour les esprits scientifiques, trop vagues et trop arrêtées à la fois, répondaient, mais répondaient mal, à certains besoins de l'âme humaine.

Ces besoins paraissent se développer. On s'est plu à trouver en tout de l'infini ; à chercher, à supposer des dessous, des profondeurs. Les choses les plus simples ont dû cacher des mystères. On en est venu à préférer la suggestion à l'affirmation, et plus la suggestion était difficile, plus la profondeur paraissait grande ; on a transposé l'expression des sensations et des sentiments ; on a voilé les idées ; inversement, on a trouvé des effets étranges dans certains arrangements de syllabes. les lettres elles-mêmes sont devenues des symboles, dont la signification même variait d'une personne à l'autre, mais c'est là, sans doute, une obscurité et un charme de plus. On vient, par un détour, à des procédés analogues à ceux des peuples relativement primitifs qui ont exprimé des cosmogonies par des contes ou des initiés, des alchimistes qui exprimaient analogiquement leurs idées, voilaient une doctrine philosophique ou une opération alchimique sous des mots détournés de leur sens, d'après un procédé plus ou moins précis et que seuls les initiés pouvaient comprendre. Il y a d'ailleurs, en tout cela, une grande part d'illusion, souvent d'illusion voulue. souvent d'illusion naïve ; il semble qu'une idée que nous avons voilée nous-

mêmes peut devenir ainsi plus mystérieuse, moins connue, même
pour nous, que nous pouvons en attendre davantage et autre chose ;
si, en tout cas, pour l'intelligence, l'idée restait la même, elle
n'était plus la même pour le sentiment. Voiler ce que l'on sait, c'est
aussi le rattacher à ce que l'on ignore, et par là créer un lien entre
soi et l'inconnu. Au crépuscule, les objets même familiers prennent des apparences étranges. Toutes ces raisons, un peu subtiles
mais réelles, expliquent l'intérêt que peut prendre, à notre point
de vue, le mouvement symboliste [1].

Il ne faut pas s'attendre à trouver dans la critique littéraire les
renseignements sur l'état des esprits que la littérature nous offre ; la
critique s'exerce sur des œuvres faites, par conséquent, d'une
manière générale, le mouvement des idées y doit suivre plutôt que
devancer celui de l'œuvre littéraire. Cependant l'allure de la critique
est un signe souvent moins précis mais très sérieux, de certaines
tendances générales, l'œuvre du critique étant plus réfléchie, plus
raisonnée, que celle du littérateur. J'ai déjà eu à parler des articles
où M. Melchior de Vogüé a présenté au public français le roman
russe, mais M. Melchior de Vogüé n'est pas précisément un critique.
Il aime surtout à retrouver chez les autres l'expression de certaines
idées et de certains sentiments, il les fait sortir des ouvrages des
romanciers comme il les fait sortir des événements qui se déroulent sous ses yeux, des romans de Tolstoï et de Dostoiewski comme
de l'Exposition universelle. Examinons l'œuvre des auteurs dont la
critique littéraire est le but principal.

Ils sont deux en France, M. Brunetière et M. Lemaître, qui se
sont partagé, depuis une dizaine d'années, la faveur du public. Et si
je dis ici que, des deux, c'est M. Brunetière qui me paraît le plus
« moderne », et celui chez qui je retrouve le plus les tendances
que j'étudie ici, peut-être ne voudra-t-on pas me croire. Je le dirai
pourtant parce que c'est mon avis et parce que je pense pouvoir
l'appuyer de bonnes raisons.

La critique a trouvé aussi sa période de naturalisme, pour ainsi
dire. Sainte-Beuve établit une transition entre la période précédente
et celle-là, il portait des jugements, comme ses devanciers, mais

1. A propos des arts divers on aurait à faire des remarques semblables à celles
que nous suggère la littérature. Je rappelle à cet égard le succès de la musique
de Wagner et de la peinture de M. Puvis de Chavannes. M. Melchior de Vogüé,
en signalant l'enthousiasme excité récemment par l'*Angelus* de Millet, et le succès
des *Bretonnes au pardon* de M. Dagnaud-Bouveret, dit que « dans l'un et l'autre
cas « le public » acclamait le « Tableau de sainteté » tel qu'il nous le faut aujour-
d'hui, la représentation discrète d'une émotion religieuse dans les âmes simples. »
(*Remarques sur l'exposition du Centenaire*, p. 263.)

surtout, il accumulait des faits, cherchant l'homme plus que l'écrivain, et donnait des impressions. M. Taine ensuite donna à la critique une ampleur et une portée inconnues avant lui ; il vit dans la littérature comme dans l'art un moyen d'arriver à l'homme, à l'état social ; on sait les beaux ouvrages pleins de faits et d'idées que sa tentative nous a valus ; ce que l'on paraît moins savoir, je ne sais trop pourquoi[1], c'est qu'il envisagea l'art non seulement au point de vue historique, psychologique et social, mais aussi au point de vue esthétique, et qu'il formula dans *l'Idéal dans l'art* des règles très précises et peut-être incomplètes, mais généralement vraies, pour juger de la valeur d'une œuvre. Aujourd'hui, il est permis de trouver dans la critique des manifestations de l'esprit nouveau. M. Lemaître, toutefois, ne s'y rattache que par quelques côtés. Il aime à donner ses impressions, il le fait avec esprit, avec piquant, avec grâce, avec vivacité, mais il n'aime pas les théories ; il en fait quelquefois, sans vouloir paraître y ajouter grande importance : je ne serais pas surpris qu'il donnât moins d'importance encore à celles que font les autres. Son but paraît être surtout de présenter les idées et les sensations d'un esprit curieux, pénétrant, assez libre, mais libre surtout à la surface, épris de la littérature de ces dernières années, et surtout d'une partie de cette littérature. S'il se rattache au mouvement actuel, c'est par sa curiosité, par quelques remarques, quelques pensées éparses dans ses œuvres et aussi parce qu'il se sépare plus ou moins de certaines croyances encore en vogue.

M. Brunetière s'y rattache plus étroitement ; ce n'est pas qu'il soit plus mystique ; il ne paraît aimer ni l'obscurité, ni le demi-jour et il a émis un jour l'opinion. à propos de MM. de Goncourt, que ce sont les nuances les plus fines, les plus insaisissables qu'il faut rendre avec le plus de précision. Mais il a une doctrine générale et surtout il relève de notre enquête par sa préoccupation constante de donner à la littérature une signification, je ne dis ni proprement morale ni sociale, mais humaine. Si je ne me trompe, le vrai principe de sa critique moins arrêtée et moins dogmatique qu'elle ne paraît et peut-être qu'elle ne voudrait l'être, c'est *l'humanité*, en ce sens que les œuvres et les genres lui paraissent supérieurs en raison de la supériorité des sentiments qu'ils mettent en jeu et des idées, dépendant elle-même de l'importance de leur rôle, dans la vie de l'homme, j'entends dans la vie intellectuelle, morale et religieuse de l'homme, c'est-à-dire encore dans les rapports généraux de l'homme et du

---

1. Il faut voir très probablement en ceci un effet des tendances dominantes qui portaient les esprits vers la constatation, plutôt que vers l'appréciation critique.

monde. Rien n'est plus opposé que cette manière de voir à la théorie
de l'art pour l'art ou à celle de l'art pour les artistes qui ont eu
trop de faveur, mais il serait injuste d'y vouloir reconnaître les
anciens errements sur l'art moralisateur ou l'utilitarisme appliqué à
la littérature. C'est à cette préoccupation de M. Brunetière qu'on
peut rapporter sa prédilection marquée pour le xviiᵉ siècle, son antipathie pour les romanciers de l'école naturaliste française, même
pour ceux — je devrais dire peut-être pour celui — dont il a pleinement reconnu le talent, sa sympathie pour le naturalisme anglais de
George Eliot, ses mots « qu'est-ce qu'aimer l'art sans aimer l'homme? »
et c'est le même sentiment qui lui a fait prendre la défense des
études latines, qui lui fait enregistrer avec plaisir l'entrée d'une
science particulière dans la littérature, la philosophie avec Descartes, la théologie avec Pascal, l'histoire naturelle avec Buffon,
c'est-à-dire l'entrée dans le domaine de l'humanité de ce qui n'appartenait qu'à quelques-uns, qui lui fait aussi craindre par-dessus
tout ce qu'il appelle lui-même « la déshumanisation d'une âme »;
c'est par cette préoccupation aussi qu'il se sépare du courant d'idées
contre lequel se produit une réaction et qu'il se rattache à l'ensemble
de sentiments et de théories que je tâche de montrer. Il appartient
encore à l'esprit nouveau par ce qui se retrouve dans cet esprit
comme dans celui qui l'a précédé : le goût des connaissances nombreuses, précises et sûres, et l'ouverture de l'intelligence qui offre
chez lui un contraste assez peu commun, mais explicable avec un
goût littéraire difficile.

Nous retrouvons cette idée de la solidarité humaine et de son
importance, cette vision de la nécessité d'unir les hommes étroitement, de coordonner leurs rapports, autant que faire se peut, dans
un domaine différent, celui de l'économie politique. Ici il ne s'agit
plus seulement de théories. La disproportion immense entre l'accroissement des besoins et celui des moyens de les satisfaire, le contraste de fortunes énormes et de misères nombreuses, la disparition
des idées, des sentiments, des faits qui pouvaient légitimer ou faire
paraître légitime ce contraste, empêcher de le voir ou empêcher
de le sentir, ont créé de redoutables problèmes dont la solution
semble s'imposer davantage à mesure qu'elle devient plus difficile. Le mouvement à mille formes qu'on désigne sous le nom de
socialisme et dont le but est une répartition plus équitable de la
richesse, nous présente actuellement, sur bien des points, des phénomènes indiquant une évolution analogue à celle que nous avons
signalée à propos d'autres idées. Mais ici la réaction contre la
science froide et l'individualisme excessif a été autrement précise et

autrement forte. C'est que les intérêts qui pouvaient être froissés n'étaient pas ici des intérêts spéculatifs, de ces tendances qui protestent faiblement quand on les gêne. Il s'agissait sinon de la vie, au moins de la vie acceptable pour des hommes dont la civilisation a multiplié les besoins sans leur donner toujours les moyens de les satisfaire, des désirs inhérents à tout homme d'un certain développement dans notre état social. Les différentes écoles qui se sont formées ont sans doute la prétention d'être des écoles scientifiques; plus que jamais, les faits sont recherchés, classés, décomposés, analysés; plus que jamais les lois scientifiques sont rigoureusement établies, mais plus que jamais aussi, on sent le besoin de ne pas considérer les faits et les lois au seul point de vue de la théorie, mais de les envisager aussi au point de vue de l'action; on est prêt à les accepter comme des réalités données, mais c'est surtout pour s'en servir afin de diriger, de créer la réalité future; de déterminer de nouveaux faits, de susciter la formation de nouvelles lois. Il faut apprendre, en science, en philosophie, à comprendre ce qu'il y a d'immuable, mais aussi ce qu'il y a de mobile et de périssable dans cet ensemble d'abstractions et de faits généraux qu'on appelle les lois naturelles. La science sociale est une de celles qui suggèrent le plus d'idées justes à cet égard.

La nature des questions détermine jusqu'à un certain point, la forme de leur étude. Il ne faut pas chercher dans le mouvement socialiste des subtilités, des élégances, des raffinements, dans le genre de ceux du symbolisme. Mais un certain mysticisme y est assez fréquent, on en trouverait un exemple dans le nom donné à la fameuse *loi d'airain* et surtout dans la fortune de ce mot, fortune à laquelle n'est pas étranger ce sentiment de l'immense, de l'inconnu, du divin, que nous avons signalé ailleurs. Mais on en trouve d'autres dans les idées, les aspirations, qui guident quelques-uns des hommes qui tâchent de trouver et de faire accepter des solutions pacifiques et rêvent l'organisation de la société sur un nouveau plan. Je signalerai à cet égard l'école qui voit dans la généralisation de la coopération le moyen d'arriver à la refonte de l'organisme social. La coopération était signalée jadis dans les traités d'économie politique comme un moyen d'arriver à quelques résultats avantageux, mais restreints. « Si la coopération, dit un représentant de la nouvelle école [1], n'avait d'autre but ni d'autre avenir que de créer quelques boutiques d'épicerie perfectionnées ou quelque mécanisme d'épargne plus ou moins ingénieux, je vous prie de croire qu'elle n'aurait pas

1. M. Ch. Gide, *Conférences.*

rallié dans une même foi et dans une même espérance des millions d'hommes de tous pays et de toutes langues, Anglais, Italiens, Allemands, Américains ou même Russes, témoin ce Russe de Kharkof, Nicolas Balline, qui écrivait aux coopérateurs français, réunis à Tours cet automne, dans une lettre que je lus pour lui au milieu d'un auditoire ému jusqu'aux larmes : « Je suis heureux de penser que, « Français ou Russes, nous voyons dans la coopération le même « idéal, de même que je suis heureux de penser, quand je regarde « une étoile, que mon frère de loin, la regarde aussi ! » Une étoile, c'est le mot; non point une boutique, mais une étoile vers laquelle des millions d'hommes ont levé les yeux pour chercher le mot de l'énigme sociale, et qui, si elle n'a pas encore révélé son secret, à du moins fait descendre d'en haut dans plus d'un cœur ulcéré ce rayon d'or qui s'appelle l'espérance. » On a reproché à cette école ce qu'on a appelé son mysticisme. Cette critique ne porterait qu'en tant qu'il serait établi que ce mysticisme lui fait mal apprécier la réalité, mais elle ne repousse aucun des moyens scientifiques d'observation, aucune des manières scientifiques de raisonner. Il y a certes des raisons de recommander la froideur dans l'observation et dans le raisonnement; cependant, il ne faut pas oublier que, si l'objectif de nos recherches nous laissait complètement indifférents, nous ne ferions pas ces recherches, et que, si le résultat ne nous importait en rien, nous ne trouverions pas ce résultat. Autant que la froideur de la recherche, l'émotion qui la précède et l'émotion qui la soutient et l'émotion qui la suit sont désirables, au moins dans l'état actuel de l'humanité; et c'est encore un signe de l'état de l'âme moderne que cette recherche des grands résultats jointe à l'emploi des moyens les plus minutieux, ce mélange de réalisme pratique et d'idéalisme sans limites, de science et d'émotion, de mysticisme, si l'on veut, qui se révèle au moins dans certaines formes du mouvement social.

Ainsi le besoin de science et le besoin d'idéal nous paraissent être les deux tendances générales qui se retrouvent dans toutes les formes diverses de l'esprit nouveau. Le besoin de science n'est pas une nouveauté, il est emprunté à l'état psychologique qui a immédiatement précédé celui qui est en train de se former, le besoin d'idéal est plus ancien encore, éclipsé quelque temps, amoindri, non disparu — il ne saurait l'être — il se réveille aujourd'hui aussi vivace, semble-t-il, qu'il l'a jamais été; une sorte de mysticisme scientifique paraît en voie de formation.

Du reste, l'ensemble des tendances que j'ai signalées est encore incohérent. Les chercheurs, d'un domaine de la pensée à l'autre, s'ignorent souvent; chacun d'entre eux n'a pas toujours conscience de ce qu'il porte en soi, et quelquefois, soit aveuglement sur sa propre pensée, soit illusion sur la pensée d'autrui, un homme repousse l'aide qu'un autre homme lui apporte. D'ailleurs, chacun n'avance pas en même temps sur le même point. Les uns gardent certaines parties de l'esprit régnant que les autres repoussent; ceux-ci sont en avance sur leur temps par un côté et sont en retard par d'autres, en avance, par exemple, au point de vue esthétique, en retard au point de vue économique qu'ils ne comprennent pas; ceux-là font exactement de même, mais en un sens opposé. D'autre part, les divers mouvements qui composent le mouvement total n'ont pas commencé à la fois et ne sont pas également avancés. Des alliés naturels restent inconnus l'un à l'autre ou se combattent. Enfin, il ne faudrait pas se faire illusion sur le développement actuel des tendances dont la fusion, la coordination peut faire régner un état mental qui ressemblera peu à celui de la dernière génération. Si ces tendances apparaissent un peu isolées, chacune se maintenant à part des autres, il arrive qu'elles n'existent un peu développées que chez quelques individualités, celles qui tiennent la tête et mène- ront le mouvement. Sans doute, il paraît bien qu'un instinct profond dirige dans le même sens la masse des esprits, cependant leur mou- vement n'est pas encore très visible. J'ai parlé tout à l'heure de la doctrine coopérative, de la généralité de vues, de l'extrême ambition théorique de quelques-uns de ses défenseurs; je demandais un jour à un partisan actif de la coopération, s'il n'y avait pas quelque danger à mettre surtout en avant des théories générales, des avan- tages universels, mais abstraits, éloignés, et de paraître tenir relati- vement en petite estime les résultats un peu terre à terre, qu'il est possible d'obtenir immédiatement : les petites économies, les petites épargnes. Il me répondit avec justesse qu'il fallait fortifier la partie faible. Nous ne manquerons jamais, disait-il à peu près, d'hommes qui s'intéressent à leurs propres affaires et qui soient sensibles à leur intérêt, il faut attirer aussi leur attention sur le but final et idéal sans lequel le mouvement avorterait. Je pense qu'il en est de même un peu partout. On me fera difficilement croire que les lec- teurs assidus des poètes décadents soient très nombreux en France, et même que tous les lecteurs de Tolstoï éprouvent l'immense com- passion pour les faibles et les déshérités de la société ou de la nature qu'ils auraient pu puiser dans les œuvres du grand auteur russe.

Mais ceci n'est pas pour nous faire revenir sur ce que nous avons dit. D'abord, quand nous parlons d'un esprit, assurément nous n'en- tendons pas que cet esprit existe et surtout soit conscient et développé chez tout le monde. Si l'esprit positif et scientifique, individualiste et irréligieux a régné un moment, cela ne veut pas dire qu'il n'y eût plus de rêveurs, de socialistes ou de croyants, cela veut dire simplement que cet esprit était celui des hommes de talent, des initiateurs les plus écoutés, les plus suivis, et surtout que l'orientation générale des âmes et, par suite, des actes individuels ou sociaux se faisait en ce sens. De même, il reste et il restera toujours des sceptiques, des gens d'un bon sens terre à terre et des matérialistes convaincus, mais il me semble que l'orientation générale change. Les raisons je n'ai pu les trouver que chez les écrivains et les hommes en vue, mais ces écrivains n'écriraient pas ainsi ou n'écriraient plus, ces hommes n'agiraient pas comme ils le font s'ils ne se sentaient pas soutenus par la foule qui les voit, les lit ou les écoute. Une tendance de portée sociale ne se manifeste pas chez une seule personne à la fois; le plus souvent, si elle existe à l'état conscient chez un homme, c'est qu'elle existe à l'état inconscient, à l'état latent, à l'état partiel, chez plusieurs milliers d'autres.

Et chez ces autres, l'imitation la développe bientôt. M. Tarde nous a montré récemment quelle était la puissance de ce procédé social. Sans doute, il faut que le terrain soit préparé pour qu'elle puisse agir. On pourrait faire indéfiniment des opérations algébriques chez un peuple qui n'a pas pu s'élever à compter plus loin que dix sans se faire réellement imiter, mais, dans une société préparée, l'acte initiateur des hommes de talent qui formulent les premiers une idée, qui expriment un sentiment, est réellement l'étincelle qui met le feu aux poudres. En même temps que l'imitation, se produit une sorte d'accommodation spontanée qui adapte aux nouvelles idées ceux mêmes qui les ignorent et ceux mêmes qui les combattent; ceci est un fait social dont l'importance ne saurait être estimée trop haut. Il ne faut pas non plus exagérer la distance qui sépare les hommes, le savant de l'artiste, le socialiste du poète. D'un monde à l'autre, les passages sont nombreux; outre l'accord spontané qui provient de la ressemblance des conditions sociales générales auxquelles les uns et les autres sont soumis, il se produit des rapprochements individuels, des influences souvent inaperçues mais réelles, qui régularisent les actions et permettent à l'imitation de passer d'une partie à l'autre de la société, et qui laissent se produire les généralisations et les coordinations des sentiments, des désirs, des idées qui se manifestent isolément et que les nombreux points de contact déterminés par notre mode de groupement social rapprocheront facilement, pourvu que les conditions sociales soient favorables et qu'il se trouve quelques hommes supérieurs pour trouver la parole décisive, le mot excitateur, pour faire jaillir l'étincelle.

Ces conditions, nous les avons indiquées, c'est l'état d'esprit dominant pendant la seconde moitié du XIXᵉ siècle, la persistance des tendances froissées, la force de quelques-unes d'entre elles et de quelques-unes aussi de celles que les circonstances, l'aveuglement de quelques hommes, l'imprévoyance ou l'étroitesse de quelques autres leur avaient opposées. Les esprits initiateurs, nous en avons vu un grand nombre, les paroles prononcées, nous les avons rappelées, et nous avons vu que partout elles convergeaient vers des résultats généraux sensiblement concordants. Le succès possible de ces paroles enfin, nous l'avons entrevu, nous l'avons vu clairement dans le succès de certains ouvrages, dans la force et la diffusion de certains courants d'idées et de désirs, dans la nature des luttes et des discussions provoquées. Il semble donc bien que le nouvel esprit qui se forme soit en bonne voie pour se développer, s'organiser, croître et dominer à son tour, il paraît devoir être une sorte de synthèse de science spéculative et de foi active, de besoin de savoir et de besoin d'aimer, de respecter et de craindre, du sentiment aussi de la nécessité d'ignorer encore de vastes parties de l'univers, sentiment à la fois de désir et de trouble, d'anxiété et de crainte devant cet immense inconnu qui nous entoure. Parmi les tendances qu'il devra unir, les unes sont empruntées à l'esprit dominant pendant la période intellectuelle précédente, d'autres au contraire remontent à des périodes plus éloignées et avaient été plus ou moins opprimées depuis. Le contraste, en sociologie, est complexe, et, lorsqu'il s'agit d'esprits en évolution, l'état nouveau est, non pas une simple réaction, mais une combinaison de réactions diverses, d'actions qui se continuent, de nouveaux sentiments et de nouvelles idées aboutissant à un composé plus riche et mieux systématisé.

III

Après avoir constaté et interprété les faits, il faut tâcher de les apprécier. De ce qu'un mouvement intellectuel et moral se produit fatalement, il ne faut pas conclure qu'il soit bon ou qu'il soit mauvais; il peut être l'un ou l'autre, il est probable qu'il est l'un et l'autre à la fois à différents égards. En tout cas, le courant risque de dévier, de déborder sur tel ou tel point. Chacun a le devoir d'apporter sa pierre aux digues qui le contiendront, aucun effort n'est absolument vain dans ce monde où tous les faits réagissent indéfiniment les uns sur les autres.

Le mouvement précédent vers l'athéisme dans le monde, vers l'individualisme en politique, vers la libre pensée, vers l'émancipation à l'égard de la tradition et de la règle, à l'égard de la morale même (car ceci fut un des côtés les moins avoués, mais non les moins visibles du changement) avait ses inconvénients aussi, et nous a conduits à une anarchie intellectuelle et morale qui aurait ses périls, si d'ailleurs elle n'était pas une condition favorable à l'éclosion d'un esprit nouveau qui emprunterait au passé ce qu'il avait de bon, sans renier les conquêtes du présent; en laissant le champ libre aux idées nouvelles, en favorisant jusqu'à un certain point l'initiative individuelle, il a rendu service; l'un de ses plus graves inconvénients serait d'avoir préparé et rendu possible une réaction trop forte ou mal dirigée. Il importe de ne pas satisfaire les besoins qui se réveillent par les moyens qui ont échoué déjà et qui échoueraient encore. Beaucoup de « penseurs » sont déjà las de leur indépendance et cherchent une foi commune qui puisse les réunir. Le tout est de savoir comment, à qui, sur quel terrain ils se réuniront. Il ne faut pas que l'union nouvelle aboutisse prochainement à une nouvelle séparation. Je sais bien qu'on échappe en partie à l'apparence de la séparation en en acceptant la réalité, en conservant les rites, les habitudes, les formules, les symboles, tandis que les croyances s'évanouissent, et puis il y a tant de manières d'interpréter un texte sacré ou même une décision de concile ou de choisir parmi les textes sacrés, que bien des esprits y peuvent trouver satisfaction. Que des sentiments très respectables puissent se manifester ainsi, nul ne le contestera. Un grand historien mort récemment désira, par respect pour les croyances de nos ancêtres, croyances qui n'étaient plus les siennes, que son corps fût inhumé avec les cérémonies catholiques. Certes l'homme qui avait si admirablement montré l'influence de la religion dans les sociétés primitives, l'homme qui avait recherché avec tant de science et tant de talent l'origine de nos institutions, avait plus qu'aucun autre le droit de se laisser influencer par des considérations purement historiques, et pouvait être reconnaissant à la religion de ce qu'elle avait fait pour nous, de ce que nous avions fait pour elle. Mais une généralisation de ce fait ne paraît ni possible, ni désirable. Il ne faut pas oublier que nous ne devons pas accepter en général nos croyances pour des raisons historiques, ni pour des raisons de famille ou de milieu, abstraction faite de leur vérité; une pareille acceptation d'ailleurs ne satisferait ni les incrédules ni les croyants, et si en quelques cas elle est excusable ou louable, elle est assez souvent inspirée non par des sentiments élevés, comme dans le cas que nous citions tout à l'heure, mais par des sentiments d'égoïsme, de timidité et de paresse, pour que les chrétiens, comme les athées, la combattent, et c'est ce que ne manque pas de faire, sous des formes diverses, le parti le plus florissant.

Si les raisons historiques ou de sentiment ne doivent pas suffire à nous faire accepter les pratiques d'une religion, à plus forte raison, ses croyances. Il se produit en ce moment-ci une réaction peut-être outrée contre la polémique antireligieuse du xviiie siècle. Que cette polémique ait été mesquine, inintelligente, étroite, c'est vrai; mais ce qui est vrai aussi, c'est que. *au fond*, Voltaire avait raison quelquefois, les croyances qu'il combattait ne nous satisfont pas plus que lui et les raisons qu'il invoquait pour les combattre, si elles prouvent que Voltaire ne savait pas tout ce qu'on sait aujourd'hui, ne portent pas moins en certains cas, si on se place non au point de vue de l'histoire et de la formation des religions, de la grandeur et de l'importance de leur rôle historique, mais de leur vérité intrinsèque. Ne soyons pas contre lui aussi étroit qu'il l'a été lui-même, puisque en ce siècle nous en serions moins excusables que lui, et si le raisonnement vulgaire, le bon sens, la logique élémentaire, grossière si l'on veut, ne suffisent pas à tout, ni même, si l'on veut, à grand'chose en philosophie, n'en concluons pas qu'ils ne soient absolument bons à rien.

Aujourd'hui les croyances catholiques paraissent regagner sous des formes parfois peu orthodoxes une partie du terrain perdu, la jeunesse ne leur est pas hostile; des écoles où dominait autrefois l'esprit de Voltaire, s'ouvrent plus largement à l'idée religieuse. Dans le roman, dans la critique, une grande bienveillance pour le catholicisme, sinon une acceptation complète, ne sont pas chose rare. En publiant *le Disciple* dans la *Nouvelle Revue*, M. Bourget terminait son roman par le retour du vieux savant brisé, moralement anéanti à la prière de son enfance : « Notre Père qui êtes aux cieux ». L'œuvre finissait par ces mots. Quand elle parut en volume, l'auteur ajouta quelques lignes pour compléter sa pensée, et, en somme, expliquer mieux la conversion d'Adrien Sixte, tout en la rendant moins nette. Comme fait psychologique, le revirement du vieux philosophe n'a rien d'invraisemblable, c'est un de ces retours de la dernière heure. analysés par M. Ribot. Dans le naufrage des croyances acquises, des idées obtenues par le travail, dans le désarroi de tous les sentiments, on voit reparaître, avec la fraîcheur des impressions de l'enfance oubliées depuis longtemps, les premières impressions religieuses, les croyances de l'âge disparu. Il est possible que la société dans son ensemble présente un phénomène analogue, elle est vieille aussi, et ses croyances, ses habitudes, ses sentiments anciens et nouveaux ont été disloqués, brisés, anéantis; peut-être dans ce désarroi général la haute antiquité, la puissante organisation du catholicisme qui fut si fortement mêlé à notre vie nationale, lui vaudront-elles de survivre, et lui feront-elles au milieu des ruines de croyances plus récentes une nouvelle jeunesse. S'il se montre assez souple pour s'accommoder aux croyances nouvelles de la vie sociale, et assez hardi pour ne pas s'effrayer des conquêtes de la science [1], il peut pendant longtemps non seulement subsister, mais avoir sa part d'influence, une part considérable.

Malgré tout, pas plus que les autres branches du christianisme, il ne pourra garder la direction des esprits; si les religions existantes se sont montrées impuissantes à suffire à l'intelligence de l'homme moderne, elles n'ont pas été moins impuissantes à contenter son cœur. Ou les religions se déformeront au point de n'être plus elles, ou bien elles seront toujours combattues par les exigences de l'esprit comme par celles de notre conscience. Le livre de Guyau sur ce point sera longtemps vrai, sa critique reste, et si elle nous montre en quoi les religions anciennes ne nous satisfont plus, elle nous montre aussi en quoi les nouvelles ne peuvent nous satisfaire. C'est folie que de vouloir adapter à des idées modernes des formes anciennes qui séparées des croyances qui les font vivre et de leur sens historique, employées consciemment dans le but d'augmenter le prestige d'une institution quelconque, deviennent simplement grotesques. On aurait beau faire jouer les orgues à un enterrement civil, on ne lui donnerait pas le caractère particulier d'une cérémonie religieuse, mais il est possible par la dignité, le sérieux, de lui donner un caractère différent, mais de valeur égale. Des parodies comme le sécularisme, « religion purement athée et utilitaire ayant conservé le plus possible le rituel de l'Église anglicane [2] », n'ont aucune valeur.

Une chose peut préserver le mouvement actuel de la réaction excessive, c'est le maintien de l'esprit scientifique, du naturalisme au bon sens du mot. Plus que jamais on éprouve le besoin de savoir, de savoir avec précision, de savoir beaucoup, plus que jamais aussi on veut analyser ce qu'on sait et aussi ne prendre les analyses que pour arriver à la synthèse. Tant que ce besoin persistera, tout ira bien, rien ne fait maintenant présager son déclin; cependant il peut être affaibli ou gêné par deux tendances légitimes, bonnes à certains égards, assez fortes aujourd'hui et qui, mal dirigées, peuvent lui

---

1. Une revue, la *Revue de la science nouvelle*, s'est récemment fondée dans le but de défendre le catholicisme au point de vue scientifique.
2. Guyau, *l'Irréligion de l'avenir*.

nuire : l'une, c'est le désir de la synthèse pratique et *humaine,* si je puis dire ; l'autre, c'est l'amour de la profondeur compliqué du goût du merveilleux et de l'obscur.

Le premier, c'est celui qu'Auguste Comte avait eu le grand mérite de reconnaître pour une base essentielle de la philosophie et qu'il avait eu le tort de satisfaire mal pour le vouloir trop satisfaire. C'est celui qui lui avait inspiré la théorie du Grand Fétiche et du Grand Milieu, et cette idée singulière, quoique moins folle au fond qu'il ne serait possible de le croire, que nous devons nous représenter le monde comme animé à notre égard de sentiments bienveillants. Il est inutile de retourner à ces errements. Si une connaissance objective n'a une valeur pour nous qu'en tant qu'elle peut satisfaire quelque tendance, inversement une opinion qui pourrait satisfaire nos tendances ne doit généralement être considérée comme ayant une valeur pour nous que si elle est vraie.

Il faut aussi se méfier de l'amour du profond quand il se confond avec le goût de l'obscurité. Tout n'est pas clair dans le monde, et il ne peut en être autrement ; même les choses évidentes ont des dessous, des causes, des conséquences qui restent obscures. Mais notre ignorance est assez grande pour que nous ne prenions pas plaisir à l'épaissir, elle ne nous sert pas assez pour que nous prenions peine à la cultiver. Elle est une imperfection qu'il faut diminuer. Et, s'il reste, et il restera longtemps dans le monde une immense quantité d'inconnu, n'appelons pas cet inconnu un Inconnaissable pour avoir la satisfaction de nous agenouiller devant lui et n'en faisons pas, comme si nous le connaissions, une sorte de pouvoir personnel inconscient, cause et directeur du monde des phénomènes. L'inconnu ne peut même nous être connu comme inconnaissable.

Il faut éviter surtout que notre ignorance devienne une raison de foi. Il a paru évident, à tort, que les lacunes de la science autorisaient des affirmations extra-scientifiques ; il faudrait tâcher de se faire à cette idée que, lorsque nous ne savons pas certainement une chose, il faut rechercher par des procédés rigoureux la croyance la plus probable, et si on croit devoir en adopter une, ne lui attribuer que le degré de probabilité que nous lui avons reconnu, sinon en cas de doute, essayer d'une hypothèse comme croyance provisoire et à vérifier, ou bien rester dans l'incertitude. Mais il est à craindre que la tendance trop forte n'en vienne à se satisfaire par n'importe quel moyen. Faute d'aliments on a vu des affamés avaler de la terre pour apaiser la sensation de la faim ; faute d'aliments intellectuels on peut aussi repaître son esprit de conceptions sans solidité logique. Malheureusement il est plus facile de se tromper sur la valeur de cette nourriture.

Ne nous y trompons pas; il pourra y avoir lutte entre l'esprit de foi et l'esprit de science. Nous voyons déjà la science malmenée par quelques écrivains, qui le plus souvent d'ailleurs paraissent n'en avoir qu'une idée vraiment trop imparfaite comme le poète qui a écrit :

Le seul savant, c'est encore Moïse.

Et les savants ou prétendus tels ne sont pas innocents de cette réaction par la façon dont ils ont présenté comme scientifiques des théories aussi hypothétiques que pas une. Il n'est pas très rare encore en psychologie de voir considérer comme « scientifique » une hypothèse par cela seul qu'elle est exprimée en termes empruntés à la physiologie. Mais si la réaction allait jusqu'à prévaloir contre les habitudes de constatation rigoureuse, d'analyse précise et de synthèse exacte que nous sommes occupés à acquérir avec tant de peine, ce serait un recul considérable d'accompli et une autre réaction à craindre. L'esprit scientifique est fort par bonheur, même chez plusieurs représentants des nouvelles tendances.

Que reste-t-il au point de vue scientifique à celui qui ne peut plus croire aux anciens dieux ni aux nouveaux? Moins qu'on ne voudrait, quelque chose cependant. Si la religion est un mode d'association entre les hommes d'abord, entre les hommes et le monde ensuite, ce n'est pas le seul. Ce besoin d'harmonie, d'unité que nous portons en nous, nous avons de quoi le satisfaire non pas pleinement, mais assez cependant pour que celui qui s'attache réellement à une œuvre, à une idée, à une recherche y trouve le soutien de sa vie et la satisfaction et même, s'il est fort, le calme devant la mort. Il ne manque pas d'hommes dont la science, la patrie, l'art, la famille, moins encore, un métier, une occupation aimée ont rempli la vie. L'homme est un rouage, engagé dans des mécanismes qui se compliquent à mesure qu'ils se multiplient. Au-dessus de lui il a la famille, groupement d'intérêts communs, groupement d'affections semblables, d'habitudes analogues, de traditions plus ou moins vieilles. La famille s'affaiblit en un sens, nous l'avons à la fois élargie et diminuée, la diversité des croyances et des besoins qui s'y est introduite a nui à son unité, à la solidité de l'union de ses membres, mais ne l'a pas ruinée; elle peut encore répondre dans une certaine mesure aux besoins d'harmonie et d'unité. Au-dessus de la famille, la patrie? la convergence des goûts, des croyances, des idées, des sentiments, des intérêts, la solidarité établie par les institutions sont des conditions très favorables à l'établissement d'un lien réel. Ce lien s'étant relâché, le cosmopolisme avait repris faveur. Une réaction s'est produite depuis nos malheurs. Elle a devancé les autres mouvements

de direction analogue. La patrie est devenue pour quelques-uns
l'objet d'un véritable culte. Peut-être va-t-on quelquefois bien loin
en ce sens. Je l'affirmerais davantage si les manifestations d'un
patriotisme mal compris, comme celle qui a empêché la représentation à Paris d'une œuvre musicale allemande, ne se mêlaient souvent à des sentiments fort suspects. Du reste le patriotisme bien
compris ne peut inquiéter les partisans d'une forme d'association
plus haute encore, pas plus que le développement normal des individus ne doit inquiéter sur le groupement social dont il est au contraire une condition.

Entre la famille et la patrie ou même en dehors de ces groupes
s'échelonnent une série de petits systèmes sociaux plus ou moins
considérables, mais qui peuvent avoir, à notre point de vue, une
grande importance, les sociétés scientifiques, les sociétés de secours
mutuels, les associations économiques peuvent devenir des occasions
d'exercer l'esprit moral et l'esprit religieux. Certaines de ces associations, par leur but lointain, par leur programme pour ainsi dire
infini, ouvrent d'assez vastes perspectives pour satisfaire des besoins
d'harmonie même exigeants.

Au-dessus de la patrie enfin, l'humanité, qui en un sens n'existe
pas encore; elle ne sera un objet réel que le jour où les relations
entre les peuples auront pris un caractère différent de celui qu'elles
ont gardé jusqu'ici, où la solidarité, les coopérations régulières, l'unité
de fin se seront établies d'un bout de l'univers à l'autre. Jusque-là
l'humanité comme tout systématisé n'existe qu'au sens compréhensif,
non au sens extensif, non comme réunion d'hommes, mais comme
réunion des caractères proprement humains, en ce sens où Molière
prenait le mot dans une scène fameuse de *Don Juan*. Le culte de l'humanité dans un sens ou dans l'autre, comme recherche religieuse de
l'idéal entrevu : l'union universelle des hommes ; comme respect et
développement de ce qui, dans l'homme, constitue l'homme même,
comme expression de la subordination désirable ou réelle de
l'homme à un grand ensemble de conditions sociales ou à un idéal
moral, n'est pas peut-être aussi dépourvu de sens qu'on l'a dit et
redit, mais il a le tort d'adapter des formes vieillies d'action et de
pensée à des idées nouvelles, de « mettre le vin nouveau dans de
vieux vaisseaux ».

De plus il serait incomplet. La religion, comme l'a dit Guyau, doit
être non seulement humaine, mais cosmique. L'homme désire ou veut
se sentir relié aux lois générales de coordination du monde, c'est-à-
dire qu'il poursuit en théorie comme en pratique la synthèse la plus
large possible des phénomènes, le maximum de finalité. Autrefois il se

faisait volontiers le centre de l'univers, Dieu avait tout disposé pour lui, la coordination existait pour lui, il en était, après Dieu, le centre et le but. Il est aujourd'hui moins exigeant et se contenterait de collaborer à une œuvre divine d'harmonie cosmique. On a pu croire autrefois que cette harmonie universelle existait, que l'homme était un de ses facteurs plus ou moins importants. Il faut en rabattre. Le positivisme religieux, le panthéisme, le déisme ont mis trop d'ordre, dans l'univers théorique qu'ils ont construit ; même l'évolutionnisme qui considère l'univers dans son ensemble comme étant un tout organique et celui qui pense que « Dieu se fait » et qui recule dans ce futur l'harmonie que le présent nous refuse.

Ces doctrines s'appuient cependant sur un certain nombre de faits réels, mais qu'elles dénaturent et dont elles tirent des conclusions trop forcées. L'homme existe, par conséquent les conditions de son existence sont réalisées, par conséquent l'univers lui est jusqu'à un certain point favorable. Il paraît difficile de faire sortir de là une vraie religion. L'harmonie existe jusqu'à un certain point dans le monde, par exemple, dans le système solaire, et dans les autres systèmes analogues. Mais cette harmonie est peu de chose en somme, à côté de celle que l'homme introduit dans l'univers, par cela seul qu'il le voit, qu'il le comprend, qu'il agit sur lui, c'est-à-dire qu'il le fait entrer dans des systèmes coordonnés de sensations, de pensées, de désirs et d'actions. Peut-être cependant existe-t-il partout, comme chez l'homme, comme chez les animaux, une tendance obscure à l'harmonie, satisfaite dans l'homme par la réalisation de ses désirs, dans le cristal par la réalisation de la forme voulue, dans les molécules par la combinaison chimique. L'univers doit être conçu comme un ensemble de tendances vers le bien ; seulement ces aspirations moléculaires, animales, humaines, sociales sont égoïstes, ou plutôt divergentes ; le bien de l'un est le mal de l'autre ; si l'harmonie existe, c'est dans les éléments, non dans l'ensemble ; si, çà et là, quelques groupements d'atomes et de molécules sont arrivés à une complexité relativement avancée : les sociétés humaines, c'est un état encore bien inférieur par rapport à ce que nous pouvons rêver, plus inférieur encore par rapport à ce qui dépasse non seulement notre esprit, mais notre rêve. Non seulement Dieu n'est pas encore, mais il est à craindre qu'il ne soit jamais, au moins le Dieu universel. Un Dieu local, partiel aurait plus de chance de réalisation. Çà et là, nous apercevons des ébauches qui se sont formées à la suite d'une longue évolution. L'humanité est encore ce que nous connaissons de plus divin, et le meilleur moyen qu'on ait eu de représenter Dieu, a été encore d'idéaliser l'homme et d'étendre à l'univers entier certains de ses attributs.

Et c'est dans l'homme aussi que l'amour de Dieu, c'est-à-dire de la perfection, se manifeste avec le plus de force. C'est la grandeur à la fois et la faiblesse de l'homme d'aspirer toujours au mieux, de vouloir l'harmonie et de la vouloir pour lui, mais aussi pour le monde, de tâcher de trouver dans l'univers un ordre régulier de causalité, puis un ordre régulier de finalité, et s'il est impossible de l'y trouver, de chercher à l'y introduire dans la mesure de ses forces. C'est sa faiblesse parce que ce souci montre combien l'homme est mal adapté encore à ses conditions d'existence, et combien la systématisation harmonique du milieu extérieur et du milieu intérieur est peu avancée. C'est son honneur parce que, si cette systématisation est relativement plus imparfaite que celle de l'animal, de la plante, ou de la molécule chimique, c'est qu'elle doit être plus vaste, plus large, qu'elle embrasse plus d'éléments.

Au reste il peut arriver ou que l'homme finisse par s'animaliser dans quelque forme plus ou moins élevée, content de ce qu'il aura trouvé, bornant ses désirs, ou qu'il donne naissance à une espèce plus puissante, ou bien que ses moyens d'action se perfectionnent. La communication des êtres d'une planète à l'autre commence à être un rêve pas trop absurde. Les forces naturelles tantôt nous écrasent, tantôt sont à notre service; nous pouvons multiplier ces derniers cas et diminuer les premiers. Les progrès pratiques accomplis depuis une centaine d'années sont pour donner bon courage, en admettant même qu'à notre période d'invention va succéder une période d'organisation relativement calme. D'autres domaines ne nous seront-ils ouverts? Il est, non pas certain, mais possible, je dirais presque probable, que les phénomènes qui ont constitué jusqu'ici le domaine du spiritisme et des sciences occultes, révèlent une force dont nous ne savons pas encore nous servir. Nous serions vis-à-vis d'elle comme les anciens vis-à-vis de l'électricité : ils avaient observé la foudre, ils avaient peut-être remarqué certaines façons de l'attirer, de la produire; d'un autre côté les propriétés de l'ambre ne leur étaient pas inconnues; mais leurs connaissances restaient fragmentaires, isolées, sans lois, sans certitude, sans rapport avec d'autres connaissances précises. Mais n'ont-ils pas connu mieux que nous les phénomènes occultes? Nous avons aujourd'hui non sans quelque raison une tendance à n'admettre comme vrai que ce qui se laisse non seulement constater, mais encore constater assez aisément ou au moins expliquer. L'hypnotisme a été tourné en dérision jusqu'au jour où l'on a cru pouvoir le rattacher à certains troubles nerveux qui ne paraissent pas d'ailleurs devoir en rendre compte complètement. Les anciens avaient moins de scrupule et ont pu admettre, avec des fables innombrables, certains faits réels que nous rejetons encore faute de pouvoir les rattacher aux connaissances acquises. La prudence est une qualité qu'il ne faut pas exagérer même en matière scientifique et, pour ma part, je sais bon gré aux savants qui se hasardent dans des régions inexplorées, — en tout cas rien ne nous autorise encore à affirmer que nous soyons sur le point de découvrir une force réellement utile, un moyen efficace pour augmenter entre le monde et notre l'esprit l'harmonie que nous désirons.

Mais ce n'est pas au seul point de vue objectif que nous devons considérer l'évolution qui se produit. Un de ses caractères est précisément la part considérable que paraît y prendre le côté affectif de notre être. On se plaît à être ému. Ce n'est pas un mal pourvu que la lucidité de l'esprit n'ait pas à en souffrir. L'émotion, quand elle n'est pas encore devenue un but, quand elle ne résulte pas seulement d'une simple excitation de l'imagination, d'une rêverie plus ou moins vaine, accompagne généralement les tendances assez fortes pour se traduire par des actes. Elle est par conséquent dans notre état psychologique actuel, un signe non pas constant, mais assez ordinaire de la force, de la profondeur, de la complexité de nos besoins. Lorsqu'une tendance atteint chez une personne une intensité particulière, il n'est pas rare qu'elle s'accompagne de sentiments assez vifs, tandis que, plus faible chez les autres, elle est une habitude machinale et passe inaperçue. Nous pouvons mettre des émotions religieuses, des impressions morales, du mysticisme même dans des actes qui n'intéressent guère que nous, si ces actes tiennent dans notre vie une place considérable, si nous nous en rendons compte, si nous les considérons comme la fin principale vers laquelle doivent converger toutes nos idées, toutes nos croyances et tous nos désirs. L'unification de la vie, l'unification de la société, l'unification du monde idéal ou réel, lorsqu'elle est difficile à atteindre, lorsque nous les recherchons volontairement, lorsque nous nous rendons compte à la fois des obstacles qui nous séparent de ce but et de la nécessité sinon de les vaincre, du moins d'essayer de les vaincre, tel est l'objet du sentiment religieux, du sentiment moral, du sentiment esthétique; ce sont des formes plus ou moins élevées de la tendance à l'association systématique qui est la loi générale de la psychologie. Ce qu'une philosophie scientifique peut offrir pour satisfaire ce besoin d'harmonie ne peut ordinairement l'apaiser complètement. Les esprits qui demandent trop impérieusement à connaître le dernier mot de l'harmonie universelle et qui veulent participer à cette harmonie peuvent ne pas s'en contenter; ils ont, chacun selon son goût, à choisir parmi beaucoup de religions et autant de méta-physiques. Le danger de ces constructions provisoires est qu'elles continuent à subsister alors qu'on pourrait se passer d'elles : ce n'est pas encore. Quant à ceux qui pensent que si la tendance à l'harmonie est universelle, elle existe dans les éléments, non dans l'ensemble, que le monde n'est pas un organisme, mais, à bien des égards, un chaos, que les forces organisatrices dirigées les unes contre les autres s'enrayent à chaque pas, sans que nous puissions entrevoir le but concret vers lequel elles devraient se diriger, ils n'auront ni les consolations, ni l'espoir de se sentir d'accord avec l'infini. Mais sans être certains du progrès, ils peuvent espérer en l'avenir, et tout en désirant que l'on puisse faire mieux un jour, contribuer pour leur part, selon leur aptitude et leurs forces, à la meilleure organisation des systèmes organisés les plus élevés. Ils ne peuvent que voir avec plaisir, tout en en craignant les excès et les erreurs, un mouvement des esprits qui, s'il produit parfois quelques sentiments égoïstes, montre l'activité des tendances supérieures de l'homme, et la puissance du désir le plus élevé que nous puissions éprouver, celui de l'association harmonique la plus large possible [1].

Fr. Paulhan.

---

1. Je dois indiquer, en terminant, des travaux parus depuis que cette étude est écrite et qui montrent l'activité des tendances étudiées ici. M. Fouillée a publié dans la *Revue des Deux Mondes* deux articles sur l'instruction où il considère, un peu comme Auguste Comte, la science au point de vue de l'humanité. M. Mazel, dans un intéressant article de la Revue l'*Ermitage* intitulé *le Problème religieux*, a signalé et apprécié, à un point de vue qui n'est pas le mien, le mouvement contemporain vers le mysticisme et la foi.

L'ORIGINE DES SUFFIXES ET LE MÉCANISME DE LA DÉRIVATION

DANS LES LANGUES INDO-EUROPÉENNES

L'école de linguistique fondée en Allemagne par Bopp durant la première moitié de ce siècle et dont les doctrines eurent pour principaux adhérents et propagateurs Schleicher, Corssen, Benfey, G. Curtius, Max Müller, entendait par racine dans les langues indo-européennes une partie des mots, primitivement invariable et isolée, qu'un phénomène ultérieur appelé agglutination a réunie, en la soumettant à différentes modifications phonétiques, à d'autres parties également isolées auparavant désignées sous le nom de suffixe et de désinence. Antérieurement à l'agglutination, la racine était d'ailleurs susceptible d'assumer sous sa figure immuable toutes les fonctions grammaticales que se sont partagées plus tard les formes agglutinées; l'adjectif, le nom concret et abstrait, le verbe à tous les temps, à tous les modes, et à tous les nombres, etc., etc., n'avaient que la racine nue pour moyen d'expression. J'ai fait voir naguère ici-même [1] l'origine de cette étrange théorie qu'aucun fait positif ne soutient et que la logique repousse. Du reste, et il n'y a pas lieu de s'en étonner, le système de l'agglutination paraît avoir vécu. Du moins, les coryphées de l'école qui essaye de se substituer à celle de Bopp sous le nom de nouvelle grammaire, laissent de côté toute considération sur la manière dont les parties non radicales des mots se sont primitivement unies aux racines, et ne cherchent guère à dissimuler leur dédain pour toute tentative faite en vue de préciser le sens qu'il convient d'attacher au terme même de racine. A les en croire, la recherche de l'origine des racines serait de l'idéologie, et le positivisme grammatical interdit d'agiter de pareilles questions. On ne dit pas expressément qu'elles sont insolubles *a priori*, mais

---

1. *Revue philosophique*, n° de novembre 1889.

on le laisse entendre, et l'on agit en conséquence. Quelques-uns prennent pourtant la peine de donner la raison de leur indifférence à cet égard. Les langues indo-européennes que nous reconnaissons comme les plus anciennes, telles que le sanscrit, le grec, le latin, etc., sont, disent-ils, eu égard à la langue mère inconnue dont elles dérivent, dans le même rapport que les langues romanes sont avec le latin, leur auteur commun. Or, pourrait-on restituer celui-ci, s'il était complètement perdu pour nous, à l'aide de celles-là? Évidemment non. En appliquant le même raisonnement à la langue mère indo-européenne, qui seule contient les racines de ses filles, on conclut que ces racines nous échappent fatalement et que, ne les connaissant pas et ne pouvant pas les connaître, nous ne saurions raisonner utilement de leur origine, de leur forme réelle, de leurs combinaisons, etc.

Il serait facile de montrer qu'en vertu de la même logique toute conclusion en matière de grammaire comparative nous serait interdite. Nous ne pouvons établir de parallèle intéressant entre différentes formes correspondantes des langues dérivées de la langue mère qu'en restituant par induction l'ancêtre commun dont elles proviennent, tel qu'il existait dans la langue mère; c'est le seul moyen même de constater les lois phonétiques propres à chacun des idiomes secondaires. Quand, par exemple, après avoir rapproché les unes des autres les formes *mâtar* du sanscrit, *mâter* du latin, μάτης du dorien et μήτηρ de l'ionien-attique, nous en concluons à l'existence d'un prototype *mâtar* ou *mâter* dans la langue mère et à un changement de *â* en *ê* en ce qui concerne le passage de celle-ci à l'ionien-attique, que faisons nous, sinon prouver que nous nous croyons en état de reconstituer la langue mère par des procédés scientifiques, et même de reconnaître les lois phonétiques qui l'ont modifiée? Le changement en question de *â* en *ê* est en effet, tout l'indique, un des phénomènes marquant la transition de la langue mère au grec ionien, et non pas une modification qu'il faille en isoler complètement, car il n'y a pas eu de solution de continuité entre elle et ses filles.

Quoi qu'il en soit, tous nous refaisons la langue mère et si le positivisme grammatical s'opposait à ce qu'on la refît, c'est toute la grammaire comparative indo-européenne qu'il faudrait appeler œuvre d'idéologues, et non pas seulement le résultat des spéculations sur les racines.

Mais il y a mieux : si les racines, dans toutes les langues, et tout le monde est d'accord à cet égard, ne peuvent être autre chose que les bases de la dérivation ou les têtes de ligne de chaque famille de mots, comment, en ce qui concerne le sanscrit, par exemple, taxer d'idéologie la méthode qui consiste à les reconnaître là où elles apparaissent en toute évidence? Cette méthode est aussi simple et positive que possible ; elle consiste tout uniment à ouvrir les yeux et à les voir où elles sont, c'est-à-dire sous la forme de noms d'agents monosyllabiques, — nullement invariables, nullement indéclinables, comme le voulait Schleicher, nullement mystérieux et n'existant qu'à l'état d'hypothèse ou d'on dit, comme le prétend tel néo-grammairien, dont le nom m'échappe, — du genre de : *jas* (pour *jans*), celui qui engendre ou qui est engendré; *chid*, celui qui coupe; *das*, celui qui donne; *bhûs*, celui qui est; *tap*, celui qui échauffe, etc., etc. Du reste, le grec et le latin ont conservé ces mots racines tout comme le sanscrit : πλήξ, φλύξ, ῥώξ, *fex*, *dex*, *ceps*, *rex*, *mens*, *pax*, etc., en témoignent. Quant aux formes correspondantes de la langue mère, il y a tout lieu de croire que celle qui précédait, par exemple, le sanscrit *sthas* et le latin *stes* (celui qui se tient debout) n'en différait guère que dans la mesure où l'antécédent de μάτηρ et de μήτηρ différait lui-même de celles-ci.

Les racines dont nous venons de rappeler la véritable nature étant les bases de la dérivation, il importait de présenter les observations qui précèdent avant de passer à celles qui suivent.

II

Au point de vue morphologique et eu égard aux racines, les langues indo-européennes se développent par la dérivation, c'est-à-dire par l'élargissement des formes au moyen de l'insertion d'un suffixe sur une base radicale. Il en est ainsi en latin de *dic-us* par rapport à *dex*, de *fic-us* vis-à-vis de *fex*, etc.

Mais deux questions se posent tout d'abord : Quelle est la cause de l'élargissement? D'où vient le suffixe ?

Dans certaines circonstances, alors que l'adjonction du suffixe comme dans le latin *tenuis-simus*, auprès de *tenuis*, a pour effet de modifier la fonction grammaticale du dérivé eu égard au primitif, la première de ces questions est d'une solution facile : *simus*, dans l'exemple cité, a été ajouté à *tenuis* pour pourvoir cet adjectif de l'idée de superlatif que la terminaison en question apporte avec elle.

Mais il est beaucoup d'autres cas — *dicus*, *ficus*, etc., se trouvent justement dans un de ceux-là — où l'élargissement n'apporte aucune modification soit dans la signification, soit dans la fonction grammaticale du primitif élargi. C'est ici qu'apparaît le problème

que je voudrais essayer de résoudre, avec l'espoir de résoudre en
même temps la question connexe de l'origine des suffixes.

Comme nous venons de le voir et comme chacun le sait, certaines
finales entraînent avec elles l'idée de certaines fonctions grammaticales déterminées. Nous avons cité le suffixe latin du superlatif;
nous pouvons y joindre, comme surcroît d'exemples, celui du comparatif (*ior*, *ius*) et celui du participe passé (*tus*, *ta*, *tum*) dans la même
langue.

Dans les langues fixées, les suffixes, comme les parties radicales
des formes, ne changent pas; mais il n'en a pas toujours été ainsi.
Avant que la tradition linguistique ait acquis assez de force pour
opposer une digue infranchissable aux altérations auxquelles sont
sans cesse exposés tous les éléments phonétiques qui composent
les mots, les suffixes pouvaient être atteints, et en fait ils l'ont été,
surtout dans leurs parties finales soumises aux influences diverses
qu'exerçaient sur elles les initiales des différents mots avec lesquelles elles étaient amenées à se trouver en contact.

On peut même remonter à une époque où les modifications de
ce genre portaient sur les finales des noms d'agents monosyllabiques dont il a été question plus haut et dans lesquels il y a lieu,
nous l'avons vu, de reconnaître les véritables racines de nos langues.
Or, les finales de ces mots-racines consistaient exclusivement dans
une voyelle longue (*â*, *ê*, *ô*) suivie d'une nasale, d'une explosive forte
(*k*, *t*, *p*) et d'un *s*, d'où les variantes :

$$\left.\begin{array}{c} â \\ ê \\ ô \end{array}\right\rbrace \ nks, \ nts, \ nps.$$

Et, avec l'assimilation des éléments finaux de ces groupes, *ns*[1], forme
qui peut se réduire à son tour soit à *n*, soit à *s*.

Jusque-là les changements ne sont pas de nature à rendre tout à
fait méconnaissables les finales dont il s'agit : les variantes les plus
réduites gardent encore intact, en effet, un des éléments des groupes
primitifs. Mais cet élément, quand il est représenté par *s*, est susceptible de subir des transformations qui le dénaturent complètement;
c'est ainsi que le phénomène appelé rhotacisme l'a changé souvent
en *r*, son qui, à son tour, peut devenir *l* par l'effet du lambdacisme.

On peut citer, comme exemple de modifications de ce genre, le
sanscrit *ûdhar* et le grec οὖθαρ (mamelle), venant l'un et l'autre d'un
antécédent *outhants* ou *oudhants* dont les variantes sanscrites *ûdhar*

---

1. Le *s* final peut aussi disparaître pour ne laisser que *nk*, *nt*, *np* et avec la
chute de la nasale *k*, *t*, *p*.

et ůdhas et le thème grec οὔθατ- dans οὔθατ-ος, etc., ont conservé les traces indéniables; voilà pour le rhotacisme. Quant au lambdacisme ultérieur, on peut le constater dans le dérivé grec ὑδαλ-έος auprès de ὑδαρ-ός, adjectifs qui procèdent l'un et l'autre de *ὑδαρ pour *ὑδας, *ὑδαντς, doublet perdu de ὕδωρ (eau).

Étant donné ce fait que les noms d'agents-racines étaient génélement caractérisés par les finales *nks, nts, mps, ns, n, s*, la substitution fréquente à cette dernière d'un son aussi différent en apparence que *r* ou *l* a eu pour conséquence naturelle de déclasser en quelque sorte les formes ainsi modifiées, de les priver du signe correspondant généralement à leurs fonctions grammaticales, d'établir des équivoques sur la nature de ces fonctions et finalement de nécessiter l'adjonction d'une finale nouvelle appartenant à la série de celles dont faisait partie *r* dans *ůdhar*, par exemple, avant sa transformation, et ayant pour effet de restituer au mot qu'elle termine l'indication phonétique bien connue de sa valeur grammaticale habituelle.

C'est ce qui est arrivé, entre autres, pour le mot sanscrit *yakrt*, foie, forme contractée pour *yakar-ant(s)*. Le primitif est *yakar* pour *yakants, *yakans, *yakas*, comme en témoignent le doublet *yakan(s)* et les formes latines *jecur* et *jecen-* pour *jecu(n)s* (cf. *jecus-culum*) et *jecen(s)*. Par sa finale étrange, la forme de *yakar* jurait avec sa fonction, qui était sans doute à l'origine celle d'un participe présent; l'harmonie a été rétablie au moyen d'un élargissement ou du suremploi d'une terminaison identique à celle dont le changement de *s* en *r* avait rendu l'aspect méconnaissable. On a eu de la sorte *yakar-ants*, réduit ensuite à *yakrt* par de nouvelles modifications phonétiques régulières.

Il est extrêmement probable que les génitifs latins comme *itin-er-is*, *jecin-or-is* doivent leur physionomie extraordinaire à une cause pareille. Les formes premières étaient *itin-es, jecin-os* (cf. pour cette dernière les génitifs grecs en ος); le rhotacisme survenant a donné *itiner, jecinor* [1], où l'on n'a pu reconnaître des génitifs qu'en y ajoutant la finale *is* consacrée dans le latin, à l'époque où l'élargissement s'est produit, à caractériser ce cas au singulier dans les mots imparisyllabiques de la troisième déclinaison.

Le grec ὄναρ, pour *ὄναντς, *ὄνας, nous offre dans le génitif à thème élargi ὀνείρ-ατ-ος un phénomène tout à fait analogue et dû à la même cause.

---

1. Il serait facile de montrer que, contrairement à l'opinion courante, [le rhotacisme a précédé ici l'élargissement.

Les exemples d'élargissement de formes terminées par *r* ou par *l* provenant d'un ancien *s*, sont extrêmement nombreux en sanscrit, en grec et en latin. En voici quelques-uns choisis parmi les plus intéressants :

Grec : πῖϜαρ (gras), πιϜαρ-ός, πιϜαλ-έος, même sens; cf. sanscrit : *pivar-as*, même sens.

Grec : ὀφθαλ-μός, ὀκταλλ-ός; latin : *ocul-us*, œil.

Les parties ὀφθαλ-, ὀκταλλ-, *ocul-* correspondent au sanscrit *aksan(s)*. En grec et en latin, la finale *s* a subi successivement le rhotacisme et le lambdacisme suivis de l'élargissement habituel.

Sanscrit : *antar-as*; grec : ἔντερ-ον; latin : *inter-us* (interne), — auprès du sanscrit *antas* et *antar*.

Sanscrit : *akr-as* (rapide), *agr-as* (pointe, primitivement pointu); ἄκρ-ος (pointu), ἄκρ-ις et ὄκρ-ις (pointe); latin archaïque : *acr-us* (pointu et rapide).

Le grec ἄκων(ς) pour *ακωντς, (javelot, arme pointue), indique que l'élargissement de tous ces mots a eu lieu après le rhotacisme de l'ancien *s* final. Dans le latin *acer*, l'élargissement ne s'est pas produit, la finale *er* ayant fini par acquérir dans cette langue la valeur d'un suffixe adjectif bien déterminé.

Nous avons vu que, dans le sanscrit *yakrt* et dans le grec ὀνειρατ-, l'élément d'élargissement n'était autre que l'ancienne finale de ces mêmes mots, *ants*; mais la forme la plus fréquente de cet élément, c'est-à-dire celle qui a fini par prévaloir généralement, est *as* pour (*ants*) en sanscrit, ος et *us* (*os*) pour *onts* en grec et en latin. Nous la retrouvons dans la plupart des formes qui viennent d'être citées et dans une infinité d'autres. Il suffit d'ailleurs de mentionner θυμ-ος auprès de ὀνειρατ-, pour montrer qu'elle remplit le même rôle que *ants* dont elle n'est qu'un doublet.

Simple substitut à l'origine d'une finale altérée par l'effet du jeu des lois phonétiques, le suffixe -*as*, -ος, -*us*, a fini par acquérir une valeur adjective, c'est-à-dire qu'à partir d'un moment donné on l'a employé, non plus seulement dans les substitutions dont il s'agit et à titre de caractéristique purement phonétique, mais bien avec un rôle significatif ou grammatical consistant à transformer en adjectif le substantif auquel on l'adjoint. Telle est, par exemple, sa fonction dans le latin *decim-us*, dixième, auprès de *decem*, dix.

L'origine de ce changement d'attribution est des plus transparente dans πιϜαρ-ός (gras), par exemple, auprès de πῖϜαρ, primitivement adjectif lui-même avec le sens de gras, mais devenu substantif signifiant le gras, la graisse. Cette transformation des adjectifs primitifs en substantifs est, pour ainsi dire, de règle; on peut même poser en principe que tout substantif est un ancien adjectif. On se rend dès lors clairement compte de la transition : πιϜαρ-ός vient de πῖϜαρ adjectif pour une raison phonétique, mais il s'est établi entre πιϜαρ-ός adjectif et πῖϜαρ devenu substantif une relation d'ordre significatif ou logique toute fortuite d'abord et qui, réitérée souvent dans des circonstances analogues, est devenue la base d'un processus instinctif et régulier ; on a formé machinalement des adjectifs en *as*, ος, *us* sur le type de πιϜαρ-ός auprès de substantifs quelconques. Ainsi s'expliquent d'une manière générale les génitifs singuliers des imparisyllabiques en *as* sanscrit, ος grec, *is* latin (pour *oes*) [1] qui sont de véritables adjectifs eu égard aux formes de nominatifs singuliers dont ils dépendent; de même que les formes sanscrites comme *ahn-as* venant de *ahan* (jour), employées à la fin des composés possessifs et par conséquent avec un sens adjectif.

Quant aux exemples particuliers, ils se ramènent tous au rapport cité plus haut de πιϜαρ-ός à πῖϜαρ.

La transformation logique qui a fait venir πῖϜαρ, substantif, de l'adjectif identique, s'est du reste produite très fréquemment aussi sur les dérivés. C'est par là que s'explique la fonction actuelle des mots suivants :

Sanscrit *dân-am*, grec δῶρ-ον, latin *don-um* (don), d'un primitif *dâns*, *dôns* (donneur); d'ou, pour les dérivés, le sens premier (adjectif) de « ce qui concerne le donneur, ce qui lui appartient, ce qui vient de lui », et (au neutre) le sens second (substantif) de « don »;

Sanscrit *bhar-as*, grec φορ-ός, d'un primitif *bhar*, φορ, cf. φώρ, latin *fer* (porteur); d'où, pour les dérivés, le sens adjectif de « ce qui est relatif au porteur » et le sens substantif de « fardeau, tribut, etc. ».

Dans beaucoup de cas, les élargissements reposent à la fois sur la cause phonétique et sur la cause logique, ou plutôt l'une et l'autre sont confondues dans une troisième qu'on peut appeler analogique et qui se traduit par une sorte d'habitude consistant à munir d'une finale identique tous les mots dont la fonction grammaticale est la même. C'est ainsi que la prédominance des suffixes -*as*, -ος, -*us*, dans les adjectifs a déterminé en latin l'élargissement de *fer*, *dex*, *fex*, etc., en *fer-us*, *dic-us*, *fic-us*, etc.

Le procédé analogique qui aboutit à l'élargissement d'une forme donnée d'après le type prédominant parmi celles qui sont affectées aux mêmes fonctions grammaticales, — procédé du reste qui revient en dernière analyse à la substitution primitive d'une finale caracté-

---

1. Voir *Revue philosophique*, n° de juin 1890, et *Revue de Linguistique*, n° du 15 juillet 1890.

ristique à une autre qui a cessé de l'être, — rend compte encore de l'extension phonétique des mots suivants :

Sanscrit *ir-â*, *il-â*, *id-â* (libation, prière), d'un primitif *is*, féminin, même sens; ce mot s'est élargi au moyen du suffixe *â* devenu la caractéristique habituelle du féminin ;

Grec αἴθρ-α pour * αἴθερ-α, élargissement analogue de αἰθήρ, féminin; αὔρ-α pour ἀϜερ-α et ἄελλ-α, formes élargies de ἀήρ pour ἀϜηρ, en tant que féminin ;

Latin *auror-a*, élargissement de * *ausos*; cf. grec αὔως pour * αὔσως, féminin.

Doit s'expliquer pareillement un mot comme *regin-a*, forme élargie du participe présent *regen(s)* en tant que féminin.

Mais, de même que l'adaptation de la caractéristique de la série grammaticale dont ils font partie donne aux mots la physionomie qui leur convient à cet égard et les frappe, pour ainsi dire, à l'effigie usuelle, l'absence de cette transformation, surtout si elle est accompagnée d'altérations phonétiques qui changent l'ancien aspect des finales, a pour effet naturel de faire sortir de leurs cadres grammaticaux les formes qui n'ont pas suivi le mouvement et, comme nous l'avons déjà dit, de les déclasser. De là l'origine de la plupart des adverbes, qui sont en général des substantifs, des adjectifs ou des pronoms hors cadre.

Tels sont, en grec, les adverbes en αρ comme ἴκταρ (proche), εἶθαρ (aussitôt), ἄφαρ (rapidement), anciens accusatifs neutres d'adjectifs en ας comme μέλαν(ς); — comparer les substantifs neutres comme κρέας, etc., — et ceux en ως, comme σοφῶς, doublet du nominatif-accusatif neutre σοφόν; l'un et l'autre pour * σοφωνς (cf. les mots neutres comme ὕδωρ, pour * ὕδωνς).

De curieux exemples de phénomènes semblables en latin sont les formes comme *prope* pour * *procve* neutre d'un masculin * *procvis* (cf. *proximus*) sur le type de *pinguis*, *tenuis*, etc., mais qui, sorti de la série sous la forme altérée * *propis*, n'est resté que dans l'adverbe *prope*. La chute en désuétude des masculins correspondant aux formes neutres *cale* pour * *calve* (*calvis*) dans *calefacio*; *tepe* pour * *tepve* (*tepuis*) dans *tepefio*; *tume* pour *tumve* (*tumuis*) dans *tumefacio*, etc., est due très probablement à la même cause.

Les élargissements, nous l'avons vu, se sont produits le plus souvent au moyen de l'adjonction pour le grec et le latin, des syllabes *os*, *a*, *om*, selon le genre, aux finales à consonnes multiples des anciennes formes. Toutefois, cet élément d'élargissement n'était pas le seul en usage : une voyelle suivie de *nts* (avec des variantes *nt*, *ns*, *n*, *t*), par exemple, a donné un type qui est resté affecté aux par-

ticipes présents. Tels sont ἀνάσσ-ων(τς), πλήσσ-ων(τς), κληΐζ-ων(τς), etc.,
qui peuvent être considérés comme des formes élargies de ἄναξ, πλήξ,
κληΐς pour *κληιδς, etc., au moyen de l'élément en question. Or les
participes présents eux-mêmes ont été souvent élargis d'après le type
en *os, as, om*, d'où, non seulement des formes comme en latin *opu-*
lent-us, mais en grec δοτ-ός pour *δο(ν)τ-ος de *δωντς (d'où δούς), latin
dat-us pour *da(n)t-us de *dants (d'où dans), etc. Les dérivés δοτ-ός,
dat-us ayant pris, selon la règle indiquée ci-dessus, la valeur d'adjectifs eu égard aux participes présents dont ils proviennent, ont revêtu
le sens de « ce qui appartient au donnant (ou au donneur) », « celui
qui est donné » ou « ce qui est donné », — « donné » —, aux trois
genres. Par là est née au double point de vue du sens et de la forme,
la catégorie grammaticale du participe passé passif, caractérisée par
la finale ou le suffixe *tos, ta, tom* qui a été transporté à toutes les
formations nouvelles.

L'origine de ce suffixe qu'on peut considérer comme complexe,
puisqu'il se compose de celui du participe présent augmenté de la
finale *os, a, om*, rend compte de la façon dont sont nés tous ceux
qui comprennent deux ou plusieurs éléments simples.

Résumé.

1° Au point de vue morphologique, le langage s'est accru d'abord
par l'adjonction aux formes existantes de la partie finale de ces
formes.

2° La cause de cet accroissement résulte du besoin que l'on a
éprouvé instinctivement de restituer leur ancienne physionomie
finale, restée celle de la plupart des formes, aux mots dans lesquels
elle avait été altérée par des modifications phonétiques.

3° Les parties restituées, altérées à leur tour diversement par
l'effet des lois phonétiques, ont fourni plusieurs types d'éléments
finaux adventices ou de suffixes.

4° Les plus anciennes formes du langage étaient des adjectifs (les
noms d'agents ne sont qu'une variété d'adjectifs); les plus anciens
suffixes, formés comme il vient d'être dit, ont transporté avec eux aux
nouveaux mots qu'ils ont contribué à produire, la valeur adjective
qu'ils tenaient des formes au sein desquelles ils avaient pris naissance.

5° La multiplicité des formes des suffixes due aux causes dont il
vient d'être question a favorisé la multiplicité de leur emploi : de là
les suffixes particuliers des qualificatifs, des participes présents et
passés, des noms d'agents dérivés, etc.

6° Le procédé d'élargissement des formes au moyen des suffixes s'étant généralisé et perpétué, de nouveaux suffixes ont été souvent ajoutés à des formes qui en étaient déjà pourvues; de là l'origine des suffixes complexes.

7° De tout ce qui précède il résulte que les acquisitions psychologiques du langage (dans l'espèce, diversité des fonctions des suffixes) ont toujours été précédées d'acquisitions physiologiques (dans l'espèce, création morphologique des suffixes par l'effet du jeu des lois phonétiques) qui les ont préparées et rendues possibles.

PAUL REGNAUD.

REVUE GÉNÉRALE

L'HISTOIRE DU CONCEPT DE MATIÈRE

Lᴇᴍᴇɴs Bᴀᴇᴜᴍᴋᴇʀ. *Das Problem der Materie in der griechi-
ᴇn Philosophie, eine historisch-kritisch Untersuchung.* Münster,
hendorff, 1890, xv-436 p. in-8. — Kᴜʀᴅ Lᴀssᴡɪᴛᴢ. *Geschichte der
mistik vom Mittelalter bis Newton.* Hamburg et Leipzig, Leopold
s, 1890. 1ᵉʳ vol. *Die Erneuerung der Korpusculartheorie,* xɪɪ-518
ɑ-8. 2ᵉ vol. *Höhepunkt und Verfall der Korpusculartheorie des
ᴋehnten Jahrhunderts,* ᴠɪɪɪ-609 p. in-8.

ne des plus grandes difficultés de l'histoire de la philosophie con-
ᴇ, sans contredit, à ne pas attribuer aux penseurs disparus des
nes de concept qui nous sont devenues assez familières pour que
s ayons peine à nous figurer qu'elles n'ont pas été communément
ᴅédées par nos ancêtres, alors qu'en réalité elles sont au contraire
ᴅe date très récente.

ans les monographies de philosophes ou d'écoles, quand même l'au-
· est parvenu à restituer le cercle d'idées dans lequel s'agitaient les
stions débattues, il échoue assez souvent devant la tâche d'expli-
ᴦ clairement au lecteur en quoi ce cercle d'idées différait précisé-
t de celui qui nous est le plus habituel. La nécessité d'employer
termes dont la signification réelle a varié suivant les époques, l'im-
ᴜibilité d'entreprendre à chaque instant les digressions indispen-
ᴇs pour montrer les phases d'évolutions dont on ne se propose de
tre en lumière qu'un moment unique, font que, malgré tous les
·ts, la vérité n'est pas entièrement dévoilée; que l'erreur subsiste
ᴛribuer plus ou moins aux anciens des conceptions analogues aux
ᴇs, sur des sujets qu'au contraire ils envisageaient à des points de
essentiellement différents.

ᴜssi y a-t-il grand intérêt à étudier et à développer à part l'histoire
plète des théories les plus importantes; sous ce rapport, l'on peut
que les deux ouvrages dont les titres sont reproduits ci-dessus et
ont paru presque simultanément répondaient à un besoin réel.
ᴦ ensemble permet de suivre les variations du concept de matière
ᴜis l'aurore de la philosophie hellène jusqu'à la fin du xvɪɪᵉ siècle·

Tel que nous le possédons actuellement, il n'y a pas un siècle que ce concept a été complété lorsque la chimie moderne s'est constituée. Il est loin d'ailleurs d'avoir une précision scientifique, et il convient de noter qu'il a des caractères différents pour le mathématicien, pour le physicien ou le chimiste.

En mécanique, la matière est considérée comme mobile et dès lors située dans l'espace; il est indifférent de l'imaginer comme remplissant continûment une étendue figurée ou comme attachée à des points mathématiques isolés. Mais, en tout cas, il est regardé comme inconcevable que des objets matériels distincts occupent le même lieu de l'espace. D'autre part, leur état de repos ou de mouvement est supposé ne se modifier que par l'effet de causes distinctes de la matière, quoique pouvant lui être regardées comme inhérentes, et que l'on appelle forces. Enfin, en dehors de la figuration, chaque objet matériel possède une qualité spéciale, dite masse, d'après la valeur numérique de laquelle il se comporte différemment sous l'action d'une même force. Ainsi, en mécanique, la matière est spatiale, impénétrable, inerte, douée de masse. Le concept mécanique est complet de la sorte depuis Newton et sa précision est aussi grande qu'on peut le désirer.

Mais le physicien ajoute nécessairement à ces déterminations de nouveaux traits qui en défigurent la netteté. S'il consent à réduire à des mouvements tous les phénomènes qui affectent différemment nos sens, les forces ne lui apparaissent pas moins comme une propriété de la matière, soit qu'il admette d'ailleurs qu'elles s'exercent à distance, soit au contraire qu'il ne les conçoive que comme des actions de contact. Il constate de plus que les variations des forces de la nature sont soumises à des lois précises, mais comme ces forces ne sont en fait que des abstractions de l'esprit dont la forme n'offre rien de nécessaire, il n'arrive point à la déterminer d'une façon définitive. Ainsi, pour lui, chaque partie de la matière, inerte pour elle-même, est capable d'action sur les autres parties. Mais cette capacité d'action n'a qu'un caractère vague et scientifiquement insuffisant.

La chimie, en introduisant dans le problème de nouveaux éléments, l'a encore compliqué. Pour rendre compte de certaines lois qu'elle a découvertes, elle a fait adopter presque universellement la conception d'atomes, isolés dans le vide, pouvant posséder des propriétés différentes, et susceptibles de se grouper en raison de ces propriétés. Après un long triomphe, cette théorie est fortement ébranlée aujourd'hui par la tendance à rétablir le principe de l'unité de la matière, qu'elle nie en fait. Toutefois, jusqu'à présent, aucune nouvelle hypothèse n'a pu la détrôner et, tandis que la matière physique apparaît au plus sous deux formes distinctes, comme pondérable et impondérable, la matière chimique semble essentiellement multiple.

La diversité des modes d'action inhérents à la matière se complique encore, si l'on fait entrer en ligne de compte les phénomènes de la vie organique et spécialement ceux qui se rattachent aux sensations. Mais la physiologie n'en est encore qu'à un stade descriptif et, si c'est peut-être à elle qu'il est réservé de dire le dernier mot sur le concept de matière, il semble qu'on doive l'attendre longtemps.

En résumé, à ce concept correspond dans l'imagination un système toujours concret, mais passablement indécis; c'est un complexe de propriétés destinées à rendre compte de tous les phénomènes qui tombent sous les sens, étant admis cependant que, théoriquement, tous ces phénomènes, dans ce qu'ils ont d'objectif, sont réductibles à ceux du mouvement. Sans cette réserve, capitale à la vérité, ce schème ne réaliserait, semble-t-il, aucun progrès sur le réalisme naïf. On est donc tenté de le considérer comme sensiblement voisin de celui que pouvaient avoir les premiers penseurs hellènes.

Mais on oublie ainsi que le concept actuel, que les progrès de la science ont généralisé, n'est pas antérieur à ces progrès et qu'il s'est formé, comme par alluvions successives, sur un noyau de la constitution duquel deux siècles à peine nous séparent.

Avant le XVIIᵉ siècle, époque de rénovation et par suite de transition, le concept dominant, sauf certaines modifications dues à l'influence des dogmes religieux, était celui d'Aristote, du philosophe qui avait créé le terme technique (ὕλη = materies).

Or la matière pour Aristote est un concept purement abstrait, auquel ne correspond aucun schème dans l'imagination. Car pour le Stagirite un tel schème n'eût représenté qu'une *forme*, et même la *privation* de la forme était conçue par lui comme distincte de la matière.

La profonde et judicieuse critique de M. Bäumker nous montre au reste que ce concept est loin d'avoir toute la netteté désirable. C'est qu'Aristote y arrive par deux procédés différents :

D'un côté, la matière lui apparaît comme le substratum des états susceptibles d'opposition; de l'autre, il la regarde comme le possible qui arrive à l'être par le devenir. Suivant l'un ou l'autre de ces deux points de vue, il la considère soit comme un être qui relativement n'est pas (de telle ou telle façon), soit comme un non-être (en acte) qui cependant est relativement (en puissance). De là une certaine incohérence dans sa doctrine. Mais, en tout cas, la matière pure d'Aristote est simplement un objet de l'intelligence, elle n'a par elle-même aucune qualité qui tombe sous les sens.

Il est évidemment essentiel d'avoir exactement reconnu le caractère de ce concept aristotélique avant de chercher à comprendre comment la question se posait pour les philosophes antérieurs. Platon semble, le premier, l'avoir formulée avec quelque précision; mais, comme il l'a traitée sans employer de termes techniques et en recourant même parfois à des expressions mythiques, sa véritable pensée est restée obscure et on a longuement discuté quel en était le sens réel.

Après une minutieuse réfutation des explications opposées, M. Bäumker se prononce pour la théorie d'après laquelle Platon n'aurait pas distingué entre la matière et l'espace vide, c'est-à-dire la simple exten-

sion. Encore aurait-il au moins ainsi laissé à la matière un attribut
dont Aristote l'a dépouillée.

La plus grave objection que l'on puisse faire à cette théorie consiste
sans contredit dans le langage d'après lequel Platon semble donner également, au concept qui chez lui correspond à celui de matière, un
second attribut, d'où résulterait une *nécessité* entrant en lutte avec
l'intelligence dans la formation du monde. M. Bäumker montre assez
subtilement que l'on a singulièrement exagéré les conséquences à tirer
des textes, et que l'ἀναγκαῖον de Platon est moins « le nécessaire » que
« le nécessité ». Il n'y aurait donc opposition qu'entre la passivité du
réceptacle universel des formes et l'activité de la cause intelligente.

Une autre difficulté consiste dans la tradition platonicienne qui rapporte à la matière l'origine du mal, doctrine qu'Aristote attribue déjà à
son maitre. M. Bäumker réduit cette difficulté à ses justes proportions :
il ne voit au reste dans la doctrine dont témoigne le Stagirite qu'un
emprunt aux groupements binaires des pythagoriens.

Mais on pourrait surtout demander jusqu'à quel point il peut n'être
pas illusoire de prétendre préciser un concept qui n'était pas encore
assez clairement formulé pour correspondre à une dénomination spéciale. Cette question a moins préoccupé M. Bäumker ; elle eût cependant mérité une discussion spéciale, surtout pour les philosophes
antérieurs à Platon.

Chez les uns, nous n'apercevons que des représentations concrètes
de qualités sensibles, quoiqu'elles aboutissent déjà, chez Héraclite, à
une identification des contraires qui dénote un état d'esprit assez difficile à reconstituer ; chez les autres, nous reconnaissons au contraire
des hypothèses de l'intellect, analogues, malgré leurs particularités, à
celles de la science moderne ; mais, en dehors des physiologues et des
atomistes, nous trouvons des écoles soutenant des thèses et menant
des discussions dont la véritable signification reste obscure pour nous.

Comment Aristote a-t-il pu dire que les pythagoriens considéraient
les nombres comme principe matériel des choses corporelles ? M. Bäumker admet qu'il faut leur dénier toute intuition nouménalistique, tout
réalisme conceptuel qui pourrait être plus ou moins rapproché de
l'idéalisme moderne. Il pense qu'ils sont partis de représentations concrètes à peine moins grossières que celles des physiologues de l'opposition entre ce qui nous apparaît comme limité en tant que solide et
comme illimité en tant que fluide ; mais ils sont arrivés, d'après lui, à
abstraire de ces conceptions primitives des notions plus précises et à
considérer les corps au point de vue exclusivement mathématique. C'est
à peu près exactement la thèse que j'ai exposée dans cette *Revue* [1] et je
n'ai aucun motif pour la contredire aujourd'hui : toutefois, comme je
n'ai pas moi-même suffisamment développé les conditions et le caractère de l'évolution supposée, j'aurais désiré la voir plus complètement

---

1. Voir mon ouvrage : *Pour l'histoire de la science hellène*, Paris, Alcan, 1887.

expliquée, j'aurais voulu une démonstration plus assurée que les formules données par Aristote reçoivent ainsi leur signification définitive.
Quelque lumière que M. Bäumker ait apportée sur cette question, quelque reconnaissance qu'on doive lui témoigner à cet égard, il me semble
que la discussion n'est pas encore close et qu'il reste à revenir sur un
point dont l'importance ne saurait être méconnue.

D'autre part, lorsque les Éléates discutent sur l'*être*, quel sens attri-
buent-ils en fait à ce concept? Est-il en coïncidence plus ou moins complète avec celui qui a plus tard été dénommé par le terme de matière?
Je me suis déjà, à cet égard, prononcé pour l'affirmative et, ici encore,
je rencontre dans M. Bäumker un allié qui reproduit au reste, en les
accentuant et les complétant, la plupart des arguments que j'ai développés. Ainsi, pour lui comme pour moi, la négation du non-être, chez
Parménide, signifie surtout la négation du vide ; la négation de l'être,
chez Gorgias, signifiera de même surtout la négation de la matière.

Mais j'avoue que, sauf en ce qui regarde le refus d'attribuer à Mélis-
sos la doctrine du monisme transcendantal, la question ne me semble
avoir fait aucun pas décisif, et je suis même porté à penser que la thèse
nouvelle, malgré les adhésions qu'elle a déjà reçues, ne fera pas de
progrès définitifs avant d'avoir été essayée à l'explication du *Parménide* de Platon. Là est la pierre de touche qui permettra de décider de
quel côté se trouve la vérité.

M. Bäumker s'arrête assez longtemps sur un autre dialogue, le *Théétète*, à propos d'une doctrine qui y est exposée comme se rattachant à
celles de Protagoras, et dont les tenants auraient reconnu l'existence
du mouvement seul, sans rien d'autre. Il la laisse anonyme, comme l'a
fait Platon, qui cependant désignait évidemment certains de ses contemporains que ses lecteurs pouvaient facilement reconnaitre. Je
remarque que les arguments de Natorp, qui attribue cette doctrine à
Aristippe, sont difficiles à réfuter.

Redescendons maintenant la série des âges et arrivons aux philosophes qui suivirent Aristote : les conceptions épicuriennes sont suffisamment connues; M. Bäumker les expose avec soin et clarté, quoiqu'il ne me paraisse pas avoir éclairci plus que ses précurseurs
certaines difficultés secondaires.

La transformation que les stoïciens ont fait subir au concept de la
matière d'Aristote est plus intéressante pour l'histoire de la philosophie.
Ils ont fait un compromis entre les abstractions du Stagirite et les intuitions des anciens physiologues, en particulier d'Héraclite.

Ils ne reconnaissent aucune substance qui ne soit pas étendue et corporelle; mais ils distinguent : la matière — triplement étendue, sans
forme ni qualité, toutefois différente de l'espace (les stoïciens admettent
le vide comme extérieur à l'univers), — et la force, conçue comme inséparable de la matière qu'elle pénètre intimement, par coexistence dans
le même lieu (κρᾶσις δι 'ὅλων), qui en détermine les qualités comme cause
motrice, et à laquelle ils donnent le nom concret de πνεῦμα aussi bien

que celui abstrait de λόγος, parce qu'ils lui attribuent également et
l'étendue et l'intelligence. Ils ramènent ainsi le dualisme d'Aristote
au point de vue de l'hylozoïsme primitif. Ce faisant, ils arrivent à un
concept de la matière qui pourrait être accepté de nos jours, tandis que
leur représentation concrète de la force nous paraît absurde ; il est vrai
que Chrysippe, reparaissant de nos jours, trouverait assez à dire contre
nous à ce sujet.

Les platoniciens antérieurs à Plotin reprennent plus ou moins fidèlement la doctrine du maître ; mais déjà s'introduisent dans la philosophie des questions étrangères à l'esprit grec ; celle de l'origine de
la matière, qu'Eudore résout déjà avec les néopythagoriciens dans le
sens du monisme primordial ; et le problème juif par excellence, l'origine du mal. Les réponses sont divergentes : Plutarque et d'autres
avec lui reconnaissent l'existence d'une âme du monde, force motrice
déraisonnable et mauvaise. On perçoit l'influence des doctrines de la
gnose.

Plotin propose une nouvelle solution, pour laquelle il profite de tous
les travaux de ses précurseurs. Le sensible n'est qu'un reflet de l'être
véritable, c'est-à-dire du monde intelligible. En cela il est d'accord
avec Platon ; mais tous deux sont étrangers au point de vue de l'idéalisme moderne, d'après lequel le reflet est donné par l'esprit du sujet.
Pour tous deux, il est objectivement produit par la matière.

En soi, dépourvue de la forme, la matière est incorporelle, sans grandeur, sans propriété ; elle est l'indéterminé, la privation, le non-être.
Elle appartient dès lors aussi bien au monde intelligible qu'au monde
sensible. Elle émane de l'un primordial aussi bien que la pluralité des
formes idéales. Comme une source lumineuse conditionne autour
d'elle des degrés successifs d'éclairement jusqu'à l'obscurité complète,
ainsi la force que projette l'âme du monde sortie du νοῦς suprême
décroît de stade en stade jusqu'au néant de force, c'est-à-dire à la
matière du monde sensible.

L'activité créatrice tend à dédoubler les λόγοι de l'intellect ; c'est ainsi
qu'elle aboutit à la matière sur laquelle ils se reflètent au terme du
processus. Leurs images ne subsistent que par les idées et correspondent d'autre part aux « raisons séminales » des stoïciens ; mais Plotin les
conçoit comme incorporelles, les corps résultant de leur union avec la
matière.

Enfin, comme le bien et le beau sont identiques avec l'être, la matière
est nécessairement le mal et le laid.

Ce système, fortement lié dans ses diverses parties, et où une puissante dialectique alterne avec des images grandioses et séduisantes,
fut, comme on sait, le dernier mot de la philosophie antique. Désormais engagés dans les voies d'un mysticisme d'autant plus stérile qu'il
semblait ouvrir le champ aux spéculations les plus diverses, elle ne
devait plus produire que des commentateurs capables au plus de variations sur le même thème.

L'ouvrage de M. Bäumker s'arrête après les derniers néoplatoniciens. J'exprime le regret qu'il n'ait pas compris dans son plan les philosophes chrétiens. Au point où en étaient venus les païens après Plotin, la différence des religions doit, ce semble, être écartée alors qu'il s'agit de présenter l'histoire d'un concept particulier, mais d'une importance capitale. M. Bäumker a d'ailleurs montré, par quelques observations de détail, qu'il eût pu facilement enrichir son livre d'un chapitre substantiel et plein d'intérêt en faisant ressortir les doctrines sur la matière adoptées chez les Pères de l'Église et les exégètes chrétiens. La similitude de l'esprit qui les animait avec celui des néoplatoniciens mérite d'être mise en lumière, et en tout cas il importe évidemment de recueillir des renseignements précis sur les opinions courantes chez eux, en dehors des questions dogmatiques.

Le très volumineux ouvrage de M. Lasswitz permet au reste de combler dans une certaine mesure la lacune que je viens de signaler ; il remonte, en effet, jusqu'à Dionysius d'Alexandrie (dans Eusèbe, *Prép. évang.*), Lactance, saint Augustin pour rechercher dans leurs écrits les allusions qu'ils font à la doctrine atomistique et les objections qu'ils lui adressent.

L'objet de cet ouvrage est d'ailleurs proprement l'étude des conceptions relatives à la matière qui se firent jour lors de la Renaissance et se substituèrent à celles qui avaient presque exclusivement régné pendant le moyen âge. M. Lasswitz désigne ces nouvelles conceptions sous le nom de théorie corpusculaire; il le qualifie d'ailleurs plus spécialement par l'épithète de cinétique, et il en conduit l'histoire jusqu'à Newton. Après celui-ci, la force ayant été isolée de la matière et substantialisée à son tour, la théorie corpusculaire subit une transformation profonde; elle devint dynamique et garda ce caractère jusqu'à ce que les découvertes de notre siècle eussent établi entre les forces physiques des relations qu'elle était insuffisante à expliquer.

Il s'agit donc surtout, dans l'ouvrage de M. Lasswitz, d'un mouvement de transition bien limité, mouvement que dominent surtout les noms de Galilée, Descartes, Gassend, Huygens, et qui est aujourd'hui d'autant plus intéressant à étudier que, dans l'impasse où l'on se trouve désormais, on est conduit à de nouvelles tentatives qui retombent forcément dans le cercle d'idées alors parcouru. M. Lasswitz ne cache pas d'ailleurs sa prédilection pour les principes posés par les grands penseurs du XVIIᵉ siècle, et son but est surtout de tirer de l'évolution historique qu'il étudie une conclusion systématique sur la façon dont la matière doit être conçue.

Ses deux volumes sont, en fait, plutôt composés pour les physiciens désireux de connaître à fond l'histoire de leur science que pour les philosophes de profession. Ceux-ci y trouveront, certes, de nombreux *excursus* qui leur sont particulièrement destinés, et les abondants développements relatifs au sujet principal les intéresseront sans nul doute; mais peut-être trouveront-ils quelque peu oiseux des détails

circonstanciés sur des points scientifiques spéciaux ou sur les ouvrages
profondément oubliés de penseurs passablement inconnus. Si je fais
cette remarque, ce n'est nullement pour critiquer M. Lasswitz; je voudrais plutôt rassurer le lecteur que pourront effrayer deux volumes
compacts sur un sujet, en fait, assez particulier. Il trouvera là une
mine inépuisable de documents qu'il serait bien difficile de rencontrer
ailleurs. On ne saurait trop admirer la patience et le soin déployés par
l'auteur pour les réunir. Mais j'ai hâte d'aborder l'exposé général de
ses vues, que je vais essayer de résumer aussi succinctement que
possible.

Historiquement, la théorie de la matière est loin d'être une : les différentes doctrines doivent se classer d'après le caractère de l'intérêt que
l'on attache à connaitre l'essence du substratum des phénomènes : cet
intérêt se rapporte à la critique de la connaissance (question de la possibilité de l'expérience), ou bien il est métaphysique (construction d'une
intuition de l'univers) ou encore physique (explication de la nature).

Quand le point de vue physique domine, la théorie corpusculaire se
développe; sa formation constitue un problème philosophique intéressant. Il s'agit de déterminer en quoi consistent les moyens employés
par la pensée pour réduire sous la formule de règles ou de lois l'explication des phénomènes de la nature.

On rencontre tout d'abord deux modes fondamentaux de relations
sur lesquels parait reposer la possibilité du problème; ce sont la substantialité et la causalité; le premier moyen domine l'ensemble de la
métaphysique, en tant qu'elle dérive du cercle intellectuel parcouru
par Platon; le second triomphe dans la science moderne, mais il lui a
fallu le secours d'une analyse du mouvement qui n'a été accomplie
qu'après Newton. Le moyen de penser (Denkmittel) de la substantialité, consistant à attacher des prédicats à un sujet pour en faire un objet
particulier perceptible et doué de propriétés, offrit au contraire, dès
l'origine, un champ commode à l'activité de l'abstraction.

La pensée psychologique découvre des lois générales; ce qui est
conçu suivant ces lois est reconnu comme une réalité ayant une valeur
objective. La réalité est dès lors fondée sur un a priori; la connaissance
se limite à la division des concepts; elle laisse en dehors le particulier
et le sensible, mais n'en permet pas moins une synthèse qui reproduit
ce sensible au moyen des éléments purement rationnels abstraits de
la perception. Ce résultat ne pouvait au contraire être atteint par
l'atomistique ancienne. Mais cette dernière permettait l'application du
principe de causalité, qui devait la transformer, tandis que ce principe
était exclu des recherches scientifiques par le triomphe exclusif de la
substantialité.

La lutte entre la doctrine atomistique et le réalisme scolastique se
concentra sur le problème de la continuité, niée par la première,
affirmée par le second. Pour échapper à la nécessité de soutenir l'existence du vide, quelques partisans des atomes (la secte arabe des Muta-

kallis) ne devaient pas reculer devant la conception de l'espace et du temps comme discontinus. Plus cette tentative était insoutenable au point de vue mathématique, plus elle offre un sérieux intérêt pour l'histoire philosophique.

Pour résoudre effectivement les problèmes de la continuité, il est essentiel d'armer la pensée d'un nouveau moyen, celui de la *variabilité*. C'est en particulier dans la mathématique que sa nécessité apparaît pour franchir le stade auquel les anciens se sont arrêtés, pour continuer la voie qu'avait ouverte Archimède. Le progrès est lié à la condition d'élargir la notion de l'égalité, en la reconnaissant comme suffisamment établie par l'identité de la loi du devenir; à celle de représenter en général le changement des choses comme une espèce de grandeur.

Philosophiquement parlant, l'on peut dire que l'essence de la variabilité est proprement ce qu'il y a de réel dans les choses, que c'est précisément le même élément rationnel, qui rend pensable le changement des phénomènes et qui pose ce qui demeure dans ce changement. Cet élément, portant en lui-même la loi de son développement, et conçu comme susceptible de modification, est indispensable pour lier la causalité et la substantialité.

Ce nouveau moyen de penser est d'ailleurs en relation intime avec la notion de continuité et l'on peut formuler ce principe de l'expérience que, dans tout phénomène, ce qu'il y a de réel consiste dans sa tendance à se prolonger dans le temps.

Les doctrines de Plotin contenaient déjà la notion de la tendance interne au changement et c'est leur renouvellement au XVe et au XVIe siècle, qui est l'origine de l'introduction dans la science du moyen de penser de la variabilité.

Mais le premier pas décisif pour la constitution de la théorie corpusculaire consista à nier la possibilité de la transformation réciproque des éléments, c'est-à-dire à substantialiser l'extension. La conception de l'atome est le résultat nécessaire de cette substantialisation; toutefois elle n'appartient qu'au physicien, le géomètre étant indifférent dans la question, du moment où le mode de penser de la variabilité lui permet de résoudre les antinomies du continu.

Cependant la conception de l'atome soulève une sérieuse difficulté par suite de l'exclusion du mode de penser de la causalité. On se trouve alors devant le dilemme de l'occasionalisme ou de l'harmonie préétablie. La solution ne peut s'obtenir que du point de vue du criticisme qui permet de reconnaitre la nécessité d'effectuer, comme condition de la possibilité de l'expérience scientifique, une synthèse de la quantité, de la substantialité, de la variabilité et de la causalité.

Le second progrès historique de la théorie corpusculaire consista à concevoir le mouvement comme une réalité intensive, par l'application du mode de penser de la variabilité. Ce progrès fut accompli par Galilée lorsqu'il définit l'accélération en la considérant comme une qualité du mouvement, sans faire d'ailleurs aucune spéculation sur la cause, mais en prenant simplement, pour l'objectiver, un fait de la perception sensible, une donnée de la sensation, et en créant ainsi un nouveau concept naturel.

Mais le mode de penser de la variabilité n'est pas applicable pour déterminer conceptuellement l'occupation de l'espace par la matière. Quoi qu'en ait pensé Galilée, l'atome fini est nécessaire. L'application ultérieure de ce mode de penser (découverte des lois du choc des corps par Huygens) sera de réaliser l'action réciproque des atomes par le passage continu et régulier de l'énergie actuelle d'atome à atome. La synthèse de la substantialité et de la causalité est ainsi accomplie dans l'atomistique cinétique. L'énergétique moderne renferme de nouvelles applications, mais aucun principe qui n'ait été découvert au XVIIᵉ siècle. Sous cette forme cinétique, l'atomistique est la condition et l'idéal de la physique; au contraire, la théorie de la fluidité est insuffisante, et d'autre part la substantialisation de la force par Leibniz et Newton détruit la synthèse qui est le but de la science.

Telles sont les idées que développe M. Lasswitz en les illustrant par les théories dont il raconte l'histoire. Comme d'ailleurs ces théories sont très fidèlement exposées et que la critique en est menée de façon à les bien faire comprendre et à mettre nettement en lumière leurs rapports et leurs différences avec les doctrines modernes, les *excursus* systématiques de M. Lasswitz, loin de nuire en rien à la partie historique de son ouvrage, en forment un heureux complément.

Je ne ferai des réserves spéciales que sur la valeur des arguments qu'il emploie pour prouver la nécessité de maintenir le concept de l'atome fini. Cet atome, absolument dur et jouissant néanmoins, au point de vue du choc, des propriétés de la molécule élastique, est incontestablement un être de raison; le succès historique de cette conception prouve seulement sa commodité, mais non pas sa vérité. Je n'aperçois d'ailleurs, en ce qui me concerne, aucune nécessité de s'arrêter quelque part dans la division des corps; aucune obligation de ne pas attacher aux particules ultimes de la matière les mêmes propriétés dont jouissent les masses sensibles, de ne pas faire « réussir à l'infini les raisons du fini », ainsi que dit Pascal; aucune impossibilité enfin de concilier même l'existence du vide avec la divisibilité infinie de la matière. Si donc je reconnais la justesse des vues de M. Lasswitz dans son appréciation du mouvement scientifique contemporain, je suis beaucoup moins convaincu que lui de l'excellence de l'issue qu'il nous propose pour sortir des difficultés actuelles et, tout en croyant fermement que la discussion philosophique de la question a une incontestable utilité, je doute que le progrès aboutisse sans quelque nouvelle découverte purement scientifique.

PAUL TANNERY.

ANALYSES ET COMPTES RENDUS

A. van Weddingen. Essai d'introduction a l'étude de la philosophie critique. — Les bases de l'objectivité de la connaissance dans le domaine de la spontanéité et de la réflexion. 1 vol. in-8, iv-879 p., Bruxelles, Hayez, 1889.

M. le chanoine van Weddingen, correspondant de l'Académie royale de Belgique, déjà connu dans le public philosophique par diverses publications, entre autres par un savant mémoire sur la philosophie de S. Anselme, aborde dans cet ouvrage considérable le redoutable problème de la valeur objective de la connaissance. Très au courant de tous les travaux de psychologie et de critique contemporains publiés en Allemagne, en Angleterre et en France, il a trouvé que « parmi les philosophies c'est celle d'Aristote, complétée par Augustin d'Hippone, S. Thomas, S. Bonaventure et Leibnitz qui lui a paru la plus solide, le mieux en rapport avec la science moderne (p. 44). » Ce volume est donc une application des principes de la grande scolastique aux problèmes contemporains et aux faits d'observation psychologique qui ont semblé devoir renouveler la face des questions métaphysiques.

Le travail est divisé en trois parties. Dans la première l'auteur énumère les lois fondamentales de la réalité et de la pensée telles que l'observation et la réflexion les découvrent dans l'analyse de la raison ; dans la deuxième, il s'attache à démêler dans nos représentations les éléments subjectifs des éléments objectifs ; dans la troisième, il formule les conclusions objectives qui lui paraissent établies sur le monde matériel, l'esprit et Dieu.

Le point de départ de tout le travail, la base sur laquelle il s'appuie se trouve dans cette loi que l'auteur énonce au début du premier chapitre de la première partie : « Tout objet accessible à l'expérience s'offre à l'esprit comme un ensemble de propriétés et de phénomènes, comme un type spécifique et déterminé, et avec une tendance interne à réaliser ce type. » Or, l'esprit s'apparait à lui-même comme un objet, comme un type déterminé. Il a donc une tendance interne à réaliser ce type. Quel est le type sous la forme duquel l'esprit s'apparait à lui-même ? C'est le type d'un être qui connait, qui distingue deux faces dans ses représentations, la face objective et la face subjective. Par conséquent il doit y avoir dans l'esprit une tendance intime

qui le pousse à réaliser ce type, c'est-à-dire à poser ses représentations
comme des objets. Telle est, d'après M. van Weddingen, la base de
l'objectivité de la connaissance.

L'auteur s'attache d'abord à montrer que l'esprit est une réalité et
qu'il s'atteint lui-même dans son existence intime. Dès lors en effet que
l'on sera assuré de la réalité de l'esprit, on sera assuré de l'existence
de ses lois ; mais ces lois étant constatées dans la réalité de l'esprit participent à cette réalité et, par suite, si elles nous poussent à poser des
réalités extérieures à l'esprit, elles devront avoir la même valeur objective que lorsqu'elles se bornaient à régir la suite intérieure des phénomènes de l'esprit. Tout le travail repose donc sur la conscience et la
réflexion. Par de curieuses et savantes citations, l'auteur montre dans
S. Thomas le devancier de Descartes, de Leibnitz et de Maine de Biran.
L'aperception du moi par la conscience est infaillible et nous donne
d'une façon incontestable la réalité d'un être. Servi par une érudition
merveilleuse, l'auteur établit que tous les penseurs, à quelque école
qu'ils appartiennent, sont d'accord pour accepter sur ce point les données de la conscience.

Quelles sont donc les lois que la réflexion nous découvre comme
constitutives de la réalité qui est moi? C'est d'abord le principe de
détermination qui ne se distingue pas de celui de contradiction. L'être
que je suis est déterminé, il est lui et non un autre. Il est donc constitué par une synthèse d'attributs, par un ordre immanent. Mais parmi
les attributs qui le constituent il y en a un qui le pousse à poser hors de
lui des êtres objectifs aussi bien qu'à poser des systèmes d'idées purement subjectives. Il est donc dans l'ordre que l'esprit objective une partie de ses représentations. Il est donc dans l'ordre que l'esprit pose
d'autres êtres comme réels. Mais si ces êtres posés comme réels ne
l'étaient pas, il serait dans l'ordre qu'après les avoir posés l'esprit les
annule, c'est-à-dire qu'il serait dans l'ordre que l'ordre même fût détruit,
ce qui est une contradiction.

Nous trouvons encore dans l'analyse de nous-mêmes la loi de causalité efficiente et la loi de causalité finale. Nos phénomènes ont un principe originel et se dirigent vers un but. Nous ne concevons l'ordre dans
nos représentations qu'à cette double condition. Mais le groupe de phénomènes que nous sommes ne se suffit pas à lui-même, nous tendons
par conséquent à le dépasser et, en vertu même de nos propres lois,
nous nous rattachons à une cause efficiente antérieure à nous et à une
cause finale où nous sommes adressés.

Bien plus, nous trouvons en nous des instincts, des tendances qui
donnent naissance à des mouvements. Mais ces tendances et ces instincts nous poussent invinciblement à sortir de nous-mêmes, à poser
hors de nous d'autres réalités qui nous attirent ou nous repoussent, vers
lesquelles nous dirigeons nos mouvements. Considérés en eux-mêmes
ces instincts sont des tendances infaillibles à compléter l'être, à l'actua-
liser de plus en plus. Or, notre intelligence a un instinct irrésistible à

ne pas se considérer comme isolée dans l'univers, à peupler le monde d'autres êtres plus ou moins semblables à son moi ; si donc tout instinct est infaillible, celui-ci ne peut pas l'être moins que les autres et c'est à bon droit que nous pouvons conclure de l'existence de l'objectivité intérieure à la réalité extérieure.

Ainsi l'étude réfléchie du moi dans le mouvement de sa vie intérieure nous pousse à attribuer l'objectivité réelle à certaines de nos représentations. Si maintenant nous passons à l'étude de ces représentations elles-mêmes, nous verrons aussi qu'elles renferment une part considérable d'objectivité.

Cela est d'abord évident pour les sensations. Les travaux des psychologues et des physiologistes contemporains ont eu pour résultat de montrer qu'il y a dans toute sensation deux facteurs, l'un qui vient de la constitution psycho-physiologique du sujet sentant, l'autre qui ne peut se ramener qu'à des conditions physiques, ce qui donne pleinement raison à Aristote quand il disait : La sensation est l'acte commun du sentant et du senti.

Aristote n'a pas moins raison quand il attribue sans la moindre hésitation une valeur objective aux principes intellectuels. Qu'il s'agisse des concepts de l'espace et du temps, de nos principes intuitifs et immédiats, ou de nos jugements discursifs ou même de nos procédés de raisonnement, M. van Weddingen voit partout les mêmes raisons d'attribuer l'objectivité à la représentation. Il montre encore que la question de la certitude est bien moins logique qu'ontologique. La certitude est avant tout l'aperception d'un rapport évident entre deux représentations, mais les représentations et leurs lois ayant les unes et les autres une portée objective, il est clair que l'affirmation du rapport entre les idées a une portée objective extérieure à la représentation. Les phénomènes en effet révèlent la substance dont ils émanent. Ils sont dès lors objectifs et deviennent pour la raison la condition d'une connaissance objective. Quand le criticisme nie la valeur objective de la connaissance il nie en réalité les principes qu'il semble admettre. Il affirme en effet qu'il y a un ordre déterminé de nos pensées, des lois de la représentation, mais il nie en même temps que ces lois de la représentation d'après lesquelles nous constituons des objets aient aucune valeur ; n'est-ce pas affirmer d'une part que ces lois sont indispensables au fonctionnement de l'esprit et affirmer de l'autre que ces lois sont nuisibles à la juste évaluation des idées par l'esprit ? Or, n'y a-t-il pas là une irrémédiable contradiction ? Essayer de sortir du subjectivisme de la raison pure par les artifices de la raison pratique ce n'est que prolonger et aggraver la contradiction. Les principes de la raison pratique ne sont pas moins intérieurs à l'esprit que ceux de la raison pure. Nous n'avons aucune raison meilleure qui nous pousse à affirmer pratiquement les noumènes dont nous devons douter théoriquement. La conséquence légitime du relativisme kantien n'est pas la croyance, mais le doute. L'agnosticisme est le fils légitime du criticisme.

L'esprit a donc une portée objective. Quels sont les résultats objectifs auxquels il peut aspirer sur le monde matériel d'abord, sur l'esprit ensuite, enfin sur Dieu et la science en général ? Telles sont les dernières questions que se pose M. van Weddingen.

Il s'attache à montrer d'abord que la théorie péripatéticienne de la matière et de la forme s'accorde admirablement avec la physique moderne. Si l'on admet la théorie mécanique de l'univers comment se définiront tous les phénomènes ? Par deux éléments : 1° le mouvement ; 2° la quantité du mouvement. Le mouvement avec les substrats qu'il suppose, n'est autre chose que la matière ; les quantités diverses de mouvement qui différencient les êtres ou les phénomènes ne sont que les formes substantielles de ces êtres ou les formes accidentelles de ces phénomènes. Or, l'atome et son mouvement spatial sont évidemment des facteurs objectifs de la connaissance, car la conscience de l'esprit ne peut fournir à elle seule rien qui ressemble à un atome ou à un mouvement dans l'espace. Quant à la quantité de mouvement, l'esprit sent bien qu'il n'est pour rien dans les évaluations qu'il en fait. il ne peut rien sur la nature des phénomènes et des êtres qui sont en dehors de lui. Le monde matériel existe donc et les lois qu'il manifeste ont une réalité véritable.

Le monde de la vie et de la conscience n'a pas une existence moins réelle. Les vivants se distinguent des non-vivants par des caractères indéniables. Les plus hautes autorités de la science contemporaine, de Claude Bernard à Pasteur, attestent cette distinction. L'être conscient à son tour ne se distingue pas moins de l'être simplement vivant que celui-ci de l'être matériel. L'esprit forme un monde à part irréductible à tous les autres. Cette irréductibilité de la conscience a été à son tour constatée par les penseurs sincères de toutes les écoles. Les Lewes et les Taine se rencontrent ici avec les Caro et les Janet. L'auteur ne veut pas qu'on s'en tienne là. Puisqu'il a montré plus haut que les distinctions nécessaires de la connaissance correspondent à des distinctions réelles entre les êtres, il a le droit de conclure que l'être conscient est immatériel, privé qu'il est d'attributs spatiaux. Sur les pas du spiritualisme il affirme ainsi l'immortalité et la liberté de l'âme humaine, qu'il distingue de l'âme des bêtes par les considérations classiques.

S'élevant enfin à la connaissance de Dieu, l'auteur montre comment le concept de la cause première et de la fin universelle des choses découle des deux principes de finalité et de cause efficiente. Ces deux principes ayant une valeur objective, le concept auquel ils donnent naissance aura une valeur de même nature. Telle est la substance commune de toutes les preuves de l'existence de Dieu. Mais M. van Weddingen ne s'en tient pas là. Il ne croit pas que notre affirmation objective de la divinité soit seulement le fruit de démonstrations abstraites ; il croit que la constatation des tendances naturelles de notre être doit aussi servir de point de départ à une démonstration nouvelle et plus persuasive qui confirme la première. L'homme ne voit ses tendances satisfaites que si Dieu existe, mais tous les êtres n'existent que par la satisfaction de leurs tendances naturelles, l'existence de Dieu est donc nécessaire à l'existence de l'homme. L'homme sans Dieu serait un être incomplet, il ne trouve son terme que dans l'Infini, l'Infini existe donc. L'existence du mal ne peut servir de prétexte à la négation de Dieu, car « la religion en esprit et en vérité demeure avec le désintéresement et la charité l'antidote puissant des malheurs de l'existence » (p. 690). La dépendance où sont tous les êtres vis-à-vis de l'Infini les fait solidaires les uns des autres et ainsi l'univers forme un seul tout que la science peut expliquer et que l'esprit peut comprendre.

· Un dernier chapitre, qui à lui seul forme la valeur d'un volume ordinaire, puisqu'il ne compte pas moins de 222 pages in-octavo très compactes, a pour but de nous donner une définition de la science et de marquer la place de la métaphysique dans l'emcyclopédie scientifique.

La science, selon M. van Weddingen, est un système de connaissances vraies et certaines. Toute science comprend une série de lois ou de *faits* constatés avec le degré de certitude approprié à leur nature spéciale, et ramenés à leurs *principes*, c'est-à-dire à des faits, à des conditions plus simples emportant la réalisation des premiers. Or, il y a des faits psychologiques, métaphysiques, mathématiques, physiques et moraux. Il y aura donc autant d'espèces de sciences. Chacun de ces groupes de connaissances ne comporte pas le même genre d'évidence, on ne saurait demander aux sciences morales ni même aux sciences physiques de prouver leurs vérités de la même façon que s'établissent les vérités mathématiques. Mais de ce qu'il y a plusieurs sortes d'évidence il ne s'ensuit pas que l'on doive réserver le nom de certitude à l'état produit dans l'esprit par l'une d'elles, par l'évidence mathématique, par exemple, pour le refuser aux autres. La croyance n'a pas le droit d'entrer dans la science et, si elle est souvent l'équivalent pratique de la certitude, elle n'en est nullement l'équivalent théorique.

La science est objective et dès lors essentiellement impersonnelle, la métaphysique étant une science est impersonnelle comme toutes les autres et ce qu'on doit rechercher dans un système de métaphysique, c'est moins son originalité que sa vérité. L'auteur ne croit pas par là condamner l'originalité philosophique, mais il la ramène à sa vraie mesure, à son rôle légitime. L'originalité de chaque penseur se manifestera dans la construction, dans l'ordonnance des vérité scientifiques. L'ordre dans lequel les vérités seront proposées et démontrées, leur enchaînement, leur filiation, tout cela est laissé à l'initiative personnelle et avec les mêmes matériaux chaque intelligence pourra construire des édifices dont varieront à la fois l'architecture et la beauté.

Reprenant à la fin de son long travail l'idée maîtresse qui l'inspire et qui l'anime, l'auteur cite cette parole de Lange : « L'humanité ne trouvera de paix qu'à la condition de découvrir le principe immortel qui est au fond de la religion, de l'art et de la philosophie; qu'autant que sur le fondement d'une telle connaissance reposera l'accord, cette fois définitif, de la science et de l'esthétique trop longtemps divisées. » Or, ce qui a écarté la philosophie de la solution de ces problèmes, c'est qu'elle a trop séparé la réflexion et les analyses rationnelles des aspirations et des besoins spontanés de la nature pratique de l'esprit. La philosophie de l'avenir rétablira l'harmonie entre les procès dynamiques de la spontanéité et les analyses statiques de la réflexion abstraite. « Avec son pressentiment exquis de l'harmonie des choses, le génie hellène avait exprimé cette vue en un symbole mythologique. Au sanctuaire de Mégare, l'on voyait la divine Aphrodite, la mère commune des vivants, entourée des statues de la Tendance, de l'Amour et de la Vérité. Dans le groupe de marbre, le sculpteur Scopas avait incarné l'âme de l'idéologie grecque. Plus que jamais, sous des formes diverses, ce sera celle de l'humanité. »

Nous avons à peu près rendu compte de la suite des idées qu remplissent ce volume. Avant d'examiner brièvement le principe qui l'inspire, nous devons des éloges à l'auteur pour l'étendue de son information. Il est bien peu de livres contemporains qu'il n'ait dépouillés ou parcourus. Peut-être même met-il trop sur le même plan bien des auteurs et des ouvrages de mérite différent. Il a surtout, et nous devons lui en savoir gré, une attention particulièrement bienveillante pour notre école française de philosophie. Il pousse même la bienveillance un peu loin. Il dit quelque part que nous avons en France un très grand nombre de logiciens. C'est peut-être le contraire qui est le vrai. La logique est fort peu en honneur chez nous et il n'y a pas en France une seule chaire qui lui soit spécialement consacrée. L'ouvrage de M. van Weddingen présente un défaut plus sérieux : le souci trop grand de ne laisser sans emploi aucune lecture le conduit à abuser des citations, ce qui le pousse à discourir un peu sur toutes sortes de sujets et contribue à donner au livre un aspect touffu et embroussaillé. Joignez à l'absence de titres courants, la longueur de certains chapitres et vous comprendrez que certains lecteurs soient effrayés et déconcertés.

Au lieu de concentrer son argumentation, de la resserrer pour lui donner son maximum de rigueur et de clarté, l'auteur l'a éparpillée comme à plaisir. Il fallait en un sujet si important et si difficile laisser de côté tout ce qui pouvait être retranché sans nuire à la clarté et à la force de la démonstration. L'auteur ne l'a pas fait, il a visé à être complet plutôt qu'à être clair, à être solide plutôt qu'à être élégant. Il dirait sans doute comme M. Renouvier : « Je veux être étudié », et il se consolerait volontiers des lecteurs qu'il pourrait perdre rebutés par l'austérité de son livre.

Il serait pourtant bien dommage que ce livre ne fût pas lu, car il est plein de vues et de force philosophique. Je dirais même volontiers qu'il mérite d'être relu et médité. Depuis longtemps l'auteur avait formé le projet de l'écrire, car, dès 1880, dans une brochure publiée par lui sur l'encyclique *Æterni patris*, nous trouvons ces lignes qui indiquent très exactement l'idée mère du livre que nous venons d'analyser : « Il y a en chaque faculté un facteur spontané qui préside, dirige et soutient son exercice : ce facteur n'est autre que la disposition prochaine de l'activité sensible, psychique ou volontaire à entrer en acte. Aristote s'inspire partout de ces idées, mais il ne les a pas poussées jusqu'à leurs conséquences suprêmes. S. Thomas montre dans l'objet des tendances instinctives la fin dernière de l'être, le but suprême de son activité, et il prouve que cette tendance ne saurait être vaine. De fait, les sciences naturelles nous apprennent que jamais dans aucune espèce vivante, on n'a constaté de besoin inné, d'aspiration universelle et primitive qui fussent sujets à l'erreur. La méthode scientifique toute fondée sur l'uniformité et l'analogie interdit d'excepter l'homme de cette universelle loi. Or, l'homme aspire à reconnaître, et l'aspiration de ses facultés les plus hautes le porte d'instinct vers un Être absolument infini. Dès lors une telle aspiration ne saurait être illusoire ni subjective. — Donc, c'est la conclusion de notre Docteur : — l'Infini existe en réalité. » Et M. van Weddingen ajoutait. « Ce passage du Docteur angélique nous paraît contenir toute une idéologie susceptible de développements considérables. »

C'est cette idéologie que l'auteur nous donne aujourd'hui. Sans vouloir entrer dans les détails, ce que la place dont nous disposons ne nous permet pas, nous tenons à faire quelques réflexions sur le fondement même de la thèse de l'auteur. C'est un retour hardi et savant à la fois à l'argument tiré du sens commun. Un instinct nous pousse à croire à des objets hors de nous, au monde et à Dieu; les instincts sont infaillibles, donc le monde existe et Dieu existe. C'est bien là tout l'argument. Descartes l'avait déjà examiné dans la troisième méditation et il dit : « Pour ce qui est des inclinations naturelles, j'ai souvent remarqué, lorsqu'il a été question de faire choix entre les vertus et les vices, qu'elles ne m'ont pas moins porté au mal qu'au bien ; c'est pourquoi je n'ai pas sujet de les suivre non plus en ce qui regarde le vrai et le faux [1] ». Ainsi Descartes semble rejeter cette manière de raisonner et tous les modernes ont été de son avis sur ce point. Bien plus, Kant arguë de l'innéité même de l'inclination objective et de sa nécessité pour lui enlever toute valeur, ce qui a permis au brillant historien de l'idéalisme en Angleterre de voir en Descartes comme un pressentiment du criticisme [2]. Mais Descartes, en séparant à cet endroit même « l'inclination qui porte à croire de la lumière naturelle qui fait connaître ce qui est véritable », a indiqué en même temps que la faiblesse de l'argument le moyen d'y remédier. Si en effet l'inclination aveugle séparée de la lumière naturelle ne peut servir de base à aucune argumentation valable, il n'en est nullement ainsi quand la lumière se joint à l'inclination ou plutôt lorsque l'incli-

---

1. Ed. Garnier, t. I, p. 117
2. *L'idéalisme en Angleterre*, par Georges Lyon. 1 vol. in-8, Alcan, 1889, p. 29.

nation ne fait que nous pousser à suivre la lumière et à adhérer aux propositions qu'elle nous enseigne. On pourrait aisément trouver chez Descartes, qui accorde une grande valeur scientifique aux nécessités pratiques, des textes en faveur de cette opinion. Le primat de la raison pratique chez Kant n'est guère autre chose qu'une exagération de cette thèse. Pour notre auteur, la tendance n'est pas *aveugle*; elle est le fond de l'intelligence même.

Ainsi renouvelé par l'adjonction de toutes les informations et de toutes les données scientifiques contemporaines, l'argument en faveur de l'objectivité de la connaissance tiré des tendances spontanées de notre esprit mérite l'examen et la réflexion. Je n'oserais dire qu'il soit entièrement à l'abri de la critique, mais il est singulièrement renforcé par les considérations scientifiques et les discussions critiques dont l'entoure M. van Weddingen. Très familier avec la philosophie de Kant, qu'il expose et comprend fort bien, il a su lui emprunter pour la détruire quelque chose de sa subtilité et de sa vigueur.

· G. Fonsegrive.

Dr **Ph. Tissié**. Les rêves, physiologie et pathologie, avec une préface de M. le professeur Azam. 1 vol. in-18 de la *Bibliothèque de philosophie contemporaine*, 211 p. Paris, F. Alcan, 1890.

M. Tissié a divisé son travail en trois parties. Dans la première il étudie la formation des rêves, d'abord dans le sommeil physiologique, ensuite dans le sommeil pathologique, enfin dans le sommeil hypnotique. La seconde partie est consacrée à l'influence des rêves sur l'idéation et sur les actes accomplis à l'état de sommeil et à l'état de veille. Dans la troisième, l'auteur résume longuement les deux précédentes et présente quelques conclusions.

Le livre de M. Tissié est un très intéressant recueil de faits. L'auteur est bien au courant de la question — quoiqu'on puisse lui reprocher de ne pas mentionner le livre original et suggestif de M. Delbœuf; — il a fait de bons choix parmi les observations de ses devanciers, il y a joint des observations personnelles parmi lesquelles on remarque surtout celles qui concernent un malade singulier dont M. Tissié avait déjà raconté l'histoire. « Ce malade entend parler, à *l'état de veille*, d'un pays ou d'une ville à voir; *il en rêve pendant la nuit, et le lendemain, presque toujours le matin*, il part pour ce pays ou pour cette ville. D'autres fois le rêve, que rien n'a provoqué, suffit à lui faire abandonner sa famille et ses intérêts. Il est alors dans un état de somnambulisme diurne, qui dure de un à huit jours, et même plus. Il a fait deux ou trois fois le tour de la France; il a déserté deux fois. Il a visité à pied la Belgique, la Hollande, l'Allemagne, la Suisse, l'Autriche, la Russie, où il faillit être pendu comme nihiliste, la Turquie et l'Algérie. »

Les conclusions que M. Tissié tire de ses observations sont que la *formation des rêves est due aux organes sensoriels, soit dans le sommeil physiologique, soit dans le sommeil hypnotique*; les rêves d'origine absolument psychique n'existent pas. Tous nos rêves sont provoqués par une impression sensorielle initiale ainsi que nos pensées à l'état de veille; poursuivant sa comparaison entre les rêves des trois sommeils physiologique, somnambulique et hypnotique, M. Tissié nous dit que des hallucinations de même nature peuvent se reproduire dans ces trois états différents, ainsi que le dédoublement de la personnalité et l'auto-suggestion; il résume ses conclusions à cet égard par cette formule : *Ainsi le rapport intime entre les trois états de sommeil physiologique, somnambulique et hynoptique, existe pour les organes sensoriels, dans les hallucinations psycho-sensorielles, dans le dédoublement de la personnalité, dans l'auto-suggestion et dans la suggestion, enfin et surtout dans le rappel des mémoires.*

Au point de vue théorique nous aurions quelques réserves à faire. L'auteur ne paraît pas avoir toujours analysé les faits avec assez de précision et de rigueur. Plusieurs de ses assertions restent douteuses, ou vagues. Je signalerai à cet égard, la théorie intéressante d'ailleurs du *moi splanchnique* et du *moi sensoriel.* Les impressions reçues, analysées, classées et emmagasinées par notre cerveau ont deux origines : elles sont *splanchniques* et *sensorielles.*

« Le grand sympathique est chargé de mettre notre système viscéral en relation avec le cerveau, tandis que ce rôle est dévolu aux nerfs sensitifs pour les organes des sens et pour la musculation. Les impressions reçues constituent des mémoires qui se localisent dans les centres psychiques. Les mémoires sont d'autant plus nombreuses et d'autant plus profondes que les organes collecteurs et l'organe récepteur, le cerveau, sont plus délicatement développés. On peut admettre alors que le *moi* se dédouble, qu'il se subdivise en un *moi splanchnique* et un *moi sensoriel.*

« D'où des impressions différentes, c'est-à-dire des mémoires splanchniques et des mémoires sensorielles, celles-ci pouvant s'effacer avec la cause qui les a provoquées, celles-là existant forcément toute la vie puisqu'elles sont une conscience de l'état présent.

« ... Les impressions viscérales sont fournies par le cœur, les poumons, le foie, les intestins, etc., et le cerveau, car cet organe qui emmagasine les impressions venues des autres parties du corps, agit de même à son égard, en se reflétant sur lui-même. Le cerveau a la conscience de son existence propre avant d'avoir la conscience de l'existence des autres viscères et du monde extérieur.

« ... L'équilibre entre les deux « moi » splanchnique et sensoriel constitue le « moi » physiologique et psychique tel qu'on le comprend à l'état de veille, la rupture de cet équilibre constitue le moi à l'état de sommeil.

« ... Le « moi » splanchnique a la notion de sensibilité, mais il n'a pas celle du temps, car celle-ci ne peut exister qu'autant qu'il y a comparaison; or, pour comparer, il faut au moins deux termes : celui du mouvement et celui du repos. Le second terme n'existe pas pour le *moi* splanchnique, puisqu'il fonctionne sans arrêt jusqu'à la mort; il n'a donc que la notion du mouvement par alternance d'impressions plus ou moins vives selon la fonction de l'organe. Cette alternance lui donne la conscience de son existence dans le moment même, non dans le passé. »

Il suffit de citer ces quelques passages pour montrer que les affirmations de l'auteur dépassent de beaucoup la portée réelle des observations; plus de prudence, plus de minutie dans l'analyse, plus de rigueur dans la synthèse auraient été utiles. Le livre de M. Tissié n'en reste pas moins un recueil de faits curieux et d'observations intéressantes.

Fr. Paulhan.

R. P. Élisée-Vincent Maumus. Saint Thomas d'Aquin et la philosophie cartésienne. Paris, 2 vol.

Le R. P. Élisée-Vincent Maumus a un beau nom de philosophe scolastique. Il appartient à l'ordre illustre des Frères prêcheurs, dont saint Thomas est la gloire la plus actuelle. Lacordaire est bien oublié. Par ce temps où les morts vont si vite, c'est plaisir de penser que si « le bœuf muet de Sicile » revenait parmi ses frères, il trouverait sa *Somme* ouverte sur leur pupitre et serait sollicité, après tant de commentaires, de se commenter lui-même. Le R. P. Maumus publie deux volumes sous ce titre : *Saint Thomas d'Aquin et la Philosophie cartésienne* : c'est tout près de 1000 pages. Écrite d'un style clair, pour être lue sans doute, l'œuvre respire une bonne foi, une candeur dans l'assurance d'être en possession de la vérité tout entière, une modération aussi dans le triomphe, qui en font aimer l'auteur.

Nous assistons aujourd'hui à un curieux retour vers le thomisme. Le pape Léon XIII est à la tête de cette croisade philosophique. Dans l'encyclique du 4 août 1879, il a déclaré saint Thomas *omnium princeps et magister*; — *columna et firmamentum veritatis*, renchérit le P. Maumus. Je ne vois pas bien quel intérêt il y a à embarrasser l'Église d'une philosophie? Pourquoi engager l'avenir? proclamer que saint Thomas « a consacré l'alliance de la raison et de la foi »? Qu'arriverait-il si quelqu'un des successeurs de Léon XIII se prenait de passion pour Duns Scot ou pour Descartes? Mais ce ne sont pas là nos affaires.

Cartésianisme et thomisme, il semble que pour le P. Maumus la philosophie contemporaine tienne dans cette antithèse. La science est cartésienne, en ce sens qu'elle est mécaniste; mais la métaphysique de Descartes appartient bien à l'histoire. Nous ne sommes plus en 1840, à l'époque où Victor Cousin, à la recherche de parrains pour ses philosophies, s'adressait tour à tour aux Écossais, aux Allemands, à Descartes enfin. Le faux Descartes de Cousin est mort. Nous ne connaissons plus ce saint Antoine de la psychologie que venait tenter et tourmenter « le démon de la géométrie ». En appliquant à la philosophie la méthode des mathématiques, lui donner une égale certitude, voilà le rêve de Descartes : une ambition si haute n'est plus à notre taille; nous avons vieilli.

C'est une chose singulière que dans ce livre de très bonne foi je cherche vainement l'ennemi qu'il doit exterminer. Descartes en est absent. Je veux dire que sa doctrine n'est pas saisie dans ce qui fait aujourd'hui encore sa valeur, dans ce qui explique la séduction qu'au XVIIᵉ siècle elle exerça sur les esprits. A la logique de la qualité substituer la logique de la quantité, au syllogisme la déduction mathématique, à la finalité le mécanisme; considérer par suite la qualité non plus comme un terme dernier auquel l'esprit humain doive s'arrêter, mais comme un tout complexe, réductible à des éléments plus simples, étendue et mouvement, telle est l'œuvre propre de Descartes, ce qui fait que la science contemporaine par chacun de ses progrès la rajeunit. « Descartes, dit excellemment Huyghens, a mieux connu que personne avant lui qu'on ne pouvait rien comprendre en physique que ce qui peut être rapporté à des principes qui ne dépassent pas la portée de l'intelligence humaine, *comme ce qui tient aux corps considérés indépendamment de toute qualité et à leurs mouvements.* » Dissiper le mystère des formes, des causes occultes, ne s'arrêter qu'à des notions claires, distinctes, les combiner en découvrant leurs rapports, ne laisser que l'intelligible, donner au problème même de la vie (automatisme) la clarté d'un problème mécanique, voilà la grande ambition cartésienne. Toute science doit prendre la forme déductive.

J'admire saint Thomas : ceux qui croient que scolastique est synonyme de confusion et d'obscurité ne le connaissent pas. Son exposition a l'ampleur, une belle ordonnance. Mais s'il discute avec les autres, il ne discute jamais avec lui-même. C'est le triomphe du dogmatisme. Sa philosophie n'est pas la philosophie; c'est celle d'Aristote qui n'est pas à dédaigner. On nous dit qu'elle est une philosophie positive a *posteriori* plus conforme aux procédés de la science que celle de Descartes, *distinguo* : l'induction des savants porte sur les rapports des phénomènes et se continue par l'effort pour mesurer ces rapports, pour revenir à la logique du nombre, de la quantité. L'induction de saint Thomas s'arrête aux idées générales, elle lui donne des définitions essentielles, des majeures de syllogisme; son analyse s'arrête où commence celle des savants pour qui la qualité est un problème, non une solution.

Je crains bien que le thomisme soit condamné à rester une philosophie de séminaire. Il résout toutes les questions, mais en supposant tous les principes dont il a besoin pour les résoudre. Le progrès dialectique n'est qu'apparent. On a la vérité avant même de l'avoir cherchée. S'agit-il d'établir que l'âme est spirituelle? Ce n'est pas là un problème qu'on aborde avec le désintéressement scientifique; c'est une solution acceptée d'avance, une vérité admise dont il n'y a qu'à définir les conditions pour

les mettre en ordre, principes et conséquences, et produire l'apparence
démonstrative. Le thomisme n'est pas une philosophie, parce qu'il n'est
pas une recherche. Au seuil de la doctrine prenez la définition de la
vérité : « Le vrai, dit saint Thomas, c'est l'équation entre l'intelligence
et l'objet, *adæquatio rei et intellectus*; l'être étant le seul objet possible
de la connaissance, il suit de là que le vrai se confond avec l'être. » Mais
sous prétexte de principe évident, c'est là postuler toute une théorie de
la connaissance. Demandez à Kant, à Hamilton, à St. Mill ce qu'il
faut penser de cet aphorisme du XIIIᵉ siècle : « l'être est le seul objet possible de la connaissance! » Les preuves de saint Thomas ne sont le plus
souvent que les corollaires d'une philosophie sous-entendue et acceptée
d'avance. Le thomisme est excellent pour habituer les esprits à
discipline théologique. Il demande assez d'effort pour occuper
pensée, sans l'éveiller à la recherche et à la discussion des principe
Mais il ne répond pas aux exigences de l'esprit moderne. On ne ress
pas les morts.

Est-ce à dire qu'il n'y ait rien à garder ou à reprendre de la
conception des choses qui a été celle de la Grèce antique et l'on peut
dire de l'esprit humain pendant près de deux mille ans. Après avoir tout
expliqué par la qualité, on ne veut plus voir en toutes choses que
quantité et mouvement; peut-être l'esprit en viendra-t-il à concilier
ces deux éléments de la pensée, à faire entrer de nouveau dans l'idée du
vrai total ce qui, le rapprochant du beau et du bien, le rend vraiment
intelligible.

GABRIEL SÉAILLES.

Th. Flournoy. MÉTAPHYSIQUE ET PSYCHOLOGIE. 1 broch. in-8° de
135 p. Genève, Georg, 1890.

La conférence que M. Flournoy vient de publier est une sorte de
commentaire, de développement de l'*Ignorabimus* de Du Bois-Rey-
mond appliqué à ce qui concerne les rapports des phénomènes physiques et des phénomènes psychiques. La psychologie physiologique
contemporaine se détachant de la philosophie et devenant une science
s'appuie sur deux grands principes, le principe de concomitance et le
principe de dualisme. Le principe de concomitance ou de parallélisme
psychophysique consiste dans l'affirmation que : « tout phénomène
psychique a un concomitant physique déterminé »; l'axiome d'hétérogénéité ou principe de dualisme peut s'énoncer ainsi : « Le corps et
l'esprit, la conscience et le mouvement moléculaire cérébral, le fait
psychique et le fait physique, tout en étant simultanés, sont hétérogènes, disparates, irréductibles, obstinément DEUX. » C'est ce dernier
principe qu'examine surtout M. Flournoy; il critique plusieurs des
différentes solutions qu'on a tâché de donner de l'union des phénomènes, l'unité à double face, le fait mental et sa traduction, les mani-

festations parallèles d'une même substance, etc. Sa critique est souvent juste, toujours ou presque toujours vive, nette et précise.

D'ailleurs je ne puis accepter ses conclusions. Je crains toujours que nous ne prenions un certain plaisir à nous forger des mystères et des problèmes insolubles pour nous émerveiller ensuite à leur contemplation. Cependant il y a avec les difficultés réelles de la science de quoi contenter les plus difficiles, mais nous aimons non pas tant à reconnaître notre impuissance actuelle qu'à marquer des bornes à l'esprit humain : nous voulons mettre un savoir précis jusque dans notre ignorance. L'inconnaissable a de grands attraits et flatte ce qui nous reste d'un sens religieux qui pourrait mieux s'exercer. M. de Roberty réagissait dernièrement avec raison contre de récentes doctrines. En ce qui concerne le point particulier traité par M. Flournoy, il semble que l'on se plaise à obscurcir la question. On pose d'un côté les phénomènes physiques, de l'autre les phénomènes psychiques, et l'on tâche de les séparer autant que possible. On ne remarque pas que les phénomènes physiques eux-mêmes se séparent en autant de catégories irréductibles que nous avons de sens et que le rapport entre le mouvement senti par le tact et le mouvement perçu par la vue est aussi inconcevable que le rapport entre le mouvement perçu soit par la vue, soit par le tact, et la pensée qu'on pourrait appeler, en un sens, un mouvement moléculaire cérébral perçu par le sens interne. Le mystère apparent provient de ce que, au lieu de rechercher des rapports de concomitance, de succession, de finalité entre les phénomènes, on cherche, *en ce qui concerne les phénomènes psychiques*, à les rattacher aux phénomènes physiques par je ne sais quels liens particuliers de causalité métaphysique; naturellement on n'y peut arriver, pas plus qu'on n'y arriverait pour les phénomènes physiques. Mais comme lorsqu'il s'agit simplement de ceux-ci on a renoncé à cette recherche, et que l'on n'y pense même guère plus, il semble que les phénomènes psychiques présentent des difficultés particulières. Ces difficultés disparaissent dès qu'on traite les phénomènes psychiques par les mêmes méthodes générales que les autres. En fait, les corps sont des groupes de sensations réelles ou possibles, parmi lesquelles les sensations tactiles et visuelles sont les plus fondamentales, les plus essentielles, celles sans lesquelles la matière est difficilement concevable; les autres qualités de la matière, le son, le goût, l'odeur, nous apparaissent comme liées à certaines formes des premières. Toutes ces qualités plus ou moins fréquemment perçues, et dont l'importance doit varier d'un être à l'autre avec le degré de développement de tel ou tel sens, sont associées, mais parfaitement irréductibles les unes aux autres, au sens où l'on dit que la conscience est irréductible à la matière. La conscience, la sensation, le fait subjectif, n'est qu'un nouveau phénomène qui vient s'ajouter aux autres, en certains cas, et qui est lié, comme tous les autres, à une forme particulière des autres sensations; le complexus est plus riche en ce cas, voilà tout. La

séparation que l'on a faite entre la conscience d'une part et tous les
autres phénomènes d'autre part, s'explique par ce fait bien évident
que les autres phénomènes sont généralement perçus ensemble, au
lieu que le fait de conscience est perçu seul, et que les phénomènes
de tact et de vision, qui en sont l'accompagnement possible, ne sont
pas perçus simultanément puisque nous ne voyons pas notre cerveau
en activité et que personne ne le voit [1]. En ce sens, on peut dire, sans
aucune métaphysique et sans vouloir exprimer autre chose que des
rapports de phénomènes, que la conscience est un attribut de la matière
vivante, et cela ne signifie pas autre chose que le principe de concomitance de M. Flournoy; il n'y a pas autre chose à chercher, et dans les
sciences physiques on ne cherche pas autre chose. Le reste ne constitue pas plus un mystère impénétrable que le problème de l'âge du
capitaine. Les questions qui font le désespoir de l'esprit humain, celles
qui dépassent la portée non pas de notre intelligence, mais de l'intelligence en général, sont des problèmes mal posés ou des problèmes
qu'il n'y a pas lieu de se poser. C'est du moins ce qui arrive le plus
souvent.

Fr. Paulhan.

Dr Hans Schmidkunz. Ueber die Abstraction (*De l'abstraction*).
Halle, 1889, chez C. E. M. Pfeffer (R. Stricker); 43 pages.

Il s'agit de savoir « en quoi consiste la pensée abstraite, et jusqu'où
elle s'étend ». De là deux chapitres.

I. *Nature de l'abstraction*. — M. S. substitue aux deux théories
entre lesquelles jusqu'ici se sont partagés les philosophes, une doctrine
nouvelle, qui nous parait mériter une entière adhésion.

D'après Locke, suivi en cela par Laplace et Lotze, l'abstraction n'est
pas autre chose que la généralisation. Une pareille confusion est, suivant M. S., illégitime. Comment arrivons-nous à une idée générale,
par exemple à celle de rougeur? Les choses dont nous extrayons le
concept sont non seulement rouges, mais dures ou molles, limpides ou
ternes, etc., etc. Le concept général de rougeur comprendra-t-il toutes
ces qualités? Il faut donc que nous ayons, tout d'abord, en chaque cas
particulier, séparé le rouge des autres qualités au milieu desquelles il
se trouve. Pour passer des choses rouges au rouge en général, il faut
que nous ayons préalablement mis à part les rouges particuliers. Entre
l'intuition des objets et la généralisation, se place l'abstraction, comme
une opération originale.

De là une seconde théorie de l'abstraction. Aristote, saint Thomas,
Berkeley, en ce qui concerne les concepts mathématiques; Lange, pour
les constructions logiques, notamment pour celles qui constituent le

---

1. J'ai traité ce point un peu plus longuement dans *l'Activité mentale et les
éléments de l'esprit*. p. 516, 524.

calcul des probabilités, pensent que l'abstraction consiste essentiellement dans l'omission de certains caractères des objets. Abstraire d'une
chose sa rougeur, c'est laisser de côté toutes les autres propriétés de
la chose. La mesure de l'abstraction est conforme à son étymologie :
ἀφαίρεσις abstraction. Abstraire, c'est omettre, enlever, nier. C'est pourquoi M. S. appelle la doctrine d'Aristote à ce sujet, une théorie de la
négation, *Negationtheorie.* Bien que plus exacte que « la théorie
de la généralisation » (*Allgemeinheitstheorie*), elle n'est cependant pas
définitive.

Un caractère purement négatif ne saurait suffire à la définition d'une
opération de l'esprit. Ne pas se représenter une qualité, ne peut pas
être un acte de l'intelligence. Autant vaudrait dire qu'il y a une
manière d'agir, qui consiste à ne pas agir. La « négation » incluse en
toute abstraction doit donc être, non pas l'acte même de l'abstraction,
mais le résultat d'un acte positif, d'une « position », qui est la véritable
caractéristique de l'abstraction. Cet acte est le renforcement psychique
(*psychische Verstärkung*) de ce qu'on abstrait, — avec cet effet naturel,
l'affaiblissement de ce dont on abstrait.

C'est ce que montrent, et la raison qui ordinairement nous fait abstraire, et le moyen par lequel nous y parvenons. — Les éléments, ou
parties, ou qualités, d'une représentation, qui sont omis par nous,
ne comportaient pas nécessairement cette suppression. Nous les négligeons seulement parce qu'ils ne nous conviennent pas pour le moment.
C'est donc que nous nous proposons une fin positive, pour la représentation de laquelle ne sont utiles que les autres éléments, parties ou
qualités. Nous ne nions jamais que dans un but positif. C'est parce
que nous nous occupons spécialement du rouge, que nous laissons de
côté les autres qualités des choses rouges. Et ces qualités mêmes ne
peuvent être « niées » que grâce à des actes positifs de l'esprit. C'est ce
qu'on remarque, soit qu'il s'agisse de représentations, soit qu'il s'agisse
d'affections, tant dans les cas anormaux que dans les cas normaux.
1° Pour nous défendre d'un objet, cause de distraction, il ne suffit pas de
décider que nous allons nous y soustraire. Ce serait insister sur la perception de l'objet, et nous en rendre esclaves. Une « attention négative » est une contradiction. « C'est seulement, dit excellemment M. S.,
quand on réussit à donner à la conscience une tout autre direction, à
l'attention un tout autre aliment, c'est seulement alors que peut-être
nous pouvons arriver à cette diversion. » 2° Comment parvenons-nous
à être insensibles à une émotion? En en fortifiant une autre, fût-ce une
douleur. Dans l'ardeur de la bataille, le soldat ne sent pas la blessure.
Même, dans le repos du cabinet, l'imagination peut être assez forte
pour nous rendre inaccessibles à des impressions ordinairement très
vives, telles que la douleur d'une brûlure. (Voir à ce sujet de nombreux
exemples, dans : Oelzelt-Newin : *Ueber Phantasie Vorstellungen,* au
chapitre intitulé : *Körperliche Bezilhungen,* surtout p. 82-89.) 3° Enfin,
dans les cas d'hypnotisme, on produit des « hallucinations négatives »

en portant l'attention du sujet, non point sur les choses qu'on veut lui
faire « nier », mais sur des choses toutes différentes. — Ainsi donc nous
ne eut une « négation », suivant le langage de M. S., implique une
« position ». L'abstraction doit donc être caractérisée positivement, non
pas négativement. On objectera peut-être qu'il est des concepts abstraits,
tels que celui de l'infini, qui sont des négations. Mais M. S. n'a pas de
peine à répondre que, pour tirer de l'idée d'une chose finie, l'idée
d'infini, il faut d'abord abstraire de la chose sa qualité d'être finie : ce
qui est un acte positif, que, pour construire ensuite l'infini, il suffit, ou
bien d'augmenter continuellement le temps, la grandeur, ou l'intensité
du ....; ce qui est un procédé positif: ou bien de nier les limites du
fini : ce qui revient à nier une négation.

Il est donc définitivement acquis que l'abstraction est une opération
positive de l'esprit. Comment se la représenter ? Elle a besoin de l'attention, mais elle est plus que l'attention. Elle est une élévation d'intensité, mais elle est plus qu'une élévation d'intensité. Supposons un
groupe de représentations : $a + b - c = d$. Faire abstraction de b et
de c, en faveur de a, c'est, à ce qu'il semble, obtenir : $a = d - b - c$.
S'il en était ainsi, b et c seraient conservés tels quels dans la conscience :
il n'y aurait pas d'abstraction. D'autre part, la représentation du tout
d ne pouvant pas être supprimée purement et simplement, b et c ne
peuvent pas être totalement anéantis. Ils subsistent donc à l'état de
résidus, soit x; et la représentation abstraite est, non pas a, mais $a + x$,
ou a. Ainsi les éléments des représentations abstraites sont les mêmes
que ceux des représentations concrètes : ils sont seulement, les uns
fortifiés, les autres affaiblis : ce qui amène des groupements nouveaux. On pourrait donc définir l'abstraction suivant M. S., non pas
une simple négation, mais la formation de nouveaux groupes de représentations, grâce à l'attention qui, renforçant certains éléments des
représentations concrètes, en affaiblit les autres éléments.

II. *Limites de l'abstrait.* — Il était aisé d'établir ces limites d'après le
chapitre précédent. Il ressort tout naturellement de la théorie de M. S.
que les idées abstraites et les idées concrètes portent sur la même
matière, mais que les premières sont relatives, en premier lieu, aux
qualités, et, en second lieu seulement, aux objets, groupes de qualités,
tandis que les secondes représentent directement les objets, et indirectement chacune des qualités. A cette démonstration directe M. S. a préféré une voie détournée. Il expose tout d'abord, assez longuement, et
il admet comme irréprochable, la théorie de Stuart Mill sur les noms
concrets et les noms abstraits; puis il montre qu'elle s'accorde avec la
conclusion du premier chapitre de cet ouvrage.

A la théorie, bien connue de Mill, M. S. n'ajoute qu'un détail. Blancheur, comme on sait, est, pour Mill, un terme abstrait, et blanc un
terme concret : le premier désigne une qualité, le second un objet.
Mais ne dit-on pas quelquefois : la couleur de la neige est blanche ?

Blanc, dans cette phrase, n'est-il pas le nom d'une couleur, le nom d'un attribut? N'est-il pas un terme abstrait? M. S. se donne la peine d'accumuler les arguments contre une pareille objection. Il eût peut-être suffi de répondre : « Si la manière de parler en question était légitime, blanc serait l'attribut de couleur, qui, de son côté, est l'attribut de neige : ce qui est mille fois insensé. En réalité, la phrase invoquée est une abréviation de celle-ci, qui seule exprime correctement la pensée : La couleur de la neige est la couleur blanche, la blancheur. » Mais passons. L'important, pour M. S., est qu'on admette avec Mill que le nom concret et le nom abstrait se distinguent l'un de l'autre en ce que, tout en dénommant le même attribut, ils le désignent, l'un immédiatement (blancheur), l'autre médiatement (blanc).

Rien de plus facile, maintenant, à M. S. que de montrer l'étroite liaison de cette opinion avec sa propre théorie. La chose identique, à laquelle se rapportent et le concret et l'abstrait, est conçue, dans l'abstrait, sans être diminuée, atténuée, affaiblie, par aucun rapport supérieur; dans le concret, c'est un rapport supérieur qui est prédominant, le rapport du groupe des qualités à l'une d'elles, le rapport de l'objet à l'un de ses attributs. Le mot blanc, comme dit Mill, dénote l'objet, il ne fait que connoter l'attribut. Dans le concret, la représentation de tel attribut est comme submergée sous celle du groupe de tous les attributs. Ainsi l'abstrait et une partie tout au moins du concret sont identiques. Seulement l'un est un élément plus fort de notre conscience. Mais une augmentation ne va pas sans une diminution correspondante. C'est l'ensemble du concret, c'est l'objet, qui fait les frais de la diminution. L'abstrait, en un mot, est le concret augmenté en intensité, mais diminué en contenu. C'est là, on le voit, tout simplement la conclusion du premier chapitre, mais exprimée, pour ainsi dire, non plus au point de vue dynamique, mais au point de vue statique. Étant donnée l'abstraction, qu'est-ce que l'abstrait, son produit? Un long chapitre n'était pas, ce semble, nécessaire pour le découvrir.

En un mot, des deux chapitres dont se compose la brochure de M. S., le premier nous paraît excellent, et très propre à faire avancer la théorie de l'abstraction. Quant au second, nous n'avons pas pu en saisir l'utilité ; et nous ne comprenons pas ce qu'il ajoute au premier. Peut-être est-ce de notre faute plutôt que de celle de l'auteur.

HENRI MULLER.

James Drummond L. L. D. PHILO JUDÆUS OR THE JEWISH ALEXANDRIAN PHILOSOPHY IN ITS DEVELOPMENT AND COMPLETION. (2 volumes, 359-355 pages, chez Williams et Norgate, Londres.

On sait que, sous l'impulsion de V. Cousin, auquel l'éclectisme alexandrin ne pouvait être indifférent, l'école grecque d'Alexandrie a été, en France, l'objet de travaux considérables. Il est très regrettable qu'on ait presque complètement laissé de côté l'école allégorique juive

et chrétienne : on risquait ainsi de donner une idée à la fois insuffisante et inexacte de l'origine et des trois branches de l'école d'Alexandrie, anté-chrétienne, chrétienne et anti-chrétienne, sortie des pro-
seuques alexandrins et devant, après des siècles de lutte, fonder et
assurer les principes de la théologie chrétienne, asservir au dogme la
libre philosophie des Grecs, mais aussi donner à la foi et à la pensée
moderne, qui saura se délivrer de la scholastique, une théorie maitresse inconnue au paganisme, celle de l'esprit pur.

Tandis qu'en France on ne tirait aucun profit des patientes recherches commencées par nos savants du XVIᵉ et du XVIIᵉ siècle, elles
devenaient en Allemagne le point de départ d'une série continue d'ouvrages consacrés à la philosophie allégorique et à son représentant
le plus célèbre, sinon le mieux connu, le plus original et le plus
fécond, Philon d'Alexandrie. Voici que de la patrie de Mangey, l'éditeur jusqu'en ces derniers temps le plus autorisé des œuvres philoniennes, nous arrivent des travaux qui prouvent qu'on y étudie encore
de près les doctrines du grand penseur juif. Après la traduction complète des œuvres de Philon donnée par M. Yonge (1854) et les fragments
de Philon publiés (1886) par M. Harris, qui sont surtout des œuvres
d'érudition, les deux volumes de M. D. sur Philon et l'école judéo-
alexandrine, constituent une étude philosophique d'un grand intérêt
puisée aux sources, appuyée sur une critique des textes, ingénieuse
autant qu'intéressante, mettant enfin pleinement en lumière l'unité
systématique des théories philoniennes.

Après une rapide introduction (1-26) consacrée à la biographie de
Philon et à un coup d'œil général sur l'alexandrinisme juif, l'auteur
essaye de résumer dans les trois chapitres et l'appendice du livre premier (pages 27-131) la philosophie grecque, d'Héraclite aux stoïciens, en
insistant surtout sur les vues qui durent inspirer Philon et notamment sur
la doctrine du Logos. Le second livre (pp. 131-257) retrace la genèse
et l'évolution de l'école judéo-grecque jusqu'à l'époque de Philon, qui
va opérer et parfaire cette fusion de l'hellénisme et du judaïsme, d'où
sortira la civilisation communément appelée chrétienne. Après quelques pages réservées à l'Ancien Testament, M. D. étudie l'Ecclésiaste,
les Septante, les Oracles sibyllins et la Sagesse de Salomon dans un
chapitre qui est de beaucoup le plus intéressant et le plus original
de cette section : il y trouve une conception philosophique complète
de l'univers et un mélange intime et encore sans précédent de la philosophie grecque et des dogmes juifs. Mais qu'est-ce que cette Sagesse
qui prend la place du Logos hellénique? L'auteur se refuse à y voir
une hypostase : elle n'est encore qu'une personnification poétique de
la parole de Dieu. Toutefois la doctrine philonienne du Logos est préparée; le Logos et la Sagesse, d'abord associés, vont s'identifier; l'allé-
gorie le retrouvera dans l'Ancien Testament et la philosophie païenne
s'introduira dans le sanctuaire de la Loi, surtout avec Philon.

Les trois chapitres du livre suivant traitent, le premier de l'origine

et de l'objet de la philosophie qui puise sa source dans la contemplation de la nature et des cieux et a pour but le Bien; fin du savoir
encyclique; le second, de la physique philonienne qui admet à la fois
et sans contradiction l'éternité et la création du monde; le troisième,
des théories anthropologiques de Philon qui fonde le spiritualisme,
étranger même à Platon, mais admet la relativité de la connaissance.
L'existence et la nature de Dieu, les puissances divines, le Logos, les
problèmes supérieurs de la morale (chap. IV, V, VI, VII), sont étudiés
dans le second volume, d'après les textes de Philon critiqués souvent
avec bonheur. Malgré certaines longueurs, M. D. a su, notamment
dans la très délicate question des puissances et du Logos, de leurs rapports entre eux et avec Dieu, de leurs attributs et de leur nature
adopter une solution très nette, très logique, très forte, et qui paraîtra
en grande partie nouvelle.

Nous devons ici nous contenter de cette analyse toute sommaire :
on voit que, malgré son étendue et à cause même de cette étendue,
l'ouvrage de M. D. contient bien des lacunes. Le livre premier est insuffisant, le dernier chapitre du second est seul approfondi. En ce qui concerne Philon, dont la biographie est à peine indiquée, l'auteur ne se
préoccupe nulle part du classement chronologique et méthodique de ses
œuvres et consacre une trentaine de pages à l'exposition de l'éthique
philonienne. Il n'ignore pas pourtant que la morale est à la fois pour
Philon la cause efficente et finale de toute philosophie, que c'est le
point principal, unique, pour ainsi dire, le centre de tout le système,
et il n'en dit rien ou presque rien. Par contre, il est impossible de contester après avoir lu l'ouvrage de M. D. le titre de métaphysicien et de
métaphysicien de premier ordre au célèbre penseur alexandrin qui va
donner beaucoup plus que Platon et avant Plotin à la scholastique et
au spiritualisme moderne les éléments essentiels de leur cosmologie,
de leur psychologie, de leur théologie rationnelle. La métaphysique
de Philon, trop méconnue même en Allemagne, est enfin placée avec
preuves à l'appui au rang qu'elle doit occuper dans l'histoire de la
philosophie, dont l'œuvre de M. D. élucide un point nouveau : elle
constitue ainsi, en dépit des lacunes parfois considérables et des hypothèses douteuses qu'on pourrait y relever, un travail historique original et d'une réelle valeur.

EUGÈNE BLUM.

L. Cohn. PHILONIS ALEXANDRINI LIBELLUS DE OPIFICIO MUNDI, SPE-
CIMEN NOVÆ EDITIONIS OPERUM PHILONIS. Breslau, 1889, LVIII-108 p.

Ce travail, couronné par l'Académie de Berlin, est un spécimen de
la nouvelle édition des œuvres de Philon entreprise par M. C. sur les
conseils de son maître G. Studemund. L'introduction contient une courte
étude des éditions antérieures et de tous les manuscrits connus : dans
une seconde partie consacrée à la langue de Philon, l'auteur prouve, par

l'étude précise et suggestive qu'il nous donne, que Siegfried n'avait
pas épuisé la question. Le texte est établi d'après treize manuscrits,
mais surtout d'après le *Vindobonensis* pour la première partie et le
Mediceus pour la seconde : toutes les variantes, beaucoup de passages
similaires empruntés aux autres traités de Philon sont reproduits en
notes. Voilà donc posée la première pierre d'un monument réclamé
depuis longtemps et qui promet de répondre aux exigences des plus
difficiles : souhaitons qu'on ne s'en tienne pas là, comme il arrive trop
souvent et que M. C. achève la longue et considérable entreprise qu'il
parait très capable de mener à bien.

                                                        E. B.

———————

L. **Massebieau**. LE CLASSEMENT DES ŒUVRES DE PHILON. Extrait du
tome I de la *Bibliothèque de l'École des hautes études*. Broch. in-8,
91 pages; E. Leroux, éditeur.

M. Massebieau, qui avait publié l'an dernier un travail très remarqué sur l'authenticité du traité philonien de *la Vie contemplative*,
nous donne le résultat de ses nouvelles études : c'est une classification
méthodique des œuvres de Philon qui précède le classement chronologique auquel travaille l'auteur. M. M. a pensé qu'après Gfrörer, Gross-
mann et Schürer, dont il adopte et retrouve par lui-même les vues
principales, il y avait encore des recherches utiles à instituer sur cette
question, qu'il n'est pas permis de négliger si on veut donner une idée
précise du système philonien. Mais personne en France ne l'avait
encore traitée et il vient de l'examiner avec une autorité toute particulière, M. M. a lu, relu, annoté la plume en main tous les textes philoniens
et le fait est malheureusement si rare qu'il doit être cité. Peut-être
fait-il parfois la part un peu grande à l'hypothèse, peut-être aussi
Philon est-il beaucoup plus métaphysicien que ne parait le croire
M. M.; grosses questions que nous ne pouvons aborder ici; constatons
du moins que son travail, introduction nécessaire à l'étude des doctrines philoniennes, fait honneur à l'esprit critique et philosophique
de l'auteur, en même temps qu'à la science française. Il faut espérer
que bientôt nos historiens ne seront plus les seuls à ignorer que
Philon le Juif pourrait bien être le premier père de l'Église et qu'il
est, en tout cas, le chef de toute l'école spiritualiste.

                                                        E. B.

REVUE DES PÉRIODIQUES ÉTRANGERS

Mind.

July-October 1890.

HERBERT SPENCER. *Notre conscience de l'espace : réplique.* — La théorie soutenue par l'auteur dans ses « Principes de psychologie », § 326-335, ayant été l'objet de plusieurs critiques, principalement de la part de M. Watson, qui s'est placé au point de vue kantien, il est néces- saire de l'éclairer à nouveau. Toutes les critiques de M. Watson supposent tacitement que la conception de l'espace a toujours été telle qu'elle existe actuellement chez l'homme adulte; or, c'est juste- ment ce postulat que la théorie de l'évolution rejette : elle ne peut admettre que la pensée est complète dès le début. L'idée de la trans- formation a beaucoup de peine à entrer dans les esprits, du moins de manière à agir d'une manière efficace sur le mode de penser. Cepen- dant, chaque science nous fournit des exemples de transitions qui, d'une manière insensible, rattachent des choses qui paraissent n'avoir aucune parenté. (Exemples tirés des mathématiques, de la physique, de la chimie, de la psychologie, de la sociologie.) — Pour prendre la ques- tion en elle-même, supposons que l'on enfonce une canne dans l'argile. Cette perception simple en apparence est décomposable en deux élé- ments, toucher et tension musculaire qui par leur fusion constituent un état de conscience tout à fait différent (l'espace), tout comme le sulfure de carbone diffère du soufre et du carbone qui le constituent par leur union. Certes, il nous est impossible de nous débarrasser de notre connaissance de l'espace telle qu'une longue hérédité l'a faite, pour en revenir à la période primordiale; mais cette perception d'espace, nous pouvons du moins la réduire à un minimum. Supposons que, les yeux bandés, nous soyons introduits dans une chambre inconnue. Tout d'abord nous n'avons que des changements de tension musculaire indé- terminés; mais si nous touchons quelque chose, voici une nouvelle sensation qui limite. (L'auteur expose ici la thèse connue de la série réversible des sensations de tension.) La conscience de l'espace acquise par le toucher est naturellement étendue et transfigurée par l'addition de la vue : la rétine a l'avantage de toucher médiatement une multi- tude d'objets à la fois. Lorsque la conscience en est arrivée à concevoir deux points et un intervalle entre eux (conscience pure de tout élément sensoriel , une construction plus large de l'espace est possible. L'espace, distingue du corps, se présente comme une possibilité de mouvement. Mouvements musculaires et contact. tels sont les derniers éléments de notre conscience de l'espace : tous les autres éléments visuels n'en sont que des signes. — Mais, peut-on objecter, le simple contact d'un objet est accompagné d'une conscience. d'une position de l'endroit touché. Certainement : parce que avant l'expérience individuelle. il y a des connexions établies entre les centres nerveux et les nerfs de la partie touchée; il y a une connaissance potentielle de la position due à l'hérédité. ·Faits à l'appui. illusions des amputés. etc. La connaissance de l'espace existe donc dans les centres nerveux à titre d'axiomes latents.

WHITAKKER. *La psychologie de Volkmann.* — Étude consacrée au « Lehrbuch der Psychologie vom Standpunkte des Realismus und nach genetischer Methode » de l'ancien professeur de Prague. ¦Pour le compte rendu de cet ouvrage, voir la *Revue philosophique*, t. II. p. 410.

W. MITCHELL. *Logique de la morale de l'évolution.* — L'auteur se livre à un assez grand nombre de critiques de détail et conclut ainsi : Quand même le but et les moyens du progrès moral donné par la morale de l'évolution seraient parfaitement vrais, — comme presque tous les autres buts et moyens qui ont été proposés, — il ne semble pas qu'ils expriment l'essence de la question. S'il est faux de représenter les lois de la morale, comme si les hommes existaient dans un milieu quelconque; il est aussi erroné de représenter l'homme comme l'enfant du milieu. Vous ne pouvez lui clore la bouche quand il demande : Pourquoi dois-je être moral? et ce n'est pas une réponse satisfaisante de lui dire : Je vous rendrai moral. C'est comme si l'on croyait pouvoir satisfaire les gens, en leur disant qu'ils portent encore leurs habits d'enfance.

A. SHAND. *L'antinomie de la pensée.* — « La pensée s'efforce de se délivrer des sens et de penser sa propre nature sans contradictions. Mais la métaphore et les habitudes secrètes du langage sont incrustées en lui et produisent des questions vaines et de fausses doctrines. »

MAC KEEN CATTELL. *Épreuves et mesures mentales.* — La psychologie ne pouvant atteindre la certitude et l'exactitude des sciences physiques qu'en s'appuyant sur l'expérimentation et la mesure, l'auteur expose un programme de recherches qui peuvent être assez facilement exécutées et appliquées à un grand nombre d'individus. Ce programme est classé sous les dix titres qui suivent : pression au dynamomètre, détermination du degré de mouvement, des aires sensitives sur la peau, pressions causant de la douleur, la plus petite différence perceptible pour les poids, temps de réaction pour le son, temps pour nommer les couleurs, bisection d'une ligne de 50 centimètres, jugement portant sur un temps de 10″, nombre de lettres que l'on peut répéter après les avoir entendues (ce dernier procédé ayant rapport à la mémoire et à l'attention). L'auteur donne quelques détails sur les investigations auxquelles on devrait soumettre la vue, l'ouie, l'odorat et le goût, le toucher, le sens thermique, le sens de l'effort, le temps mental et l'intensité mentale.

HERBERT SPENCER. *L'origine de la musique.* Addition au travail publié sous ce titre dans les « Essais ». — L'auteur combat Darwin qui fait sortir la musique de la seule expression du sentiment sexuel, tandis qu'il soutient qu'elle a son germe, non dans une classe déterminée de sons, mais dans tous les sons que la voix émet sous l'influence d'une excitation. Il cite un très grand nombre de faits montrant que chez les peuples sauvages (Fuégiens, Australiens, Araucaniens, Malais, etc.), l'expression musicale se rapporte aux sentiments du moment et semble produite par eux. Il répond aussi aux critiques de Gurney et se défend d'avoir voulu expliquer le *développement* de la musique. Les éléments qui concourent à l'effet musical sont au nombre de trois : 1° la sensation, des sons sont agréables par eux-mêmes, rôle du timbre, etc. ; 2° la perception (la phrase musicale qui parle à l'intelligence et qui, par des répétitions ou variations, excite un plus grand nombre d'éléments nerveux) ; 3° l'émotion, qui reste toujours l'élément principal. Quant au rôle de l'harmonie, qui a pris tant d'importance dans la musique moderne, elle agit en engendrant un volume plus considérable de sensations.

J. SULLY. *L'élaboration mentale.* — L'auteur ne s'occupera que de l'élaboration intellectuelle, en laissant en dehors les sensations (éléments primaires) et les réactions de l'attention, considérées comme des réflexes moteurs. Les processus d'élaboration sont réductibles à trois : 1° différenciation ; il prend ce mot au sens des biologistes. La vie psychologique, comme la vie physiologique, consiste en une hétérogénéité croissante. La différenciation se fait d'abord entre les différents sens, puis au dehors de chaque sens. L'attention amène la discrimination, qui est intimement liée à la loi de relativité ; 2° l'assimilation, c'est-à-dire l'appréhension d'un rapport de ressemblance. La ressemblance est partielle ou totale : il y a l'assimilation automatique et l'assimilation comparative ; 3° l'association, c'est-à-dire la combinaison ou intégration de plusieurs éléments simultanés ou successifs.

TH. WHITTAKER. Fin de l'exposition de la *Psychologie de Volkmann.*

H. ORANGE. *La morale de Berkeley.* — Fraser a cru pouvoir la caractériser par cette formule : un utilitarisme théologique ; l'auteur en conteste l'exactitude.

CROOM ROBERTSON examine les recherches de Münsterberg sur le sens musculaire et le sens de l'espace. (Voir la *Revue* d'août 1890.) — WATSON répond aux critiques de Spencer sur la dérivation de l'espace.

The American Journal of Psychology.

April 1890.

HODGE. *Esquisse d'une histoire de l'action réflexe*. — L'auteur considère comme le véritable initiateur de cette étude, Descartes, dont il cite de longs extraits, après lui Willis et Astruc, mais surtout Robert Whytt (1751). Prochaska (1784), qui est considéré comme ayant fait le premier des réflexes une classe distincte de mouvements, s'appuya surtout sur les découvertes électriques de Galvani.

Le *Journal*, suivant sa coutume, consacre la plus grande partie de son numéro à une excellente revue de tous les mémoires, épars dans divers périodiques, ayant quelque intérêt pour la psychologie physiologique : ils sont classés sous les titres suivants : le système nerveux, recherches expérimentales relatives surtout aux perceptions visuelles, psychologie morbide, criminologie, hérédité.

Programmes de l'enseignement de la psychologie dans les Universités américaines de Wisconsin, Nebraska, New York College, Columbia, Harvard, Yale, Washington, Pensylvanie, Indiana, Clark, Toronto.

Zeitschrift für Psychologie und Physiologie der Sinnesorgane.

Nᵒˢ 4 et 3.

SCHAFER. *Sur la perception et la localisation des vibrations et des différences de son*. — Supposons notre corps coupé par un plan médian à direction sagittale, un son est perçu par les deux oreilles et se fond en une seule image. Le but de la recherche est de déterminer dans quelle direction nous localisons l'image, quand nous faisons varier de diverses manières l'intensité relative de deux sons et la position relative de deux diapasons entre eux et par rapport à la tête de l'observateur. Résultats : nous localisons les différences de son entre les oreilles (dans le plan médian) quand les deux diapasons sont dans ce plan, ou lorsque les sons primaires, ayant une intensité relative égale, viennent de différents côtés. Lorsque les deux sons primaires arrivent à l'observateur du même côté, la différence des sons est entendue dans l'oreille ou immédiatement devant elle; au contraire, du côté du diapason le plus faible, quand un son vient de droite et l'autre de gauche et que leur intensité relative est inégale.

H. MUNSTERBERG. *L'association des représentations successives*. — On discute sur la question de savoir si, outre la ressemblance interne des idées, il n'y a pas d'autres causes d'association, telles que la simultanéité ou la succession. Il n'est pas douteux en fait qu'il y ait des associations par succession (série de sons, de mots, d'événements), mais l'auteur croit pouvoir soutenir qu'il n'y a jamais d'association immédiate des représentations successives. La liaison d'impressions successives *a*, *b*, *c*, *d* peut avoir lieu de deux manières. Ou bien *a* n'a pas encore disparu de la conscience quand *b* y apparaît et ainsi de suite; alors c'est en réalité une simultanéité qui agit. Ou bien, chaque excitation produit un mouvement réflexe; par exemple une image verbale produit les mouvements d'articulation, ceux-ci un autre et ainsi de suite, en sorte que tous ces complexus de mouvements se lient entre eux. Si l'idée *b* suit l'idée *a*, ce n'est pas parce que *a* éveille *b*, comme on l'admet généralement, mais *a* suscite le mouvement A, qui suscite le mouvement B, et B éveille *b* dans la conscience; B suscite C, et ainsi de suite.

Pour soumettre cette théorie au contrôle de l'expérience, l'auteur a recherché si les associations successives sont encore possibles lorsque l'on exclut l'exercice des mouvements concomitants aussi bien que la perception simultanée des termes voisins dans une série. Il a adopté le dispositif suivant : un tableau noir sur lequel on peut faire glisser une bande noire de 2 décimètres qui présente une petite ouverture carrée; une ligne de lettres est écrite sur un tableau dont chacune apparaît successivement à travers l'ouverture par suite du glissement de la bande : chaque lettre reste visible une seconde. Ces lettres sont disposées de manière à ne former aucun mot et l'expérimentateur ne doit pas les connaître d'avance.

La première série d'expériences consiste à lire ces lettres, puis quand elles ont disparu, à les répéter aussi exactement que possible. On peut réussir avec des séries de 4, 5 et jusqu'à 10 lettres. Les séries de 4 à 7 lettres sont répétées exactement sans exception, au delà il y a quelques erreurs.

La seconde série d'expériences consiste à procéder comme ci-devant, mais de plus, tout en fixant son regard sur les lettres, le sujet doit calculer de tête à haute voix (exemple, additionner 7 + 7, etc.), jusqu'à ce que la dernière lettre apparaisse. Dans ce cas, d'abord on ne peut pas dépasser la série de 7 lettres; dans la série de 8, il y a pour un tiers une lettre fausse; pour les deux tiers, la reproduction est exacte. Mais pour une série de 100 expériences avec 4 lettres, on trouve : 6 fois une lettre fausse, mais dans 52 cas l'ordre de reproduction des lettres est faux; avec 5 lettres, 64 cas d'ordre faux, avec 6 lettres 83 cas. (Exemple, *l g h t* au lieu de *h g l t*; *c p i s e*, au lieu de *p s i c e*, etc.

Faut-il attribuer la différence des deux cas à l'intervention de l'attention? L'auteur rejette cette hypothèse. D'après lui, les différences, dans le second cas, viennent de ce que l'appareil vocal est complètement séquestré, que les lettres ne peuvent être répétées et que, étant occupé à compter, nous ne pouvons retenir intérieurement une lettre, quand la suivante se présente. L'association simultanée fait défaut, en même temps que l'exercice des mouvements : la conscience saisit bien les impressions successives et peut les reproduire, mais chacune d'elles reste isolée et l'une n'éveille pas l'autre.

UHTOFF. *Sur les plus petits angles visuels perceptibles dans les différentes parties du spectre.* — Le résultat des expériences est d'établir que le plus petit angle visuel, c'est-à-dire l'acuité visuelle la plus fine est essentiellement la même dans les diverses parties du spectre, pourvu que le champ spectral monochromatique soit suffisamment clair.

DORING. *Les sentiments esthétiques.* — Cet article ne contient guère que des considérations théoriques un peu vagues sur le sujet.

LIVRES DÉPOSÉS AU BUREAU DE LA REVUE

—

CH. HUIT. *Examen de la date du Phèdre.* In-8, Paris, Thorin.

E. DE LA HAUTIÈRE. *Cours élémentaire de philosophie scientifique.* In-12, Paris, Garnier.

W. JAMES. *The Principles of Psychology.* 2 vol. in-8, New York, Holt.

KRESTO KRISTOFF. *Lotze's metaphysischer Seelenbegriff.* In-8, Halle.

RUBINSTEIN (Suzanna). *Zur Natur der Bewegungen.* In-8, Leipzig, Edelmann.

P. CERETTI. *Composizioni poetiche.* 2 vol. in-18, Torino, Moriendo.

H. STROUVÉ. *Uvedeniev philosophio (Introduction à la philosophie: analyse générale des principes).* In-8, Varsovie, Kowalesky.

FORTOUL. *Filosofia constitutional.* In-12, Paris, Garnier.

Notre collaborateur M. B. Pérez va prochainement ajouter un nouveau livre (sur le *Caractère*) à sa série d'études sur la *Psychologie de l'enfant.*

Un nouveau « Quarterly » paraît en octobre à Chicago sous les auspices de la très active « The Open Court Publishing Co ». Il est intitulé THE MONIST et sera consacré « à établir les principes du monisme dans la philosophie, les sciences exactes, la religion et la sociologie ». Parmi les articles contenus dans le n° 1, nous signalerons : Romanes : Sur la sélection physiologique de Wallace. — Binet : L'immortalité des infusoires. — Mach : Analyse (anti-métaphysique) des sensations. — Carus : L'origine de l'esprit. — L. Arréat : Correspondance de France, etc., etc.

La Psychologie depuis longtemps annoncée de M. W. JAMES vient de paraître sous ce titre : *The Principles of Psychology.* 2 vol. in-8, New York, Holt et Cⁱᵉ.

Le Propriétaire-gérant : FÉLIX ALCAN.

COULOMMIERS. — Imp. PAUL BRODARD.

LES ANTINOMIES ET LES MODES DE L'INCONNAISSABLE

DANS LA

PHILOSOPHIE ÉVOLUTIONNISTE

La filiation des concepts philosophiques, les métamorphoses des doctrines, le transformisme des idées générales, tout cela a été fort peu et fort mal étudié par les philosophes modernes.

Leur position à cet égard est même de beaucoup inférieure à celle des anciens zoologistes qui prenaient souvent pour deux genres distincts l'enfant et l'adulte, le mâle et la femelle du même animal [1]. Car c'est constamment, c'est tous les jours que les philosophes commettent des méprises analogues, et cela à propos de concepts, de genres idéologiques qu'eux-mêmes déclarent avoir pour la philosophie une importance sans égale. Tel est constamment le cas des concepts de Dieu, de Matière, de Force, de Mouvement, d'Inconnaissable.

Dans cet ordre d'idées, un pas décisif a été fait par les agnosticistes anglais en général et les évolutionnistes en particulier. Ces philosophes, qu'on peut classer parmi les positivistes les plus avancés du siècle, reconnaissent nettement déjà les liens de parenté qui unissent la religion à l'agnosticisme; et leur Inconnaissable remplace ostensiblement le vieux personnage central de toutes les théologies et de toutes les métaphysiques.

Malheureusement pour eux, cependant, ils n'ont étudié ce grave problème ni en sociologistes, ce qui est, peut-être, la manière la plus fructueuse de l'aborder, ni en psychologistes. Ils n'ont fait ni la sociologie, si je puis m'exprimer ainsi, ni la psychologie de Dieu, de la Matière, de la Force, du Mouvement, de l'Inconnaissable. Ils ont continué à faire la philosophie de ces x qu'ils ont continué, par

---

[1]. Citons, comme un exemple des plus connus, la langouste et sa larve (phyllosomme) qui était regardée autrefois comme un groupe indépendant de crustacés.

suite, à prendre pour autre chose que de purs concepts ; ils sont restés, par conséquent, profondément métaphysiciens. Nous allons nous en convaincre dans les pages suivantes.

Le criticisme, cette première grande philosophie de notre époque, n'a pas inventé les antinomies; elle les a trouvées toutes prêtes dans la philosophie du passé; mais elle les a cultivées avec une prédilection particulière, elle les a développées et elle y a vu des prémisses qui justifiaient amplement cette conclusion : la réalité de l'inconnaissable. Le positivisme qui a suivi, s'est emparé du résultat final sans trop se préoccuper de sa base ou de sa source antinomistique. Enfin l'évolutionnisme, qui est venu en dernier lieu, a repris la discussion des prémisses aussi bien que celle de la conclusion, et il a poussé cette discussion à ses limites extrêmes. C'est donc dans la philosophie de l'évolution qu'il faut surtout étudier le problème de l'inconnaissable, comme on étudie les lois d'un phénomène quelconque dans un cas bien caractérisé.

Où en est actuellement l'évolutionnisme dans cette question qui prime chez lui toutes les autres? Attachons-nous à faire ressortir les contradictions dans lesquelles tombe cette école importante, et essayons de montrer que le monisme de Spencer, la doctrine que les phénomènes sont des modes, des transformations successives ou simultanées d'une seule et même énergie primordiale, renferme implicitement cet aveu final inattendu et qui a une grande portée : à savoir, que les antinomies ne sont pas des jugements contradictoires de l'esprit, et que l'incognoscible n'est pas ce que nous connaissons le moins au monde.

I. — *Les antinomies.*

Dès l'antiquité la plus haute, les contradictions inconciliables, ou nous paraissant telles, de la raison étaient regardées comme la source, le germe subjectif des croyances religieuses et philosophiques de l'humanité. Bien avant Kant, les antinomies étaient déjà citées comme autant d'exemples, d' « instances prérogatives », pour parler le langage de Bacon, de cette vieille connaissance de l'esprit humain : l'ignorance où nous sommes, soit des faits, soit de leurs lois ou de leurs causes, c'est-à-dire d'autres faits encore. Une antinomie se déclare partout où notre science nous fait défaut. Or, comme les lacunes ou les « trous » de notre savoir sont innombrables, l'inconnaissable nous guette, en réalité, derrière le moindre fait.

Qu'est-ce que le temps, par exemple, et qu'est-ce que l'espace? La science, je veux dire la science spéciale, la psychologie qui n'existait pas il y a cent ans et qui existe à peine aujourd'hui, ne s'est jamais sérieusement occupée de ce double problème. C'est la raison raisonnante des ignorants et des philosophes qui s'en est emparé depuis des siècles, qui l'a accaparé et qui lui a attribué une complication et une portée extraordinaires. D'ailleurs, ce problème a toujours été traité d'une singulière façon. On s'est demandé si le temps et l'espace avaient une existence objective, sans aucunement se rendre compte du sens exact qu'on attachait au terme « existence objective », et à peu près comme si on demandait : sont-ce des chaises ou des chevaux? On a encore posé la question sous cette forme : le temps et l'espace ne sont-ils pas des néants? et on s'est senti pris dans l'engrenage logique du dilemme : il n'y a pas deux sortes de néants, et le temps et l'espace sont pourtant deux idées bien distinctes. On s'est demandé aussi quels étaient les attributs de l'espace et du temps, et on s'est persuadé qu'ils n'avaient pas d'attributs, qu'on ne pouvait pas les concevoir par leurs attributs. On en a fait, avec Kant, des idées précédant toute expérience, mais on a vu bien vite que si nous ne pouvons débarrasser notre conscience de ces prétendues formes de l'esprit, elles n'en continuent pas moins à nous paraître extérieures à l'esprit, etc., etc. En un mot, la double antinomie du temps et de l'espace s'est toujours présentée sous l'aspect d'une longue chaîne de contradictions d'autant plus irritantes qu'elles sont plus manifestement verbales et qu'elles ne prouvent, avec la plus accablante évidence, qu'une chose : l'état notoirement arriéré des études psychophysiques et psychologiques.

Voici une autre antinomie célèbre : la divisibilité infinie de la matière. A quelle « espèce scientifique » appartient l'ignorance qui nous est révélée par cette antinomie? La mathématique étant la seule connaissance qui soit parvenue, dans ses limites propres, à maîtriser le concept de l'infini, à l'asservir aux fins scientifiques, ce n'est pas là, à coup sûr, une ignorance d'ordre mathématique. D'autre part, les progrès de la physique, de la chimie, de toutes les sciences de la nature extérieure n'ont jamais été arrêtés par l'insolubilité, apparente ou réelle, de ce problème. Personne, certes, n'attribuera à la physique ou à la chimie cette question classique : un bâton peut-il n'avoir qu'un seul bout? Mais pourquoi ne nous torturons-nous pas l'esprit pour résoudre ce problème, bien propre pourtant à former la plus redoutable des antinomies? La raison en est très simple. Dans le cas du bâton, nous n'avons pas affaire à une de ces hautes généralités, à une de ces abstractions pures qui nous sollicitent naturellement à sortir des limites étroites de la science particulière, et nous entraînent dans le vaste champ de la philosophie. Dans l'exemple choisi, personne ne cherche à faire d'une question logique ou de simple définition : qu'appelons-nous un bâton? un problème de physique et encore moins de philosophie générale. Mais la matière est divisible à l'infini au même titre et pour les mêmes raisons qui font qu'un bâton possède nécessairement deux bouts. Comme problème de logique, l'antinomie en question n'existe pas.

Les deux problèmes connexes de l'action à distance et de l'existence du vide matériel ont également pris la forme d'un dilemme sans issue possible. Si le vide n'existe pas, la compressibilité est inconcevable, et si on admet le vide, on ne conçoit plus la transmission mécanique du mouvement. Une foule d'hypothèses variées, l'atomisme de Démocrite, l'attraction de Newton, les monades inétendues de Leibniz, les centres de force de Boscowich, bien d'autres explications encore ont vainement cherché à vaincre cette double inconcevabilité. Malgré les efforts réunis des philosophes, des mathématiciens, des physiciens, voire même, en ces derniers temps, de quelques chimistes renommés, l'antique antinomie du vide est restée, dans sa sombre et repoussante grandeur, maîtresse absolue du terrain de la lutte. Résistera-t-elle à l'attaque combinée des biologistes, des psychologues et des sociologistes?

C'est le secret d'un avenir que nous estimons prochain. Aujourd'hui on ne peut qu'indiquer d'une façon générale les raisons qui parlent en faveur d'une solution purement psychologique du problème du vide et des problèmes connexes de la matière, de la force, du mouvement. Ces problèmes ont eu la mauvaise fortune de tomber sous le coup d'une double confusion. On les a soustraits aux investigations de la science spéciale correspondante pour en faire des problèmes philosophiques, et on s'est ingénié, en outre, à leur donner la forme extérieure de problèmes physiques, chimiques, mécaniques. Un certain nombre de savants les ont même traités à fond comme tels, et ces tentatives n'ont pas été les moins malheureuses. Mais l'insolubilité d'un problème ne provient pas uniquement de ce qu'on l'étudie d'emblée d'une façon générale ou philosophique, elle est encore souvent la conséquence naturelle de l'erreur qui consiste à transposer une question dans un domaine spécial qui lui est étranger.

L'antinomie du vide a sa place marquée dans cette science qui n'existe encore que de nom, la psychologie des concepts abstraits, et elle n'est peut-être elle-même qu'un aspect particulier d'une autre antinomie. Le vide, l'atome, la force, sont, comme leurs synonymes probables, comme le néant, comme la matière, comme l'infini, non pas des faits de physique et de mécanique, mais des conceptions « surabstraites », pour ainsi dire, de notre esprit. C'est en partant de faits concrets qui, eux, appartiennent incontestablement, les uns à la physique, les autres à la chimie ou à la mécanique, que ces concepts ont été construits. Mais c'est là la loi commune : il n'y a pas d'abstraction un peu générale qui n'ait, pour source éloignée, des faits étudiés par les sciences du monde inorganique. Personne cependant ne voit dans cette origine de la plupart de ces idées une raison suffisante pour consacrer un chapitre spécial, en histoire naturelle, à l'étude de l'hippogriffe, par exemple, ou pour faire de Dieu — malgré la parenté évidente de ce concept avec l'idée de travail ou de totalité — l'objet d'un problème de mathématique. Comme abstractions « surarbitraires », les idées de vide, d'atome, de force et de mouvement dépassent la capacité « conceptive », si je puis m'exprimer ainsi, de la mécanique, et reviennent de droit à la psychologie, considérée non plus comme une branche de la philosophie ou même comme la philosophie tout entière, mais comme une science des plus spéciales. Pour s'en convaincre, il suffirait, au besoin, de se rappeler que c'est principalement à l'égard des abstractions de ce genre qu'il y a lieu de poser, au préalable, la question de savoir si elles ne servent pas à cacher des illusions mentales d'autant plus subtiles qu'elles sont plus inconscientes? Imaginez, en effet, que ces illusions soient dévoilées un jour comme l'ont été certaines illusions visuelles, tactiles, auditives : que deviennent, dans cette supposition, nos théories les plus célèbres sur les atomes, les forces, les centres d'énergie? Or, la doctrine des illusions, aussi bien que la doctrine de l'absurde, sont manifestement de simples chapitres de la psychologie concrète.

Les difficultés que soulève le problème du vide sont de même nature que celles qui s'attachent au problème de la divisibilité infinie de la matière. Toutes ces hypothèses viennent également se heurter contre l'antinomie de l'infini, sous la forme soit de la divisibilité, soit de la masse infinie de la matière; et leur incompréhensibilité disparaîtrait certainement avec l'incompréhensibilité du contraire de l'un de ces deux concepts. Or de quoi dépend ou comment s'explique que nous ne puissions, en effet, concevoir leur contraire? D'où vient cette impuissance, et pourquoi serait-elle congénitale ou organique? N'est-elle pas plutôt un simple phénomène d'inconscience ou d'inattention, ou une illusion qui prend sa racine dans un manque involontaire de mémoire? N'oublions-nous pas constamment, en effet, qu'en parlant du vide nous avons affaire, en réalité, à l'idée de vide en général, qui est le synonyme de l'idée de néant, qui est, à son tour, la négation fausse de l'idée d'être; qu'en parlant de compres-

sibilité, nous avons en vue l'idée de compressibilité en général,
synonyme de l'idée de résistance qui, à son tour, est la négation voilée
de l'idée de matière? Et n'oublions-nous pas exactement la même
chose par rapport à l'atome, à la force, au mouvement [1]?

Une catégorie particulièrement intéressante d'antinomies est
formée par les hypothèses contradictoires qui ont un caractère bio-
logique et psychologique très apparent et qui, néanmoins, sont
transposées dans la philosophie, où on les considère à des points de
vue empruntés indistinctement à toutes les sciences. Tel est, par
exemple, le problème prétendu insoluble de la transformation de la
force mécanique en sensations ou en idées, et *vice versa*; ou le problème du commencement et de la fin de la conscience, du premier
et du dernier état de conscience qui ne peuvent, dit-on, être saisis
par nous pour cette double raison que personne ne se souvient de
son premier état de conscience, et que l'impression que nous croyons
être la dernière est, en réalité, l'avant-dernière; ou le problème de
l'âme envisagée comme le *substratum* d'une succession interrompue
de sensations et d'idées; ou le problème du sujet-objet, du moi se
percevant lui-même, etc. Il n'y a qu'une remarque à faire à propos
de toutes ces questions. Notre ignorance en ce qui les touche est
actuellement bio-psychique et psychologique; et on ne saurait les
résoudre sans recourir à une théorie élaborée des illusions mentales
reposant, à son tour, sur une connaissance exacte des lois de la formation et de la transformation des concepts abstraits. Les agnosticistes le reconnaissent implicitement. Que l'homme ramène tous les
faits physiques à des manifestations de la force dans l'espace et dans

---

1. Le mouvement est-il apparent ou réel? Est-il possible qu'un mouvement
observé soit annulé, en réalité, par le mouvement en sens contraire, mais demeuré inaperçu du système qui contient le mobile observé? Le mouvement
n'est-il jamais que particulier et relatif? Le mouvement général et absolu existe-
t-il, ou n'est-il que son contraire le repos? La cessation absolue du mouvement
n'est-elle pas la négation de la loi de continuité? Ces questions sont autant
d'exemples de la confusion de l'abstrait et du concret, autant de problèmes
dont la forme « surgénérale » et « surabstraite » constitue la spécifiité propre
et qui certainement n'appartiennent ni à la mécanique, ni à la physique, et encore
moins à la philosophie.

On dira peut-être que cette manière d'envisager les choses ne fait qu'ajouter
une obscurité de plus à l'obscurité qui nous enserre de toutes parts. Les antinomies, comme toutes les erreurs de l'esprit humain, font tache d'huile, elles
envahissent, par la philosophie, tous les domaines scientifiques.

Un spiritualiste de mérite n'a-t-il pas soutenu dernièrement, que la tendance
actuelle de la science exacte était de faire disparaître devant notre esprit l'incontestable matière, comme la muscade aux doigts d'un escamoteur? Mais dans
ces conditions, remplacer l'obscurité vague, générale, philosophique, par une
obscurité spéciale, bien délimitée, restreinte à un coin inexploré de la connaissance, n'est-ce pas encore une façon de faire un peu de lumière?

le temps, disent-ils, il n'en est pas plus avancé, car il ne sait rien
de la force, du temps ou de l'espace ; qu'il réduise tous les phénomènes psychiques à n'être que des sensations, il reste dans la même
ignorance, car il ignore ce qu'est la sensation. Rien de plus vrai.
Ramener les phénomènes de conscience appelés faits physiques à
des phénomènes de conscience appelés force, mouvement, espace ou
temps, c'est, de toute évidence, passer simplement du concret à l'abstrait ou du moins abstrait au plus abstrait, passage dont nous ne connaissons bien ni les lois ni le mécanisme intime et dont nous ne savons,
tout au plus, par une expérience journalière, qu'une chose : qu'il est
parsemé d'innombrables illusions. C'est en vertu de ces conditions
essentiellement passagères de l'évolution scientifique, que la réduction des phénomènes concrets à leurs concepts abstraits nous
semble vaine et futile, qu'elle nous apparaît souvent comme un
effort de la pensée qu'il eût été tout aussi raisonnable de nous
épargner.

Le matérialisme a tort, dit-on, d'accorder à la physique et à la
chimie une foi aveugle, et de traiter tout le reste de rêveries. Le
tort du matérialiste nous paraît, en effet, d'ignorer les lois et les
conditions spéciales de certains phénomènes très particuliers qu'il
confond avec des phénomènes infiniment moins compliqués (psychologiquement parlant). L'idéaliste tombe dans l'excès opposé : loin
de nier ce qu'il ne connaît pas ou ce qu'il ne connaît que très imparfaitement, il s'efforce de grossir démesurément cet x, d'en faire
l'équivalent et le substitut de tout le reste. Le sensualiste, enfin,
s'applique à équilibrer ces deux excès, à se tenir à égale distance de
l'un et de l'autre ; mais c'est là une position essentiellement instable
qu'il ne parvient jamais à garder. Aussi voyons-nous les sensualistes,
représentés aujourd'hui par les évolutionnistes, pencher continuellement tantôt d'un côté et tantôt de l'autre, aller tantôt vers le matérialisme ou son meilleur représentant actuel, le positivisme, et tantôt
vers l'idéalisme ou son succédané moderne, le kantisme critique.

« Le mot de philosophie ne sera jamais rayé des langages humains,
et tant qu'il existera des hommes, on rencontrera des esprits plus
occupés de leur origine, de leurs fins dernières, de leur raison d'être
dans l'univers, que de tous ces amusements et ces passe-temps
qu'on appelle l'industrie, le commerce, la politique [1]. » C'est là, certainement, une pensée généreuse exprimée en termes convenables.
Mais il y a lieu de la compléter en faisant observer qu'il existe plusieurs manières de s'occuper des questions d'origine et de fin. Jusqu'à

---

[1]. D. Cochin, *l'Évolution et la Vie*, p. 77.

présent, les philosophes ont usé d'un procédé qui n'a guère profité à la philosophie. Il a consisté à faussement classer certains problèmes particuliers, à arbitrairement transposer les questions scientifiques. Les antinomies ont été la conséquence inévitable de cette méthode fautive; elles ont. d'ailleurs, eu souvent cette utilité. d'arrêter à temps les divagations des philosophes. Elles ont été. en ce sens. les véritables garde-fous de la philosophie.

Nous avons donné plus haut quelques exemples populaires de ces contradictions de la pensée abstraite. Mais aucun cas, peut-être, n'est plus propre à manifester la double erreur si souvent commise par les philosophes, que celui dont nous allons dire maintenant quelques mots.

Toute philosophie est un choix rationnellement motivé entre les différentes hypothèses possibles sur l'origine et la fin ou la raison d'être du monde. A ce point de vue, ce ne sont plus les abstractions scientifiques dernières, le mouvement, la force, la vie. la conscience, c'est la somme totale de ces propriétés plus ou moins générales des choses. c'est le monde ou l'univers qui devient le but ou l'objet des hypothèses philosophiques. Mais si, dans tous les cas précédents, on pouvait déjà adresser à la philosophie empiétant le domaine du savoir particulier. le reproche de confondre l'objet propre de la psychologie, son objet matériel pour ainsi dire, avec l'objet nominal des autres sciences, avec les signes conventionnels servant à désigner dans la notation ou nomenclature abstraite des choses, les caractères identiques des faits ou des événements étudiés par la mécanique, la physique, la chimie, la biologie et la sociologie, — à plus forte raison la même objection doit-elle atteindre la philosophie s'occupant de l'univers tel quel, c'est-à-dire d'une réalité non seulement du même ordre que le nombre, la matière, la force, le temps, l'espace, la vie, etc. mais qui, en outre, a ceci de particulier, qu'elle sert à représenter ou à résumer toutes ces idées prises ensemble. Et n'est-il pas évident, dès lors, que les hypothèses que la philosophie pourra imaginer sur l'origine et la raison d'être d'une telle abstraction — qui, soit dit en passant. a une foule de synonymes dont « l'infini » et « l'existence » sont des exemples connus — que ces hypothèses, dis-je, devront nécessairement demeurer arbitraires et invérifiables, tant qu'elles resteront ce qu'elles sont, tant qu'elles ne se transformeront pas en hypothèses psychologiques qui consisteront simplement à se demander comment naissent, dans le cerveau humain, comment y finissent les concepts abstraits, les idées générales.

En attendant, la nomenclature des antinomies aura été enrichie d'une nouvelle et intéressante catégorie. Historiquement, cette ca

gorie aura même précédé toutes les autres. Le concept de l'univers
a été formé par l'humanité la plus primitive. Il a présidé à toute
cette portion de l'évolution mentale par laquelle la religion n'était
guère distinguée de la philosophie. A ce point de vue, la question
de l'origine et de la fin des choses peut être justement appelée le
problème religieux ou théologique par excellence. Ce problème a
toujours abouti à l'antinomie qu'on peut également appeler religieuse
ou théologique et qui consiste dans l'impossibilité manifeste de vérifier l'une quelconque de ces trois hypothèses : ou l'univers a été
créé par une cause qui lui est étrangère; ou il s'est créé lui-même;
ou il existe par lui-même sans création aucune (théisme, panthéisme,
athéisme).. L'impossibilité évidente de résoudre le problème religieux en faisant appel aux lois de la logique, en écartant définitivement deux solutions pour consacrer ou sanctionner, *eo ipso*, la troisième, est précisément ce qui constitue son incompréhensibilité, ce
qui lui donne le caractère d'une contradiction radicale de l'esprit.
C'est là l'objection principale de laquelle se détachent, comme autant
de branches d'un tronc unique, les objections qui s'adressent à chaque
solution en particulier et qui disparaîtront d'elles-mêmes devant une
théorie scientifique des concepts abstraits : comment une cause
étrangère à la matière a-t-elle pu tirer, de rien, la matière; comment
un être peut-il se créer lui-même, sans exister virtuellement avant
d'exister réellement, et l'existence virtuelle, distinguée de l'existence réelle, n'est-elle pas le pur néant; comment, enfin, exister par
soi-même sans avoir un passé infini ?

II. — *Le monisme.*

La philosophie de nos jours a suivi la tradition de toutes les religions et de toutes les métaphysiques, et l'agnosticisme est devenu
son dogme fondamental. L'évolutionnisme surtout est remarquable
à cet égard. Il a porté l'erreur ou la confusion à son point extrême.
Il nous montre l'ignorance et le savoir courant aux mêmes abîmes,
aboutissant aux mêmes mystères; il vient, à son tour, accabler la
science sous le reproche que les philosophes réservaient naguère à
la religion seule, l'accusation de n'être qu'une expression ou une
forme de notre profonde et incurable nescience. La thèse de l'iden- .
tité des contraires n'a jamais, en vérité, remporté de triomphe plus
éclatant.

Cette identité — ou ce *monisme*, pour lui donner le nom qu'il
porte dans le langage philosophique — est un fait réel, incontestable;
il se manifeste, il prend corps, sous certaines conditions, dans tout

cerveau humain. Les idées les plus générales de notre esprit sont,
aux yeux de la science spéciale qui s'en occupe, des phénomènes
concrets et particuliers : ce n'est qu'en les traitant comme tels que
la psychologie peut vérifier les différentes hypothèses qui ont pour
objet ces phénomènes. Il est même fort intéressant de remarquer à
ce sujet, que c'est seulement en apercevant la nature essentiellement abstraite et, par suite, exclusivement psychologique de certaines
idées, qu'on arrive à leur restituer leur vrai caractère de phénomènes concrets et particuliers; et que c'est, au contraire, en leur
attribuant d'emblée une nature concrète, en les considérant comme
des « êtres » particuliers (Dieu, la Nature des panthéistes et des
matérialistes, l'Incognoscible de Spencer, de Comte, de Littré, la
Chose en soi de Kant, etc.) qu'on aboutit à les laisser toujours à
l'état de pures abstractions, de formules tellement générales qu'aucune science particulière ne paraît capable de les embrasser.

L'esprit humain a toujours été arrêté, en philosophie, par le même
obstacle, dû aux mêmes causes. Les paroles suivantes de M. Spencer
sur le progrès intellectuel expriment nettement cette vérité. « Le
progrès de l'intelligence, dit le chef de l'école évolutionniste, a toujours été double. Chaque pas en avant a rapproché à la fois du
naturel et du surnaturel, bien que ceux qui ont fait ce pas ne l'aient
pas cru... A mesure que la science s'élève vers son apogée, tous les
faits inexplicables et en apparence surnaturels rentrent dans la
catégorie des faits explicables et naturels. En même temps, on
acquiert la certitude que tous les faits explicables et naturels sont à
leur origine première inexplicables et surnaturels [1]. »

Tout cela est péniblement vrai. La philosophie, comme l'esprit
humain dont elle n'est qu'une manifestation, a toujours inconsciemment obéi à la loi de l'identité des contraires. Le naturel a toujours
été pour elle le non naturel, et *vice versa*. Elle ne ramenait les faits
non naturels aux faits naturels que pour les faire rentrer aussitôt
dans la catégorie d'où elle venait de les sortir. Cette endosmose et
cette exosmose de la pensée abstraite, ce va-et-vient monotone du
pendule métaphysique a toujours été la grande règle philosophique.
La pensée obéissait à une de ses lois fondamentales qui veut qu'arrivés à la cime ou à la limite extrême de l'abstraction, nous ne puissions y être et n'y point être à la fois. La description donnée par
M. Spencer est donc parfaitement exacte. C'est parce que la philosophie voyait dans le non naturel un genre indépendant ou une
négation vraie du naturel qui était néanmoins considéré (par les

_____

1. *Premiers Principes*, p. 112 et 117.

hommes de science et les philosophes de l'école expérimentale)
comme un genre suprême et unique, c'est à cause de cette violation
inconsciente d'une loi fondamentale de l'esprit, que toute chose
finissait par apparaître au philosophe comme naturelle et surnaturelle à la fois, et qu'il finissait lui-même par prendre ces deux aspects
abstraits d'un seul et même groupe d'éléments concrets pour deux
réalités concrètes et opposées.

La pensée du philosophe profitait ainsi de toute explication scientifique, de toute augmentation de nos connaissances, pour y rattacher son antinomie favorite, ce malentendu soigneusement entre-
tenu, la distinction illusoire du naturel et du surnaturel. L'explication
scientifique lui apparaissait faussement comme une réduction du
surnaturel au naturel; faussement, car lorsqu'on attribuait le tonnerre à Jupiter, on ne sortait pas, logiquement parlant, du cadre
du naturel ou de l'univers, et Jupiter lui-même n'était qu'une négation fausse de la nature. Et lorsqu'on attribua le tonnerre à l'électricité, on passa du surnaturel au naturel en ce sens seulement,
qu'on passa du même au même, d'une *natura naturans* à une
natura naturata, pour employer le jargon métaphysique mis en
honneur par Spinoza. Mais aussitôt après cette réduction, l'explication
scientifique dut apparaître à l'esprit du philosophe comme n'expliquant absolument rien ; et cela faussement aussi, si on se place soit au
point de vue de la science spéciale, soit de son application pratique.

C'était comme une juste revanche de la première réduction, qui
n'en était pas une, logiquement parlant. On s'apercevait — un peu
tard — qu'on n'avait rien réduit du tout, qu'on pouvait opérer logiquement sur l'électricité exactement de la même façon que sur
Jupiter, qu'on pouvait, à propos d'électricité, comme de toute autre
abstraction, poser et reposer, sasser et ressasser la fausse négation
du naturel : le non naturel. Une fois qu'on voit double, qu'on prend
une seule et même chose pour deux choses différentes, peu importe
qu'on poursuive sur la partie l'enquête commencée autrefois sur le
tout, et rien n'empêche, en vérité, de croire que telle ou telle catégorie de phénomènes étudiés par la science, ont, comme l'univers
en général, un aspect surnaturel, extranaturel ou non naturel qui
nous échappe. Kant, Auguste Comte et Spencer ont été, l'un après
l'autre, les victimes les plus illustres de cette vieille illusion de
l'esprit humain.

Le monisme des philosophes, les efforts qu'ils font pour atteindre
la formule du Tout-Un et de l'Un-Tout, voilà la pierre de touche
infaillible qui nous permet de découvrir la fausseté de leurs méthodes
et nous indique les véritables causes de l'état actuel de la philosophie.

Le monisme est lui-même une grande vérité d'ordre psychologique, c'est précisément ce qui le rend propre à la démonstration de l'erreur. C'est par contraste que nous jugeons, et le noir ne nous paraît vraiment noir que lorsqu'il est placé à côté du blanc. Les philosophes les plus monistes sont ceux qui peuvent le moins nous cacher le caractère profondément métaphysique de leur philosophie. Et les moins monistes, au contraire, sont ceux qui se dérobent le plus facilement, par ce côté de leur doctrine, aux attaques de la critique. Tels, dans la philosophie du siècle qui va finir, ont été Kant et surtout Comte. Il est d'autant plus difficile de les convaincre de métaphysique, qu'il est plus malaisé de découvrir leur monisme. Au contraire, Spencer, qui est un moniste déclaré, est le plus exposé au reproche d'être profondément imbu de l'esprit métaphysique. Son monisme devient, sans qu'il le veuille ou le sache, l'objection la plus écrasante qu'on puisse adresser à son agnosticisme. C'est un témoin qu'il suffit de faire apparaître dans la discussion des thèses agnostiques, pour les voir aussitôt se réfuter elles-mêmes.

Résumons brièvement les critiques de cette sorte. La matière, la force, la pensée sont autant de modes de l'incognoscible. Un lien de proche parenté unit entre eux ces modes. Nous ne pouvons rien connaître de la nature intime de la matière, de la force, de la pensée mais nous devons croire que la matière, la force, la pensée ont une nature intime identique. « Ces modes de l'incognoscible, dit M. Spencer, que nous appelons mouvement, chaleur, lumière, affinité, se transforment l'un en l'autre, et se transforment aussi en ces autres modes de l'incognoscible que nous appelons sensations, émotions, pensée. » Voici déjà deux séries d'affirmations qui s'excluent mutuellement.

M. Spencer nous répète par deux fois que A = A, et nous assure en même temps qu'il ne sait rien ni du premier A, ni du second, que tous deux demeurent absolument impénétrables, qu'il y a là un mystère qui se transforme en un autre, voilà tout. Par malheur pour M. Spencer et pour son école, il existe une science appelée algèbre, une science qui enseigne qu'on ne peut affirmer que A = A, qu'au cas où l'on s'est préalablement assuré, par les moyens les plus directs et les plus vulgaires — si l'on veut en comptant sur les doigts — ou par des méthodes très raffinées et délicates, mais qui, toutes, se réduisent à l'unique méthode directe, que le premier A est égal à 5, par exemple, et que le second A n'est ni 7, ni 12, mais bien 5 aussi. Et le malheur est qu'il y ait une autre science appelée logique et fortement soupçonnée de n'être qu'une algèbre appliquée à des cas très complexes, qui enseigne, elle aussi, exactement la même chose. De sorte que le monisme et la croyance à l'incognoscible se contredisent mutuellement et forment une dernière antinomie à laquelle l'école évolutionniste n'avait certainement pas songé. Il est illogique d'affirmer simultanément l'identité de tous les phénomènes et leur incognoscibilité. L'identité est le terme suprême de la cognoscibilité. L'identité en général est la cognoscibilité en général. De sorte encore que si l'on séjourne trop longtemps sur ces cimes élevées de l'abstraction pure, on court manifestement le danger, prévu par la loi de l'identité des contraires, de tomber platement dans l'illusion qui consiste à prendre la négation fausse de l'identité ou de la pure connaissance, l'incognoscible, pour quelque chose de réellement distinct, de réellement séparé du connaissable.

M. Spencer a ouvertement versé dans cette erreur. Il fait partie, sous ce rapport, du grand groupe philosophique qui compte dans ses rangs Hegel, Schopenhauer, Fichte, Leibniz, Spinoza, Giordano Bruno, Platon, tous les philosophes qui n'ont pas craint de s'imposer la tâche difficile de corriger l'agnosticisme par le monisme, un excès de prudence par un excès de témérité. A ce groupe s'oppose naturellement l'école nombreuse et non moins florissante, à laquelle appartiennent Aristote, Bacon, Locke, Hume, Kant, Comte, tous les penseurs dont le monisme est moins catégorique, moins affirmatif, et dont l'agnosticisme nous semble, par suite, plus rationnel ou mieux motivé. C'est qu'en effet, il est logiquement moins défectueux.

E. DE ROBERTY.

PERCEPTIONS D'ENFANTS

Ce qu'on appelle intelligence, dans le sens étroit du mot, consiste en deux choses principales : d'abord percevoir le monde extérieur, et ensuite reprendre ces perceptions à l'état de souvenir, les remanier, les ruminer.

Nous allons essayer, dans deux études qui se suivront, de déterminer ce que la perception et l'idéation présentent de particulier chez les deux petits enfants de deux à cinq ans qui sont soumis à notre observation, et sur lesquels nous avons déjà publié de courtes notes.

Dans une note précédente, nous avons examiné spécialement la perception des longueurs et des nombres. En ce qui concerne les nombres, nous avons vu que ces enfants, qui ne savent pas compter, ne peuvent pas percevoir des nombres d'objets supérieurs à cinq ou six. Ces expériences nous font apprécier la valeur de celles qu'on a pratiquées sur certains animaux supérieurs, par exemple des singes et des ours, auxquels on est parvenu, par des artifices divers, à faire percevoir un certain nombre d'objets. Les animaux les plus intelligents ne dépassent guère ce que peuvent faire de petits enfants, et c'est aux enfants qu'il faut les comparer, car, comme eux, ils perçoivent les nombres, tandis que l'homme adulte, grâce à l'emploi du langage, les *compte*, ce qui est tout différent. Quand on compare l'animal à l'homme adulte, on commet donc une erreur. Je rappellerai également que pour les perceptions de longueur, de petits enfants peuvent faire preuve d'une grande finesse de perception. Mais on ne doit pas, à ce qu'il me semble, trop forcer la conclusion de ces expériences; l'enfant est avant tout utilitaire; s'il arrive à estimer exactement certaines longueurs, c'est qu'il en a besoin pour ne pas se cogner aux objets, pour ne pas s'y faire de mal, et cela est d'autant plus nécessaire qu'il marche seul depuis longtemps, quand il atteint l'âge de trois ans. Mais je ne crois pas que l'enfant soit capable de percevoir exactement toutes les distances; je suis persuadé au contraire qu'il se trompe souvent de la façon la plus grossière sur la distance d'un objet éloigné, qu'il n'a pas l'habitude de toucher, comme un toit ou un clocher. Les perceptions exactes n'ont lieu que pour le milieu qui est à sa portée; le développement de ses facultés est réglé par le besoin pratique.

Nous allons examiner maintenant de nouvelles formes de perception, en insistant particulièrement sur celles qui exigent un certain travail d'interprétation.

La perception des couleurs.

Méthode d'appellation. — Essayons d'abord de nous rendre compte de la marche qu'il faut suivre pour étudier la perception des couleurs chez les jeunes enfants. Les recherches les plus complètes qui aient été faites sur ce point sont celles de M. Preyer; il employait plusieurs méthodes; il commença par répéter plusieurs fois le nom d'un petit nombre de couleurs en plaçant devant l'enfant chaque fois la couleur correspondante, puis il demandait à l'enfant : où est le rouge? où est le vert? et ainsi de suite; la réponse, correcte ou non, était inscrite.

Ce fut la première forme donnée à l'expérience; plus tard, lorsque l'enfant eut été familiarisé avec ces essais, et se fut montré capable de distinguer plusieurs couleurs, M. Preyer changea son procédé : il plaça les couleurs successivement devant l'enfant, en lui demandant ce que c'est que cela? Et l'enfant devait les nommer. Les couleurs employées consistaient en ovales colorés qu'on renfermait dans une boîte; au bout d'un certain temps, M. Preyer permit à l'enfant de choisir lui-même dans la boîte les couleurs à nommer; parfois il lui donnait le nom d'une couleur et le priait de la découvrir dans la boîte.

Toutes ces épreuves ont pour trait commun d'exiger l'intervention du langage et le souvenir du nom des couleurs. Je leur donnerai le nom de méthode d'appellation. M. Preyer convient lui-même que des expériences de cette sorte ne donnent pas l'état exact de la perception des couleurs; car pour qu'elles réussissent, il faut que l'enfant ait appris à associer l'idée du mot « rouge » et du mot « vert » par lui entendu à celle de la couleur correspondante, et peut-être ce travail particulier d'association devient possible à une époque bien postérieure à celle où l'enfant sait déjà distinguer le rouge du vert [1]. Mais d'autre part, M. Preyer semble penser que

1. *L'âme de l'enfant*, p. 6.

la difficulté d'associer le nom à une couleur donnée est la même, en ce qui concerne le travail d'association, et que si l'enfant arrive à nommer moins facilement le vert par exemple que le jaune, cela ne peut tenir qu'à une chose : à ce qu'il perçoit moins bien le vert que le jaune.

J'ai suivi la méthode de M. Preyer pour étudier la sensibilité chromatique, chez une petite fille de deux ans et demi à trois ans, à laquelle j'ai eu soin de ne faire apprendre aucune espèce de nom de couleur. Au moment où je commence sur elle mes expériences, elle connaît bien quelques noms de couleurs, qu'elle a entendu dire à sa sœur aînée, mais elle en ignore complètement la signification; si on attire son attention sur une couleur et qu'on lui en demande le nom, elle répond tout à fait au hasard; le bleu est nommé jaune; un moment après, ce même bleu est nommé vert, puis rouge, etc. On voit par conséquent qu'il ne s'est pas encore formé d'associations entre les couleurs et leurs noms, pas même d'associations fausses. Il faut faire une exception seulement pour le rouge, qui est très souvent appelé bleu. La sœur aînée de cette petite fille, à qui on n'avait pas appris non plus les noms des couleurs, se comporta tout autrement : elle fit son éducation toute seule, et à deux ans et neuf mois elle désignait correctement le rouge, le jaune, le vert, le bleu, le blanc, le noir, le gris, le marron; ceci peut donner une idée de l'importance des différences individuelles dans une même famille et chez des enfants ayant reçu sensiblement la même éducation.

La première expérience a été faite, comme les suivantes, avec des laines de Holmgren; elle a eu lieu le 19 mars (l'enfant avait alors deux ans et huit mois).

Je montre d'abord à la petite fille sept écheveaux de laine verte (de diverses nuances) et trois écheveaux de laine rouge : elle ne connaît les noms ni des uns ni des autres; je lui apprends à répéter après moi le mot rouge, quand je désigne le rouge, et le mot vert, quand je désigne le vert. Après cette éducation préalable, elle me donne du rouge et du vert très exactement quand je lui en demande.

	Rouge.	Vert.
Réponses correctes.....	10	10
— incorrectes...............	0	0

Le lendemain, j'ai pris trois échantillons de rouge, trois de jaune et trois de vert, et je lui ai appris longuement le nom de ces couleurs, en lui faisant répéter après moi. Ensuite, j'ai étalé les écheveaux sous ses yeux, et tantôt je lui ai demandé de me désigner la couleur dont je lui disais le nom, tantôt je lui ai demandé le nom de l'écheveau que je mettais entre ses mains; après six interrogations, régulièrement, je lui répétais exactement les noms des couleurs. Voici un résumé de ces premiers résultats.

	Rouge.	Jaune.	Vert.
Réponses correctes.............	20	12	12
— incorrectes	0	8	8

Il résulte de ces premières observations que l'enfant faisait une confusion continuelle du jaune et du vert à l'appel du jaune, elle désignait tantôt le jaune, tantôt le vert; et quand on lui présentait une de ces deux couleurs, elle l'appelait indifféremment jaune ou verte.

Les précédentes expériences ont été faites en trois séances; le 23 mars, on recommence, après avoir donné une nouvelle leçon de couleurs à l'enfant.

	Rouge.	Jaune.	Vert.
Réponses correctes............	6	2	1
— incorrectes..........	0	4	5

Le vert et le jaune étant sans cesse confondus l'un avec l'autre, je supprime les échantillons jaunes.

	Rouge.	Vert.
Réponses correctes.....................	5	5
— incorrectes...................	0	0

On replace l'échantillon jaune.

	Rouge.	Vert.	Jaune.
Réponses correctes............	6	2	2
— incorrectes..........	0	4	4

Le 25 mars, même expérience, avec deux échantillons de rouge, deux de vert et deux de jaune.

	Rouge.	Vert.	Jaune.
Réponses correctes............	9	6	5
— incorrectes..........	0	3	4

Le 27 mars, résultats équivalents.

	Rouge.	Vert.	Jaune.
Réponses correctes............	6	3	2
— incorrectes..........	0	3	4

Le 1er avril, je reprends les leçons; pour lutter contre la confusion qui paraît s'être établie dans l'esprit de l'enfant entre le nom du jaune et celui du vert, je supprime provisoirement l'écheveau vert et je fais deux séries d'interrogations avec le rouge et le jaune; dans la première série, je demande à l'enfant la couleur dont je lui dis le nom; et ensuite, dans la seconde série, je lui demande le nom de la couleur que je lui désigne.

	Rouge.	Jaune.
Réponses correctes	4	4
— incorrectes	0	0

Evidemment, si l'enfant ne se trompe pas pour le jaune, c'est en grande partie parce qu'il le distingue facilement du rouge, qu'il a toujours bien reconnu jusqu'ici. Dans la seconde série d'épreuves, où l'enfant doit lui-même dire les noms des couleurs, les résultats sont bien différents.

	Rouge.	Jaune.
Réponses correctes	6	0
— incorrectes	0	6

L'enfant n'a pas cessé d'appeler vert le jaune; cependant j'avais soin, comme toujours, de corriger l'erreur aussitôt qu'elle était commise. J'alternais chaque fois; je présentais l'échantillon jaune, puis le rouge, puis le jaune et ainsi de suite. On voit ici que l'idée du mot vert paraît s'être presque indissolublement liée chez cette enfant avec la couleur jaune.

J'ajoute une couleur de plus, un écheveau de laine blanche, et je recommence les deux séries d'épreuves; quand l'enfant doit désigner les couleurs à l'appel de leur nom, on obtient les réponses suivantes:

	Rouge.	Jaune.	Blanc.
Réponses correctes	6	6	6
— incorrectes	0	0	0

Ainsi, pas une erreur n'est commise; si au contraire l'enfant doit dire le nom :

	Rouge.	Jaune.	Blanc.
Réponses correctes	6	2	4
— incorrectes	0	4	1

Le jaune, quatre fois, a été appelé vert, et le blanc a une fois été appelé gris. Comme toujours cette enfant a plus de peine à trouver le nom d'une couleur que la couleur correspondant à un nom donné.

Le 5 avril, quelques expériences sur le rouge et le vert, d'abord par désignation de la couleur.

	Rouge.	Vert.
Réponses correctes	6	6
— incorrectes	0	0

Puis par désignation du nom.

	Rouge.	Vert.
Réponses correctes	2	2
— incorrectes	0	0

Deux jours après, le 7 avril, je fais l'expérience à la fois sur

cinq couleurs, et j'obtiens les réponses suivantes, en priant l'enfant
de désigner la couleur nommée.

	Rouge.	Blanc.	Vert.	Jaune.	Marron foncé.
Réponses correctes...	10	5	5	3	11
— incorrectes .	0	6	7	6	0

Puis en priant l'enfant de nommer la couleur qu'on lui désigne.

	Rouge.	Blanc.	Vert.	Jaune.	Marron foncé.
Réponses correctes...	6	1	6	3	9
— incorrectes .	0	9	2	4	0

Plusieurs faits sont à relever ici ; d'abord la nouvelle couleur, le
marron foncé, n'a été confondue avec aucune autre : l'enfant a dit
en la voyant : c'est comme du chocolat. Peut-être cette comparaison
l'a-t-elle aidée. Le vert tend à être bien désigné ; toutes les fois que la
réponse est incorrecte à son égard, cela tient à ce qu'il est confondu
avec le jaune. Il en est de même du reste pour le jaune, dont la
confusion est faite avec le vert. Quant au blanc, il est confondu
tantôt avec le vert, tantôt avec le jaune, un peu plus avec cette dernière couleur.

Nous ajoutons un échantillon de bleu, et nous avons les réponses
suivantes, quand l'enfant cherche à désigner les couleurs dont on
lui dit les noms.

	Rouge.	Vert.	Jaune.	Blanc.	Marron.	Bleu.
Réponses correctes...	2	1	1	4	2	3
— incorrectes..	0	1	1	1	0	0

Le vert, le jaune et le blanc se confondent les uns avec les
autres ; le rouge, le marron et le bleu restent distincts.

Les expériences précédentes sont interrompues volontairement
pendant quatre mois ; au bout de ce temps (25 août), je demande à
l'enfant de me désigner les noms des échantillons colorés que je lui
présente. J'obtiens la série suivante :

	Jaune.	Rouge.	Bleu.	Rose.	Vert.	Marron.
Réponses correctes...	0	3	4	0	3	0
— incorrectes.	4	1	0	3	0	3

Le jaune a été appelé vert ; le rouge a été désigné une fois sous
le nom de bleu ; le rose a été appelé rouge ; et le marron, noir. Le
rose a suggéré une réflexion à l'enfant : « c'est comme du vin, mais
ce n'est pas pour boire. »

En faisant désigner par l'enfant l'échantillon, à l'appel du nom,
j'obtiens :

	Jaune.	Rouge.	Bleu.	Rose.	Vert.	Marron.
Réponses correctes...	0	3	3	2	2	2
— incorrectes..	3	0	0	1	1	1

Le jaune est pris trois fois pour le vert; le rose pris pour le rouge une fois; le vert pris pour le jaune une fois; le marron pris pour le vert une fois.

Dans les premiers jours de septembre, deux écheveaux, l'un orangé et l'autre violet, sont ajoutés aux précédents.

Quand l'enfant dit les noms, on a :

	Vert.	Rouge.	Bleu.	Jaune.	Rose.	Orangé.	Violet.
Réponses correctes....	8	8	8	5	5	6	5
— incorrectes..	0	0	0	3	2	0	3

Quand l'enfant indique l'échantillon nommé :

	Vert.	Rouge.	Rose.	Bleu.	Orangé.	Violet.	Jaune.
Réponses correctes....	2	3	3	2	3	3	i
— incorrectes..	1	0	0	1	1	0	2

Dans la seconde quinzaine de septembre, j'obtiens encore,
Par désignation des noms :

	Vert.	Rouge.	Rose.	Bleu.	Jaune.	Orangé.	Violet.
Réponses correctes....	1	4	4	3	0	2	2
— incorrectes..	2	0	0	0	2	0	0

Par désignation des couleurs :

	Vert.	Rouge.	Rose.	Bleu.	Jaune.	Orangé.	Violet.
Réponses correctes....	3	3	3	3	3	3	2
— incorrectes..	0	0	0	0	1	0	2

Toutes les fois qu'une erreur est commise avec le jaune, c'est par suite d'une confusion avec le vert; il est à noter que le violet a été confondu avec le bleu.

Si nous récapitulons les résultats précédents, nous avons :

	Rouge.	Vert.	Jaune.	Bleu.	Marron.	Rose.	Blanc.	Orange	Violet
Réponses correctes...	134	78	51	26	24	17	20	14	12
— incorrectes.	1	38	60	1	4	6	17	1	5

Le nombre des expériences est bien inférieur à celui de M. Preyer, qui n'a terminé les siennes qu'au moment où l'enfant qu'il étudiait a été capable de nommer exactement les couleurs. Je ne suis pas allé jusque là parce que j'ai cru qu'il serait plus utile d'employer d'autres méthodes sur le même enfant. Après lui avoir donné des leçons de couleur aussi souvent, j'ai résolu de laisser faire la nature; je le surveille; je lui demande de temps en temps le nom d'une couleur, sans rien lui apprendre, afin de voir quelles seront les premières couleurs que de lui-même il apprendra à nommer exactement. L'observation est en cours; j'en donnerai les résultats plus tard.

Pour le moment, on peut tirer de ce qui précède la conclusion que la couleur qui a été désignée correctement le plus grand nombre de fois est le rouge; chez l'enfant de M. Preyer, c'était le jaune. En outre, pour désigner la couleur rouge ou en dire le nom, l'enfant n'hésitait jamais.

On a dû remarquer l'étrange confusion qui paraît s'être faite dans l'esprit de la petite fille en ce qui concerne le jaune et le vert. La confusion a t-elle porté sur les couleurs elles-mêmes? Est-ce que cette petite fille ne perçoit pas nettement la différence qui existe entre les deux couleurs? S'agit-il, en un mot, d'une dyschromatopsie? Ou bien est-ce une confusion de mots?

La méthode de M. Preyer ne fournit pas de solution à cette petite difficulté, car elle ne permet d'étudier la perception des couleurs que par les erreurs dans la faculté de désignation. J'ai donc pris un détour; j'ai voulu voir si ce même enfant peut retrouver une couleur qu'on lui montre d'abord et qu'ensuite on confond avec plusieurs autres. C'est, si l'on veut, la méthode de reconnaissance substituée à la méthode d'appellation.

La méthode d'appellation place l'enfant dans des conditions un peu artificielles; on l'oblige à apprendre les noms des couleurs; on l'astreint à exécuter une perception raisonnée; il est évident que l'enfant, abandonné à lui-même, ne reconnaît pas les couleurs par leur nom, mais par le souvenir visuel, et la méthode de reconnaissance l'éloigne beaucoup moins de ses habitudes que l'autre méthode.

Méthode de reconnaissance. — J'ai commencé ces quelques expériences au moment même où j'entreprenais les autres; j'employais un jour la première méthode et l'autre jour la seconde.

La première expérience a été faite avec trois échantillons semblables de rouge, trois de jaune et trois de vert; je présente à l'enfant un de ces échantillons, je m'efforce de le lui faire regarder avec attention, en le lui faisant manier, etc.; puis, je reprends l'échantillon, je le confonds avec les huit autres, et je prie l'enfant de le reconnaître et de me le donner. Voici le résultat :

	Rouge.	Vert.	Jaune.
Réponses correctes	9	9	9
— incorrectes	0	0	0

Ce résultat fut obtenu le jour même où par la méthode d'appellation des couleurs nous avions obtenu la série suivante, dont la différence est bien sensible.

	Rouge.	Vert.	Jaune.
Réponses correctes	6	1	2
— incorrectes	0	5	4

La comparaison de ces deux séries montre que l'enfant est tout à fait capable, à ce moment, de distinguer le jaune et le vert; s'il se trompe si souvent, quand on emploie la méthode de Preyer, cela tient simplement à ce qu'il éprouve de la peine à faire rentrer chaque couleur dans une association de mots distincte. M. Preyer avait du reste eu l'idée de ce fait.

Deux jours après, je reprends le même genre d'épreuves en le compliquant un peu; je réunis sept échantillons de couleurs bien distinctes, rouge, jaune, vert, bleu, marron, rose clair, blanc, et j'obtiens les résultats suivants :

	Rouge.	Jaune.	Vert.	Marron.	Blanc.	Rose.	Bleu
Réponses correctes..	1	1	1	1	1	1	1
— incorrectes.	0	0	0	0	0	0	0

Pour répondre correctement, l'enfant est obligé chaque fois de choisir entre sept couleurs, de sorte que les réponses justes excluent toute idée de hasard.

Il est clair que la reconnaissance de la couleur dans ces conditions est si facile pour cet enfant qu'il ne s'y trompe jamais; j'ai donc cherché à la compliquer un peu en laissant écouler un certain temps entre le moment où la couleur est présentée à l'enfant et celui où il doit la reconnaître. Avec un intervalle de trente secondes, les résultats ont été :

	Blanc.	Bleu.	Rouge.	Rose.	Jaune.	Vert.	Brun.
Réponses correctes..	1	1	1	0	0	0	0
— incorrectes.	0	0	0	0	1	1	0
Hésitation..........	0	0	0	1	0	0	1

Le rose a d'abord été confondu avec le blanc, puis reconnu; le jaune a été confondu avec le bleu, le vert avec le jaune; le brun avec le jaune, puis reconnu.

Le lendemain, même expérience, dans les mêmes conditions.

	Rouge.	Jaune.	Vert.
Réponses correctes............	1	0	1
— incorrectes..........	0	1	0

Le jaune a été confondu avec le bleu.

Le surlendemain :

	Rouge.	Jaune.	Vert.	Bleu.	Blanc.	Rose.	Marron
Réponses correctes...	1	0	1	1	0	1	1
— incorrectes.	0	1	0	0	1	0	0

Le jaune a été confondu avec le blanc, et le blanc avec le jaune.

A partir de cette époque, l'enfant a pu échantillonner toutes les couleurs sans se tromper, et j'ai dû cesser ces recherches, parce que le résultat était toujours le même. Or, pendant ce temps, ce même enfant n'arriva pas à nommer correctement le jaune et le vert, ce qui prouve bien que la confusion dont nous cherchions la vraie nature est une confusion de mots et non de couleurs. Comment, par quel hasard, s'est-il produit un entre-croisement, une sorte de nœud entre les associations verbales du vert et du jaune, nous ne pouvons pas le dire; mais chacun sait, par expérience personnelle, qu'en cherchant à apprendre des noms d'objets, on commet parfois un quiproquo contre lequel on a ensuite beaucoup de peine à lutter.

Cette cause d'erreur ne doit pas être oubliée, quand on emploie la méthode de M. Preyer. Il ne serait pas exact d'admettre que la difficulté d'apprendre et de retenir un nom est la même pour toutes les couleurs. Ceci n'est exact qu'en théorie; en pratique, quand une association verbale par hasard s'est mal faite, elle crée un obstacle énorme pour des associations différentes avec le même objet, car il faut commencer par oublier la première pour faire place aux autres.

Interprétation des dessins.

Notre étude des perceptions chez l'enfant resterait tout à fait incomplète si nous n'examinions pas comment un enfant perçoit un dessin, une gravure, une photographie, c'est-à-dire l'imitation d'un objet. Ce sont là des choses fort complexes, plus complexes certainement que la perception d'un poids et d'une longueur, et c'est par convention et habitude que nous ne nous apercevons pas de l'énorme différence qui existe par exemple entre un objet et un dessin à la plume de cet objet.

J'ai eu l'occasion d'observer pour la première fois sur la petite Madeleine, quand elle avait un an et neuf mois, qu'elle reconnaissait avec une grande sûreté des objets familiers dessinés au trait. Ces objets étaient : un chapeau, une bouteille, un verre, une table, une chaise, un parapluie, un bol; comme le dessin du bol était surmonté par celui d'un nuage de fumée, l'enfant en conclut que le bol contenait du lait chaud.

Je n'ai pas besoin de faire remarquer que pour qu'un enfant reconnaisse un objet dans cinq ou six coups de crayon qui n'en reproduisent que les traits essentiels, il faut non seulement une bonne mémoire des choses visibles, mais une faculté d'identification déjà bien développée [1] : car dans un dessin, il n'y a ni la couleur de

---

1. Je ne fais que rapporter ici des observations et des expériences; mais je ne puis m'empêcher de rappeler que des observations faites sur l'homme sauvage ont conduit à des résultats tout différents.

l'objet, ni sa grandeur réelle; la troisième dimension est supprimée, et la position de l'objet est tout à fait changée.

Mais la petite fille dont je rapporte l'observation ne reconnait pas tous les objets dessinés, et on peut même dire qu'elle ne reconnait pas quelques-uns des plus familiers qu'on puisse représenter. Ainsi, j'ai remarqué que si à l'âge d'un an et neuf mois elle comprend le dessin d'une table, d'une chaise ou d'une bouteille, elle ne comprend pas du tout les dessins de parties isolées du corps humain; une bouche de face ou de profil, un nez de profil, une oreille, un doigt représenté grandeur naturelle avec l'ongle et les trois phalanges bien distinctes ne sont pas reconnus. L'enfant ne sait pas ce que c'est. J'ai renouvelé l'expérience après trois ans à peu près; Madeleine avait alors quatre ans et quatre mois; elle resta hésitante, étonnée, devant les dessins précédents, et ne put pas les comprendre. Il est impossible de ne pas être frappé de ce fait. Comment se fait-il qu'une petite fille qui comprend à un an et neuf mois le dessin d'un cheval ne comprenne pas à quatre ans le dessin d'un nez ou d'un œil?

Pourquoi cette différence? Sans doute il est facile de répondre que l'enfant ne peut reconnaître dans nos dessins que ce qu'il a déjà vu, et qu'il n'a jamais vu autour de lui des nez et des bras coupés. Mais la raison me paraît insuffisante. Ce qui manque à l'enfant, ce qui l'empêche de saisir le sens des dessins précédents, c'est qu'il ne possède pas au même degré que nous le talent de l'analyse. Nous arrivons facilement, nous, les adultes, à nous représenter les différentes parties du corps comme des touts complets; notre représentation peut ne pas être la copie d'une perception antérieure; nous pouvons fractionner une de nos perceptions et nous en représenter un morceau seulement. Il semble que l'enfant n'exécute pas aussi facilement ce travail de désagrégation; il a perçu l'objet pris dans son ensemble, et pour qu'il le reconnaisse, il a besoin le plus souvent, de recevoir de nouveau cette impression d'ensemble; or elle manque dans les dessins précédents : voilà pourquoi il ne les comprend pas.

J'ai recherché jusqu'à quel point Madeleine peut comprendre les signes émotionnels, en lui soumettant les gravures et les photographies que Darwin a publiées, dans son livre sur l'expression des émotions; les réponses de l'enfant ont été généralement très précises. Devant la planche 1 de l'ouvrage, contenant six photographies d'enfants qui pleurent, Madeleine n'a pas d'hésitation; elle dit que les bébés pleurent et sont méchants; du reste, elle a eu assez souvent l'occasion de voir pleurer sa petite sœur pour ne pas s'y tromper. Je lui fais ensuite regarder deux photographies d'un jeune homme ; la première le représente dans son état naturel ; dans la seconde, il simule la douleur avec une vérité d'expression frappante. Madeleine dit en voyant la seconde photographie : « Sa figure n'est pas belle : on dirait qu'il va pleurer. » L'enfant confond ici la douleur avec les pleurs. Dans la même planche, la photographie 3 représente le front d'une dame qui exprime la douleur; il y a sur le front de grandes rides rectangulaires; Madeleine voit bien les rides du front, mais elle ne comprend pas ce que cela veut dire.

La planche 3 donne des exemples d'un sentiment bien connu des enfants, le rire; aussi a-t-elle été très facilement interprétée. La figure 1 représente une jeune fille souriant. Madeleine dit que c'est une dame qui rit. La figure 2 représente une autre jeune fille qui rit franchement. Madeleine voit bien qu'elle rit. Elle a plus de peine à comprendre la troisième photographie, où une jeune fille sourit très légèrement. Les figures 4, 5 et 6 représentent un vieillard, d'abord dans son état normal, impassible, puis souriant naturellement, et en troisième lieu présentant un sourire artificiel avec les coins de la bouche fortement rétractés par la galvanisation des grands zygomatiques. Pour Madeleine, dans la figure 4, le monsieur est sérieux ; dans la figure 5, le monsieur rit; dans la figure 6, il rit, et il n'est pas beau.

A la planche 4 deux photographies relatives aux expressions de la colère. La première représente une dame qui a une expression de ricanement, et dont la lèvre supérieure se relève d'un côté et découvre la canine. Madeleine se trompe complètement sur cette expression, car elle trouve que la dame est gentille. Dans la seconde photographie, on voit une petite fille en colère. Madeleine dit que la petite fille est méchante.

La planche 5 n'a pas été bien interprétée. Pour un portrait de jeune fille exprimant le mépris, Madeleine trouve simplement que c'est une dame qui dort; l'erreur vient de ce que la personne ferme à demi les yeux. Deux portraits d'hommes exprimant le dégoût ne sont pas mieux compris. Ce sont, dit Madeleine, des messieurs qui pleurent.

Enfin, terminons par la planche 6 qui contient des expressions de colère et des expressions de résignation. L'homme qui représente la colère regarde à sa droite. C'est la direction de son regard qui seule frappe Madeleine. « Il regarde par là », dit-elle. Les expressions de résignation provoquent chez elle un commentaire curieux : « C'est un monsieur qui dit : Tiens! j'avais mis quelque chose là, et puis je ne le trouve plus. Peut-être un voleur me l'a pris. »

En résumé, Madeleine ne paraît interpréter avec exactitude et sûreté que le rire et les pleurs.

DISTINCTION ENTRE LE RÊVE ET LA VIE RÉELLE.

Les enfants retiennent souvent un mot dont ils ne comprennent pas le sens; ils le répètent parce qu'il a un son qui les amuse, ou parce qu'ils lui donnent un sens nouveau, original, que nous avons souvent de la peine à comprendre. Il est un mot que les deux petites filles que j'étudie ont répété de bonne heure, c'est celui de rêve. « J'ai rêvé ça, disent-elles souvent; je vais rêver maman; m'as-tu rêvé? C'est un rêve! etc. » Je me suis efforcé de leur faire indiquer, avec autant de précision que possible, l'idée qu'elles se font du rêve. Il est d'observation courante que les enfants rêvent et que le souvenir de ce qu'ils ont rêvé peut réapparaître pendant la journée; mais l'enfant sait-il qu'il a rêvé? Quand commence-t-il à s'en apercevoir? Quand apprend-il à distinguer ce souvenir de ceux de la vie réelle? Et comment y arrive-t-il? Savoir qu'on a rêvé la nuit dernière, qu'on est en ce moment bien réveillé, c'est savoir et distinguer le vrai et le faux, la réalité et l'illusion. Comment l'enfant se tire-t-il de cette difficulté-là?

Pour étudier la question, il faut d'abord avoir la preuve du rêve, et être sûr que lorsqu'un enfant fait le récit d'un événement insolite, c'est un rêve qu'il raconte. Bien souvent, on ne peut rien affirmer. Une des petites filles, la cadette, me raconta un jour, à l'âge de trois ans, un accident qui lui était arrivé. Elle était tombée dans un tonneau où il y avait des grenouilles; elle avait crié au secours; mais il n'y avait personne, personne! Enfin, maman était venue en criant: J'accours! j'accours! Ce récit dramatique, débité avec une émotion très sincère, ne correspondait à absolument rien de réel, et plusieurs personnes l'ayant entendu en conclurent que l'enfant racontait un de ses cauchemars. Je n'en suis pas certain. L'imagination peut faire ce que fait le rêve, et il est bien possible que chez l'enfant l'imagination travaille d'une façon silencieuse et inconsciente, et lui donne des visions qu'il prendra pour des réalités.

On ne peut réellement admettre l'existence d'un rêve que si l'enfant en parle le matin, dès son réveil, si sa première parole est pour dire : Je viens de voir telle ou telle chose, et s'il met une certaine émotion dans son récit. Quand en outre, l'enfant a été agité pendant la nuit, quand il a parlé tout haut, sans se réveiller et surtout quand ses paroles s'accordent avec ce qu'il nous raconte une fois éveillé, alors il n'y a plus de doute, c'est bien un rêve.

A quel âge l'enfant commence-t-il à distinguer ses rêves de ses autres souvenirs? La petite Alice qui a trois ans n'a pas encore pu faire cette distinction. L'aînée, au contraire, la fait depuis trois mois environ, c'est-à-dire depuis l'âge de quatre ans et demi. Mais cette distinction, quoiqu'elle me paraisse incontestable en fait, reste encore indécise sur bien des points. Voici un exemple de conversation qui fera bien sentir toute la difficulté de la question. La petite fille raconte qu'elle a vu en rêve son père tuer un petit garçon avec sa canne.

Quelque temps après, son père revient sur cette histoire.

Le père. — Te rappelles-tu que tu as dit que papa a tué un petit garçon avec sa canne?

L'enfant. — Oui.

Le père. — Où était-ce?

L'enfant. — Dans un endroit creux.

Le père. — C'est bien vrai?

L'enfant. — Oui, mais c'est en rêvant.

Le père. — Alors, papa n'a pas tué le petit garçon?

L'enfant. — Si, si, tu l'as tué.

Le père. — Mais ce n'est pas un vrai garçon que papa a tué?

L'enfant. — Si, c'est un vrai garçon. Et puis, j'ai rêvé que maman a brûlé un diable avec une allumette.

Le père. — Dis donc, que veux-tu dire, quand tu dis que tu as rêvé?

L'enfant. — Je veux dire que c'est affreux. Ça me fait peur quand je rêve ça.

Le père. — Comment sais-tu que c'est en rêve que tu m'as vu tuer un garçon?

L'enfant. — Parce que je ne te vois pas pour de vrai faire la chasse aux garçons. Si tu tuais un garçon dans la cour, ça sentirait mauvais.

Le père. — Alors, ça n'a pas senti mauvais?

L'enfant. — Non, c'était un rêve.

Le père. — Alors, ce n'est pas vrai que j'ai tué le petit garçon?

L'enfant. — Tu l'as tué tout de même. C'était un rêve.

Le père. — Qu'est-ce que c'est que de rêver?

L'enfant. — Ça veut dire que ce n'est pas pour de vrai; voilà tout ce que je peux te dire.

Le père. — Comment sais-tu que ce n'est pas vrai?

L'enfant. — Parce que je ne te vois pas dans la cour faire la chasse aux garçons.

Un autre jour, le père lui pose la question suivante :

Le père. — Veux-tu me conduire à l'endroit où j'ai tué ce petit garçon?

L'enfant. — Je ne puis pas, puisque c'est dans un rêve.

Nous ne croyons pas impossible d'interpréter exactement ces diverses réponses de l'enfant, et de montrer qu'elles ne se contredisent pas. Il est incontestable qu'il s'agit d'un rêve, car c'est en se réveillant que l'enfant a raconté pour la première fois qu'il avait vu son père « tuer un garçon ».

Malgré la vivacité du souvenir qui lui en est resté, l'enfant n'hésite pas à dire que l'événement n'est pas réel : « Ce n'est pas pour de vrai », répète-t-il ; il dit encore : « C'est vrai, mais c'est en rêvant ». Et plus loin, quand il affirme : « C'est vrai,... si, si, tu l'as tué », il ne se met pas en contradiction avec lui-même, et je crois qu'il veut simplement dire qu'il ne ment pas et qu'il a bien réellement rêvé ce qu'il raconte.

LE SENTIMENT DU MOI.

Plusieurs auteurs ont cherché déjà à voir comment l'enfant apprend à se connaître, et à se distinguer de tout ce qui l'environne. Dans ces études épisodiques, je ne reprends pas les questions dès le principe ; je cherche simplement à citer quelque fait oublié, ou à rapporter une petite observation curieuse, pour achever en quelque sorte de dessiner la physionomie de l'enfant. En ce qui concerne le développement du sentiment du moi, je noterai simplement les formes de langage, employées par les deux petites filles que j'étudie, pour désigner leur personne.

On a remarqué depuis bien longtemps que les enfants parlent souvent d'eux-mêmes à la troisième personne. Tout le monde a entendu un enfant dire, en parlant de lui : Pierre a été méchant, et autres phrases analogues. Ce langage est de règle pendant les premières années ; un jeune enfant s'appelle par son nom comme il appelle par son nom chaque personne et chaque objet.

Quelques observateurs ont voulu en conclure que l'enfant n'a point un sentiment distinct de son moi, de sa personne ; s'il se désigne comme il désigne les autres choses du monde extérieur, c'est parce qu'il n'a pas encore appris à s'en distinguer, et qu'il n'a pas saisi ce contraste entre le moi et le non-moi, qui est si grand pour notre conscience d'adulte. Le langage serait donc le reflet fidèle du développement de la personnalité ; il en marquerait les étapes successives, et l'enfant n'aurait la conscience nette de lui-même que le jour où il s'empare des mots *je* et *moi*.

Cette opinion n'a pas paru exacte à d'autres observateurs, qui ont soutenu qu'il n'y a dans tout cela qu'un effet d'imitation. L'enfant parle comme on lui apprend à parler ; ou en termes plus exacts (car

personne n'apprend à parler à un enfant), il parle comme il entend
parler autour de lui. S'il ne se désigne pas par le mot je, c'est que ses
parents le désignent par son propre nom, et se désignent eux-mêmes
pour se faire mieux comprendre, par les noms de papa, maman,
grand-père, etc. ; il les imite en cela comme dans le reste.

De ces deux opinions, laquelle est la plus juste? J'ai recueilli sur les
deux petites filles plusieurs observations qui semblent donner raison
à la première opinion. L'aînée des deux enfants, pendant les trois
premières années environ, se désigna à la troisième personne; ceci
c'est la règle, et peut s'expliquer à la rigueur par l'imitation du langage des parents; mais la cadette, qui a dix-huit mois de moins, a
été élevée dans des conditions toutes différentes; au lieu d'être uniquement entourée de parents qui pour mieux se faire comprendre la
désignent et se désignent par le nom propre, elle passe ses journées
en compagnie de sa sœur aînée; or, celle-ci n'a pas les attentions
bienveillantes des parents; quand elle parle d'elle à sa sœur, elle dit
je et moi, et elle désigne sa sœur par les mots tu et toi; la cadette est
donc habituée à ce langage, elle l'entend depuis l'âge de vingt mois;
cela revient à dire qu'elle l'a presque toujours entendu ; ajoutons à
cela que la cadette admire son aînée dans ce qu'elle dit et dans ce
qu'elle fait, et l'imite avec ferveur. Et cependant, c'est un fait digne
de remarque, la cadette n'a pas perdu pour cela l'habitude de parler
d'elle à la troisième personne; elle a aujourd'hui plus de trois ans, et
elle ne dit pas encore je.

Il me semble que le hasard nous a fourni ici tous les éléments
d'une expérience décisive, qui montre que l'influence de l'imitation est
insuffisante pour tout expliquer, car lorsqu'elle s'exerce à rebours
et devrait produire juste le contraire de ce qui s'observe habituellement, le résultat ne change pas. C'est donc que l'enfant éprouve une
difficulté réelle à se désigner par ces mots incolores de je et de moi,
et qu'il trouve plus commode d'employer un terme plus significatif,
comme son propre nom.

La petite fille dont je parle se désigna longtemps par son nom, ou
plutôt par un diminutif de son nom, Zizite au lieu d'Alice. Elle
disait, en touchant sa poitrine avec son index : « Ça, c'est Zizite ».
Elle disait encore : « C'est Zizite qui frappe, ce pain-là c'est pour
Zizite, c'est la poupée de Zizite, etc. » Parfois, il lui arrivait, comme
je le notai le 20 avril dernier (elle avait alors deux ans neuf mois), de
répéter le mot mien qu'avait dit sa sœur devant elle, mais sans le
comprendre. L'aînée avait dit à table en désignant son assiette : « Ça,
c'est la mienne. » — Alice, montrant son assiette à elle, repartit :
« Ça, c'est la mienne de Zizite. » Cette expression est du reste tout

à fait exceptionnelle; elle dit bien plus fréquemment : C'est à Zizi.

Peu à peu les pronoms personnels se sont introduits dans ses phrases, mais ils n'ont pas été employés tous à la fois. A deux ans trois quarts, elle emploie couramment toi et moi, mais, détail curieux, elle n'en fait qu'une application toute spéciale. Par exemple, le pronom moi figure dans des phrases comme celle-ci : « Moi y va courir... Moi y va faire tout de même. » Moi fonctionne alors comme sujet de la phrase. Mais elle ne dit point : « C'est à moi, c'est pour moi » : elle préfère dire : « C'est à Zizite, c'est pour Zizite ».

Trois mois après, quand elle atteint ses trois ans, son langage se perfectionne encore. J'écris mot pour mot un grand nombre de ses conversations avec sa sœur, et je puis étudier sur ces documents les moindres nuances de son langage; tout en regrettant de ne pas m'être avisé plus tôt de ce procédé d'observations, je vais indiquer en quelques mots les renseignements qu'il m'a fournis.

Pour désigner des personnes qui ne sont pas présentes, elle dit correctement *Il* ou *elle*, ou *on*. Ainsi, sa sœur lui dit : « Père est malade. » Elle répond : « Pauvre petit père, *il* est malade; il faut se coucher quand *on* est malade. »

Elle emploie aussi correctement le pronom *nous*. Une petite bribe de conversation le montre bien. Les deux petites filles sont au lit, sans lumière; elles bavardent. L'aînée dit : « N'est-ce pas, il y a des rats par terre? » — La cadette, ne comprenant pas bien, réplique : « Oui, *nous sommes* par terre. » — L'aînée alors : « Non, nous ne sommes pas par terre, car ils nous mangeraient. » — La cadette : « *Nous sommes* dans notre lit. » Je pourrais citer vingt autres exemples. Chose curieuse, les seules imperfections de langage qui lui restent concernent la désignation de la première et de la seconde personne au singulier. Il semble qu'elle ait plus de peine pour les désigner que la troisième personne.

Pour la seconde personne, les irrégularités se réduisent du reste à très peu de chose. Tantôt, elle dit *tu* à sa sœur : « *Tu* mettais de la terre dans un petit vase... *Tu* vas être toute petite demain matin. » Tantôt *tu* es remplacé par *toi*, comme dans la phrase : *Toi* n'as pas de poupées. » De même, *te* peut être remplacé par *toi* : « Va parler à *toi* ». mais ce n'est pas constant. En somme, elle parvient en général à désigner assez correctement la seconde personne.

Mais en ce qui concerne la première personne, les fautes contre la grammaire sont considérables. L'enfant emploie plusieurs désignations, dont la plupart sont incorrectes; elle les emploie soit alternativement, soit simultanément. Ainsi, elle se désigne encore le plus souvent par son nom : et la chose est d'autant plus frappante que cela apparaît dans une conversation où sa sœur aînée prononce continuellement le mot je :

Madeleine. — N'est-ce pas que j'étais drôle quand j'étais petite? J'étais dans le chou.

Alice. — Maintant (maintenant), tu es grande?

Madeleine. — Y a (il n'y a) pas longtemps.

Alice. — Zizite aussi est grande...

Madeleine. — Tu es même plus grande que moi.

D'autres fois, Alice se désigne par la suppression de tout pronom, et le verbe qui suit est alors à la troisième personne. Dans une phrase comme celle-ci : « Une fois, a vu des vaches », ou bien : « A bien soif! » c'est d'elle qu'elle parle, en sous-entendant probablement le nom de Zizite. Et toujours ce fait étonnant, qu'elle emploie ces tournures pour répondre à sa sœur qui parle tout à fait correctement. Encore un exemple pris entre plusieurs :

Alice. — Nénène! (Madeleine!) a pas entendu tu as dit tout à l'heure?

Madeleine. — Je n'ai rien dit du tout.

Alice. — Tu as dit : les bals, ils sont dans une grande chambre.

Madeleine. — Non, je n'ai pas dit ça.

Alice. — Mais l'a entendu tout de même!

Ce n'est pas la cadette qui imite l'aînée, c'est l'aînée qui parfois se met à imiter la cadette et supprime par exemple tout pronom pour parler d'elle-même.

Un troisième mode de désignation consiste à dire le nom et à le faire suivre d'un pronom de la troisième personne; par exemple, elle dit : « Zizite, elle parle pas. » Enfin, elle dit encore : « Moi dis bien ça, moi parle pas, etc. » Elle comprend le mien, le tien, mais elle ne se sert pas de ces mots-là.

Jamais elle n'emploie le mot je. Quand, dans des petites histoires qu'on lui a fait apprendre par cœur, elle rencontre ce pronom, elle commence par le répéter mal, puis elle le modifie et finit par l'éliminer de l'histoire. Voici comment elle récite trois vers; au lieu de dire :

> Pendant que je vous écoute,
> De peur que je tombe en route,
> Bon ange, donnez-moi la main ;

Elle dit :

> Pendant moi y vous écoute,
> De peur moi y tombe en route,
> Bon ange, donnez-moi la main.

Il me semble résulter de tout ce qui précède que la manière dont l'enfant désigne sa personne n'est pas un résultat de l'éducation et de l'imitation ce n'est donc pas, comme on l'a pensé, un phénomène négligeable... C'est quelque chose d'original et de propre à l'enfant. Voilà ce que je considère comme bien établi par les observations que j'ai faites.

A trois ans et deux mois exactement, la petite fille fait usage pour la première fois du mot je. Elle prononce la phrase suivante : « Je ne sais pas. » Plusieurs fois dans la journée elle répète cette phrase, mais, en même temps, elle continue à se désigner par son nom dans d'autres phrases. Deux jours après, elle trouve un nouvel emploi d[e] je; elle dit : « Je ne veux pas » pour refuser quelque chose qu'on lui demande de faire. Assurément, elle comprend qu'elle parle d'elle-même, mais quand je lui demande ce que veut dire ce mot je, si nouveau dans sa bouche, elle répond qu'elle ne sait pas. Du reste, sa sœur aînée, maintenant âgée de quatre ans onze mois, ne peut pas en dire davantage. « Quand tu dis : je mange, lui demande-t-on, que veut dire le mot je? » — Elle répond : « Cela veut dire jouer »; et si on lui explique l'inexactitude de sa réponse, elle ne peut pas en trouver d'autre.

NOTIONS DE CHOSES.

Les objets du monde extérieur sont des touts complexes, qui nous donnent un grand nombre de sensations et d'idées, variables d'un individu à l'autre. C'est un lieu commun de remarquer que l'objet le plus simple n'est pas vu par deux personnes de la même façon. Quand un ignorant, un peintre et un botaniste regardent la même fleur, chacun tire de sa sensation un état de conscience différent.

Je pense qu'il serait intéressant de savoir comment les enfants perçoivent et se représentent les objets qui leur sont familiers, et quelles sont les particularités qui les frappent le plus dans le monde extérieur. J'ai donc fait plusieurs observations à ce sujet sur les deux petites filles que j'étudie. Je les ai prises à part, chacune à son tour, et je lui ai demandé de me dire bien exactement ce que c'est que tel objet bien connu, par exemple une table, un couteau, une poupée. Je n'insiste pas sur les précautions indispensables, comme d'empêcher l'enfant de raconter des choses drôles, pour faire rire; on s'aperçoit assez facilement si la réponse est sérieusement faite ou non. Mon meilleur moyen de contrôle a consisté à reprendre les interrogations après avoir laissé écouler un temps suffisant pour que l'enfant eût tout oublié, demande et réponse. J'ai interrogé chacune des petites filles une quinzaine de fois sur chaque objet dans le cours d'une année, et j'ai même laissé un intervalle de cinq mois entre deux de ces interrogatoires. Avec ces précautions, il m'a été facile d'éliminer toutes les réponses de fantaisie, et de retenir les réponses sérieuses qui expriment un état psychique durable.

Quelques mots maintenant sur la manière dont j'ai disposé les réponses à chaque question. Je reproduis seulement, pour abréger, quatre ou cinq séries de réponses par enfant; mais je donne la série complète, et elle est précédée toujours du même numéro d'ordre pour qu'on la reconnaisse; aussi toutes les définitions précédées par le même chiffre ont été données par l'enfant dans la même séance. On verra plus loin l'intérêt de cette indication.

La réponse de l'enfant a été recueillie dans son intégralité, avec ses hésitations et ses erreurs; je n'y ai rien changé. Quant à la demande, elle était toujours faite dans les mêmes termes : *qu'est-ce que c'est* qu'un couteau? et ainsi de suite.

Voici comment l'aînée des petites filles décrit des objets usuels pendant le cours de sa cinquième année (exactement de quatre ans trois mois à cinq ans).

Un couteau. — 1° Un couteau, c'est pour couper la viande (février). 2° Un couteau? ça coupe de la viande (mars). 3° Un couteau, ça veut dire quelque chose qui coupe (septembre). 4° Un couteau, c'est pour couper la viande (octobre).

Un cheval. — 1° C'est pour traîner une voiture, avec un monsieur dedans. Alors le cocher fouette le cheval, alors le cheval court. 2° Ça court, ça mord. 3° C'est quelque chose qui marche. 4° Un cheval, c'est pour courir.

Une lampe. — 1° C'est pour allumer, pour qu'on voie clair dans la chambre. 3° C'est quelque chose qui allume, qui fait voir clair. 4° Une lampe, c'est pour voir clair.

Une pendule. — 1° On met sur la cheminée pour voir quelle heure est-il. On dit : est trois heures et demie. 4° Une pendule, c'est pour voir l'heure. 5° C'est pour voir l'heure.

Le pain. — 1° C'est pour manger. 2° On le mange. 3° C'est pour manger. 4° Le pain, c'est pour manger. 5° C'est pour manger.

Une table. — 1° C'est pour mettre des lampes, des livres, un tapis, des serviettes, beaucoup de livres à papa. 3° C'est pour mettre le service dessus. 4° Une table, c'est pour mettre le dîner, pour manger.

Un oiseau. — 1° Ça vole dans l'air; ça chante. 3° Ça vole dans le ciel. 4° Un oiseau, c'est pour voler. 5° Un oiseau, c'est pour voler.

Une maison. — 1° C'est pour mettre les petits enfants, pour qu'on n'a pas froid [1]. Alors on ferme les **portes** tout doucement quand les

1. Cette réponse a été faite pendant l'hiver.

enfants dorment, alors les parents se couchent aussi et tout le monde
dort. 2° On se met dedans, et puis les petits enfants peuvent courir,
monter sur leur cheval, faire tout. 3° Une maison? quand quelqu'un
veut louer une maison, il la loue, puis il reste dedans tout le temps [1].
4° Une maison, c'est pour la louer. 5° C'est pour habiter dedans.

Une poupée. — 1° C'est à des petits enfants, ça s'amuse, ça les
habille, ça les déshabille, ça les met dans le lit. 4° Une poupée, c'est
pour jouer. 5° Une poupée, c'est pour jouer avec.

Une maman. — 1° Ça gronde les petits enfants quand c'est pas
sage. 2° Ça bat les petits enfants quand c'est pas sage; ça les renvoie
dans le couloir [2]. 3° C'est une dame que les enfants aiment bien.
4° Une maman, c'est pour surveiller les enfants.

Un chien. — 1° Ça court, ça mord, ça a une queue; c'est très
méchant, les chiens. 3° C'est pour l'avoir chez soi. 4° Un chien, ça
court. 5° Un chien, c'est pour courir.

Un loup. — 1° Ça saute sur les petits enfants, et ça les croque.
C'est méchant, les loups; c'est plus méchant qu'un cheval. Les
coups de pieds des loups font mal. 3° Ça mange toutes les grandes
personnes et toutes les petites filles, 4° un loup, c'est pour manger.

L'eau. — 1° C'est pour se baigner [3], 3° c'est pour boire avec du
vin, 4° l'eau, c'est pour boire.

Les pommes de terre. — 1° C'est pour manger avec des haricots,
3° c'est quelque chose pour manger, 4° c'est pour manger.

Une voiture. — 1° Des hommes montent dedans; on donne un
coup de fouet au cheval, et alors le cheval court, 3° c'est un dada
qui traîne la voiture, puis il y a des dames qui sont dans la voiture,
4° c'est un cheval qui traîne la voiture et puis les dames sont
dedans.

Un omnibus. — 1° C'est pour mettre beaucoup de dames. Il y a
des carreaux. Il y a trois cheval, ils courent; on fait din [4], ils courent, 4° un omnibus, on monte dedans et puis les cheval traînent,
5° un omnibus, c'est pour courir.

Un fauteuil. — 1° C'est pour s'asseoir dedans, 3° c'est pour s'asseoir, 4° un fauteuil, c'est pour s'asseoir.

Une bouteille. — 1° C'est pour mettre du vin, 4° une bouteille,
il y a du vin dedans, 5° on met du vin dedans et puis on verse quand
les enfants ont soif.

---

1. Réponse faite l'été, pendant que les parents de l'enfant demeurent dans une
maison louée.

2. Il y a un grand couloir dans la maison habitée l'hiver.

3. Réponse faite à une époque où l'enfant prenait une douche chaque matin.

4. Mot destiné à imiter le bruit de sonnerie du conducteur.

Un crayon. — 3ᵘ C'est pour écrire.

Un ballon. — 4° Ça vole en l'air, 5ᵘ un ballon, ça vole.

Un chapeau. — 4ᵘ C'est pour mettre sur sa tête, 5ᵘ c'est pour sortir.

Une fleur. — 4° C'est pour mettre dans sa chambre, 5° une fleur, c'est pour la cueillir.

Un ver de terre. — 4ᵘ C'est sale, c'est pas propre; ça fait venir des boutons à la figure.   •

Un village. — 4° C'est un endroit où il y a beaucoup de monde, beaucoup de monde.

Un jardin. — 4° C'est pour se promener.

Un colimaçon. — 4° C'est pour les écraser, pour pas qu'ils mangent la salade, tout, 5° ça mange de la salade, et puis on l'écrase pour que ça ne mange pas dans le jardin.

Les bottines. — 4° C'est pour mettre, pour sortir, 5° c'est pour mettre, pour sortir.

Une boite. — 4ᵘ C'est pour mettre quelque chose dedans, 5° (*id.*).

Un morceau de sucre. — 4° C'est pour manger, 5° (*id.*).

Un mouchoir. — 4° C'est pour s'essuyer le nez, 5° (*id.*).

Une bouche. — 4° C'est pour manger, 5° (*id.*).

Un doigt. — 4° C'est pour tenir la fourchette, 5° (*id.*).

Une ficelle. — 4° C'est pour attacher quelque chose, 5° c'est pour faire un paquet.

Je transcris maintenant les réponses de la cadette, recueillies entre deux ans et demi et trois ans un quart.

Un couteau. — 1° I coupe les petits enfants (février), 2ᵘ pour couper les petits enfants (mars), 3° ça veut dire de couper (septembre), 4ᵘ c'est pour couper les petits enfants et puis couper les viandes et puis couper la côtelette (septembre), 5° ça veut dire de couper les enfants (octobre).

Cheval. — 1° I mord, 2° mord les petits enfants, 3° c'est le cocher du cheval qui dit hue à son cheval, 4ᵘ ça veut dire y marche à quatre pattes, 5° ça veut dire de il marche avec les loups.

Lampe. — 1° I mord pas, 2° c'est pour allumer, 3° ça veut dire de voir clair. 5° ça veut dire de voir clair la nuit quand on dort.

Une maison. — 1° I mord pas, 3ᵘ sais pas, 4ᵘ ça veut dire d'entrer dans la maison et puis voir Friquet ¹, 5ᵘ sais pas, 6ᵘ ça veut dire de entrer dans une maison.

Du pain. — 1ᵒ Pour petit azeau (oiseau), 2° c'est pour manger avec

---

1. C'est le nom d'un petit oiseau dont la cage est suspendue dans le vestibule et se voit dès qu'on entre.

de la viande froide, 3° ça veut dire de manger, de pousser avec du pain ¹, 4° ça veut dire de manger avec de la viande, 5° ça veut dire de manger avec la viande.

Une table. — 1° I mord pas, 2° c'est pour dîner, pour écrire, 3° ça veut dire de dîner, 4° ça veut dire de manger. 5° ça veut dire de écrire et puis de manger, 6° ça veut dire de dîner.

Pomme de terre. — 1° Pour manger, 2° pour manger, 3° ça veut dire de manger à la sauce piquante. 4° ça veut dire de manger avec la viande, 5° c'est pour manger avec la viande.

L'eau. — 1° Pour boire, 2° pour boire, 3° ça veut dire de emplir son broc ², 4° c'est pour laver les mains, 5° ça veut dire de couler et puis de se laver les mains.

Un chien. — 1° Pour tenir. 2° ça veut dire de il fait le beau. Ça veut dire un monsieur qui le tire par une ficelle. 4° il mord, 5° ça veut dire de marcher à quatre pattes.

Une voiture. — 1° I mord pas les enfants, 2° pour partir. 3° c'est pour mettre beaucoup de pierres, beaucoup de pierres, beaucoup de sable, beaucoup de sable ³, 4° sais pas.

Une petite maman. — 1° Est belle, 2° est belle. 3° ça veut dire de gâter les enfants. Les petites mamans donnent beaucoup de bonbons, beaucoup de petites boîtes, 4° ça veut dire elle gâte tous les petits enfants, 5° ça veut dire de gâter tous les enfants.

Un petit papa. — 1° Est joli, 2° est gentil, 3° ça veut dire de écrire avec les plumes ⁴, 4° ça veut dire il mange tout, 5° ça veut dire il gâte tous les enfants.

Un loup. — 1° Il mange les petits enfants, 2° il mange les petits enfants, 3° ça veut dire il mange tous les petits enfants: 4° ça veut dire il mange tous les petits enfants et puis toute la chair.

Une cuillère. — 1° Il mange le potage, 2° pour manger. 3° ça veut dire de manger. 4° ça veut dire de manger avec la viande ⁵.

Un dodo. — 1° I couche les petits enfants, 2° pour coucher, 3° ça veut dire de se coucher la nuit, et puis pas se réveiller, 4° ça veut dire de se coucher la nuit, 5° ça veut dire de dormir la nuit.

Un oiseau. — 1° Pour voler, 3° ça veut dire il pond un œuf, 4° ça veut dire il vole après les hirondelles, 5° les oiseaux mangent tout le grain, 6° ça veut dire des hirondelles.

---

1. On a souvent recommandé à la petite fille de pousser la viande avec du pain et non avec ses doigts.

2. Dans la cour de la maison d'habitation se trouve une pompe où l'on va fréquemment remplir des brocs.

3. L'enfant a une petite voiture qui lui sert à cet usage.

4. Elle a vu souvent son père écrire.

5. L'enfant mange les morceaux de viande avec une cuillère.

Un crayon. — 1° Écrit sur un livre, 2° pour écrire, 3° ça veut dire de écrire sur un livre, 4° ça veut dire de écrire, 5° ça veut dire de écrire, 6° ça veut dire de écrire.

Chaise. — 1° Pour asseoir. 2° pour asseoir, 3° ça veut dire de s'asseoir, 4 ça veut dire de s'asseoir, 5 ça veut dire de s'a sseoir, 6° ça veut dire de s'asseoir.

Un jardin. — 5° Ça veut dire de en a des fleurs dedans, 6° ça veut dire en a des fleurs dedans.

Un colimaçon. — 5° Ça veut dire y montre ses cornes, 6° ça veut dire de l'écraser.

Les bottines. — 5° Ça veut dire on marche avec, 6° ça veut dire de se mettre au pied.

Une boite. — 5° Ça veut dire de mettre des bonbons dedans, 6° ça veut dire de mettre quelque chose dedans.

Un ballon. — 5° Ça veut dire de il vole en l'air, 6° un ballon rouge, rouge, rouge, ça veut dire il vole en l'air tout seul, tout seul.

Chapeau. — 5° Ça veut dire de le mettre sur sa tête, 6° ça veut dire de le mettre sur sa tête. Ça veut dire salut, grosse bête [1].

Une fleur. — 5° Ça veut dire de le mettre à son chapeau, 6° ça veut dire de sentir.

Un homard. — 5° Ça veut dire ça pince fort.

Un ver de terre. — 5° Ça veut dire de l'écraser avec sa bottine, 6° ça veut dire on le touche avec ses mains, on l'agace.

Un village. — 5° Ça veut dire de rester tout le temps dans le village, 6° ça veut dire on voit tout le monde passer.

Un morceau de sucre. — 5° C'est pour manger, 6° ça veut dire de mettre dans le bec.

Un mouchoir. — 5° C'est pour se moucher, 6° ça veut dire de s'essuyer la bouche.

Une bouche (réponses pénibles). — 5° Ça veut dire elle mange toutes les bêtes, 6° ça veut dire de mâcher.

Un œil. — 5° Ça veut dire de voir clair.

Une ficelle. — 5° Ça veut dire de atteler les chevaux [2], 6° ça veut dire de atteler les chevaux.

Dans tous les cas que nous venons de rapporter, la question posée à l'enfant semble avoir eu pour but de l'inviter à faire une définition de choses ou une définition de mots. Mais il est clair qu'un petit enfant est incapable de définir; qui dit définition suppose un certain

---

1. Elle répète un fragment d'histoire qu'on raconte aux enfants « Mon chapeau sur ma tête, je vous salue, grosse bête, etc. ».

2. Un de ses jeux favoris est de jouer au cheval en s'attelant avec des ficelles.

travail de réflexion, de comparaison. d'élimination, etc.; les petits
enfants que nous étudions répondent tout de suite sans réfléchir:
leur réponse exprime tout simplement les premières images qui
sont évoquées dans leur esprit quand on prononce le nom d'un certain objet qui leur est bien connu.

Aussi ne doit-on pas attacher d'importance au tour de phrase
employé. Quand la petite fille à qui l'on demande ce que c'est qu'un
cheval, répond : « C'est le cocher du cheval qui dit hue à son
cheval », il ne faut pas interpréter la phrase mot à mot, remarquer
que la réponse ne correspond pas à la demande et en conclure que
l'enfant n'a pas su ce qu'on voulait lui dire. Le seul fait à retenir,
c'est que lorsqu'on a parlé de cheval à cette petite fille, la première
image qui a été réveillée à ce moment-là a été celle d'un cocher qui
dit hue..... Il faut étendre cette interprétation à tous les cas. L'expérience, en somme, est analogue à celle qu'on ferait sur un adulte, si
on lui disait brusquement : je vais vous parler d'un cheval! et que
quelques secondes après, on lui demandât les représentations sus-
citées par ce mot. C'est ainsi du reste que procédait Galton, mais cette
forme d'interrogation ne serait pas aussi facilement comprise par
des enfants que celle que nous avons adoptée.

Cette réserve ne doit pas nous dispenser d'étudier le tour de phrase
qu'emploie l'enfant dans sa réponse. Il arrive souvent que plusieurs
réponses, dans une même série, commencent de la même façon, et
c'est un des motifs pour lesquels j'ai conservé l'indication des séries.
Ainsi cinq ou six réponses qui se suivent commencent toutes par le
mot *pour* (pour boire, pour manger, pour tenir, etc.). Dans une série
entière, l'enfant répond chaque fois : « *Ça veut dire....* »; ou bien :
« *C'est quelque chose qui....* » L'enfant a rencontré par hasard une
formule qui le satisfait; il s'en empare, il s'en sert plusieurs fois de
suite, il la répète jusqu'à ce qu'il en rencontre une autre qu'il adopte
à son tour, après avoir abandonné la première en chemin. Cet abus
d'une même formule révèle ce goût de la répétition et du rythme, qui
est caractéristique de l'enfant, comme je le montrerai plus loin. Parfois, l'enfant ne se contente pas de répéter les mots, il le fait aussi
pour l'idée. Ainsi. on a prononcé le mot cheval, on l'a incité à dire
ce qu'il en pense; la première image qui lui vient est celle d'une
bête qui mord. L'enfant répond : Il mord. Puis, sans transition, on
lui parle d'une lampe, puis d'une maison, puis d'une table. L'enfant
veut répéter la réponse qu'il a trouvée, mais elle ne convient pas aux
nouvelles demandes ; alors, il la modifie un peu. afin de la conserver
quand même; une lampe, cela ne mord pas, une maison non plus:
c'est ce qui l'amène à faire cette singulière réponse, quand on lui

demande ce que c'est qu'une lampe : « Il ne mord pas. » L'idée paraîtrait absurde si on ne savait pas comment elle a été amenée, car il est impossible que ce soit là la première image que le mot lampe suggère à l'enfant. Tout s'explique au contraire si on songe à ce goût de la répétition, de la continuation d'une même idée, qui amène ici l'enfant à tenter une sorte de classification des objets fondée sur ce caractère unique de mordre ou de ne pas mordre.

Chaque enfant ne fait pas toujours la même réponse à une même question. Mais il y a des variations qui sont sans grande importance et qui s'expliquent naturellement; ce sont celles qui tiennent à des changements d'habitude ou à des notions nouvellement acquises. Ainsi, pendant l'hiver, la maison est considérée comme un abri contre le froid; pendant l'été, la famille habite une maison louée, et c'est cette idée de location qui occupe l'esprit de l'enfant. Quand il prend des douches, l'eau lui rappelle cette épreuve de chaque matin; plus tard, quand les douches ont cessé, ce sont d'autres associations d'idées qui se font avec ce même mot. Si l'on met à part les variations de ce genre, je crois qu'on sera très frappé de la grande uniformité des réponses; parfois, à sept mois d'intervalle, la même phrase textuellement est répétée; si les mots changent, l'idée que l'enfant se fait de l'objet reste souvent la même; il semble qu'il continue à le voir sous le même angle.

Cette idée, quelle est-elle? Il est facile de la caractériser pour tout un groupe d'objets, pour tous les objets que l'enfant a l'habitude de manier et d'employer, comme une table, un couteau, un lit, une chaise, un crayon, du pain, etc. Ces mots éveillent chez nous des idées complexes, et en particulier l'image visuelle de la forme des objets. Pour ma part (sans doute parce que je suis un visuel) le mot table me donne l'image d'une planche portée sur des pieds, et c'est ainsi que je la définirais, si j'étais pris à l'improviste.

Examinons les réponses des deux petites filles. Il n'y est presque jamais question de l'aspect visible des objets. La réponse porte presque uniquement sur l'usage de l'objet. Du pain, c'est pour manger; un couteau, c'est pour couper; une chaise, c'est pour s'asseoir; une table, c'est pour mettre des lampes ou des livres. Ce mode de représentation n'est nullement un effet de caprice ou de fantaisie, puisqu'on le retrouve dans des interrogatoires séparés par plus de sept mois d'intervalle, et qu'il est commun à deux enfants. Ceci nous montre bien de quel œil ces deux enfants regardent le monde extérieur; ils sont, comme nous le disions plus haut, utilitaires avant tout; on leur parle du pain, ils ne s'arrêtent pas à la forme ou à la couleur; le pain leur donne surtout le souvenir de quelque chose

qu'on porte à la bouche et qu'on mange ; le pain, c'est pour manger.
A la rigueur, cette réponse est raisonnable et un adulte pourrait la
faire ; mais en voici une autre, qui est tout à fait étonnante, dont
une personne sensée serait probablement incapable, et qui cependant n'est qu'une exagération du point de vue que nous venons de
signaler. On demande à l'enfant ce que c'est qu'un colimaçon, et il
répond : « Un colimaçon, c'est pour écraser. » On ne peut pas être
plus utilitaire.

Dans d'autres cas, lorsqu'on interroge l'enfant sur des objets qui
ne sont pas à sa portée, et qu'il ne manie pas, il peut arriver qu'il
s'amuse à en donner ce qu'on pourrait appeler une description
désintéressée et artistique.

Mais je crois que c'est l'exception, et la règle générale c'est que
l'enfant reste constamment attentif à l'utilité des choses.

Une dernière remarque. De quelle nature sont les idées que l'enfant se fait de l'objet dont on lui parle, quand on ne lui nomme aucun
objet particulier, mais qu'on se sert d'un terme générique, comme
celui de chien, de cheval, de voiture, etc.? L'enfant a-t-il une idée
générale et abstraite, sans déterminations précises, ou bien un souvenir particulier, bien détaillé et coloré? Dans beaucoup de cas, il
est difficile de le savoir. Quand l'enfant dit d'un chien : « ça court,
ça mord, ça a une queue », quel chien se représente-t-il? Est-ce le
chien roux qu'il a vu au Luxembourg poursuivi par un gardien? et
dans son souvenir voit-il réapparaître un bout d'allée, un chien qui
court, et un gardien qui lui jette des pierres ? ou bien n'a-t-il qu'une
idée abstraite et appauvrie d'un chien quelconque? Nous ne le savons
pas et nous ne pourrions guère le lui demander sans faire de la suggestion. Mais dans un grand nombre d'autres cas, le doute n'est pas
possible ; l'enfant donne des détails particuliers, sans qu'on l'y invite ;
à propos d'un objet, il parle d'autres objets, et parfois il nous raconte
un événement, ou il nous décrit un tableau, comme ce tableau de la
voiture ou de l'omnibus, où tant de détails se trouvent indiqués.
Rien ne ressemble moins à l'abstraction que cette façon de se représenter les choses.

PERCEPTIONS INTERNES.

Je mets à part, sous un titre différent, les réponses des deux
petites filles qui portent sur des questions un peu plus délicates, telles
que la faim, la soif, la colère. Les réponses à ces diverses questions
me paraissent très caractéristiques.

Réponses de Madeleine (de quatre ans à quatre ans trois quarts) :

Qu'est-ce que ça veut dire d'avoir peur? — 1° avoir peur des loups, avoir peur des serpents; 2° c'est de perdre le Petit Poucet dans les bois. Les bêtes font hou! hou! Alors le Petit Poucet pleure. Voilà ce que c'est d'avoir peur; 3° ça veut dire avoir peur des loups qui vous mangent. Avoir peur, c'est quand on joue à cache-cache, comme Lucie. Elle crie beaucoup quand on joue à cache-cache. Alors nous avons peur. 4° Ça veut dire d'avoir peur des loups, pas être mangé.

Avoir du chagrin. — 1° Quand maman ne veut pas que nous allions dans la chambre toutes seules. Alors Zizite (sa petite sœur) pleure. Voilà. 2° Lorsque maman a battu le petit enfant quand il n'était pas sage, faisait des misères à la petite sœur, la poussait. Alors la maman a grondé le petit enfant qui faisait ça. 3° Ça veut dire de pleurer; 4° c'est de pleurer, 5° (*id.*).

Être en colère. — 1° On est en colère quand les enfants ne sont pas gentils avec les parents. Alors on les bat, et puis ils disent : Non, maman, je ne veux pas faire cela et ceci. Et puis on les met dans le cabinet noir; 2° ça veut dire d'être pas content; 3° ça veut dire d'être pas gentil, de battre les enfants quand ils sont pas sages. 4° Ça veut dire d'être méchant.

Être jaloux. — 1° Ça veut dire d'essayer la pantoufle à Cendrillon. Les sœurs de Cendrillon essayaient la pantoufle; alors leur pied était trop grand. On a essayé à Cendrillon, et ça allait à elle. Alors les sœurs de Cendrillon étaient jalouses. 2° Ça veut dire de vouloir la poupée de l'autre petite fille. C'est pas beau d'être jaloux. 3° Ça veut dire d'être méchant.

Aimer quelqu'un. — 1° Ça veut dire qu'on aime bien être gentille avec les gens, l'embrasser toujours quand ils partent, et puis leur dire bonjour quand ils viennent, et puis les embrasser; 2° ça veut dire l'embrasser.

Être malheureux. — 1° Ça veut dire de avoir pas d'enfant, 2° ça veut dire que les enfants sont morts [1].

Avoir faim. — On mange de la côtelette, des pommes de terre, de tout, des haricots, de tout, de tout, de tout, 2° c'est de manger de tout, 3° ça veut dire qu'il faut vite faire le déjeuner, 3° ça veut dire de manger.

Avoir soif. — 1° On boit tout le vin, 2° c'est de donner à boire, 3° avoir soif? Il faut donner à boire.

Être fatigué. — 1° On se repose dans un fauteuil, quand on est fatigué, 2° il faut se reposer, 3° être fatigué? Il faut se reposer.

---

1. Voilà deux réponses qui certainement n'ont pas grande valeur; l'enfant répète ce qu'il a entendu dire.

Avoir sommeil. — On se couche. on fait dodo, 2° ça veut dire de dormir. 3 ça veut dire il faut se coucher quand on a sommeil : quand on n'a pas sommeil. il faut se lever, 4° ça veut dire de dormir.

Avoir froid. — 1° Ça veut dire qu'il gèle.

Avoir chaud. — 1° Ça veut dire de ne pas avoir froid.

Voici maintenant les réponses de la cadette.

Avoir faim. — 1° C'est pour manger, 2° ça veut dire de manger toute la journée, 3° ça veut dire de manger la viande et puis les pommes de terre et puis pousser avec du pain.

Avoir soif. — 1° Ça veut dire de boire tout. tout. tout, tout, 3° ça veut dire de boire tout le verre.

Avoir sommeil. — 1° Ça veut dire de se coucher. 2° ça veut dire de se bien coucher la nuit, de bien dormir, et puis pas se réveiller.

Être fatigué. — 1° Ça veut dire de se reposer dans un fauteuil. 2° ça veut dire de s'asseoir, de se reposer sur un fauteuil. et puis sur une chaise.

Être en colère. — 1° Ça veut dire de se fâcher.

Avoir du chagrin. — 1° Ça veut dire de pleurer, 2° alors les petites filles sont mortes quand les dames ont du chagrin, 3° ça veut dire de pleurer.

Être jaloux. — 1° Ça veut dire : « veux la pipe, veux le ballon ». ça veut dire ça [1].

Avoir peur. — 1° Ça veut dire de avoir peur de les loups, de les singes, 2° ça veut dire de avoir peur des loups, quand ils sont dans les bois.

Aimer quelqu'un. — Ça veut dire de l'embrasser.

Ce qui m'a surtout frappé dans toutes ces réponses, ce sont les définitions de besoins physiologiques tels que la faim. la soif et les états analogues; les réponses des deux enfants sont les mêmes: mêmes idées et parfois mêmes mots. L'enfant ne porte pas son attention sur le besoin lui-même, mais sur les moyens de le satisfaire. c'est-à-dire sur les événements extérieurs qui se produisent à la suite. La soif par exemple éveille l'image d'un verre plein qu'on vide complètement, comme la fatigue fait penser au fauteuil sur lequel on se délasse. Peut-être l'enfant a-t-il une certaine difficulté à apercevoir les phénomènes psychologiques internes.

En terminant cette courte étude, si nous jetons un coup d'œil en arrière sur le chemin parcouru, nous retiendrons les faits suivants, qui sont relatifs aux deux petites filles soumises à nos observations :

---

1. Elle imite une petite fille qui demande la pipe en sucre ou le ballon qu'elle voit dans les mains de sa sœur.

1º Une grande habileté à comparer des longueurs.

2º Parmi les couleurs, la désignation du rouge est la première qui s'est faite correctement.

3º Interprétation facile d'un dessin représentant la totalité d'un objet connu. Difficultés pour interpréter un fragment d'objet. Mêmes difficultés pour interpréter les signes d'un état émotionnel. Dans tout cela, l'enfant ne paraît pas analyser ses perceptions.

4º Embarras de l'enfant dans l'emploi des pronoms personnels, ce qui révèle probablement une certaine peine à percevoir sa personnalité.

5º A quatre ans et demi, une petite fille peut se rendre compte de ses rêves.

6º En se rappelant les objets, l'enfant est surtout attentif à leur utilité.

ALFRED BINET.

REVUE GÉNÉRALE

HISTOIRE ET PHILOSOPHIE RELIGIEUSES

Histoire du peuple d'Israël, par Ernest Renan. Paris, t. I, 18??; t. II, 1889. — *Le judaïsme et l'histoire du peuple juif*, par Charles Bellangé. Paris, 1889. — *Précis d'histoire juive*, par Maurice Vernes. Paris, 1889. — *Les résultats de l'exégèse biblique*, par le même. Paris, 1890. — *Contribution à l'étude profane de la Bible*, par E.-G. Sorel. Paris, 1889. — *Le procès de Socrate*, par le même. Paris, 1889. — *Das Alte Testament und die christliche Sittenlehre*, par E. Fischer. Gotha, 1889. — *Biblische Psychologie, Biologie und Pädagogik*, par K. Fischer. Gotha, 1889. — *Studien zur Geschichte Galilääs*, par A. Kaminka. Berlin, 1889. — *Les grands initiés*, par Edouard Schuré. Paris, 1889. — *La Russie et l'Église universelle*, par V. Soloviev. Paris, 1889. — *Philosophia ultima*, par C.-W. Shields. New York, t. II, 1889. — *L'Italie mystique*, par Emile Gebhart. Paris, 1890. — *La philosophie dans ses rapports avec les sciences et la religion*, par Barthélemy-Saint-Hilaire. Paris, 1889. — *Le problème religieux au XIXᵉ siècle*, par J.-E. Alaux. Paris, 1890. — *L'esprit de Jésus ou le christianisme rationaliste*, par H. de Villeneuve. Paris, 1890.

« Pour un esprit philosophique, dit M. Renan en tête de son *Histoire du peuple d'Israël* [1], c'est-à-dire pour un esprit préoccupé des origines, il n'y a vraiment dans le passé de l'humanité que trois histoires de premier intérêt : l'histoire grecque, l'histoire d'Israël, l'histoire romaine. Ces trois histoires réunies constituent ce qu'on peut appeler l'histoire de la civilisation, la civilisation étant le résultat de la collaboration alternative de la Grèce, de la Judée et de Rome. » Cependant, entre ces trois facteurs, il en est un pour lequel l'éminent écrivain ne dissimule pas ses préférences; c'est la Grèce, qui « a fondé, dans toute l'étendue du terme, l'humanisme rationnel et progressif.... Le cadre de la culture humaine créé par la Grèce est susceptible d'être indéfiniment élargi, mais il est complet dans ses parties. Le progrès consistera éternellement à développer ce que la Grèce a conçu, à remplir les desseins qu'elle

[1]. Chez Calmann Lévy, in-8°, t. I, xxix et 455 p., t. II, iv et 543 p.

a, si l'on peut s'exprimer ainsi, excellemment échantillonnés. » Il y a toutefois, dans le cercle de l'activité intellectuelle et morale de la Grèce, une lacune et une lacune considérable. « Elle méprisa les humbles et n'éprouva pas le besoin d'un Dieu juste. Ses philosophes, en rêvant l'immortalité de l'âme, furent tolérants pour les iniquités de ce monde. Ses religions restèrent de charmants enfantillages municipaux; l'idée d'une religion universelle ne lui vint jamais. L'ardent génie d'une petite tribu établie dans un coin perdu de la Syrie sembla fait pour suppléer à ce défaut de l'esprit hellénique. Israël ne prit jamais son parti de voir le monde si mal gouverné, sous le gouvernement d'un Dieu censé juste. Ses sages avaient des accès de colère devant tous les abus dont fourmille le monde. Un mauvais homme, mourant vieux, riche et tranquille, leur faisait monter la rage au cœur. Les prophètes, à partir du IXe siècle avant Jésus-Christ, donnent à cette idée la proportion d'un dogme. Les prophètes israélites sont des publicistes fougueux, du genre que nous appellerions aujourd'hui socialiste et anarchiste. Ils sont fanatiques de justice sociale et proclament hautement que, si le monde n'est pas juste ou susceptible de le devenir, il vaut mieux qu'il soit détruit : manière de voir très fausse, mais très féconde ; car, comme toutes les doctrines désespérées, comme le nihilisme russe de nos jours, par exemple, elle produit l'héroïsme et un grand éveil des forces humaines. Les fondateurs du christianisme, continuateurs directs des prophètes, s'épuisent en un appel incessant à la fin du monde, et, chose étrange, transforment, en effet, le monde. » Ajoutons, pour posséder la pensée tout entière de l'auteur de l'*Histoire des origines du christianisme*, que « le prophétisme du IXe siècle a lui-même sa racine dans l'antique idéal de la vie patriarcale, idéal en partie créé par l'imagination, mais qui avait été une réalité dans un passé lointain de la tribu israélite ».

Si l'on pèse soigneusement ces déclarations, on en conclura très légitimement que ce qu'il y a de bon dans le monde moderne vient de la Grèce, à l'exception d'un certain sentiment de « justice sociale » qui est une protestation amère et violente contre le train du monde. Les origines de ce sentiment remontent à l'époque patriarcale, mais il apparaît avec une clarté exceptionnelle dans les écrits prophétiques de la Bible.

Cette protestation des prophètes juifs et des docteurs chrétiens contre la façon dont marche le monde, ne serait-elle pas, à le bien prendre, la marque d'une certaine étroitesse, d'un défaut d'intelligence? M. Renan ne le dit pas clairement, mais il sait nous le faire entendre. « L'histoire juive, remarque-t-il, qui voudrait avoir le monopole du miracle, n'est pas un fait plus extraordinaire que l'histoire grecque. S'il faut l'intervention surnaturelle pour expliquer l'une, il faut aussi l'intervention surnaturelle pour expliquer l'autre. Je dirai même que, d'après mon sentiment, le plus grand des miracles de l'histoire, c'est la Grèce. L'apparition simultanée qui s'est faite dans la race hellénique de tout ce qui con-

stitue l'honneur et l'ornement de l'esprit humain, me frappe beaucoup
plus que le passage à pied sec de la mer Rouge ou du Jourdain. Heureux celui qui écrira cette histoire avec amour, à soixante ans, après
avoir employé sa vie entière à étudier les travaux que les écoles savantes y ont consacrés ! Il sera récompensé par la plus grande jouissance
qu'on puisse goûter, la joie d'assister aux évolutions de la vie au centre même de l'œuf divin, où la vie commença tout d'abord à palpiter. »

Au début d'un grand ouvrage consacré au peuple et à la religion
d'Israël, M. Renan éprouvait, on l'imagine, quelque embarras à dire
que la Grèce dont il n'avait pas à s'occuper était tout, tandis que le
judaïsme, dont il entreprenait d'écrire l'histoire, n'était qu'un appoint
médiocre dans l'évolution des grandes sociétés humaines. Là où il se
sent moins gêné, il s'exprime avec une entière décision et même une
sorte de brutalité. C'est ainsi qu'aux funérailles de M. Ernest Havet[1],
il prononçait les paroles suivantes : « Née en Grèce, cette terre mère de
toutes les harmonies, la raison, sous des noms divers et non sans d'étranges alliages, fait le tour du monde... Le christianisme, dans ses parties
vitales, n'est qu'un viatique composé de bonnes idées grecques et savamment préparé par la triste nuit de mille ans à laquelle l'aurore de
la Renaissance a mis fin. Tout vient ainsi d'une seule éclosion lumineuse. La Grèce a préparé le cadre scientifique, susceptible d'être indéfiniment élargi, et le cadre philosophique, susceptible de tout embrasser, où n'ont cessé de se mouvoir, depuis deux mille ans, les efforts
intellectuels et moraux de la race à laquelle nous appartenons... La
culture grecque ne demande aucun sacrifice à la raison ; la culture venue
d'Orient en demande, puisque jamais un fait n'est venu prouver qu'un
être supérieur ait fait à un homme ou à des hommes une révélation
quelconque. L'idéal (to kalon) de la Grèce est bien la vie humaine tout
entière, embellie, ennoblie... La Grèce a créé la vérité comme elle a
créé la beauté. » Puis M. Renan, après avoir indiqué que « ce qu'il y a
de meilleur dans le christianisme » n'est que l'apport des races celti-
ques et germaniques, donne congé à la Bible en des termes d'une dureté
voulue : « Dans l'ordre des choses de l'âme, notre charité, notre amour
des hommes, notre sentiment tendre et délicat de la femme, le suave et
subtil mysticisme d'un saint Bernard ou d'un François d'Assise, viennent bien plutôt de nos ancêtres, païens peut-être, que de l'égoïste
David, ou de l'exterminateur Jéhu, ou du fanatique Edras, ou du strict
observateur Néhémie. »

Il nous semble que, entre les deux éminents professeurs du Collège
de France, entre le maître de l'antiquité classique et le maître des langues sémitiques, il s'est opéré une sorte de chassé-croisé. M. Renan,
versé dans les études orientales et familiarisé de bonne heure avec les
résultats de l'exégèse allemande, semble avoir vu diminuer, au moins

---

1. *Discours prononcés le 24 décembre 1889, sur la tombe de* M. Ernest Havet.
Paris, 1890.

dans sa propre estime, l'objet immédiat de ses travaux; peu s'en faut qu'il ne nous déclare la banqueroute du judaïsme et de son successeur, le christianisme, au profit de la libre pensée, fille de la Grèce. M. Havet, de son côté, parti visiblement d'un point de vue philosophique hostile au christianisme et à la Bible, a entrepris de mettre en lumière tout ce dont la civilisation moderne est redevable à l'antiquité classique et, obligé par son propos d'aborder le judaïsme, il a fini par lui faire une part grande et éminente, qu'il n'avait pas soupçonnée dans le début.

Quel que soit, d'ailleurs, le jugement à porter sur l'avenir des sociétés religieuses en général et du christianisme en particulier, il importe que nous recherchions si M. Renan a défini exactement les caractères et les origines de la religion juive.

Sous ce rapport, il ne faut pas craindre d'avouer que l'*Histoire du peuple d'Israël* contient des assertions d'un caractère très personnel et très risqué. L'auteur s'en étant expliqué lui-même avec une grande franchise, je ne vois pas pourquoi la critique hésiterait à se prononcer sur le caractère des hypothèses relatives à la période primitive du judaïsme. Il a été dit plus haut que la religion israélite a trouvé son expression dans les livres prophétiques, mais que les prophètes n'ont fait que rendre leur éclat aux traditions de l'âge patriarcal, aux croyances d'un Abraham, d'un Isaac, d'un Jacob, que l'on considère ceux-ci comme des personnages réels ou plutôt comme des personnifications d'un groupe de nomades et de pasteurs. Donc, avant le séjour des Hébreux en Egypte, au temps où leurs ancêtres menaient la vie de bergers sur le territoire de Chanaan, soit vingt siècles environ avant l'ère chrétienne, les traits essentiels de la religion juive apparaissent déjà. « Rien dans l'histoire d'Israël, déclare M. Renan, n'est explicable sans l'âge patriarcal. L'âge patriarcal, comme toutes les enfances, se perd dans la nuit; mais le devoir de l'historien, chercheur de causes, est de démêler ces ténèbres en s'aidant de la psychologie autant que de la philologie. — L'âge patriarcal a existé. Il existe ainsi dans les pays où la vie arabe nomade a conservé sa pureté. » L'auteur ne dissimule point, d'ailleurs, que pour toute la période antérieure à David, sa restitution des idées dogmatiques offre un caractère conjectural.

Voyons la chose d'un peu plus près. L'état d'esprit de l'époque patriarcale est venu à notre connaissance par la *Genèse*, « prise non comme un livre historique, mais comme la peinture idéalisée d'un âge qui a existé », et par le livre de *Job*. Or, ni l'un ni l'autre de ces livres ne remontant au delà du IX⁰ siècle d'après M. Renan, on mesure sans peine l'héroïque sacrifice qu'il exige de notre bonne volonté. Prétendre refaire l'histoire des idées au moyen d'écrits rédigés à douze siècles de distance des événements, est un acte de témérité et de vaillance fait pour jeter le trouble dans les esprits plutôt que pour les convaincre et les asseoir.

La religion primitive d'Israël n'est pas tout à fait le monothéisme rigoureux des musulmans; c'est un « déisme sans métaphysique ». —

Ce qui précède suffit à faire voir que dans l'*Histoire du peuple d'Israël*, comme dans l'*Histoire des origines du christianisme*, M. Renan n'a pas craint de mêler la spéculation dans ce qu'elle a de plus aventureux à l'étude précise des textes et des monuments. Le second volume, sous ce rapport, diffère sensiblement du premier. L'auteur nous donne sous une forme vive et limpide, parfois avec des recherches d'expression très heureuses, le plus clair du travail exégétique accompli dans les écoles du temps présent. J'imagine qu'un lecteur attentif ne manquera pas, en fermant le volume, de se poser la question suivante : Puisque, de l'aveu même de l'auteur, les livres qui tracent le tableau de l'âge patriarcal datent des temps mêmes où l'ancienne religion ressuscite brillamment avec les prophètes, n'est-il pas beaucoup plus simple d'admettre que les auteurs des livres prophétiques ont reporté dans les temps reculés et prêté aux ancêtres de la race leurs propres conceptions? — Si l'on suit quelque peu cette idée, on arrivera à se persuader qu'il est impossible de restituer l'évolution des idées religieuses au sein du peuple d'Israël pour la période qui précède le roi David ou même Ézéchias.

A côté de l'œuvre de M. Renan, nous avons placé un livre qui, malgré de très graves défauts. mérite d'être signalé. *Le judaïsme et l'histoire du peuple juif*[1] de M. Bellangé est le fruit d'un travail considérable; l'auteur s'est montré hardi, audacieux, parfois d'une heureuse témérité. En revanche, il fait preuve d'une assez grande inexpérience.

M. Bellangé n'a pas essayé de tracer par voie conjecturale le tableau des âges mythiques; il ne s'est pas proposé davantage de trier et d'exposer les résultats les plus solides des travaux critiques du temps présent. Ce qu'il y a d'intéressant dans son essai, c'est qu'il a soupçonné — et plus que soupçonné déclaré très nettement — que l'ensemble des idées religieuses contenues dans la Bible était antidaté. Il exprime ce résultat dans une formule un peu obscure quand il dit : « Nous arrivons à considérer l'*histoire sainte*, c'est-à-dire les récits sur les temps antérieurs à la captivité de Babylone, comme le décalque mythique d'un peuple et d'une religion apparus postérieurement. »

Nos propres études nous ont amené, par une voie assez différente, à une conclusion analogue, à savoir que, au moins en ce qui touche les idées dogmatiques et les institutions du culte, ce que nous offre la Bible, c'est la religion du judaïsme post-exilien, que les docteurs de la restauration ou du second temple ont, par une fiction hardie, reporté dans les âges anciens les vues et les pratiques de leur propre époque. Nous n'avons donc pas manqué d'accueillir avec estime et sympathie le livre de M. Bellangé. Nous l'avons vu avec plaisir reconnaitre que l'on a attaché une importance excessive à des questions de composition littéraire, multiplié inutilement les sources et les documents en méconnaissant l'unité fondamentale de conception. Voici sur la grave question de l'authenticité des écrits prophétiques des remar-

1. Chez Laisney. in-12. 300 p.

ques très justes : « M. Reuss pose cette règle générale : Toute prophétie
date de l'époque à laquelle elle se rapporte, — ce qui veut dire de
l'époque où elle est censée proférée et dont elle s'occupe ostensiblement.
Si, par exemple, un morceau prophétique est dirigé contre l'Assyrie,
c'est que l'Assyrie non loin gronde. S'il annonce la ruine de Tyr, c'est
que Tyr est encore debout. Car supposer le contraire, serait supposer la
fraude et M. Reuss déclare ne pas croire à cette mauvaise action quand
elle doit se soutenir à trop longue haleine. Cette théorie, qui doit
paraître assez candide.... n'irait à rien moins qu'à nous faire reporter
aux temps assyriens *Tobie*, *Judith* et la plupart des écrits apocalyp-
tiques. » Et l'écrivain s'élève contre la tentative que l'on a faite de
sauver plusieurs écrits en les débarrassant d'un certain nombre de
prétendues interpolations. Nous nous rangeons d'autant plus volontiers
à son avis sur ce point que nous avions nous-même incliné à cette
sorte de transaction et qu'un examen consciencieusement poursuivi
nous en a démontré l'inanité.

Si l'on arrive à se représenter la religion de la Bible comme étant
essentiellement et avant tout la religion du peuple juif reconstitué en
Palestine après l'effroyable crise de la captivité, on doit se demander
où et comment se sont formées les idées dogmatiques et les institutions des Israélites ; cette partie des recherches de M. Bellangé n'offre
malheureusement point le caractère de solidité que nous aurions été
aise de lui reconnaître.

Déjà nous avions été quelque peu effrayé par certaines déclarations
placées en tête de l'ouvrage. Il y était question « d'éclairer l'exemple
juif (lisez : le type de religion que nous offre le judaïsme) par l'histoire
enveloppante et par les lois uniformes du développement humain.
Ainsi seulement en finirons-nous avec tant de questions qu'on n'a fait
jusqu'ici que compliquer. En un mot, les hébraïsants auront bientôt
fini leur tâche : aux évolutionnistes de commencer la leur. » Voilà des
dires auxquels je ne saurais attacher un sens précis, encore moins une
réelle utilité. En matière d'histoire religieuse, je ne connais qu'une
chose, des documents, des textes, des dates. Je reproche précisément
aux hébraïsants d'avoir trop perdu de vue ce principe d'une saine critique ; mais, le jour où des gens se targuant du titre de docteurs ès
évolutionnisme viendront me dire : Je vous somme de trouver dans la
Bible la vérification de nos thèses, la preuve des dogmes de notre
petite Église, — serviteur, répondrai-je ; passez plus loin. — Ce serait
là, en effet, un beau gâchis ajouté à tant d'habitudes détestables et de
complications où se débat aujourd'hui l'exégèse biblique. Pour ceux
qui se sentiraient néanmoins quelque tendresse pour des essais de
cette nature, nous ajouterons encore une réflexion. L' « histoire enveloppante », selon l'expression un peu singulière dont use M. Bellangé, —
l'histoire enveloppante du judaïsme, c'est sans doute l'histoire comparée
des religions dites sémitiques : religions assyrienne, phénicienne, arabe,
syrienne ; or cette histoire en est encore à la période des vagissements

et des balbutiements. Prétendre éclairer la Bible à son aide serait une
prétention risible. D'ailleurs, — et la chose ne laisse pas d'être piquante,
— M. Bellangé qui parle tant d'évolutionnisme dans sa préface, ne
l'invoque guère au cours de son livre, par la raison qu'il n'y a trouvé
aucune lumière.

Revenons donc au problème des origines proprement dites du judaïsme sans le compliquer par des rapprochements hasardés avec des
peuples voisins. « Israël, dit l'auteur du *Judaïsme*, loin de déboucher
comme peuple en Palestine à trois ou quatre mille ans de nous, a pu
naître de la même façon qu'il a vécu, c'est-à-dire comme secte, dans
cette Chaldée, cette Médie et cette Susiane mêmes d'où les compagnons
d'Esdras et les Samaritains se sont dits les uns et les autres venus...
Il n'est pas absurde de concevoir que des Syro-Palestiniens, établis
dans les villes de la monarchie babylonienne ou persane, se soient rencontrés avec d'autres Sémites ou gens de langue sémitique, peut-être
aussi avec des Aryens, dans la pratique d'une religion rigoriste. L'Orient
fournit d'autres exemples de sectes naissant de la sorte et se transformant ensuite en véritables nationalités. » M. Bellangé est plus
catégorique encore dans un autre endroit. « De ce centre premier (qui
vient d'être indiqué), des colonies sont successivement essaimées, qui
se font peuples sous des princes et des grands prêtres, et dont chacune
bientôt se cherche des titres et des traditions propres, en alléguant la
supériorité de ceux qu'elle parvient à réunir. Celle de Samarie se
recommande des vieux souvenirs du Nord, celle de Judée oppose les
souvenirs du Sud et cette dernière, à la fin, fait triompher sa version. »
Ainsi le judaisme se serait formé de toutes pièces en dehors de la
Palestine en qualité de société religieuse ; la communauté ou communion ainsi constituée aurait envoyé une ou deux colonies en Palestine qui était d'ailleurs, si nous avons bien compris, le lieu d'origine
d'une partie de ses membres ; ces colonies, l'une à Jérusalem, l'autre
à Samarie, s'emparant des traditions locales de leur nouvel habitat,
les aurait mariées à leur dogme et les y aurait si intimement jointes
qu'elles en sont devenues inséparables. — Nous ne tairons pas que
ces diverses propositions nous semblent bien chimériques en même
temps qu'elles sont fort compliquées. Rien n'autorise à dire que la
religion juive soit le produit d'un travail philosophique accompli dans
le bassin du Tigre par un groupe d'hommes de provenance variée. Au
fond, M. Bellangé inclinerait à faire du judaisme une branche du maz-
déisme ou religion de Zoroastre ; mais il a hésité à pousser sa pensée
jusqu'au bout et nous ne saurions l'en blâmer, car nous estimons qu'i
risquait de se fourvoyer complètement. « Regardons, avons-nous le
quelque part, le judaisme comme une religion constamment imitatric
de la persane et qui a pu être, à l'origine, une expression sémitique
du même mouvement d'idées, dont les mages donnaient l'expression
aryenne. » Ailleurs, l'auteur a fait valoir l'influence chaldéenne, dont
l'action d'ailleurs se confondrait avec la première.

Nous ne croyons pas qu'il y ait beaucoup de profit à attendre d'hypothèses de cette nature, que le défaut de documents datés avec certitude rend singulièrement fragiles. En ces matières, comme en beaucoup d'autres, il y a des points qui semblent solides et d'autres qui doivent être traités avec réserve. Ce qui nous semble solide et inattaquable au premier chef, c'est l'originalité et l'unité profonde de ce qu'on peut appeler la religion de la Bible; il n'est pas douteux non plus que cette religion de la Bible, ou judaïsme, exprime les idées et les pratiques du culte des Israélites ou Juifs de Palestine dans les siècles qui précèdent le christianisme. Reste à savoir d'où vient cette religion, dont les livres bibliques constituent le document autorisé. Ces livres eux-mêmes remonteraient-ils, au moins d'une façon partielle, à l'époque de la captivité de Babylone ou même à des temps plus anciens, à l'époque d'un Josias, d'un Ézéchias? C'est ce qu'il est difficile de dire. Et quant aux idées qu'ils expriment, une série de mésaventures arrivées au cours des dernières années nous a suffisamment instruit de l'inconvénient qu'il y a à statuer de grands intervalles entre les idées ou les faits et l'époque de rédaction des documents qui nous les font connaître. Donc, si l'on n'est pas en mesure d'affirmer l'antiquité des livres, il faudra montrer une grande réserve en ce qui concerne l'antiquité du système.

La religion juive venait-elle de l'étranger? — Il est impossible de fournir à cet égard un commencement même de démonstration. Aurait-elle au moins subi les influences du dehors, l'influence babylonienne ou persane? — On l'a soutenu en invoquant des considérations parfois frappantes; mais les récentes recherches sont loin d'être favorables à cet ordre d'idées. Il paraît donc bien que le judaïsme a ses racines dans les anciens royaumes israélites et que la « religion de la Bible » est la forme définitive qu'a prise le culte pratiqué par les sujets de David, de Jéroboam II, d'Ézéchias et de Josias. Sur ce culte, tel qu'il se célébrait aux temps antérieurs à la captivité de Babylone, nous possédons quelques indications précises et précieuses, mais rien qui nous permette de reconstruire l'évolution des idées religieuses.

Dans notre *Précis d'histoire juive* [1], nous nous sommes proposé un objet qui n'est ni celui de M. Renan, ni celui de M. Bellangé. Le premier se croit en droit de suppléer à l'insuffisance des textes par l'emploi de moyens indirects, par la conjecture, par des rapprochements avec les peuples anciens ou modernes; le second a déclaré qu'il se proposait de faire rentrer les faits dans le cadre d'une vue philosophique. Nous avons pensé, pour notre part, qu'il était utile de procéder sous les yeux mêmes du public à un dépouillement critique des sources de l'histoire juive; nous avons cru qu'une analyse rigoureuse des documents devait précéder les essais de reconstruction et que c'était le seul moyen de donner une base solide aux études concernant l'antiquité hébraïque.

---

1. Chez Hachette, in-12, 828 p.

Or les documents et les sources de l'histoire juive consistent presque exclusivement dans les livres bibliques. Ces écrits ont été, depuis un siècle, particulièrement dans les écoles de l'Allemagne et de la Hollande, mais chez nous aussi, l'objet de travaux nombreux et approfondis, qui ont mis en lumière leur caractère, leur composition, la nature exacte de leur contenu, leur valeur en tant que documents historiques, en qualité de témoins des âges reculés. Suffirait-il donc à notre tâche de s'entourer des meilleurs travaux de l'érudition contemporaine et d'en reproduire la substance en s'attachant à dégager l'enchaînement des faits et des époques? Celui qui se sera fait l'élève des Ewald, des Reuss et des Kuenen, sera-t-il en mesure de présenter un résumé de l'histoire juive ancienne, qu'on puisse accepter avec confiance, sinon dans tous les détails, au moins dans ses traits essentiels?

Nous l'avions espéré dans le principe; malheureusement, à mesure que nous nous enfoncions dans notre examen et que nous nous imposions l'obligation de vérifier d'après les textes les assertions de nos devanciers, nous voyions les points d'interrogation se dresser, les doutes se multiplier, et la confiance que nous avions mise dans nos guides s'évanouissait par degrés. Nous nous rendions compte que nous avions beaucoup appris à leur école, mais que, pour profiter davantage de leurs leçons, il fallait se résoudre, instruit par leur propre exemple, à leur fausser compagnie en bien des endroits comme ils avaient fait eux-mêmes à l'égard de leurs devanciers. Bref, nos réserves et nos points de dissentiment avaient pris une importance, une gravité, qui nous mettaient dans la nécessité de recommencer l'œuvre à partir des fondations. C'était là une entreprise très lourde et nous ne pouvions l'aborder qu'après nous être mis nous-même au clair sur la méthode à suivre.

Quelle est, en effet, dans ses traits essentiels, la nature des écrits bibliques qui constituent les documents de l'histoire juive ancienne? Ce sont des œuvres rédigées à bonne distance des événements par des docteurs et des théologiens, qui sont résolus à tirer des récits du passé des leçons morales à l'usage de leurs contemporains. Les livres dits *historiques* de la Bible, ceux des *Rois* comme de la *Genèse* ou de l'*Exode* sont des écrits destinés à instruire, à avertir, à édifier. Leurs auteurs n'ont pas pris la plume *ad narrandum*, mais *ad probandum*. C'est là assurément une remarque qui ne date pas d'hier; mais on a hésité jusqu'à ce jour à en tirer les conséquences, parce qu'elles sont, en effet, de nature à modifier singulièrement les idées en cours et que, quoi qu'on en dise, il est très scabreux d'oser s'attaquer à des points consacrés par une longue tradition.

Donnons-en un exemple. — La sortie ou exode d'Egypte est-elle un fait positivement historique? Commençons par rappeler que la réalité de l'événement n'est appuyée par aucun document profane, que les monuments de l'Egypte continuent de garder sur ce point le silence de Conrart et que le fameux récit de Manéthon, que l'on s'afflige de voir allégué par des auteurs solides, est un conte à dormir debout. Nous en sommes donc réduit aux pures sources hébraïques. Or, voici le raisonnement en faveur dans les écoles critiques. Dès le IXᵉ ou VIIIᵉ siècle avant notre ère, le souvenir de la servitude subie en Egypte et de la délivrance merveilleuse par laquelle on y aurait échappé, avait pris chez les docteurs juifs le caractère d'un véritable article de foi, auquel on rattachait les idées essentielles de la religion et les pratiques fondamentales du culte. Pour moi, considérant que la théorie dogmatique date du VIIIᵉ siècle et que l'événement serait rapporté au XIVᵉ environ, je remarque que la seconde est séparée du premier par cinq ou six siècles et je prends la liberté de poser cette question : Est-ce un souvenir? Ne serait-ce pas plutôt une allégation d'un caractère purement théologique, une forme matérielle et tangible donnée à l'idée de la protection divine dont Israël revendique le glorieux privilège? C'est là, en effet, un trait caractéristique du génie juif que son aptitude à *réaliser*, à rendre concrètes les idées et les leçons dogmatiques sous la forme de faits appartenant à un passé reculé. Nos doutes seront ici d'autant plus à propos que nous hésitons à assigner les vues en question au VIIIᵉ siècle avant notre ère et que nous les attribuons plutôt aux docteurs du Vᵉ ou du IVᵉ siècle seulement avant notre ère.

Qui donc tranchera la question? C'est ici qu'intervient l'analyse critique des textes. Notre *Précis d'histoire juive* s'ouvre, en conséquence, par un livre auquel nous avons donné pour titre : *La légende des origines*, et où le contenu des six premiers livres de la Bible est l'objet d'un examen méthodique. Nous croyons que quiconque le lira avec attention se convaincra que la théorie tient ici la principale place et que, pour toute cette période reculée, il ne saurait être question d'histoire proprement dite.

Où donc commence l'histoire? Ce sera seulement au moment où nous trouvons les Israélites établis sur le sol de la Palestine. Et, encore ici, pour toute la période qui précède David, nos renseignements sont singulièrement incomplets. Il nous a paru utile de discuter avec détail tout ce qu'on allègue sur les temps où la nationalité israélite travaille à se constituer. En voyant que tous les événements antérieurs à Saül et à David se réduisent à un très petit nombre de souvenirs, relatifs à des individus ou à des groupes détachés, on ne s'étonne plus que la mémoire des temps plus anciens se soit effacée complètement.

C'est avec Saül, David et Salomon que la nation israélite prend véritablement conscience d'elle-même. La fusion entre l'élément conquérant et la masse de la population indigène se poursuit et s'achève. Nous sommes en mesure de rétablir le squelette des événements politiques, tout au moins les successions au trône, pour les quatre siècles qui précèdent la captivité de Babylone. Nous avons même essayé de dire quels étaient pour la période que nous appelons des anciens royaumes (de Saül à la destruction de Jérusalem) les caractères de la religion, bien que les données soient assez insuffisantes et que l'on

coure souvent le danger de reporter à une époque reculée ce qui est
soit la conception, soit la pratique d'un temps plus récent. Pour dire
la chose en d'autres termes, nous sommes convaincu que la Bible n'a
reçu sa forme définitive qu'à l'époque qui a suivi la captivité de Babylone, que le tableau qui nous y est présenté des époques antérieures à
la captivité, a reçu fatalement l'empreinte des idées chères à ses rédac-
teurs et qu'il est devenu, par conséquent, très délicat d'y distinguer les
éléments véritablement anciens.

Quand nous abordons l'époque de la restauration ou du second
temple, les faits historiques sont rejetés dans l'ombre, tandis que le
chapitre des idées, des institutions et de la littérature prend une
importance capitale. C'est, en effet, dans les siècles qui séparent Zoro-
babel et Néhémie de l'insurrection des Machabées, que le judaïsme
s'est organisé d'une façon durable; c'est alors qu'il a pris véritablement
conscience de lui-même et qu'il a commencé cette propagande merveilleuse, qui devait frayer les voies au christianisme. Nous avons, en
conséquence, donné tout le développement nécessaire à l'étude des institutions et des doctrines, dont la loi dite de Moïse est l'incomparable
document; nous avons fait ressortir à la fois la doctrine religieuse très
forte dont les livres bibliques sont l'expression et le procédé vraiment
génial qui a donné naissance à l'épopée des patriarches et de la sortie
d'Egypte. Nous avons relevé avec une insistance particulière le caractère des pages qui se lisent au commencement de la *Genèse*, pages qui
sont peut-être les plus mal comprises de tout le recueil sacré.

On cherche, en effet, dans les récits de la création, de la chute, du
déluge, de la filiation et de la dispersion des peuples, d'antiques souvenirs, des débris de vieilles traditions. Nous soutenons, au contraire,
que c'est, à certains égards, ce qu'il y a de plus récent, de plus moderne
dans la Bible. Qui donc pouvait s'intéresser à des questions concernant
l'organisation du monde, la condition générale de l'humanité, la répartition des peuples et leur classement, sinon des hommes parvenus à
un haut degré de culture et accoutumés à franchir les bornes étroites
de la nationalité? C'est là, en effet, le caractère de ces pages étonnantes
qui, bien qu'elles occupent la première place dans la Bible et précisément parce qu'elles occupent cette place-là, marquent le suprême effort
de la pensée juive, dépassant le cercle des intérêts nationaux pour se
préoccuper du sort de la société humaine :

> Homo sum et humani nihil a me alienum puto.

Le dernier chapitre du livre est consacré à un bref exposé de la littérature biblique. De l'ensemble de nos développements doit se dégager, à moins que l'expression n'ait trahi notre pensée, l'idée que la
Bible est l'œuvre consciente et réfléchie d'un mouvement d'idées religieuses et philosophiques de premier ordre. C'est dans les siècles seuls
qui précèdent l'insurrection des Machabées que nous trouvons réunies
les conditions favorables à un pareil travail.

Nous sommes loin de nous flatter de l'espoir que des thèses qui, à tant d'égards, contrarient les opinions reçues, soient acceptées sans contestation. On s'alarmera du rajeunissement que nous infligeons aux livres bibliques et de notre refus d'admettre la conservation d'écrits antérieurs à la captivité. On dira que nous appauvrissons l'histoire juive en niant qu'on puisse refaire l'évolution des idées au cours de dix ou douze siècles par la distinction entre les diverses législations et les états successifs des livres. On verra de mauvais œil peut-être que nous aboutissions à reconstituer dans une grande mesure l'unité de pensée de la Bible. On s'insurgera surtout contre la prétention de faire des temps de la restauration une époque vraiment créatrice, un moment où la spéculation théologique arrive à son apogée et prend décidément conscience de sa force.

Ces objections et ces résistances ne prévaudront pas contre un sentiment intime, que de longues et consciencieuses études de détail, poursuivies pendant bien des années, ont confirmé en nous. Il s'agit, en deux mots, de savoir si le judaïsme, destiné à devenir au prix d'une légère transformation le christianisme, c'est-à-dire la religion du monde civilisé, il s'agit de savoir si cette « religion de la Bible », comme nous l'avons appelée plus haut, est sortie au VIIIe siècle avant notre ère, d'une petite principauté politique, étranglée entre les Phéniciens et les grandes puissances du bassin du Tigre et de l'Euphrate et que gouvernaient les successeurs de David, ou si elle est le fruit de la spéculation et des recherches du judaïsme des IVe et IIIe siècles avant J.-C., devenu une véritable communion religieuse et vivifié par ses relations avec le dehors, qui excitèrent sa pensée et lui donnèrent le sens du monde civilisé. C'est ce monde civilisé que la Bible a la prétention de conquérir ; c'est ce monde qu'elle a conquis. M. Ernest Havet, à côte d'assertions contestables, a eu le grand mérite de déclarer qu'il n'était pas possible de creuser un fossé de huit siècles entre le prophétisme et le christianisme, son héritier direct. Malgré beaucoup de résistances, nous pensons que cette thèse finira par prévaloir.

Dans un autre volume, d'allures plus vives et plus brèves, nous avons repris quelques-unes des thèses qui viennent d'être indiquées. *Les résultats de l'exégèse biblique* [1] ont pour objet de déterminer à quelles conclusions aboutit le travail critique des cent dernières années appliqué aux livres sacrés. Partant de cette donnée incontestable que la Bible est l'expression de la croyance des Juifs aux temps de la restauration, de l'idée qu'ils se faisaient alors de leur passé et de leurs rapports avec la divinité, nous avons abordé en trois chapitres d'abord l'histoire, puis la religion, puis la littérature. Voici quelques lignes empruntées à la conclusion même de l'ouvrage : « A partir de l'an 400 avant notre ère se trouvent réunies (en Judée) les conditions d'une incomparable production littéraire et théologique. Assurées de la tranquillité

---

1. Chez Leroux, in-12, VIII et 231 p.

politique, les écoles sacerdotales et prophétiques se plongent avec une
ardeur extraordinaire dans les travaux de la spéculation philosophique,
du règlement du rituel et de la composition littéraire. Les grands
dogmes de la foi nationale, les principaux événements du passé légen-
daire et historique sont abordés par les différents groupes dans un
esprit parfois divers, mais avec un même et unique désir d'exalter à la
fois Yahvéh (Jéhovah) et Israël. Jetez dans un même moule ces essais
du IVe et du IIIe siècle, il en sort la Bible. On voit ce qu'est devenue
sous notre plume cette époque prétendue ingrate, à laquelle on croyait
faire beaucoup d'honneur en lui attribuant un simple travail de combinaison et de compilation. C'est, au contraire, pour nous un moment de
fécondité extraordinaire. Israël, mis en contact avec les grandes civilisations de l'Orient et de l'Occident, se replie sur lui-même, prend
conscience de sa puissante originalité et, des germes qu'il tenait du
passé, fait jaillir l'arbre sous l'ombrage duquel l'Occident ira chercher
son abri. »

Nous voudrions que ces deux volumes, l'un plus compact, l'autre
d'allures plus vives, éveillassent chez quelques-uns de nos concitoyens le goût des études hébraïques. Ces études sont assurément
difficiles, mais elles offrent un attrait solide et profond qui paye
amplement le travailleur de ses peines. Nous croyons, d'ailleurs.
avoir prouvé par notre propre exemple qu'on peut les aborder dans un
esprit de complète indépendance sans blesser les susceptibilités religieuses.

En tête de la *Contribution à l'étude profane de la Bible* [1], de
M. G. Sorel, se trouvent des déclarations qui témoignent d'une préoccupation très élevée, au fond desquelles nous nous associons de
grand cœur et qui justifient le titre de l'ouvrage : « La vulgarisation
de la Bible est aujourd'hui une question sociale... Présenter la Bible
au point de vue religieux serait folie, le peuple la rejetterait. Il faut
la faire entrer dans la littérature profane et l'introduire comme un
ouvrage classique. — Je m'adresse à l'Université qui enseigne le
peuple et à la bourgeoisie qui le gouverne. Je leur demande d'étudier
la Bible : je sais que cette lecture sera fructueuse. — Je m'adresse au
public lettré, non pour lui donner des leçons, mais pour exciter chez
lui le désir d'aborder l'étude de la Bible. — Si nos professeurs de
lycées se lancent dans la carrière, ils ne tarderont pas à reconnaître
que l'Université a un grand devoir à remplir : donner à la Bible une
place prédominante dans l'instruction populaire. »

Les préoccupations qui ont mis la plume à la main de M. Sorel ne
nous semblent pas seulement intéressantes et généreuses : nous les
croyons absolument fondées. Nous estimons avec lui que la Bible
devrait avoir sa grande place dans l'instruction publique à ses différents degrés, et la Bible abordée avec une pleine indépendance litté-

---

1. Chez Ghio, in-8, VIII et 339 p.

raire et historique : c'est ce que M. Sorel appelle l'étude *profane* de la Bible, d'autres ont dit l'étude laïque. Oui, un enseignement public qui continue de traiter comme une « quantité négligeable » les livres sacrés, manque à l'une de ses plus impérieuses obligations.

Cela dit, l'auteur sera le premier à reconnaître que, à bien des égards, il n'était pas encore complètement armé pour sa tâche. C'est ainsi qu'il propose des combinaisons assez compliquées sur les origines juives, distinguant plus encore qu'on ne l'a fait jusqu'ici entre les tribus du Nord et du Sud et leur prêtant des conceptions religieuses très différentes. Or des constructions de cette nature sont bien artificielles et l'on voit déjà se dessiner un mouvement de réaction contre la tendance à multiplier les types religieux d'après la distinction des documents entrés dans la composition des livres bibliques. En tout état de cause, la rédaction de ces divers textes est beaucoup trop distante des événements pour rendre plausible toute hypothèse sur les temps d'un Saül ou d'un David, à plus forte raison sur les époques antérieures.

M. Sorel a également abordé la question des Évangiles et il plaide la cause de l'Évangile selon saint Jean, dont l'historicité, on le sait, a été si vivement attaquée par les écoles d'exégèse. Nous croyons qu'il va trop loin dans cette voie, mais nous reconnaissons que l'on s'est trompé quand on s'est imaginé pouvoir retrouver dans les trois premiers Évangiles les traces d'un « protévangile », écho immédiat des événements. Toutes ces questions sont du plus vif intérêt et de la plus grande portée. Les personnes dont on écoute la voix en matière d'enseignement public croient devoir, soit par conviction, soit par tactique, les ignorer et les méconnaître. Nous sommes heureux que, de temps en temps, une voix s'élève pour protester contre d'aussi coupables calculs ou contre un aussi incompréhensible aveuglement.

M. G. Sorel est encore l'auteur d'une étude assez développée, intitulée : *Le procès de Socrate*, avec le sous-titre suivant : *Examen critique des thèses socratiques* [1]. C'est là un sujet qui, à quelques égards, sort du cadre de la présente analyse et sur lequel d'ailleurs nous nous sentons peu compétent. L'auteur s'est proposé avant tout d'exposer les idées de Socrate en matière de morale et de droit ; il les croit dépourvues d'un fondement solide. M. Sorel est évidemment un esprit curieux, hardi, qui se joue avec aisance dans le dédale des problèmes les plus délicats. Est-il trop sévère, n'est-il que juste quand il écrit : « Socrate a confondu la morale, le droit et la science, ce qui conduit à n'avoir en morale que le probabilisme, en politique que l'arbitraire ? » M. Sorel dit encore : « Puisque Socrate découvrit le vice des raisonnements des sophistes, qu'il ruina leurs écoles pour toujours, pourquoi ne parvint-il pas à asseoir sa morale sur des bases solides ? Le problème était-il soluble ? Par quoi pouvait-on remplacer

1. Chez Félix Alcan, in-12, 396 p.

le droit sacré privé, qui était en décadence et que Socrate travaillait aussi à détruire? Les successeurs du maître errèrent encore davantage. Platon ne put aboutir qu'à des rêveries. La morale qui se rapproche le plus de celle de Socrate est celle des stoïciens, qui ont inondé le monde de lieux communs et de maximes retentissantes. » Le livre se compose de cinq chapitres : 1° Le témoignage d'Aristophane; 2° Les mœurs socratiques; 3° La religion de Socrate; 4° Les oligarques; 5° La mort de Socrate. Trois appendices, très nourris, traitent de l'éthique de Socrate, de la théorie des causes et de l'immortalité de l'âme.

Voici deux écrits, l'un intitulé : *L'Ancien Testament et la doctrine morale chrétienne* [1], signé du nom du pasteur Ernst Fischer, l'autre en tête duquel on lit : *La psychologie, la biologie et la pédagogie bibliques considérées comme fondements de l'éducation chrétienne* [2], par Karl Fischer, directeur de gymnase (lisez lycée). Ces deux petits volumes s ortent d'une même librairie et nous supposons qu'ils sont l'œuvre de deux frères. Quand nous voyons de telles œuvres, nous ne manquons pas d'être frappé par l'extraordinaire distance qui sépare nos façons de penser et d'écrire de celles de l'Allemagne, de la Hollande ou de l'Angleterre. Qui a tort et qui a raison, de ceux — nous posions précisément la question un peu plus haut — qui croient que la Bible doit être tenue en dehors des questions de philosophie, de morale et de pédagogie, ou de ceux qui pensent qu'elle doit, tout au contraire, être consultée et invoquée constamment en ces matières? Je n'ai point à trancher la question; je constate seulement que, dans les pays où les recherches pédagogiques jouissent de la plus grande réputation, dans l'Allemagne en particulier, qu'à tant d'égards nous prétendons prendre pour modèle, on s'inspire de principes diamétralement opposés à ceux que recommandent les chefs et les directeurs de l'Université de France, à ceux qui prévalent rue de Grenelle. Il ferait beau voir le proviseur de Louis-le-Grand ou de Condorcet publier une brochure intitulée : *De la nécessité de s'inspirer des principes bibliques dans l'éducation*, on aurait vite fait de lui marquer sa place chez les jésuites. Au besoin, un ordre du jour voté par la chambre des députés mettrait le ministère en demeure de réprimer un aussi intolérable scandale. — Vous n'y entendez rien, me dit un monsieur qui se croit très fin. L'Angleterre et l'Allemagne sont des pays protestants, tandis que la France est un pays catholique. Or la Bible entre les mains des théologiens et des pasteurs protestants ne peut fournir que des résultats soit bons, soit non nuisibles; au lieu qu'aux mains du clergé catholique, elle ne peut être qu'un instrument d'asservissement et d'abrutissement. — Et l'on conclut, avec une admirable logique, qu'il est également dangereux d'étudier la Bible en dehors du clergé, ce qui

1. Chez Perthes, in-8, 161 p.
2. Chez Perthes, in-8°, ıx et 119 p.

est s'attirer son hostilité, et de la laisser enseigner par le prêtre. Donc la Bible ne sera point. Donc le bachelier ès lettres, le licencié, l'agrégé de l'Université parleront doctement de Xénophon, de Virgile et de Corneille ; mais, si on nomme devant eux Isaïe ou si l'on cite le livre de la Genèse, ils commettront, sans que nul y trouve à redire, les méprises les plus grossières, les anachronismes les plus monstrueux. Nous répétons que ceux qui vont criant tout haut : Nous imitons l'Allemagne, nous imitons l'Angleterre ! ne présentent qu'une contrefaçon dérisoire de ce qui se passe dans ces deux pays. Ils nous servent la noix après avoir enlevé l'amande.

Revenons à M. Fischer et à sa recherche des rapports de la morale chrétienne et de l'Ancien Testament. Celui-ci a été, de la part d'un certain nombre de théologiens, l'objet, sinon d'attaques proprement dites, au moins de très sérieuses réserves. Schleiermacher et son école prétendent que le système de l'éthique chrétienne ne doit pas accorder une valeur normative aux écrits sacrés du judaïsme ; ces livres n'ont qu'une valeur passagère, ils ne sont que la préface du christianisme. Le chrétien n'y trouvera qu'une conception incomplète de l'idéal moral et cet idéal n'apparait dans tout son éclat qu'avec la personne du Christ et dans les livres du Nouveau Testament. C'est visiblement rabaisser les écrits prophétiques non moins que la loi dite de Moïse. Une autre école, celle de Rothe, accorde que le dogme n'est arrivé à son achèvement que dans le Nouveau Testament, mais déclare que la Bible, depuis la *Genèse* jusqu'à l'*Apocalypse*, doit être tenue pour une source de pures leçons morales, que les directions sur la conduite humaine peuvent être puisées concurremment dans les parties spécifiquement juives et dans les portions spécialement chrétiennes. Enfin, un troisième groupe de moralistes a cherché une sorte de compromis ou de terrain de conciliation dans l'idée de « l'évolution historique du royaume de Dieu sur la terre ». Voilà une expression que j'entends fort bien, mais qui doit paraître fort peu claire à mes lecteurs : je vais tâcher de la leur faire comprendre. On appelle royaume de Dieu l'organisation idéale que l'on rêve pour l'avenir des sociétés humaines et du monde en général. Or cette conception n'atteindra pas du premier coup à sa perfection et Dieu lui-même ne veut la réaliser que d'une manière progressive. L'Ancien Testament offre donc une notion du royaume de Dieu ou de l'organisation idéale du monde, que restreignent certains éléments de particularisme national ; c'est avec le christianisme que l'idéal social et religieux se dépouille et se débarrasse de tous les *impedimenta*. Donc la Bible juive devra être éclairée à la lumière du Nouveau Testament ; elle représentera les solides assises du monument dont l'Évangile est le couronnement. Nous ne dissimulerons pas, pour notre part, qu'il y aurait pas mal à redire sur ces distinctions et ces catégories. Nous ne sommes pas avec ceux qui dénigrent et rabaissent la Bible juive ; car nous estimons que l'inspiration morale de la *Genèse*, du *Deutéronome* et des livres prophétiques

est exactement la même que celle du Nouveau Testament. Nous nous
rapprocherions donc des idées du théologien Rothe, sans contester qu'il
se rencontre, à côté d'une unité profonde, une grande liberté d'exposition chez les divers écrivains bibliques.

Le professeur Karl Fischer se rattache à la tendance que les Allemands appellent le réalisme biblique et dont le défunt théologien Beck
était le représentant le plus connu. Les écrivains de cette école n'attachent qu'une médiocre importance à tout le développement de la théologie ecclésiastique et n'accordent de valeur décisive qu'aux témoignages
scripturaires. « Le but de l'éducation, lisons-nous, est déterminé par
la nature de celui qui doit être élevé. Toute obscurité sur la nature de
ce dernier doit avoir pour conséquence l'obscurité sur le but de l'éducation. » Devant le conflit des théories pédagogiques, l'auteur croit
qu'il est indispensable de revenir à « la sagesse divine, qui seule peut
donner à l'éducation des indications décisives sur la nature de l'homme
en même temps que sur les but et moyen de l'éducation ». De là un
essai de fixer les traits d'une psychologie empruntée aux livres sacrés,
laquelle sert de fondement à la biologie et à la pédagogie. Ce qui me
semble le plus original dans ce petit traité, c'est l'essai d'établir une
« biologie biblique ». J'y relève des titres qui sentent l'influence du
mouvement des idées contemporaines : continuité et transmission de la
vie, la croissance, la dégénérescence, l'entourage, la vie-type, la mort,
le parasitisme.

M. Kaminka, élève de l'École des hautes études de Paris et des Universités allemandes, nous adresse une thèse solide et nourrie intitulée :
Etudes sur l'histoire de la Galilée [1]. L'objet précis en est la discussion,
au moyen des sources talmudiques, de quelques données relatives à
la ville de Tibériade. Ce sont là des matières fort difficiles et où l'on ne
peut s'engager que grâce à une longue préparation. Quand on se
trouve en présence de ces vastes compilations dressées par les docteurs
juifs, il faut se demander avec une entière sincérité dans quelle mesure
elles peuvent passer pour des sources historiques, dans quelle mesure,
au contraire, les écrivains ont donné aux faits du passé la couleur de
leur propre temps. Sous ce rapport, M. Kaminka est arrivé à des conclusions d'une réelle importance. D'après lui, tout ce que nous possédons en fait de littérature juive ancienne, n'a été définitivement rédigé
que vers la fin du IIe siècle ou au commencement du IIIe siècle après
Jésus-Christ, à Tibériade, loin de la Judée, en un endroit où, encore un
siècle avant la fondation de la nouvelle école mishnaïtique, les Judéens
ne devaient même pas séjourner. De telles conclusions ne doivent pas
porter au scepticisme, mais elles sont de nature à engager à une
sérieuse réserve ceux qui citent comme arguments décisifs des alléga-
tions sujettes à caution. Il est fort à désirer que des savants d'origine
israélite, pour lesquels ce travail est beaucoup plus aisé que pour des

1. Chez Engel, in-8. 64 p.

non-israélites, soumettent à une discussion sévère toutes les données talmudiques. Je crois qu'il résultera de leurs études l'impression que le fait y est constamment subordonné à la tendance dogmatique.

M. Édouard Schuré, dont les essais littéraires et poétiques sont bien connus, aborde directement les questions d'histoire et de philosophie religieuses dans un volume intitulé : *Les grands initiés, esquisse de l'histoire secrète des religions* [1]. L'ouvrage, en dehors de l'introduction, comprend huit chapitres : 1° Rama ou le cycle aryen ; 2° Krishna ou l'Inde et l'initiation brahmanique; 3° Hermès ou les mystères d'Égypte; 4° Moïse ou la mission d'Israël; 5° Orphée ou les mystères de Dionysos ; 6° Pythagore ou les mystères de Delphes; 7° Platon ou les mystères d'Éleusis ; 8° Jésus ou la mission du Christ. Ce rapprochement de personnages mythiques et historiques, tous mis ici sur le même plan, fait voir à lui seul que M. Schuré est un mystique; ce n'est point assez dire, il se rattache aux idées de la théosophie ou de l'ésotérisme.

Il y a, d'après lui, au fond de toutes les grandes religions, une doctrine secrète, fruit de la méditation des grands initiés, prophètes, réformateurs, qui ont créé, soutenu, propagé ces mêmes religions. Cette doctrine des mystères est très difficile à démêler. « Il faut la deviner, dit M. Schuré, mais, une fois qu'on la sait, elle apparait lumineuse, organique, toujours en harmonie avec elle-même. On pourrait aussi l'appeler l'histoire de la religion éternelle et universelle. Pour la race aryenne, le germe et le noyau s'en trouvent dans les Védas. Sa première cristallisation historique apparait dans la doctrine trinitaire de Krishna, etc. L'antiquité de la doctrine sacrée n'est pas moins frappante en Égypte, dont les traditions remontent jusqu'à une civilisation bien antérieure à l'apparition de la race aryenne sur la scène de l'histoire. L'auteur des *Grands initiés* n'hésite pas à admettre « l'authenticité fondamentale » des livres d'Hermès Trismégiste comme documents de l'antique sagesse de l'Égypte. Aux bords du Nil, « les prêtres d'Ammon-Râ professaient la haute métaphysique qu'on enseignait sous d'autres formes sur les bords du Gange ». En Grèce, les éléments de la pensée ésotérique sont à retrouver dans les fragments orphiques, dans les mystères de Delphes et d'Éleusis (Pythagore et Platon). La tradition occulte d'Israël, à son tour, a pour organe la Kabbale, qui permet de pénétrer le véritable sens de la Bible. L'ésotérisme chrétien, en dernier lieu, se trouve dans les Évangiles « éclairés par les traditions esséniennes et gnostiques ». — « Nous retrouvons là, dit M. Schuré en propres termes, cette doctrine de la Trinité et du Verbe divin déjà enseignée depuis des milliers d'années dans les temples de l'Égypte et de l'Inde. » Et l'auteur conclut que, par l'application à l'histoire des religions de la méthode dite de l'ésotérisme comparé, on arrive à restituer l'antiquité, la continuité et l'unité essentielle de la doctrine religieuse.

1. Chez Perrin, in-8°, XXII et 554 p.

Pour donner une idée de la manière, vraiment singulière, dont M. Schuré en use avec les textes, prenons Moïse. L'auteur ne fait pas difficulté d'avouer que la rédaction des livres mosaïques appartient à une époque passablement plus récente, mais il n'est pas embarrassé pour si peu. « Moïse devient vivant, toute sa prodigieuse carrière s'explique lorsqu'on commence par le replacer dans son milieu natal : le temple solaire de Memphis. Les profondeurs de la *Genèse* ne se dévoilent qu'à la lueur des flambeaux arrachés à l'initiation d'Isis et d'Osiris. » D'un bout à l'autre du volume, c'est le même procédé : acceptation aveugle des sources les moins authentiques, les plus modernes, pour expliquer les faits, les personnes et les doctrines du passé le plus reculé.

Il y a donc pour le critique un grand embarras à juger un livre où les questions d'histoire littéraire sont traitées par la foi et par le sentiment. Quant à la doctrine même dont M. Schuré se proclame l'adepte, nous n'avons point à la discuter en cette place.

Et cependant, bien que l'auteur des *Grands initiés* ait mis quelque peu notre patience à l'épreuve par la façon vraiment étrange dont il en use avec les textes, par son propos constant de préférer les documents apocryphes aux sources dignes de foi, nous devons dire que nous partageons dans une grande mesure le sentiment qu'il exprime avec une véritable éloquence sur la situation morale et intellectuelle de la société contemporaine. « Le plus grand mal de notre temps, dit-il, c'est que la science et la religion y apparaissent comme deux forces ennemies et irréductibles... Le conflit qui s'est élevé aux siècles derniers entre l'Église et la science, d'abord nécessaire et utile, puisqu'il a établi les droits de la raison et de la science, a fini par devenir une cause d'impuissance et de desséchement. La religion répond aux besoins du cœur, de là sa magie éternelle; la science à ceux de l'esprit, de là sa force invincible. Mais, depuis longtemps, ces puissances ne savent plus s'entendre. La religion sans preuve et la science sans espoir sont debout l'une en face de l'autre sans pouvoir se vaincre. De là une contradiction profonde, une guerre cachée, non seulement entre l'État et l'Église, mais encore dans la science elle-même, dans le sein de toutes les Églises et jusque dans la conscience de tous les individus pensants. Car, qui que nous soyons, à quelque école philosophique, esthétique et sociale que nous appartenions, nous portons en nous ces deux mondes ennemis, en apparence irréconciliables, qui naissent de deux besoins indestructibles de l'homme : le besoin scientifique et le besoin religieux. »

Comme on l'a vu tout à l'heure, M. Schuré cherche la solution du problème dont il a si bien établi les termes, dans une voie singulièrement aventureuse; il n'en a pas moins vu clair en constatant le conflit inextricable où nous nous débattons.

M. Vladimir Soloviev expose, sous le titre de *La Russie et l'Église universelle* [1], un certain nombre de vues théologiques et politiques. Il

1. Chez Savine, in-12, LXVII et 336 p.

est fâcheux que cet ouvrage, dont l'auteur se meut avec aisance dans le dédale des questions ecclésiastiques, manque d'une rigoureuse ordonnance; ce défaut risque de décourager ceux qui auraient la meilleure volonté à se mettre au courant des désirs de M. Soloviev. Le livre comporte trois divisions : 1° État religieux de la Russie et de l'Orient chrétien; 2° la monarchie ecclésiastique fondée par Jésus-Christ; 3° le principe trinitaire et son application sociale. L'objet que s'est proposé l'auteur, c'est de faire rentrer la Russie dans le giron de l'Église romaine; il a cherché à établir, à cet effet, que les plus anciens et les plus vénérables documents de l'Église grecque ou orthodoxe sont partisans de l'unité ecclésiastique placée sous la direction des successeurs de saint Pierre, ce qui doit aboutir à la fondation de l'Église universelle. Cette Église universelle représentera l'épanouissement et la réalisation du « principe trinitaire ». Sur ce point, l'auteur s'est lancé dans des développements diffus et embrouillés, dont nous n'avons pas vu le fond. Ce qui me parait le plus clair, c'est que M. Soloviev est un Russe à tendances catholiques; mais, si c'est vraiment un but pratique qu'il s'est proposé en engageant ses coreligionnaires à se rapprocher de Rome, il aurait agi sagement en laissant de côté tout un bagage de considérations théologico-philosophico-politiques qui ne font qu'embarrasser sa marche. Il est vrai que c'est peut-être à ces idées-là que M. Soloviev attache le plus d'importance. Écrivant en français et, je suppose, avant tout pour les Français, l'auteur était en mesure de leur donner des renseignements utiles et précis; j'ai peur que la plupart de ceux qui ouvriront *la Russie* n'éprouvent quelque déception.

Quand l'Amérique se mêle de faire quelque chose, elle le fait bien. Voici un magnifique volume, qui se présente sous le titre un peu ambitieux de *Philosophia ultima*, ou *Science des sciences* [1]; l'auteur est M. C.-W. Shields, professeur au Princeton College. Le présent volume est la seconde partie d'un grand ouvrage, dont le premier tome avait pour objet spécial une *Introduction historique et critique à la philosophie finale en tant que ressortant de l'harmonie entre la science et la religion.* Le sous-titre du livre que nous avons sous les yeux est, à son tour, *Histoire des sciences et logique des sciences.*

Le premier livre : *La Philosophie envisagée comme la science des sciences*, comprend trois chapitres : la purification des sciences, aperçu des sciences et la science des sciences. Le second livre : *La Philosophie en tant qu'art ou logique des sciences*, se divise en : logique des sciences empiriques et logique de la science des sciences.

Il nous est impossible, et nous le regrettons, d'entrer dans la discussion de détail de cette grosse publication. Par son plan même, elle se dérobe quelque peu à la critique. L'auteur s'est proposé de faire rentrer dans son cadre les principales assertions des hommes de science, des philosophes et des théologiens et d'indiquer par quelle voie peut s'éta-

1. Chez Scribner's sons, in-8, vi et 482 p.

blir leur accord. Pour atteindre son but, il lui a fallu dépouiller et citer un nombre énorme de personnages et de doctrines. En de pareilles matières, c'est le classement qui devient l'essentiel, et le classement adopté par M. Shields est de nature à ce que chaque chose trouve sa place. En réalité, l'œuvre du professeur américain est un véritable traité d'apologétique, mais d'une apologétique conçue à un point de vue large et élevé. Nous nous félicitons, ainsi que l'ont fait ceux qui ont eu à s'occuper du premier volume, de voir des grandes questions abordées avec un si juste sentiment de leur importance et traitées avec les ressources d'une information aussi exacte qu'étendue.

M. Gebhart s'est pris d'une vive sympathie pour le mouvement religieux, dont l'Italie du moyen âge a été le théâtre et dont saint François d'Assise reste le représentant le plus éminent; c'est là le sujet qu'il traite dans l'*Italie mystique*, avec ce sous-titre : Histoire de la renaissance religieuse au moyen âge [1]. Il a mené sa tâche à bien en s'aidant des documents originaux et des meilleures publications de notre temps. « La façon particulière dont l'Italie conçut de bonne heure l'idée du royaume de Dieu et de la voie qui y conduit; l'étonnante liberté d'esprit avec laquelle elle traita le dogme et la discipline; la sérénité qu'elle sut garder en face du grand mystère de la vie et de la mort; l'art qu'elle mit à accorder ensemble la foi et le rationalisme; sa médiocre aptitude à l'hérésie formelle et les témérités de son imagination mystique; l'élan d'amour qui l'emporta souvent jusqu'au plus haut idéal chrétien ; enfin l'angoisse qu'elle ressentit parfois en face de l'Église de Rome et le droit qu'elle se donna d'en dénoncer sans pitié les faiblesses, d'en flétrir les violences, d'en tourmenter les ambitions, c'est la religion originale de l'Italie, la religion de Pierre Damien, d'Arnauld de Brescia, de Joachim de Flore, de saint François, de Jean de Parme, de Fra Salimbene, de sainte Catherine, de Savonarole, de Contarini. C'est aussi la *religion* de Dante et de Pétrarque, de Giotto, de Fra Angelico et de Raphaël, d'Olimpia Morata, de Vittoria Colonna et de Michel-Ange. » Ce christianisme-là, avec la liberté qu'il confère ou abandonne tour à tour au sentiment et à la raison, à l'art et à la critique, est celui que préfère M. Gebhart. Il accuse le concile de Trente d'avoir clos brutalement cet âge de foi libre pour y substituer une religion, étroite chez les uns, simplement formaliste chez les autres. Que se passa-t-il? « Les consciences les plus incultes firent passer en des superstitions toutes païennes les ardeurs de la vieille foi ; les plus lettrées prirent la religion comme un cérémonial à l'usage des personnes bien élevées et des citoyens prudents. » Ailleurs M. Gebhart parle spirituellement de « la piété aimable des gens du monde qui font servir le surnaturel au bon renom et à la grâce de leur vie ». Je crois qu'il y a une bonne part de vérité dans ce qu'avance l'auteur de l'*Italie mystique*, tout en me demandant s'il n'a pas un peu forcé les termes de son contraste. Était-on donc vraiment

1. Chez Hachette, in-12, VII et 326 p.

si libre dans sa foi et dans sa pratique religieuses dans l'Italie qui précède le concile de Trente? N'y connaissait-on que cette religion, où le sentiment, l'imagination et jusqu'à la critique avaient les coudées franches? Je n'ose trop le croire. Et, d'autre part, comment s'étonner si à la suite de l'effroyable secousse que la Réformation imprima au catholicisme, l'Église de Rome ait senti le besoin de serrer les ressorts et de concentrer dans sa main les moyens de gouvernement qui empêchassent une seconde crise.

M. Gebhart, après avoir indiqué les conditions religieuses et morales de l'Italie antérieurement à Joachim de Flore, traite successivement d'Arnaud de Brescia, de Joachim de Flore, de saint François d'Assise et de l'apostolat franciscain, de l'empereur Frédéric II et de l'esprit rationaliste de l'Italie méridionale, de l'exaltation du mysticisme franciscain avec l'Évangile éternel, Jean de Parme et Fra Salimbene, du saint-siège et des spirituels, de la poésie et de l'art populaires, du mysticisme, de la philosophie morale et de la foi du Dante. — Ce livre, d'une forme vive et élégante, d'une information abondante et précise, est une contribution des plus solides à l'histoire religieuse et intellectuelle du moyen âge [1].

S'il était besoin de fournir une fois de plus la preuve que le « cousinisme » n'a rien de commun avec un système philosophique, mais que c'est purement et simplement un compromis politico-pédagogique, M. Barthélemy Saint-Hilaire nous l'apporterait ample et décisive dans son très autorisé ouvrage : *La philosophie dans ses rapports avec les sciences et la religion* [2]. Le traducteur d'Aristote n'a jamais caché ses sympathies philosophiques et nous croyons qu'il a qualité plus que personne pour nous renseigner sur la manière dont Victor Cousin et ses amis entendaient les rapports de l'enseignement philosophique et de la religion. Ce livre, en dehors de l'intérêt même du sujet, est simple et limpide; sans être précisément original, il a un air de nouveauté parce qu'il est visible que son auteur n'a rien modifié d'essentiel à ses vues depuis cinquante bonnes années et que des publications de cette nature sont devenues rares. Il tranche, de la sorte, sur les écrits même de ceux qui se rattachent plus ou moins directement à Cousin et surtout peut-être sur ces écrits-là en faisant voir quel chemin on a parcouru depuis lors, quelles graves modifications ont été introduites dans la doctrine première.

---

1. Au moment de corriger cet article en épreuves, nous recevons un fort volume : *John Wyclyff, sa vie, ses œuvres, sa doctrine*, par Victor Vattier, qui porte le millésime de *1886* (chez Leroux, Paris). Nous ne voulons pas le faire attendre un an de plus. C'est une estimable compilation, dont l'auteur a mis à profit de récentes publications étrangères relatives à ce précurseur de la Réforme; mais, dans un prospectus encarté au même volume, on voit M. Vattier qui annonce son intention de ramener toute l'œuvre de la réformation à Wycliff; ce propos nous semble inquiétant.

2. Chez Alcan, in-8, 280 p.

M. Barthélemy Saint-Hilaire n'y va pas par quatre chemins. Pour lui il y a une philosophie, il n'y a qu'une philosophie et cette philosophie est le spiritualisme tel que Victor Cousin l'a défini : « La philosophie, lisons-nous, n'est que l'exercice de la raison dans toute son indépendance et dans sa portée la plus haute; et, comme l'esprit humain dans tous ses actes, quelle qu'en soit l'application extérieure ou intérieure, s'affirme implicitement lui-même en ayant foi aux facultés dont il se sert, il en résulte que la philosophie est nécessairement spiritualiste. » Cela, ajoutera l'auteur, n'est pas un raisonnement, mais un axiome, « le premier et le plus évident de tous; sans lui il n'y a pas de philosophie réelle ». Je n'ai pas besoin de dire de quel air M. Barthélemy Saint-Hilaire envisage le matérialisme; il le traite en ennemi public : « Le matérialisme ajoute de nouveaux désordres à tous ceux qui menacent notre société; il tarit les sources les plus vives de l'âme humaine. Le combattre, c'est agir en bon citoyen, au moins autant qu'en philosophe. A cette heure, il a une vogue, que secondent les rapides progrès de la démocratie; mais il est hors d'état de remporter une victoire définitive. Comme toujours, il devra périr sous la réprobation du genre humain. » La démocratie et le matérialisme associés dans une même réprobation, voilà qui donne la vraie date du livre, comme nous l'avions dit plus haut, et voici aussi pourquoi ce livre nous intéresse en tant que témoignage absolument sincère d'un ordre d'idées irrémédiablement condamné.

Jetant un coup d'œil sur la situation philosophique du monde moderne, l'auteur fait peu de cas de la philosophie allemande, reproche à l'Angleterre d'avoir subi l'influence de Bacon, qu'il condamne sans hésitation et s'arrête en France à Cousin, qui a établi « le (sic) spiritualisme sur des fondements inébranlables. — D'autres avant lui, et il y a quelque chose de touchant dans cette naïve effusion d'un vieillard, d'autres avant lui avaient professé cette doctrine salutaire; mais qui pourrait se vanter de l'avoir défendue avec plus de constance et de succès? Qui en a fourni des démonstrations plus solides et plus persuasives? » Ce n'est pas tout. Cousin « a constitué l'enseignement de la philosophie dans les établissements de l'État. C'est à lui que la jeunesse devra cet indispensable complément de toute éducation sérieuse. » Remarquez surtout ces lignes, dont nous soulignons les principales déclarations : « Quand le jeune homme va quitter les bancs de l'école pour devenir citoyen, n'est-ce pas une impérieuse nécessité de lui faire voir quels sont les principes de tout ce que ses maîtres lui ont appris et *les règles de la conduite* qu'il doit tenir dans le reste de sa vie? On a blâmé violemment ce qu'on appelle sa philosophie d'État (la philosophie d'État de Cousin), *comme si l'État, chargé de l'avenir de la société et de l'instruction de la jeunesse, pouvait se désintéresser des questions de cet ordre.* » Ainsi, le devoir d'un État qui se respecte est d'enseigner la philosophie spiritualiste, dont Cousin est le représentant le plus éminent, philosophie qui, chez les hommes intelligents, se substituera à la religion, ainsi qu'on le verra tout à l'heure. C'est, en effet, à la philosophie seule, non à une religion ou à un dogme accepté du dehors, qu'appartient « la solution suprême des problèmes supérieurs ».

Nous passerons rapidement sur ce qui concerne les rapports de la philosophie avec les sciences. Nous remarquons que l'auteur combat d'une part Claude Bernard et de l'autre Auguste Comte ; les sciences manquent à leur propre tâche quand elles méconnaissent que sans la philosophie elles ne pourraient rien faire. En somme, « entre les sciences et la philosophie, il n'y a pas plus aujourd'hui qu'autrefois le moindre motif de dissentiment ». M. Barthélemy Saint-Hilaire en veut seulement aux savants qui font fausse route en attaquant la métaphysique : « Toutes proportions gardées entre les époques, les sciences ne se font guère plus d'honneur que la théologie, par de hautaines et insoutenables négations ou par une indifférence peu digne d'elles. »

Victor Cousin ne pouvait pas décemment inscrire en tête de son programme de philosophie un *nota bene* ainsi conçu : « Ce cours a pour objet de démontrer que les hommes instruits et intelligents peuvent et doivent se passer de la religion, en abandonnant la pratique de celle-ci aux femmes, aux enfants et aux gens sans culture, qui forment et continueront de former la grande majorité du genre humain. Pour ceux-là, incapables d'atteindre à la hauteur des vues philosophiques, la religion reste utile et bonne. » Voilà un point de vue qui commence à devenir bien démodé. Que M. Barthélemy Saint-Hilaire veuille bien se rendre compte des journaux que lit la population ouvrière et de ceux que pratique la classe bourgeoise ou aristocratique ; la plupart des premiers sont grossièrement matérialistes, les seconds ne touchent aux choses religieuses qu'avec les plus grands égards. C'est là la différence entre 1840 et 1890 ; mais nous ne saurions faire reproche à M. Barthélemy Saint-Hilaire de l'avoir négligée, puisqu'il jette à flots la lumière sur un point que plusieurs personnes ont intérêt à dissimuler.

La religion veut bien d'une certaine philosophie, mais d'une philosophie « qui sera servante de la théologie ».C'est ôter à la première « l'indépendance et la liberté, sans lesquelles la philosophie n'existe point ». Donc, quant au fond, conflit irrémédiable entre la religion et la philosophie, « le principe de la raison et le principe de la foi étant tout différents, si ce n'est ennemis ». Il n'y a donc pas lieu de chercher un terrain d'entente, mais simplement d'établir un *modus vivendi* sous la tutelle de l'État, chargé de les maintenir l'une et l'autre à leur vraie place. Voit-on d'ici le rôle de ce dernier, patron d'une philosophie qui lui est propre et chargé, d'autre part, de maintenir l'Église dans ses justes limites ! Plusieurs penseront que c'est là pour la seconde comme pour le premier une situation singulièrement scabreuse.

Mais il ne faut pas croire que MM. Cousin et Barthélemy Saint-Hilaire soient des adversaires de l'Église au sens de la philosophie polémisante du xviiie siècle. Non, ils honorent sincèrement la religion en tant que

— l'expression dont je vais user est mienne, mais je crois qu'on ne saurait protester contre son emploi — forme inférieure de la philosophie à l'usage du grand monde. Nous lisons : « La philosophie a les plus sérieux motifs d'honorer la religion, tout en ne se soumettant pas... La philosophie, chargée de rechercher la vérité, n'est pas chargée de la pénible mission de réprimer ce qu'elle regarderait comme une erreur. » D'accord sur les questions essentielles, en particulier sur le terrain de la morale, « les deux sœurs immortelles, comme M. Thiers les a si bien nommées, peuvent se supporter et concourir. chacune pour leur part, au bien de l'humanité. Leurs voies sont diverses, mais leur but est le même. » Et, s'il était besoin d'une dernière citation, nous mettrions sous les yeux de nos lecteurs les lignes suivantes : « Parmi les périls que la philosophie peut courir, un des plus grands, c'est de croire qu'elle pourrait remplacer la religion. Plus d'un philosophe se fait peut-être encore illusion sur ce point,... mais c'est bien mal connaître le passé et le présent. Toutes les deux ne font, en définitive, que se conformer à la nature de l'homme... Les relations de la philosophie et de la religion resteront à jamais ce qu'elles ont été et ce qu'elles sont. Si, par impossible, tous les hommes devenaient quelque jour philosophes, ils se hâteraient d'imiter la religion et de se faire, à son exemple, un code de croyances. C'est à ce prix seulement qu'ils pourraient vivre en société; en d'autres termes, ils cesseraient d'être des philosophes pour devenir des fidèles. »

On voit clairement par tout ceci que le « cousinisme » est, comme il était dit plus haut, un simple compromis politico-pédagogique. L'État a dit à l'Église : Je veux enseigner aux élèves des lycées, à l'élite de la jeunesse — et notez que, dans ce temps-là, il n'existait pour ainsi dire pas d'établissements d'enseignement secondaire placés sous une direction catholique; ceux qu'on nomme les cléricaux envoyaient leurs enfants dans les établissements de l'État, — je veux enseigner en mon nom à l'élite de la jeunesse un certain nombre de vérités morales qui nous sont communes, notamment l'existence et la spiritualité de Dieu, l'immortalité de l'âme, en les donnant comme le fruit de la raison pure; mais je m'engage à garder un silence complet sur le chapitre de la religion, à m'abstenir de l'attaquer, de la critiquer. — L'Église, qui n'était pas alors de taille à résister, a subi ce compromis, tout en profitant de la première occasion, qui fut l'avènement du second empire, pour restreindre le programme et supprimer tout ce qui était de nature à l'inquiéter. Quant à nous, nous croyons qu'on n'a jamais exposé sous la calotte des cieux une thèse — nous nous refusons à dire un système — plus offensante pour la raison à laquelle on dicte d'avance ses solutions, plus blessante pour la liberté d'enseignement et de recherche à laquelle on impose un programme invariable, plus injurieuse pour la religion que l'on épargne pour s'éviter des tracas et que l'on réduit au rôle de superstition utile, plus perfide à l'endroit de cette même religion puisqu'elle tend à lui arracher les intelligences les plus distin-

guées au moyen de l'enseignement officiel, plus frivolement aristocratique puisqu'elle restreint à un petit nombre d'élus la possession de
la vraie doctrine. Nous ne nous plaindrons surtout pas que les circonstances aient mis fin à cette « paix fourrée », aussi dommageable
à une philosophie indépendante qu'à une religion ayant conscience
d'elle-même et de sa dignité.

Nous sommes, on le voit, aux antipodes de la pensée de Cousin et de
son interprète autorisé, à la fois comme philosophe qui croit que l'esprit
humain n'est pas lié au « programme de la classe de philosophie » et
comme théologien qui pense qu'il peut y avoir une religion pour d'autres que pour des simples d'esprit. Mais, ce que nous ne pardonnerons
jamais au cousinisme, c'est d'avoir habitué l'Université de France à
mépriser, à craindre et surtout à ignorer la théologie et la religion
chrétienne, soit dans leur développement historique qui est le dogme
et l'histoire ecclésiastique, soit dans leurs sources immortelles, je veux
dire dans la Bible. Il y a là un divorce déplorable, dont les effets pèsent
lourdement sur la situation présente et continueront malheureusement
de se faire sentir.

Quant à la personne de M. Barthélemy Saint-Hilaire, il est pour ainsi
dire inutile de dire que nous la respectons profondément. Sa candeur
et son intrépidité dans l'énoncé de thèses qui, dans l'état présent des
esprits, sont destinées à rencontrer peu d'écho, auraient fortifié, s'il
était besoin, ce sentiment. Ce n'est pas tout : il nous donne un document précieux, un commentaire limpide de la pensée de Victor Cousin.
J'ajoute que ce volume contient de très intéressantes considérations sur
les relations entre les philosophes et le clergé de France aux derniers
siècles et notamment de notre temps. A ces divers points de vue, la
publication de la *Philosophie dans ses rapports avec les sciences et la
religion* est d'une réelle importance.   •

Voici, comme pour répondre à quelques-unes des doutes qu'éveille
chez nous la thèse de M. Barthélemy Saint-Hilaire, un volume très
nourri et très réfléchi d'un professeur de philosophie de l'Université,
qui déclare ne pouvoir s'en tenir au compromis cousinien : *Le problème
religieux au XIXᵉ siècle*, par J.-E. Alaux [1], très honorablement connu
par de nombreuses publications philosophiques et littéraires. « Le problème religieux, au XIXᵉ siècle, dit-il avec une entière franchise, ne
comporte que l'une ou l'autre des quatre solutions suivantes : disparition de la foi devant la science; apparition d'une foi nouvelle; conservation de la foi ancienne et traditionnelle : chez nous, dans l'Europe
occidentale, en France, de la foi catholique; évolution de la foi catholique transformée. » M. Alaux ne croit ni à l'élimination de la religion
par le progrès des sciences, ni à l'utilité de préparer un *credo* nouveau;
en revanche, tout en conservant le catholicisme, il voudrait lui faire
subir une évolution. On jugera de l'esprit du livre par ces quelques

---

1. Chez Alcan, in-8°, xii et 444 p.

lignes, qui témoignent d'une préoccupation singulièrement élevée et
d'une louable indépendance : « Il ne faut pas croire qu'il ne nous reste
plus rien à faire ici-bas qu'à rentrer dans la foi de nos ancêtres et à
nous y agenouiller comme dans un temple ou dans un tombeau. Non :
la raison a été donnée à l'homme afin que l'homme s'en servit et c'est
par elle qu'il doit s'efforcer de comprendre la foi, qui lui a été donnée
pareillement, non point comme un objet de contemplation stérile, mais
comme le fond de son âme et l'inspiration de sa raison. Que la foi et la
raison s'accordent en lui. En lui, que la foi règle la raison, mais que la
raison développe la foi! Qu'il ne quitte pas la tradition du genre
humain, mais qu'il ne l'arrête pas; qu'il la suive et la continue, unissant l'avenir au passé. Je ne suis pas de ceux qui ne voient de salut
que dans la dévotion étroite d'autres temps, moins éclairés que le nôtre :
j'appartiens, au contraire, de toutes les forces de mon âme à l'immense
rénovation qui se prépare et qui se fait. Mais il faut avant tout qu'elle
prenne son point d'appui dans une vérité précise, dans une doctrine
positive et nette, laquelle ne saurait plus être bâtie en l'air, en dehors
des traditions : la doctrine de l'avenir a sa source dans le passé, elle y
est contenue dans son germe; elle n'est, elle ne saurait être qu'un développement nouveau de la vieille foi. » De telles propositions, je n'en
doute pas, seront accueillies à la fois avec estime et sympathie dans le
camp des philosophes et dans celui des théologiens : dans le camp des
philosophes, qui commencent à comprendre que la religion n'est pas un
élément négligeable, dans le camp des théologiens, qui ouvriront plus
volontiers l'oreille à des propositions de paix qu'à de bruyants défis ou
à l'expression d'une méprisante supériorité.

M. Henri de Villeneuve, auteur de l'Esprit de Jésus ou le Christianisme rationaliste [1], partage en une certaine mesure les préoccupations
de M. Alaux : lui aussi, il veut la transformation du christianisme,
mais une transformation radicale. M. de Villeneuve recommande une
sorte de déisme chrétien, en laissant de côté tout le dogme proprement
dit. L'esprit de Jésus, réformateur des mœurs et de la société, devra être
celui du christianisme renouvelé. Le propos n'est pas nouveau et M. de
Villeneuve le présente sous une forme quelque peu confuse, avec un
mélange d'éléments de toute provenance.

MAURICE VERNES.

---

1. Chez Bouhoure, 2 vol. in-12, xi, 238 et 268 p.

NOTES & DISCUSSIONS

LES BASES EXPÉRIMENTALES DE LA GÉOMÉTRIE

Sous le titre : *les Bases expérimentales de la géométrie*, la *Revue philosophique* d'octobre 1890 contient une note où M. Andrade indique quels sont, d'après lui, les principes qu'il appelle de ce nom. Il nous semble qu'il y a quelque intérêt à compléter notre récent article sur la géométrie générale (*Revue* d'août), en montrant ce que cette géométrie fait des bases expérimentales ou postulats. Ceux-ci sont au nombre de neuf : nous les passerons successivement en revue.

1° *Existence de la ligne droite*, définie comme ligne telle que par deux de ses points on n'en peut faire passer qu'une. Comme nous l'avons indiqué, une définition ne constitue pas un postulat, pourvu que, conformément à ce qu'on fait en géométrie générale, on n'affirme rien sur la possibilité de la figure définie et qu'on la soumette à l'épreuve d'une déduction prolongée, chargée de faire ressortir les contradictions qu'elle peut contenir [1].

2° *Une ligne droite peut être prolongée indéfiniment dans les deux sens.* — La géométrie générale repousse si bien ce postulat qu'elle comprend la géométrie de Riemann, où les espaces à trois dimensions et les plans sont limités. Mais il semble utile de prouver que toute droite peut être prolongée soit indéfiniment, soit jusqu'aux limites de l'espace considéré, s'il en admet. Soit donc un segment de droite AB; je prends un point quelconque C dans un plan contenant cette droite, ce point étant aussi éloigné qu'on voudra du point A, auquel je le relie par une droite. Le plan étant une surface identique à elle-même, sur laquelle on peut, par définition, déplacer de toutes manières, sans la déformer, toute figure qui y est située, nous pouvons faire tourner dans le plan considéré le segment AC autour du point A; dans ce mouvement, il engendrera toute la portion du plan dont les points sont au plus à la distance AC de A, portion comprenant le point B, si AC est

---

1. Voir p. 160. Signalons les très justes réflexions de M. Andrade sur l'insuffisance de la déduction pure comme instrument de découverte. Nous avons développé des idées analogues dans un article sur l'emploi de l'hypothèse dans les sciences mathématiques (*Critique philosophique* de 1887, 2ᵉ sem.); mais la déduction n'en est pas moins l'instrument essentiel de la preuve.

assez grand. Il en résulte que, dans son mouvement. AC viendra
passer par B, et alors la droite AB sera prolongée au delà de ce point.
et cela autant qu'on le désire et que le permettent les limites du plan.
s'il en existe.

3° *La droite est formée de portions identiques entre elles.* — C'est
là un théorème parfaitement démontrable. L'espace à trois dimensions
où est située la droite étant, par définition, identique à lui-même, on
peut, sans le déformer, amener un segment d'une droite à avoir ses
deux extrémités sur deux autres points de la droite, dont l'un arbitrairement choisi. Il coïncidera alors avec un second segment puisque, par
deux points, il ne passe qu'une droite.

4° *Existence du plan.* — La définition ordinaire du plan, qu'adopte
M. Andrade, étant *surabondante*, on peut la regarder comme constituant un postulat; mais nous avons montré ·note de la page 16») comment, interprétée au sens de la géométrie générale, cette surabondance
n'équivaut aucunement à un postulat. Du reste, nous avons donné, à
la suite de M. Calinon, une définition du plan qui ne présente pas ce
défaut.

5° *Distribution de l'espace de part et d'autre d'un plan.* — Le fait
que toute droite finie perce ou non le plan, si elle n'y est pas contenue,
constitue une alternative de deux contradictoires qui s'impose. Si l'on
prétend affirmer que tout plan donne naissance à ces deux régions, de
telle sorte qu'il ne puisse pas n'en exister qu'une, nous dirons que, si
l'espace est limité, on doit démontrer si cette limite est ou non une
surface plane.

6° *Distribution d'un plan de part et d'autre d'une droite de ce
plan.* — Même réponse que ci-dessus.

7° *Double mode de superposition des angles plans.* — Ce n'est là
qu'une conséquence de la propriété du plan d'être retournable; or cette
propriété figure précisément dans la définition que nous avons donnée
du plan et ne peut, par là même, constituer pour nous un postulat.

8° *Existence du déplacement de rotation.* — Ceci sert à arriver à la
retournabilité du plan, comprise, nous venons de le rappeler, dans la
définition que nous en donnons. On remarquera d'ailleurs que la possibilité de la rotation autour d'une droite résulte de la définition de
celle-ci et de celle de l'espace à trois dimensions identique à lui-même.
où une figure peut être déplacée d'une manière quelconque sans déformation.

9° *Postulatum d'Euclide.* — Il est inutile d'insister sur ce point.

Après l'énumération de ces neuf postulats, M. Andrade ajoute que.
si on laisse de côté le neuvième, on a la géométrie non euclidienne,
laissant entendre que celle-ci repose encore sur les huit premiers. Nous
croyons avoir montré que la véritable géométrie générale les écarte
tous à titre de postulats, soit qu'elle les rejette, soit qu'elle se les incor-
pore à titre de définitions n'affirmant pas la possibilité de leurs objets.
soit enfin qu'elle les démontre. C'est là un fait d'une haute importance

philosophique, car il réduit à sa vraie valeur cette assertion de M. Andrade que les axiomes de la science de l'étendue ont une signification purement expérimentale, assertion parfaitement exacte si l'on substitue au mot « axiome » l'expression « propriétés spéciales définissant l'espace particulier de notre univers ».

GEORGES LECHALAS.

SUR LA CAUSALITÉ

Monsieur le Directeur,

Voulez-vous me permettre de répondre quelques mots aux objections que me fait M. Gourd dans son article du 1er octobre, — non sans le remercier d'abord de son aimable appréciation sur mon travail et de l'attention qu'il y a donnée?

Je crois qu'il y a un malentendu. M. G. revendique les droits de la causalité dans ce qu'il appelle le monde des états de conscience, c'est-à-dire le monde sensible, fait de qualités secondes et hétérogènes entre elles, comme le son, la couleur, l'odeur. Il montre que l'idée de cause nous y est nécessaire pour expliquer les phénomènes; car expliquer, dit-il, « c'est faire cesser la surprise que nous cause un fait nouveau en le rattachant par une série d'intermédiaires à un fait connu », ou encore : « c'est passer sans écart différentiel considérable à l'analogue d'un fait déjà produit. » Ce qui prouve la valeur de la causalité, dit encore M. G., c'est l'usage que nous faisons des relations causales pour produire, soit idéalement, soit effectivement, les phénomènes qu'il nous plait : « Il y a là une preuve de fait, la production de l'effet visé. »

Or, non seulement toutes ces idées me semblent incontestables, mais encore elles sont longuement développées dans l'article même que critique M. G. — Par exemple : « Depuis Leibniz, nous divisons volontiers les points de vue que nous avons sur le monde en trois classes superposées : le monde sensible, fait de qualités secondes et de grossières intuitions des sens...; puis le monde scientifique, tel que Descartes l'a conçu, composé d'étendue et de mouvement...; enfin le monde des êtres en soi, monades ou noumènes, idées ou forces.... Eh bien, c'est au premier de ces trois mondes, et à lui seul, qu'appartient le principe de causalité. Il représente la continuité et l'inertie propres au second étage, comme les couleurs nous représentent les ondulations de l'éther, et les sons des vibrations de la matière pondérable. Le monde sensible est fait de qualités variées : un son, en tant que son, n'a nul rapport avec une odeur. *Les perceptions, données premières de notre connaissance extérieure, sont de nature diverse, voire opposée, irréductibles l'une à l'autre pour qui ne dépasse pas ce point de vue. De* là *des unités, des phénomènes distincts, la discontinuité, enfin la causalité. »* Et ailleurs : « La connaissance des causes nous permet seule d'agir sur le monde qui nous entoure : sachant que bien des vices sont l'effet de l'ignorance, nous tâchons d'instruire l'homme pour le rendre meilleur. »

Mais ce que je soutiens, et que je ne crois pas moins inattaquable, c'est que ce monde sensible, hétérogène et discontinu ne devient objet de science que lorsque nous pouvons en traduire tous les éléments dans le langage de l'homogène et du continu, c'est-à-dire en formules mathématiques. Jusque-là, pour parler comme M. G., « toutes les séries sont insuffisantes pour l'élimination du différentiel » et l'explication est incomplète. — Je crois que M. G. à son tour l'accorderait sans peine.

Il est malheureusement un autre terrain sur lequel il nous est impossible de suivre M. G. Ce sont les arguments et les formules métaphysiques qu'il introduit dans la question. Il est possible qu'il y ait « de l'être et du non-être dans l'essence des choses » et pour cette raison du Même et de l'Autre dans leur existence; ce n'est pas de la nature des choses qu'il s'agit, c'est des lois de notre pensée. Mais à supposer même que nous acceptions un instant ces formules antiques, elles ne pourraient que confirmer notre théorie : Platon n'a-t-il pas dit que le Même seul est l'objet de la science, et n'est-ce pas d'Aristote que vient cette formule de l'Ecole, banale à force de vérité : *Nulla est fluxorum scientia?*

Et pour aller plus loin, M. G. a peut-être raison quand il soutient que « la science n'est jamais qu'une approximation de la Réalité ». Il n'y aurait rien d'étonnant à ce que ce monde nouménal, dont nous avons déjà parlé, fût aussi imparfaitement représenté par le symbolisme géométrique de la science que ce dernier lui-même par les couleurs et les sons du monde sensible. Mais, en tout cas, si la continuité mathématique n'est qu'une approximation des rapports vrais des choses, que dire à plus forte raison de la causalité physique? Avec l'insuffisance radicale que lui reconnait M. G. lui-même « pour l'élimination du différentiel », la voilà réduite à n'être que l'approximation d'une autre approximation.

Veuillez agréer, etc.

ANDRÉ LALANDE.

ANALYSES ET COMPTES RENDUS

A. Fouillée. L'AVENIR DE LA MÉTAPHYSIQUE FONDÉE SUR L'EXPÉRIENCE. Paris, Alcan, 1889.

La métaphysique reste, même à notre époque, l'irrésistible tentation de l'esprit humain. Elle reparait, toujours plus vivace, au sein même des doctrines qui prétendaient l'exclure. Déjà au siècle dernier, Kant avait cru l'ensevelir et la murer dans sa Critique : et jamais peut-être elle ne se fit voir plus vivante et plus féconde en systèmes que dans cette philosophie allemande, tout entière issue de Kant, où se succèdent coup sur coup les Fichte, les Schelling, les Hegel, les Schopenhauer. De même, Auguste Comte, en ramenant toute haute philosophie à la coordination synoptique des sciences positives, pensait en avoir fini à jamais avec la métaphysique ; et cependant n'est-ce pas une métaphysique que cette philosophie de l'évolution, si prodigieusement construite par H. Spencer, sur la base de l'inconnaissable, avec les matériaux accumulés de toutes les sciences ? Sans doute quelques esprits ne veulent voir dans la métaphysique qu'une sorte de poésie ; mais, malgré l'autorité de Lange, de M. Renan, de M. Ribot, nous croyons bien, avec M. Fouillée, que l'on s'en fait à notre époque et que l'on s'en fera longtemps encore une idée toute différente. Ce que l'esprit humain recherche sous le nom de métaphysique, c'est l'unification du savoir et une explication de l'existence universelle aussi approchée que possible de la vérité absolue.

Mais cette science désirée, comme l'appelait Aristote, ne doit-elle pas fuir sans cesse devant notre recherche, comme le mirage devant les pas du voyageur ? Tous les moyens de l'atteindre n'ont-ils pas été essayés l'un après l'autre et convaincus d'impuissance ? Dès lors, quel peut être l'avenir de la métaphysique, sinon d'agiter éternellement les mêmes problèmes sans réussir jamais à les résoudre ?

Voici cependant un livre qui se propose, non sans doute de résoudre ces problèmes, mais de démontrer qu'ils ne sont pas insolubles et de déterminer la méthode par laquelle ils pourront être un jour résolus : et ce livre, dans la pensée de son auteur, n'est lui-même que la préface d'une métaphysique positive dont il nous laisse entrevoir les grandes lignes et qu'il promet de dévoiler entièrement à nos yeux dans un avenir prochain [1].

[1] Depuis que ces pages ont été écrites, M. Fouillée a publié *l'Evolutionnisme des idées-forces* qui contient l'exposé des principes de cette métaphysique.

On a reproché, non peut-être sans raison. à certains philosophes de perdre à décrire leur méthode un temps qui serait mieux employé à l'appliquer : si quelque esprit impatient était tenté de faire ce reproche à M. Fouillée, il serait facile de lui répondre que le programme tracé dans ce livre n'est pas un programme en l'air, le plan imaginaire d'un édifice qui ne sera jamais construit, qu'il est tout au contraire le projet et comme l'ébauche d'un monument en construction. Cependant, il faut bien l'avouer, nous qui ne connaissons pas encore cette œuvre future, nous ne pouvons porter sur le programme qu'on nous soumet un jugement définitif : car après tout, le seul moyen infaillible de prouver la valeur d'une méthode c'est de la mettre en œuvre et d'en vérifier l'efficacité par le succès. Ne demandons pas à ce livre plus qu'il ne prétend nous donner : s'il démontre que la métaphysique n'est pas, quoi qu'en disent ses adversaires, enfermée dans une impasse, qu'une voie reste encore ouverte devant elle, et qu'au bout de cette voie, non encore explorée, se trouve peut-être la vérité si longtemps et si vainement cherchée ailleurs, accueillons joyeusement cette bonne nouvelle en attendant qu'elle soit confirmée par l'effet.

I. — Tout d'abord, quelle idée M. Fouillée nous donne-t-il de la métaphysique? Je soupçonne fort ce mot, comme beaucoup d'autres en philosophie, de confondre dans son ambiguïté des conceptions très diverses. Selon le sens où on le prend, tout le monde, même Auguste Comte, même Kant, admettra sans difficulté que la métaphysique est nécessaire et légitime ; ou au contraire, nous verrons positivistes et criticistes contester à l'envi son utilité et son droit à l'existence. De quelque nom qu'on l'appelle, il est certain que l'esprit humain tend à une science ou, si l'on aime mieux, à une étude suprême qui est comme l'aboutissement nécessaire de toutes les autres, à une philosophie première ou dernière, à laquelle ressortissent les questions finales, celles qui concernent l'ensemble et le fond des choses. Appelons métaphysique cette *philosophia prima ou ultima* : il n'est pas de doctrine au monde qui puisse la supprimer. On peut dire d'elle ce qu'Aristote disait de la philosophie en général : s'il faut philosopher, il faut philosopher; s'il ne faut pas philosopher, il faut philosopher (à savoir pour prouver qu'il ne faut pas philosopher); donc de toute façon, il faut philosopher. En effet, lorsque Kant, soumettant l'esprit humain à la critique, lui fait toucher les limites infranchissables où sa structure le force à se mouvoir, ne discute-t-il pas, ne résout-il pas à sa manière les problèmes ultimes, ceux auxquels toute science, toute pensée nous ramène, si nous la suivons assez loin? partant, ne fait-il pas de la métaphysique? De même, Auguste Comte est métaphysicien à son insu et contre son gré, lorsqu'il s'efforce de prouver que toute notre connaissance est relative, et qu'il assemble et échelonne dans une vaste synthèse les résultats les plus généraux des sciences. — Telle est donc la vertu de cette première définition : elle met tout le monde d'accord en donnant de la métaphysique une conception tellement vague, tellement indéterminée, que les systèmes les plus opposés peuvent l'admettre en commun, et qu'elle convient également à la philosophie positive d'Auguste Comte, à la critique de la connaissance de Kant et à l'ontologie des vieux métaphysiciens. C'est grâce à cette conception que M. Fouillée démontre fort aisément la pérennité de la métaphysique. La philosophie positive qui prétendait renverser à jamais la métaphysique en devient au contraire la première assise. « On ne peut pas ne pas admettre une première partie de la métaphysique, qui est la systématisation des éléments et des résultats ultimes de notre expérience actuelle. Cette partie de la métaphysique exprime la portion de la nature que révèlent dans leur état présent toutes les sciences. Quand même elle serait ainsi réduite, la métaphysique ne saurait disparaître par le progrès des sciences; au contraire elle profiterait de ce progrès même. » Par le même moyen, Kant se trouve enrôlé parmi les métaphysiciens. « La métaphysique ne peut se borner à unifier la connaissance; sa seconde tâche est d'en faire la critique, d'en marquer les lacunes, les limites et l'exacte valeur. »

Il est clair cependant que Kant et Auguste Comte devaient savoir ce qu'ils voulaient dire lorsqu'ils contestaient hautement la possibilité de la métaphysique : ce mot avait sans doute pour eux un autre sens. Ils le prenaient, croyons-nous, dans son sens étymologique et traditionnel : science du surnaturel, science de l'absolu ou de l'être en soi. En ce sens, la métaphysique, c'est l'ontologie, et en ce sens aussi, ni la philosophie générale qui coordonne les résultats des sciences, ni la critique générale qui analyse leurs principes, ne sont des métaphysiques (à moins de démontrer que l'une et l'autre sont nécessairement inséparables de la science de l'être en soi, ce qui est justement la thèse contredite par Auguste Comte et par Kant).

Quelle est sur la métaphysique ainsi entendue la pensée de M. Fouillée? Elle n'est pas, à ses yeux, la métaphysique tout entière, mais elle en est une partie aussi essentielle que les deux autres. C'est en effet l'originalité de ce livre que d'unir et de superposer, pour constituer la métaphysique, trois théories jusqu'alors considérées comme plus ou moins incompatibles entre elles et avec la métaphysique elle-même. « De l'examen auquel nous avons soumis la conception positiviste et la conception kantienne, il résulte que la métaphysique n'est ni une simple systématisation des objets de la science, ni une simple critique de la connaissance, ni même la simple réunion des deux. La métaphysique complète doit comprendre : 1° une cosmologie ou philosophie des sciences et une critique de la connaissance; 2° une doctrine de l'existence, une représentation aussi rapprochée que possible de l'existence finale et totale. » Et pourquoi la doctrine de l'existence est-elle une partie intégrante de la métaphysique? Justement parce que le problème de l'être est l'un des problèmes universels et ultimes nécessairement impliqués dans toute science et toute pensée. Fût-il insoluble, encore faudrait-il le poser, le discuter, montrer qu'il est insoluble et pour quelle raison. Voici donc la définition compréhensive à

laquelle aboutit finalement M. Fouillée : la métaphysique est l'analyse, la synthèse et la critique de la science, de la pratique, et des
diverses conceptions positives, négatives ou hypothétiques auxquelles
l'ensemble de nos connaissances, de nos sentiments et de nos activités
nous conduit sur l'ensemble des réalités (connues, connaissables ou
inconnaissables).

Mais cette doctrine de l'existence, comment devons-nous la concevoir? Si son objet est identique à celui de l'ancienne ontologie, ne
demeure-t-elle pas en butte aux objections invincibles d'Auguste Comte
et de Kant? Et si son objet est différent, en quoi peut-il consister, sinon
dans l'ensemble des caractères et des rapports communs à la totalité
des phénomènes, ou dans une idée de notre entendement, idée négative et limitative, par laquelle nous opposons à tous les objets connus
et connaissables la possibilité d'un objet qui n'ait avec eux aucun rapport? Dans le premier cas, la doctrine de l'existence semble se confondre avec la philosophie générale; dans le second, elle n'est plus
qu'un chapitre de la critique : de toute façon, elle cesse d'être une
partie distincte et originale de la métaphysique.

C'est ici que M. Fouillée prend une position tout à fait neuve et hardie entre l'ancienne ontologie et ses adversaires. Il distingue une métaphysique transcendante et une métaphysique immanente. Les pages
où il fait la critique de la première sont parmi les plus subtilement
profondes qu'il ait écrites (p. 277 à 283) : elles rappellent la dialectique
du *Parménide*. La métaphysique transcendante est cette ancienne
ontologie qui pose en dehors de l'expérience des choses en soi destinées à produire et à expliquer l'expérience même. Mais, ou bien ces
choses en soi sont sans analogie avec les objets de l'expérience, et alors
nous ne pouvons nous en faire aucune idée, elles sont absolument
inconnues et inconnaissables, ou elles sont plus ou moins analogues
aux objets de l'expérience, et alors elles ne sont pas de véritables choses
en soi, mais des phénomènes transformés en substances et en causes
par une illusion de la pensée, et toute explication métaphysique revient
au fond à expliquer l'expérience par elle-même. Il faut opter entre les
termes de cette alternative. Le premier réduit la métaphysique à un
point d'interrogation ; le second lui donne un contenu expérimental et
phénoménal : pour mieux dire, il substitue une métaphysique immanente à la métaphysique transcendante.

Seulement la métaphysique immanente est-elle une vraie métaphysique? M. Fouillée ne dissimule pas la force de l'objection. « Si la métaphysique, fait-il dire aux disciples de Kant, renonce aux choses en soi, aux
objets indépendants de la pensée, vous voyez bien qu'elle prendra un
caractère tout subjectif! Le problème est grave et ardu; pour le résoudre, il faut renoncer à une illusion généralement répandue. La terreur
du *subjectif* est une obsession que Kant a introduite dans la philosophie, et qui fait que, par un matérialisme préconçu et inconscient, on
assimile la métaphysique aux sciences de la nature. Les sciences de

la nature en effet s'efforcent de connaître les choses telles qu'elles sont indépendamment de tout être sentant et pensant[1]. Mais la métaphysique peut-elle et doit-elle se proposer cette exclusion absolue du sujet qui pense? Non, puisque son objet est le tout, et que le tout, comprenant des êtres pensants, ne serait pas complet sans une part attribuée à la pensée. » Ainsi le vrai rapport du phénomène à la réalité n'est nullement celui qu'imaginent Kant et ses disciples, c'est-à-dire le rapport d'une apparence expérimentale à une chose en soi qui serait par nature en dehors de toute expérience possible : ce sera le rapport de la partie au tout. Il n'y a ici que la distinction entre une expérience incomplète et une expérience complète qui serait la conscience même de l'univers. « Le monde des phénomènes, c'est la réalité partielle; le monde des choses, c'est la réalité totale. »

En quoi cette métaphysique immanente diffère-t-elle de la philosophie générale, simple systématisation des sciences proprement dites? C'est qu'elle a pour objet le fond radical, irréductible de l'expérience, l'élément ultime de toute réalité. La systématisation des sciences n'aboutit pas à leur parfaite unification : elle laisse au contraire l'esprit en face d'une dualité et comme d'une polarité universelle. Si, d'une part, les sciences physiques tendent à exprimer toutes choses en termes de masse, de figure et de mouvement; d'autre part les sciences mentales finissent par tout résoudre en sensations, en idées, en états de conscience. Comment ramener cette dualité à l'unité? C'est là le problème qui appartient en propre à la métaphysique et qu'elle ne peut résoudre que par la critique et la comparaison des deux grands ordres de sciences. Aussi M. Fouillée la nomme une application de la psychologie à la cosmologie et de la cosmologie à la psychologie, application, dit-il, qui, à mesure qu'elle prendra une forme plus méthodique, aura la même importance en philosophie que l'application de l'algèbre à la géométrie en mathématiques.

Toutefois, si la psychologie et la cosmologie sont de part et d'autre des sciences positives, placées en quelque sorte sur le même plan, on voit difficilement par quel moyen la métaphysique pourra les départager. De ces deux termes auxquels se réduisent finalement tous les autres, le mouvement et la conscience, ou, comme auraient dit les cartésiens, l'étendue et la pensée, lequel exprime la réalité vraie? Certes, la métaphysique, telle que M. Fouillée la conçoit, ne peut manquer d'aboutir enfin à ce dernier problème ; mais elle devra peut-être se résigner à le poser sans le résoudre. Trois hypothèses, nous dit-on, sont possibles à *priori* : 1° la réalité s'exprime dans l'ordre matériel (matérialisme), 2° elle s'exprime dans l'ordre mental (idéalisme), 3° elle s'exprime par l'un et par l'autre, ou plutôt elle ne s'exprime par l'un ni par l'autre :

---

1. Si on entendait ceci au pied de la lettre, il s'ensuivrait que les sciences de la nature reprennent pour leur compte l'insoutenable prétention de la vieille ontologie.

elle est inexprimable, inconnaissable en soi. Comment encore une fois une métaphysique exclusivement fondée sur l'expérience (au sens où les sciences entendent ce mot) pourra-t-elle opter entre ces diverses hypothèses? La cosmologie prétend, ce semble, à une connaissance de l'ordre matériel aussi directe, aussi positive que celle que la psychologie peut avoir de l'ordre mental : comment lui démontrer que les phénomènes dont elle traite sont de simples apparences, alors que les phénomènes dont traite la psychologie seraient seuls réels? Une telle démonstration n'est possible que si la psychologie est considérée par avance, non comme une science proprement dite, mais comme une partie de la philosophie et, pour tout dire, en un mot, comme une métaphysique. La psychologie qui nous révèlera le secret de l'être universel n'est donc pas cette psychologie expérimentale des associationnistes ou des psycho-physiciens qu'on a pu définir une physique ou une physiologie des états de conscience : c'est, dit M. Fouillée, une psychologie radicale et par cela même, à portée universelle. L'expérience sur laquelle est fondée la métaphysique de l'avenir, c'est l'expérience de la conscience. M. Fouillée le reconnaît expressément. « Toute expérience, dit-il, se ramène en définitive à une certaine conscience que nous avons, à une expérience intérieure. Il en résulte que la réflexion psychologique — mais non une réflexion solitaire et sans le contrôle des sciences de la nature — demeure le procédé fondamental de la métaphysique nouvelle. » Mais toutes ces assertions que contresigneraient volontiers Leibniz et Maine de Biran n'ont-elles pas pour effet de réintroduire, en quelque sorte, l'ontologie dans la psychologie elle-même, et croit-on qu'elles seraient acceptées sans débat par le positivisme ou le kantisme?

M. Fouillée signale même dans cette analyse de la conscience un second « degré plus vraiment métaphysique qui se distingue davantage de la phénoménologie interne » : c'est la considération du sujet conscient. On peut croire un moment qu'il admet pour son compte la réalité de ce sujet et qu'il y voit le dernier fond de l'être; mais on s'aperçoit bientôt qu'il n'ose pas ou ne veut pas se prononcer sur ce point. L'abstraction réflexive de Maine de Biran doit être aussi essayée, dit-il, mais il ajoute : il restera d'ailleurs à déterminer ce qu'on trouve au bout de cette abstraction réflexive. Existe-t-il donc quelque autre procédé plus radical encore que cette réflexion qu'on semblait nous donner comme la plus grande approximation possible du réel? Nous sommes bien forcés de le supposer, quoiqu'on ne nous l'indique point. Peut-être s'agit-il de ce contrôle des sciences de la nature qui doit accompagner la réflexion? Mais ici encore notre embarras n'est pas moindre, car toutes les fois qu'il y aura opposition et conflit entre les résultats de l'analyse intérieure et ceux des sciences de la nature, à quelle règle d'arbitrage la métaphysique devra-t-elle recourir? Seule, sans doute, la critique de la connaissance nous permettrait de faire dans les différentes sciences la part du relatif et celle de l'absolu : et c'est elle, à vrai dire, qui, bien plutôt que la psychologie, nous donnera la clef de la métaphysique de l'avenir. Mais en supposant que cette clef existe et qu'elle ouvrira enfin la porte jusqu'ici fermée, M. Fouillée préjuge les résultats de la critique. Telle qu'elle a été faite par Kant, elle emprisonnait, on le sait, la pensée humaine dans une impasse. Au dedans comme au dehors, la pensée ne saisit que des phénomènes et les formes dont elle-même les enveloppe : nulle ouverture, nulle issue vers le fond des choses. Qu'est-ce qui prouve que la nouvelle critique ne conduira pas à des conclusions analogues? Peut-être sommes-nous condamnés à osciller toujours entre ces deux pôles de notre expérience et de notre science, objet et sujet, matière et esprit. C'est là, il est vrai, une hypothèse décourageante et fâcheuse : mais tant qu'elle n'aura pas été discutée et réduite à néant, elle barrera la voie à la métaphysique de l'avenir.

Il y a d'ailleurs quelque incertitude, ou du moins quelque apparence d'incertitude dans l'idée que M. Fouillée nous propose d'un « fond de la réalité ». Il est bien difficile d'écarter cette métaphore consacrée, et Dieu sait cependant les associations d'idées contradictoires qu'elle impose presque inévitablement à l'esprit! Ainsi M. Fouillée a beau déclarer qu'il n'entend nullement par là un je ne sais quoi de mystérieux et d'insondable qui serait extérieur aux phénomènes et à la conscience : il n'est pas bien sûr que cette notion illusoire ne revienne pas, malgré lui, se glisser dans ses raisonnements. Nous croyons en effet démêler sous cette unique expression trois conceptions différentes. 1º La réalité, c'est l'expérience totale, l'ensemble des phénomènes avec tous les caractères et tous les rapports qui leur appartiennent, y compris leur rapport avec la conscience et ce caractère qui leur est commun à tous de nous apparaître en quelque façon : c'est le sens que nous avons déjà vu plus haut. 2º La réalité, c'est l'élément le plus fondamental, le plus général de notre expérience ; et ce sens est déjà moins précis et moins clair que le précédent. M. Fouillée semble en effet présenter cet élément comme un phénomène d'une espèce déterminée que l'analyse retrouverait au fond de toutes les autres espèces de phénomènes : il se demande, par exemple, s'il est mouvement, sensation ou appétition. Mais l'analyse appliquée à l'infinie diversité de notre expérience ne pourra découvrir comme élément commun à tant de phénomènes spécifiquement irréductibles entre eux qu'un élément formel (et non fondamental), un caractère commun, un rapport : et ce rapport, c'est celui-là même que nous indiquions tout à l'heure, le rapport de tous les phénomènes à la conscience, et qui les constitue phénomènes. 3º Enfin, la réalité, c'est l'objet du symbolisme universel. Dans les deux premières acceptions, il y avait entre la réalité et le phénomène la relation du tout et de la partie, soit que le phénomène fût une partie dont la réalité était le tout, soit au contraire que le phénomène fût le tout dont la réalité était une partie : il s'agit maintenant d'une relation toute différente qui est celle de deux termes hétérogènes, la relation du signe et de la chose signitiée, ou, pour mieux dire, du symbole et de la chose symbolisée, et c'est une relation de cette sorte, ne l'oublions pas, que la métaphysique transcendante imagine entre la cause et ses effets, la substance et ses accidents, le noumène et les phénomènes. Ici se fait surtout sentir le danger des associations d'idées substantialistes suggérées par la métaphore du « fond ». Comment donc peut-on conserver un sens immanent ou phénoméniste à cette conception du réel? En supposant que le symbolisme universel n'a pas d'objet distinct de lui-même, extérieur à lui-même, en supposant qu'il est à lui-même son propre objet. En d'autres termes, si les phénomènes se symbolisent les uns les autres, on pourra encore concevoir que quelques-uns aient relativement à tous les autres cette situation éminente d'être symbolisés ou, comme dirait Leibniz, d'être exprimés par eux. Or il n'est pas douteux que les phénomènes, précisément parce qu'ils sont tous plus ou moins relatifs les uns aux autres, ne puissent être pris pour symboles les uns des autres. Ainsi nos souvenirs symbolisent les événements passés; nos prévisions, nos imaginations symbolisent les événements à venir; nos sensations symbolisent les mouvements de nos cellules cérébrales, lesquels symbolisent eux-mêmes les mouvements extérieurs, etc., etc. La question de savoir si ce symbolisme universel implique en même temps une sorte de hiérarchie des symboles (certains phénomènes existant pour eux-mêmes, tandis que d'autres n'existeraient que pour symboliser les premiers) est infiniment plus délicate. Nous nous retrouvons ici en présence du même problème qui nous arrêtait déjà tout à l'heure : est-il possible de ramener à un système unique l'ensemble de nos connaissances, malgré leur orientation divergente vers les deux pôles opposés du sujet et de l'objet? En admettant qu'il y a un texte dont les phénomènes sensibles sont la traduction et que ce texte est écrit en termes de désir, de volonté et d'amour, M. Fouillée non seulement croit que le problème peut être résolu, mais encore prend d'avance parti pour une certaine solution.

Toutes ces objections ne prouvent peut-être qu'une chose : c'est qu'il est bien difficile, même avec la plus extraordinaire souplesse d'esprit, de disserter sur la possibilité de la métaphysique sans lui donner bon gré mal gré une sorte de réalité anticipée.

II. — M. Fouillée a été aux prises avec la même difficulté dans son étude sur la méthode de la métaphysique.

C'est une remarque bien ancienne que la méthode d'une science et cette science sont inséparables comme la forme et le fond. Comment donc pourrait-on traiter de la méthode d'une science indépendamment de cette science elle-même?

Supposons une science déjà constituée, en possession de ses principes et d'un certain nombre de résultats, en voie de croissance mais organisée, comme le sont en effet les sciences proprement dites, mathématiques, physique, chimie, etc., le philosophe pourra sans contredit réussir à dégager et à formuler les lois générales de ses opérations et pas

ANALYSES. — A. FOUILLÉE. L'avenir de la métaphysique. 651

conséquent en déterminer la méthode. Tel ne saurait être le cas de la métaphysique qui est une science non pas faite, mais à faire.

Supposons d'autre part une science en projet, laquelle ait à résoudre une série indéfinie de problèmes plus ou moins différents, mais tous de même espèce : l'inventeur de cette science pourra évidemment indiquer avec précision une méthode générale susceptible de résoudre tous ces problèmes, sans être obligé de les passer tous en revue et de les résoudre effectivement : il lui suffira d'en prendre un comme exemple de l'application de sa méthode. Est-ce le cas de la métaphysique?

Sans doute, on peut distinguer dans la métaphysique un certain nombre de problèmes, tels que ceux de l'origine du monde, de sa destinée, de la nature de la matière, de l'espace, du temps, etc., mais qui ne voit que ces problèmes ne sont pas réellement distincts les uns des autres? La métaphysique n'est au fond qu'un seul grand problème. Dès lors, il ne saurait y avoir de méthode pour résoudre un à un les problèmes dans lesquels on la divise. La méthode de la métaphysique ne fait qu'un avec la métaphysique elle-même. Séparée de son contenu, elle perd toute signification, elle cesse d'exister. Croire qu'elle peut précéder la métaphysique et la rendre possible, c'est croire que le squelette peut engendrer l'être vivant.

Aussi, quand il nous parle de la méthode de la métaphysique, M. Fouillée nous parle en réalité de la méthode de sa métaphysique. C'est comme un premier regard qu'il nous invite à jeter sur les perspectives de son système. Bien qu'il fasse libéralement part de sa méthode à tous les métaphysiciens à venir, nous n'oserions lui promettre ni qu'elle lui sera empruntée, ni surtout qu'elle pourra être utilement employée par d'autres que par lui-même.

Dans sa thèse sur la Liberté et le déterminisme, dans la préface de son Histoire de la philosophie, M. Fouillée avait déjà proposé une méthode de conciliation qui a été l'objet de bien des critiques. Elle reparaît dans ce livre, mais elle n'y a plus, ce semble, la même importance et le même rôle. Bien qu'elle emplisse tous les chapitres qui portent expressément ce titre : De la méthode en métaphysique, elle n'est plus peut-être pour M. Fouillée qu'une méthode subalterne à laquelle un sentiment de fidélité reconnaissante conserve encore les honneurs du premier rang; mais c'est ailleurs, croyons-nous, dans le chapitre qui porte pour titre : Analyse et synthèse métaphysique, qu'il faut chercher la véritable méthode constitutive et définitive de la métaphysique de l'avenir.

Il y aurait profit pour M. Fouillée à marquer plus exactement l'importance et le rôle qu'il entend assigner désormais à ces deux méthodes ou plutôt à ces deux moitiés de sa méthode. La première nous semble être une forme de l'analyse, la seconde une forme de la synthèse. « La métaphysique, dit lui-même M. Fouillée, doit avoir pour point de départ une analyse radicale de l'expérience et pour but une synthèse universelle de l'expérience. » Seulement dans cette formule le mot expérience n'a pas les deux fois le même sens : la première fois, il s'agit de l'expérience actuelle, la seconde de l'expérience possible. Aussi l'analyse seule est-elle proprement expérimentale en ce sens qu'elle porte immédiatement sur les données de l'expérience. La synthèse est sans doute soumise à cette condition de s'accorder finalement avec l'expérience, mais, prise en elle-même, elle est bien plutôt une œuvre d'imagination et de raisonnement.

Ainsi l'expérience, voilà le procédé fondamental de la métaphysique, d'après M. Fouillée. Mais cette expérience n'est pas celle du réalisme vulgaire ou même scientifique : c'est l'expérience intérieure de la conscience. Pour trouver le fond de la réalité, « c'est dans l'océan intérieur qu'il faut jeter la sonde ». Toutefois, on l'a vu, M. Fouillée veut que la réflexion psychologique subisse le contrôle des sciences de la nature, et ce n'est pas une des moindres difficultés, au moins théoriques, de sa méthode que de faire la part de ces deux moyens opposés de connaître. En donnant la prépondérance à l'expérience subjective, il ne s'en range pas moins du côté des idéalistes tels que Leibniz et Maine de Biran, et on peut prévoir dès maintenant que son système différera radicalement de l'évolutionnisme objectif d'Herbert Spencer.

On aimerait à voir M. Fouillée insister davantage encore sur cette méthode expérimentale que Schopenhauer paraît avoir pressentie et qui même, selon notre auteur, a été suivie partiellement, mais sans qu'ils aient su s'en rendre compte, par tous les grands métaphysiciens. Est-il donc si facile de recueillir dans toute sa pureté le témoignage authentique de l'expérience ? Et n'est-ce pas la prétention de tous les intuitionnistes que d'appuyer leurs assertions sur ce témoignage ? D'autre part, cette analyse, qui dans les données de l'expérience doit discerner et isoler la donnée ultime, quelles en sont les conditions et les règles ? Sommes-nous assurés d'avance qu'elle ne nous mettra pas en présence de plusieurs données irréductibles entre elles, dont chacune pourrait également être prise pour la pierre angulaire de la métaphysique de l'avenir ?

Peut-être M. Fouillée ne s'effrayerait-il pas outre mesure de cette dernière éventualité : il semble même l'avoir prévue, et c'est en partie pour y parer qu'il a justement imaginé sa méthode de conciliation. Que sont en effet les différents systèmes métaphysiques, sinon autant d'essais d'explication universelle fondés sur quelque donnée ultime, ou paraissant telle, de l'expérience et de la pensée humaine ?

Dans cette méthode de conciliation, certains points restent encore obscurs, malgré les éclaircissements apportés par ce livre, et en particulier la part qu'il faut y faire à l'histoire de la philosophie. On a pu croire, et certains critiques (par exemple M. Darlu) s'y sont trompés, que la méthode de conciliation est une méthode historique : dans un article déjà bien ancien [1], nous avions exprimé cette idée qu'une telle

---

1. *Revue politique et littéraire*, 1876.

méthode est, en son essence, indépendante de l'histoire. Il nous semble
que les explications données ici par M. Fouillée confirment notre interprétation. Ce qui fait la confusion, c'est l'ambiguïté du mot « système ».
On entend d'ordinaire par ce mot un système historique, celui d'un
Platon, d'un Aristote, d'un Descartes, d'un Leibniz, etc. ; M. Fouillée
entend un système idéal, typique, le matérialisme, le spiritualisme *en
soi*, non pas tels qu'ils sont historiquement, mais tels que logiquement
ils doivent être. L'histoire ne doit donc servir ici que d'illustration à
la méthode, à peu près comme la figure tracée sur le tableau sert
d'exemple et non de preuve à la démonstration du géomètre. M. Fouillée
va si loin dans cette voie-là qu'il convie le métaphysicien à construire
des systèmes *imaginaires*, « qui n'auraient pas la prétention d'embrasser
la réalité entière, mais seulement de chercher les rapports de deux ou
trois éléments séparés par abstraction ». Mais si la méthode de conciliation a de telles exigences quel esprit sera capable d'y satisfaire ? Les
fabuleux travaux d'Hercule n'étaient que jeux au prix de ceux que
M. Fouillée impose au métaphysicien. Jusqu'ici les Platon, les Aristote, les Descartes, les Spinoza, les Leibniz se contentaient de produire chacun leur système, un seul système, et cette œuvre suffisait à
emplir leur vie entière : le métaphysicien de l'avenir devra produire
successivement tous les systèmes possibles, enfanter tour à tour le
matérialisme, l'idéalisme, le spiritualisme, le panthéisme, etc., etc., avant
de pouvoir par la comparaison et la conciliation de tous ces systèmes
plus ou moins exclusifs mettre enfin au jour le système total et final
qui les enveloppe et les dépasse. C'est lui demander une ampleur de
pensée et peut-être aussi une impartialité plus qu'humaine. Comment
en effet un penseur pourra-t-il se déprendre jamais assez de ses préférences ou de ses répugnances subjectives, souvent mal connues de lui-
même, pour construire objectivement un système complet et cohérent de
matérialisme ou d'idéalisme ? On peut même se demander si cette construction est possible en soi : peut-être les idées fondamentales de ces
systèmes sont-elles susceptibles de se développer d'une infinité de façons
différentes selon l'individualité des esprits qui les réfléchissent ; en fait,
quelle diversité de formes le spiritualisme n'a-t-il pas revêtue dans un
Platon et un Aristote, un Descartes et un Leibniz ?

Cependant, avouons-le de bonne grâce, toutes ces objections contre
la méthode de conciliation pèseraient bien peu le jour où nous la verrions
s'exercer avec succès entre les mains de son inventeur. Elle exprime
à un si haut degré la nature de cet esprit, si pénétrable et si pénétrant,
si ouvert et si subtil, chez lequel on ne sait trop ce qu'on doit admirer
le plus, de la fécondité des ressources ou de l'art de les employer à
propos ; elle s'identifie si bien avec ses facultés les plus intimes qu'on
n'ose pas répondre que maniée par lui elle ne fera pas des miracles. Si
c'en est un que de réconcilier tous les systèmes et par conséquent tous
les esprits dans une métaphysique à la fois positive et compréhensive,
M. Fouillée est peut-être de tous les penseurs de ce temps-ci le plus

capable de l'accomplir, et tous ceux qui ont à cœur l'avenir de la philosophie et la gloire de notre pays souhaiteront avec nous qu'il y réus-
sisse.

E. BOIRAC.

———

G. **Tarde**. LA PHILOSOPHIE PÉNALE. 1 vol. de la Bibliothèque de criminologie, gr. in-8°, 566 pages, 1890, chez Storck à Lyon, chez Masson
à Paris.

Nous n'avons pas à présenter M. Tarde aux lecteurs de la *Revue*. Ils
le connaissent et l'apprécient de longue date. La *Revue* a eu la primeur
de ses travaux philosophiques, qui ont aussitôt attiré l'attention par
leur rare originalité. Peu à peu la doctrine de M. Tarde a pris corps.
Après la *Criminalité comparée*, après les *Lois de l'Imitation*, dont la
Revue a publié des parties, voici un ouvrage de dimensions plus considérables. Dans la *Philosophie pénale*, l'auteur concentre sa pensée,
et en même temps il lui donne tout le développement qu'elle comporte.
Il systématise dans une exposition d'ensemble les idées qu'il a répandues çà et là dans ses nombreux travaux, et qui prennent ainsi une
nouvelle force en s'éclairant les unes les autres. Après avoir souvent
fait l'office de critique, il indique maintenant les solutions qui lui
paraissent les meilleures touchant les principaux problèmes de la criminologie. Il s'attend sans doute à être critiqué à son tour : et certainement sa connaissance approfondie des questions, ses lectures consciencieuses et étendues, son expérience professionnelle, et enfin le tour
original de son talent, tout contribue à faire de son nouvel ouvrage
un livre d'une importance capitale pour la criminologie.

La méthode de M. Tarde est extrêmement compréhensive. Il conçoit
l'ensemble de son sujet comme une unité fort complexe, qui doit
laisser libre jeu à la multiplicité des idées, voisines entre elles, dont il
fait ressortir l'affinité. Il ne s'interdit pas les courtes digressions, ou
du moins les aperçus et les vues sur les sujets connexes : d'autant
que tout se tient en sociologie, et ce n'est pas un des moindres mérites
de l'ouvrage de M. Tarde que de montrer à chaque instant l'étroite
solidarité qui relie les phénomènes de la criminalité aux lois historiques, économiques, et en un mot à toute la vie sociale. La marche
suivie par M. Tarde pourrait être comparée à la résultante de deux
forces : une force centripète qui le mène droit à son but, et une force
tangentielle, qui l'attire continuellement à des comparaisons et à des
réflexions originales. La route devient ainsi un peu sinueuse, mais le
lecteur attentif est loin de s'en plaindre. Rares sont les auteurs qui
ont et qui donnent si vivement le sentiment de la richesse et de la
complexité des questions qu'ils traitent. Mais on conçoit combien cette
méthode ajoute à la difficulté de rendre compte d'un livre, et une

brève analyse sera bien impuissante à résumer, même très imparfaitement, tout ce que contient la *Philosophie pénale.*

M. Tarde divise lui-même son ouvrage en trois parties : 1° une théorie de la responsabilité et de l'irresponsabilité, ou, selon ses propres expressions, « une tentative de conciliation entre la responsabilité morale et le déterminisme, entre la conscience et la science, que la notion du libre arbitre avait paru séparer par un gouffre infranchissable »; 2° une étude détaillée du criminel et du crime, au point de vue social; 3° quelques-unes des conséquences pratiques qui découlent des deux parties précédentes, touchant la procédure criminelle, la législation pénale et les divers systèmes pénitentiaires. Ces trois parties sont étroitement liées entre elles. Néanmoins la première est surtout philosophique, au sens strict du mot : elle analyse la notion de responsabilité, afin de l'établir sur une base solide, et d'élucider les conditions de l'irresponsabilité et de la responsabilité partielle; — la seconde est surtout sociologique : elle cherche à expliquer· le crime, le délit et leurs différentes formes par les lois générales des sociétés; — et enfin la troisième a surtout un caractère pratique, puisqu'elle tend à déterminer les réformes judiciaires et pénitentiaire actuellement acceptables.

I. — M. Tarde commence par constater un fait qui frappe les yeux les plus indifférents, et dont l'opinion, la presse et les pouvoirs publics même commencent à se préoccuper. La notion de responsabilité, encore ferme il y a à peine un demi-siècle, apparaît aujourd'hui indécise et vacillante, et comme cette notion est un des fondements essentiels de la justice pénale, quand elle chancelle, tout l'édifice menace de s'écrouler. Comment les criminels seront-ils punis, lorsqu'on ne sait plus au juste s'ils sont responsables, ou quand ils le sont? Le jury, par exemple, n'osant plus affirmer que les auteurs des crimes passionnels soient vraiment responsables, se met presque systématiquement à les acquitter, au grand dam de la société, car tout crime impuni tend à se multiplier. Bien des causes ont contribué à jeter le trouble dans la notion de responsabilité : les progrès de la pathologie mentale, qui reconnaît des aliénés ou des malades en des criminels que l'on condamnait autrefois sans scrupule; les manifestes de la *scola nuova*, de l'école italienne d'anthropologie criminelle, qui proclame l'existence d'un type de criminel-né, d'homme anormal, monstrueux ou rétrograde; les tendances générales de la science, qui élimine de plus en plus, semble-t-il, le libre arbitre du monde des phénomènes; les travaux de la psychologie contemporaine sur les dédoublements de la personnalité, sur la suggestion hypnotique, etc. Toutes ces causes combinées — renforcées par l'effet de l'*imitation-mode*, dont M. Tarde lui-même a si bien parlé — ont créé un état d'inquiétude et de désarroi dans les esprits; et, comme il arrive d'ordinaire, beaucoup d'entre eux vont à la solution la plus radicale, parce qu'elle est la plus simple en apparence. Ils nient bravement la respon-

sabilité. Par suite, la pénalité étant néanmoins nécessaire au point de
vue social, on se trouve en présence de délinquants et de coupables
qu'il faut considérer comme responsables socialement, bien qu'on les
croie irresponsables moralement. Les peines devraient donc se fonder
sur la seule utilité sociale, ce qui répugne singulièrement à notre
conscience, comme le prouvent les inconséquences continuelles auxquelles se laissent aller même les utilitaires les plus déterminés. Car
pourquoi se donnent-ils tant de mal pour démontrer l'irresponsabilité
de certains malades, dégénérés, épileptiques, etc., si personne n'est
en effet responsable, et si la seule raison des peines est la défense
sociale? M. Tarde se garde fort sagement de ces excès. Sa théorie, sans
être éclectique, s'efforce de ne point séparer la responsabilité sociale
de la responsabilité morale. Il rend justice aux travaux de l'école d'anthropologie criminelle, il reconnaît les faits qu'elle a mis en lumière,
mais il critique et rejette les généralisations hâtives auxquelles elle
s'est laissée entraîner.

Les lecteurs de la *Revue* n'attendent pas que je reproduise cette
critique, qui a paru ici-même, et dont M. Lombroso a dit que c'était la
meilleure qui eût été faite de sa théorie. Selon le professeur italien, il
y a un certain nombre de caractères, physiques et psychiques, auxquels on peut reconnaître scientifiquement le criminel, — non pas le
délinquant d'occasion, — mais le *criminel-né*, prédisposé par la nature
à commettre, pour peu qu'il y soit sollicité, des actes antisociaux qui
ne lui inspirent pas la même horreur qu'aux hommes ordinaires : tel
cet assassin qui déclarait n'avoir pas plus de répugnance à tuer un
homme qu'à tordre le cou à un poulet. L'auteur d'un crime une fois
découvert (ce qui est la plupart du temps le plus difficile), le reste de
l'instruction serait affaire de psychiatrie, un diagnostic à établir.
Asymétrie de la face, oreilles en anse, longueur démesurée des bras,
épilepsie, antécédents nerveux héréditaires (parents alcooliques, hystériques ou aliénés), insensibilité à la douleur, imprévoyance, absence
de remords, défaut de sens moral; tels seraient les principaux caractères physiques et psychiques du criminel-né. Celui-ci une fois reconnu,
il faut évidemment, non pas le punir, mais le mettre hors d'état de
nuire désormais à la société dans laquelle il ne peut vivre sans danger
pour elle. On l'enverra donc dans un asile spécial, dans un *manicomio
criminale*, où il travaillera, s'il est possible, pour compenser ce que
coûtera son entretien. Théorie séduisante par divers côtés. Elle sou-
lage la conscience humaine en rapportant le crime à des causes fatales,
inéluctables, à des causes physiques. Elle flatte ainsi l'optimisme
inconscient qui veut que l'homme normal soit bon. Elle simplifie le
problème pénal, puisqu'à la peine, si difficile à évaluer et à appliquer,
elle substitue une thérapeutique très peu compliquée, et non pas
même une thérapeutique, mais une prophylaxie pure et simple. Elle
supprime enfin le redoutable problème de la responsabilité, puisque
ces criminels-nés sont, à proprement parler, non des coupables, mais

des malades d'une certaine espèce, des dégénérés, des aliénés ou des cas d'atavisme.

Par malheur cette hypothèse se soutient mal. Au moment même où elle commence à se répandre dans le grand public, par la voie de la presse quotidienne et du roman, elle a perdu déjà presque tout crédit dans les régions scientifiques supérieures. Le criminel-né de M. Lombroso est un type chimérique. Aucun des signes prétendus essentiels n'est assez constant chez les criminels, ni ne leur est assez spécial pour le caractériser. M. Tarde a magistralement montré que M. Lombroso lui-même a dû donner de son criminel-né plusieurs définitions successives. Après l'avoir appelé *mattoïde*, il a cru reconnaître dans le criminel-né un cas d'atavisme, puis il a proposé simultanément ces deux hypothèses, qui cependant sont difficiles à concilier; et en dernier lieu le criminel-né est devenu un *épileptoïde*. Mais un disciple, M. Marro, a patiemment vérifié la plupart des résultats obtenus par M. Lombroso touchant les caractères du type criminel, et de ses observations prolongées et méthodiques il ressort que les affirmations de son maitre sont au moins douteuses. D'autre part les anthropologistes *non criminels*, M. Topinard, par exemple, repoussent entièrement une hypothèse qui leur parait en désaccord avec les faits. Enfin, « du congrès d'anthropologie criminelle tenu à Paris en 1889 le prétendu type criminel est sorti, dit M. Tarde, bien estropié, ou plutôt réduit à l'état de fantôme en train de s'évanouir » (p. 50). La grande faute de l'école, selon lui, a été de se préoccuper exclusivement des causes physiques et physiologiques du crime, et de négliger, ou à peu près, les causes sociales, qui sont de beaucoup les plus importantes. Elle n'a vu dans la science à fonder, dans la criminologie, qu'une biologie criminelle, tandis qu'elle doit être surtout une sociologie criminelle.

L'hypothèse du criminel-né se trouvant abandonnée, la question de la responsabilité reste ouverte. M. Tarde ne craint pas de remonter aux principes mêmes de la difficulté. Il se risque à une rapide incursion sur le terrain de la métaphysique. Nous ne l'y suivrons pas, malgré le vif intérêt des questions qu'il soulève et des solutions qu'il propose. Disons seulement que M. Tarde est frappé — comme beaucoup de philosophes contemporains, comme Lotze en particulier — du caractère hypothétique et arbitraire de tout déterminisme qui prétend être absolu. Il aperçoit très bien, comme le philosophe allemand, une conciliation possible entre la nécessité formelle des lois et la spontanéité essentielle de l'être ou de la force. Mais, désireux d'établir une théorie de la responsabilité que toutes les écoles puissent accepter, il ne se prévaut pas de l'hypothèse métaphysique qui lui parait le plus acceptable, et qui sauverait la possibilité du libre arbitre. Il aime mieux au contraire dégager l'idée de responsabilité de toute compromission avec cette hypothèse tant discutée. Il dit expressément — avec raison selon nous — que dans l'hypothèse déterministe l'idée de responsabilité demeure aussi entière et aussi légitime que dans l'autre.

Selon M. Tarde, en effet, la responsabilité suppose deux conditions, nécessaires et suffisantes, l'une principale, l'*identité personnelle*, l'autre relativement accessoire, mais indispensable aussi, la *similitude sociale* [1]. « Il y a un avantage pratique des plus incontestables à faire reposer la responsabilité sur l'identité, qui est un fait patent, plutòt que sur la liberté, qui est une force latente. » Ainsi un homme est responsable d'un acte qu'il a commis, non pas parce qu'il est libre, — condition obscure, métaphysique, invérifiable; mais 1° parce qu'il est demeuré le même homme depuis cet acte, et s'en reconnait l'auteur; 2° parce qu'il y a entre cet homme et ceux qui l'entourent un nombre de ressemblances sociales suffisant pour qu'eux et lui jugent également cet acte coupable. Plus la similitude sociale est grande, plus le sentiment de la responsabilité est vif. « Même en temps normal, un paysan se croit, se sent plus coupable, s'il a volé un paysan comme lui que s'il a volé un bourgeois, un grand propriétaire son voisin, et, réciproquement, un homme d'affaires qui se fera scrupule de tromper un de ses collègues dans un procès regardera comme une bonne plaisanterie de faire tomber un étranger dans un piège du même genre. » Le Grec ne se croyait pas responsable devant un barbare comme devant un Grec. L'histoire n'est remplie que d'exemples de cette sorte. La responsabilité est donc un phénomène d'ordre essentiellement social. M. Tarde a eu raison de mettre ce point en lumière, et sa théorie de la similitude. sociale, condition nécessaire de la responsabilité, est une précieuse acquisition pour la science.

Mais il faut encore, dit M. Tarde, « pour que l'auteur d'un acte en soit responsable, qu'il soit forcé de se reconnaitre l'auteur de cet acte ». L'identité de l'individu est-elle plus facile à constater que sa liberté? M. Tarde explique qu'il s'agit, non pas d'une identité métaphysique et absolue, mais d'une identité relative et temporaire. Mais si l'on s'en tient là, si l'on admet empiriquement que tout homme normal reste *pratiquement* identique à lui-même, je ne vois pas plus de difficulté à admettre qu'il est aussi *pratiquement* libre, en tant que c'est sa propre nature qui se manifeste par ses actes, et qu'il ne subit aucune contrainte. De savoir si cette nature même est libre, ou si le libre arbitre en général s'accorde avec les lois générales de l'univers, c'est une autre question, qu'au point de vue pratique on peut ne pas soulever. « Au fond, dit M. Tarde, le problème n'est pas de savoir si l'individu est libre ou non, mais de savoir s'il est réel ou non, et les scolastiques l'avaient bien vu. » Oui, ils l'avaient bien vu, mais ils ne l'ont pas résolu, et la philosophie moderne non plus. Elle a abandonné à peu près ce problème, comme elle a abandonné par exemple le problème de la création, à cause de son extrême difficulté : **personne** ne disserte plus aujourd'hui sur le *principe d'individuation*, parce que

---

1. M. Tarde avait déjà esquissé cette théorie dans la *Criminalité comparée.*

personne ne se flatte d'arriver plus loin, sur cette question, qu'à une vraisemblance très hypothétique.

« Il est assez aisé de dire, objecte M. Tarde, à un moment donné, quand on voit de très près une personne, jusqu'à quel point elle est restée la même qu'à une date antérieure, mais nul ne peut dire dans quelle mesure elle a été libre en agissant. » — Il semble que l'un soit aussi malaisé — ou aussi aisé — que l'autre, selon le sens où l'on prend la question. Au point de vue scientifique et philosophique, l'identité n'est pas un moindre mystère, ni moins obscure que la liberté. Au point de vue pratique, l'une et l'autre peuvent s'apprécier également bien, certains signes objectifs servant à reconnaître en gros quand l'individu *s'aliène*, comme dit M. Tarde, c'est-à-dire cesse d'être lui-même, ou d'être libre. Au fond, l'identité dont parle M. Tarde consiste à être *sui compos*, c'est-à-dire un sujet qui s'attribue à lui-même l'initiative de ses actes réfléchis : mais c'est là précisément la liberté que le sens commun réclame comme fondement à la responsabilité. M. Tarde a été évidemment préoccupé, d'une part, de ne pas méconnaître le fondement psychologique et moral de la responsabilité, d'autre part, d'éviter les difficultés inhérentes à la notion du libre arbitre. C'est pourquoi à « liberté » il a substitué « identité », et la substitution en effet est pratiquement avantageuse, en ce sens que si elle ne résout pas le problème du fondement moral de la responsabilité, elle ne le soulève pas non plus. Mais le problème n'en subsiste pas moins.

M. Tarde rapproche l'identité physique d'un organisme de l'identité psychologique du moi et de l'identité sociale d'une nation : il croit pouvoir expliquer plus aisément la seconde en la comparant avec la troisième qu'en la ramenant à la première. « Nous sommes renseignés à merveille sur ce qui se passe dans l'intimité de la vie sociale, dit-il, dont l'élément premier est notre propre vie, mais nous ignorons absolument les secrets de la vie organique, dont les effets de masse se révèlent seuls à nos yeux. Si donc, pour éclaircir un fait psychologique, nous signalons sa similitude avec un fait vital, cette constatation, d'ailleurs intéressante, ne satisfera point notre curiosité ; on n'éclaire point le clair-obscur par l'obscurité complète ; tandis que si nous constatons la similitude de ce même fait avec un fait social, il nous sera facile, en élucidant celui-ci jusque dans son fond (mais cela est-il aussi facile que le croit M. Tarde?), d'élucider par analogie le phénomène intime. *La sociologie est le microscope solaire de la psychologie.* » Ce passage est tout à fait caractéristique de la méthode de M. Tarde, méthode originale et par laquelle il a obtenu souvent d'heureux résultats, méthode aventureuse aussi, comme toute méthode analogique. Il s'en faut de beaucoup que la sociologie soit le « microscope solaire » de la psychologie. D'abord, nous ne savons pas jusqu'à quel point la comparaison des phénomènes psychiques et des phénomènes sociaux peut être poussée légitimement. Puis les phénomènes sociaux sont loin d'être encore élucidés « jusque dans

pas *autre* de naissance? L'aliénation, pour être congénitale, en est-elle
moins réelle? Elle serait une cause d'irresponsabilité, si elle survenait
pathologiquement à un moment quelconque de la vie du sujet : elle ne
l'est plus, si le sujet l'apporte avec lui en naissant? « Si la folie héréditaire engendre l'irresponsabilité, dit M. Tarde, ce n'est pas en tant
qu'héréditaire, c'est en tant que folie. » Je l'accorde, mais sans aller
jusqu'à dire : la folie engendre l'irresponsabilité, *excepté* lorsqu'elle est
héréditaire (ou congénitale).

M. Tarde ne se dissimule pas la difficulté, mais il refuse absolument
d'assimiler les criminels-nés aux aliénés proprement dits. Il veut que
la distinction subsiste entre les malades et les pervers, distinction qui
s'effacerait si les pervers étaient considérés comme moralement
infirmes. Il faut, selon lui, que l'on puisse continuer à punir justement
ceux-ci comme responsables, tandis que les aliénés sont simplement
isolés et soignés. Assassins, *stupratori* lui paraissent des hommes
dignes de haine (si tant est que le savant ou le juge puisse éprouver
de la haine), et non dignes de pitié. Dans l'état actuel de la science et
de la société, il faut bien lui donner raison. La nécessité de réprimer
les crimes est trop évidente, et cette répression doit être juste : donc
les criminels, même les criminels-nés, doivent être regardés comme
responsables. Mais, théoriquement, si le diagnostic de la folie morale
pouvait se faire avec quelque sûreté, je ne vois pas pourquoi les
monstres moraux ne seraient pas, comme les idiots, considérés comme
irresponsables, et mis simplement hors d'état de nuire. La grande difficulté est précisément dans le diagnostic. Les cas de folie morale congénitale et bien caractérisée sont infiniment rares; il y a mille degrés
entre l'absence complète de sens moral et la conscience normale. La
plupart des honnêtes gens ont en eux, pour ainsi dire, la virtualité d'un
criminel autant ou plus que celle d'un héros. Même la férocité latente
d'un criminel-né se manifestera plus ou moins sûrement selon la condition où il sera né, les exemples qu'il aura sous les yeux, les circonstances qu'il traversera et les tentations auxquelles il sera exposé.

Pour conclure donc, M. Tarde ne voit de cause d'irresponsabilité
totale que dans l'aliénation mentale dûment constatée. Tant que l'individu demeure le même, il reste responsable. Tant pis pour lui s'il est
né mauvais. L'homme qui est sot de naissance n'y peut rien : on ne
s'en moque pas moins de lui. De même, l'homme qui est pervers de
naissance ne doit pas moins être puni de ses crimes, s'il en commet.
Les hommes ne naissent égaux en rien, pas même en innocence ou en
disposition au mal. L'éducation tâche de corriger les mauvaises dispositions; si elles persistent et engendrent des crimes, il est juste que la
société les réprime. Il ne s'agit pas pour elle de sonder le mystère de
l'hérédité ou de la prédestination, et de se demander pourquoi les uns
sont bons et les autres méchants. C'est pourtant là qu'aboutit le problème de la responsabilité, quand on le pousse à ses dernières conséquences, comme nous l'avons montré ailleurs. M. Tarde se tient sur le

terrain des faits, et cela lui est rendu plus facile par sa théorie de la responsabilité fondée sur l'identité et non sur le libre arbitre. Il satisfait ainsi, dans une certaine mesure, à la nécessité sociale qui exige une répression, et à la conscience morale qui se révolterait contre des peines infligées à des irresponsables. La théorie est complétée par une excellente étude des atténuations qu'apportent à la responsabilité l'ivresse, l'état d'hypnotisme, la vieillesse, le sexe, les transformations morales (conversions, crises religieuses), et enfin la souveraineté.

II. *Le criminel et le crime.* — Les facteurs physiques et physiologiques sont, comme on l'a vu, impuissants à eux seuls à expliquer le crime. M. Tarde, tout en tenant compte de ceux-là, montre que les facteurs essentiels sont psychologiques et sociaux. L'étude du criminel au point de vue psychologique est un des morceaux les plus profonds et les mieux venus du livre. L'auteur dégage d'abord ce qu'il y a d'acceptable dans le dernier paradoxe de M. Lombroso, qui prétend que tout criminel est un épileptique. Il fait sienne cette idée, il la transforme et l'élargit. Il en retient le caractère d'intermittence et de périodicité spontanée de certains phénomènes psychiques : l'épilepsie, dans ce sens nouveau et inusité, ne désignant plus que la passion stéréotypée en quelque sorte. « Il y a en nous beaucoup de roues invisibles, en train de tourner à notre insu pour faire détendre périodiquement quelque ressort terrible, pour faire éclater quelqu'une de ces substances explosives intérieures que nous portons sans le savoir... Il est aussi chez les malheureux qui ont souffert de grandes privations, de grandes humiliations, de mauvais traitements... des jours où gronde en eux une sourde colère inexplicable, un besoin confus de haine et de vengeance, une envieuse cupidité... Et puis, le crime une fois fait, il y aura des jours, des mois, où une sorte d'appétit criminel indéterminé et inassouvissable leur reviendra on ne sait pourquoi; car le crime imprime caractère, et comme il n'est pas de sensation plus forte que celle-là, il n'en est pas qui se fixe en un cliché plus profond. »

D'où vient la physionomie spéciale des criminels, de quelle nature est le lien qui les rapproche? C'est un lien tout social, c'est la similitude de manières, l'*habitus* qu'on observe chez les gens adonnés au même métier ou à des métiers de même sorte. Ils forment une catégorie professionnelle. Ils ont, ou plutôt ils finissent par avoir, comme on dit, le physique de l'emploi. C'est pourquoi le flair du policier n'est pas une illusion : l'air, l'attitude, la physionomie, le regard, le geste, la démarche, que sais-je encore? une foule de signes impossibles à définir, mais perceptibles à un œil exercé, décèlent un habitué du délit et du crime. Personne n'a mieux décrit les caractères psychologiques communs aux criminels que Dostoïewsky dans les *Souvenirs de la maison des morts.* « Tous les détenus, à l'exception de quelques-uns, qui jouissaient d'une gaieté inépuisable, et qui par cela même s'attiraient le mépris général, étaient moroses, envieux, effroyablement vaniteux, présomptueux, susceptibles et formalistes à l'excès. C'était toujours la

vanité qui était au premier plan... » A cet orgueil caractéristique, ajoutez
les sentiments voisins de celui-là, le besoin de paraître, de s'imposer à
l'admiration ou à la jalousie d'autrui, le stoïcisme affecté, l'insensibilité
physique. M. Tarde (comme M. Joly) paraît assez disposé à mettre en
doute cette insensibilité affirmée par Dostoïewsky, et aussi par
M. Lombroso et la plupart des auteurs italiens. A Paris, à l'infirmerie
de la Santé, les détenus supportent, paraît-il, les opérations avec
moins de résignation et de courage que les malades honnêtes. Mais la
contradiction n'est qu'apparente. Dostoïewsky dit expressément que
les mêmes criminels qui supportent sans se plaindre l'atroce supplice
des verges, et passent sans pousser un cri dans la « rue verte », font
les grimaces les plus comiques à l'hôpital, et se montrent ridiculement douillets pour un vésicatoire ou un coup de bistouri. Il faut
tenir compte aussi, comme le remarque M. Tarde, de leur origine
citadine ou rurale : les habitants des villes redoutent la douleur physique beaucoup plus que les paysans.

Ainsi le caractère moral du criminel est déjà bien plus aisé à fixer
avec précision que son type physique. Le type change d'après les
races : le caractère ne varie guère. Au reste, ce n'est pas avant le
crime que le criminel diffère psychologiquement de l'homme moyen.
C'est le crime commis qui laisse en lui une impression profonde, indé-
lébile, dont son imagination, sa raison, sa volonté, sa sensibilité, son
amour-propre, tout son être moral enfin demeure transformé. Le criminel est possédé par son crime. « Il s'étonne d'avoir si facilement
franchi tout ce qui lui paraissait naguère insurmontable, honneur,
droit, pitié, morale; il se sent à la fois étrangement affranchi et déchu,
lancé dans un nouveau monde ouvert devant lui, chassé à jamais de la
maison paternelle... Il s'enorgueillit de son isolement; il se dit qu'il est
devenu un nouvel homme... Un meurtre est, pour celui qui l'a commis,
une idée fixe, comme l'idée de génie chez l'inventeur, comme l'idée de
la femme chez l'amant... Le crime se répète en imagination, intérieurement. La transformation s'achève quand le crime est découvert, et que
l'horreur qu'il inspire endurcit l'excommunié, et l'affermit dans son
isolement farouche et opiniâtre. »

Le problème de la classification des délinquants trouvera sa solution dans des considérations sociologiques. On rangera ensemble,
comme semblables, les délinquants appartenant à la même classe
sociale, à la même profession, au même milieu (sans cependant confondre des délits trop divers). Ainsi, séparer d'abord la grande et la
petite criminalité, puis, dans la grande, les meurtriers et les voleurs :
enfin classer les uns et les autres d'après leur catégorie sociale. De là
la distinction, très originale et très féconde, de deux grands courants
de criminalité : la criminalité rurale et la criminalité urbaine. « Ces
deux groupes sont solidaires l'un de l'autre assurément, et leur frontière est indécise : mais ils s'opposent par tant de traits; l'un est si
fidèle aux coutumes et aux traditions, l'autre est si ouvert aux engoue-

ments et aux nouveautés; l'un est si docile à l'exemple des ancêtres domestiques ou patriotiques, l'autre à l'influence des étrangers; l'un est si violent dans sa grossièreté, l'autre si dépravé en ses raffinements qu'il n'est pas permis de les confondre. » On peut prendre pour exemples la *camorra* napolitaine, la *maffia* sicilienne, le brigandage des grandes villes telles que Paris et Londres.

Le chapitre intitulé « le crime » consiste en une application des théories sociologiques de l'auteur, bien connues des lecteurs de la *Revue*, et exposées en détail dans les *Lois de l'Imitation*. Nous n'y reviendrons pas ici. La méthode analogique entraine parfois M. Tarde à des assimilations un peu bien hardies, — lorsqu'il veut, par exemple, prouver dans le dernier détail que l'imitation descend toujours les degrés de l'échelle sociale. Il est vrai d'ailleurs d'une façon générale que les vices et les crimes de la classe supérieure sont copiés par les délinquants de la classe inférieure, que les capitales, à ce point de vue, ont remplacé les aristocraties d'autrefois, et qu'elles exercent le même ascendant, multiplié par la presse, les images, etc.; il est vrai enfin que la criminalité est soumise à l'action alternante des deux grandes forces de conservation et de changement, déjà signalées par Bagehot dans ses *Social Physics*, et que M. Tarde appelle des noms significatifs de l'imitation-mode et de l'imitation-coutume.

III. — Quelles réformes judiciaires et pénitentiaires seraient le plus désirables, d'après les faits et les principes établis plus haut? M. Tarde en propose plusieurs avec un sens très sûr de ce qui est possible. Il est guidé sans doute par l'expérience professionnelle, qui lui a fait toucher du doigt les nécessités de la pratique. Il l'est aussi par le souci constant de remonter aux origines historiques, et d'expliquer les phénomènes sociologiques (tels que les transformations de la pénalité) au moyen de leur évolution même. Nous citerons entre autres réformes désirées par M. Tarde : le concours d'experts dans l'instruction de certaines affaires criminelles, où les magistrats n'ont pas la compétence spéciale nécessaire; la séparation des magistratures civile et criminelle, « le mélange alternatif des deux occupations étant déplorable. Où l'a-t-on rencontré... ce juge encyclopédique qui doit se plaire tour à tour à démêler les arguties des plaideurs et à lire dans les yeux des malfaiteurs?... On peut être sûr que s'il a l'une de ces aptitudes, l'autre lui manquera... C'est l'occasion ou jamais d'appliquer le fameux principe de la division du travail. » Il y aurait aussi grand avantage à exiger des futurs magistrats au criminel qu'ils eussent suivi une sorte de clinique dans les prisons, où ils apprendraient, sous la direction de leurs maitres, à connaitre le personnel dont ils auront à s'occuper bientôt. M. Tarde a été le premier à réclamer cette instruction pratique des futurs magistrats, et sa proposition a reçu le meilleur accueil au Congrès d'anthropologie criminelle de Rome en 1887. Il faut espérer qu'elle ne tardera pas trop à être mise en pratique par nos Facultés de droit.

L'opinion ne semble pas aussi bien préparée à une réforme très im-

portante dont M. Tarde est partisan convaincu : nous voulons parler
du jury. M. Tarde croit le prestige du jury fort ébranlé. « Depuis quelques années s'élèvent de toutes parts des objections timides d'abord,
puis des accusations formelles, des raisons graves, des statistiques
écrasantes contre le pouvoir fantastique et insensé qui subsistait par
la vénération aveugle de tous. On relève ses inepties, on raille ses contradictions et ses méprises, on le traite comme on se mit à traiter la
Sybille, avec ses rébus non moins incompréhensibles que certains ver-
dicts, dans les derniers temps du paganisme. Nul ne le craint plus
parmi les coquins, nul parmi les honnêtes gens ne le respecte plus. Son
discrédit complet est proche, sinon sa fin. » — Et M. Tarde insiste sur
l'ignorance, la peur, la naïveté, la versatilité, l'inconséquence, la par-
tialité tour à tour servile ou frondeuse des jurés. Ces reproches sont
vifs, on ne saurait dire qu'ils soient immérités. Pourquoi donc le jury
a-t-il encore tant de partisans? Comment se fait-il que de divers côtés
on réclame même l'établissement d'un jury correctionnel [1]?

La seule raison qui soutienne le jury, dit M. Tarde, est la difficulté
de le remplacer. — C'est peu, et si le sentiment public était convaincu
de la parfaite insuffisance du jury, cette considération ne suffirait pas à
en faire supporter le maintien. Rarement le désir de supprimer ce qui
est jugé mauvais ou suranné attend, pour se satisfaire, d'avoir trouvé
autre chose à mettre à la place. En pareil cas, le besoin de changement l'emporte d'ordinaire, le changement à lui seul paraissant déjà
un bien. Il faut donc qu'il y ait d'autres raisons plus profondes à la
faveur « aveugle » dont le jury jouit encore dans l'opinion. D'abord
cette institution passe pour essentiellement libérale, et pour être liée
aux libertés parlementaires. M. Tarde n'aperçoit pas ce lien. Cependant elles sont venues ensemble d'Angleterre, et plusieurs gouvernements du continent ont considéré l'établissement du jury comme une concession importante au parti libéral. En second lieu, le jury est essentiellement démocratique. Il équivaut presque à l'élection des juges
criminels, puisque, selon la remarque très juste de M. Tarde, il se
substitue à eux, non seulement pour établir la matérialité des faits,
mais aussi pour évaluer et prononcer la peine. Il flatte ainsi le sentiment vif et jaloux de l'égalité : tout le monde peut être juré, tout le
monde est donc présumé compétent en matière de justice criminelle.

Ajoutez à cela une défiance, injuste sans doute, mais profonde, à
l'égard de la magistrature. On se dit qu'au criminel comme au civil
les magistrats prononceraient leurs sentences juridiquement, d'après
des textes de lois, et l'on veut que la justice criminelle soit rendue
en équité, d'après la considération individuelle des cas, par une appréciation libre dans chaque affaire, sans jurisprudence établie d'avance :
méthode qui conduit sans doute à des faiblesses, à des naïvetés, à des

---

1. Une proposition de loi vient d'être déposée à ce sujet à la Chambre des
députés.

inconséquences, mais qui n'aboutit jamais à l'ironie légale du droit allant à l'encontre de la *justice juste*. On sent que parfois le jury acquitte, et a raison d'acquitter, là où le magistrat condamnerait et ne pourrait pas ne pas condamner. Enfin il faut bien dire que le pouvoir discrétionnaire, absolu, dont dispose le juge d'instruction paraît demander un contrepoids qui se trouve uniquement dans le jury. Il semble au public que les prévenus n'auraient pas assez de garanties, si la même magistrature qui instruit leur affaire prononçait aussi le jugement. On craint qu'une fois renvoyé devant les juges par la chambre des mises en accusation, l'inculpé n'ait plus que des chances infinitésimales d'être acquitté, même dans le cas où il serait innocent, la conviction des magistrats étant faite. Tous ces sentiments ne sont pas toujours très nets, mais ils sont en revanche très vifs. Il se passera bien du temps encore avant que le jury puisse disparaître, remplacé, comme le demande M. Tarde, par l'expert pour la preuve du fait, par le magistrat pour le jugement du droit et pour l'application de la peine.

Je passe, à regret, sur les réflexions de M. Tarde relatives à l'incrimination, à la procédure, à la préméditation, à la considération des motifs, à la tentative, à la complicité, pour arriver à la question des peines. Faut-il s'arrêter au paradoxe de la *nuova scola*, selon laquelle la peine serait inefficace, et par suite, inutile : car les criminels étant en général d'une imprévoyance extrême, la peine qui les menace ne réussirait pas à les intimider et à prévenir le crime? Mais, au contraire, les malfaiteurs sont pour la plupart très préoccupés des châtiments auxquels ils s'exposent. La preuve en est qu'ils ont bien soin de ne pas dépasser, quand ils le peuvent, une limite au delà de laquelle la peine est beaucoup plus sévère, comme ces faux monnayeurs espagnols qui savent fort bien que le code pénal de leur patrie punit d'une simple amende la détention de la fausse monnaie, quand elle ne dépasse pas 125 *pesetas*, et qui ne portent sur eux qu'une somme égale ou inférieure à ce chiffre. On sait aussi que, dès que la répression d'un certain crime faiblit, les crimes de ce genre se multiplient aussitôt : les attentats par le vitriol par exemple, lorsque le jury les acquitte.

Il faut donc des peines, mais quelles peines? M. Tarde aborde le problème avec sa méthode ordinaire, c'est-à-dire à l'aide de l'histoire et de la sociologie. « La pénalité, dit-il, a été d'abord expiatoire, puis intimidante et exemplaire (roue, écartèlement, bûchers, etc.), puis adoucie et correctionnelle avec le jury. Que reste-t-il donc qu'elle devienne lorsqu'au jury succédera l'expertise scientifique? Elle sera évidemment *sanitaire*, soit qu'il s'agisse de guérir le désordre mental ou moral des malades qualifiés malfaiteurs. » Mais en aucun cas la peine ne pourra être purement utilitaire : c'est-à-dire qu'elle ne pourra jamais avoir pour but unique et suffisant l'intérêt de la société. « La société, dit très bien M. Tarde, est une personne morale, non une force aveugle : elle ne peut se défendre qu'en se respectant elle-même et

ceux qui la composent. Elle ne peut traiter les hommes, même pervers
ou coupables, comme des parasites dangereux ou des chiens enragés
dont on se débarrasse en les étouffant. Qu'est-ce que cette collectivité
impassible et sans cœur, aussi dénuée de clémence que d'indignation, à
laquelle on conseille de frapper comme un boucher ce qui la gêne, ou
de le rejeter nonchalamment par delà les mers, et à laquelle on défend
en même temps de flétrir ce qu'on lui dit d'expulser ou d'écraser? Qui
de nous se reconnaitrait en elle? » En fait, les réformes pénitentiaires
proposées par les nouveaux criminalistes démentent fort heureusement
leurs principes utilitaires. « Améliorer des coupables, civiliser des ban-
dits, cela est pénible et coûteux, cela ne saurait s'appeler un bon pla-
cement du temps et de l'argent qu'on y emploie. Mais c'est une prodi-
galité obligatoire. »

M. Tarde est d'avis, naturellement, d'enfermer dans des asiles spéciaux les criminels dont il sera prouvé qu'ils ont agi sous l'influence
d'une cause pathologique; puis, dans les prisons, de séparer la « délictuosité chronique » des détenus qui y entrent pour la première fois, et
qui se contamineraient davantage par le contact; d'établir des établissements pénitentiaires ruraux, pour les condamnés d'origine rurale,
où ils puissent être employés aux travaux qu'ils connaissent, au lieu
d'apprendre en prison un métier urbain, ou de se préparer à la profession de souteneur. M. Tarde ne se promet pas de très bons résultats de
la transportation, et les raisons qu'il donne sont bien fortes. Il préfère
le système irlandais, la libération conditionnelle, et l'extension des
sociétés de patronage. Ce n'est pas pendant la durée de la peine, c'est
avant ou après qu'on peut agir le plus efficacement. Après, en veil-
lant sur les libérés, en leur procurant du travail, en les protégeant
contre eux-mêmes et contre l'hostilité défiante de la société, qui semble
les rejeter inexorablement dans le délit ou le crime. Avant, en protégeant l'enfance moralement abandonnée ou moralement infectée par
des parents indignes. La meilleure façon de combattre l'armée du
crime serait d'en empêcher le recrutement.

Faut-il réclamer l'abolition de la peine de mort? La question a passionné la génération qui nous précédait : elle nous laisse aujourd'hui
assez indifférents. Le seul argument qui fasse encore impression est la
possibilité d'une erreur judiciaire : les considérations humanitaires.
en revanche, ont perdu toute faveur, et personne ne croit plus, quand
un assassin est exécuté, que la société commette un crime égal à celui
qu'elle réprime. On discute plutôt avec sang-froid, on pèse le pour
et le contre, on se demande ce que la société gagnerait ou perdrait à
la suppression de la peine de mort. Ce qu'elle y perdrait, c'est un frein
possible à la sauvagerie, à la férocité de certains criminels qui reculent,
pour ne pas risquer leur tête, devant un meurtre dont rien ne les dé-
tournerait autrement. Ce qu'elle gagnerait, c'est de se délivrer du
malaise que cause une exécution capitale : le sang versé froidement, en
pleine paix, sans lutte, apparait, malgré tout, comme un abus de la

force sociale. On a beau se dire que la société est dans le cas de légitime défense, la comparaison ne se soutient pas. Un homme attaqué la nuit, à l'improviste, se défend comme il peut, et s'il tue l'agresseur, il n'a rien à se reprocher, encore que la mort d'un homme soit toujours chose grave. Mais s'il l'a mis hors d'état de nuire, il ne le tuera pas de sang-froid. Pareillement, si les assassins étaient exécutés *flagrante delicto*, le sentiment public y applaudirait, comme on voit d'ailleurs la foule vouloir lyncher aussitôt les coupables qu'elle surprend. Mais après les formalités judiciaires, la détention, les plaidoiries, les pourvois, etc., l'exécution semble un peu une sorte de lâcheté sociale commise sur un être sans défense, si méprisable qu'il soit. Selon M. Tarde, c'est surtout le spectacle qui répugne; et en effet la guillotine a quelque chose de particulièrement repoussant. Mais ni la pendaison ni la fusillade ne sont des spectacles beaucoup moins odieux. Le dégoût que cause la peine de mort est surtout moral : il provient du contraste entre la toute-puissance sociale et la faiblesse du condamné, paralysé, ligotté, défaillant. Toute autre peine, pouvant amender le criminel, se moralise par là même. Celle-ci, en le supprimant, trahit sa nature purement utilitaire, et la conscience, peut-être par excès de délicatesse ou par sensiblerie, s'en offense. Et pourtant que sont une dizaine d'exécutions annuelles, au prix des centaines de mille vies humaines que coûte une guerre! Mais ces morts sont volontaires, théoriquement au moins; elles sont belles esthétiquement, et l'énorme masse des souffrances entrevues écrase notre sensibilité, qui se tait.

A peine avons-nous pu effleurer seulement quelques-unes des questions que soulève et traite le livre original et suggestif de M. Tarde. Nous sommes certains qu'il trouvera, à l'étranger comme en France, l'accueil qu'il mérite. Bien qu'il fasse partie d'une bibliothèque spéciale de « criminologie », tous ceux qui s'intéressent à l'histoire, à la psychologie, à la philosophie enfin le liront avec autant d'intérêt que de profit.

L. Lévy-Bruhl.

Paul **Regnaud**. Principes généraux de linguistique indo-européenne (Paris, Hachette, 1890, in-16, 113 p.).

Ce petit livre, publié à l'usage des candidats aux agrégations de philosophie et de grammaire, peut être considéré, l'auteur le dit lui-même (p. 5), comme le résumé des principes qu'il a exposés plus au long dans son ouvrage sur l'origine du langage [1], dont nous avons rendu compte dans la *Revue* de mai 1888. On y trouvera, rassemblées en 44 numéros, les propositions essentielles d'une théorie qui s'efforce de déterminer, à

1. P. Regnaud, *Origine et philosophie du langage.* Paris, Fischbacher, 1888.

l'aide des lois connues de l'évolution historique des langues indo-européennes, le point de départ et les moments essentiels de leur évolution
générale et même préhistorique. Les étudiants de grammaire s'y péné-
treront de cette vérité que les langues sont des organismes et que ce
n'est pas assez, pour qui veut les comprendre, d'en étudier les formes
et les fonctions actuelles; il faut aussi trouver la loi du vivant qui se
transforme et, si elle est la loi, l'appliquer au passé comme au présent [1], à l'évolution totale de la langue primitive comme aux changements partiels des langues dérivées. Pour avoir pris des faits linguis-
tiques une vue d'ensemble, peut-être en seront-ils un peu plus
philosophes, si c'est être philosophe que de faire des hypothèses,
comme Darwin, sur l'évolution des espèces ou, comme M. Regnaud.
sur l'évolution des langues; mais ils n'en seront pas, à coup sûr, moins
grammairiens. Quant aux philosophes, ou pour mieux dire, aux psychologues, ils ne peuvent que tirer un très réel profit d'une étude qui fait
si grande, dans l'évolution du langage, la part des conditions logiques
et psychologiques de la pensée.

M. Regnaud a donc eu une heureuse inspiration en écrivant pour les
uns et pour les autres un résumé si parfaitement net et lumineux de sa
doctrine, dont nous allons essayer de rappeler les grandes lignes.

Des trois procédés connus d'accroissement du langage dans les temps
historiques, l'*emprunt* aux langues étrangères, l'*analogie* et les *variations phonétiques*, on peut dire du premier, selon M. Regnaud, qu'il
est relativement peu ancien, et qu'il est vraisemblablement absent du
sanscrit védique et à plus forte raison de la langue mère indo-européenne (§§ 5 et 6).

Le second, l'*analogie*, est au contraire un facteur important de l'enrichissement de toutes les langues : elle consiste, étant donnés des suffixes (comme *tus* en latin qui sert à former la catégorie grammaticale
des participes passés) et des mots déjà en usage, à combiner avec ces
derniers les suffixes connus, et à créer ainsi des mots nouveaux qui
reçoivent le nom de *dérivés* eu égard aux *primitifs* d'où ils proviennent : tels sont les mots *constitutionnel*, *socialiste*, tirés des primitifs
constitution, *social*, et des suffixes *el* (ou *nel*), *iste*, etc.

D'ailleurs, il va de soi qu'un terme primitif comme *social* peut être
lui-même le produit d'une formation analogique (la famille dérivative
des mots *social*, *socialisme*, *société*, etc., se rattache au primitif *soc*);
il convient de le désigner en ce cas sous le nom de *primitif complexe*,
et de réserver le nom de *primitif simple* ou *absolu* au mot qu'on ne
peut plus décomposer en primitif et suffixe, ici à la partie *soc* du mot
français *social*. Le primitif simple est ce qu'on appelle aussi la *racine*,
tandis que le primitif complexe est le *radical* ou le *thème* (§§ 7 à 9).

Abstraction faite des vocables empruntés aux idiomes étrangers, des
primitifs simples ou racines, et des suffixes-types qui ont servi de base

---

1. *Orig. et phil. du langage*, p. 155; et *Princ. gén. de ling. indo-europ.*, p. 14.

au développement des familles grammaticales, tous les mots qui composent une langue sont d'origine analogique (§ 10).

Oublions un instant les suffixes-types, et demandons-nous d'où viennent les primitifs simples ou, d'un seul mot, les racines, si nombreuses déjà dans les langues anciennes. M. Regnaud, en répondant qu'elles sont toutes, sauf une exception (§ 16), dues à l'action du troisième procédé d'accroissement des langues, l'*altération phonétique*, accomplit une véritable révolution dans le domaine de la linguistique.

Avant lui la plupart des linguistes s'imposent, par une convention singulière, de ne toucher aux racines que pour les classer; mais refusant d'y voir, comme dans tous les autres éléments des langues, les produits d'une lente évolution, ils en font une sorte de matériel primitif du langage, des données en tout cas auxquelles il est interdit d'appliquer l'analyse, et ils s'abstiennent en conséquence d'essayer d'en retrouver l'histoire. M. Regnaud s'inscrit hardiment en faux contre cette sorte de *sophisme paresseux*, et il pose en principe que, contrairement à la définition que l'on en donne d'ordinaire, elles sont des mots réels, « jouissant ou ayant joui de leur indépendance ainsi que de fonctions grammaticales et significatives bien déterminées » (p. 18). En conséquence, il entreprend d'en chercher l'origine, qu'il aperçoit dans la loi qui domine l'évolution des langues, l'*altération phonétique*.

On peut en effet démontrer des racines, comme on l'a fait en général des mots d'une langue, qu'elles s'altèrent au gré d'influences diverses et que, en s'altérant, elles donnent naissance à des variantes de formes ou des *doublets*. La preuve de l'existence des doublets est faite pour notre langue, bien qu'il faille remarquer que des deux doublets français qui constituent un couple, le plus récent provient le plus souvent « d'un emprunt fait au latin à une époque très postérieure à celle où notre langue s'en est différenciée, tandis que le terme correspondant nous venait déjà de la même langue par voie de tradition non interrompue ». Mais il n'en est pas de même dans les langues anciennes, et particulièrement en latin, où les deux termes de chaque couple sont toujours d'origine traditionnelle et naturelle (p. 21). Cela est si vrai qu'un indianiste américain, M. Edgren, a pu, en éliminant les doublets, réduire sans effort les 1000 racines sanscrites à 800, et que M. Max Muller a fait voir de son côté qu'on pouvait aller beaucoup plus loin dans la même voie en ramenant à un peu plus de cent seulement les racines de cette langue et par là même celles de la langue mère indoeuropéenne.

La thèse originale de M. Regnaud consiste à soutenir que les racines prétendues irréductibles peuvent encore être réduites, qu'elles sont pour la plupart des doublets à l'égard de formes connues ou inconnues, peut-être même à l'égard d'un antécédent unique indéfiniment différencié quant aux sons par l'altération phonétique (p. 27). On ne peut nier qu'il en apporte un commencement de preuve en démontrant « par des exemples très nombreux et très sûrs que plusieurs racines indo-européennes, considérées généralement comme irréductibles entre elles pour la forme et pour la signification, sont en réalité à l'état de doublets les unes à l'égard des autres à ce double point de vue » (voy. Appendices I et II à la fin de l'ouvrage). Et il ajoute : « Ce qui est vrai pour ces racines peut l'être, doit l'être, et l'est réellement... pour l'ensemble des racines indo-européennes » (p. 28).

L'objection la plus grave qu'on puisse élever contre cette théorie repose sur l'axiome prétendu de l'invariabilité des lois phonétiques. On entend par là que d'un primitif donné ne peut sortir, en vertu des lois physiologiques qui règlent l'émission des sons, qu'un dérivé à forme unique, prédéterminé en quelque sorte dans son antécédent ; c'est ainsi que dans les langues romanes on a pu dresser le tableau des transformations pour ainsi dire *fatales* des mots du bas-latin en mots français, italiens, espagnols, etc., etc. ; et de ces résultats, d'ailleurs remarquables, on a prétendu conclure à la direction unilinéaire des variations phonétiques et conséquemment à l'impossibilité de faire sortir d'un primitif unique des couples de dérivés ou des doublets.

Contre ces conclusions, M. Regnaud invoque d'abord une preuve de fait, à savoir l'existence des dialectes qui constituent, à l'égard de la langue mère dont ils sont issus, d'incontestables systèmes de doublets. Et par exemple le bas-latin contenait si peu d'une manière fatale les futurs mots français qu'il a produit aussi, et simultanément, en vertu d'altérations différentes, l'italien, l'espagnol, le provençal et tous les autres dialectes romans. Soutiendra-t-on dès lors, pour sauver le principe, le caractère absolu des lois phonétiques espagnoles, italiennes, françaises ? Mais qui ne voit que, pour ajuster l'hypothèse à la nature des faits qu'il s'agit d'expliquer, on se trouve contraint d'y apporter des tempéraments et, pour tout dire, d'y renoncer ? Nul ne prétend, et M. Regnaud moins que personne, abandonner à des variations arbitraires, sans règles et sans lois, les destinées d'une langue quelconque ; mais qui dit *loi* ne dit pas nécessairement l'emprisonnement des faits dans des formes rigides ; pour être constantes et, comme on se plaît à les appeler, *fatales*, les lois physiologiques du développement de l'œuf humain n'empêchent pas l'infinie variété des nez, des yeux, des bouches et des oreilles ; et c'est être naïvement dupe des mots *loi*, *physiologique* et *fatal*, que d'ériger en dogme l'uniformité prédéterminée du futur dérivé.

M. Regnaud a indiqué avec un rare bonheur, à côté des lois phonétiques générales telles que celles de l'affaiblissement des sons, de l'assimilation et de la compensation (§ 14), la cause des variations d'où naissent les doublets : elle est, selon lui, dans l'évolution significative ou logique des idées exprimées, si injustement dédaignée par l'école de Curtius et de Bopp, et pourtant constamment parallèle à l'évolution phonétique des mots qui les expriment (p. 3). Que l'altération de ces derniers, émis par le larynx et les organes buccaux, soit tenue sous la dépendance de l'organisme et des lois physiologiques, rien de mieux assurément ni de plus scientifiquement vrai ; mais que l'analyse mentale, le développement des idées et le besoin de les exprimer distinctement ne soient pour rien dans l'évolution de la langue, c'est oublier trop vite que l'homme s'est mis à parler pour exprimer quelque chose et qu'on n'a jamais vu, après tout, de parole sans pensée. Même, dans son effort pour rendre aux lois logiques et psychologiques l'importance qui leur appartient, M. Regnaud nous paraît trop timide et encore trop imbu des doctrines qu'il combat : il laisse entendre, à la page 20, que l'altération du son primitif, et conséquemment la formation du doublet phonétique, a *précédé* la divergence des significations ; on se demande alors à quelle cause attribuer la variation des sons quand le besoin d'une expression nouvelle n'apparaît nulle part ; et pour un peu on dirait avec Bopp que les lois physiologiques ne sauraient obliger un terme primitif à revêtir deux formes. La vérité est que l'homme, en possession d'une idée générale exprimée, éprouve le besoin de déterminer, de *spécifier* cette dernière et, pour en exprimer les espèces, de spécifier le son qui lui sert de support et de le dédoubler. Là est, à notre avis, la raison psychologique et vraiment significative de l'altération phonétique et du développement du langage.

M. Regnaud ne peut pas être loin de partager ces vues quand il donne à l'évolution psychologique des idées générales une si grande influence sur la transformation des sons. Dans le compte rendu de son livre sur l'*origine du langage* nous avons suffisamment exposé sur ce point sa théorie pour n'avoir plus qu'à en rappeler les traits principaux.

Les noms, selon lui, ne désignent que des genres ; et à l'état primitif, l'humanité a dû envelopper dans un seul genre — *genus generalissimum* — l'ensemble des choses, désigné par un geste et exprimé par un son ; dans ces conditions, les premières formes vocales significatives du genre universel ont dû être les *pronoms démonstratifs.*

Puis de premières distinctions s'établissent ; du genre universel se sont détachés les uns après les autres, par l'analyse mentale, des genres superficiels et compréhensifs — *genera generaliora* — ou genres-qualités ; et tandis qu'ils prenaient consistance dans l'esprit, les doublets du pronom démonstratif leur fournissaient des noms et engendraient l'*adjectif.*

Par une différenciation croissante on atteignit enfin, dans certains domaines au moins, les genres réels ou genres-substances que caractérise un ensemble de qualités et auxquels s'arrête en général la série descendante des genres partant du genre universel. « Les genres-substances ont reçu pour noms les doublets des noms des genres-qualités, et par là s'explique ce fait si sûr et si souvent constaté, que tous les noms des genres-substances (les *substantifs*) se ramènent étymologiquement à des noms de qualités (à des *adjectifs*) » (§ 25).

Tels sont, d'après M. Regnaud, les éléments essentiels de la phrase, appuyée à l'origine des temps sur un sujet unique, le genre universel, et sur l'attribution au sujet des qualités exprimées par les premiers adjectifs.

Conséquemment, bien que le langage soit sorti tout entier du pronom démonstratif par voie d'altération phonétique, il n'est pas difficile de voir quel rôle prépondérant devaient jouer dans le développement de la phrase et des *parties du discours* les formes adjectives. La thèse de M. Regnaud n'a pas seulement le mérite d'expliquer ce fait universellement reconnu des linguistes; elle a en outre celui de montrer en détail comment sont nés successivement de l'emploi de l'adjectif la distinction de l'actif et du passif, les flexions casuelles de la déclinaison indo-européenne, les composés syntactiques et asyntactiques, l'adverbe, la préposition, enfin le verbe, qui n'est point, comme on l'a cru longtemps, la partie essentielle, mais bien plutôt l'achèvement et l'un des termes les plus récents de la phrase indo-européenne.

On ne sait, en lisant le petit livre de M. Regnaud, ce qu'il faut le plus admirer de la puissance généralisatrice qui lui permet d'envelopper sous la dépendance d'une loi ou, si l'on veut, d'une hypothèse unique, l'évolution entière des formes du langage, ou des déductions scientifiques qui le conduisent à en tirer sans cesse des théories et des applications nouvelles. La partie la plus originale de son livre, en ce dernier sens, est celle où il expose pour la première fois une théorie remarquable de la déclinaison indo-européenne que nous recommandons à la méditation des étudiants de philosophie non moins qu'à celle des étudiants de grammaire.

A. HANNEQUIN.

REVUE DES PÉRIODIQUES ÉTRANGERS

Philosophische Studien.

Tome VI, 2.

GÖTZ MARTIUS. *La réaction musculaire et l'attention.* — Ce mémoire est destiné à répondre à Münstirberg qui a critiqué les expériences de Lange sur l'attention. (Pour l'exposé de Münsterberg, voir la *Revue*, nᵒ d'août 1890, pp. 189-190.) Lange distinguait deux sortes de réaction de l'attention : l'une complète ou sensorielle, l'autre abrégée ou musculaire; celle-ci toujours la plus courte. Elles dépendent de la direction donnée par le sujet à son attention : tantôt elle se concentre sur la perception attendue; tantôt sur le mouvement à produire pour indiquer la réaction. Martius a fait et publié dans son mémoire un très grand nombre d'expériences et se pose finalement cette question : D'où vient que le temps s'abrège dans le cas de la réaction musculaire ? Il n'y a que deux réponses possibles. Ou bien le mouvement est plus rapidement exécuté, parce qu'il est préparé d'avance avec énergie. Ou bien, le commencement du mouvement a lieu plus tôt parce que la représentation de l'excitation (sensorielle) n'a pas besoin pour produire le mouvement d'atteindre un degré élevé de conscience et parce que l'attention (aperception) n'a pas à aller de la représentation sensorielle à la représentation motrice.

G. DWELSHAUVERS. *Recherches sur le mécanisme de l'attention active.* — Ce mémoire est la reproduction de la partie expérimentale du livre de l'auteur qui a paru à Bruxelles sous ce titre : « Psychologie de l'aperception et recherches expérimentales sur l'attention », dont la *Revue* a rendu compte dans le numéro d'octobre 1890.

W. WUNDT. *Sur les méthodes pour mesurer l'étendue de la conscience.* — Sous le nom de conscience, on comprend actuellement deux propriétés : la possibilité de réviviscence des événements antérieurs, les divers degrés de conscience. Si l'on considère la conscience comme ayant des degrés continus, alors on peut passer de l'état simplement perceptible à l'état non perceptible ; ce qu'avait fait Leibniz en introduisant dans la conscience le concept d'infiniment petit. Dans ce cas, l'opposition entre le conscient et l'inconscient s'évanouit. Mais que l'on admette entre la conscience immédiate et le reste de la vie psychique une limite fixe ou flottante, la psychologie expérimentale s'est proposé de mesurer la portée de la conscience, c'est-à-dire le nombre des états immédiatement présents dans un moment donné. Herbart, Waitz, Steinthal avaient essayé de résoudre ce problème, mais sans méthode précise. On a fait d'abord usage des impressions simultanées : à l'aide de l'étincelle électrique, on illuminait un certain nombre d'impressions visuelles, de manière à ce que le plus grand nombre possible vienne tomber sur le centre de la rétine ; mais ce mode d'expériences ne donne pas l'étendue réelle de la conscience, parce que l'on s'aperçoit que, outre celles qui sont dans le domaine central de la vision, il y a d'autres impressions qui ne sont pas assez claires pour qu'on puisse les compter (telles sont les expériences de M. Cattell sur les lettres et les lignes) : elles donnent l'étendue de l'aperception, non celle de la conscience. Toutefois ces expériences montrent que les limites de l'aperception et celles de la pure perception ne sont pas les mêmes et ne dépendent pas des pures influences périphériques, puisque certaines impressions tombant sur le centre de la rétine peuvent être vues moins clairement que celles qui sont reçues par la périphérie. On a essayé de procéder d'une autre manière, par comparaison : en faisant apparaître une figure complexe, puis une autre semblable ou différente, l'observateur devant juger de la similitude et de la différence. Ce procédé ne peut donner rien d'exact. Reste donc à employer des perceptions successives : des impressions sonores qui se succèdent à des intervalles déterminés, de manière à ce qu'on ait la perception d'une série continue d'impressions. La vitesse importe : les limites extrêmes sont 0,1 seconde et 0,4 seconde pour les intervalles. Dans ce dernier cas, chaque impression paraît isolée ; dans le premier cas, elles sont trop rapides. Il faut choisir une moyenne entre ces deux limites, et on a le sentiment de saisir des impressions réelles, non de simples souvenirs. Wundt répond à quelques critiques de Schumann relativement au sentiment d'innervation qui accompagne ces expériences.

W. BRIX. *Le concept de nombre et les formes de son évolution* (fin). — Le concept de nombre formel. Les quantités discrètes. Les quantités continues. Développement logique du concept de nombre. Nombre et grandeur.

LIVRES DÉPOSÉS AU BUREAU DE LA REVUE

A. CORRE. *Crime et Suicide*, in-12. Paris. Doin.

A. HANNEQUIN. *Introduction à l'étude de la psychologie*, in-12. Paris. Masson.

CHAIGNET. *Histoire de la psychologie des Grecs*, tome III. in-8. Paris. Hachette.

B. CONTA. *Les Fondements de la métaphysique*, trad. du roumain. par D. Tescanu, in-12. Paris. F. Alcan.

SCHOPENHAUER. *Le Monde comme volonté et comme représentation*, tome III, in-8, trad. par A. Burdeau. Paris. F. Alcan.

L. MUHLFELD. *La Fin d'un art : conclusions esthétiques sur le théâtre*. in-8. Paris.

SERGUEYEFF. *Physiologie de la veille et du sommeil*, 2 vol. in-8. Paris, F. Alcan.

STRADA. *Les races*, in-12. Paris. Dreyfous.

FARGES (l'abbé). *Le Cerveau, l'âme et les facultés*, in-8. Paris. Roger et Chernoviz.

LETOURNEAU. *L'Évolution juridique dans les races humaines*, in-8. Paris. Lecrosnier et Babé.

HOROY. *Gratien, auteur du Decretum*, in-18. Paris. Chevalier-Marescq.

A. D'ANGLEMONT. *Le Fractionnement de l'infini : synthèse de l'être*, in-8. Paris. Comptoir d'édition.

A. LASSON. *Zeitliches und Zeitloses : acht Vorträge*. in-12. Leipzig. Wigand.

A. GANSER. *Die Wahrheit : kurze Darlegung der letzten und wahren Weltprincipien*, in-8. Gray Leuchner et Lubensky.

VOGT. *Das Wesen der Elektrizität und der Magnetismus und Grund einer einheitlichen Substansbegriffen*. Bd. I, in-8. Leipsig. Wist.

HIGIER. *Experimentellen Prüfung der psychophischen Methode in Bereiche des Raumsinnes der Netzhaut*, in-8. Dorpat. Schnakenburg.

SEDLEY TAYLOR. *A System of sight singing*, in-8. Macmillan and Cᵒ. London.

SERGI. *Psicologia per le scuole*, in-12. Milano. Dumolard.

CELOTTI. *Sulla possibilità della trasmissione del pensiero*, in-8. Udine. Doretti.

P. CERETTI. *Sinossi dell'enciclopedia speculativa*, in-8. Torino.

LAZZARINI. *L'Etica razionale*, in-8. Pavia. Fusi.

TABLE ANALYTIQUE DU TOME XXX

—

NOTES ET DISCUSSIONS

REVUES GÉNÉRALES

ANALYSES ET COMPTES RENDUS

REVUE DES PÉRIODIQUES ÉTRANGERS

CORRESPONDANCE

SOCIÉTÉ DE PSYCHOLOGIE PHYSIOLOGIQUE

Le Propriétaire-gérant : Félix Alcan.

COLLOMMIERS. — Imp. PAUL BRODARD.